Hannes Heer
»Hitler war's«

Hannes Heer

»Hitler war's«

Die Befreiung der Deutschen
von ihrer Vergangenheit

Aufbau-Verlag

ISBN 3-351-02601-3

1. Auflage 2005
© Aufbau-Verlag GmbH, Berlin 2005
Einbandgestaltung Therese Schneider
Druck und Binden C. H. Beck, Nördlingen
Printed in Germany

www.aufbau-verlag.de

EINLEITUNG

Mitte Oktober 1944, während Einheiten der 1. US-Armee die erste deutschen Großstadt, Aachen, eingeschlossen hatten, begann ein amerikanischer Offizier in den schon befreiten Ortschaften der Umgebung, Deutsche zu interviewen. Er setzte damit eine Tätigkeit fort, die er mit einer kleinen Vorausabteilung in Luxemburg und im belgischen Grenzgebiet erprobt hatte. Saul K. Padover, als Sohn jüdischer Eltern in Wien geboren und mit ihnen schon 1920 in die USA ausgewandert, gehörte zur *Abteilung für psychologische Kriegführung* und hatte den Auftrag, die Einstellungen und Erwartungen der Deutschen – ihre »Mentalität« – zu erkunden, um Informationsmaterial für die amerikanische Militärregierung zu gewinnen. Aber das Ergebnis war deprimierend. »Seit zwei Monaten sind wir hier zugange«, notierte er, »wir haben mit vielen Menschen gesprochen, wir haben jede Menge Fragen gestellt, und wir haben keinen einzigen Nazi gefunden. Jeder ist ein Nazigegner. Alle Leute sind gegen Hitler. Sie sind schon immer gegen Hitler gewesen. Was heißt das? Es heißt, daß Hitler die Sache ganz allein, ohne Hilfe und Unterstützung irgendeines Deutschen durchgezogen hat. Er hat den Krieg angefangen, er hat ganz Europa erobert, den größten Teil Rußlands überrannt, fünf Millionen Juden ermordet, sechs bis acht Millionen Polen und Russen in den Hungertod getrieben, vierhundert Konzentrationslager errichtet, die größte Armee in Europa aufgebaut und dafür gesorgt, daß die Züge pünktlich fahren. Wer das ganz alleine schaffen will, muß schon ziemlich gut sein. Ich kenne nur zwei Menschen in der ganzen Welt, die so etwas können. Der andere ist Superman.«[1] Ende November 1944, Aachen war am 21. Oktober eingenommen worden und Padover hatte zahlreiche Personen aus allen Schichten und Berufsgruppen der Bevölkerung interviewt, lieferte er einen umfassenden Bericht über seine Arbeit. Es war die erste, noch während des Krieges erstellte und auf direkter Befragung beruhende Studie über die Deutschen. Der Bericht bestätigte sein deprimierendes Zwischenergebnis: Hitler war für alles verantwortlich gewesen, für die Verfolgung der Juden ebenso wie für den verlorenen Krieg. Padovers Fazit: »Psychologisch gesehen wollen sich die Deutschen Strafe und moralischer Verantwortung entziehen, indem sie der Welt einen Schuldigen präsentieren, den sie noch vor kurzer Zeit als Halbgott angehimmelt haben. [...] In dieser Neigung, sich vom auserwählten Führer abzuwenden [...], entdeckt man nicht den Schimmer eigenen Schuldbewußtseins, kein Bewußtsein, daß Krieg an sich verwerflich ist, daß die Deutschen einen falschen Weg eingeschlagen haben. [...] Hitler wird vorgeworfen, den Krieg verloren, und nicht, ihn begonnen zu haben.«[2]

Was Padover in seiner Mikroanalyse in Aachen noch zu Lebzeiten Hitlers als Muster einer »neuen Dolchstoßlegende« freigelegt hatte,[3] wurde zur Strategie aller Deutschen, als das *Dritte Reich* mitsamt seinem *Führer* untergegangen war. Sie ist nicht nur in den »Tatsachenberichten« der Illustrierten,[4] in Literatur, Film und Theater[5] oder in den Memoiren der Generäle zu finden,[6] sondern sie dominiert – von Ausnahmen abgesehen – auch das wissenschaftliche Schrifttum.[7] Daß es dabei nicht immer nur um die Bereinigung des eigenen Schuldkontos ging, sondern manche Autoren auch einen Rest von nationaler Selbstbehauptung retten wollten, zeigen die Beiträge von Wissenschaftlern, die emigriert waren. Golo Mann sprach in seiner *Deutschen Geschichte* davon, daß das deutsche Volk »durch ein Rudel von Berauschungstechnikern« für ein paar Jahre um den Verstand gebracht worden sei, daß »die Nazis [...] im Lande wie fremde Eroberer« gelebt hätten und daß der ganze Spuk »im Nichts verschwunden« sei, »sobald H. tot war.«[8] *H.* heißt Hitler, und seine Helfer heißen *das Rudel*. So fremd waren er und das Millionenheer seiner Anhänger anscheinend den Deutschen gewesen, daß ihnen sogar die Namen verweigert wurden. Es verwundert nicht, daß Golo Manns Studie das meistverkaufte Geschichtsbuch über die jüngere deutsche Vergangenheit wurde. »Mitte der fünfziger Jahre«, so resümiert Norbert Frei, »hatte sich ein öffentliches Bewußtsein durchgesetzt, das die Verantwortung für die Schandtaten des *Dritten Reiches* allein Hitler und einer kleinen Clique von *Hauptkriegsverbrechern* zuschrieb, während es den Deutschen in ihrer Gesamtheit den Status von politisch *Verführten* zubilligte, die der Krieg und seine Folgen schließlich sogar selber zu *Opfern* gemacht hatten.«[9]

Die sechziger Jahre bedeuteten eine Zäsur in der öffentlichen Wahrnehmung der Nazizeit. Auslöser waren zum einen die äußerst erfolgreichen, weil dokumentengestützten Kampagnen der DDR gegen hohe westdeutsche Politiker wie Globke oder Oberländer wegen deren Rolle im Dritten Reich,[10] dann die erstmals vor deutschen Gerichten stattfindenden Strafverfahren gegen Holocaust-Täter – am spektakulärsten der Auschwitz-Prozeß in Frankfurt[11] – und schließlich die Kulturrevolution von 1968, in der die rebellierenden Studenten die Nazigeneration, also ihre Eltern und Professoren, mit der Frage nach ihrer Rolle in der Nazizeit konfrontierten.[12] Indem die bestimmenden Eliten wie die eigenen Familien, deren Leugnen und Beschweigen und damit die andauernde Gegenwart der Nazizeit in den Blick gerieten, schien sich das Erklärungsmuster des *Hitlerismus* überlebt zu haben. Dies um so mehr, als sich auch in der Geschichtswissenschaft der Bundesrepublik eine Methode durchzusetzen begann, die sich, wie ihr Wortführer Hans Ulrich Wehler es formulierte, ausgehend von den Katastrophen des 20. Jahrhunderts und der dabei sichtbar gewordenen »Durchschlagskraft von Kollektivphänomenen«, mehr für die Macht der ökonomischen, sozialen und institutionellen Verhältnisse als für den von Romantik und Historismus geprägten negativen Geniekult Hitlers interessierte.[13] Neben dieser als »Historische Sozialwissenschaft« oder »Strukturgeschichte« bezeichneten Forschungsrichtung etablierte sich Anfang der achtziger Jahre eine Bewegung, die sich als »Geschichte von unten« verstand und die – vor allem mit dem Instrument der »Oral History« – jüngste Vergangenheit in der Mikrowelt des Alltags, der lokalen Bezüge und der »kleinen Leute« zu rekonstruieren versuchte.[14] Mit beiden Orientierungen fand die deutsche Geschichtswissenschaft den Anschluß an die internationale Forschung. Treitschkes Diktum »Männer machen Geschichte« hatte offensichtlich ausgedient.

Aber die Geschichte ließ Deutschland, trotz der politischen Zäsur der sechziger Jahre und des Paradigmenwechsels der Geschichtswissenschaft, nicht so schnell los. »Die alte Frage«, so beschrieb der Historiker Christian Meier 1986 in einem Vortrag an der Universität Tel Aviv die Situation, »ist weiter offen, ob und wie wir anerkennen, was wir zwischen 1933 und 1945 angerichtet haben. Genauer gesagt geht es um die prägnante Bestimmung und das klare Bewußtsein dessen, was da geschah, sowie um das Subjekt, dem dieses Geschehen zuzurechnen ist: Waren wir das, also das deutsche Volk – oder nur unsere Eltern und Großeltern, (die inzwischen tot oder an der Schwelle des Todes sind), das deutsche Bürgertum (oder eher Kleinbürgertum), *der Faschismus*, nur ein paar Verbrecher unter uns (in einer im ganzen *anständig* gebliebenen Nation) oder war es gar nur Hitler?«[15] Daß nichts im »Niemandsland«, wie Meier die Zeit des *Dritten Reiches* nannte,[16] entschieden war, sollte der im selben Jahr um die Einzigartigkeit und die Ursachen der Judenvernichtung geführte *Historikerstreit* beweisen. Und daß der längst überholt geglaubte *Hitlerismus* noch längst nicht erledigt war, hatten Joachim C. Fests in den siebziger Jahren veröffentlichte Hitler-Biographie und sein dann folgender Hitler-Film eindrucksvoll gezeigt. Woran liegt es, daß das Muster der großen geschichtlichen Persönlichkeit, das »Heldentümliche in der

Geschichte«,[17] trotz der damit verbundenen furchtbaren Erfahrungen auch heute noch so lebensfähig ist? Mindestens vier Motive dafür lassen sich benennen.

Das erste, aktuelle hatte schon Saul Padover 1944 bei seiner Feldforschung im untergehenden Nazireich entdeckt: Alle Schuld auf den *einen*, auf Hitler zu schieben, entlastet die Millionen, die ihm zugejubelt haben und mit ihm durch dick und dünn gegangen sind. »Je größer die Rolle Hitlers und seines Herrschaftssystems, um so entschuldbarer die deutsche Gesellschaft.« So hat es Jahrzehnte später ein deutscher Historiker lapidar auf den Punkt gebracht.[18] Das andere Motiv reicht weiter zurück und resultiert aus der Verlockung, das komplizierte Geflecht gesellschaftlicher Prozesse, gegenläufiger polit-ökonomischer Interessen oder wechselnder kollektiver Bewußtseinslagen zu vereinfachen und die Vielfalt der Wirklichkeit auf den überschaubaren Ausschnitt einer einzigen, im Ergebnis fiktiven Person zu reduzieren.[19] »Der Mensch«, so hat es der 1933 von den Nazis ermordete Geschichtsphilosoph Theodor Lessing beschrieben, »ist geneigt, immer nur Endpunkte, Gipfel von Taten, Leistungen, Lebensläufen in Erinnerung zu behalten; er will sogar vor sich selber am liebsten Engel oder Teufel sein. Alles Mittlere, Mittelmäßige, woraus in bunter Mischung sein eigentliches Dasein gewoben und worauf es angewiesen ist, sinkt schnell wieder in den Abgrund der Vergessenheit.«[20] Diese Reduktion bietet einen weiteren Vorteil: Sie verführt den Leser oder den Zuschauer, sich mit dem großen Einzelnen – »als Engel oder Teufel« – zu identifizieren. Biographien dienten daher in Deutschland bis 1945 vor allem dazu, von Staat und Gesellschaft erwünschte patriotische und soldatische Tugenden zu verbreiten sowie Gehorsam und Pflichterfüllung gegenüber der Obrigkeit zu predigen.[21] Und es verwundert nicht, daß Pädagogen und Didaktiker seit den sechziger Jahren im Gegenzug vor allem diese deutsche Tradition in Schulen und Erziehung abzuschaffen versuchten.[22] Bleibt als letzter Grund für die

Attraktivität der Biographie ihre Fähigkeit, der Geschichte ihre Besonderheit zu nehmen – ihren Platz im Zeitgefüge, ihren Charakter als das Vergangene. Biographische Geschichtsschreibung präsentiert Menschen mit Emotionen und Schicksalen, in die wir uns einfühlen können, stellt Nähe her, vernichtet die Distanz und nivelliert das uns Fernliegende. »Der Vorteil ist«, so hat ein italienischer Kunsthistoriker pointiert formuliert, »daß man ihr damit all ihre Verschiedenheit austreibt: man macht sie zu einem Ort der Unterhaltung, zu einem Ziel von Touristen und Schulausflügen – das Allergrößte ist dann, das schon Bekannte wiederzufinden.«[23] Für die Beschäftigung mit der Geschichte Nazideutschlands hat das besonders fatale Folgen: Sie verliert den Schrecken und die Einzigartigkeit, den der Zivilisationsbruch des Holocaust und des Vernichtungskrieges bedeutet, sie wird zur harmlosen Geisterbahn, zu einem Arsenal von Stories und Legenden. Nichts hindert mehr, aus Hitler eine »Ikone der Unterhaltungsindustrie« zu machen.[24] Er ist längst, was Padover nicht ahnen konnte, zum Superman Numero zwei geworden.

»Die moderne Mediengesellschaft«, so die ernüchternde Bilanz von Eric Hobsbawm, dem Doyen der internationalen Historiographie, »hat der Vergangenheit zu einer beispiellosen Bedeutung und einem enormen Marktpotential verholfen. Heutzutage wird mehr Geschichte denn je von Leuten umgeschrieben oder erfunden, die nicht die wirkliche Vergangenheit wollen, sondern eine, die ihren Zwecken dient. Wir leben heute im großen Zeitalter der historischen Mythologie.«[25]

Im folgenden werden einige dieser Mythologen vorgestellt, aber man wird auch Gegenreden hören, die das Bruchstückhafte, das Widersprüchliche, das Fremdartige und Unverständliche von Geschichte behaupten. »Vergangenheit«, so Hobsbawm, » bleibt ein anderes Land. Ihre Grenzen können nur von Reisenden überschritten werden.«[26]

1. KAPITEL

DER UNTERGANG

Wie ein Film die Geschichte Nazideutschlands
auslöscht und neu erfindet

Eines der ersten Bücher über das untergegangene *Dritte
Reich* war zugleich eines der brillantesten, das über diesen
Gegenstand verfaßt wurde. Die Rede ist von Hugh R. Trevor-Ropers Anfang des Jahres 1947 publiziertem Buch
Hitlers letzte Tage, dem Bericht über das Ende im Bunker unter der Neuen Reichskanzlei. Ein halbes Jahr später lag das
Buch in einer deutschen Übersetzung vor, im Schreib-
maschinensatz gesetzt und in 800 Exemplaren im Verlag des
Spiegel gedruckt.[1] Trevor-Roper hatte im Auftrag der britischen Armee schon im Sommer 1945 begonnen, die Umstände von Hitlers Tod zu untersuchen, und konnte sich dabei auf Erinnerungen von Augenzeugen stützen, die wegen
des geringen Abstandes von den Ereignissen relativ frisch
und aufgrund des Schocks der Niederlage ziemlich unver-
stellt waren. Schon das verhalf dem Bericht zu einer außergewöhnlichen Authentizität. Dazu kam, daß Trevor-Roper
als einer der ersten eine ungewöhnlich treffende Analyse des
Dritten Reiches unmittelbar nach dessen Untergang lieferte
und mit den Porträts von dessen wichtigsten Akteuren dem
deutschen Publikum erstmals einen schonungslosen Blick
auf die Chefetage ermöglichte. Keine der folgenden Publikationen zum Thema hat diese Dichte und Aussagekraft je
wieder erreicht.[2] Auch nicht die zuletzt vorgelegte Skizze
des Publizisten Joachim Fest, der das Schlußkapitel seiner
Hitler-Biographie weitergeschrieben hat.[3] Statt des pathetischen Titels *Götterdämmerung* heißt es jetzt im neutralen
Berichtston *Der Untergang*. Dieser Text hat dem Produzen-
ten Bernd Eichinger den Stoff für einen Film und die Vorlage
für dessen Drehbuch geliefert.

Sein Film *Der Untergang* erzählt die Geschichte der letzten zwölf Tage des *Dritten Reiches*, allerdings zentriert auf einen Tatort – Berlin. Übertags, in den Straßen der Reichshauptstadt, eher assoziativ, episodenhaft, ohne eine durchgehende persönliche Geschichte, der Häuserkampf der Rotarmisten auf dem unaufhaltsamen Weg zum Sieg und der Kampf der Bevölkerung ums nackte Überleben. Untertags, im Führerbunker, das Drama eines berstenden, aber in der Person Hitlers noch immer allmächtigen Regimes: Der Abschied des Hofstaats und dessen Flucht aus Berlin, der Versuch der allerletzten militärischen Entlastungsoperationen, der Glaube an den Endsieg und die schiere Verzweiflung, der angebliche Verrat Himmlers und Görings und die Kapitulation des *Führers*, dessen Heirat und Selbstmord, das Ende der Familie Goebbels, der Ausbruch der restlichen Bunkerbesatzung in Rettung, Gefangenschaft oder Tod.

Der Film ist kein Gegenstück zu Stanley Kubricks oder Steven Spielbergs dokumentarischen Kinodramen *Private Ryan* oder *Schindlers Liste*, sondern ein Melodram. Wie in diesem Genre üblich, besteht die Welt aus einer Handvoll Schurken und der Masse der Anständigen und Sympathischen. Zur ersten Gruppe gehören Hitler und Goebbels, zur zweiten der Rest der Bunkerbesatzung und die Berliner Bevölkerung. Diese Aufspaltung in gute und böse Deutsche, in eine Handvoll Schuldige und Millionen Schuldlose überrascht angesichts der Ergebnisse der Geschichtsschreibung über das *Dritte Reich*. Aber diese Sichtweise ist keine Erfindung des Filmproduzenten und Drehbuchschreibers Bernd Eichinger. Sie greift zurück auf eine Erzähltechnik, die eigentlich als längst überholt galt.

In den fünfziger und sechziger Jahren gab es drei klassische Manöver, mit denen die Deutschen versuchten, die Geschichte der Nazizeit umzudeuten und sich damit vom Hals zu schaffen. Zunächst wies man darauf hin, daß man von den Verbrechen in den KZ und von der Ermordung der Juden nichts gewußt habe. Dabei hieß alles, was mit der Judenverfolgung zu tun hatte, immer nur – Auschwitz. Wenn das nicht ausreichte, die Selbstzweifel oder das Nachfragen zu ersticken, trennte man die ehemalige Volksgemeinschaft in Gute und Böse: Der Masse der guten Deutschen, zu denen per se die 19 Millionen Wehrmachtssoldaten mit ihren Familien und natürlich man selber gehörten, wurde ein kleiner, böser Rest gegenübergestellt – Hitler und seine Helfer. Meist wurde das mit einer dritten Entlastungsoperation kombiniert, die Nachsicht oder sogar Mitleid versprach: man habe mit den Nazis nichts zu tun gehabt, sondern sei selber Opfer geworden, zuerst des Versailler Diktats, dann von Inflation und Weltwirtschaftskrise, der Versprechungen und des Terrors der Nazis, schließlich der Einwirkungen und Folgen des Krieges: der Verwundungen und der Todesgefahr an der Front, der Bombenangriffe in der Heimat, der Siegerjustiz, der Gefangenschaft, von Flucht und Vertreibung.

Die Guten und die Bösen

Die klassische Vorlage für das Entlastungsmanöver der mehrheitlich guten und der wenigen bösen Deutschen mit Hitler an der Spitze lieferte der 1952 veröffentlichte Bestseller *Die unsichtbare Flagge*.[4] Es waren Erinnerungen von der Ostfront, aufgezeichnet von dem ehemaligen Stabsarzt der Wehrmacht Peter Bamm. Ihm und Millionen deutscher Soldaten, die unter der unsichtbaren Flagge der Humanität dienten, stand eine Clique von Verbrechern gegenüber, die im Hintergrund wirkten und für alle Untaten verantwortlich gewesen waren – die Angehörigen der SA, der SS, des SD, der Gestapo und der NSDAP. Bamm nannte sie in seinem Buch nur »Die Anderen«. An der Spitze der *Anderen* stand »der primitive Mann«, dem der »kleine Mann« seine Intelligenz zur Verfügung stellte, und beide hatten »das primitive Reich« fest im Griff.[5] Unter diesen dunklen Decknamen verbargen sich – sieben Jahre nach dem Untergang des Dritten Reiches – Hitler, Goebbels und Nazideutschland.

Der Untergang hält sich an dieses Schwarzweiß-Schema aus den fünfziger Jahren, und er folgt auch der Diagnose des Chefarztes Dr. Bamm. Für ihn waren die Nazis »klinische Fälle«: Hitlers Symptome verwiesen auf den Typ des »Hysterikers« und »schizoiden Fanatikers«.[6] Das letztere hätte er vermutlich auch in die Krankenakte von Goebbels eingetragen, während dessen Frau Magda – im Schock erstarrt – mit der Diagnose »verrät autistisch-wahnhafte Züge« bedacht worden wäre. Auch das Lynchkommando, das in der Trümmerwelt über Tage wahllos *Verräter* liquidiert, hätte in dieses Schema gepaßt. Beim Rest der handelnden Personen, drinnen wie draußen, funktionieren Wahrnehmungsvermögen und Handlungsfähigkeit, Emotionalität wie soziales Verhalten sind normal – alles Vertreter des Realitätsprinzips gegenüber den wenigen, die zwar noch die Macht haben, aber alle Zeichen einer schweren pathologischen Störung aufweisen.

Einige aus der Masse der Guten und Gesunden wirken besonders sympathisch:

– Ernst Günther Schenck, der sein hohes Amt als Ernährungsinspekteur vergißt und das Naheliegende tut: Alte und Kranke aus dem Feuer holen, Verwundeten als Arzt beistehen, verzweifelte SS-Männer vom Selbstmord abhalten;

– Albert Speer, der für Magda Goebbels tröstende Worte findet und, wie ein wirklicher Freund, seinem *Führer* die Treue hält, ohne dem Irrsinn von dessen Verbrannte-Erde-Befehl sklavisch zu folgen;

– General Helmut Weidling, Kampfkommandant von Berlin, der zum Halten der Front entschlossen ist, aber seine Männer nicht verheizt, der seinen Kopf riskiert und Hitler widerspricht;

– der SS-General Wilhelm Mohnke, der das Regierungsviertel verteidigen soll und mit Goebbels wegen des verantwortungslosen Einsatzes von waffenlosen Halbwüchsigen und mit Hitler wegen der beim Häuserkampf zu erwar-

tenden hohen Verluste der Zivilbevölkerung aneinander-
gerät;

– überhaupt die Militärs: Keitel und Jodl, die das Oberkommando der Wehrmacht (OKW) und einen Typ von Befehlshaber repräsentieren, für den Armeen keine mal hierhin
und mal dahin zu verschiebenden Sandkastenfiguren sind
und der sich für Leib und Leben der ihm anvertrauten Soldaten verantwortlich fühlt; aus diesem Geist widersetzen sie
sich Hitlers Geisterbefehlen im Kampf um Berlin;

– selbst noch Himmlers Adjutant Fegelein, ein intriganter und gefährlicher Typ, wirkt durch seinen Entschluß, sich
abzusetzen noch irgendwie sympathisch;

– Hitlers Geliebte Eva Braun ist gewiß keine emanzi-
pierte Frau, aber sie überzeugt uns durch ihre Natürlichkeit
und ihren Frohsinn;

– und die Chefsekretärin Traudl Junge, das bedarf keiner
Erwähnung, gewinnt unser Herz sofort und im Sturm, ein
Gefühl, in das wir auch später den von seinem kindlichen
Größenwahn geheilten und durch das Lynchkommando zur
Vollwaise gewordenen Hitlerjungen Peter mit einschließen.

Die Auslöschung der Geschichte

Bei näherem Hinsehen zeigt sich, daß der Produzent Bernd
Eichinger mit seinem Regisseur Oliver Hirschbiegel[7] unsere
Sympathien in den meisten Fällen durch einen billigen, aber
folgenschweren Trick erschwindelt haben: Alle diese hoch-
dekorierten oder mit Ministerämtern betrauten Sympathie-
träger erscheinen auf der Bühne der letzten zwölf Tage als
geschichtslose Figuren.

– Der Filmheld Schenck, der wie Peter Bamm unter der
unsichtbaren Flagge der Humanitas agiert, war im wirklichen Leben ein fanatischer Nazi, der als Arzt, Forscher und
Hochschullehrer eine maßgebliche Rolle in der NS-Gesund-
heitspolitik spielte. Seine Karriere machte einen Sprung,

15

seitdem er auf einer Plantage im KZ Dachau und im Versuchslabor des KZ Mauthausen mit Häftlingen erfolgreich Ernährungsexperimente durchführte. Mehr als hundert seiner Versuchspersonen sollen dabei umgekommen sein. Die SS ernannte ihn 1940 zu ihrem »Ernährungsinspekteur«. Als der ehemalige SS-Standartenführer 1955 aus der sowjetischen Kriegsgefangenschaft zurückkehrte, wurde ihm wegen seiner Menschenversuche vom Bayerischen Kultusministerium eine Fortsetzung seiner Tätigkeit als Universitätsprofessor untersagt. In seinen Memoiren, auf die sich der Film stützt, hat Schenck seine Rolle im *Dritten Reich* verschwiegen.[8]

– Der Hitlerfreund Speer, bei seinen Bunkerbesuchen in Zivil und durch und durch Bürger, so als wäre er schon aus dem Dritten Reich ausgestiegen, war alles andere als ein unpolitischer Fachmann und honoriger Gentleman.[9] Als Architekt der Führerhauptstadt *Germania* war er verantwortlich für die forcierte »Entjudung« Berlins und in dieser Eigenschaft an der Deportation der Berliner Juden maßgeblich beteiligt.[10] In seiner Rolle als Rüstungsminister fungierte er als der Planungsbevollmächtigte und Geldgeber für alle KZ-Bauten inklusive der Erweiterungsbauten im Vernichtungslager Auschwitz.[11] Er dirigierte im Herbst 1944 in seinen Fabriken und an seinen Baustellen 8 Millionen Zwangsarbeiter und mehr als eine halbe Million KZ-Häftlinge. Deren mörderische Lebensverhältnisse waren ihm aus eigener Anschauung wie aus den Berichten seiner Mitarbeiter bekannt.

– Keitel und Jodl, die sich unter der Last der Verantwortung so schwer über die Lagekarten beugen und versuchen, zu retten, was zu retten ist, waren seit 1938 – der eine als Chef des OKW, der andere als Chef des Wehrmachtsführungsstabes – seine engsten militärischen Mitarbeiter. Als führergläubige Jasager gehörten sie zu den Scharfmachern in der Wehrmacht: Fast alle verbrecherischen Befehle dieses Krieges – der *Erlaß zur Ausübung der Kriegsgerichtsbarkeit*, der *Kommissarbefehl*, der Befehl zur *Bandenbekämpfung*, der

Nacht-und-Nebel-Erlaß – trugen Keitels Unterschrift, und Jodl wirkte mit, daß sie zustande kamen.[12] Völlig zu recht saßen sie im Nürnberger Prozeß gegen die Hauptkriegsverbrecher auf der Anklagebank und wurden hingerichtet.[13]

– Wilhelm Mohnke war SS-Gruppenführer der *Leibstandarte Adolf Hitler*. Diese Einheit wurde 1933 gegründet und war nicht einfach nur ein »Eliteverband«, sondern die Prätorianergarde des Regimes. Sie war maßgeblich an der Ermordung des Stabschefs der SA Ernst Röhm und fast der gesamten SA-Führung beteiligt.[14] Ab 1939 wurde sie – wie die übrigen inzwischen aufgestellten Einheiten der Waffen-SS – an allen Fronten eingesetzt und war wegen ihrer Tapferkeit berühmt, aufgrund ihrer Verbrechen an Kriegsgefangenen und Zivilisten aber auch berüchtigt. Schon in Polen erschoß sie vom ersten Kriegstag an bei jedem Verdacht auf Widerstand die Einwohner ganzer Dörfer – Männer, Frauen und Kinder.[15] Während für andere Waffen-SS-Einheiten auch damals schon die Erschießung von Juden nachgewiesen ist,[16] existieren solche Belege für die *Leibstandarte* erst aus der Zeit ihres Vormarsches in der Sowjetunion:[17] In der zweiten Oktoberhälfte 1941 unterstützte sie z. B. das Sonderkommando 10 a bei der Erschießung von etwa 10 000 Juden in den von ihr eroberten ukrainischen Städten Mariupol und Taganrog.[18] Wie bei der Waffen-SS üblich, wurden auch bei der *Leibstandarte* Gefangene nicht gemacht.[19] General Wilhelm Mohnke gehörte der Einheit seit ihrer Aufstellung 1933 an.

– Und Fegelein, Himmlers Adjutant und Schwager der lebenslustigen Hitler-Intima Eva Braun, der als Quasi-Deserteur eine kurze Auszeit aus dem Wahnsinn nimmt und dafür erschossen wird, war in seinem früheren Leben einer der effektivsten Massenmörder unterm Totenkopf: schon im August 1941 ermordete seine Einheit, die SS-Kavalleriebrigade, in den Pripjetsümpfen im Süden Weißrußlands 14 000 Juden – Männer, Frauen und Kinder – als »Plünderer«, wie Himmlers Vorgabe und der Eintrag in den Militärakten lautete.[20]

So wie diese ausgewählten Schicksale der prominenten Akteure ließe sich für jeden der unbekannteren Bunkerinsassen eine Biographie rekonstruieren. Sie alle führen mitten hinein in die Faszination und die Verbrechen des *Dritten Reiches*. Selbst die Funker und Kammerdiener gehörten zumindest der SS an.[21] Und die Sekretärin Traudl Junge war nicht die einzige, die Hitler »zutiefst mochte« und ihn zeitlebens ihren »besten Chef« genannt hat.[22] Alle Bunkerinsassen hatten ihre Nazigeschichte.

Aber Eichinger beläßt es nicht dabei, den Personen diese Geschichte zu nehmen und sie so von Verbrechern, Tatbeteiligten, Mitwissern zu Biedermännern umzuschminken. Er verwandelt das Bunkerensemble auch in einen Haufen von Quietisten: Die Geschichtslosen werden zu Tatenlosen, ausgeliefert einem Geschick, dem sie nicht entrinnen können.

– Keitel und Jodl waren nicht, wie der Film glauben macht, die realitätstüchtigen Strategen einer flexiblen Verteidigung, die bei den Lagebesprechungen gegen Hitlers Realitätsverlust opponierten und dabei scheiterten. Sie hatten, als Verantwortliche an der Spitze des OKW, in den letzten Kriegsmonaten dafür gesorgt, daß Hitlers mörderische »Strategie der Selbstvernichtung« in Durchhaltebefehle und Terrormaßnahmen umgesetzt wurde.[23] Jetzt, im April, bestand ihre Hauptaufgabe darin, trotz brechender Fronten und zurückgehender Truppen den Krieg in Gang zu halten. Nach den täglichen Lagebesprechungen im Bunker gaben sie von ihrem Hauptquartier in Zossen bzw. Krampnitz bei Berlin die Anordnungen des *Führers* an zwei ausgelagerte Oberkommandos weiter – an den im Einsatzraum Süd befehlsgebenden Generalfeldmarschall Kesselring und an Großadmiral Dönitz, dem der Einsatzraum Nord unterstand.[24] Keitel begab sich persönlich am 22. April zum Befehlsstand von General Wencks 12. Armee, um diesen anzutreiben, »den Führer herauszuhauen« und damit »Deutschland zu retten«.[25]

– Der im Film als Privatmann und Menschenfreund auftretende Speer, der kurz im Bunker vorbeischaut, um Abschied vom Chef zu nehmen, sorgte in Wirklichkeit dafür, daß die Rüstungsmaschine auf vollen Touren und, trotz der sich dramatisch verschlechternden Frontlage, bis zum bitteren Ende lief: erst wenn der Feind die Produktionsanlagen erreicht hatte, durften diese »gelähmt« werden.[26] Und er setzte sich nicht ein für die Beendigung des Krieges: Noch Mitte März hatte er in einer Denkschrift Hitler davon überzeugt, für den Endkampf alle verfügbaren Kräfte an Rhein und Oder zu massieren[27], und zugleich seinem Freund und *Führer* versichert, daß er als Minister für Rüstung und Kriegsproduktion alles tun werde, »um den Widerstand auf das Äußerste zu steigern«[28].

– Bormann, Hitlers berüchtigter Schatten, der im Film unerkannt, als harmloser Statist herumlungert und gerade einmal drei Sätze sagen darf, unterstützte diesen apokalyptischen Wahnsinn mit der ihm eigenen Durchsetzungskraft. Nur noch die Partei, so sein Credo, könne Deutschland retten. Er verlegte den Befehlsstand der Parteikanzlei in eine neben dem Führerbunker gelegene und mit diesem verbundene eigene Bunkeranlage. Im März ließ er sich, um die *Kampfmoral* der Fronttruppen zu stärken, die NS-Führungsoffiziere unterstellen und beauftragte die Amtsträger der Partei, dafür zu sorgen, daß »versprengte« Soldaten, zu neuen Einheiten zusammengefaßt, wieder in den Kampf geschickt wurden.[29] Gleichzeitig kümmerte er sich darum, daß die im Krieg mit weitreichenden staatlichen Funktionen versehene Parteimaschine auch an der Heimatfront zum radikalen Vollstrecker des Endkampfes wurde – mit Standgerichten, Einsätzen von Volkssturm und HJ, Ausrufung von Städten zu Festungen usw. Ein von ihm geleiteter »Sondereinsatz der Parteikanzlei in frontbedrohten Gebieten« entsandte – in Zusammenarbeit mit dem OKW – eigens ausgesuchte und geschulte »fanatische Nationalsozialisten« in den Westen und Süden Deutschlands, um der dort besonders häufig anzutreffenden Kapitulationsbereitschaft »mit der notwendigen Härte« und notfalls mit »der gerechten Bestrafung«

entgegenzuwirken.[30] Nachdem Göring sich am 22. April angemaßt hatte, Hitlers Nachfolge anzutreten und Himmlers
geheime Kontakte mit den Westmächten bekanntgeworden
waren, organisierte er die Ausschaltung der Abtrünnigen.
Noch am 29. April erging aus dem Bunker sein Befehl an
den für den Einsatzraum Nord verantwortlichen Admiral
Dönitz, »gegen alle Verräter blitzschnell und stahlhart vorzugehen«[31]. Es gab im Bunker nur noch einen, der ähnlich
rastlos und energisch agierte – Goebbels.

– Der Mann, dessen geniale Propaganda Hitler zum *Führer* gemacht und der jetzt endgültig zu dessen wichtigstem
Berater geworden war, scheint im Film vor allem mit Mord
und Selbstmord beschäftigt zu sein. Aber Goebbels war immer noch der für die Zivilverteidigung zuständige Gauleiter
der Reichshauptstadt und der Chef des bis zuletzt allmächtigen Propagandaapparates. Wie er schon im Februar/März
die eingeschlossenen Städte Königsberg und Breslau zu
»Bollwerken gegen den Bolschewismus« erklärt hatte,[32] so
wurde jetzt Berlin zum Ort der schicksalhaften Entscheidung ausgerufen: In einem über Radio verbreiteten Aufruf
an die Bevölkerung teilte er am 23. April mit, daß sich der
Führer in der Reichshauptstadt befinde und den Oberbefehl
über »alle zur Verteidigung Berlins angetretenen Kräfte übernommen« habe. Am selben Tag ließ er die erste Nummer der
Flugblattzeitung *Der Panzerbär* drucken, in der er zur Lynchjustiz gegen alle »Verräter« aufrief.[33] Über einen am Stadtrand
von Berlin installierten Geheimsender hetzte er die von ihm
und Bormann gegründete Aktion *Werwolf*, eine aus fanatisierten Hitlerjungen bestehende »Partisanenbewegung«, in
einen verzweifelten Kampf hinter den feindlichen Linien.[34]
Auch an den eigenen Fronten sorgte er für die entsprechende
Nibelungenstimmung. Am 28. April meldete der von ihm
mitredigierte *Wehrmachtsbericht*, daß der Feind im Westen
»in breiter Front« zurückgeworfen worden sei und in einem
in der neueren Geschichte »einmaligem grandiosem Ringen«
die Reichshauptstadt Berlin verteidigt werde.[35]

Alle diese Personen repräsentierten das *Dritte Reich* und dessen wichtigste Institutionen – die Reichsregierung, die Wehrmacht, die SS und die Partei. Alle standen sie fest an Hitlers Seite und kämpften, auch als sich die Macht in eine Betonhöhle zwölf Meter unter der Erde zurückgezogen hatte und das Großdeutsche Reich nur noch aus einem schmalen Streifen Land zwischen zwei Flußläufen bestand, fanatisch für den Erhalt einer Fiktion von Macht und Größe.

Das Wunder von Berlin

Die Welt, in die uns Deutschlands erfolgreichster Filme-macher mit seinem medialen Großeinsatz führt, ist nach dem einfachen Modell – hier die Masse der guten Deut-schen, da die wenigen Bösen unter dem satanischen Kom-mando Hitlers – konstruiert. Der Film zeigt uns den Unter-gang der Bösen. Allerdings gibt es einige bemerkenswerte Unterschiede zu Peter Bamms Erinnerungsbuch aus den fünfziger Jahren. Sie lassen die Anstrengungen erkennen, die der Film, angesichts einer umfangreichen kritischen Litera-tur zu Nazideutschland und dessen Verbrechen, unterneh-men mußte. Der ehemalige Stabsarzt der Wehrmacht Bamm konnte die Kenntnis dieser Verbrechen bei der Mehrzahl sei-ner Leser voraussetzen. Seine Rechenschaft über die Jahre 1941 bis 1945 versuchte, in einem Akt schweigender Kom-plizenschaft, die böse Wahrheit des Vernichtungskrieges un-ter einer »guten Geschichte«, reich an feinen Anekdoten und gespickt mit persönlichen Erlebnissen, fast verschwin-den zu lassen. Zwischen den Zeilen und in seltenen selbst-kritischen Andeutungen war der wirkliche Sachverhalt des versuchten Völkermords an Juden und slawischen *Unter-menschen* wie bei einer Zaubertinte zu ahnen. Eichinger, in-dem er sich für den knappen Ausschnitt von zwölf Tagen und eine komplette Geschichts- und Tatenlosigkeit seiner Figuren entscheidet, löscht die Geschichte des *Dritten*

21

Reiches aus. Er scheint uns leere Blätter zu präsentieren, bestenfalls Projektionsflächen für vage Phantasien und Assoziationen, keinesfalls jedoch Deutungen oder gar Bewertungen. »Ich glaube«, verkündet uns stolz der Urheber dieses bewußt herbeigeführten Absturzes unseres bisherigen Sinn- und Bildgedächtnisses, »wenn der Film einen Wert hat, dann ist es der, daß er keine Wertung hat.«[36]

Natürlich ist das blanker Unsinn und eine Roßtäuscherei dazu. Schon die Charaktere, die Eichinger uns präsentiert, verraten, indem er sie von fanatischen oder opportunistischen Nazis in anständige bis heldenhafte Ehrenmänner umschminkt, seinen interpretierenden Eingriff und eine die Vorzeichen verändernde, massive Bewertung. Das Ergebnis ist die Verwandlung der Chefetage des Dritten Reiches in ein einziges Widerstandsnest. Dieses völlig neue Bild stützt Eichinger, indem er den Abstand des Zuschauers zur Vergangenheit rasant verkürzt. Während in Peter Bamms Bestseller Hitler und sein luziferisches Personal nur unter Decknamen auftraten, darf der Zuschauer jetzt, als ob der böse Zauber an gefährlicher Kraft verloren habe, ganz nah herantreten: Wir schauen Satan beim Essen und beim Ankleiden zu, bei plötzlichen Wutausbrüchen und charmantem Chefgeplauder, bei Anfällen von Hoffnungslosigkeit und schließlich beim tapferen Sterben. Die Intimisierung macht uns zu Mitwissern: So und nicht anders muß die Geschichte abgelaufen sein. Ab jetzt ist jeder ein Zeitzeuge. Joachim Fest, der Geburtshelfer, ist begeistert, als er Bruno Ganz zum ersten Mal auf der Leinwand sieht: »Das ist Hitler.«[37] Selbst gestandene Wissenschaftler wie der Hitlerbiograph Ian Kershaw vergessen alle Professionalität und rasten förmlich aus: »Die makabre, unheimliche Atmosphäre im Bunker wird wunderbar eingefangen.« Oder: »Bruno Ganz beherrscht die Stimme Hitlers fast vollkommen, es klingt erschreckend echt.«[38] Daß ein Mitarbeiter des renommierten Münchner Instituts für Zeitgeschichte den Film wissenschaftlich betreut hat, gibt dem Ganzen endgültig die TÜV-Plakette »glaubwürdig«.[39]

Dieser Eindruck des Authentischen – daß es so gewesen ist – wird verstärkt durch eine Sentimentalisierung des Geschehens. Die Personen erscheinen nicht mehr als Vollstrecker eines Projekts der Welteroberung oder der Judenausrottung, sie treten nicht auf als Vertreter eines deutschnationalen Chauvinismus oder eines rassistisch fundierten Herrenmenschentums, sie präsentieren sich schlichtweg als Menschen, die in eine ausweglose Situation geraten sind und darauf je nach Charakter reagieren: mit vernünftigen Vorschlägen, durch waghalsige Spekulationen auf Rettung, indem sie auch auf verlorenem Posten ausharren, mittels Vergessen im Alkohol, durch Flucht aus dem Bunker. Die Akteure zeigen Gefühle, und sie lösen beim Zuschauer Gefühle aus: Rührung oder Schrecken, Mitleid oder Ablehnung, immer aber Anteilnahme. Diese durch Einsatz aller filmischen Mittel – Wechsel der Schauplätze, Einsatz der Schauspieler, Tempo der Szenen, Dramatik der Musik, Rasanz der Schnitte – erreichte Sentimentalisierung erlaubt etwas, was Wissen nicht bieten kann: persönliche Nähe und emotionale Identifikation.

Der Umbau von Geschichte zu einer Bühne der Gefühle ist nur möglich, weil aus einem historischen Ereignis – aus der Niederlage Nazideutschlands und dem Untergang des *Dritten Reiches* – eine »Tragödie« gemacht wird.[40] Der Ring um Deutschland hat sich geschlossen, Berlin ist ein Kessel, der Bunker hat sich in Etzels Burg verwandelt, in dem die Nibelungen, in der Feuerlohe und unterm Schwerthagel der Hunnen, ihr unausweichliches Ende erwarten. Hagen hat das angerichtet, und Krimhilds Rache war die Antwort. So hätte sich Goebbels das Drehbuch vorgestellt. Das Exposé dafür hat er in letzten Artikeln und Radioansprachen, in seinen Tagebucheinträgen und in seinem politischen Testament geliefert. Eichinger hat sich für eine Variante entschieden. Das Schicksal, das seine Nibelungen bedroht, ist ein doppeltes. Es sind nicht nur die Horden der Roten Armee, die ihre tödliche Präsenz mit Bomben und Granaten ankündigen, bis sie dann selbst als trunkene Sieger auf der Bildfläche erscheinen. Das Schicksal trägt auch einen zweiten Namen – Hitler. Sein Wahnsinn, abzulesen an seinen Befehlen wie an seinem Verhalten, hat diese Lage geschaffen. Seine Macht und seine Magie, der alle unterworfen und von der alle immer noch gebannt sind, droht nun auch alle in den Untergang zu reißen. Da er nur von Anständigen, aber Schwachen umgeben ist und es keinen Gegenspieler gibt, der ihn zwingen oder erschießen könnte, um die weiße Fahne über dem Bunker aufzuziehen und Deutschlands Kapitulation zu verkünden, kann nur ein Wunder die Rettung bringen.

Gegen das Urböse, verkörpert in der finsteren Unergründlichkeit Hitlers und gedoppelt in dem barbarischen Kindermörderpaar Goebbels, vermag nur die Reinheit eines menschlichen Herzens zu siegen. Es gehört einer schönen jungen Frau mit entweder strahlenden oder feuchten blauen Augen. Sie hat uns von Beginn an als Erzählerin bei der Hand genommen und durch die unterirdische Welt geführt.[41] Diese schweigende Instanz der Gefühle beurteilt stellvertretend für uns, die Nichtdabeigewesenen, das Geschehen. Über Wissen verfügt Traudl Junge nicht, auch zu einem Gewissen, einem kurzen selbstkritischen Blick, kommt sie erst jenseits des Films – im Abspann.[42] Gemeinsam mit ihr und dem geläuterten Hitlerjungen Peter erleben wir die Achterbahn der deutschen Geschichte – den »Zusammenbruch« im Bunker wie im Kessel Berlin und die »Befreiung« von den Russen. Als sie beides hinter sich haben und ein wunderbares Licht auf ihren Weg fällt, wird uns klar, daß die Regie in Gestalt dieser beiden Helden nicht nur ein schönes Bild von unschuldig gebliebener Jugend und daher verdientem Neuanfang anstimmt, sondern auch die gut überlegte Botschaft mitliefert, daß man ohne etwas von dem Massenmörder Hitler zu wissen oder von Hitlerdeutschland verstanden zu haben, die Zukunft gewinnen und mitgestalten kann. Das war das Wunder von Berlin. Einige Jahre später wird sich in anderer Gestalt und an anderem Ort das

Ereignis wiederholen. Diesmal heißt es *Das Wunder von Bern*. Nicht zufällig haben Sönke Wortmanns gleichnamiger Film und Bernd Eichingers *Untergang* im selben Jahr die Gründungsmythen der Bundesrepublik Deutschland nachzuerzählen versucht. Mythen stifteten für Naturvölker in vorwissenschaftlichen Zeiten Sinn und Zusammenhalt. Heute sind sie nur um den Preis der Umdeutung von Geschichte und der Verleugnung der Schuld zu haben.

Die neue Freiheit

Maßgeblich verantwortlich für das Löschen aller historischen Daten und jeglicher moralischen Verantwortung ist der Autor, dessen Buch *Der Untergang* dem Film den Titel und dem Drehbuch die Vorlage geliefert hat – Joachim Fest, zwanzig Jahre lang Mitherausgeber der *Frankfurter Allgemeinen Zeitung* und seit Jahrzehnten einer der einflußreichsten Publizisten der Bundesrepublik. Er beschreibt Hitler als den »Mann aus dem Nirgendwo, der dabei war, unter Hinterlassung einer Riesenspur von Trümmern jeglicher Art ins Nichts zu entschwinden«.[43] Und zu dem Volk, das ihm spätestens seit 1940, dem Sieg über den Erzfeind Frankreich, in seiner überwältigenden Mehrheit gefolgt war, bemerkte er lapidar:

»Auch die Deutschen, [...] sind in den Ermächtigungen, die sie dem Regime erteilten, keiner Idee gefolgt. Zu Hitler fiel ihnen tatsächlich, einem weitverbreiteten Wort der Zeit entsprechend, nichts ein. [...] Was die Mehrheit mitnahm, überwältigte und allzulange im Bann hielt, war einzig Hitler selber, wie wenig geheuer er vielen auch zuzeiten erschien.«[44] Das »weitverbreitete Wort der Zeit« stammte von dem jüdischen Schriftsteller Karl Kraus und meinte, daß es zur Bewertung der Figur Hitlers keiner Debatten mehr bedürfe. Hannah Arendt, die, aus Deutschland vertrieben, erstmals von November 1949 bis März 1950 ihre ehemalige

25

Heimat wieder besuchte, hat bei ihren Begegnungen und Gesprächen mit Deutschen offensichtlich erfahren müssen, daß diese von der Klarheit des Krausschen Urteils weit entfernt waren und sich in mannigfachen Ausreden zu rechtfertigten suchten.[45] Später ist sie in einem Gespräch mit Günter Gaus auf diese schockierende Erfahrung noch einmal zurückgekommen und hat dazu bemerkt: »Sehen Sie, daß jemand sich gleichschaltete, weil er für Frau und Kind zu sorgen hatte, das hat nie ein Mensch übelgenommen. Das Schlimme war doch, daß sie dann wirklich daran glaubten. [...] Aber das heißt doch: zu Hitler fiel ihnen etwas ein, und zum Teil ungeheuer interessante Dinge.«[46]

Wenn Hitler, aus der fernen Galaxis der Universalgeschichte kommend, wieder im Nichts eines galaktischen Lochs verschwindet und die Taten der Deutschen nichts anderes waren als die Zuckungen unter Einfluß einer hypnotischen Überwältigung oder eines schwarzmagischen Banns, dann kann über Gut und Böse, Täter und Opfer neu verhandelt werden. Die rechtsradikale *Junge Freiheit* hat es auf den Punkt gebracht: Eichingers Film *Der Untergang* bedeute einen »Gezeitenwechsel«, der »Horizonte öffnet«. Denn, wie die fünf Millionen zeigten, habe »ein Plebiszit« stattgefunden »gegen eine Vergangenheitsbewältigung, die von der Täter-Opfer-Pauschalierung lebt«.[47] Die Feuilletons der rechtskonservativen Blätter formulieren das ähnlich, nur etwas vornehmer. *Die Welt* begründete ihr hymnisches Lob so: »*Der Untergang* ist ein Zeichen der Emanzipation. [...] Das ordnet sich ein in einen allgemeinen Perspektivenwechsel, der etwa seit der Jahrhundertwende im deutschen Geschichtsbewußtsein stattfindet [....]. Flucht, Vertreibung und Bombenkrieg werden als Leidensgeschichte erinnert und der politischen Instrumentalisierung entrissen.«[48] Natürlich ist mit dieser Instrumentalisierung, wie Bernd Eichinger anderen Orts klarstellte, die Moral- und Gesinnungsdiktatur der 68er gemeint – »Man sollte die Moral einfach rauslassen. Die Moral hat noch niemandem gut getan.«[49] Die Emanzipation von den alten Schemata der Erinnerungskultur, das ist auch für die *Frankfurter Allgemeine Zeitung* das Surplus des Films. Frank Schirrmacher, der sein Blatt für Wochen zum PR-Organ des *Untergangs*-Projektes gemacht hatte, verkündete apodiktisch: »Eichingers Film *Der Untergang* ist ein Meisterwerk. Es fällt einem kein anderer Begriff ein. [...] Bernd Eichinger also hat geschafft, was vor ihm noch keinem gelang. Er hat Hitler ein zweitesmal erfunden. Er hat Hitler damit, so sonderbar es klingt, zum erstenmal kontrollierbar gemacht; zum erstenmal ist es möglich, Hitler in einen Kontext zu stellen, den er uns nicht postum vorschreibt [...]. Insofern, als Eichinger der erste Künstler ist, der sich von Hitler nichts mehr vorschreiben läßt, ist es ein Akt von Normalisierung.«[50] Sich freizumachen vom Diktat der Fakten und vom Kontext der Zeit heißt auch, die von der Geschichtswissenschaft gelieferten Befunde und was daraus folgt beiseite zu schieben. Das ist die neue Freiheit, von der Schirrmacher und viele andere träumen. Sie nennen es – Normalisierung.

2. KAPITEL

AN HITLERS HOF
Joachim Fest. Eine Karriere

Im Jahre 2004 veröffentlichte der Publizist Joachim Fest unter dem Titel *Begegnungen* eine Sammlung von Porträts »naher und ferner« Freunde.[1] Das Buch versammelt bekannte Namen wie die von Sebastian Haffner, Johannes Gross, Wolf Jobst Siedler, Rudolf Augstein, Golo Mann, Dolf Sternberger, Arnulf Baring, Hugh Trevor-Roper und als Gegenbild zu dieser Männerwelt die zweier eigenwilliger Frauen – Ulrike Meinhof und Hannah Arendt.[2] Was die Weggefährten verbunden habe, so der Autor, sei zunächst das Geburtsdatum gewesen – die Nazizeit, in der sie geboren bzw. durch die sie geprägt wurden –, dann aber auch eine Verwandtschaft in Haltung und Stil: »Skepsis« und »Zweifel« als Lebensprinzip, Verneinung allen »Ideologiewesens« und aller »utopischen Konstruktionen«, die Entscheidung für das »Bewahren« des Bestehenden oder Untergegangenen.[3] Daraus habe sich zwingend die Rolle des »Außenseiters« und »Einzelgängers« ergeben, die jeder mit »Contenance« und in »männlich gefaßter Haltung« gelebt habe.[4] Auch in ihrem Stil – einer »Mischung aus kalter Beobachtungsgabe und leidenschaftlicher Anteilnahme« – seien die Freunde erkennbar gewesen.[5] Noch deutlicher aber könne die innere Zugehörigkeit aus ihrer Frontstellung gegen die »politischen Modeströmungen« und den »korrumpierenden Zeitgeist« abgelesen werden[6] – gegen das »ideologische Rauschbedürfnis« und den »Zerstörungsdrang« der 68er-Generation wie gegen den von »Egalitarismus« und »Wohlstandsverwahrlosung« vergifteten Zustand der Bundesrepublik.[7] Gemeinsam sei ihnen allen auch das Interesse an der Geschichte gewesen – die Bewunderung für die großen Männer und die

Leidenschaft für »das Monströse«, »die Untergänge«, »die zwielichtigen Figuren«.[8]

Aus den Gesichtszügen und dem Stimmengewirr der Porträtierten würden sich, wie der Autor mit wohlkalkulierter Bescheidenheit eingesteht, »nicht zuletzt einige Striche zu einem Selbstporträt« formen.[9] In der Tat läßt sich in der Stilisierung des kalten Beobachters und skeptischen Solitärs eine gewisse Verwandtschaft zu Ernst Jünger erkennen. Aber bei aller Verehrung für den Moralisten ohne Moral, der durch die Schrecken des Jahrhunderts gegangen war, ohne von diesen kontaminiert zu werden, hat sich Fest bei ihm nur den Habitus als Kostüm ausgeliehen.[10] Die skeptische Generation der Nachkriegszeit hatte etwas anderes im Sinn, sie wollte eingreifen und mitgestalten. Fest begann als Vorsitzender der Jungen Union und als CDU-Abgeordneter in Berlin-Neukölln und wechselte dann aus der Politik in die Medien. Vom Sender RIAS-Berlin ging er 1961 zum NDR nach Hamburg, wurde Chefredakteur des Fernsehens und Leiter des damals wichtigsten deutschen Politmagazins *Panorama*. 1968 verließ er den Sender. 1973 übernahm er bei der *Frankfurter Allgemeinen Zeitung* die Leitung des Feuilletons und wurde Mitherausgeber des Blattes.[11]

Hitler. Eine Biographie

Als Fest 1973 seine opulente Biographie vorlegte, existierte bereits mehr als ein Dutzend ähnlicher Versuche, sich der Person des großen Weltzerstörers zu nähern. Mindestens drei davon verdienten die Bezeichnung wegweisend.[12] Wer erwartet hatte, der Autor würde sich eingangs, wie üblich, mit diesen Vorgängern auseinandersetzen und, in Abgrenzung von ihnen, den eigenen methodischen Zugang zum Gegenstand darlegen, sah sich enttäuscht. Statt dessen überraschte er das Publikum mit der Eröffnung: »Die bekannte Geschichte verzeichnet keine Erscheinung wie ihn; soll man

ihn groß nennen?«[13] Zehn Zeilen später schon war die Frage
entschieden – Hitler besitze aufgrund seines weltverändern-
den Alleingangs, der nur durch die Übermacht fast aller
Weltmächte gestoppt werden konnte, eine »eigentümliche
Größe«.[14] Denn er sei ein Revolutionär, größer als alle aus
der Geschichte bekannten gewesen, weil er seine Revolution
bis zum Ende beherrscht habe.[15] Und er sei ein Staatsmann
von historischer Bedeutung geworden, weil er unersetzlich
für sein Volk und ein Gegenstand der Phantasie seines Zeit-
alters gewesen sei.[16] Hitler habe, so zitiert er Jacob Burckhardt, einen Willen repräsentiert, der über das Individuelle
hinausgegangen sei: »Die Geschichte liebt es bisweilen, sich
auf einmal in einem Menschen zu verdichten, welchem hier-
auf die Welt gehorcht.«[17] Aber verbieten nicht Hitlers »verbrecherische Züge«, wie Fest vornehm formuliert, dessen
Aufnahme ins Pantheon der Geschichte? Für die großen
Individuen gebe es – so antwortet er noch einmal mit Jacob
Burckhardt – eine »merkwürdige Dispensation« von dem gewöhnlichen Sittengesetz.[18] Deshalb sei Größe keine Frage
der Ethik, sondern eine der Ästhetik: Hitler sei trotz aller
herausragenden Eigenschaften tatsächlich »ein unangeneh-
mer Mensch« mit unverkennbar ordinären Eigenschaften
gewesen – unduldsam, rachsüchtig, machtversessen.[19] Aber
er habe, auf eine schwer beschreibbare Weise, immer »über
seinen banalen und dumpfen Zügen« gestanden:[20] als ge-
heimnisvoller »Vereinigungspunkt« aller Sehnsüchte, Äng-
ste und Ressentiments seiner Zeit sei er nicht deren Widerspruch, sondern deren Spiegelbild gewesen. Nur deshalb
und nicht wegen seiner »dämonischen« Eigenschaften sei
er zum unbestrittenen Lenker Deutschlands geworden.[21]
Hätte ein Attentat seinem Leben 1938 ein Ende gemacht, so
wagt Fest ein »gedankliches Experiment«, dann hätte ihn die
Mehrheit des deutschen Volkes zu einem seiner »größten
Staatsmänner« und vielleicht zum »Vollender« seiner Geschichte erklärt.[22]

Diese Feststellung mag bezogen auf den genannten Zeitpunkt und auf die subjektive Wahrnehmung der meisten Zeitgenossen zutreffend sein, sie hält aber dem kritischen Blick des Historikers nicht stand. Um so mehr überrascht, daß, abgesehen von einigen prominenten Außenseitern wie Golo Mann und Sebastian Haffner,[23] kaum einer der Historiker vom Fach auf diese eigenwillige Exposition eingegangen ist.[24] Fest hat recht: Hitler ist eine weltgeschichtliche Erscheinung, und seine Fieberkurve von Aufstieg und Fall, von Erfolg und Verbrechen löst immer wieder Faszination aus. Diese auf die geschichtlichen Fakten zurückzuführen und so jeder abseitigen Dämonisierung wie jeder leichtfertigen Bagatellisierung vorzubeugen, wäre ein verdienstvolles Unterfangen. Aber schon Fests Ausgangspunkt – ihn als schicksalhafte »Verdichtung« der Geschichte statt als Vektor gesellschaftlicher Kräfte zu begreifen und ihn, nicht wie üblich, in seinen Mitteln und Zielen auch einer moralischen Bewertung zu unterwerfen, sondern als »Übermenschen« davon zu dispensieren – verheißt nichts Gutes. Hitler verdient unser ganzes Interesse, nicht aber eine zudem noch voraussetzungslose Bewunderung.

Der Weg zur Macht

Hitler sei, so behauptet Fest, auf beispiellose Weise »alles aus sich und alles in einem gewesen«. Das gelte für seinen Aufstieg aus dem Nichts wie für sein Ende.[25] Diese Vorstellung vom Originalgenie macht das Buch zu einem Katalog der Superlative. Das sind die Talente, die Hitler ausgezeichnet hätten: »eine außerordentliche Kühnheit«, die »ingeniöse« Verbindung von großer Oper mit religiösem Zeremoniell, »ein ungewöhnliches Einfühlungsvermögen«, »demagogische Virtuosität«, eine schwer zu erklärende »Kunst der Menschenbehandlung«, »außerordentliche organisatorische Erfahrung«, »charismatische Bekehrungskraft«, ein »propagandistisches Alleskönnertum«, »verwegene Modernität«, die

31

»ungewöhnliche Fähigkeit«, Situationen zu durchschauen und Augenblicksallianzen zu bilden, ein »metaphysischer Ernst« und die »prinzipielle Schärfe«, jeden Gedanken auf seine Machttauglichkeit zu überprüfen.[26] Mit diesen Eigenschaften sei er allen Gegnern überlegen gewesen, denen in der Partei wie außerhalb.[27]

Es verwundert nicht, daß für Fest bei soviel geballter Genialität Hitlers Weg zur Macht unaufhaltsam und das Zerbrechen der Republik unausweichlich war. Zwar will der Autor »Möglichkeiten«, Hitler den Weg zu versperren, nicht ausschließen, aber dies Szenario hat für ihn nur die Wahrscheinlichkeit eines Wunders. Tatsächlich ist er überzeugt, »daß eine Fülle machtvoller Tendenzen« auf den 30. Januar 1933 hingedrängt hätten.[28] Der Autor stützt diesen Determinismus, indem er die Ressourcen seines Protagonisten größer und die Chancen der Weimarer Demokratie kleiner macht. Während das untergegangene Kaiserreich, trotz einiger »illiberaler Einsprengsel«, für ihn ein Musterstaat war,[29] schildert er das demokratisch-sozialistische Lager als eine unsympathische Melange von »ideenlos-pedantischen« Ordnungshütern und »linksradikalen Schwärmern«, die jede Chance zum Neuanfang verpfuscht hätten.[30] Die Republik, durch eine »›schmutzige‹ und halbe Revolution« zur Welt gekommen und durch die »Diskriminierung« von Versailles vergiftet, habe die Menschen wegen ihres faden Graus selbst in ihren besten Jahren nur »gelangweilt«[31] und sei schon 1930, mit dem Notverordnungsregime Brünings und angesichts von drei Millionen Arbeitslosen, erledigt gewesen.[32] Sie sei gleichsam ihrer selbst überdrüssig und durch die Flucht der Parteien aus der Verantwortung ihrer Basis beraubt worden.[33] Dieses Bild, in dem die guten Jahre nur in einem Halbsatz vorkommen und Hitlers gravierende Niederlagen von 1923 und 1932, die allesamt die Möglichkeit seines Scheiterns enthielten, zu bloß vorübergehenden Rückschlägen verkleinert werden,[34] entspricht weniger dem Stand der Forschung[35] als vielmehr dem Porträt, das die

Nazis damals von der *Novemberrepublik* gemalt und verbreitet haben.

Das gilt auch für Fests Darstellung der politischen Akteure. Sie treten nicht auf als Vertreter mächtiger gesellschaftlicher oder wirtschaftlicher Gruppen – des Großgrundbesitzes, der Industrie, der Reichswehr, der Kirchen, des Bürgertums, der Arbeiterschaft – , sondern als zwergenhaft-individualisierte Spottfiguren der Krise, als »Mumienschwärme mit Mittelstandsmanieren«[36]. Zwischen der Republik und Hitler habe am Ende nichts mehr gestanden als der Reichspräsident von Hindenburg und seine Kamarilla – »der wankelmütige Wille eines verdämmernden Greises, der Kabalenwitz Schleichers und die verblendete Einfalt Franz von Papens«.[37] Für Hitler, dem der Autor das letzte Wort läßt, waren alle diese Vertreter der politischen Klasse Spießbürger voller Sehnsucht nach einem beschaulichen Leben, aber »keine Männer, die Macht begehren und Genuß im Besitz der Macht verspüren«.[38] Fests karikaturhafte Personalisierung der Gegner, die überzeichnete Größe seines Helden und die Verwandlung einer ökonomisch-sozialen Krise in ein unentrinnbares Verhängnis verdecken die wirklichen Gründe für den Machtantritt des *Führers* am 30. Januar 1933 – der Gruppenegoismus und die Machtinteressen der nationalkonservativen Eliten, die in einem beispiellosen Kampf spätestens seit 1930 die Republik und die sie tragenden Kräfte zertrümmert und zermürbt hatten.[39] Hitler und seine Bewegung waren der ungeduldigste, aggressivste, einfallsreichste Teil dieser antidemokratischen Offensive und haben davon am meisten profitiert. Auf den letzten Metern bedurfte es dann nur noch, wie Alan Bullock formuliert hat, der »Bereitwilligkeit der deutschen Rechten, ihn als Regierungspartner zu akzeptieren«.[40] Es waren dieselben Kräfte, die ihm 1919 den Weg in die Politik gebahnt und 1923/24 die Bühne für den Aufstieg bereitet hatten. Daß er auf beispiellose Weise »alles aus sich« geworden und »alles in einem« gewesen sei, ist die Legende, die Hitler daraus gemacht und Fest übernommen hat.[41] So zu reden erlaubt, über das Versagen und die Schuld des Bürgertums zu schweigen.

Mittelpunktfigur der Epoche

Die Vorstellung von Geschichte als schicksalhaftes Wirken »machtvoller Tendenzen« statt als Ergebnis konkreter gesellschaftlicher Prozesse bestimmt auch Fests Darstellung der ersten Jahre des NS-Regimes. Sie bedeuteten nicht bloß Machtwechsel und Machtergreifung, sondern das, was die Nazis selber immer beansprucht hatten – das historische Naturereignis einer Revolution, in Fests Worten, »die deutsche Erscheinung der Revolution«.[42] Die Etablierung des Regimes vollzog sich, wie bekannt, in ungeheurem Tempo und auf tiefgreifende Weise. Innerhalb von drei Monaten waren die konservativen Koalitionspartner, die Hitler hatten zähmen wollen, gescheitert und zu Randfiguren geworden, die Länder unterstanden Parteistatthaltern, und die preußische Polizei hörte auf das Kommando von Göring, Gewerkschaften und Parteien waren aufgelöst, die NSDAP fungierte als Monopolpartei, ein *Ermächtigungsgesetz* hatte alle wichtigen Grundrechte außer Kraft gesetzt und die Handhabe zu einer unkontrollierten Verfolgung aller politischen Gegner geschaffen. Während Zehntausende von Kommunisten und Sozialisten die neugeschaffenen KZ füllten, wurde auf dem Verordnungswege die endgültige Vertreibung der Juden aus dem öffentlichen Leben in Gang gesetzt. Dies alles war ohne nennenswerten Widerstand und so reibungslos vor sich gegangen, daß für den Chronisten Fest »daraus eine gewisse historische Rechtfertigung Hitlers folgt«.[43] Mussolini habe dafür immerhin sieben Jahre gebraucht.[44] Ein Jahr später war die Gefahr eines Konflikts zwischen SA und Reichswehr ebenso gebannt wie ein Aufbegehren seiner abgehalfterten konservativen Steigbügelhalter. Hitler fungierte

– nach Hindenburgs Tod – jetzt auch noch als Reichspräsident und Oberbefehlshaber der Streitkräfte. Die erste Phase seiner Revolution war damit beendet. Daß er sie »legal«, mit den Mitteln des Staates durchgeführt und damit einen neuen Typ von Umsturz ohne Aufstand entwickelt habe, sei, so Fest, eine der bemerkenswertesten Leistungen Hitlers gewesen und habe ihm »einen Platz in der Geschichte der großen Staatsumwälzungen« gesichert.[45]

Der rasche Erfolg der Machthaber sei nicht nur dem legalen Schein ihrer Maßnahmen oder einer charakterlosen Anpassung vieler Nichtnazis zu verdanken gewesen. Der Autor addiert dazu das weitverbreitete Gefühl der Zeitenwende und eines nationalen Aufbruchs, die Überredungsgewalt der sieghaften Sache, schließlich die Illusion, durch Mitmachen die positiven Kräfte der Bewegung zu stärken und einen besseren Nationalsozialismus zu ermöglichen.[46] Als Beleg zitiert Fest den Satz Gottfried Benns: »Wir waren nicht alle Opportunisten.«[47] Der Dichter war damals ein heftiger Befürworter der Nazis und blieb auch, als seine Sympathien abgeklungen waren, in Deutschland. Die Stimmen der Verfolgten und Emigrierten zitiert Fest nicht, sie klangen anders. Sebastian Haffner, der 1938 nach England emigrierte, notierte in seinen damals entstandenen *Erinnerungen* ähnliche Verhaltensweisen, wie sie Fest beschreibt, und hielt sie als Reaktion auf die radikale politische Wende noch nicht einmal für ungewöhnlich.[48] Er fügte allerdings hinzu: »Der einzige Rest, der bei alledem bleibt, ist die völlige Abwesenheit […] eines festen, durch Druck und Zug von außen nicht zu erschütternden Kerns, einer gewissen adligen Härte, einer allerinnersten, gerade erst in der Stunde der Prüfung mobilisierbaren Reserve an Stolz, Gesinnung, Selbstgewißheit, Würde.« Statt dessen habe es, wie auf Verabredung, ein allgemeines Nachgeben und Kapitulieren, einen »Nervenzusammenbruch« gegeben.[49] Der jüdische Literaturwissenschaftler Victor Klemperer nannte in seinem zeitgleich entstandenen Tagebuch zwei Gründe für das Überlaufen der meisten Deutschen: Sie hätten in Hitler den nationalen Retter, vor allem vor dem Bolschewismus, erblickt und –»alle haben Angst um ihr Brot, ihr Leben, alle sind so entsetzlich feige«.[50] Nur Dietrich Bonhoeffer hat das, in seinem Rückblick auf das Jahr 1933, ähnlich scharf formuliert, als er dem deutschen Bürgertum ein doppeltes Versagen vorwarf: den freiwilligen Verzicht auf die innere Selbständigkeit und das Fehlen von jeglicher Eigenverantwortung.[51]

Die im Inneren, nicht zuletzt durch die wirtschaftlichsoziale Gesundung, erreichte rasche Stabilisierung des NS-Regimes hatte in einer rasanten außenpolitischen Stärkung Nazideutschlands ihre Entsprechung gefunden. In einem »taktischen Meisterstück«, so Fest, habe Hitler das gesamte europäische Bündnissystem durcheinandergewirbelt und dabei Frankreich, den Hauptverantwortlichen für die Dauerkrise der Weimarer Republik, isoliert.[52] Die nicht abreißende Kette der Erfolge – Austritt aus dem Völkerbund und Rückkehr des Saargebietes, Wiederbewaffnung und Rheinlandbesetzung, Verträge mit Polen und England, Anschluß des »funktionslosen Rumpfstaates« Österreich und des deutschbesiedelten Gebietes der »zum Tod verurteilten« Tschechoslowakei[53] – hätte Hitler zum alles beherrschenden »Repräsentanten« der Epoche und Deutschland zum verführerischen »Modell« Europas gemacht.[54] Ohne die Annexion der lebensunfähigen *Resttschechei* im Frühjahr 1939, mit der er die Geduld seiner europäischen Gegenspieler überreizt habe, hätten ihm diese, so phantasiert Fest, »alle revisionistischen Ansprüche« erfüllt und ihn vermutlich sogar »einen Teil seines Lebensraumkonzeptes« verwirklichen lassen.[55] Statt dessen sei Hitler aus Übermut, Unrast und Überheblichkeit »der erste schwerwiegende Fehler« seit fünfzehn Jahren unterlaufen.[56] Das habe sich ein Jahr später wiederholt, als er – anstatt auf ein ähnlich weitgehendes und diesmal allerletztes Angebot seiner europäischen Gegenspieler einzugehen – den Überfall auf Polen angeordnet und damit den Krieg in Europa ausgelöst habe.[57]

Diese Darstellung liefert in mehrfacher Hinsicht ein falsches Bild der wirklichen geschichtlichen Abläufe. Sie ist eine Konstruktion, die allerdings den Vorteil hat, die versteckte und möglicherweise sogar unbewußte Grundidee unseres Autors und damit das Movens seines biographischen Projekts erahnen zu lassen. Fest läßt den Aufstieg des Außenpolitikers Hitler zur Mittelpunktfigur der Epoche demselben Muster folgen, das auch schon dessen Weg vom Münchener Bierhausdemagogen zum Kanzler des Deutschen Reiches zugrunde lag – es war eine Karriere »im Alleingang«.[58] Nicht zufällig hat der Sieger auf der europäischen Bühne die unterlegenen Politiker aus Paris und London – in Anspielung auf seinen konservativen Gegenspieler aus den Endjahren der Weimarer Republik – »meine Hugenberger« genannt.[59] Golo Mann hat kritisch angemerkt, die »von Fest so hoch geschätzte ›geniale‹ politische Geschicklichkeit« sei nichts anderes gewesen »als die gutmütige Schwäche und Verblendung jener, die zur rechten Zeit seine Gegner hätten sein sollen und nicht sein wollten«.[60] Und Sebastian Haffner hat die Legende von der Mittelpunktfigur der Epoche mit dem Vorschlag entzaubert, zwischen Hitlers Leistungen und Erfolgen zu unterscheiden: der Aufbau der NSDAP oder die Sicherung der Macht sei als »Leistung« seiner Person zuzuschreiben, »Erfolge« wie die Aneignung der Macht 1933 oder Deutschlands außenpolitischer Aufstieg müsse man dagegen der Schwäche seiner Gegner zurechnen.[61] Als diese sich – nach der flüchtigen Hausse der deutschen Blitzsiege im Norden, Westen und Südosten Europas – als Antwort auf den Überfall auf die Sowjetunion zu einem hartnäckigen und langfristigen Widerstand zusammenfanden, begann denn auch Hitlers Stern zu sinken.

37

Der verfehlte Krieg

Dem Versuch, den *Führer* Nazideutschlands aufgrund der atemberaubenden Erfolgskurve der Vorkriegsjahre zur weltgeschichtlichen Größe zu proklamieren, korrespondiert das Bemühen, die Gründe für dessen Absturz ab 1939 in persönlichen Defiziten und äußeren Widrigkeiten, letztlich also in vermeidbaren Fehlern zu suchen. Solches Fehlverhalten, so der Autor, habe sich als »Unrast« und »Ungeduld«, als »Übermut« und »Überheblichkeit« geäußert.[62] Hitler habe sein Verhalten zwar mit dem Hinweis auf mannigfache Zeitzwänge – die Ausnutzung des eigenen Rüstungsvorsprungs, der vorhandenen Kampfbereitschaft der Deutschen und vor allem seiner eigenen, sich auf dem Höhepunkt befindlichen Schaffenskraft – zu legitimieren versucht,[63] doch das zusehends stärker hervortretende »Unvermögen«, die militärischen Ziele mit den politischen Möglichkeiten abzustimmen,[64] sei das Ergebnis einer tieferliegenden Verschiebung gewesen: Hitlers Bedürfnis nach Krieg – seine »pathologische Kampfnatur« – habe spätestens seit der erfolgreichen Stabilisierung der Macht alles überlagert und zuletzt sein so lange demonstriertes politisches Genie »verschlungen«.[65] Gleichzeitig sei darin ein endgültiger »Politikverzicht« zum Ausdruck gekommen:[66] Hitler, der nach Fest »im Grunde eine Theaterexistenz« gewesen sei, gewohnt, das eigene Leben »als eine Folge grandioser Bühnenauftritte zu sehen«,[67] habe in der Rolle des Feldherrn die denkbar höchste Herausforderung auch an »sein theatralisches Temperament« erblickt – »eine Regieaufgabe der ›gigantischsten Art‹ und des tödlichen Ernstes«[68]. Deutlicher als sonst ist die wichtigste Quelle unseres Autors, der Souffleur Speer, zu vernehmen: Im Bemühen, sich als in die Politik gezwungenen Künstler darzustellen, erfand er sich den »Künstlerpolitiker« Hitler als freundschaftlichen Partner und allmächtigen Auftraggeber.[69]

Allerdings, so will uns der Autor glauben machen, gehe ein Teil Verantwortung für den Kriegsausbruch im September 1939 auch zu Lasten der »polnischen Indolenz«, was zu deutsch heißt: der mangelnden Sensibilität der polnischen Regierung für die damalige politische Situation und deren Risiken.[70] Eine »Handvoll starrsinniger, national gereizter Männer« habe sich aus heimlichen »Großmachtträumen« und im »chauvinistischen Übermut«, mit »dem eisigen Ton einer indignierten Großmacht« geweigert, dem »unermüdlichen Drängen« ihrer westlichen Verbündeten nachzugeben und so alle Optionen einer großzügigen Friedenslösung verhindert.[71] Mit der Weigerung der polnischen Regierung, Hitlers Verhandlungsultimatum zu erfüllen, habe sie die letzte Möglichkeit zur Verhinderung des Krieges vereitelt.[72] Abgesehen davon, daß diese Darstellung in ihrem kaum abgemilderten denunziatorischen Hetzton der damaligen Propagandalinie ziemlich nahekommt,[73] ist sie wissenschaftlich ebenso unhaltbar wie die Behauptung, die Westmächte hätten Hitler auf dem Tablett die verlorenen Kolonien und einen Teil des verlangten Lebensraumes im Osten angeboten.[74] Aber diese Dramaturgie verleiht dem Bilde Hitlers, bevor es in den Rauchschwaden des beginnenden Weltenbrandes eine zunehmend dunklere Färbung annimmt, eine tragisch leuchtende Aureole der verpaßten Chance. Denn Fest treibt die Frage um, warum Hitler, gegen alle eigenen Planungen, im Sommer 1939 und mit einer nicht gewollten Frontenbildung die Uhr auf Krieg gestellt habe.[75] Hätte es nicht eine günstigere Situation gegeben und wäre nicht dann sogar das Scheitern zu vermeiden gewesen? *Der verfehlte Krieg* – die Kapitelüberschrift verrät deutlicher als alles andere die Hoffnung hinter der Frage.[76] Es sind diese im Text immer wieder fein ausgelegten Widerhaken, an denen die Phantasie hängenbleibt, um sich dann, und sei es nur für einen Moment, den angenehm prickelnden Strudeln des Was-wäre-Wenn auszuliefern.

Der Autor hat genügend Material zusammengetragen, um zu wissen, daß der Versuch, im 20. Jahrhundert mit Gewalt neuen Lebensraum zu erobern, ebenso anachronistisch wie das Konzept irreal war, auf Grundlage der Judenvernichtung den Kampf um die Weltherrschaft zu führen.[77] Insofern war das Scheitern vorprogrammiert. Hitlers Politik, so hat Haffner es in aller Eindeutigkeit formuliert, »konnte ihr Ziel ebensowenig erreichen, wie ein Reisender, der eine falsche Karte benutzt«.[78] Fest weigert sich, diese Tatsache auszusprechen.

Er entzieht sich auch, wenn es um die Verbrechen geht. Die Entscheidung für den Krieg hat der Autor als bewußte Entscheidung »gegen die Politik« und deren einengende Anstandsregeln interpretiert.[79] Damit sei Hitler nicht nur zum »Alles-oder-Nichts« und zur »Putschistenfreiheit« seiner Münchener Jahre,[80] sondern auch zu den »prinzipiellen ideologischen Positionen von einst« – Lebensraumvision, Judenvernichtung und Kriegsvergötzung – zurückgekehrt.[81] Diese hätten jetzt »schärfere Konturen« gewonnen und seien zugleich einem »Versteinerungsprozeß« unterworfen worden, der auch die Person Hitlers erfaßt und gelähmt hätte.[82] Ablesbar sei das gewesen an dessen »verbohrt anmutender Fixierung« auf den Krieg[83] und in seinem »manisch sich steigerndem Antisemitismus«.[84] Erst jetzt, nach diesem unerklärbaren psychotischen Schub, das ist die Botschaft, kehrte auch die Bereitschaft zum Verbrechen zurück. Entsprechend wird die Kriminalstatistik frisiert: Der Boykott gegen jüdische Geschäfte am 1. April 1933 und das Pogrom vom 9. November 1938 werden nur gestreift und zu »Ausschreitungen« bzw. zur »Propagandaaktion« verharmlost.[85] Gravierender ist, was Fest verschweigt: Die mit den *Nürnberger Rassegesetzen* 1935 in Gang gesetzte Entrechtung und Enteignung der Juden kommt ebensowenig vor wie ihr nach dem Novemberpogrom 1938 binnen zweier Monate auf dem Gesetzesweg herbeigeführter sozialer Tod. Die systematische Verfolgung der Juden wird dadurch in eine Reihe zusammenhangloser Einzelaktionen verwandelt, deren schlimmste – der Holocaust – gegen Ende des Buches auf dreieinhalb Seiten berichtet wird. Auffällig ist, daß dieser

Bericht nicht der Chronologie der Ereignisse ab 1939 folgt, sondern die Erzählzeit in das Jahr 1943 verschoben wird, in die apokalyptische Düsternis der Zeit nach Stalingrad.[86] So wird die *Endlösung* vom Leser aufgrund des Erzählsogs und der dadurch geschaffenen eigenen Chronologie im zeitlichen Zusammenhang mit der militärischen Niederlage und dem drohenden Untergang des *Deutschen Reiches* wahrgenommen und eingeordnet.[87] Es fallen also keine allzu dunklen Schatten auf die gloriose Zeit der Vorkriegsjahre 1933 bis 1939. Allerdings ist dazu eine weitere Retusche vonnöten. Sie betrifft Hitler ganz persönlich und erfordert einige Sorgfalt. Wenn dieser ausnahmsweise selbst einmal in der Nähe von Verbrechen auftaucht, dann schildert ihn Fest, wie im Falle des Judenboykotts vom 1. April 1933, als jemand, der sich dazu »überreden« ließ.[88] Bei der kaltblütigen Ermordung des SA-Stabschefs Röhm und dessen Führerkorps 1934 präsentiert er ihn sogar als einen von seiner Umgebung »Getäuschten« und bescheinigt dem Massaker mit ungefähr 200 Toten »einen Anflug von Tragik«: Hitler, schwankend zwischen der Gefühlsbindung an den alten Freund und den Erfordernissen der Machtsicherung, habe einem jener Shakespeareschen Helden geglichen, »die dem Bösen nicht gewachsen« seien.[89] Nur so kann der Plan gelingen, seinen Protagonisten in den rational-erfolgreichen Friedenshitler und den pathologisch-scheiternden Kriegshitler aufzuspalten. Den ganzen Hitler bekommen wir nicht zu sehen.

Mr. Jekyll und Mr. Hyde

Wie erinnerlich, hat Fest die Machtergreifung als Revolution neuen Typs dargestellt und eine Menge Aufwand betrieben, um dafür Belege zu finden. Durch die Veränderung der politischen Institutionen, das Zerbrechen der Klassenstrukturen in Armee, Bürokratie, Wirtschaft und die Entmachtung der

alten Oberschicht habe Hitler die für eine Industriegesell-
schaft unerläßliche Mobilität und Egalität hergestellt. Zusätzlich sei durch Neuansiedlung von Betrieben die Verstäd-
terung gesteigert und durch Einbeziehung der Frauen in den
industriellen Prozeß deren Emanzipation gefördert worden.[90] Die These wirkt nicht sehr überzeugend.[91] Ein Groß-
teil dieser angeblichen revolutionären Umwälzungen – wie
Abbau von Privilegien und Standesschranken, Veränderung
sozialer Rollen oder Lebensformen – gehören zum natürlichen Prozeß der Modernisierung von Industriegesellschaf-
ten und waren, wie auch Fest einräumt, schon lange vor
Hitler in Gang gekommen.[92] Andere Errungenschaften –
wie die Emanzipation der Frau – sucht man im Programm
der Nazis vergebens. Erst die Notlage des totalen Krieges
hat das Regime gezwungen, sein reaktionäres Frauenbild zu
vergessen und eine unideologische Lösung des Arbeits-
kräftemangels zu finden. Schließlich waren zentrale ökono-
mische Zielvorstellungen – die Schaffung des gesellschaftlichen Reichtums durch Eroberung von Lebensraum und
vermittels der Zwangsarbeit von Helotenvölkern – parasi-
täre Konzepte, die einer vorindustriellen Welt entstammten.
Das alles liefert mehr Argumente für die Behauptung des
Autors, Hitler sei ein Mann des 19. Jahrhunderts gewesen,
der mit dem Rücken zur Zukunft gestanden habe[93], als für
seine These vom Revolutionär, der allen bisherigen Vertretern dieses Fachs überlegen gewesen sei.[94] Um so mehr irritiert, daß er im Schlußkapitel seines Buches das Thema noch
einmal aufgreift. Er gibt ihm einen überraschenden Effet.

Nach einer Kaskade von Niederlagen und Rückzügen,
nach Stalingradkatastrophe und Invasionsschock, nach letzten Ausbruchsversuchen und bedingungslosem Untergang
ist dem Leser nicht nur die Erinnerung an bessere Tage des
Großdeutschen Reiches abhanden gekommen, über der
Lektüre dieses Schauerromans droht auch die Figur Hitlers
all ihres genialischen Glanzes und ihrer welthistorischen
Größe verlustig zu gehen. Da könnte es gut sein, an den

großen Revolutionär zu erinnern. Zwar hat er der Nachwelt, nach dem Scheitern seines Unternehmens, im Unterschied zu anderen Revolutionen, keine Erklärung der Menschenrechte und keinen Code Napoléon hinterlassen, statt dessen Trümmer, Tote und Schande. Aber sollte es nicht möglich sein, gerade im gescheiterten Hitler den Urheber der demokratischen Nachkriegsordnung zu erkennen und zu würdigen? Diese Verwegenheit hat vorher nur Goebbels gezeigt, der in der Auslöschung der deutschen Städte das Ende des überlebten bürgerlichen 19. Jahrhunderts feierte und die anglo-amerikanischen Bomberflotten als Geburtshelfer des nationalsozialistischen revolutionären Aufbaus begrüßte.[95] Fest wiederholt diese kühne Operation. Gerade weil Hitler in einem Salto mortale die Errungenschaften der Moderne annullieren wollte, habe er »den emanzipatorischen Prozeß außerordentlich beschleunigt«. So sei das autoritäre Modell durch die von ihm praktizierte »Überanstrengung« diskreditiert worden und habe jenen »demokratischen Ideologien« zum Sieg verholfen, die er so vehement bekämpft hatte.[96] Schließlich habe »der Schock über die politische und moralische Katastrophe« des *Dritten Reiches* die für die deutsche Vergangenheit so verhängnisvolle Trennung von privat gehütetem Ideenhimmel und mißachteter politischer Realität zerstört: »Auschwitz war gleichsam das Fiasko der privaten deutschen Welt und ihrer autistischen Selbstvergessenheit.« Er und seine Altersgenossen, so Fest, hätten in diesem Sinne »die Revolution Hitlers erst zu Ende gebracht«.[97] Das könnte man alles unterschreiben, wenn es um die Erstellung von Hitlers Schadensbilanz ginge und um die Frage, was die Deutschen aus dem größten Fiasko ihrer Geschichte gelernt haben. Daß dieser mit Abermillionen Toten bezahlte Lerneffekt aber seinem Konto unter dem Titel »Hitlers Modernität« gutgeschrieben wird, das ist eine unerwartete Volte. Mit demselben Recht könnte man Ludwig XVI. als Schöpfer des republikanischen Frankreich, Nikolaus II. als Erfinder des bolschewistischen Rußland oder Franco als den Stifter

der spanischen Demokratie feiern. Spätestens jetzt wird
deutlich: Bei Fest haben die Begriffe längst alle Konturen
und die Wertmaßstäbe jede Gültigkeit verloren. Die Grün-
dergeneration der Bundesrepublik als Vollender von Hitlers
Werk und Auschwitz als Krönung von Hitlers Revolution,
das ist nicht bloß gedankenlos oder besonders zynisch – hier
hat sich einer endgültig verrannt.

Bei aller stupenden Anhäufung von historischem Material
und trotz dessen ingeniöser Verarbeitung zu einer großen
Erzählung hat der Leser immer den Eindruck, als ob der
Autor Fest sich aufgespalten habe in zwei Erzähler, die, sich
gegenseitig ins Wort fallend oder im abgesprochenen Wechsel, jeweils eine eigene Geschichte von Hitler zu berichten
haben – die bekannte vom Massenmörder und Zerstörer und
die nach dem Krieg nur heimlich weitererzählte vom Genie
und Massengott. Der eine Erzähler ist leicht auszumachen:
es ist Mr. Jekyll oder der Historiker Fest. Der andere, Mr.
Hyde, versteckt sich. Aber er hat Spuren hinterlassen.

In den eingangs erwähnten *Begegnungen* hat Fest den
Umgang seiner nahen und fernen Freunde untereinander damit charakterisiert, daß ihm jede Rücksicht auf jene *political
correctness* von links wie von rechts gefehlt habe, »die den
öffentlichen Debatten des Landes die elende, von soviel
Kleinmut wie Heuchelei geprägte Farbe verleiht«[98]. Die
»herkömmlichen Konservativen«, so läßt er seinen Freund
Siedler sagen, hausten resigniert im Vergangenen.[99] Indem
sie sich »mit der emotionalen Erstorbenheit von Heloten«
dem Schock des Zusammenbruchs und den daraus folgenden »Verlusten an Menschen, Provinzen und Überlieferun-
gen« hingegeben und bereitwillig »die Verlogenheiten und
unterdessen rituell gewordenen Reuebekenntnisse« abgelei-
stet hätten, seien sie auch noch ihrer »Würde« verlustig gegangen.[100] Die linken Gesellschaftsveränderer dagegen, so
gibt er dem Freund Gross das Wort, hätten sich, obwohl an
den Verbrechen der Hitlerjahre gar nicht beteiligt, zu »Ge-
wissengeschädigten« erklärt und »Trauerarbeit« zu ihrem

Hauptberuf gemacht.[101] Hinter diesem Gestus der »moralischen Großmäuligkeit« und des »palavernden Antifaschismus«, der, ungeachtet der von andern Völkern begangenen Großverbrechen, Deutschland unentwegt den »Platz des obersten Weltbösewichts« zuweise, stecke eine »ethische Schlaumeierei«, von der sich komfortabel leben lasse.[102]

Vor allem die scharfen Attacken gegen die 68er-Generation, das zeigt deren leitmotivische Verwendung in Fests Freundschaftsbuch, drückten das aus, was er selber dachte. Diese Gegnerschaft wie die Vorstellung einer von Heuchelei und Kleinmut geprägten Debattendiktatur gehörten zu seinen frühen Prägungen. Das belegen die privaten Gespräche, die er ab Mitte der sechziger Jahre öfter mit Ulrike Meinhof über die Nazizeit zu führen pflegte. Als sie darauf bestand, jeder moralisch einigermaßen intakte Mensch habe damals, weil das Blut »zum Himmel spritzte«, erkennen können, daß die Nazis »eine Mörderbande« seien, und es als Skandal bezeichnete, daß dieselben Nazis »bis heute« an den Schaltstellen der Macht säßen, hielt er ihr entgegen: das von ihrer Generation freiwillig und am liebsten vor großer Öffentlichkeit eingestandene Schuldbekenntnis geschehe wohl wegen des dadurch erzielten »erheblichen moralischen Vorsprungs« gegenüber der Elterngeneration.[103] Auch bei der etwa zur gleichen Zeit stattfindenden Begegnung Fests mit dem britischen Historiker Trevor-Roper war die deutsche Vergangenheit das Thema. Man habe sich, so erinnert sich Fest, »belustigt« über den »subalternen Umgang« der Deutschen mit der Nazizeit: Wie Kindermädchen würden sie über eine korrekte Bewältigung der Vergangenheit wachen und jedes unabhängige Wort unerbittlich ahnden.[104]

Da Fest in dieser Zeit mit der Arbeit an seiner Hitlerbiographie begann, wundert es nicht, daß diese Positionen auch dort auftauchen. In der Einleitung wie am Schluß des Buches wendet er sich gegen die herrschende Lesart in bezug auf die Nazizeit. Hitler werde mit »ironischer Geringschätzung« behandelt und »nur im Blick auf die Opfer« ernst-

genommen.[105] Aber der Riesenschatten der Vernichtungslager und die daraus folgende moralische Entrüstung hätten
die Erkenntnis »verdunkelt«, daß der Nationalsozialismus
kein Fremdkörper, sondern aus dem Material der Epoche
und den Bedürfnissen der Zeitgenossen entstanden sei. Die
Massen, die Hitler zugejubelt und sich an dessen Verbrechen beteiligt hätten, seien Menschen und keine Ungeheuer
gewesen.[106] Dann, als ob er die Verfertiger dieses verbre-
chensfixierten Geschichtsbildes ausgemacht hätte, weist er
auf die »präfaschistischen« Elemente der 68er-Rebellion hin
und formuliert den Verdacht, diese könnte eine der »neuen
Spielarten« des faschistischen Syndroms sein.[107] Von solchen Leuten läßt man sich keine Vorhaltungen wegen der
Nazizeit machen. Auch nicht von deren Handlangern, den
neumodischen Historikern, die nur von »Gesellschaft« statt
von »Persönlichkeiten« reden.[108]

Jetzt kann auch die bisher offene Frage nach dem zweiten
Erzähler beantwortet werden. Fest wollte gegenüber einer
Lesart, die den Nationalsozialismus nur als verbrecherische
Ideologie und als Apparat des Terrors wahrnahm, den Blick
öffnen für die Bedürfnisse, denen er entsprach, und für die
Hoffnungen, die er weckte. Damit, so hoffte er, ließe sich
der billigen Dämonisierung Hitlers ebenso entgegenarbei-
ten wie einer leichtfertigen Unterschätzung der Massenbasis
des Regimes. Aber diesen berechtigten und wünschenswer-
ten Beitrag des Geschichtsschreibers Fest zu einer differenzierteren Deutung der NS-Zeit hat der Geschichtspoliti-
ker Fest erfolgreich verhindert. Der wollte offensichtlich,
seinem Weltbild entsprechend, der von unberechtigtem
»Kleinmut« befallenen Nazigeneration den Rükken stärken
und die moralische »Heuchelei« der Nachgeborenen in die
Schranken weisen. Statt einer Korrektur ist ein Gegenbild
entstanden. Als historische Studie, so die Bilanz, ist Fests
Biographie grandios gescheitert, aber sie ist in scharfer Wendung gegen eine vermeintlich linke, reglementierte Schuld-
kultur ein gelungener Beitrag zu Hitlers Rehabilitierung

geworden. Hitler, läßt sich jetzt sagen, war so groß, daß man sich als Deutscher seiner nicht mehr nur zu schämen braucht.

Hitler. Der Film

Die Hitler-Biographie war ein Ereignis und wurde ein Bestseller. Abgesehen von wenigen mutigen Außenseitern, die das Buch als Rückfall in die »hitlerzentrierte« Geschichtsschreibung der fünfziger Jahre kritisierten,[109] würdigten die tonangebenden Historiker das Werk in ungewöhnlich umfangreichen Rezensionen als »Summe der Hitlerforschung« und als »große Historie«.[110] Noch schmeichelhafter für den Autor dürfte das Lob gewesen sein, das ihn schon vorher bei der Buchpräsentation im Hause des Verlegers Wolf Jobst Siedlers erreicht hatte. Es kam von einem, der an Hitlers Hof dem Herrscher über lange Jahre am nächsten gestanden hatte – von Albert Speer. Ein prominenter Gast hat die Szene eindrücklich beschrieben: »Auf dem schwarzen Umschlag war mit großen weißen Buchstaben der lapidare Titel gedruckt: Hitler. Was diese Ausstattung des Buches suggerieren sollte, worauf hier mit Entschiedenheit Anspruch erhoben wurde, konnte man nicht verkennen: Pathos war es und Monumentalität. Speer sah es offensichtlich mit Genugtuung. Verschmitzt lächelnd blickte er auf das feierlich aufgebahrte Buch und sagte bedächtig und mit Nachdruck: »*Er* wäre zufrieden gewesen, *ihm* hätte es gefallen.«[111]

Hitlers Vertrauter und der Autor kannten sich persönlich schon länger: Fest war ihm in den Jahren 1967 bis 1969 bei der Endfassung von dessen Autobiographie, den *Erinnerungen*, redaktionell zur Hand gegangen. Bei den zahlreichen, meist mehrtägigen Treffen hatte sich ein Vertrauensverhältnis und eine freundschaftliche Beziehung entwickelt.[112] Speer schenkte Fest zum Abschluß der gemeinsamen Arbeit

47

ein Aquarell Hitlers aus dessen Wiener Jahren[113] und brachte ihn in der Folge mit ehemaligen Naziprominenten zusammen.[114] Speer bat im Gegenzug um Hilfestellung, als der Harvard-Professor Erich Goldhagen seine seit dem Nürnberger Prozeß vertretene Behauptung, von der Judenvernichtung nichts gewußt zu haben, als Lüge zu entlarven drohte.[115] Fest ließ ihn in dieser »›Kardinalfrage‹ seines Lebens« natürlich nicht im Stich.[116] Es war selbstverständlich, daß er auch – nach Abschluß der eigenen Hitlerbiographie – Speer redaktionell zur Seite stand, als dieser 1974/75 begann, seine aus der Haft geschmuggelten *Spandauer Tagebücher* druckfertig zu machen. Fest gehörte jetzt offensichtlich zu Hitlers Hof oder zu dem, was davon übriggeblieben war.[117] Es ist gut, diese Zusammenhänge zu kennen, um zu verstehen, was den Autor dazu trieb, der Hitlerbiographie 1977 auch noch einen Hitlerfilm folgen zu lassen.[118]

Um es vorweg zu sagen: Es erfolgt kein dokumentarisches Ausbreiten und reflektierendes Betrachten des Materials, es gibt nicht den Gestus abwägender Distanz und vorsichtigen Bilanzierens, statt dessen – Überwältigung. Schon der Prolog stellt klar, warum dies der angemessene Modus ist: Gegenstand des Filmes ist nämlich nicht die politische Karriere eines Mannes namens Hitler, sondern dessen religiöse Epiphanie. Im dramatischen Bildwechsel von den schwankenden Fackeln in der Nacht zu den ins Morgenlicht gereckten Fahnenbündeln, in der Inszenierung vom einsamen Flugzeug am Himmel, das sich hinabsenkt, um bei den jubelnden Massen anzukommen, wird von der Ankunft eines Gottes berichtet. Das hat schon die Riefenstahl so erzählt, Fest tut es noch einmal. Auch wenn die Kamerawagen, die den feierlich grüßenden *Führer* im offenen Mercedes von allen Seiten umschwirren, dabei nur seinem Kommando folgen und sich seine Überwältigungsrhetorik, an einem Beispiel vorgeführt, bloß als die Summe kalkulierter Techniken erweist, der Zuschauer soll wissen, bevor er den Stationen dieses Lebens folgt: Dies ist ein Großer, der *eine*, in dem es

die Geschichte beliebt hat, »sich zu verdichten«. Geschichtsschreibung kann bei diesem Festakt nur stören. Und auch
ein Zweites erfährt der Zuschauer schon bei diesem hymni-
schen Introitus: Die Mythe dieses Mannes wird – von ganz
wenigen Archivfotos der frühen Jahre in Wien und München abgesehen – mit den Filmbildern erzählt, mit denen die
Massen damals auf ihren *Führer* eingeschworen wurden: mit
den Wochenschauen und dem sonstigem Propagandamate-
rial aus dem Hause Goebbels. Jeder Hinweis auf diese Herkunft und die damit verbundene Funktion fehlt ebenso wie
eine Auskunft über die Art der Bearbeitung dieses Materials
durch den Regisseur Fest: Dieser hat es einfach im Schneideraum noch einmal auseinandergenommen und nach seinem
eigenen Drehbuch zu einer Art von Spielfilm neu zusam-
menmontiert. Deshalb nennt er das Endprodukt auch nicht
Dokumentarfilm, sondern genreübergreifend – Film. Ein-
blendungen zur Entstehungszeit, Erklärungen zur Arbeits-
weise könnten kritischen Abstand schaffen und den Verfüh-
rungszweck der Bilder brechen. Fest will den Fluß der
Gefühle und den Effekt der Identifikation. Türen zu, Licht
aus, Film ab. Mit dem Fahrstuhl in die Nazizeit.

Der Mann aus dem Nichts

Er taucht im Herbst 1918 in München auf. Auf dem unscharfen Foto: ein mageres, angespanntes Gesicht, einer von
Abertausenden, die sich bei den Versammlungen und Auf-
zügen auch in München drängen und zusammenrotten. Es
sind die ruhigeren Momente in einer Zeit, die, wie der Kommentar informiert, von »Tumult und Schießereien« geprägt
ist, bei der die Stadt vorübergehend zum »Spielzeug schwär-
merischer linker Weltverbesserer« wird und die Menschen
nur durch den entschlossenen Einsatz von Freikorps – »pri-
vater Militärhaufen, die sich gegen die Räteherrschaft gebildet hatten« – befreit werden. Damals beginnt sein Aufstieg.

Abgesehen von ein paar »monströsen« Ideen gegen Juden und für nationale Größe, die er als Paria im Wien der Vorkriegszeit aufgefangen, und dem Eisernen Kreuz, das ihm der Krieg eingebracht hat, besitzt er nichts. »Was er war, war er als Redner.« Dieses Talent, gepaart mit Radikalität und Machtwillen, führt ihn nach oben. Zur Unterstützung von der Straße gesellt sich die Protektion der »einflußreichen Gesellschaft«. Im Bild: die Fotos feinerer Damen, die mit begehrlichen Blicken nach ihm schauen und, wie der Kommentar uns beruhigt, sich »mütterlich« um ihn kümmern. So gestärkt, riskiert er am 9. November 1923 den Putsch, der scheitert. Die Niederlage wird, dank seines Einfalls, im folgenden Hochverratsprozeß die Rolle des Angeklagten mit der des Anklägers zu vertauschen, zum Ausgangspunkt seines Sieges. Schnitt und dann eine lange Filmsequenz aus der Zeit, als Hitler schon längst an der Macht war: der jedes Jahr am 9. November wiederholte Marsch auf die Feldherrnhalle, der Appell in Erinnerung an die gefallenen Helden der Bewegung und die Weihe der neuen SA-Standarten mit der Blutfahne. Wir sind da angekommen, wo der Regisseur uns haben will.

Was der Film uns erzählt, hat wenig mit der Realgeschichte jener Jahre zu tun, in der kein »Tumult«, sondern ein Erdbeben stattfand, das die Gesellschaft spaltete und dazu führte, daß – statt ein paar linken »Schwärmern« – revolutionäre Massen überall Arbeiter- und Soldatenräte bildeten und Räterepubliken nicht nur in München errichteten, daß Millionen mit der Waffe des Generalstreiks den rechtsextremen Kapp-Putsch scheitern ließen und in mehreren deutschen Ländern Arbeiterregierungen gewählt wurden.[119] Und die extreme politische Rechte bestand nicht nur aus den paar »Militärhaufen«, die sich, wie der Film behauptet, »privat« zum Schutz von Recht und Ordnung zusammengefunden hatten, sondern die Freikorps waren der bewaffnete außerparlamentarische Arm der antidemokratischen und antisemitischen Parteien, die verläßlichen Reserven der großindu-

striellen und agrarischen Interessenverbände und ein Teil der
legal oder illegal operierenden Hilfstruppen der ebenso
republik- und judenfeindlichen Reichswehr. Zu diesem
Rechtsblock, der die parlamentarische Aktion, den bewaffneten Staatstreich und den politischen Mord kombinierte,
gehörte auch Hitler und seine Partei. Er war nicht, wie der
Film glauben macht, der namenlose Einzelgänger und geniale Außenseiter, der aus dem Nichts kommend, ganz alleine, aus sich heraus zum *Führer* wurde. Schon seine feste
Anstellung nach dem verlorenen Krieg, seine Unterkunft in
der Kaserne, seine Waffe, seine Ausbildung zum Propagandisten, seine ersten Kontakte verdankte er der Reichswehr.
Von daher kamen auch seine Komplizen beim November-
putsch, verstärkt durch einflußreiches Personal aus Polizei
und Justiz. Sie sorgten für eine glimpfliche Strafe beim
Prozeß und für seine vorzeitige Entlassung aus der Haft.

Dieselben rechtskonservativen Kräfte entschieden auch
über das Schicksal der ersten deutschen Republik, als diese
Ende der zwanziger Jahre durch die Weltwirtschaftskrise unter Druck geriet. Es kam zwar nicht zum formalen Bündnis
von deutschnationaler Front und Nazibewegung, aber zu
einem gemeinsamen dreijährigen Sturmlauf gegen das ver-
haßte demokratische »System«, bei dem alle Instrumente
eines parlamentarischen Krisenmanagements systematisch
zerstört wurden. Der Film verschweigt das. Er macht statt
dessen den Börsenkrach zum geschichtsmächtigen Demiur-
gen der Staatskrise und Hitler zu dessen geschäftstüchtigem
Kompagnon: er habe auf einer »Hetzjagd« durch Deutschland die Herzen der Menschen gewonnen und zugleich die
intriganten Manöver seiner Gegenspieler durchkreuzt:
»Müde der ewigen Kämpfe ließen sie ihn endlich gewähren.«

Was sich in der Hitlerbiographie schon unangenehm vor-
drängte – die Verwechslung von Geschichte mit Schicksal
und die Verwandlung von gesellschaftlichen Konflikten in
persönliche Kabalen – wird nun zur bestimmenden Erzähl-
perspektive. Das ist kein Zufall, sondern Kalkül: Sie schützt

die bürgerlich-konservativen Eliten gegen den Schuldspruch der Geschichte. Und was dem Autor Fest im Buch hin und wieder unterlief – in das Idiom Hitlers zu verfallen und die Dinge aus seiner Sicht zu deuten –, wird jetzt zum durchgängigen Narrativ. Erzählt wird, schon lange bevor sie an der Macht sind, mit dem Kamerablick und mit den Filmbildern der Nazis. Das gilt nicht nur für die Darstellung der volkstümlichen Aktionen der Partei und ihrer Gliederungen, sondern auch für den rastlosen Einsatz des PR-Genies Hitler und seiner Reden. Andere Parteiführer, gegnerische Stimmen, Warnungen oder Widerstand kommen nicht vor. Hitler auf allen Kanälen. Auch das Bild der Republik wirkt wie von Goebbels produziert. Während ihre Inauguration als steife Versammlung zylindertragender Herren vorgeführt wird, kommt sie gegen Ende nur noch einmal ins Bild – als Beerdigung. Sie habe sich, so der Kommentar, beim Staatsbegräbnis des verstorbenen Reichskanzlers Gustav Stresemann selber zu Grabe getragen. Kulturell hatte sie damals, informiert der Film, nur das zu bieten, was Berlin bot – Nackttanz und Negermusik. Die alle Welt elektrisierende Ausstrahlung Deutschlands als Laboratorium des Theaters und der Architektur, als Mekka von Literatur und Film erlebt der Zuschauer nur als dürre, mit Porträts unterfütterte Aufzählung einiger ins Exil gegangener Künstler. Der Filmregisseur Fest verachtet diese Republik, und er hat darüber längst jegliche kritische Distanz zu seinem Gegenstand Hitler verloren.

Der Verführer

Das wird ganz offensichtlich im zweiten Teil des Films. Die Nazis an der Macht: Fackelzüge aus Anlaß des Sieges am 30. Januar 1933, Aufmärsche zum Tag von Potsdam am 21. März, Massenversammlungen am 1. Mai, dem neuen Nationalen Feiertag. Kurz im Bild: der Boykott jüdischer

Geschäfte und die Bücherverbrennung, Fotos von emigrierenden Juden und inhaftierten politischen Gegnern. Nach dieser Gedenkminute endet die Realgeschichte, und es beginnt der überzeitliche Taumel der Bilder, allesamt vom Regisseur aus den erhaltenen Archivbeständen des Propagandaministeriums ausgewählt und ohne Rücksicht auf Ereignisse oder Zusammenhänge, nur passend zu seinem Kommentar montiert:[120] Autobahneröffnungen und Grundsteinlegungen, Massenfeste und Militärparaden, Volksgenossen auf KdF-Fahrt und BdM-Mädels im Pflichtjahr, das Hochamt des Reichsparteitags – die Verwandlung von Menschen in Marschblöcke und Fahnenwälder, ihre Auflösung ins Ornament von Masse und Macht. Diese Theaterwirklichkeit, bei der »die Deutschen im Ganzen«, wie der Kommentar verrät, »nicht unglücklich waren«, unterbricht der Film nur kurz durch reale Ereignisse, die aber nicht weniger erhebend wirkten: die Rückkehr des Saarlandes ins Reich, der Einmarsch der Wehrmacht ins Rheinland, die Wiederaufrüstung Deutschlands und das Friedensfest der Olympischen Spiele. »Ganz Deutschland war seine Bühne geworden.« Auf ihr in ständig wechselnden Rollen – Hitler der Redner. Und Hitler der Künstler: an der Seite von Winifred Wagner bei den Bayreuther Festspielen, mit seinem Lieblingsarchitekten Albert Speer vor den Modellen neuer Städte oder zum Beweis seines Stilwillens die kalte Pracht der neuen Reichkanzlei. Regelmäßige Arbeit sei ihm von jeher zuwider gewesen, eine einzige geniale Idee, wird er zitiert, sei wichtiger als lebenslange und gewissenhafte Berufstätigkeit. »Es war der alte Traum vom Künstlerleben.«

Noch eine andere, ungewöhnliche Rolle gewährt ihm der Film, die des Liebhabers und des Geliebten. Werbung und Begattung vollziehen sich in aller Öffentlichkeit: Hitler und sein Volk, ein Mann in Uniform und Millionen hysterischer Frauen und Mädel. Man spürt förmlich die Begeisterung des Filmemachers Fest, wenn er alles von sich werfen kann an historischem Ballast und antrainierter Selbstdisziplin, um diesen delikaten Akt zu montieren. Der *Führer* unter lauter weinenden, ihn mit Blumen bedrängenden Volksgenossinnen. »Gewaltige Potenzerwartungen waren auf ihn gerichtet.« Schnitt: ein Luftschiff in Seitenansicht treibt sacht über einen Häusersaum. Hitler hochgereckt im offenen Wagen. Der Zeppelinphallus, jetzt bildfüllend, fährt frontal auf den Zuschauer zu. Schnitt: Gruppen von Frauen und Mädel rennen in Richtung eines unsichtbaren Ziels, in drei Wellen, mit im Schrei geöffneten Mündern und erhobenen Armen, dann nur noch gereckte Hände. »In solchen Ausbrüchen suchten dumpfere Bedürfnisse nach Befriedigung.« Schnitt: Das Ziel des Begehrens erscheint hoch über ihnen, ihr *Führer* mit weit geöffneten Armen, er streckt sich den Händen entgegen, berührt sie. »Wie ein Abgott bot Hitler sich diesen Erwartungen dar, bis er hinabgriff und die Spannung löste.« Erneuter Bildwechsel: Entleerte oder verzückte Frauengesichter, noch einmal von weit oben der Blick des wieder einsamen Gottes und unter ihm wegstürzende, weinende Mädel. Der abschließende Kommentar: »Nur als Vereinigungserlebnisse«, so der Kinsey-Report der Nazijahre, »sind diese Vorgänge begreiflich.«

Das Ärgernis dieser Sequenz ist, abgesehen vom sexistischen Blick des Voyeurs, der sie im Schneideraum so montiert hat, daß sie die Deutschen jener Jahre als Opfer eines Dämons zeigt: So willenlos wie die hypnotisierten Frauen im Film, behauptet Fest, habe sich das deutsche Volk der Magie Hitlers ergeben. Wie es für die Jahre der Machtergreifung der Nazis keine Schuldigen gab, gibt es für die Zeit von Hitlers Machtausübung noch nicht einmal Schuldfähige – nur Verführte und Mißbrauchte. Und ein zweites Skandalon ist festzuhalten. Die filmische Verwandlung Nazideutschlands in ein einziges Bühnenweihfestspiel mit dem genialisch-müßiggängerischen Künstler Hitler als allgegenwärtiger Hauptfigur verdeckt den verbrecherischen Charakter dieses Systems und seines Schöpfers. Weder das *Ermächtigungsgesetz* von 1933, das den Rechtsstaat zertrümmerte und die Rechtlosigkeit legalisierte, noch die *Nürnberger Rasse-gesetze* von 1935 oder die Pogromnacht des 9. November 1938, die den sozialen und dann auch den physischen Tod der jüdischen Mitbürger besiegelten, sind dem Filmregisseur Fest ein Wort oder ein Bild wert. Zwar spricht er vom »Un-rechtsstaat« oder vom »Doppelgesicht des Dritten Reiches«, aber die Visualisierung dieser Floskeln überläßt er den harm-los-beliebigen Bildern von Polizei-Stiefeln und SS-Unifor-men. Abgesehen von ein paar Ausrutschern beim Macht-antritt der Nazis hat es, nach seiner Lesart, in den folgenden Jahren der Machtausübung keinen systematischen Rechts-bruch und keinen vielfachen Mord, keine Ausmerzung der politischen Gegner und keine Verfolgung der zu Rassefein-den erklärten Juden gegeben.

Der Sieger

Im Film wird das Drehbuch der Verbrechen von 1933 bis 1939 – Hitlers *Mein Kampf* – an keiner Stelle erwähnt. Es hätte auch Auskunft gegeben über Hitlers weitausgreifende außenpolitische Pläne. Für ihn war der »Kampf« das Natür-liche und »Krieg« das Ziel jeder Politik.[121] In einer ersten Etappe gelte es, durch die »Wiedervereinigung« mit Öster-reich ein gemeinsames Großdeutsches Reich zu schaffen, [122] dann stehe die »Vernichtung« des »unerbittlichen Todfein-des« Frankreich auf der Tagesordnung,[123] und danach, mit dieser »Rückendeckung«, beginne der eigentliche Schick-salskampf des deutschen Volkes: durch die Zerschlagung des vom »Blutjuden« okkupierten russischen Bolschewismus werde die drohende »Verpestung« des eigenen Blutes abge-wehrt und durch den Gewinn von »Lebensraum« im Osten der Aufstieg zur »Weltmacht« ermöglicht.[124] Die Ausschal-tung Frankreichs und die Ausmerzung der Sowjetunion soll-ten im Bündnis, mindestens aber im Einverständnis mit England erfolgen.[125] Länder wie Polen und die Tschechoslowakei besaßen, als Ausgeburten des Versailles Vertrages und als Teil der slawischen Minderrasse, in diesem Szenario kein Lebensrecht.[126] Dieses Programm, das Hitler in Umrissen der Reichswehrführung schon drei Tage nach seinem Machtantritt vorgestellt hatte,[127] verfolgte, bei allem Spielraum für taktische Varianten, ein eindeutiges strategisches Ziel. Er hat sich, trotz aller Abweichungen, daran gehalten.

Fests Film erzählt eine ganz andere Geschichte. Sie handelt nicht vom Kriegspolitiker und Lebensraumstrategen, sondern vom Müßiggänger und Gefühlsmenschen Hitler. Zu seinem ersten Überfall im März 1938 heißt es: »Und dann regnen Hakenkreuze aus heiterem Himmel auf Österreich nieder. [...] Hitler war aus seiner Untätigkeit ausgebrochen.« Für den Schlag gegen die Tschechoslowakei 1938/39 wird als einziges Motiv das folgende genannt: »Lange hatte der Politiker in Hitler die Neigung zur Selbstüberschätzung in Schach gehalten. Jetzt begann er die um seine Person entfachte Götzendienerei ernst zu nehmen.« Den deutschen Überfall auf Polen am 1. September 1939, der den Zweiten Weltkrieg auslöste, läßt er Hitler selbst begründen: reguläre polnische Truppen hätten die Grenze überschritten und seien zum Angriff übergegangen, seit 5.45 Uhr werde zurückgeschossen. Dann kommentiert Fest den Gemütszustand des Obersten Kriegsherrn in der ersten Tagen des Krieges: »Im Rausch des Erfolges verdrängte Hitler fast, daß England und Frankreich ihm den Krieg erklärt hatten.« Und, als der Sieg über Polen sicher war: »Wie betäubt vom Gefühl seiner Zerstörungsmacht sagte er, so werde er jeden vernichten, der sich ihm entgegenstellte.« Als die deutsche Wehrmacht im Juni 1941 über die Sowjetunion herfällt, besteht der Kommentar aus einem Satz: »Hitlers Unrast brauchte jetzt einen Erfolg.« Vorausgegangen war der gescheiterte Versuch, England aus der Luft zu Friedensverhandlungen zu zwingen. Er bescherte Hitler das, was er immer hatte vermeiden wollen – die Wiederholung des Zweifrontenkrieges von 1914.

Warum diese Reduktion von Geschichte auf Vulgär-psychologie? Warum die Ersetzung von Fakten durch Mei-nungen? Es sind nicht nur die Erfordernisse des Entertain-ments, denen das Recht des Zuschauers auf Information geopfert wird. Indem sich Fest entscheidet, seinen Film im Stil einer Wochenschau der dreißiger Jahre zu drehen, löst er den historischen Zusammenhang und die verbrecherische Konsequenz einer wahnhaften Politik in disparate, nur durch die Person Hitlers und dessen Energie zusammenge-haltene Einzelteile auf. Dieses täuschende Bild kommt dem ziemlich nahe, wie die Menschen in Nazideutschland damals Politik wahrnahmen und was daraus folgte – Führerglaube, Heilsgewißheit.

Doch bevor Hitler den Krieg von der Leine läßt, gönnt Fest dem Zuschauer noch einen letzten Blick in die ganz pri-vate Welt des *Führers*. Es ist ein Blick mit den Augen der Eva Braun. Ein Amateurfilm, den sie auf dem Obersalzberg ge-dreht hat, in Farbe. Die Farbe ist wichtig: Sie hebt den Ab-stand der vergangenen Zeit auf und stellt Gegenwart her. Es ist, als ob wir heute der Prominenz von damals auf der Ter-rasse des Berghofs, bei Kaffee und Kuchen, begegnen wür-den – Goebbels, Ribbentrop, Speer, Heydrich und Himm-ler, alle in Schlips und Anzug und alle gut gelaunt. Die Späße und Neckereien in den Pausen verstärken den Eindruck von ausgelassener Ferienstimmung. Manchmal sitzt Hitler ak-tenlesend am Rand, oder er holt einen aus der Runde ins Haus – Staatsgeschäfte. Einmal läßt er sich auch munter tän-zelnd zu einem Spaß hinreißen. Dann, mit Filzhut und Kno-tenstock, beim Spaziergang mit auserwählten Begleitern. Selten ist er allein im Bild: mit Eva Braun oder mit Blondi, der Schäferhündin. Nach all dem rhetorischen Furor der Massenauftritte und den triumphalistischen Exzessen des Führerkults – Hitler bei sich zu Haus, Hitler als Mensch unter Menschen. So wie der warnende Kommentar, der Himmler und Heydrich mit dem Epitheton »gefürchtet« versieht, in der Fröhlichkeit des Kaffeeklatsches untergeht,

schluckt die Idylle in den oberbayrischen Bergen jeden
Verdacht, hinter den sprunghaften und ganz subjektiven
Entscheidungen, da oder dort einzumarschieren, könne ein
Weltvernichtungsplan stecken. Menschen haben Affekte,
auch wenn es um Krieg oder Frieden geht. Auch ganz andere
Entschlüsse wären möglich gewesen, suggeriert Fest. Vor allem nach den glänzenden Erfolgen der Blitzkriege, die von
Fests tönender Wochenschau präsentiert werden – Schlacht-
schiffe in Linie, herabstürzende Stukas, Panzerkolonnen
beim Vorstoß, Kartenstudium des Feldherrn mit Stab, die
Waffentrümmer des englischen Expeditionskorps, die Sie-
geszeremonie im Eisenbahnwagen von Compiègne. Es sind
die Bilder, die sich dem Hitlerjungen Fest und Millionen von
Deutschen damals eingebrannt hatten und die viele von
ihnen bis heute weiterträumen: Wenn man damals die Geschichte hätte anhalten können, wenn die Naziwochenschau
anders weitergegangen wäre, wenn Hitler … Es ist der
Tagtraum vom Nationalsozialismus ohne Judenmord und
ohne Vernichtungskrieg.

Es ist daher nur konsequent, daß der Film als Zäsur nicht
das Jahr 1939 wählt, als der Weltkrieg begann und mit der
ethnischen Säuberung im besiegten Polen der Völkermord
einsetzte, sondern den Sommer 1941, als die Wehrmacht in
die Sowjetunion einfiel. Das folgende Kriegsgeschehen wird
nur summarisch mitgeteilt, entlang der Stationen, die man
kennt. Wichtiger ist, daß jetzt ein fremder Hitler auftritt, einer, der sich aus der großen Öffentlichkeit in seine abgele-
genen Hauptquartiere zurückgezogen hat und von dort nur
noch zu Staatsbegräbnissen auftaucht. Hier, in den ostpreu-
ßischen oder ukrainischen Waldverstecken, so suggeriert der
Film, sind erst jene krausen Phantasien von der Besiedlung
der eroberten Riesenräume, von der Auslöschung der dort
lebenden minderwertigen Bevölkerung und von der Züch-
tung einer neuen Herrenrasse entstanden. Und je mehr der
Feldherr Hitler seinen Platz in der Welt räumt, desto mehr
Raum nimmt sich Himmler, der düstere Herr der Lager. Nur

ein paar flüchtige Fotos geben Zeugnis von seinem ausufernden Totenreich und den anwachsenden Leichenbergen.

Was der Buchautor Fest noch bestritten hatte – daß die
Judenvernichtung eine Reaktion auf das Scheitern des Blitzkriegs im Osten gewesen und Hitler im Verlauf des Ostfeldzuges zu einer anderen Person geworden sei –, genau das
behauptet er jetzt bildmächtig im Film. Es ist der fremde
Hitler, der uns jetzt scheu und vergreist begegnet, fremd wie
die Verbrechen, die seine Helfer in seinem Auftrag begangen
haben. Zu diesem Fremden, so wird uns suggeriert, hat das
Volk längst jeden Kontakt abgebrochen. Mit den Symbolen
der untergegangenen Macht, die die Sieger von den zerbombten Prunkbauten wegsprengen, haben die überlebenden Deutschen genausowenig zu schaffen wie mit den Resten von Menschen, die aus den befreiten KZ taumeln. Es ist
der dunkle Schatten von Schicksal und Verhängnis, den der
Film braucht, um die vergangene Gloriole von Aufstieg und
Größe um so heller erstrahlen zu lassen. *Diesen* Hitler will
der Film der Nazigeneration in Erinnerung zurückrufen und
dieses Bild sollen auch die Nachkriegsgeborenen in sich aufnehmen.

Ein neues Hitlerbild

Fest hatte keinen Film über Hitler, sondern einen Hitlerfilm
gemacht. Die Reaktionen waren entsprechend. Die *Deutsche
National-Zeitung* titelte *Gerechtigkeit für Hitler. Die Wahrheit setzt sich durch* und triumphiert: »Die Revision des von
den Siegern verordneten und ihren Trabanten gepflegten
Hitler-Bildes in der veröffentlichten Meinung hat sich beinahe über Nacht durchgesetzt.« Im einzelnen hob das Naziblatt hervor, daß die »lächerliche antideutsche Propagandabehauptung, Hitler habe Weltkrieg und Welteroberung oder
auch nur einen europäischen Krieg jemals angestrebt«,
ebenso in sich zusammengefallen sei wie die von der An

ordnung Hitlers zum Holocaust: »Hitler hat von einer Judenausrottung nichts gewußt.«[128] Eine Woche später legte
das Blatt unter dem Titel *Hitlers wahre Größe. Das neue
Hitler-Bild* noch einmal nach. Der mit dem Prädikat *besonders wertvoll* ausgezeichnete Film trete »der Wahrheit
einige Schritte näher« als das bisher von der Zeitgeschichtsforschung »zugemutete« Bild: »Hitler als faszinierende
Persönlichkeit, als erfolgreicher Politiker, als populärer Herrscher – das stimmt nicht überein mit der üblichen Teppichbeißer-Karikatur, mit dem Zerrporträt eines Blutsäufers. […]
Ein Diktator? Sicher. Aber einer mit weitgehender demokratischer Legitimation.«[129] Fast wortgleich kommentierte *Die
Welt*: »Ein neues Hitlerbild ist […] in den Kinos zu bestaunen. [Fests] Film markiert deutlicher noch als seine Bücher
vorher, daß wir in eine neue Phase unseres Bildes von Hitler
eingetreten sind.« Die von »dubiosen Zeugen«, »von verjagten Hitlergegnern« und von der »alliierten Propaganda« verbreiteten Vorstellungen von Hitler dem »Teppichbeißer«,
dem »brüllenden Diktator«, dem »Wahnsinnigen« hätten sich
nun endlich erledigt. Korrigiert sei auch die Behauptung »von
einer Verschwörung Hitlers zur Vernichtung der Juden« und
die Theorie, Hitler habe »mit Vorbedacht und Fanatismus«
geplant, »einen Krieg zu entfesseln und ihn mit Fleiß so weit
wie möglich über den Erdball zu verbreiten. Gerade den
Krieg gegen Frankreich und England, so weiß man inzwischen, wollte Hitler nicht.«[130] Während der Filmregisseur
Fest – als Mitherausgeber der *Frankfurter Allgemeinen Zeitung* dort auch sein eigener Filmkritiker – das Lob der rechten Ultras für seinen offenen Revisionismus klein zu reden
versuchte,[131] dürfte er sich über den Beifall liberaler Massenblätter wie *Stern* und *Spiegel* gefreut haben.[132] Ablehnung
erfuhr der Film nur in wenigen großen Zeitungen.[133] Vor allem der Rezensent der *Zeit*, der Redakteur und Historiker
Karl-Heinz Janßen, ging mit Fest scharf ins Gericht: er
nannte den Film »gefährlich«, weil er »nur die Psyche Hitlers« erkläre, nicht aber sein Programm, die gesellschaft-

lichen Voraussetzungen seines Aufstiegs und die Mitverant-
wortung der meisten Deutschen. »Wer so ungeschützt den
Geist Hitlers aus den Filmbüchsen entweichen läßt«, so das
Fazit der Kritik, »der macht sich der exkulpierenden My-
then- und Legendenbildung schuldig.«[134] Das sahen auch
große Teile der kritischen Öffentlichkeit so: Autoren und
Künstler, Landesverbände und Ortsgruppen der Gewerkschaften, die *Aktion Sühnezeichen* und die *Vereinigung der
Verfolgten* des Naziregimes, jüdische Persönlichkeiten und
Organisationen forderten die Aberkennung des Prädikats
besonders wertvoll oder die Zurückziehung des Filmes.[135]
Politische Gruppen verteilten Flugblätter vor den Kinos. In
einigen Städten kam es zu gewalttätigen Protesten – zertrümmerte Kinotüren, versuchte Brandanschläge, gesprühte
Protestparolen. Aus manchen Vorstellungen wurde auch offener Szenenapplaus oder das Mitsingen von Nazihymnen
durch Rechtsradikale gemeldet.[136] In der internationalen
Presse fand der Film ein vernichtendes Echo.[137]

Fests Namen hat diese lautstarke und internationale Erregung weder in seiner eigenen Zeitung noch in der etablierten Öffentlichkeit geschadet. Er war jetzt endgültig *der*
Hitlerexperte in Deutschland und zudem die erste Adresse
für alle diejenigen, die die Geschichte der Nazizeit umzu-
schreiben gedachten. Das konnten Glücksritter sein, wie
jene Fälscherbande, die mit ihren *Hitlertagebüchern* Geld
machen wollte. Als sie Fest als Mittelsmann und Komplizen
zu gewinnen suchten, war es Speer, der seinen Freund rettete: Er klärte ihn auf, daß Hitler kein »Mann von Tagebüchern gewesen« sei und seine Prüderie es gar nicht zuge-
lassen hätte, ein Aktbild von Eva Braun zu malen.[138] Fest
war gewarnt und widerstand der Verführung. Der Skandal
riß andere – den *Stern* und einige seiner allzu geldgierigen
Mitarbeiter – in die Strudel eines Riesenskandals.[139] Aber
auch seriösere Geschichtsfälscher suchten jetzt den Führer-
biographen auf und fanden in ihm einen einflußreichen
Unterstützer. Mit ihnen zusammen inszenierte er 1986 eine

Debatte, die später unter dem Namen *Historikerstreit* als eine der heftigsten intellektuellen Auseinandersetzungen in der Bundesrepublik Deutschland bekannt werden sollte.

Hitler. Die Kontroverse

Der deutsche *Historikerstreit*, so hat der amerikanische Harvard-Professor und Deutschlandkenner Charles S. Maier es im Rückblick formuliert, sei eine Debatte gewesen, die »über den universitären Rahmen hinaus« Konsequenzen gehabt hätte und daher von allen ausländischen Beobachtern »mit größtem Interesse« verfolgt worden sei: »Hier wurde – initiiert durch eine historische Fragestellung – erstmals eine Auseinandersetzung über die Orientierung und die Grundwerte der Bundesrepublik geführt.«[140] Diese Kontroverse, die auch »die Komponenten der deutschen Nationalidentität« thematisiert habe, sei zugleich »die letzte große intellektuelle, sogar staatsbürgerliche Auseinandersetzung« in der alten, der Bonner Republik gewesen.[141] Man kann die Bedeutung dieses Vorgangs nur verstehen, wenn man sich die politische Lage und das intellektuelle Klima Mitte der achtziger Jahre noch einmal in Erinnerung ruft.[142]

Mit dem Machtantritt einer CDU-geführten Bundesregierung 1982 verbanden die Konservativen aller Couleur die Hoffnung auf eine geschichtspolitische Wende. Der Erlanger Historiker Michael Stürmer lieferte für diese Erwartung den theoretischen Rahmen. »Die technokratische Geringschätzung der Geschichte von rechts und ihre progressive Erwürgung von links«, so seine Analyse, habe aus Deutschland ein »Land ohne Erinnerung« gemacht. Die Zukunft könne nur gewinnen, »wer die Erinnerung füllt, die Begriffe prägt und die Vergangenheit deutet«.[143] Entsprechend beschloß die neue Bundesregierung, von einer sofort einsetzenden scharfen Debatte begleitet, den Bau zweier historischer *Leitmuseen*, eines zur Geschichte der Bundesrepublik in Bonn und eines in Berlin, das sich der Geschichte der Deutschen widmen solle.[144] Gleichzeitig machte der neue Bundeskanzler Helmut Kohl deutlich, wie er die Erinnerung zu füllen und die Vergangenheit zu deuten beabsichtigte. Er enttäuschte zwar die Ultras, die auf den längst fälligen *Schlußstrich* unter die deutsche Schulddebatte gehofft hatten, aber er machte deutlich, daß es mindestens zu einer *Normalisierung*, also einem »unbefangenen Umgang« mit der Nazivergangenheit und der verbleibenden Schuld kommen werde.[145] Demonstrativ besuchte er 1985, gemeinsam mit dem amerikanischen Präsidenten Reagan, trotz heftiger Proteste, den Soldatenfriedhof in Bitburg, auf dem sich auch die Gräber gefallener SS-Männer befanden. Die *Frankfurter Allgemeine Zeitung*, quasi als Zentralorgan der neuen Verhältnisse, unterstützte solche symbolischen Gesten wie alle realen Maßnahmen dieser geschichtspolitischen Offensive. Sie bot nicht nur Kohls Chefhistoriker Stürmer die publizistische Plattform für seine Diagnosen zur Lage der Nation, sondern beteiligte sich mit zahlreichen eigenen redaktionellen Beiträgen an dem von der Politik sanktionierten Ausbruch aus dem angeblich allgegenwärtigen Zwangskorsett einer »kollektiven Schuldbesessenheit«.[146] Auch Joachim Fest war zur Stelle. In einer Rezension, die einer programmatischen Erklärung glich, kündigte er ein im Verlag seines Freundes Wolf Jobst Siedler erscheinendes sechsbändiges Geschichtswerk an und machte deutlich, warum ihm diese *Geschichte der Deutschen und ihrer Nation* so bedeutsam erschien. Schon die ersten beiden Bände zum Kaiserreich und zur Weimarer Republik versprächen eine »Standortverschiebung« in der Geschichtsschreibung: Ausgehend von der »schicksalhaften Mittellage« Deutschlands, auf die jeder große deutsche Staatsmann – von Bismarck bis Hitler – habe reagieren müssen, würden die Autoren statt des »Schuldcharakters« den »Verhängnischarakter« der deutschen Geschichte in den Vordergrund rücken.[147]

An diesem Projekt einer Standortverschiebung mit dem

Ziel der Minimierung der deutschen Schuld arbeitete schon lange ein anderer – Ernst Nolte. Er galt in der historischen Zunft als Außenseiter. Der Studienrat für Altphilologie wurde durch sein 1963 erschienenes Buch *Der Faschismus in seiner Epoche* mit einem Schlage bekannt und daraufhin als Professor nach Marburg, später an die Freie Universität Berlin berufen.[148] Im Vergleich von italienischem Faschismus, deutschem Nationalsozialismus und Action française hatte er den Faschismus ideologisch als Antimarxismus und emotional als gewaltgewordenen Ausdruck der Angst vor der roten Gefahr definiert.[149] Für Fests Hitlerbiographie wurde diese Studie neben dem Zeitzeugen Speer die wichtigste Quelle. Nicht nur Noltes Methode der Fixierung auf die faschistischen *Führer* und deren Selbstwahrnehmung – bei Vernachlässigung ihrer Verbrechen – entsprach seinem eigenem Geschichtsverständnis.[150] Er übernahm auch dessen These vom Epochengefühl der Angst als eines der zentralen Erklärungsmuster für den Aufstieg Hitlers.[151] Fest als einer der Herausgeber der *Frankfurter Allgemeinen Zeitung* und zuständig für deren Feuilleton dürfte dafür verantwortlich gewesen sein, daß dem Außenseiter seit 1977 die Spalten des Blattes offen standen.[152]

Der Skandal

Nolte hatte seine Thesen mittlerweile deutlich radikalisiert. Schon in einem der ersten Beiträge einer zunächst vierteiligen Serie kam er auf den Massenmord der Juden zu sprechen, der nur im Zusammenhang der Vernichtung des russischen Bürgertums durch die Bolschewiki zu erklären sei. Den Ursprung dieser mörderischen Vorgänge glaubte er in den utopischen und frühsozialistischen Theorien des 18. Jahrhunderts gefunden zu haben: der dort anzutreffende Typ des »Gleichheitsideologen« ziele, auch wenn er den Mord aus taktischen Gründen nicht ausführe, »stets auf ganze Klassen oder Systeme«.[153] Die Französische Revolution habe mit diesem Konzept erstmals ernstgemacht und den folgenden »Vernichtungstherapien« den Weg gebahnt – wie der bolschewistischen. Der Judenmord der Nazis sei nichts anderes als eine aus Angst geborene »Reaktion« darauf, die »verzerrte Kopie« einer verbrecherischen Vorlage gewesen.[154] Der unter dem Titel *Vergangenheit, die nicht vergehen will* am 6. Juni 1986 publizierte Beitrag griff diese These auf: »Vollbrachten die Nationalsozialisten, vollbrachte Hitler eine ›asiatische‹ Tat vielleicht nur deshalb, weil sie sich und ihresgleichen als potentielle oder wirkliche Opfer einer ›asiatischen‹ Tat betrachteten? War nicht der ›Archipel GULag‹ ursprünglicher als Auschwitz? War nicht der ›Klassenmord‹ der Bolschewiki das logische und faktische Prius des ›Rassenmords‹ der Nationalsozialisten? Sind Hitlers geheimste Handlungen auch nicht gerade dadurch zu erklären, daß er den ›Rattenkäfig‹ nicht vergessen hatte?«[155] Neu waren die vagen Belege für Hitlers Angst, vom jüdischen Bolschewismus verschlungen zu werden: seine frühen Kenntnisse über die »asiatische« Tat des Genozids an den Armeniern wie die nachhaltige Wirkung von Hinweisen auf die Foltermethoden der Bolschewiki – »der Rattenkäfig«. Neu war aber auch die Anmaßung, mit der er seinen *Beweisgang* von sowjetischem Original und deutscher Kopie abschloß: Er beruhe »auf schlichten Wahrheiten«, und wer die nicht akzeptiere, verstoße »gegen das Ethos der Wissenschaft«.[156] Ernst Nolte war mit seinen Artikeln über die Jahre so etwas wie der Hausautor der *Frankfurter Allgemeinen Zeitung*, also Normalität geworden. Niemand, auch kein Historiker, hatte sich darüber aufgeregt.[157] So wäre es auch diesmal nicht zum Skandal gekommen, wenn sich nicht fast zeitgleich ein zweiter Tabubruch ereignet hätte.

Der Kölner Historiker Andreas Hillgruber, ein Fachmann für die NS-Geschichte, hatte im Siedler-Verlag ein schmales Bändchen veröffentlicht mit dem Titel *Zweierlei Untergang. Die Zerschlagung des Deutschen Reiches und das Ende des europäischen Judentums.*[158] Die Wehrmacht im Osten habe sich, das war die Ausgangsthese, spätestens seit Anfang 1945 in einer »heillosen Situation« befunden:[159] Durch das Halten der Front sei die Flucht Hunderttausender Deutscher nach Westen, damit zugleich aber auch das Weitermorden in den Vernichtungslagern ermöglicht worden.[160] Hillgruber führte zur Rechtfertigung dieser Entscheidung zwei weitere Gründe an: der Schutz der Zivilbevölkerung gegen eine unter Stalin »barbarisch« gewordene Kriegführung der Roten Armee[161] und die Erhaltung des Deutschen Reiches gegen die völlig unabhängig von den deutschen Verbrechen »lange erwogenen« Ziele der Alliierten zur Zerschlagung Deutschlands.[162] Alternativen, wie das Attentat auf Hitler am 20. Juli, verwarf er ausdrücklich als bloß symbolischen »gesinnungsethischen« Akt, dem der Realitätssinn und das Verantwortungsgefühl der damals vor Ort agierenden Generäle und Gauleiter gefehlt habe.[163] Der Autor, der als junger Soldat an diesen Kämpfen teilgenommen hatte,[164] verkündete, auch jetzt – in der Rolle des Historikers und im Abstand von vierzig Jahren – erscheine ihm nur diese »eine Position« als vernünftig.[165] Noch überraschender war, daß er die »jüdische« säuberlich von der »deutschen Katastrophe« unterschied, als besäße der mit den *Nürnberger Rassengesetzen* verfügte Ausschluß der Juden aus der Gemeinschaft der Deutschen noch immer Gültigkeit.[166] Nur dieser kleinen todgeweihten Gruppe der überlebenden Naziopfer gestand er zu, den 8. Mai 1945 als Tag der »Befreiung« erlebt zu haben, während der Begriff für das Schicksal der »deutschen Nation als Ganzes« unangebracht sei.[167] Für Hillgruber war diese das Hauptopfer[168] – die Vertreibung der Deutschen aus den Ostgebieten und deren Verlust bezeichnete er als die »wohl gravierendste Kriegsfolge«.[169] So wie die zweierlei Untergänge in keinem inneren Zusammenhang standen, trennte Hillgruber auch die Verantwortlichkeiten. Während Hitler zwar für die »Endlösung der Judenfrage« die Verantwortung getragen habe,[170] treffe ihn keine Schuld an der

Zerschlagung des »preußisch-deutschen Reiches« und der »Auslöschung des Deutschtums« im Osten – beides sei das Werk »der führenden westlichen Staatsmänner« gewesen.[171]

Hillgrubers und Noltes Publikationen sprengten den bisherigen Konsens im Umgang mit dem Nationalsozialismus, und sie paßten wie bestellt zu der eingangs beschriebenen konservativen Offensive. Nicht zufällig war Joachim Fest an der Veröffentlichung der beiden skandalösen Texte beteiligt. Sein Freund Wolf Jobst Siedler hatte ihn 1968 in den Beirat des von ihm geleiteten Propyläen-Verlages geholt. Auch nach dem Ausscheiden 1976 blieb er dem Freund verbunden, vor allem, als dieser Mitte der achtziger Jahre unter dem Dach von Bertelsmann seinen eigenen Verlag gründete, dessen Programm sich in zwei Begriffen zusammenfassen ließ – Preußen und Deutschland. Fest wirkte als Berater,[172] war immer wieder Autor[173] und begleitete ambitionierte Projekte des Verlages publizistisch.[174] Seinem Konzept von der deutschen Geschichte als »Verhängnis- statt als Schuldgeschichte« entsprach Hillgrubers Untergangsprojekt, das die »tragische« Verstrickung der Wehrmacht mit soviel Empathie geschildert hatte, und so ist zu vermuten, daß er als Berater der Veröffentlichung zugestimmt hatte. Genauer zu belegen ist seine Verantwortung für das Erscheinen von Noltes Beitrag, der mit dem effektvollen Untertitel *Eine Rede, die geschrieben, aber nicht gehalten werden konnte* versehen worden. Ein nicht gezeichneter Vorspann erklärte, warum der Autor bei der *Frankfurter Allgemeinen Zeitung* hätte Asyl suchen müssen: Er sei als Gastredner bei den gerade stattfindenden Römerberg-Gesprächen von der Stadt Frankfurt »aus unbekannten Gründen« wieder ausgeladen worden.[175] Zeitgenössische Beobachter haben den Wahrheitsgehalt dieser Darstellung angezweifelt,[176] und ein damaliges Redaktionsmitglied der Zeitung hat sie glattweg als »Unwahrheit« bezeichnet.[177] Der Nolte-Coup ist nicht ohne ausdrückliche Billigung des verantwortlichen Mitherausgebers erfolgt, möglicherweise hatte dieser ihn sogar geplant.

Der von Fest Anfang der siebziger Jahre nach Frankfurt geholte und ihm freundschaftlich verbundene Leiter der Literaturredaktion, Marcel Reich-Ranicki, hat diese Vermutung bestätigt, als er sich später an die Debatte und an ihre Bedeutung für sein Leben erinnerte: »Doch ob es mir gefällt oder nicht, ich habe an diesem fatalen *Historikerstreit* gelitten. Ich habe mich geschämt, denn er ging von der *Frankfurter Allgemeinen* aus – und sie spielte in ihm keine rühmliche Rolle. Ich habe mich geschämt, denn er wurde von Joachim Fest inspiriert und zeitweise organisiert.«[178]

Fest contra Habermas: Absage an die Aufklärung

Abgesehen von ein paar kritischen Leserbriefen lösten die beiden Texte keine Debatte aus.[179] Da auch die als liberal bekannten Zeithistoriker stumm blieben und, wie einer von ihnen es später freimütig zugab, einfach »ihrem Tagewerk weiter nach[gingen]«,[180] antwortete statt ihrer Deutschlands kundigster Philosoph auf den Tabubruch. Habermas ließ sich auf keine *Fachdebatte* ein, sondern attackierte die Grenzverletzung und deren Methode. Hillgruber unterziehe sich, wie in einem öffentlichen Selbstversuch, »einer revisionistischen Operation seines Geschichtsbewußtseins«:[181] Indem er auf die für einen Historiker übliche Zentralperspektive verzichte und sich für die selektive Wahrnehmung eines damals Beteiligten entscheide, gebe er nicht nur die Gesamtabläufe rekonstruierende Vernunft auf, sondern verbanne auch die für jede Urteilsbildung notwendige Moral aus seiner Betrachtung.[182] Nur dadurch sei es ihm möglich, sowohl den Zusammenhang von Krieg und Holocaust wie die Verantwortung Hitlerdeutschlands für beide Verbrechen zu leugnen. Während er Hitler zum »alleinverantwortlichen Urheber« des Judenmords erkläre, entlasse er die Masse der mitwissenden und stillhaltenden Deutschen ins rettende Dunkel des »Anthropologisch-Allgemeinen«.[183] Noltes Ent-

lastungsmanöver bestehe darin, dem Nationalsozialismus
eine Vorgeschichte zu erfinden – die Aufstandsbewegung
»gegen die kulturelle und gesellschaftliche Modernisierung«.[184] Weil dem Nazi-Faschismus als Teil dieser Bewegung eine historische Berechtigung zugesprochen werde,
könne seine angeblich »wahre Intention« von seiner »unse-
ligen Praxis« säuberlich geschieden werden.[185]

Noltes und Hillgrubers revisionistische Thesen gewannen für Habermas eine zusätzliche Brisanz dadurch, daß sie
von einer Riege höchst einflußreicher neokonservativer
Zeithistoriker wie Michael Stürmer benutzt wurden.[186]
Unter Hinweis auf einen von »gegensätzlichen Bildern« geprägten Generationenkonflikt,[187] der die Gefahr in sich barg,
zum Identitätsverlust und im Ernstfall »zum sozialen Bürgerkrieg wie am Ende der Weimarer Republik« zu führen,[188]
forderte Stürmer von der Geschichtswissenschaft, ein Geschichtsbild zur Verfügung zu stellen, »das dem nationalen
Konsens förderlich ist«.[189] Hillgrubers und Noltes Relativie-
rungs- und Entlastungsmanöver würden, so diagnostizierte
Habermas, weil sie dazu aufforderten, die Hypotheken der
Vergangenheit endlich »abzuschütteln«, zu dieser gewünsch-
ten »nationalgeschichtlichen Aufmöbelung« beitragen.[190]
Anstelle eines solchen »geschlossenen Geschichtsbildes«
verteidigte er einen »Pluralismus der Lesarten«, der den
»Umgang mit ambivalenten Erinnerungen« ermögliche.[191]
Durch Auschwitz hätten die Deutschen den Anschluß an
die universalistischen Traditionen der westlichen Welt gefunden. Der auf diesen Prinzipien gegründete »Verfassungs-
patriotismus« sei der einzig mögliche Patriotismus.[192]

Die Antwort auf diese fulminante Klarstellung fiel kläg-
lich aus: Die Kritisierten zogen sich beleidigt als Opfer einer
Rufmordkampagne in die Leserbriefspalten zurück[193] oder
erklärten den Philosophen plakativ zum Vertreter eines
überholten und totalitären Geschichtsbildes.[194] Platz genug
also für Fest, als einziger wirklicher Kontrahent gegen
Habermas anzutreten.[195] Es war ein Scheingefecht: Statt auf

die Argumente des Philosophen einzugehen, entschied sich
der Publizist, Nolte zu fundieren. Fest nahm dabei in Kauf,
alles von dem einzureißen, was er als Historiker einmal aufgebaut hatte. Anders als in seiner Hitlerbiographie, in der er
schilderte, wie Hitlers rassistisches Weltbild im Vorkriegs-
Wien entstand und schon abgeschlossen war, als er seinen
politischen Aufstieg in München begann,[196] soll jetzt auf
einmal Hitlers Vernichtungswille erst nach 1918 entstanden
sein, aus einer Panik vor dem drohenden bolschewistischen
Massenmord, die er mit den »verängstigten Massen« ebenso
geteilt habe wie die Vorstellung, daß die Rettung nur in einer
ungleich gewalttätigeren Gegenwehr bestehe. Es könne
doch »nicht unzulässig sein«, auf diese Zusammenhänge
hinzuweisen. »Wenn das aber so ist«, müsse man sich doch
fragen, warum auf Noltes Thesen mit solcher »Ungehal-
tenheit« reagiert werde.[197] Zwar gesteht er, zum Systemver-
gleich übergehend, dem Kommunismus zu, aus einem hu-
manitären Impuls entstanden zu sein und mit der Vernichtung der bürgerlichen Klasse nicht deren physische, sondern
nur deren gesellschaftliche Ausschaltung gemeint zu haben.
Aber die Dynamik der Oktoberrevolution und der Auto-
matismus der eigenen Rhetorik hätten dazu geführt, daß aus
den Worten Taten wurden.[198] Fest hatte früher das Apriori
der Vernichtung der Juden als der »Weltpest« aus Hitlers
Mein Kampf stringent abgeleitet und entgegen allen Versuchen, ihn zum Opportunisten zu stempeln, darauf bestanden, daß der *Führer* in dieser grundsätzlichen Frage »kein
Zögern oder Zurückweichen« gekannt habe.[199] Jetzt fragt er
listig, ob sich Hitler – ähnlich den Bolschewiki – »mit seinen
Untaten nicht auch im Netz verbaler Exzesse verstrickte?«
und »zum Gefangenen eines Prozesses« geworden sei, den
er letztlich selbst in Gang gesetzt, aber nicht von vornherein
geplant oder zielgerichtet vorangetrieben habe.[200] Früher
hatte Fest die vier zentralen Elemente dieses monströsen
Vorgangs benannt: den »Entschluß« Hitlers, das Judentum
in seiner »biologischen Substanz«, also ganz und gar, zu ver-

nichten und dies unter »systematischem« Einsatz aller staatlichen Mittel und in »hochorganisierten« Todesfabriken zu tun.[201] Jetzt besteht für ihn der Unterschied des Holocaust zum bolschewistischen Massenmord nur noch in der »technischen Innovation« der Gaskammern.[202] Und selbst hier gibt es noch fließende Übergänge: Fest erfindet einfach »Mordfabriken« auch in der Sowjetunion. Und er fordert den Leser auf, sich die dazugehörigen visuellen Belege per mouse-click in der frei assoziierenden Phantasie selber zu fabrizieren. Auch dies geschieht – unter Hinweis auf die in Auschwitz zurückgebliebenen Berge von Brillen, Schuhen und Haaren – in der Form einer unverfänglichen Frage: »Doch was berechtigt uns zu denken, es habe dergleichen in den Mordfabriken der Stalin-Ära nicht gegeben? Wir haben es nicht gesehen. Es gibt keine Fotos oder Filme davon. Aber ist es mehr als ein Mangel an humaner Phantasie, daß auch die Vorstellung kein Bild davon hat?« Nachdem der Leser solcherart mit einem Satz imaginärer Fotos versehen ist, sei die anschließende Frage, suggeriert Fest, ob nicht »aufs Ganze gesehen, die Vorgänge hier wie dort in den entscheidenden Merkmalen vergleichbar« seien, beantwortet.[203]

Fest hat seinen Auftritt im *Historikerstreit* als verzweifelte Gegenwehr gegen das Äußerste inszeniert. Spätestens seit dem Ende der sechziger Jahre sieht er eine »herrschende Vorstellung« am Werk, die über das Land ein Netz des Konformismus geworfen hat: wer sich den von ihr geforderten »Ritualen der Unterwürfigkeit« verweigere, werde unter Generalverdacht gestellt, sich »der heimlichen Komplizenschaft mit dem ›Faschismus‹« schuldig gemacht zu haben.[204] Aber anders als sonst ergeht der Autor sich nicht nur in dunklen Andeutungen und anonymen Anschuldigungen, sondern diesmal nennt er einen Verantwortlichen für diese »elende Praxis« der Denkverbote und Standgerichte – Jürgen Habermas.[205] Dieser sei ein Philosoph, der am hellichten Tag »Geister« sehe und in platten »Verschwörungstheorien«

denke, ein Gutmensch, der »Utopien« wie der vom »neuen Menschen« anhänge und sich auch durch den »schrecklichen Fehltritt« Hitler nicht von diesem Traum abbringen lasse.[206] Dann verschärft sich der Ton, und der Ankläger wird persönlich. Vor den Leichenbergen und in den Blutlachen des 20. Jahrhunderts präsentiert sich Fest als »pessimistischen«, aber realitätstüchtigen Skeptiker, der um das ewig Böse im Menschen, also um das Scheitern der Aufklärung weiß. Und als vorurteilsfreien Intellektuellen, der ohne klassifizierende Hierarchien jedes Opfer als Opfer sieht – die Armenier wie die Kulaken, die Juden wie die Vietnamesen.[207] Als Gegentyp die Intellektuellen der Bundesrepublik, die »Siegelbewahrer einer neuen Aufklärung«: ihre »Mythen« über den Nationalsozialismus folgen einem bestimmten Interesse.[208] Ihre »moralische Irritation« hängt vom jeweiligen politischen Lager ab: »Und mit einer Empfindungslosigkeit, die schlimmste Erinnerungen heraufbeschwört, macht man sich an irgendwelchen Professoren-Schreibtischen daran, die Opfer zu selektieren.«[209] Habermas und seinesgleichen – alles Schreibtischmörder.

Der Vergleich ließ keinen Millimeter Raum für Zweifel. Auch nicht darüber, daß Fest damit jede intellektuelle Debatte aufkündigte und jede persönliche Kommunikation verweigerte. Habermas und seinesgleichen waren für ihn nicht Gegner, sondern Feinde. Dieser Ausbruch blanken Hasses hat viele damals überrascht, ohne daß sie dafür eine Erklärung fanden.[210]

Die Gründe finden sich nicht in den Texten, wohl aber im Leben. Fest, Nolte und Hillgruber gehörten derselben Generation an. Sie hatten, Mitte der zwanziger Jahre geboren, als Kinder und Heranwachsende die Wirren der zu Ende gehenden Weimarer Republik und den Aufstieg Deutschlands nach 1933 erlebt, sie waren durch die Schulen und Organisationen der Dritten Reiches gegangen und hatten als Soldaten der Wehrmacht an der Front gestanden.[211] Die meisten Angehörigen dieser Altersgruppe haben nach dem Krieg das

Wissen um Verbrechen geleugnet und ihr damaliges Verhalten im Stile Hillgrubers legitimiert. Üblicher war es, diese Zeit ganz zu beschweigen.[212] Der Bruch dieses Schweigepakts und das Aufrollen der Schuldfrage durch die rebellierenden Studenten Ende der sechziger Jahre war für die Mehrheit der Kriegsgeneration ein Schock. Sie reagierte darauf mit Empörung.[213] Daraus wurde immer dann eine manchmal haßerfüllte und meist lebenslange Feindschaft, wenn Angehörige dieser Generation direkt zum Gegenstand der studentischen Kritik oder des öffentlichen Protestes wurden. Fest machte diese Erfahrung, als sein Hitlerfilm öffentlich attackiert wurde.[214] Nolte und Hillgruber erlebten das als Professoren in Marburg bzw. Freiburg und Köln.[215] Aufgeladen mit Ressentiments, ging es den dreien in ihren späteren Büchern und Beiträgen immer auch um die Beseitigung jener angeblich herrschenden jakobinischen Erinnerungsdiktatur, deren Schreckensbild sie nicht müde wurden zu schildern. Im *Historikerstreit* wurde dies zum Zentrum ihrer Interventionen. Es war ihr letztes Gefecht in einem Krieg, der 1945 nicht zu Ende gegangen war.

Der amerikanische Historiker und Deutschlandkenner Charles S. Maier, dem wir die abgewogenste Darstellung des *Historikerstreits* verdanken, hat auf dessen prinzipiellen Frontverlauf hingewiesen: Auf der einen Seite der Kontroverse hätten diejenigen gestanden, für die Geschichte ein einziges Zeugnis für »obskure Triebe, unvermeidliche Leiden und immer wiederkehrende Atavismen« sei, auf der anderen Seite seien jene zu finden gewesen, die Geschichte immer als »eine Aufforderung zur Aufklärung und zum Fortschritt der Vernunft durch die Analyse von Gewalt und Unterdrückkung« begriffen hätten.[216] Aber er hat auch den politischen Charakter der Intervention der Antiaufklärer gesehen: Ihr Ziel sei gewesen, »einen selbstgerechten politischen und akademischen Einschüchterungsversuch der Linken in den sechziger Jahren in die Schranken zu weisen« und »eine linke Interpretation der Geschichte des 20. Jahrhunderts« zu verhindern.[217] Zugleich hat er die Methode der Tabubrecher offengelegt. Ausgehend von der Vorliebe Noltes, Hillgrubers und Fests für harmlos klingende Fragen, hat er auf den Unterschied zwischen einer »echten« und einer »unechten historischen Frage« hingewiesen: Die eine, wenn sie unbeantwortet bleibe, beeinflusse die persönliche Meinung eines Lesers nicht, die andere wolle schon allein dadurch, daß sie gestellt werde, meinungsbildend sein. »Ihr geht es nicht um die Wahrheit einer Behauptung, sondern darum, ob eine als wahr unterstellte Behauptung geäußert werden darf. Sie gibt vor, die Tragfähigkeit einer Hypothese zu erproben, erprobt jedoch in Wirklichkeit die Grenzen eines akzeptablen Diskurses und erreicht ihre Wirkung, weil liberale Gesellschaften es ablehnen, die Redefreiheit einzuschränken.«[218] Dieses Ziel hätten die beiden Hauptakteure des *Historikerstreits*, so seine Bilanz, erreicht: »Mit ihrer Aufrechnung haben Nolte und Fest einer Argumentation einen offiziellen Anstrich gegeben, die bisher nur in rechtsradikalen Kreisen kursierte.«[219] Reich-Ranicki hatte damals geglaubt, sein Freund und Kollege Fest habe sich bloß verrannt. Aber alle Versuche, ihn zum Verlassen der Sackgasse zu bewegen, scheiterten.[220] Auch die Freundschaft zerbrach: Bei Fest sei danach »nur noch Haß« gewesen.[221]

Speer. Der Kronzeuge

Fest ist ein ungewöhnlicher Autor. Er hat seine Bücher nicht geschrieben, weil er sie schreiben wollte – weil sie ihm notwendig zu sein schienen oder weil ihn ein Thema gepackt hatte. Er schrieb, wie er den Leser in auffälliger Bescheidenheit immer wieder wissen ließ, nur im Auftrag. Der besagte, daß nur einer, er, Fest, in der Lage sei, den Gegenstand angemessen zu behandeln. Im Falle der Hitlerbiographie waren die Auftraggeber das amerikanische Verlagshaus Harcourt, Brace, Janovich und sein Freund Sebastian Haffner, der sich selber dem Thema nicht gewachsen sah und ihm »zuredete«, es statt seiner zu übernehmen.[222] Die Studie zum 20. Juli entstand, weil er von einem Mitarbeiter des Siedler-Verlages »überredet« wurde,[223] und das letzte Kapitel in Hitlers Leben – *Der Untergang* – verdankt sein Entstehen den »Anfragen« von Lesern, die nach der Lektüre eines Fest-Artikels zum *Führerbunker* eine umfassendere Darstellung dieser letzten Tage verlangten.[224] Auch die Speerbiographie, so legt der Autor nahe, habe eine ähnliche Vorgeschichte gehabt. Wie Sebastian Haffner beim Thema Hitler, war es dem renommierten englischen Historiker Hugh Trevor-Roper bei Hitlers Architekten und Rüstungsminister ergangen: er gab das Projekt auf. Speer, so hatte er sich seinem Freund nach Jahren anvertraut, sei »zu schlau« für ihn, »eine schlüssige Biographie«, so habe er viele Male auf ihn »eingeredet«, müsse von ihm, Fest, kommen. Deshalb und »auch aus anderen Gründen« habe er sich später entschlossen, die Biographie zu schreiben.[225]

Vorwärtsverteidigung

Fest hatte Speer bei der Arbeit an dessen in einer Rohfassung vorliegenden *Erinnerungen* zur Seite gestanden. In den Jahren 1967 bis 1969 traf er sich in regelmäßigen Abständen, meist begleitet vom Verleger Wolf Jobst Siedler, mit Speer zu drei- bis viertägigen Arbeitssitzungen, die in dessen Heidelberger Wohnung, in einem Südtiroler Hotel bzw. auf Sylt stattfanden.[226] Mindestens 23 solcher Treffen hat es gegeben, zu Beginn fast im Monatsrhythmus, dann mit längeren Pausen, in der Endphase der Arbeit wieder monatlich.[227] Welchen Anteil Fest an der endgültigen Fassung der Autobiographie genommen hat, ist im nachhinein schwer auszumachen. Während die einen vermuten, daß er »dem schreibenden Speer zumindest teilweise die Feder geführt hat«, also eine Art Ghostwriter gewesen sei,[228] behaupten die anderen kategorisch: »Mit dem Schreiben hatte er nichts zu tun.«[229] Vielleicht liegt die Wahrheit irgendwo dazwischen.[230] Sicher ist jedenfalls, weil von allen Beteiligten berichtet, daß es bei den Treffen nicht nur um inhaltliche Kürzungen oder stilistische Nachbesserungen, sondern vor allem um »drängende Fragen« ging.[231] Sie wollten nicht, wie die Formulierung vermuten läßt, Speers Beteiligung an den Verbrechen Nazideutschlands klären, sondern nur wissen, »was er von den Verbrechen des Regimes gewußt und wie er sich zumindest zu der Ahnung, die ihn erfüllen mußte, verhalten habe«.[232] Der Nürnberger Prozeß sollte also nicht wieder aufgerollt, wohl aber dessen glimpfliches Urteil – auch gegen überraschende Fragen von Kritikern oder Überlebenden – abgesichert werden. Deshalb gingen Fest und Siedler allem aus dem Weg, was über die Nürnberger Aktenlage hinausging und den Verurteilten mit neuen Vorwürfen hätte belasten können.

Raul Hilberg hatte schon 1961 sein Epochenwerk über die Vernichtung der europäischen Juden publiziert, und Speer kam darin mehrfach und an prominenter Stelle in unmittelbarer Nähe der Verbrechen vor – beim Einsatz jüdischer Zwangsarbeiter, bei der *Entjudung* Berlins, bei den Erweiterungsbauten in Auschwitz, bei der Deportation der Juden aus Bialystok und im Zusammenhang mit dem Schicksal der ungarischen Juden.[233] Auch eine 1968 publizierte erste wissenschaftliche Arbeit zu Speers Tätigkeit als Rüstungsminister teilte neue Fakten mit, so seine Zusammenarbeit mit der SS bei der Rüstungsproduktion in den Konzentrationslagern und eine Denkschrift aus den letzten Kriegswochen, die ihn weniger als Saboteur denn als Strategen des Endkampfes zeigten.[234] Anstatt ihren Memoirenschreiber mit diesen Fakten, die ihn als Täter zeigten, zu konfrontieren, setzten die beiden »Gesprächpartner« ihre schonende Zeugenbefragung fort.[235] Fests später vorgebrachte und in jüngster Zeit wiederholte Erklärung, seine Fragen an Speer hätten nur »den Kenntnisstand der späten sechziger und frühen siebziger Jahre wiedergegeben«, ist deshalb nichts als ein fragwürdiger Versuch, die heimliche Komplizenschaft zu vertuschen.[236] Deren Folgen für den endgültigen Text lassen sich, solange Speers Manuskript zum Vergleich nicht freigegeben wird, schwer bestimmen.[237] Bekannt geworden sind in diesem Zusammenhang nur die auf Drängen Fests und Siedlers der Autobiographie hinzugefügten nachträglichen Erinnerungen Speers an die Ermordung Röhms wie einiger konservativer Gegner und an die rauchenden Trümmer der in der Nacht vom 9./10. November 1938 zerstörten Synagoge in der Berliner Fasanenstraße.[238] Allerdings lassen die während des Nürnberger Prozesses 1946 und dann 1953 in der Spandauer Haft entstandenen Fassungen im Vergleich zum Endprodukt erkennen, wie stark Speer seine Erinnerungen ständig und mit Rücksicht auf das Lesepublikum modelliert hat. Gitta Sereny, die alle Fassungen einsehen durfte, hat den Spandauer Entwurf z. B. »in vielem direkter und daher überzeugender« genannt als die »von redaktionellen Eingriffen und nachträglichen Korrekturen« bestimmte Endfassung.[239]

Aber die »drängenden Fragen« der beiden redaktionellen Helfer dienten nicht nur der Absicherung gegen nachträgliche Kritik. Sie wollten auch durch zusätzliche Details das Bild fundieren und anreichern, das Speer im Nürnberger Prozeß von sich gezeichnet und dem er sein Leben zu verdanken hatte – das Porträt des apolitisch-idealistischen Deutschen, der sich als Fachmann den Nazis zur Verfügung gestellt hatte. Hitler, so vertraute dessen Minister ihnen an, habe selber in ihm lange Zeit und vielleicht immer diesen »unpolitischen Fachmann« gesehen.[240] Das sollte, beschlossen Siedler und Fest, der narrative Kern des Erinnerungswerkes werden: »Wir bezeichneten es als eine unserer Aufgaben, Speer zu veranlassen, ein Selbstporträt dieses Typus zu verfassen.«[241] Entsprechend erfolgten die Interventionen.[242] Und wenn Speer von sich aus zufällig auf das Thema zu sprechen kam, wurde er regelmäßig aufgefordert, das ins Manuskript »aufzunehmen«.[243] Fest verfügte über eine spezielle Fähigkeit, diese Spur zu wittern und zu verfolgen. In seiner ersten Veröffentlichung zum Nationalsozialismus hatte er Speer als unpolitischen Künstler-Techniker porträtiert, der zwar aufgrund der zum Typ gehörigen »technokratischen Amoral« zum Komplizen Hitlers geworden sei, aber, im Unterschied zu dessen verbrecherischem Hofstaat, bis zuletzt »seine persönliche Integrität« bewahrt habe.[244] Speer hatte Fests Skizze in seiner Spandauer Zelle gelesen und, wie er später verriet, sich darin wiedererkannt.[245] Diese Übereinstimmung der beiden ermöglichte ihre langjährige Kooperation und lebenslange Vertrautheit.[246] Für Fest wurde das früh entworfene Bild vom Fachmann Speer, der zwar aus »verweigerter Verantwortlichkeit fürs Ganze« nicht genug zur Verhinderung der Gewalt beigetragen habe, aber damit nicht zum Verbrecher geworden sei, zur Formel, von der er nie wieder loskam.[247] Das sollte sich zeigen, als er drei Jahrzehnte später daranging, dessen Biographie zu schreiben.

Diesmal gab es zwingendere, »andere« Gründe als der kokett behauptete Schreibauftrag von Verlagen, Freunden oder Lesern. Zwei Bücher zu Speer hatten nämlich mittlerweile dessen im Nürnberger Prozeß konstruiertes Rechtfertigungsgebäude ins Wanken gebracht. Das eine war die 1982 erschienene Studie des Historikers Matthias Schmidt, die schon im Titel verriet, worauf sie zielte: *Albert Speer: Das Ende eines Mythos. Speers wahre Rolle im Dritten Reich*, das andere hatte die prominente englische Journalistin Gitta Sereny 1995 veröffentlicht.[248] Die 900 Seiten starke und spannend erzählte Story stützte sich nicht nur auf monatelange Gespräche mit Speer, sondern auch auf Interviews mit bislang nicht befragten Mitarbeitern und Bekannten von ihm. Dabei folgte ihr Fragenkatalog weitgehend Raul Hilbergs Stichworten. Schmidts Studie war eine penible, auf alle greifbaren Akten des Dritten Reiches gestützte Arbeit, die zusätzliche Sprengkraft durch die Aussagen und Materialien von Rudolf Wolters, Speers ehemals engsten und jetzt mit ihm zerstrittenen Freund, gewonnen hatte. Das wichtigste Stück von dessen Sammlung war die *Chronik*, die er in Speers Auftrag über dessen Tätigkeit als Minister geführt hatte. Nach dem Krieg strich er mit Speers Einwilligung alle belastenden Passagen und übergab das bereinigte Exemplar dem Bundesarchiv.[249] Wolters stellte Schmidt für seine Arbeit die Originalfassung zur Verfügung. Speer, der vergeblich versucht hatte, das Erscheinen des Buches zu verhindern,[250] starb kurz vor dessen Publikation. Der Schock, den es beim Co-Autor Fest auslöste, ist unter dessen Contenance zu spüren: »Das Buch von M. Schmidt gelesen. Sehr voreingenommen, aber die Beweise nicht unerheblich.«[251]

Fest mochte gehofft haben, die Studie eines unbekannten Wissenschaftlers werde kein großes Aufsehen erregen.[252] Spätestens aber, als das Buch der prominenten Journalistin Gitta Sereny erschien und ein breites internationales Echo auslöste, muß er begriffen haben, daß das Stillhalten nichts nützte.[253] Er machte sich daran, die »nicht unerheblichen Beweise« für die fortgesetzten Täuschungen seines Protagonisten zu entkräften. *Speer. Eine Biographie* wie der später nachgeschobene dubiose Materialienband *Die unbeantwortbaren Fragen. Gespräche mit Speer*[254] sind mal subtil, mal grobschlächtig argumentierende Verteidigungsschriften. Fest mußte die Glaubwürdigkeit seines Kronzeugen für das Hitlerbuch und die eigene Reputation als Historiker retten. Darüber hinaus stand mit Speer die wichtigste »Entlastungsfigur« der Deutschen in der Nachkriegszeit zur Disposition. Deren Funktion bestand ja nicht nur darin, wie Fest explizit betont, daß man »Hitler sogar an führender Stelle mit ganzer Person gedient haben und hinsichtlich der Untaten, die verübt worden waren, dennoch ahnungslos geblieben sein konnte«[255], sondern auch in der impliziten Botschaft, daß man sich selber an keinem Verbrechen beteiligt hatte – dafür trugen Hitler und seine Helfer die alleinige Verantwortung. Speer gegen alle Anwürfe zu verteidigen hieß also auch, die große Ausrede »Hitler war's« zu retten. Das erklärt den hohen Einsatz, mit dem der Autor spielt, und die Dreistigkeit seines Vorgehens.

Jenseits aller Politik

In seinen *Erinnerungen* hatte Speer beschrieben, wie er im Frühjahr 1938 Zeuge der korrupten Verderbtheit der Nazi-prominenz im gerade annektierten Wien wurde und dem die Bemerkung hinzugefügt: »Was ging das alles mich an?«[256] Fest hielt diese Bekundung nicht nur für authentisch, sie war ihm auch so wichtig, daß er sie schon auf den ersten Seiten seiner Einführung mitteilte und daran die generalisierende Behauptung anschloß: »Und nicht anders reagierte er, wann immer von Gewalt und Willkür die Rede war.«[257] Damit war das Porträt des Helden im Umriß fertig. Alles andere waren nur noch Verfeinerungen des Strichs oder Schattierungen der Farbe.

Der Autor wendet einige Mühe auf, den unpolitischen Charakter Speers quasisoziologisch zu fundieren: er sei in einem bürgerlichen Milieu aufgewachsen, in dem die »Trennung der öffentlichen von der privaten Sphäre« Gesetz gewesen, also über Politik nicht geredet worden sei,[258] er habe einer Generation angehört, deren romantisch geprägter Teil sich in einer Art Modernitätsverzweiflung von der Wirklichkeit abgewandt und in einen »Abscheu vor der Politik« gerettet hätte,[259] und schließlich sei er Angehöriger jener aus »honorigen und angesehenen Fachleuten« bestehenden Eliten gewesen, deren Kompetenz die Erfolge des Regimes erst ermöglicht und deren »ideologisches Desinteresse« ihm zudem erlaubt hätte, sich als Sachwalter eines über allen Parteiinteressen stehenden Allgemeinen auszugeben.[260] Abgesehen davon, daß Speer selbst genügend, wenn auch versteckte, Hinweise dafür liefert, daß zu Hause sehr wohl politisch diskutiert wurde,[261] war er alles andere als ein Vertreter jener etablierten Funktionseliten, als den der Autor ihn schildert. Nach dem Abschluß seines Architekturstudiums im Jahre 1928 hatte der 25jährige zwar für drei Jahre eine Anstellung als Universitätsassistent gefunden, wurde dann aber aus Spargründen entlassen und gehörte von nun an zum Heer der arbeitslosen, nicht gebrauchten Akademiker, aus denen die Nazipartei einen Teil ihrer Kader rekrutierte.[262]

Speer mag auf seinen langen Kanutouren oder bei seinen einsamen Bergwanderungen mitunter die Politik vergessen haben. Aber er hat sich am 1. März 1931 dieser Partei nicht als realitätsblinder oder spätromantischer Sonderling, sondern als hellwacher und politisch interessierter Zeitgenosse angeschlossen. Es gab für seinen Entschluß, Nazi zu werden, drei Gründe. Einmal fürchtete er das Anwachsen der kommunistischen Gefahr und war überzeugt, »daß der Nat. Soz. die einzige energische Partei ist, die damit fertig werden könnte«.[263] Zudem litt er, wie viele andere, unter der *nationalen Schmach*, in der sich Deutschland angeblich befand, und deshalb elektrisierte ihn im Dezember 1930, als er Hitler zum ersten Mal vor Studenten in der Berliner *Hasenheide* 1930 reden hörte, dessen Appell an die Studenten, »daß die jungen Deutschen ihren Stolz zurückgewinnen müßten«.[264] »Ich hatte das Gefühl«, so beschrieb er später seine Haltung, »er könne Deutschland retten, uns unser Selbstvertrauen zurückgeben.«[265] Da Speer in allem, was er tat, auch auf seinen Vorteil bedacht war,[266] dürfte er schließlich mit dem politischen Aufstieg Hitlers auch die Hoffnung auf sein persönliches Fortkommen verbunden haben. »Der Mann ist gar nicht so dumm«, so hat er damals seinen Parteibeitritt gegenüber dem noch skeptischen Freund Wolters begründet, »der wird noch mal was werden.«[267] Der Judenhaß Hitlers und seiner Partei, der keinem damals verborgen bleiben konnte, scheint ihn nicht abgestoßen zu haben, weil er selber gefühlsmäßig ein Antisemit war.[268] Dies alles spricht gegen die Legende vom *apolitischen* Speer, die Fest, unbekümmert um neues oder gar anderslautendes Material, seltsam autistisch weiterverbreitet. Speer selber hat gegenüber Gitta Sereny bestätigt: »Wenn man sich für Hitler engagierte, war man auch politisch engagiert. Ja, so verstanden, begann mein politisches Engagement, als ich ihn das erste Mal sprechen hörte.«[269]

Die Rede Hitlers verursachte auch kein, wie Fest glauben machen will, pseudoreligiöses »Erweckungserlebnis [...] mit Magie, Erschrecken und plötzlich aufleuchtender Wahrnehmung«.[270] Die Entscheidung Speers, politisch aktiv zu werden, war in zahlreichen Diskussionen mit nationalsozialistischen Studenten und sympathisierenden Professoren an seiner Universität, der Technischen Hochschule Berlin, vorbereitet worden.[271] Die TH Berlin wies damals – mit 70 % – von allen Technischen Hochschulen den höchsten Anteil nationalsozialistischer Studentenvertreter auf und lag damit an dritter Stelle aller deutschen Universitäten.[272] Speer lebte und arbeitete also inmitten einer hochpolitisierten Institution, und man kann annehmen, daß er im Lehrkörper nicht der einzige Nazi war. Sein glühend verehrter Lehrer und Chef, Professor Heinrich Tessenow, gehörte zwar nicht der NSDAP an. Aber er war auf keinen Fall, wie Fest behauptet, »ein ausgemachter Gegner der Hitlerleute«, dessen Bauvorstellungen bestenfalls einige »vage Verbindungslinien« mit der Ideologie der Nazis ergeben hätten.[273] Tessenow genoß vielmehr, wie Speer es in seinem Entwurf zu den *Erinnerungen* festhielt, wegen seiner offenen Sympathien für Hitler das ausdrückliche Vertrauen der Parteileitung.[274] Speers Studienkollege und Freund Wolters hat ihn rückblickend einen »geistigen Wegbereiter des Dritten Reiches« genannt.[275]

Speer trat am 1. März 1931 nicht nur in die Partei ein, er wurde auch Mitglied der SA, der aktivsten und aggressivsten Formation der Nazibewegung.[276] Gleichzeitig engagierte er sich im »Kampfbund Deutscher Architekten und Ingenieure«, der versuchte, in den genannten Berufsgruppen die Basis

der NSDAP zu verbreitern und gleichzeitig die »Führeraus-
lese für die kommenden großen Staats- und Wirtschafts-
aufgaben« vorzubereiten.[277] Fest verschweigt nicht nur diese
Belege für die politischen Überzeugungen und die organisa-
torischen Bindungen Speers, er schwächt dessen eigene,
ohnehin schon auf Schuldverkleinerung abzielende Darstellung in den *Erinnerungen* auch noch ab. Dort stand zu lesen,
er sei nach seinem Parteieintritt auch Mitglied und Sektions-
leiter des neugegründeten NSKK, des *Nationalsozialistischen
Kraftfahrkorps* geworden, einer der effektivsten, weil motorisierten Unterstützungstrupps der Partei.[278] Fest erweckt den
Eindruck, es habe sich dabei um einen harmlosen Club von
Autofans gehandelt, für den Speer als Kurier »verschiedent-
lich« eingesetzt worden sei.[279] Und während dieser, ohne
seine Nazifunktionen und -Mitgliedschaften im einzelnen
zu erwähnen, immerhin später zugab, er sei »nach und nach«
in das »aufregende Berliner Parteigetriebe [...] hineingezo-
gen worden«[280], macht sein Biograph aus dieser intensiven
Berliner Periode anderthalb Jahre, »angefüllt mit Müßig-
gang, Leere und dem Gefühl vergeudeter Zeit«. Nur eine
einzige »Gelegenheitsarbeit«, ein erster, durch die Freundschaft mit einem Kreisleiter der NSDAP zustandegekom-
mener Bauauftrag ist ihm der Erwähnung wert.[281]

Auch Speers nächster Parteieinsatz – die Unterstützung
des Reichstagswahlkampfes im Sommer 1932 in Berlin – gerät bei Fest zu einem ebenso kurzen wie zufälligen Zwi-
schenstopp auf dem Weg zum Faltbooturlaub in Masuren.
Abgesehen von ein paar »Einsätzen« sei ihm der Wahlgang
»gleichgültig« gewesen.[282] Dabei handelte es sich, wie man
in den *Erinnerungen* nachlesen kann, um keineswegs ungefährliche NSKK-Fahrten durch kommunistische Wohn-
viertel bzw. um Einsätze als Vorausfahrzeug von Hitlers
Wagenkolonne auf dem Weg zu dessen Wahlkampfkund-
gebungen. Er selbst machte seinem Freund Hanke, der vom
Kreisleiter mittlerweile zum Organisationsleiter des Gaues
Berlin aufgestiegen war, die Meldung über Hitlers jeweilige

83

Ankunft.[283] Anders als Fest, beschrieb er sich nicht als Polit-
touristen, sondern als jemand, der stark »im Parteigetriebe
verwickelt« war.[284] Einen Tag nach seinem denkwürdigen
Einsatz als Meldefahrer Hitlers erhielt Speer den Auftrag
zum Umbau der Berliner Gauleitung.[285]

1933 – der *Führer* war Reichskanzler und der Berliner
Gauleiter sein Propagandaminister geworden – wurde Speer
beauftragt, Goebbels' neues Ministerium und dann auch
seine Privatwohnung umzubauen. Nachdem er die nächtliche Großveranstaltung des zum nationalen Feiertag erklärten 1. Mai inszeniert hatte, wurde ihm das erste Parteiamt
auf Reichsebene übertragen. In dieser offiziellen Eigenschaft
– als *Amtsleiter für künstlerische Gestaltung der Großkund-
gebungen in der Reichspropagandaleitung* – schuf er die bom-
bastischen Kulissen und den kultischen Rahmen für den ersten in Nürnberg stattfindenden *Parteitag des Sieges*. Hitler
selbst hatte ihn mit den Bauplänen empfangen und seine
Entwürfe gebilligt.[286] Damit nicht genug: Am 1. Oktober
war er der Regisseur des Blut-und-Boden-Spektakels auf
dem Bückeberg, der zentralen Erntedankfeier der Nazis.[287]
Daß das Regime im ersten Jahr seiner noch ungesicherten
Herrschaft alle zentralen Feiern zur triumphalen Zurschau-
stellung seines Sieges einem unpolitischen Macher übereig-
net hätte, kann nur Fest glauben. Da hilft es weder, sich auf
Speer zu berufen, der sich damals und noch lange Jahre
danach »ausschließlich als Architekt« und »jenseits aller
politischen Grenzmarken« gesehen habe, noch auf den
Gleichklang mit »Millionen ›unpolitischer‹ Deutscher« zu
verweisen, die, wie er, auf der »Trennung von sachlichen und
politischen Aufgaben« beharrt hätten.[288] Die Wahrheit sah
anders aus – bei den Deutschen wie bei Speer. In dessen spe-
ziellem Fall hatte ein verdienter und mit besten Referenzen
versehener Parteimann, der zugleich ein ehrgeiziges Multi-
talent war, seine Chance bekommen. Noch im Jahr 1933
durfte Speer Hitlers Dienstwohnung als Reichskanzler um-
bauen: Bei zahlreichen Rundgängen auf der Baustelle lern-

ten der *Führer* und er sich kennen. Speers atemberaubender Aufstieg zum »Zweiten Mann« im *Dritten Reich* hatte begonnen.[289]

Hitlers Gefangener

Schon bei seiner ersten Begegnung 1930, bei jener Rede vor Studenten, habe Hitler ihn »suggestiv berührt und seither nicht mehr freigegeben« und die ungeheure Selbststeigerung, zu der er durch ihn gelangt sei, habe er bald benötigt »wie der Süchtige die Droge«.[290] Aus dieser Krankenakte des Drogensüchtigen Speer in den *Erinnerungen*, die nahezu jede Verantwortung ausschloß,[291] machte Fest in seiner Biographie das Protokoll einer lebenslangen Gefangenschaft, also einer Gewaltanwendung wider Willen: Es sei Speer bewußt gewesen, daß in der »Überwältigung«, die er durch Hitler erfahren, und in dessen Kraft, die ihn »aus seinen ungewissen Zuständen« gerissen habe, »etwas eher Fremdes von ihm Besitz ergriff«.[292] Das eröffnete dem Biographen einen größeren Spielraum, die inzwischen vorliegenden »nicht unerheblichen Beweise« gegen seinen Helden zu entkräften und dessen späte Apotheose als Widerstandskämpfer vorzubereiten.

Mit Beginn des Jahres 1934 waren zu den bisherigen weitere Parteiämter hinzugekommen: Speer wurde als Bauherr des neuen Reichsparteitagsgeländes Leiter der Bauabteilung im Stab des *Führerstellvertreters* Rudolf Heß und wegen seines gelungenen Barackenentwurfs für die Arbeiter der Reichsautobahnen Leiter des Amtes *Schönheit der Arbeit in der Deutschen Arbeitsfront*.[293] Was mehr zählte: Er gehörte mittlerweile zum inneren Kreis und zur persönlichen Umgebung Hitlers in Berlin, München und – auf dem Obersalzberg.[294] Vor allem hier, im Kreis einer mediokren Kamarilla von Dienstboten und Parteichargen, als Teilnehmer der endlosen und trivialen Tischrunden läßt uns der Autor die

Qualen von Speers »seltsamer Gefangenschaft« ahnen.[295] Sie sollte dramatisch zunehmen, seit er am 30. Januar 1937 Chefplaner für die Neugestaltung der Reichshauptstadt geworden war und sich damit endgültig im nationalsozialistischen Machtgefüge etabliert hatte. Die *Generalbauinspektion* war mit fast zweihundert Mitarbeitern eine Reichsbehörde, mit der Besonderheit, daß sie Hitler unmittelbar unterstand und Speer über die Vollmachten eines Diktators verfügte.[296] Fest, rastlos bemüht, seinen Helden auf jeder Station seines Lebens als Bewohner einer unpolitischen Insel im brauen Parteimeer vorzustellen, tut das auch für die neugeschaffene Dienststelle am Pariser Platz Nr. 4: Der Chef habe von seinen Mitarbeitern »jeden Parteieinfluß« ferngehalten.[297] Das fiel nicht schwer, weil die meisten längst Mitglieder der Partei waren.[298] Und Hitlers *Leibarchitekten* im Range eines Staatssekretärs versieht er mit dem feinsinnigen Titel: »Der erste Mann einer halbwegs freien Künstlervereinigung«.[299] Wozu diese libertäre Kommune imstande war, sollte sich spätestens 1938 zeigen.

Die »Entjudung« Berlins

Speer hat behauptet, von den beim Nürnberger Reichsparteitag 1935 erlassenen *Rassegesetzen*, mit denen die jüdischen Deutschen ihre Bürgerrechte verloren und Ehen mit *Ariern* verboten wurden, nichts gewußt zu haben – obwohl er auf der Ehrentribüne saß, als sie verkündet wurden.[300] Er will von der Ende 1936 einsetzenden Enteignung *jüdischen Besitzes* nur noch den Namen *Arisierung* behalten haben – obwohl er dienstlich damit befaßt war.[301] Und der Anschlag auf die Synagogen am 9. November 1938, mit dem die *Lösung der Judenfrage* beschleunigt wurde, kam in der ersten Fassung seiner Memoiren nicht einmal vor[302] – obwohl dieser Tag endlich alles wegräumte, was ihn als Verantwortlichen für die Neugestaltung Berlins bisher behindert hatte. In seinen *Erinnerungen* hat er, von Fest und Siedler gedrängt, zu dem nächtlichen Ereignis bemerkt, er habe von dem, was hier begann und in Auschwitz endete, nichts gewußt und dann hinzugefügt: »Ob ich gewußt oder nicht gewußt, und wieviel oder wie wenig ich gewußt habe, wird ganz unerheblich, wenn ich bedenke, was ich an Furchtbarem hätte wissen müssen und welche Konsequenzen schon aus dem wenigen, was ich wußte, selbstverständlich gewesen wären.«[303] Er hat, wird man sehen, alles gewußt und keine Konsequenzen gezogen.

Um die gigantischen Großbauten und Straßenachsen für die geplante *Welthauptstadt Germania* realisieren zu können, mußte der Generalbauinspektor Speer ganze Stadtteile abreißen lassen. Dafür galt es, Ersatzquartiere – mehr als 100 000 Wohnungen – zu schaffen.[304] In seinen Memoiren, die den gigantomanischen Wahn dieser größten Baumaßnahme der Weltgeschichte in vielen Kapiteln begeistert schildern, hat Speer den geplanten städtebaulichen Eingriff nur in einem Halbsatz erwähnt – als »Sanierung der Innenstadt«.[305] Daß diese Sanierung etwas mit der Verfolgung der Juden zu tun und Speer diesen Zusammenhang hergestellt hatte, erfuhr man schon in der 1974 publizierten Studie Hans G. Adlers zur Deportation der Juden aus Deutschland.[306] Dort war das Protokoll einer Konferenz abgedruckt, die Goebbels am 20. März 1941 in seinem Ministerium anberaumt hatte und an der auch Adolf Eichmann teilnahm. Dabei ging es darum, Berlin möglichst rasch »judenfrei« zu machen. Ein Vertreter des Generalbauinspektors begrüßte den Plan: Speer benötige die 20 000 Wohnungen, die zur Zeit »von Juden benützt werden, [...] als Reserve« – vorübergehend für Fliegergeschädigte und später für die Mieter, deren Wohnungen im Zuge der Neugestaltung Berlins abgerissen worden waren. Eichmann wurde beauftragt, einen »Evakuierungsvorschlag« vorzulegen.[307] Aus einem weiteren Dokument, einem Brief Speers an Rosenberg vom 26. Januar 1942, war zu ersehen, daß er auch für die Verteilung der leeren Judenwohnungen zuständig und über

Details der inzwischen angelaufenen Deportationen bestens informiert war.[308]

Diese ausschnitthaften Informationen, die Speer zwar als Beteiligten bzw. als Mitwisser der Judenverfolgung zeigten, aber viele Fragen offenließen, wurden durch Matthias Schmidt komplettiert. In seiner 1982 veröffentlichten Untersuchung, die sich statt der »gesäuberten« auf das Original der in Speers Dienststelle geführten *Chronik* stützen konnte, wurde dessen aktive Rolle bei der *Entjudung* Berlins erstmals umfassend nachgewiesen.[309] Wichtige zusätzliche Details lieferte ein wenig später veröffentlichter Aufsatz Michaels Hepps.[310] Das Gesetz vom 30. April 1939, das es Vermietern erlaubte, Juden zu kündigen, löste in Deutschland eine umfangreiche Umzugsbewegung aus, deren Steuerung den Wohnungsämtern oblag. In Berlin sicherte sich Speers Generalbauinspektion, weil sie davon profitierte, diese Zuständigkeit. Ein Referat II/4, das später offen in *Hauptabteilung Umsiedlung* umbenannt wurde, befaßte sich ab 1. Februar 1939 mit der Aufgabe, alle 23 000 Wohnungen mit ihren 82 000 jüdischen Bewohnern zu erfassen und die Räumung in Zusammenarbeit mit der Gestapo einzuleiten. Die Jüdische Gemeinde wurde verpflichtet, für die Unterbringung der Ausgesiedelten Sorge zu tragen.[311]

Durch den im September 1939 ausgelösten Krieg wurden zwar nicht die Planungen, wohl aber die Abrißarbeiten für die neue Reichshauptstadt eingestellt. Die Räumungen setzten erst wieder ein, als die Planungen im Mai 1940 abgeschlossen waren. Die ab August einsetzenden englischen Luftangriffe boten einen günstigen Anlaß, das Räumungsprogramm mit dem Hinweis auf fehlende Wohnungen für Bombengeschädigte zu beschleunigen.[312] Speer schaltete sich direkt und persönlich in den laufenden Vorgang ein und kannte sich sogar in den Details bestimmter Straßen aus, wie seine Anfrage vom Obersalzberg bei seinem Berliner Mitarbeiter am 27. November 1940 zeigte: »Was macht die Aktion der Räumung der 1 000 Juden-Wohnungen? Beson-

ders Räumung Lichtenstein-Allee?«[313] Mit der Lichtenstein-
Allee verband er ganz persönliche Interessen: Dort wollte er
sich ein Atelier einrichten.[314] Damit die Umsiedlung möglichst schnell ging, übernahm Speers Dienststelle für den
arischen Nachmieter sogar die Instandsetzungskosten.[315]
Offensichtlich wirkte der Bombenkrieg belebend. Die
Chronik bilanzierte jedenfalls für das erste Vierteljahr 1941:
»Seit Jahresbeginn war in verstärktem Maße mit der Räumung der Abrißbereiche und Umsiedlung der Bereichs-
mieter in Judenwohnungen begonnen worden. Die von den
Bereichsmietern ermieteten Judenwohnungen wurden geräumt und die jüdischen Mieter in jüdischen Wohnraum jüdischen Grundbesitzes geschachtelt.« *Geschachtelt* hieß: in
verbleibenden Wohnungen mit den dort lebenden Juden zu-
sammengepfercht zu werden. Die Räumung der *Judenwohnungen* wurde jetzt als *kriegswichtiger Zweck* deklariert. Als
Hitler am 16. April, nach Wiederaufnahme der englischen
Luftangriffe, weitere 1 000 Wohnungen für Fliegergeschädigte forderte, wurde das Soll auf Anweisung Speers innerhalb von sechs Wochen durch eine weitere »Judenentmie-
tungsaktion« erfüllt.[316] Im August vergrößerte er durch eine
umfassende Räumung seinen Fundus um »5 000 Judenwohnungen« und Ende November 1941 leitete er in einer
»dritten Großaktion« den Zugriff auf die verbliebenen
10 000–12 000 jüdischen Wohnungen ein.[317] Diese Maßnahme war die letzte »Großaktion« seiner Dienststelle, und
sie fand statt, während die ersten Berliner Juden deportiert
wurden. »In der Zeit vom 18. Oktober bis 2. November«, so
berichtete die *Chronik*, »wurden in Berlin rund 4 500 Juden
evakuiert. Dadurch wurden weitere 1 000 Wohnungen für
Bombengeschädigte frei und vom Generalbauinspektor zur
Verfügung gestellt.«[318] Ab dem 18. Oktober rollten bis Ende
Januar 1942 insgesamt 10 Transporte mit 10 893 Berliner
Juden vom Bahnhof Grunewald in die Vernichtungsghettos
von Lodz, Minsk, Kowno und Riga.[319] Nachdem die Deportationen wegen der militärischen Lage an der Ostfront für

einige Monate gestoppt worden waren, setzten sie im Sommer 1942 wieder ein. Im November 1942 lieferte Speers *Umsiedlungsabteilung* ihren Abschlußbericht: Sie hatte in zwei Jahren von 23 765 jüdischen Wohnungen 9 000 vergeben. »Die Zahl der umgesiedelten Personen betrug 75 000.«[320] Im selben Monat wurde die *Umsiedlungsabteilung* an die Berliner Stadtverwaltung abgegeben.[321]

Es bedurfte nur noch einiger, allerdings wichtiger Ergänzungen, um zu belegen, daß Speer kein Rädchen im Verfolgungsapparat, sondern, jedenfalls in Berlin und in Arbeitsteilung mit Goebbels, der Motor gewesen war. Die Architekturhistoriker Johann Friedrich Geist und Klaus Kürvers konnten nachweisen, daß Speer schon am 14. September 1938 bei einem Treffen mit Vertretern des städtischen Planungsamtes vorgeschlagen hatte, die als Ersatz für den Abriß benötigten »Großwohnungen durch zwangsweise Ausmietung von Juden freizumachen«. Bevor man damit beginne, müsse er allerdings »zunächst die Auffassung des Führers erkunden [...]. Danach würden die erforderlichen gesetzlichen Handhabungen zu schaffen sein.«[322] Diese Handhabungen besorgte die Pogromnacht des 9. November 1938. Zwei Wochen später hielt Speer die Zusicherung Görings in der Hand, daß »bei allen zu erlassenden Verordnungen über die Arisierung der Grundstücke und über die Entfernung der Juden« vorzusehen sei, daß ihm, »dem Generalbauinspektor für die Reichshauptstadt ein Vorkaufsrecht bzw. die Entscheidung über die erste Neuvermietung oder Neuverpachtung eingeräumt wird«.[323] Diese Übergangsregelung wurde im April 1939, wie oben erwähnt, durch das *Gesetz über Mietverhältnisse mit Juden* abgelöst. An dessen Ausarbeitung war Speer, wie Susanne Willems gezeigt hat, maßgeblich beteiligt.[324] Er sorgte auch dafür, daß seit Sommer 1939 Stadtgebiete mit Großwohnungen in jüdischem Besitz als »judenreine Gebiete« ausgewiesen wurden, um sie so der behördlichen oder gewerblichen Nutzung zu entziehen.[325] 1940, als die Neugestaltung durch die unerwartete Fortsetzung des Krieges gefährdet war, nutzte Speer die Bombenangriffe und den Bedarf an Wohnraum für Bombengeschädigte als Vorwand, seine Räum- und Abrißaktionen wieder aufzunehmen. »Mit dieser Notwendigkeit kann unter Umständen die ganze Räumung mit begründet werden«, hielt er in einer Aktennotiz fest.[326] Als im August 1941 die politische Entscheidung für die Deportation der Juden nach Osten gefallen war,[327] stellte er sich sofort darauf ein – als die effektivste, weil radikalste Form der *Entmietung*. Speers Behörde, so resümiert Willems, habe mit ihren der Gestapo ab September übergebenen Wohnungslisten und Kündigungsbescheiden den Abtransport »gestaltet« – indem sie »die Auswahl der zur Deportation zu erfassenden Berliner Juden traf und deren Reihenfolge bestimmte«.[328]

Alle diese wissenschaftlichen Ergebnisse lagen vor, als Fest seine Speer-Biographie verfaßte. Er mußte darauf reagieren, und er tat es auf verblüffende Weise: Er ignorierte fast alles oder unterschlug entscheidende Teile des Befundes, er präsentierte einen neuen Hauptschuldigen und machte seinen Helden zum Gefangenen der politischen Umstände. Für Fest begann die Beteiligung Speers an der *Entmietung* jüdischer Wohnungen erst Anfang 1941 und als normaler administrativer Vorgang. Zwar erwähnt er, daß die dafür zuständige *Hauptabteilung Umsiedlung* schon zwei Jahre vorher wegen der Pläne zur Neugestaltung Berlins eingerichtet wurde, aber ihre eigentliche Funktion bekommt sie bei ihm erst durch das im April 1939 erlassene und den Nürnberger *Rassegesetzen* »nachgeschobene« Gesetz über die Aufhebung des Kündigungsschutzes bei Juden. Wegen der dadurch ausgelösten »Flut von Kündigungen« habe man in den größeren Städten bei den Wohnungsämtern Umsiedlungsabteilungen einrichten müssen. Diese hätten dann den »reibungslosen Ablauf« der Räumungen und die Zuweisung in neue Wohnungen gewährleistet. »In Berlin«, heißt es bei Fest lapidar, »übernahm diese Tätigkeit die ›Hauptabteilung Umsiedlung‹ beim Generalbauinspektor.«[329] Kein Wort also von

Speers Initiative zum Aussiedeln der Juden schon zwei Monate vor der Pogromnacht vom 9. November 1938, seiner aktiven Rolle bei der Abfassung des antijüdischen Mietgesetzes, seines Sonderauftrags durch Göring. Die Idee von den »judenreinen Gebieten«, um die Konkurrenz beim Wettlauf um die *Arisierung* des jüdischen Grundbesitzes aus dem Feld zu schlagen – Schweigen. Der Trick mit dem »kriegswichtigen Zweck« der Wohnraumbeschaffung für Fliegergeschädigte, um seine Räumaktionen der *Judenwohnungen* auch im Krieg fortsetzen zu können – Leerstelle. Die Skrupellosigkeit Speers, dem jedes Mittel, einschließlich der Vertreibung der Juden, recht war, um Hitlers Größenwahn und den eigenen Ruhm zu bedienen, findet man in den genannten Studien bestätigt. Bei Fest sucht man diese Spur vergebens.

Er reagiert nur da, wo die Öffentlichkeit möglicherweise aufgeschreckt ist, wie im Falle des Historikers Matthias Schmidt. Dieser hatte enthüllt, daß die von der Dienststelle Speer geführte *Chronik* nach dem Krieg bereinigt worden war und anhand des Originals nachgewiesen, wie umfassend Hitlers erster Architekt an der *Entjudung* Berlins beteiligt gewesen war. Aber Fest unterschlägt das meiste von Schmidts belastendem Material – die drei »Großaktionen« zur *Entmietung* von fast 10000 jüdischen Wohnungen von Juni bis November 1941 – und das Entscheidende: Daß diese Räumaktionen die Deportation der Berliner Juden vorbereiteten und zuletzt sogar darauf abgestimmt waren – die Polizei konnte die *entmieteten* Juden ab Oktober 1941 direkt in die Deportationszüge treiben. Um diesen Zusammenhang, der durch die Arbeit von Susanne Willems mittlerweile noch sehr viel präziser belegt war, zu verdecken, schreckte Fest auch nicht davor zurück, die Fakten zu fälschen. Nachdem er aus der *Chronik* den Eintrag über die Deportationen vom 18. Oktober bis zum 2. November 1941 zitiert hat, löscht er jeden Zusammenhang von Speers Tätigkeit mit diesem Vorgang, indem er behauptet, »daß die Generalbau-

inspektion die administrative Zuständigkeit für die ›Um-
siedlungsangelegenheiten‹ unterdessen abgegeben hatte, sei
es, weil das Amt die immensen Verwaltungsaufgaben nicht
zu bewältigen vermochte, sei es aus Überdruß aus den zahllosen Mißhelligkeiten, die damit verbunden waren«.[330] Tatsächlich hat Speer die Zuständigkeit für die *Hauptabteilung
Umsiedlung* laut *Chronik* erst ein Jahr später, nachdem die
meisten Berliner Juden deportiert waren, abgegeben. Es geschah nicht, weil er die Arbeit »nicht mehr zu bewältigen
vermochte«, oder aus »Überdruß«. Die Abteilung hatte, wie
Speer seinen Ministerkollegen Rosenberg am 12. November
1942 wissen ließ, »die von mir gesteckten Ziele erreicht«.[331]

Fests eigenwillige Beschränkung der Tätigkeit Speers auf
das Jahr 1941 verfolgte noch einen anderen Zweck. Sie erlaubte ihm, die Hauptverantwortung Goebbels zuzuschreiben. Daß dieser ein Radikalnazi und Oberantisemit war, der
schon lange mit den Juden reinen Tisch machen wollte, ist
bekannt und wird durch seine Konferenz im März 1941 –
mit Eichmann im Schlepptau – nur bestätigt.[332] Interessant
ist dabei, daß Fest über Speers Vertreibung der Juden aus
ihren Wohnungen erst berichtet, nachdem er den »erbittert-
sten Judenverfolger« Goebbels eingeführt und über dessen
Auftrag zur Vorlage eines »geeigneten Evakuierungsplans«
informiert hat. Goebbels bestimmt auch im folgenden das
Geschehen: ungehalten, weil ihm die Judenaustreibung zu
»zögernd«, ja »sogar hinhaltend« vorgekommen sei, habe er,
so Fest, »die Politik umgehend von der ›Umquartierung‹ auf
die ›Deportation‹ um[gestellt]«.[333] Das klingt, als ob Speer
nur ein sachkundiger Verwalter des städtischen Wohnungs-
sektors gewesen sei, der beim *Umquartieren* Härten abge-
federt und gegen Scharfmacherei vorgegangen sei. Dieser
implizit erweckte Eindruck wird ganz offen vermittelt, wenn
Fest auf das Vorgehen der beiden Protagonisten gegenüber
den Juden zu sprechen kommt: Speers Abgesandte hätten
sich »in der Form einwandfrei« verhalten, Goebbels sei
mit »terroristischer Direktheit« vorgegangen.[334] Auch die

berüchtigte »Fabrikaktion«, bei der am 27. Februar 1943 etwa
7000 meist in der Rüstung beschäftigte Berliner Juden von
ihren Arbeitsplätzen weg verhaftet und deportiert wurden,[335]
läßt er nach diesem Modell ablaufen: Speer habe dem nur
nach einer »Auseinandersetzung« mit Goebbels, bei der dieser »ungewohnt« heftig geworden sei, zugestimmt.[336] Tatsächlich war Speer mit der Entfernung der Berliner Juden aus
den Betrieben grundsätzlich einverstanden und hatte sich
selber schon früh darum bemüht.[337] Zudem hatte ihn sein
Freund Hitler im September 1942 darum gebeten.[338] Mittlerweile lagen auch die entsprechenden Direktiven vor.[339]

Immerhin kann Fest nicht verhehlen, daß Speer durch den
Krieg, für den er mittlerweile statt Führerpalästen und
Triumphbögen Flugzeugfabriken und Luftschutzbunker
baute, »zwangsläufig« seine vormalig ideale Welt verlassen
habe und in »Bedrängnisse« geraten sei, »fataler« als alles
bisher Erlebte.[340] Und erst recht hätten Absprachen wie die
mit Goebbels und Eichmann, das gibt der Autor zu, einen
»Übertritt aus der vermeintlich unpolitischen Sphäre der
Architektur in den exekutiven Bereich« bedeutet.[341] Aber, so
gibt er in einer subtil komponierten Collage zu bedenken
und läßt darin den Grundton der Gefangenschaft anklingen,
wirkte nicht in dieser »engen Welt der Zwecke« und »seiner
funktionalen Zuständigkeiten« so viel »totale Instrumentalisierung«, daß es angemessen wäre, Speers Beteiligung an
den Berliner *Judenaktionen* als »tragödienhaft« zu bezeichnen? Das um so mehr, weil er ein Täter gewesen sei, der
»kein Motiv« gehabt hätte. »Er sei niemals«, zitiert er Speer,
»auch ansatzweise nicht, Antisemit gewesen«, sondern habe
auf die »krankhafte ›Streicherwelt‹« geringschätzig herabgeschaut.[342] Und Hitlers antisemitische Hetze bei seinen
öffentlichen Auftritten und schlimmer: bei den privaten
Tischrunden, zu denen der Leibarchitekt ja schon lange
gehörte? Er habe sie für ein »vulgäres Beiwerk, ein Relikt
aus Wiener Tagen gehalten«. Im übrigen, so hat der Autor
beobachtet, hätten Hitlers Tiraden von »Krieg« und »Welt-

herrschaft«, von »Sieg« oder »Untergang« bei Speer kein
Erschrecken, sondern eine derart gesteigerte »romantische
Schicksalsergriffenheit« ausgelöst, daß sich »selbst Hitlers
Antisemitismus, [...] in solchen Stimmungsschauern ver-
lor«.[343]

Speer hat seiner Tochter gegenüber später zugegeben, er
habe im Umgang mit den Juden »nicht mehr als jeder von
uns so etwas wie ein unangenehmes Gefühl« gehabt.[344] Und
sein Bruder hat ihm in einem Brief noch einmal die folgende
Szene ins Gedächtnis gerufen: »Ich erinnere mich, wie Du
mir 1938 erzähltest, Du habest bei Himmler angeregt, in
Oranienburg Ziegeleien für den Umbau Berlins einzurichten und dabei ganz gemütlich sagtest: ›Die Judde haben ja
schon in der ägyptischen Gefangenschaft Ziegel gestrichen!‹«[345] Das sind keine romantischen Stimmungsschauer,
sondern rassistische Ressentiments. Speer war kein mord-
besessener Antisemit, aber er mochte die Juden nicht. Und:
Was mit ihnen geschah, war ihm egal. Wenn sie seinen grö-
ßenwahnsinnigen Bauten im Wege standen, ließ er sie aus
den Wohnungen räumen, wenn sie später in seinen Rüstungsfabriken krepierten, kümmerte ihn nur, daß Ersatz
dafür kam. Auch darin glich Speer Millionen Deutschen.

Der KZ-Baumeister

Fest hat auch das heikelste Kapitel seiner Biographie über
Albert Speer, der seit seiner 1942 erfolgten Ernennung zum
Rüstungsminister die Errichtung eines in der Moderne ein-
zigartigen Systems der Sklavenarbeit betrieben und dessen
Befehlsgewalt keineswegs nur bis an die Tore der Konzentrationslager gereicht hatte, sozusagen freihändig und ohne
einen Blick auf die historiographischen Befunde verfaßt.[346]
Der Autor, der es bekanntlich ja liebt, die Geschichte sich in
wenigen Personen verdichten zu lassen und sie, wie im Falle
Goebbels, auch so zu erzählen, schildert Speers Tätigkeit,
die im Nürnberger Prozeß immerhin zu seiner Verurteilung

als Kriegsverbrecher führte, als verzweifelten Kampf seines Helden mit dem für die Rekrutierung der Zwangsarbeiter zuständigen Gauleiter Sauckel. Dieser »bäuerisch gedrungene, von blinder Energie getriebene Mann«, der in der Mischung aus »›Herz‹, Prahlsucht und Brutalität nur zu genau dem Typus des ›alten Kämpfers‹ entsprach«, habe Speers von »sämtlichen Fachleuten« unterstützte Forderung, die heimischen Arbeitsreserven auszuschöpfen, sabotiert und mit seiner »verhängnisvollen Idee«, Zwangsarbeiter mit seinen Kommandos aus den besetzten Gebieten zu deportieren, die jungen Leute scharenweise den Partisanen in die Arme getrieben.[347] Fast nichts an dieser Story über einen Zweikampf stimmt, sieht man einmal von dem unfreiwilligen Beitrag der Menschenfängerei zur Verbreiterung des Widerstandes im besetzten Europa ab.[348]

Nach demselben Szenario *gut gegen böse* erzählt Fest den Kampf Speers gegen Himmlers Versuch, mit der Verfügungsmasse seiner KZ-Häftlinge ein eigenes Wirtschaftsimperium aufzubauen und die Macht des Rüstungsministers zu brechen. Als »Einbruchstelle« habe Himmler die Bombardierung der Raketenschmiede in Peenemünde am 18. August 1943 gewählt: augenblicklich sei der SS-Führer zur Stelle gewesen und habe angeboten, KZ-Häftlinge für den Wiederaufbau der Anlage und die Fertigung der Raketen zur Verfügung zu stellen. Da Speer diesem »schon einige Zeit zuvor, weiter als es seine Besorgnisse erlaubten«, mit der Zulassung von KZ-Häftlingen für Rüstungsbetriebe »entgegengekommen« sei und zudem Hitler die Hilfestellung Himmlers unterstützt habe, »blieb ihm nichts anderes übrig, als dem Anerbieten zuzustimmen«. Allerdings habe der *Reichsführer-SS* anschließend, entgegen der Abmachung, »alle Schritte gemeinsam zu unternehmen«, die Raketenproduktion entschlossen »an sich [gerissen]« und durch den SS-Gruppenführer Kammler, einen seiner »bösen Engel«, mit KZ-Häftlingen im Harz eine unterirdische Fabrikanlage, das Lager »Dora«, errichten lassen.[349] Neben den schon für die

Rüstungsproduktion tätigen »SS-eigenen Fertigungsstätten« in den KZs Buchenwald, Neuengamme und Ravensbrück sei dies ein weiterer Versuch gewesen, das Wirtschaftministerium »und mehr und mehr auch den Speer-Apparat« systematisch zu unterwandern.[350]

Die wirkliche Geschichte verlief anders, als diese erfindungsreiche Erzählung glauben macht. Lange vor der Peenemünde-Krise im August 1943, schon zu Zeiten des Vorgängers im Rüstungsministerium, Fritz Todt, und dann zu Beginn der Amtszeit Speers, hatte es Versuche gegeben, von der SS Häftlinge für Rüstungsfabriken gestellt zu bekommen. Die SS hatte abgelehnt und auf der Produktion im Lagerbereich bestanden.[351] Speer hatte daraufhin im März 1942 einen neuen Anlauf zur Zusammenarbeit gemacht und von den fünf von der SS vorgeschlagenen KZ, darunter auch Auschwitz, zwei »Fertigungsversuche« in Buchenwald und Neuengamme verabredet.[352] Als sich aber zeigte, daß die SS weiterhin davon ausging, diese als SS-eigene Produktion zu betrachten und eine Leitung durch die auftraggebenden Firmen ablehnte,[353] korrigierte das Rüstungsministerium im Herbst 1942 die Absprache und entschied, mit Rückendeckung Hitlers, daß in Zukunft nur noch KZ-Häftlinge an staatliche oder private Rüstungsfirmen ausgeliehen wurden.[354] Ab jetzt wurde es gängige Praxis, daß die Firmen bei der SS ihren Arbeitskräftebedarf anmeldeten und die SS, nach Überprüfung der Sicherheitsbedingungen, in der Nähe der Produktionsstätten Außenlager anlegte.[355] Deren Zahl stieg von 82 am Jahresende 1942 auf etwa 1000 bis zum Kriegsende.[356] Die SS, am Aufbau einer nennenswerten eigenen Rüstungsproduktion gehindert,[357] versuchte nun, um den Machtverlust zu kompensieren, mit allen nur möglichen Mitteln die Zahl ihrer KZ-Häftlinge zu steigern.[358] Als die »Zufuhr« von Zwangsarbeitern 1944 zu versiegen drohte, wandte sich Speer an Himmler und forderte diesen auf, »der Rüstung in noch stärkerem Maße als bisher durch den Einsatz von KZ-Häftlingen [...] zu helfen«.[359] Wenig später hatte der Rüstungsminister auch die wenigen Rüstungsstätten der SS[360] und im November 1944 sogar die Lenkung der Häftlingsströme, immerhin fast 400 000 Menschen, seiner Kontrolle unterworfen.[361] So wie Fests Behauptung, Speer habe nur unter Himmlers anbiederndem Druck der Aufnahme der KZ-Häftlinge in die Rüstungsproduktion zugestimmt, Legende ist, so ist auch die Machtergreifung Himmlers im V2-Programm eine Erfindung: Die für die unterirdische Raketenproduktion zuständige *Mittelwerk GmbH* unter ihrem zivilen Direktor unterstand dem Rüstungsministerium, die SS war nur für den weiteren Ausbau und die Zuweisung von Häftlingen verantwortlich.[362] Im Dezember 1943 befahl Speer den Ausbau weiterer Stollen als Ausweichquartier für die Junkers-Flugzeugwerke. Als Arbeitskräfte bestimmte er die Häftlinge des KZ Dora.[363]

Fests Darstellung, die Speer zum Opfer Himmlers machte und ihm den größtmöglichen Abstand zur Welt der Lager bescheinigte, folgte dessen peinlichstem Buch – dem apologetischen Schriftsatz *Der Sklavenstaat. Meine Auseinandersetzungen mit der SS* – oft bis in die Wortwahl.[364] Es gab allerdings eine entscheidende Abweichung: Anders als sein Souffleur, unterließ es Fest, Auschwitz zu erwähnen.[365] Das hatte Gründe. Speer hatte am 30. März 1943 das KZ Mauthausen besucht, das beim Einsatz von Häftlingen in der Rüstungsindustrie eine Vorreiterrolle gespielt hatte und gerade dabei war, neue und weitreichendere Absprachen zu treffen.[366] Weil ihm bei der Besichtigung die wuchtigen Steinbaracken zu üppig erschienen waren – nach dem Krieg behauptete er, man habe ihm eine Prominentenführung zukommen lassen –,[367] hatte er sich in einem empörten Brief an Himmler gewandt und, mit Verweis auf die Kriegslage, gefordert, in den KZ sofort »zur Primitivbauweise« überzugehen.[368] Diese Praxis der Behelfsbaracken hatte er gerade als verbindlich verfügt.[369] In einem Schreiben des für Wirtschaftsfragen und also auch den »Betrieb« der KZ zuständigen SS-Managers Pohl an Himmler hatte dieser sich, wegen der hohen Sterblichkeitsrate in den Lagern, gegen den von Speer geforderten »Rückgang« zu den Primitivunterkünften der Vergangenheit verwahrt.[370] Noch interessanter als dieser Protest, der einen großen Schatten auf den angeblichen rastlosen Einsatz des Ministers für die Besserstellung der Zwangsarbeiter und Häftlinge wirft, war der einleitende Satz des Briefes: »Der Reichsminister Speer tut so, als ob wir ohne sein Wissen sehr großzügig und zeitfremd in den Konzentrationslagern herumbauen. Er verschweigt, daß jedes Bauvorhaben in den KL. von uns ordnungsgemäß angemeldet worden ist und daß er selbst unter dem 2. 2. 1943 die Genehmigung erteilt hat.«[371] Speer, daran erinnert diese Passage, war als Rüstungsminister auch Chef der für alle staatlichen Bauaufträge zuständigen *Organisation Todt* und fungierte in dieser Eigenschaft auch als oberster Bauherr in den Lagern.

Der Minister hatte, angestoßen durch den in Mauthausen erlebten »Mißbrauch« im Barackenbau, zwei seiner Mitarbeiter, begleitet von einem SS-Führer, zur Visitation aller KZ losgeschickt. Offensichtlich war der abschließende Bericht seiner Emissäre über die sanitären Verhältnisse in Auschwitz so besorgniserregend, daß er in einem Brief an Himmler am 30. Mai 1943 diesem zusätzliche Mengen an Baumaterial »für den Ausbau der KZ-Lager, insbesondere Auschwitz« versprach. Dem Brief hatte er handschriftlich hinzugefügt: »Es freut mich, daß die Besichtigung der anderen KZ-Läger ein durchaus positives Bild ergab.«[372] Diesen von ihm selbst verfaßten Satz, der ihn als jemand auswies, der über den Zustand von Himmlers Lagersystem gut informiert war, hatte Speer in seinem *Sklavenstaat* einfach zum »handschriftlichen Zusatz« des SS-Managers Pohl erklärt.[373] Matthias Schmidt hatte diese Fälschung entdeckt und offengelegt.[374] Es wäre redlich gewesen, wenn Fest dem großen Publikum diesen eigenartigen Umgang seines Helden mit der eigenen Geschichte nicht vorenthalten hätte. Statt dessen hat er sich, wahrscheinlich wegen der vorhersehbaren Folgen für die Speerlegende, dafür entschieden, den Skandal zu verschweigen. Um keinen Anlaß für diesbezügliche oder gar weitergehende Fragen zu schaffen, hat Fest das Thema Auschwitz ganz aus seiner Biographie verbannt. Das ersparte ihm, wie sich zeigen sollte, weitere mißliche Geständnisse.

Speer hatte später ausdrücklich darauf hingewiesen, daß seine großzügige Materialspende an Himmler vom Mai 1943 »nicht für die Vernichtungslager [...] wie Sobibor, Treblinka, Auschwitz« bestimmt gewesen sei, sondern für den Ausbau des ausschließlich mit Rüstungsproduktion befaßten Lagerteils von Auschwitz.[375] Es gab schon in der Zeit, als Speer das niederschrieb, deutliche Hinweise dafür, daß diese Behauptung eine Lüge war.[376]

Endgültig konnte das nachgewiesen werden, als die österreichischen Historiker Perz und Freund Anfang der neunziger Jahre auf unbekannte Akten der Zentralbauleitung Auschwitz stießen. Bei einem Treffen Speers mit dem für alle Wirtschaftsunternehmen der SS, also auch der KZ, zuständigen SS-Führer Pohl am 15. September 1942 hatte der Tagesordnungspunkt 1 gelautet: »Vergrößerung Barackenlager Auschwitz infolge Ostwanderung«. Über diesen Punkt wurde die folgende Übereinkunft erzielt: »Reichsminister Prof. Speer hat die Vergrößerung des Barackenlagers Auschwitz im vollen Umfang genehmigt und ein zusätzliches Bauvolumen für Auschwitz in Höhe 13,7 Millionen Reichsmark in Aussicht bereit gestellt. [...] Wenn dieses zusätzliche Bauprogramm durchgeführt ist, können in Auschwitz insgesamt 132 000 Mann ständig untergebracht werden.«[377] Damit war der Ausbau eines riesigen Vernichtungslagers gemeint. Während das ursprüngliche Lager als Stammlager das Verwaltungszentrum blieb – Auschwitz I –, hatte man ab Oktober 1941, nachdem durch das Scheitern des Blitzkrieges im Osten der ursprüngliche Plan eines Kriegsgefangenenlagers erledigt war, in Birkenau mit dem Ausbau eines neuen Lagerkomplexes – Auschwitz II – begonnen. Seit Frühjahr 1942 setzten dort in zwei provisorischen Gaskammern die ersten Massentötungen ein.[378] Nach Himmlers Besuch im Juli 1942 wurde der Ausbau, der auf 200 000 Häftlinge ausgelegt war, forciert: im August begannen die Bauarbeiten an den insgesamt vier geplanten Gaskammern und Krematorien.[379] Sie wurden zwischen März und Juni 1943 in Betrieb genommen.[380] Ein Dokument der Zentralbauleitung Auschwitz vom 28. Oktober 1942 lieferte eine exakte Übersicht über die Planungen und die Kostenaufstellung. Aufgeführt wurden neben dem geplanten Bau von Unterkunfts-, Wasch-, Wirtschafts- und Kommandanturbaracken auch die Errichtung von vier »Krematorien«, zwei »Leichenkellern«, vier »Leichenhallen« und einer »Entwesungsanlage«.[381] Mit den »Leichenhallen« waren die im Bau befindlichen Gaskammern gemeint. Kosten der Gesamtanlage mit Wasserversorgung und Gleisanschluß: 13,7 Millionen Reichsmark.[382] Es war die exakte Summe, die Speer bei dem Treffen im September 1942 dem SS-Führer Pohl zugesagt hatte. Die Akte trug den Titel: »Vorhaben: Kriegsgefangenenlager Auschwitz (Durchführung der Sonderbehandlung)«.[383] Speer war also nicht nur Hitlers genialer Leibarchitekt, sondern ein ebenso talentierter »Architekt des Todes«.[384] Sein Biograph Fest hat diesen Befund – gegen alle Ergebnisse der Wissenschaft – negiert. Für ihn waren das alles, wie er unlängst hochmütig verkündete, »starke Indizien, aber keine Beweise«.[385] Er entschied sich statt dessen, Speers Lüge zu wiederholen, sein Freund, der Gauleiter für Niederschlesien Hanke, habe ihn einmal »auf ein nicht näher bezeichnetes Lager im ›Gau Oberschlesien‹ aufmerksam gemacht« und er, Speer, habe daraus »später gefolgert, daß die Rede offenbar von Auschwitz gewesen sei«.[386]

Die Vernichtung der Juden

Überall, wo gebaut wurde, so haben wir gesehen, war Speer als Kontrolleur oder Finanzier zur Stelle. Es verwundert daher nicht, daß er sich auch einmischte, als im Winter 1943 im weißrussischen Bezirk Bialystok Baubedarf angemeldet wurde. In einem Brief an den »lieben Parteigenossen Himmler« schrieb er am 1. Februar 1943: »Wie mir berichtet wird, ist im Bezirk Bialystok eine größere Umsiedlungsaktion im Gange. Etwa 40000 Juden sollen aus dem Ghetto Bialystoks evakuiert werden.« In die »freigewordenen Judenwohnungen«, so fährt der Briefschreiber fort, sollen nach seiner Kenntnis 40000 weißrussische Kleinbauern umgesiedelt werden. Da der Wohnraum aber nicht ausreiche, sei der Bau von 20000 Holzhäusern geplant. Das müsse er, wegen der »augenblicklich sehr angespannten Baustofflage«, ablehnen. Er bitte, so der freundlich formulierte Schluß des Briefes, das Problem des Raumbedarfes ohne Neubauten zu lösen.[387] Himmler akzeptierte in einem Antwortbrief den ablehnenden Bescheid.[388] Als Speer sich wegen Bialystok einmischte, war die dortige »Umsiedlungsaktion« gerade abgeschlossen worden. In 17 Zügen waren in der Zeit vom 11. Januar bis zum 1. Februar 1943 etwa 30000 Juden – meist nach Auschwitz – deportiert worden. Da die meisten »Arbeitsunfähige« waren, überlebten nur 8000 bis 10000 von ihnen.[389]

Speers einleitende harmlose Formulierung »Wie mir berichtet wurde« heißt nicht, daß dies persönlich geschah. Dazu war sein Imperium zu groß, spätestens jedenfalls, seit er im Mai 1942, nur drei Monate nach seiner Berufung zum Minister, durch einen Erlaß Hermann Görings auch zum Rüstungsverantwortlichen in allen besetzten Gebieten ernannt worden war. Er durfte in Zukunft bestimmen, wo Kriegsgerät gefertigt wurde, über alle dafür in Fragen kommenden Einrichtungen verfügen, Patenfirmen aus dem Reich einsetzen und die notwendigen Anordnungen erlassen.[390] Zusätzlichen Einfluß nahm er über den *Wirtschafts-*

stab Ost, das zentrale wirtschaftliche Lenkungsorgan in den
besetzten sowjetischen Gebieten, über die ihm unterstehende *Organisation Todt* (OT), die dort für alle Bauvorhaben zuständig war, und über von ihm gegründete staatliche Einrichtungen oder private Firmenzusammenschlüsse
wie die *Energiebau Ost* bzw. die *Ostfaser*.[391] Entsprechend
groß waren die Informationen, die in Speers Ministerium
zusammenliefen. Das schloß das Wissen um die im Osten
geplanten und verübten Verbrechen ein.

Darüber hinaus kannte Speer die Verhältnisse vor Ort
durch eigenen Augenschein. Nach dem Scheitern der deutschen Offensive vor Moskau im Dezember 1941 hatte sich
Speer Todts Rüstungsministerium für Wiederaufbauarbeiten
an der Ostfront zur Verfügung gestellt: dem mit 30 000 Arbeitern samt Ingenieuren ausgestatteten »Baustab Speer-
Ostbau« war die besetzte Ukraine zugewiesen worden. Im
Januar 1942 besuchte er erstmals für eine Woche die Stadt
Dnepropetrowsk, den Sitz seines Aufbaustabs. Die Besuche
wiederholten sich. Ein halbes Jahr später, jetzt als Minister,
bereiste er das gesamte Gebiet der Heeresgruppe Süd, um
Bauvorhaben seiner *Organisation Todt* zu inspizieren.[392]
Diese Organisation beschäftigte bei ihren Bauvorhaben neben Zwangsarbeitern und Kriegsgefangenen vor allem Juden, wie Speers Freund und Mitarbeiter Wolters in einem
Reisebericht aus der Ukraine bestätigte. Am 31. 5. 1942 notierte er in seinem Tagebuch: »An unserer Straße [...] wird
überall mit Hochdruck gearbeitet. Unter dem Kommando
der deutschen OT-Männer wirken hier die fremden Kolon-
nen. In der Qualität stehen die Judentrupps mit an erster
Stelle. Wie uns berichtet wird, arbeiten sie teils freiwillig
zwei Schichten hintereinander. Sie wissen, worum es jetzt
geht [...].«[393] Die Juden der OT wurden in nahen Ghettos
oder mobilen Lagern konzentriert und sukzessive – durch
die tägliche Arbeit oder bei den periodischen Massenerschießungen von SD und Polizei – vernichtet.[394] Allein an
den OT-Baustellen der von Krakau bis zum Don führenden

Durchgangsstraße IV sollen bis zum Winter 1943/ 44 etwa 25 000 Juden bei solchen Erschießungen ermordet worden sein.[395]

Sereny hat Speer nicht zu den Verbrechen der *Organisation Todt* befragt. Aber sie hat ihm seinen Bialystoker Brief vorgehalten. Die Stadt Bialystok war ein Zentrum der Textilindustrie, und die Deportation von 30 000 Juden aus der Stadt mußte gravierende Folgen für den Fortgang der Produktion haben. Speer war also nicht nur wegen der Holzhütten informiert worden.[396] Natürlich konnte sich der ehemalige Rüstungsminister an den Vorgang nicht mehr erinnern: er habe täglich Dutzende Briefe unterschrieben, ohne sie gelesen zu haben. Auf die Nachfrage nach seiner Reaktion, wenn er ihn gelesen hätte, antwortete er ziemlich ehrlich: »Wenn überhaupt, hätte ich [...] den Abtransport dieser Juden mit Sicherheitsfragen und mit dem Bedarf an Arbeitskräften in Zusammenhang gebracht.«[397] Fest übergeht Speers Osteinsatz wie den Bialystoker Vorgang mit Schweigen.

Auch einen anderen, lange bekannten Vorgang, auf den schon Hilberg hingewiesen hatte und dem Sereny nachgegangen war,[398] sucht man bei Fest vergebens. Es handelt sich um Speers Rolle bei der Vernichtung der ungarischen Juden im Jahre 1944. Die verbündeten Ungarn hatten in den ersten Kriegsjahren alle Versuche der Reichsregierung abgewehrt, die Juden zu deportieren.[399] Nachdem aber Hitler am 18. März 1944 den ungarischen Staatschef Horthy gezwungen hatte, eine Nazideutschland genehme Regierung einzusetzen und die Wehrmacht am folgenden Tag Ungarn besetzt hatte, befanden sich 765 000 ungarische Juden von einem auf den andern Tag in der Falle. Im ungarischen Innenministerium wurde sofort ein »Judenkommissariat« geschaffen und in den größeren Städten die Errichtung von Ghettos angeordnet. Ende April begannen die Deportationen. Bis Juli waren 458 000 Juden nach Auschwitz abtransportiert. 350 000 von ihnen wurden vergast, 108 000 kamen von dort zum Arbeitseinsatz nach Deutschland.[400]

Speer hatte schon 1943 vergeblich versucht, die bei der ungarischen Armee als Zwangsarbeiter eingesetzten Juden seiner Kontrolle zu unterwerfen. Es war ihm allerdings nur gelungen, durch Vermittlung des Auswärtigen Amtes, 3000 Juden für die serbischen Kupferminen in Bor abzuzweigen. Im Austausch erhielten die Ungarn monatlich 100 Tonnen Rohkupfer.[401] Als nun im Frühjahr 1944 plötzlich Hunderttausende Juden zur Verfügung der Deutschen standen, wiederholte er seinen Zugriff, diesmal mit höheren Forderungen: Anfang April erlaubte Hitler – mit einer überraschenden Kehrtwende seiner seit Herbst 1942 verfolgten Politik, keine jüdischen Arbeitskräfte in deutschen Fabriken mehr zu dulden –, für Großbauten der *Organisation Todt* 100000 ungarische Juden zur Verfügung zu stellen. Der *Jägerstab* konnte Hitler wenig später zur Zusage von weiteren 100000 Juden für den Bau unterirdischer Flugzeugfabriken bewegen.[402] Am 26. Mai 1944 erkundigte sich Speer, wann die Juden eintreffen würden. Sie seien »unterwegs«, war die Antwort des zuständigen SS-Gruppenführers. Speer wußte, daß sie nicht direkt von Ungarn kamen, sondern via Auschwitz.[403] Nicht nur die angenommene Zahl der jüdischen Arbeitskräfte erwies sich als zu hoch, auch der physische Zustand der Ankommenden entsprach nicht den Erwartungen der Planer.[404] Speer konnte sich selber beim Besuch der Baustelle für eine unterirdische Düsenjägerfabrik im bayrischen Landsberg im Februar 1945 davon überzeugen: Er sah halbtote, kranke und verhungerte Männer, Frauen und Kinder. Als ihn sein Begleiter fragte, wie man sich im Ministerium vorstelle, mit solchen Arbeitern das geforderte Pensum zu erreichen, habe er auf Himmler verwiesen. Der müsse sich darum kümmern.[405]

Lassen schon diese wenigen Einzelheiten ahnen, wie genau Speer in das seit 1942 auf Hochtouren laufende Vernichtungsprogramm eingeweiht war, so liefert seine Teilnahme an der Gauleitertagung am 6. Oktober 1943 in Posen dafür einen eindeutigen Beleg. Dort hatten einige seiner engsten

Mitarbeiter zur augenblicklichen Rüstungslage referiert, und er selbst hatte als Konsequenz harte Einschränkungen vor allem für die Produktion von Verbrauchsgütern angekündigt. Am späten Nachmittag war dann Himmlers Einsatz erfolgt: Nüchtern und lapidar hatte er die Anwesenden, unter ihnen auch Goebbels und Rosenberg, über den Vollzug des Holocaust informiert. Es sei notwendig gewesen, die Juden von der Erde verschwinden zu lassen. Auch die Frauen und Kinder. Der Auftrag sei durchgeführt worden, ohne daß die dafür Verantwortlichen Schaden an ihrer Seele genommen hätten. Die Judenfrage in den besetzten Gebieten werde bis Ende des Jahres erledigt sein. Ohne Rücksicht sei man dabei, die letzten Ghettos zu räumen. Dann, sich an Speer wendend, hatte er ausgeführt: »Wenn man früher dort hinlangen wollte, so hieß es: Halt! Sie stören die Kriegswirtschaft! Halt! Rüstungsbetrieb! Natürlich hat das mit Parteigenossen Speer gar nichts zu tun, Sie können gar nichts dazu. Es ist der Teil von angeblichen Rüstungsbetrieben, die der Parteigenosse Speer und ich in den nächsten Wochen und Monaten gemeinsam reinigen wollen.«[406]

1971 hatte der Harvard-Professor Erich Goldhagen, unter Hinweis darauf, daß sich Himmler in seiner Rede direkt an Speer gewandt hatte, dessen Behauptung, er habe von der Ermordung der Juden erst nach dem Krieg erfahren, als Lüge bezeichnet. Sein in Nürnberg und danach immer wiederholtes, allgemein gehaltenes Schuldeingeständnis sei demnach nichts als Heuchelei.[407] Speer war durch diese Attacke im Innersten getroffen[408] und begann sofort, seine Verteidigung zu organisieren. Er erklärte, Himmlers Vortrag nicht gehört zu haben, sondern gleich nach seiner eigenen Rede ins Führerhauptquartier nach Rastenburg gefahren und dort am Abend mit Hitler zusammengetroffen zu sein. Weil eine nächtliche Landung auf dem Flugplatz Rastenburg unmöglich gewesen sei, habe er statt des Flugzeugs das Auto nehmen und daher so früh abreisen müssen. Seine in den *Erinnerungen* geschilderte abendliche Zugfahrt mit den stark alkoholisierten Gauleitern beruhe auf einer Verwechslung mit einer späteren Tagung in Posen. Zur Bestätigung seiner Darstellung präsentierte er zwei eidesstattliche Erklärungen – die des Bonner Ministerialrats Harry Siegmund, der als persönlicher Referent des Gauleiters von Posen damals die Tagung organisiert hatte, und die seines ehemaligen Mitarbeiters, des Stahlmagnaten und Panzerspezialisten Walter Rohland, der angab, Speer ins Führerhauptquartier begleitet zu haben. Dieser habe ihm bei einem zufälligen Anruf spontan von der gemeinsamen Fahrt erzählt.[409]

Hepp war diesen Behauptungen schon Anfang der achtziger Jahre nachgegangen und hatte herausgefunden, daß sie allesamt falsch waren. Flugzeuge hätten, nach dem Urteil von Hitlers Piloten, auch nachts dort landen können, das peinlich genau geführte Tagebuch von Hitlers Kammerdiener erwähnte keinen Besuch Speers am Abend des 6. Oktober 1943.[410] Sereny, der eine Verwechslung der beiden Gauleitertagungen wegen der völlig unterschiedlichen Umstände suspekt erschien, nahm sich der beiden Zeugen an: Siegling erzählte ihr, Speer habe ihn wegen der eidesstattlichen Versicherung förmlich »bombardiert, also gab ich ihm schließlich, was er wollte«. Und Rohland, der gute Freund aus alten Tagen und während der Spandauer Haft, so fand sie heraus, hatte seine Erklärung nicht spontan, sondern nach vielen Treffen mit Speer abgegeben.[411] Serenys abschließendes Urteil fiel eindeutig aus: »Je mehr Speer versuchte, fatale Tatsachen wegzuerklären, desto klarer wird es, daß er damit nur verzweifelt vermeiden will, der Wahrheit ins Auge zu blicken.«[412]

Die zehn Seiten, die Fest der Posener Gauleitertagung gewidmet hat, gehören zu den peinlichsten des gesamten Buches. Er zitierte aus Speers und aus Himmlers Reden. Dann erwähnte er zwar Erich Goldhagens Artikel – nicht ohne die Glaubwürdigkeit des Autor wegen eines dem Himmlertext hinzugefügten, erfundenen Satzes generell in Frage zu stellen[413] –, um dann ohne Abstriche Speers Recht-

fertigungen zu übernehmen. Die von Sereny zusammen-
getragenen, für Speers Glaubwürdigkeit niederschmettern-
den Befunde waren ihm nur eine einzige, allerdings abwer-
tende Fußnote wert.[414] Statt dessen erklärte er, daß eine
Kontroverse wie die von Goldhagen angezettelte »am Kern
des Problems« vorbeigehe, weil sie der Frage, ob Speer mehr
oder weniger gewußt habe, zuviel Bedeutung beimesse und
sich dann auch noch im Kleinklein der Beweise und Ge-
genbeweise verliere. Er habe aufgrund seines Amtes und des
täglichen Umgangs hinreichend viel gewußt, um sich die
Untaten des Verbrechens anrechnen zu lassen. Diese Schuld
habe Speer schon in Nürnberg zugestanden und die Verantwortung dafür übernommen. Das sei doch eine Leistung,
insinuiert Fest. Aber Speer habe auch immer auf dem Unterschied bestanden zwischen der »Gewißheit« eines systematischen Mordplans und einer aus Mutmaßungen oder gar
Verdachtspunkten genährten »Befürchtung« solcher Mordtaten. Diese Differenz sei für ihn »moralisch« wichtig gewesen, und daran habe er sich zeitlebens »mit aller Kraft« ge-
klammert.[415] Auch hier kommt Fest seinem Protagonisten
zur Hilfe. Mußte er nicht, so baut er ihm bei einer ihrer letzten Begegnungen eine Brücke, in Nürnberg die Kenntnis der
Massenverbrechen abstreiten, um seinen gefährdeten Kopf
und den lebensnotwendigen Rest an Selbstachtung zu retten
und habe er nicht später, nach der Entlassung aus der Haft,
diese Position aufrechterhalten müssen – seiner Glaubwürdigkeit willen? »Ach«, habe Speer geantwortet, »man sollte
mir nicht immer wieder solche unbeantwortbaren Fragen
stellen.« Stolz verkündet der Vulgärpsychologe Fest, das sei
so etwas wie ein Geständnis gewesen.[416] Der Historiker Fest
hat sich auf diese Weise der Verantwortung entzogen, die
Frage beantworten zu helfen, ob Speer ein Kriegsverbrecher
war und wie er zur Verschleierung dieses möglichen Tat-
bestandes beigetragen habe. Sein amerikanischer Kollege
Goldhagen hatte am Schluß seiner diesbezüglichen Zwi-
schenfrage Speers Verhalten so bilanziert: »Heimlich hat er

das Blut derer, zu deren Tod er beigetragen hat, von seinen Händen weggewaschen, und mit scheinbar sauberen Händen pocht sein Herz in Reue: ›Ich bin ein Mörder, obwohl ich vom Tod meiner Opfer weder etwas gesehen, gehört, noch gewußt habe.‹ Es ist, um es gelinde auszudrücken, ein verachtungswürdiges Schauspiel.«[417] Fest hat sich an diesem Schauspiel beteiligt, und er kann nicht davon lassen: Nach einer Lesung aus seiner Speer-Biographie in Kiel sei er Harry Siegmund begegnet, und dieser habe ihm erklärt, an Serenys Darstellung, er habe nur unter Druck eine eidesstattliche Erklärung geliefert, sei kein Wort wahr.[418] Fest, der seine Rolle vollmundig als die eines »distanzierten Chronisten« beschrieben hat,[419] saß in der Hauptverhandlung gegen Speer in Wirklichkeit immer auf der Verteidigerbank.

Im Widerstand: Spiel auf Leben und Tod

Fest hat in den *Begegnungen*, jenem schon öfter erwähnten prätentiös verspiegelten Selbstporträt, »Zweifel« und »Contenance« als zu seiner charakterlichen Grundausstattung gehörende Verhaltensweisen beschrieben.[420] Auffällig ist: Wenn der Zweifel sich allzu vernehmlich gegen ihn selbst wendet, macht sich die Contenance merkwürdig rasch davon.

Das bekam der ehemalige befreundete Kollege Reich-Ranicki zu spüren, als er in seiner Autobiographie nicht nur an Fests fatale Rolle im *Historikerstreit*, sondern auch an das makabre, nicht angekündigte Zusammentreffen mit dem Kriegsverbrecher Albert Speer bei der Präsentation der Hitlerbiographie erinnerte und sich selber vorwarf, nicht mit Entschiedenheit darauf reagiert zu haben.[421] Fest hatte ihm, dem polnischen Juden, deswegen später vorgehalten, er habe sich »genau so anpasserisch verhalten [...] wie die Deutschen« in der Hitlerzeit.[422] Auch bei der Journalistin Sereny ist unser Autor offensichtlich aus der Haut gefahren – er hat sie in einer geschmacklosen Szene als cholerisch-herrschsüchtige Megäre beschrieben.[423] Der Grund liegt auf der Hand: Sie hatte, indem sie in ihrer Biographie Speers Glaubwürdigkeit in Frage stellte, unausgesprochen auch stärkste Zweifel an dessen redaktionellem Berater Fest angemeldet. Verglichen mit diesen Attacken gegen prominente Kritiker, überrascht sein wütender Ausfall gegen einen in der breiten Öffentlichkeit unbekannten Historiker der Freiburger Universität. Nachdem Fest festgestellt hat, daß es zu Speer wenig weiterführende Literatur gebe, kommt er zur Sache: »Auffälliger macht sich von Zeit zu Zeit ein erfolglos in die Jahre gekommener Historiker, Heinrich Schwendemann, mit der Behauptung, er werde endlich Speers Lebenslüge aufdecken. Doch aufgedeckt hat er bislang nicht viel mehr als seine eifernde Geltungssucht.«[424] Warum rastet Fest so aus und verliert alle Contenance? Könnte es damit zusammenhängen, daß durch Schwendemann, der sich in Fachkreisen als Kenner des Kriegsendes und der Endverbrechen einen Namen gemacht hat, die letzte von Speers Lebenslügen seit 1999 Stück für Stück aufgedeckt worden war?[425] Fest dagegen hatte trotz aller deutlichen Vorwarnungen und kritischen Verweise in seiner im selben Jahr publizierten Biographie unverdrossen an den Legenden festgehalten und sie sogar weiter ausgebaut.

Speer hat sich trotz aller Selbststilisierungen nach dem Krieg – als neutraler Beobachter oder gar als gefährdeter Sympathisant – nicht als Anhänger des Aufstandes vom 20. Juli 1944 ausgegeben.[426] »Die Umgebung zu beseitigen«, schrieb er im frühesten Entwurf zu seiner Autobiographie, »ja, damit wäre ich einverstanden. Aber Hitler selbst – das will ich nicht für richtig halten.«[427] Ein Putsch, der ihn von seinen Konkurrenten, den Sauckels, Bormanns und Himmlers befreit hätte, das wäre ihm nur recht gewesen. Aber ein Generalangriff auf das gesamte System, das verboten ihm schon seine Loyalität zum Nationalsozialismus und erst recht die tiefe persönliche Bindung, die er zu Adolf Hitler empfand. So hat er an der Seite von Goebbels tatkräftig an

der Niederschlagung der Erhebung mitgewirkt.[428] Allerdings will er dann, so hat er es nach dem Krieg wieder und
wieder dargestellt, auf eigene Faust und mit größerem Erfolg
Widerstand geleistet haben – indem er Hitler in den Arm gefallen sei und dessen Politik der *Verbrannten Erde* sabotiert
habe. Nachdem er sich vor den Nürnberger Richtern geschickt seiner Verantwortung für das Los der Zwangsarbeiter entledigt hatte, hat ihm diese Stilisierung als Mann des
Widerstands letztlich den Kopf gerettet. Und für die Deutschen in der Bundesrepublik wurde er damit endgültig zum
Prototyp der Entlastung: Seine Story diente als Vorlage für
Millionen ähnlicher Erzählungen – jeder in seinem Bereich
ein kleiner, aber wirkungsvoller Saboteur und Hitlergegner.

Für diese Speer-Legende macht sich Fest zum wortmäch-
tigen Propagandisten, auch weil sie genau in sein seit dem
Historikerstreit vertretenes Konzept vom *verantwortungs-
ethischen* statt des bloß moralgesteuerten *gesinnungsethischen*
Widerstandes der Stauffenberggruppe paßte. Für den Herbst
1944 erfindet er eine dramatische Situation: Die bisher ho-
mogene Naziführung habe sich gespalten. »Die Lager begannen sich zu trennen: auf der einen Seite Hitler mitsamt
den Goebbels, Bormann, Ley, Kaltenbrunner oder Sauckel,
die besessen dem großen Untergangsspektakel entgegen-
steuerten; und auf der anderen der gelähmte, von soviel
Angst wie Verwirrung erfaßte Haufe der Verzagten, dem das
ersichtlich näher rückende Ende erstmals zum Bewußtsein
brachte, was es mit den Triumphen der vergangenen Jahre
auf sich gehabt hatte.«[429] Der Führer der Verzagten: Speer.
Sein nie verdunkelter »Realitätssinn«[430] habe ihn wissen lassen, daß der Krieg mittlerweile verloren war.[431] Gleichzeitig
sei ihm durch Hitlers Befehl vom 16. September – »jeder
Häuserblock in einer deutschen Stadt und jedes deutsche
Dorf muß zu einer Festung werden«[432] – schlagartig klar geworden, daß damit das an der Ostfront praktizierte Prinzip
der *Verbrannten Erde* auf das Reichsgebiet ausgeweitet
werde.[433] Beide Gewißheiten, so Fest, hätten dafür gesorgt,

daß sein fast verschüttetes Gefühl der »Verantwortung« wieder zutage getreten sei:[434] Speer habe »ein Spiel auf Leben und Tod« begonnen. Dabei sei er »doppelgleisig« vorgegangen – Steigerung der Rüstung bei gleichzeitiger Sabotage der Hitlerschen Zerstörungsbefehle.[435]

Aber die Ausgangslage für jede Form des Widerstandes, das signalisiert schon der Begriff von den »Verzagten«, soll sich der Leser als ziemlich verzweifelt vorstellen. Fest, der, wie wir gesehen haben, Geschichte nur in der Erzählform der Personalisierung und, zugespitzt, als Intrige oder Duell wiedergeben kann, sieht seinen Helden gleich mit zwei Widersachern – Goebbels und Himmler – konfrontiert[436] und sein Spiel schon verloren: Ganze Stücke der Rüstung seien Speer entrissen worden, und durch deutliche Gunstbeweise an dessen Stellvertreter Saur habe ihn Hitler gewissermaßen kaltgestellt.[437] Solchermaßen »entmachtet«, habe Speer Ende Januar 1945 von seiner Behörde quasi Abschied genommen und die praktische Führung an seinen Stellvertreter abgegeben.[438] Diese Story vom tragischen Sturz des Erfolgsmanagers und Führerlieblings gehört zum Genre der Heldenlegende, hat aber mit der Realgeschichte des Kriegsendes nichts zu tun. Tatsächlich, so hat Naasner nachgewiesen, erfuhr Speers Macht im Sommer und Herbst 1944 wegen der Übertragung der gesamten Luftrüstung in seine Zuständigkeit und durch die Kontrolle über die Rüstungsproduktion in den KZ wie über die Verteilung der Häftlinge eine enorme Steigerung.[439] Schlie spricht in bezug auf die Endphase von einer »unanfechtbaren Schlüsselposition Speers«.[440] Und Schwendemann hat darauf hingewiesen, daß der Rüstungsminister auf Hitler selbst bei strategischen Entscheidungen einen erheblichen Einfluß ausgeübt und mit seiner Ernennung zum *Beauftragten des Transportwesens* im Februar 1945 sogar »den Höhepunkt seiner Machtfülle erreicht« habe.[441] Vom Widerstehen auf verlorenem Posten bleibt demnach nicht viel übrig.

Für Fest manifestiert sich Speers Widerstand vor allem an

dessen Maßnahmen gegen eine Politik der *Verbrannten Erde*
und in seinem Eintreten für die Belange der Zivilbevölkerung: So habe er zur Verhinderung von Akten der Selbstzerstörung ein Überwachungsnetz organisiert und entgegen
Hitlers Befehl, die Versorgung der Bevölkerung im Westen einzustellen, Lebensmittelzüge ins Kampfgebiet beor-
dert.[442] Zur angemessenen Beurteilung von Speers Verhalten
ist es notwendig, daran zu erinnern, daß bis zum 19. März
1945 sein von Hitler ausdrücklich gebilligter Befehl vom
September des Vorjahres galt, die Produktion nur zu »läh-
men«, d. h. sie durch das Herausnehmen betriebswichtiger
Teile stillzulegen. Dies sollte allerdings »erst im letztmög-
lichen Augenblick erfolgen«.[443] Vor allem im Osten wurden
durch diese rigorose Produktionspolitik rechtzeitige Evakuierungsmaßnahmen verhindert.[444] Und was die von ihm angeordnete Lebensmittelzufuhr an die Bevölkerung angeht,
so sollte sie, nach seinen eigenen Worten, nur die »Widerstandskraft« der Menschen für die Belange der Rüstung stärken.[445] Ganz toll wird es schließlich, wenn Fest von einer
Verordnung redet, die von Hitler in Auftrag gegeben worden sei, um den noch verfügbaren Transportraum für
Zwecke der Kriegführung bereitzustellen und der Rüstungsminister diesen Auftrag in sein Gegenteil verkehrt und anordnet habe, »vor allem die Ernährung und Versorgung der
Bevölkerung zu sichern«.[446] Einen solchen Transporterlaß
hat es nie gegeben, wohl aber Anordnungen Speers, die sich,
wie schon im Falle der Lebensmittelversorgung, bei der
Zuteilung von Transportraum an der Aufrechterhaltung der
Kampffähigkeit orientierten. Schon am 19. Februar, einen
Tag nach seiner Ernennung zum Verkehrsdiktator, hatte er
die absolute Priorität von Truppentransporten verfügt.[447]
Dieser Linie folgend, schlug er Hitler eine für alle Militär-,
Partei- und Reichsstellen verbindliche Anordnung vor, die
am 15. März erging: im Falle von Räumungen sei bei der
Rangfolge der Transporte »ausschließlich ihr unmittelbarer
Wert für die Kriegführung« maßgeblich. Wehrmacht, Kohle

und Ernährungsgüter seien abzutransportieren, Flüchtlinge hätten zu warten.[448] Diese Anordnung zementierte die im Osten seit Anfang des Jahres von allen militärischen und zivilen Dienststellen rabiat verfolgte Praxis[449] und führte in Ostpreußen, in Schlesien und im Raum Danzig, den Zentren des Flüchtlingsdramas, zur finalen Katastrophe.[450]

Fests Mischung aus Dichtung und Wahrheit dient einzig dem Bemühen, aus Speer einen Widerständler und Kriegsgegner zu machen. Aber dessen Lageeinschätzung, der Krieg sei verloren, bedeutete für ihn nicht, daß der Krieg beendet werden müsse.[451] Und sein Widerstand zielte nur darauf, die Fortsetzung des Krieges so zu organisieren, daß er zu einem nur militärisch und nicht ideologisch geführten Endkampf wurde, der zwei Optionen offenhielt – eine Kapitulation zu fairen Bedingungen und die eigene Nachkriegskarriere als Juniorpartner der Sieger. Belegt wird diese Strategie vor allem durch die letzte Denkschrift, die Speer für Hitler verfaßt hat. Es ist das Verdienst Heinrich Schwendemanns, dieses schon lange bekannte,[452] aber von Fest und von Teilen der Historikerzunft totgeschwiegene Dokument in seiner Bedeutung gesehen und gewürdigt zu haben.[453]

Normalerweise wird als letzte Vorlage Speers die vom 15. März 1945 bezeichnet. Hitler war das 22 Seiten lange Dokument schon nach der Abfassung zugeleitet worden.[454] In dieser Denkschrift hatte der Rüstungsminister, unterstützt vom Chef des Generalstabes Guderian und Goebbels in seiner Eigenschaft als *Generalbevollmächtigter für den totalen Kriegseinsatz*, prognostiziert, daß die Wirtschaftslage eine Kriegführung von höchstens zwei Monaten erlaube. Deshalb sollten Betriebsanlagen nur vorübergehend unbrauchbar gemacht und die Versorgung der Bevölkerung gesichert werden. In deutlicher Wendung gegen eine Orgie der Selbstzerstörung und jede Inszenierung des Untergangs heißt es dann: »Wenn der Gegner das Volk und seine Lebensbasis zerstören will, dann soll er dieses Werk selbst durchführen.« Ihm und nicht den Deutschen falle dann

»die geschichtliche Schande« zu.[455] Für Fest ist das der Beleg, daß sein Held »in einer Art verzweifelten Außersichseins« mit dieser Denkschrift »gleich mehrfach gegen alle […] Verbote verstieß […] und diesmal an die äußerste Grenze und sogar darüber hinaus gegangen war«.[456] Listigerweise hat er das Dokument vom 15. auf den 18. März umdatiert.[457] Damit läßt er, wie mit einem Zaubertrick, diejenige Denkschrift verschwinden, die Speer unter eben diesem Datum verfaßt und Hitler in der Nacht vom 18. auf den 19. März 1945 vorgetragen hatte.[458] Dieses letzte, nur drei Seiten umfassende Memorandum entwickelte ein Konzept für die wenigen Wochen, in denen Deutschland wirtschaftlich noch durchhalten konnte, sie war also eine Präzisierung und Fortschreibung des Dokuments vom 15. März. Speer machte vier Vorschläge: 1. Der Endkampf sollte auf das Gebiet zwischen Rhein und Oder konzentriert und Deutschland an diesen beiden Flüssen verteidigt werden. 2. Alle anderen Kriegsschauplätze – in Italien und Norwegen – sollten geräumt und die dort eingesetzten Truppen an die beiden Flußfronten im Reich verlegt werden. 3. Auch alle in Deutschland in Ausbildung oder an der Front stehenden Soldaten waren, wie die Einheiten des Volkssturms, in dieser Kernzone zu konzentrieren. 4. Die militärische Führung sollte in ihren Einsatzräumen unumschränkte Befehlsgewalt erhalten. »Nur wenn diese Maßnahmen durchgeführt werden«, so schloß Speers Endkampf-Szenario, »kann überhaupt die Lage der Front noch gesichert werden.« Darüber hinaus biete nur ein solches Konzept auch eine Perspektive für die Zukunft: »Ein zähes Durchhalten an der jetzigen Front für einige Wochen kann dem Gegner Achtung abgewinnen und vielleicht doch noch das Ende des Krieges günstig bestimmen«.[458] Während Göring, Ribbentrop und Himmler durch direkte Kontakte zu den Westmächten ein Kriegsende herbeizuführen versuchten, habe Speer mit seinem Vorschlag, so hat Schwendemann pointiert formuliert, »de facto […] ein unermeßliches

Blutbad, die Vernichtung von Millionen Menschen an Rhein und Oder [riskiert]«.[460]

Der Rest ist rasch erzählt. Hitler verwarf den Doppelpack und erließ direkt nach dem Gespräch mit Speer seinen berüchtigten »Nerobefehl«: Bei Rückzügen war ab sofort die gesamte Infrastruktur zu zerstören. Erst nach dieser Abfuhr am 19. März 1945 und nicht, wie Fest suggeriert, schon ein halbes Jahr vorher, scheint der Rüstungsminister Hitler in den Arm gefallen zu sein: am 28. März forderte dieser ihn nämlich ultimativ auf, die von ihm ergangenen Zerstörungsbefehle auszuführen.[461] Da war es mit Speers Sabotage denn auch schon wieder vorbei: In einem Brief an Hitler versprach er diesem, »alle Anstrengungen zu machen, um den Widerstand bis aufs Äußerste zu steigern«, und in einem persönlichen Gespräch mit ihm versicherte er: »Mein Führer, ich stehe bedingungslos hinter Ihnen.«[462] Der Führer war bereit, seinen Zerstörungsbefehl abzumildern, und sein mit der alten Machtfülle wieder ausgestatteter Gefolgsmann übernahm es, die Durchführungsbestimmungen zu erlassen und ihre Einhaltung zu kontrollieren.[463] Sie beinhalteten auch, so wie er es Hitler versprochen hatte, die Rüstungsproduktion in Gang zu halten und die Front weiterhin mit dem Nötigsten zu versorgen.[464] Hitler habe gewußt, so Speer, wie weitgehend er sein Ministeramt für das Zerstörungshandwerk mißbraucht habe.[465] Insofern ist eines der von Fest genannten Motive für Speers letzten Besuch bei Hitler am 23. April – sich Hitler wegen seiner dauernden Befehlsübertretungen »zu stellen« und mutig vor ihm die »Beichte« abzulegen[466] – wohl eine der zahlreichen Nachkriegslegenden.[467] Statt des pathetischen und schwülstigen Finales einer »unglücklichen Liebe« dürfte der Bunkertreff Prosaischeres im Sinn gehabt haben: Speer ging es darum, seinem *Führer* die unverbrüchliche Loyalität zu versichern und zugleich die Möglichkeiten seiner Nachfolge bei dem vor der Abdankung stehenden Hitler und den lauernden Konkurrenten zu sondieren.[468] Daß die Sieger ihn nach dem Krieg dringender

116

als jeden anderen für den Wiederaufbau brauchen würden, davon war er bis zu dem Tag überzeugt, an dem er die Anklageschrift in der Hand hielt.[469]

Geschichtsblind. Eine Schlußbetrachtung

Fest hat seinen Eintritt in die deutsche Nachkriegsgeschichte Hitler zu verdanken. Der hat ihn berühmt, reich und einflußreich gemacht. Daß Hitler zurückkehren würde, nachdem er eine Weile wahlweise als Ausgeburt der Hölle oder erbärmliche Spottfigur in der Abseite der deutschen Erinnerung zugebracht hatte, konnte man vorhersagen. Das war normal und sogar wünschenswert. Solch eine Figur, die ein Jahrhundert umgepflügt und nicht nur einen Leichenacker mit Hekatomben unschuldiger Opfer, sondern auch einen Schindanger des Rechts und der Moral zurückgelassen hat, will wieder und wieder angeschaut werden, weil man so vielleicht der Geschichte und sich selbst auf die Spur kommt. Über Hitler, der zum Messias seines Volkes geworden war, zu reden bot die Chance, die Verbrechensgeschichte des *Dritten Reiches* als Krankheitsgeschichte der Mehrheit der Deutschen zu erkennen. Fest hat über Hitler zu reden begonnen. Das geschah zu einem Zeitpunkt, als sich die traumatische Erstarrung der Nazigeneration dank Wiederaufbau und Wirtschaftswunder, durch die Teilamnestie des Kalten Krieges und die Wiederaufnahme in die Völkergemeinschaft zu lockern begann und die Generation der Nachgeborenen sich daran machte, die bis dahin praktizierte biographische Auslöschung der Nazizeit und ihren Ausschluß aus der kollektiven Erinnerung zu annullieren und die Auseinandersetzung mit der jüngsten Vergangenheit als Probestück einer neuen demokratischen Kultur durchzusetzen. In dieser offenen Situation einer geschichtspolitischen Wende mit der Möglichkeit einer nachgeholten moralischen Fundierung des Gemeinwesens Bundesrepublik hatten Fests

Hitler-Biographie und sein Hitler-Film ihren rechten, den historischen Augenblick. Sie haben dessen Chancen nicht genutzt, sondern verstellt.

Fest wollte das *Dritte Reich* nicht nur unter dem Stigma seiner Verbrechen präsentieren, sondern die Verschränkung von Terror *und* Hoffnung zeigen. Aber er hat die Hoffnung und den tatsächlichen nationalen wie sozialen Aufstieg ins Riesenhafte vergrößert, den Terror dagegen und dessen arbeitsteilig funktionierendes, gesellschaftlich verankertes System fast ausgeblendet. Er hat die geschichtliche Figur Adolf Hitlers nicht erfunden, aber er hat ihr zur Grandiosität verholfen und sie zur einzig wirkenden, also auch alleinverantwortlichen Macht erklärt. Der Erlösungstaumel und Führerglauben von Millionen geriet ihm dabei zum Beweisstück für die Größe des von ihm verfertigten Idols. Den pseudoreligiösen Wahn als Symptom eines moralischen wie intellektuellen Zusammenbruchs zu begreifen und ihn als solchen zu diagnostizieren, hat er sich geweigert. Fest hat mit den genannten Produkten versucht, die öffentliche Wahrnehmung des *Dritten Reiches* zu verändern – es sollte für die Nazigeneration wieder erkennbar, für die Nachkriegsgeneration auch akzeptabel sein.

Mit seiner organisierenden und argumentierenden Rolle im sogenannten *Historikerstreit* ist Fest dann deutlich weitergegangen. Er war nicht Nolte. Aber er war dessen Adept und Resonanzboden. Insofern muß er sich den Revisionismus nicht nur zuschreiben lassen, er hat ihn selber auch wortmächtig vertreten. Indem der Nationalsozialismus zu einer Endmoräne der Moderne, zur erstarrten Lava von europäischer Aufklärung und Französischer Revolution erklärt wurde, war er aus der unmittelbaren Ereignisgeschichte und deren konkreten Verantwortlichkeiten entfernt. Indem der Gruppen- und Völkermord als Bestandteil aller folgenden sozialen Bewegungen und politischen Revolutionen ausgemacht wurde, als Schritt auf deren Weg zu einer perfekten Welt und zu einem neuen Menschen, war der Holocaust kein deutsches Phänomen mehr und erst recht kein *zwingender* Teil der Nationalgeschichte. Und schließlich: Indem Hitlers Rassenmord als Reaktion auf Stalins Klassenmord gedeutet wurde, als zum eigenen Schutz unternommener Präventivmord, bevor die Rote Flut einen selber verschlingen würde, war das Verbrechen relativiert und die Schuld einem anderen zugewiesen. Stalin war's. Mit seinen Beiträgen zum *Historikerstreit* hat sich Fest an dem Versuch beteiligt – statt bloß partieller Änderungen in der Wahrnehmung der Nazizeit –, ein neues System der Deutung durchzusetzen. Sein Gegenstand war eine angeblich Jahrhunderte umfassende tektonische Katastrophe, und seine Intention zielte nicht mehr auf enges moralisches Beurteilen, sondern auf ganzheitliches Verstehen. In den Gletscherspalten der Moderne waren außer den zeithistorischen Einzelheiten auch die moralischen Kategorien von Schuld und Verantwortung verlorengegangen. Fest hat diesen Weg, wohl weil er keine Hauptstraße wurde und weil er ihn an den Rand der Bedeutungslosigkeit geführt hätte, verlassen. Er ist, unter Beibehaltung zentraler Positionen aus dem *Historikerstreit*,[470] in die Mitte zurückgekehrt.[471] Nach einem vielleicht zur Rehabilitation unternommenen Abstecher zu den Männern des 20. Juli, deren Aufstand er – ganz im Sinne Hillgrubers – als *gesinnungsethische*, nur noch »von den allgemeinsten, abstraktesten Beweggründen« bestimmte und »ohne Rücksicht auf die denkbaren politischen Folgen« unternommene Tat charakterisierte,[472] ist er schließlich wieder dort gelandet, wo er sich am besten auskannte – an Hitlers Hof.

Die Entscheidung, eine Biographie über Albert Speer zu verfassen, hatte zunächst pragmatische Gründe: Durch die langjährige Zusammenarbeit bei der Fertigstellung von Speers *Erinnerungen* und dessen *Spandauer Tagebüchern* besaß er ein erhebliches Vorwissen und jede Menge Mitschriften. Aber es gab auch ein prinzipielles Motiv für diesen Entschluß. Speers autobiographische Schriften hatten das Bild verfestigt und fundiert, das ihm im Nürnberger Prozeß das Leben gerettet hatte – der unpolitische Künstler, der in die Politik geraten war, in Hitlers inneren Zirkel und ins Entscheidungszentrum des *Dritten Reiches* und der sich heil und unbefleckt aus den Katarakten von Krieg und Verbrechen gerettet hatte.[473] Fest hat an diesem Bild mitgewirkt, weil er daran geglaubt hat und weil es ihm über den individuellen Fall exemplarisch zu sein schien. Er hat es deshalb, im Verein mit dem Verleger Siedler, unterlassen, Speer mit den Ergebnissen zu konfrontieren, die von der Wissenschaft mittlerweile über Völkermord und Vernichtungskrieg vorgelegt worden waren. Als die ersten wissenschaftlichen Artikel und Studien zu Speers Rolle im Dritten Reich publiziert wurden, hat er diese nicht kritisch geprüft, sondern, wie im Reflex, sich auf die Seite Speers geschlagen. Es verwundert daher nicht, daß dieser Fest um Rat fragte, als er durch Erich Goldhagens Hinweis, er sei bei Himmlers Posener Rede anwesend gewesen, »›im Innersten‹ getroffen« war.[474] Dieser hat ihn wohl damit getröstet, womit er damals seinen Verlegerfreund Siedler beruhigte: dies Detail, in Posen dabei gewesen zu sein oder nicht, sei, verglichen mit dem, was Speer sich an Schuld anrechnen lassen müsse, »drittrangig«.[475] Und als Gitta Sereny Speers Geständnis wiedergab, seine Hauptschuld sehe er »in der Billigung der Judenverfolgungen und der Morde an Millionen von ihnen«,[476] da schützte Fest ihn vor den Folgen dieser »Unvorsichtigkeit« mit der listigen Unterscheidung von Wissen und Ahnen: »Ich sagte ihm, gerade das *Ahnen* beschreibe den (begrenzten) Wissensstand der meisten Deutschen. Sie hätten, wie er auch von sich behaupte, gerade so viel *geahnt*, um zu begreifen, daß es besser war, nichts zu *wissen*. Nicht ganz absichtslos hätten sie beim *Ahnen* haltgemacht und ängstlich darauf geachtet, nie die ganze Wahrheit zu erfahren.«[477]

Speer hatte die »Billigung« des Judenmords in einem Briefwechsel mit dem »Board of Deputies«, einer jüdischen Organisation aus Südafrika, die ihn um Unterstützung gegen eine rechtsradikale Kampagne gebeten hatte, zugegeben. Als Sereny ihn fragte, warum er die Kenntnis und die Zustimmung nach langen Jahren des Leugnens jetzt erst eingestanden habe, antwortete Speer: »Für diesen Zweck und mit diesen Leuten wollte ich nicht – konnte ich nicht – handeln.«[478] Das war ein Moment der Wahrheit im Nachkriegsleben des Albert Speer: Mit den überlebenden Juden wollte er um seine Schuld nicht feilschen, mit allen andern schon. Fest hat geholfen, dieses spaltbreit geöffnete Fenster der Wahrheit wieder zuzuschlagen, und Speer bestärkt, seinen Ablaßhandel fortzusetzen. Er selbst hat den feinen Unterschied von Wissen und Ahnen, den er dem ehemaligen Hitlerfreund als Schlüssel zum Verständnis seines (wie der meisten Deutschen) Verhaltens in der Nazizeit in die Hand gedrückt hatte, zum geheimen Motto von dessen Leben gemacht.[479] Damit wurde Fests Speer-Biographie zum Handbuch einer subtilen Selbstamnestie. Sie erfüllt damit dieselbe Funktion der Befreiung von einer lastenden Vergangenheit, die Alexander Mitscherlich einmal Speers Autobiographie zugeschrieben hatte: »Es wird genug Leute geben, die sich auf der Flucht vor der Wirklichkeit mit dem feinsinnigen Schuldig-Unschuldigen identifizieren.«[480] Speer – der Kronzeuge.

Daß die »meisten Deutschen« von der Judenvernichtung nur etwas geahnt haben, wie Fest behauptet, ist falsch, weil das NS-Regime seine Homogenität vor allem dem Prinzip der Komplizenschaft verdankte:[481] Millionen waren arbeitsteilig an den Verbrechen beteiligt und hatten ein abgestuftes Wissen davon.[482] Wer das Stückwissen nicht zu mehr Wissen ergänzte, also »bei der Ahnung haltgemacht« hat, tat das nicht immer, wie Fest unterstellt, weil er »ängstlich« war und sich schützen wollte:[483] Vielen Deutschen war das Schicksal der Juden entweder gleichgültig oder sie billigten die staatliche Verfolgung und sahen sie nicht als verwerflich an. Deshalb ist auch der Folgesatz, daß das Nichtwissen und Nicht-wahrhaben-Wollen einer Mehrheit der Deutschen

»zur Tragödie jener Jahre gehört« habe, falsch:[484] Wo von der Tragödie geredet wird, ist das Schicksal nicht weit und die Entschuldung in greifbarer Nähe. Der Schlußstein dieser Konstruktion ist die These, Speer sei es wie den »meisten Deutschen« in jener Zeit gegangen: Er habe, läßt Fest ihn reden, spätestens seit dem Krieg »geahnt, daß das Regime eine ›Nachtseite‹ hatte. Von Zeit zu Zeit seien ihm Andeutungen zu Ohren gekommen, die im Weiterfragen zu schrecklichen Schlüssen hätten führen müssen. Das Problem sei, daß er gerade nicht weitergefragt habe.«[485] Oder, als Kommentar des Autors: »Die finsteren, zeitweilig sogar erkennbar räudigen Züge, die das Regime kennzeichneten« hätten ihn nicht irregemacht – »es war nur Politik«.[486] Die, so gibt er Speer wieder das Wort, beträfe ihn nicht, »solange ich nicht persönlich daran teilnehme«.[487] Und im übrigen, lobt der Autor, sei der ehemalige Leibarchitekt und Rüstungsminister die einzige Figur aus der Chefetage gewesen, »die ihre Verantwortung und Schuld bekannt« und »das Regime im Ganzen niemals freizusprechen versucht« habe.[488]

Diese Konstruktion ist zum einen ein Skandal, weil sie den Täter Speer zum bloß ahnungsvollen Zeugen von Verbrechen macht. Sie ist aber auch aus anderen Gründen bestürzend. Indem er dessen Beharren auf persönlicher Integrität bei gleichzeitiger Übernahme einer abstrakten Gesamtverantwortung nicht nur unwidersprochen hinnimmt, sondern mit oft fragwürdigen, weil unbewiesenen Belegen stützt, trägt er zur Renaissance eines klassischen Modells des deutschen Entschuldungsdiskurses bei. Er bestand darin, die Existenz Nazideutschlands wie den Tatbestand der von seinen Organen verübten Verbrechen zwar einzugestehen, die eigene, ganz persönliche und emotionale Verbindung zu diesem Geschehen aber zu kappen. Teile von gelebtem Leben wurden damit ausgelöscht, so als hätte es sie nie gegeben. Indem das Verbindungsstück zwischen Geschichte und Biographie weggesprengt war, konnte jene, in Gestalt Hitlers oder des Regimes, belastet und diese, das eigene Leben, als heil und

unbefleckt entlastet werden. Dieser Akt von Entwirklichung
mittels Nichtwissen, Verschweigen und Leugnen war die
am häufigsten praktizierte Form der Nazigeneration, ihre
Vergangenheit zu »bewältigen«.[489]

Bei Speer war privates und öffentliches Leben nicht voneinander zu trennen. Seine Spezialversion des Modells De-
realisierung funktionierte so, daß er aufgrund seiner Bindung an Hitler und seiner Teilhabe am Regime eine abstrakte
politische Mitschuld und Mitverantwortung für alle Verbrechen übernahm, in bezug auf sein konkretes Handeln als
Gefolgsmann und Minister aber darauf bestand, kein Verbrecher gewesen zu sein. »Ich betrachtete mich nicht als
›Kriegsverbrecher‹«, vertraute er Sereny an, »aber ich hielt
mich zumindest für mitverantwortlich, daß der Krieg so
lange gedauert hatte, ohne daß jemand von uns imstande gewesen wäre, ihn zu beenden oder Hitler aufzuhalten.«[490]
Unter der gefälligen Maske des reuigen Sünders geschieht
das Übliche: die Entschuldung der eigenen Person und die
Schuldzuweisung an das Personal der Geschichte.

Der Rest – last exit – bleibt Rätsel. Speers »Lebensrätsel«,
das »rätselhafte« Phänomen seiner Führergläubigkeit, die
»schwer entschlüsselbaren« Beweggründe der Liaison mit
Hitler, »Fragen, auf die er keine Antwort habe«, die Fragen,
die Speers Lebensgeschichte aufwirft – »viele […] sind bis
heute offen, einige werden niemals geklärt werden«.[491] Sein
zuletzt veröffentlichtes Speer-Buch macht schon im Titel
Die unbeantwortbaren Fragen deutlich, daß »das Rätsel seines Lebens« sich der Deutung entzieht und endgültig zur
Dunkelkammer geworden ist: »Am Ende«, so Fest über seinen Helden, »wurde er sich selber zum größten Rätsel.«[492]
In den aufgeregten Tagen um den 8. Mai 2005 erlebte diese
Geschichtsaporie Hochkonjunktur: »Das Rätsel Hitler ist
nicht zu lösen«, verkündete Fest vor laufender Kamera, und
vor einer anderen: »Das Rätsel, warum Hitler die Juden so
haßte, nahm er mit ins Grab.«[493] In einem Zeitungsinter-
view, befragt nach Breloers Speer-Film, war sein einziger

Einwand: »Das Rätsel ›Speer‹ wird nicht einmal mehr formuliert, taucht überhaupt nicht auf.«[494] Fest ist nicht alters-
blind geworden, er ist geschichtsblind. Die Verrätselung ist
sein letzter Versuch, gegenüber den vorrückenden Fakten
das alte Faszinosum am Leben zu erhalten. Er rettet sich aus
der Geschichte in die Anthropologie. Hitler – »der wieder-
gekehrte Urmensch«. Seinesgleichen wird immer wieder
auftauchen. Und Speer – der hochtrainierte Zivilisationstyp.
Er zeigt, »wie dauernd gefährdet der Grund ist, auf dem alle
stehen«.[495]

DIE FEIGEN UND DIE DUMMEN

Dietrich Bonhoeffers Analyse
von Nationalsozialismus und Bürgertum

»Wir sind stumme Zeugen böser Taten gewesen, wir sind mit
vielen Wassern gewaschen, wir haben die Künste der Ver-
stellung und der mehrdeutigen Rede gelernt, wir sind durch
die Erfahrung mißtrauisch gegen die Menschen geworden
und mußten ihnen die Wahrheit und das freie Wort oft
schuldig bleiben, wir sind durch unerträgliche Konflikte
mürbe oder vielleicht sogar zynisch geworden – sind wir
noch brauchbar?« So befragt sich Dietrich Bonhoeffer an
der Wende zum Jahr 1943, nach zehn Jahren der Auseinandersetzung, die er als junger Universitätsdozent im Fach
Theologie, als illegaler Seminarleiter der Bekennenden Kirche und schließlich als Mitarbeiter einer Widerstandsgruppe
im Oberkommando der Wehrmacht mit dem Nationalsozialismus geführt hat. Aus seinen Sätzen spricht die Angst,
kontaminiert worden zu sein von den Untaten und der
Gewalttätigkeit des Gegners, von den Zwängen und Niederlagen der Arbeit im geheimen und damit untauglich für den
Aufbau einer neuen Gesellschaft. Die erfordert andere Charaktere – »schlichte, einfache, gerade Menschen«. Aber, so
geht er mit sich, stellvertretend für seine Mitstreiter, ins
Gericht: »Wird unsere innere Widerstandskraft gegen das
uns Aufgezwungene stark genug und unsere Aufrichtigkeit
gegen uns selbst schonungslos genug geblieben sein, daß wir
den Weg zur Schlichtheit und Geradheit wiederfinden?«[1]
Dietrich Bonhoeffer hat diese Frage in seinem Leben nicht
mehr beantworten können. Am 9. April 1945 wurde er zusammen mit andern Widerstandskämpfern im KZ Flossenbürg gehängt. Um so wertvoller ist das, was er hinterlassen
hat an Erfahrungen und Analysen aus den Jahren seiner

Auseinandersetzung mit dem Nationalsozialismus. So schonungslos, wie er sich selbst in jeder Phase seines Lebens
überprüft hat, so unerbittlich hat er die ideologischen Ver-
sprechen der Nazis und deren politische Projekte, die Mecha-
nik ihrer Machtausübung und die Motive der Nazianhänger
untersucht. Vor allem die Kapitulation des Bürgertums, das
Überlaufen der Eliten hat ihn beschäftigt und erschüttert.
Er erlebte darin das Versagen der Klasse, zu der er selber gehörte – das Bildungsbürgertum, der Kern der Kulturnation
Deutschland. In den Texten, die davon Zeugnis ablegen, so
schreibt er, werde die Weltgeschichte, »einmal von unten,
aus der Perspektive der Ausgeschalteten, Beargwöhnten,
Schlechtbehandelten, Machtlosen, Unterdrückten und Ver-
höhnten, kurz der Leidenden« betrachtet. Dieser Blick aus
der Erfahrung des Leidens sei »ein fruchtbareres Prinzip zur
betrachtenden und tätigen Erschließung der Welt als das persönliche Glück«.[2] Das Ergebnis bestätigt diese Vermutung:
Bonhoeffers Bilanz ist die schärfste, weil genaueste Analyse
der Kapitulation des deutschen Bürgertums vor den Nazis
geworden, über die wir verfügen. Man muß nicht, wenn man
die Nazizeit darstellen und bewerten will, Bonhoeffers Perspektive von unten einnehmen, aber man sollte deren Ergebnisse wenigstens zur Kenntnis nehmen. Das zu unterlassen
beweist nicht nur Ignoranz, sondern befördert auch die
Gefahr, auf Augenhöhe mit dem Tyrannen schreibend und
filmend mit der Zeit auch dessen Blickrichtung einzunehmen. Joachim Fest und Guido Knopp sind dafür warnende
Beispiele.

Der Weg zur Wirklichkeit

Politische Äußerungen Bonhoeffers sind schon aus der
Schulzeit überliefert. Sie nehmen Bezug auf die in den
Jahren 1922/23 ansteigende Welle völkisch-nationalistischer
Hetze und Gewalt. So reagiert er, nach der Erinnerung eines

126

Mitschülers, äußerst empört auf die am hellichten Tag und in Hörweite der Schule, am 24. Juni 1922 erfolgte Ermordung Walther Rathenaus, der deutscher Außenminister und Jude war.[3] An die Eltern schrieb er nur wenig später über ein Streitgespräch, das er im Zug mit einem »Hakenkreuzler« durchgefochten habe – »wirklich ganz borniert rechts«.[4] Anderthalb Jahre später, mittlerweile Student der Theologie in Tübingen und Mitglied einer Corporation, nahm er – unter dem Eindruck erwarteter Sanktionen der Siegermächte gegen Deutschland – zusammen mit seinen Verbindungsbrüdern an geheimen Wehrübungen der illegalen *Schwarzen Reichswehr* teil. Die Ausbilder, so seine Beobachtungen in einem Brief an die Eltern, machten menschlich »im ganzen einen guten Eindruck«, seien politisch allerdings »fast alle [...] stark reaktionär«. Sie träumten von einer Neuauflage des am 9. November 1923 in München gescheiterten Hitlerputsches, der unter Ludendorffs Führung und mit Beteiligung der Reichswehr durchgeführt worden war. »Das reine Gegenteil zu den Leuten hier aus dem Haus« – gemeint ist das Verbindungshaus –, »die den Ludendorff sämtlich umbringen wollen.«[5] Bonhoeffers kurzes Engagement in der *Schwarzen Reichswehr* hatte, wie sein Kommentar zeigt, wenig zu tun mit einer plötzlichen nationalistischen Emphase. Sie entsprang vielmehr einer kritischen Haltung zum Versailler Vertrag, mit dem der Erste Weltkrieg für Deutschland ein unrühmliches Ende gefunden hatte. Jahre später tauchte der Widerschein dieser Ereignisse noch einmal auf. 1929, Bonhoeffer hatte sein Studium mit der Dissertation abgeschlossen und versah ein Vikariat in Barcelona, sprach er sich – gegen alle pazifistische Verführung – dafür aus, im Falle eines Verteidigungskrieges die Waffen zu erheben und das Blutvergießen in Kauf zu nehmen: »die Liebe zu meinem Volk wird den Mord, wird den Krieg heiligen.«[6] Ein Jahr später – nach Habilitation und Assistentenzeit in Berlin – war er Stipendiat am New Yorker *Union Theological Seminary*. Vor amerikanischen Studenten beschrieb er die Lage in seinem Heimatland so: Zwölf Jahre nach Kriegsende seien die Deutschen durch Hunger, Arbeitslosigkeit und soziale Verelendung »ein leidendes Volk«, aber »es gab eine Wunde, die viel schmerzlicher war als alle diese Entbehrungen und Nöte, und das war der Artikel 231 des Versailler Vertrages«. Dieser Passus, in dem Deutschland die alleinige Schuld am Ersten Weltkrieg zugeschrieben wurde, sei eine Ungerechtigkeit, »und wir haben ein Recht dagegen zu protestieren«.[7]

Während die Reaktionen des Schülers den markanten Einfluß seines liberalen Elternhauses widerspiegeln, einer Gelehrtenfamilie, die das Experiment der ersten deutschen Demokratie rückhaltlos unterstützte, wirken die Äußerungen des jungen Wissenschaftlers seltsam diffus, wie die Sedimente von Zeitströmungen, die sich abgelagert haben, ohne gesichtet und durchgearbeitet worden zu sein. Bonhoeffer hat sich selbst damals als seinem ganzen Wesen nach »unpolitisch« veranlagt bezeichnet.[8] Auch Freunden und Kollegen, die ihn in den USA erlebten, fiel diese Haltung auf. »Er hielt das große Interesse, das unsere Studenten für politische Fragen zeigten, als für das Leben eines Christen absolut irrelevant.«[9] Dabei kam es gerade in dieser Zeit in Deutschland zu einem politischen Erdrutsch. Der neue Rcichskanzler Heinrich Brüning versuchte, ohne parlamentarische Mehrheit mit Notverordnungen die durch die Weltwirtschaftskrise dramatisch gestiegene soziale Not einzudämmen und mit hektischen internationalen Verhandlungen die Einstellung der Reparationen sowie eine politische Gleichstellung Deutschlands zu erreichen. Aber er verlor den Wettlauf mit der Zeit gegen den nationalkonservativen Rechtsblock und deren radikalsten Teil – die NSDAP, die bei den Reichstagswahlen im September 1930 ihren Stimmenanteil von 12 auf 107 Stimmen steigern konnte und damit zweitstärkste Partei wurde. Bonhoeffer wurde von seinen Angehörigen über die Entwicklung auf dem laufenden gehalten. »Politisch hat sich ja seit Deiner Abreise die Situation sehr verändert«, schrieb sein Bruder Klaus im November 1930. »Der Erfolg des

Nationalsozialismus hat die weitesten Kreise davon überzeugt, dass das demokratische Regime in den letzten 10 Jahren versagt hat. [...] Man liebäugelt mit dem Faschismus. Ich
fürchte, wenn diese radikale Welle sich der Gebildeten be-
mächtigt, ist es um das Volk der Dichter und Denker geschehen.«[10] Der Einbruch erfolgte rascher, als der Briefschreiber
ahnte. Unter den Studenten hatten die Nazis bereits ge-
siegt.[11] Und auch auf dem Land ernteten sie die Früchte der
Agitation, die reaktionäre Organisationen wie *Stahlhelm* und
Kyffhäuserbund jahrelang betrieben hatten. Ein ehemaliger
Studienfreund, der jetzt Pfarrer in der Mark Brandenburg
war, verglich in einem Brief vom Februar 1931 die Stim-
mungslage mit der während der Befreiungskriege gegen
Napoleon 1812/13: »Freiheitskampf, Erneuerung des preu-
ßischen Staatsgedankens [...], Rassereinheit, Kampf dem
Juden und dem Youngplan, Tod dem Marxismus, das *Dritte
Reich* der Freiheit und Gerechtigkeit [...] – das sind die be-
wegenden Ideen der heutigen deutschen Landbevölkerung,
die sich in einem Zustand hoher Erregung befindet.«[12]

Wirklich begriffen aber hat Bonhoeffer diese alarmieren-
den Signale erst, als er im Sommer 1931 in die politische
Realität Deutschland, nach Berlin, zurückkehrte. Als Stu-
dentenpfarrer und Privatdozent an der Universität, durch
seine Arbeit mit Proletarierkindern aus dem Wedding, die er
zur Konfirmation führte, und mit jungen Erwerbslosen, denen er in der sogenannten *Jugendstube* eine Perspektive bieten wollte, und als frisch gewählter internationaler Jugend-
sekretär des Ökumenischen Weltbundes vollzog er in dieser
Zeit eine Wende. Er hat diesen Schritt rückblickend »eine
Abkehr vom Phraseologischen zum Wirklichen« genannt.[13]

Es würde in die Irre führen, darin nur die Revision seines
von ihm als »frivol« bezeichneten früheren »Desinteresse-
ments« an der Politik zu sehen.[14] Ein bloßer Akt der Politi-
sierung könnte weder die Klarsicht noch die Festigkeit, die
Bonhoeffer in der Folge so auszeichnen sollten, erklären. Was
1931/32 geschah war – neben den oben erwähnten neuen und

intensiven Erfahrungen – vor allem das umwälzende Erlebnis einer religiösen Erweckung, ausgelöst durch ein anderes Lesen der Bibel, explizit der Bergpredigt. Diese Deutung drängt sich auf, wenn man seine eigenen Zeugnisse dieser Wende aufmerksam liest. »Zum ersten Mal« in seinem Leben, so schrieb er einem seiner Brüder rückblickend, sei er »auf die richtige Spur gekommen«.[15] Und einer Freundin gegenüber sprach er davon, daß sein Leben »verändert und herumgeworfen« worden sei. »Seitdem ist alles anders geworden.[...] Das war eine große Befreiung. Da wurde es mir klar, daß das Leben eines Dieners Jesu Christi der Kirche gehören muß und Schritt für Schritt wurde es deutlicher, wie weit das so sein muß. Dann kam die Not von 1933. Das hat mich darin bestärkt. [...] Der christliche Pazifismus, den ich noch kurz vorher [...] leidenschaftlich bekämpft hatte, ging mir auf einmal als Selbstverständlichkeit auf. Und so ging es weiter, Schritt für Schritt. Ich sah und dachte gar nichts anderes mehr.«[16]

Der Umriß der Barbarei

Bonhoeffers Wende ist in allem, was er 1932 geschrieben oder gepredigt hat, greifbar.[17] Manchmal, wie bei der Jugendfriedenskonferenz des Weltbundes im tschechoslowakischen Ciernohorské Kúpele am 27. Juli, agierte er, als stehe er mitten in der Tagespolitik. Deutschland, so begann er sein Grußwort an die Teilnehmer, fühle sich durch den Versailler Vertrag ungerecht behandelt und habe zum Völkerbund als dessen internationalem Garant kein Vertrauen. »Das Unrechtempfinden und das völkische Bewußtsein werden von extremen Elementen mißbraucht. Die ökumenischen Kräfte [...] müssen eine Reihe von gutgemeinten, aber theologisch problematischen Aussagen bewältigen, die sich bemühen, das Problem des Volkes, des Krieges und dergl. zu bewältigen. [...] Die hitlernationalistische Partei mißbraucht die demokratischen Möglichkeiten und strebt nach Errichtung einer Diktatur. [...] Der Nazismus drängt auch in die Kirche hinein. [...] Der Sieg der Hitlerpartei hätte unabsehbare Folgen nicht nur für die Entwicklung des deutschen Volkes, sondern auch für die Entwicklung der ganzen Welt.«[18] Krieg, Diktatur, Mißbrauch des Christentums, das sind nach Bonhoeffers Meinung die drohenden Einbruchstellen einer neuen Barbarei. In Vorträgen und Ausarbeitungen hat er sie damals genauer zu diagnostizieren versucht.

Krieg ums Dasein

Einem Vortrag im Februar 1932 hatte Bonhoeffer vier provozierende Fragen vorangestellt: »Hast du ein Recht als ein altes Volk jungen heraufblühenden Völkern gegenüberzutreten, den Aufstieg zu verwehren? Hast du ein Recht, als ein junges starkes Volk das alte mit Gewalt zu überrennen, hinabzustoßen? Hast du ein Recht, deine Grenzen zu dehnen, wenn deine Volksgenossen in der Enge des Innern ersticken? Hast du ein Recht, die blühende Kultur des nachbarlichen Landes zu vernichten um deinetwillen: du, Volk, vertritt dein Recht oder gib es preis.«[19] Damit zielte er ins Zentrum nationalsozialistischer Agitation. Hitler hatte in seiner Programmschrift *Mein Kampf* Deutschlands geschichtlichen Auftrag als Weltmacht postuliert und daraus das Recht des deutschen Volkes auf Lebensraum, auch um das Risiko eines Krieges, abgeleitet. Wahrscheinlich hat Bonhoeffer damals die Bibel der Nazis gelesen. Schon der Titel seines Vortrags *Recht auf Selbstbehauptung* variierte eine Kapitelüberschrift dieses Buches – *Notwehr als Recht*.[20] Bonhoeffers Antwort war eine kulturhistorische Betrachtung, die sich zu einer ethischen Begründung erweiterte: In der europäisch-amerikanischen Kultur sei anders als in der vom Leiden bestimmten indischen Zivilisation – der Krieg konstitutiv: gegen die Natur, aber auch immer gegen den anderen Menschen. Leben als Töten. Gleichzeitig sei Leben aber immer auch passiv erfahren worden: als in der Geburt Geschenktes, als durch die Geschichte Bestimmtes. Leben als Bindung. Bindung umfasse nicht nur den Bruder und die eigene nationale Gemeinschaft, sondern auch das Brudervolk und letztlich die ganze Menschheit. Und sie impliziere Verantwortung, die bis zum Opfer für die anderen im Tod reichen könne, wie Jesus von Nazareth dies in seinem Opfertod vorgelebt hätte. »Es gibt«, so kehrte Bonhoeffer zur Ausgangsfrage zurück, »für das Volk schlechthin kein isoliertes Leben.« Wer für das eigene Volk ein geschichtliches Recht auf Selbstbehauptung durch Krieg und Annexionen propagiere, wähle die »dämonische Möglichkeit des Sichherausreißens aus dem geschichtlichen Zusammenhang«. Er riskiere durch »den Versuch des absoluten Allein- und Fürsichseins, der Leugnung der Verantwortlichkeit« für das Leben der anderen Völker den kollektiven Selbstmord des eigenen Volkes. Ein solcher Führer oder ein solches Volk mache sich der »Selbstsucht«, schlimmer, der »Selbstvergötterung« schuldig. Wo solches geschieht, schließt er lapidar, »ist es Zeit zum Protest«.[21]

Führer und Geführte

Im März 1933 hielt Bonhoeffer an der deutschen Hochschule für Politik in Berlin einen Vortrag, der sich mit dem Begriff des *Führers* auseinandersetzte. An den Anfang seiner Überlegungen stellte Bonhoeffer die Krise, die durch die Niederlage von 1918 ausgelöst worden war. Nicht nur Deutschland brach innerlich auseinander, auch die festgefügte Welt des Abendlandes zerbarst und mit ihr alle politischen, sittlichen und religiösen Gewißheiten. Unter dem Eindruck der plötzlichen Entwurzelung und Entwertung suchten die Menschen nach einem neuen Halt und fanden ihn in der Autorität des *Führers*. Während das Amt – der Ort der alten Autoritäten: Vater, Lehrer oder Staatsmann – Teil von rational gegliederten, umfassenderen Ordnungen ist und sein Träger die ihm übertragene Macht aufgrund von sachlicher Kompetenz ausübt, ist der *Führer* eine selbständige Gestalt ohne Einbindung und Auftrag, wirksam nur durch seine Person, die Menschen anzieht und Gefolgschaft findet. Dabei entsteht die Macht des *Führers* durch das freiwillige Auslöschen der Individualität dessen, der ihm folgt. Fortan ist nur noch der *Führer* Person. Wenn er auf diese Weise aus den Tiefen des Volkes nach oben getragen wird, in der Rolle »des vom Volk sehnsüchtig erwarteten Erfüllers seines Lebenssinnes und seiner Lebenskraft«, dann erfüllt er »im eigentlichsten Sinn religiöse Funktion, da ist er der Messias [...], da ist mit dem Reich, das er mit sich heraufführen muß, schon das ewige Reich nahe herbeigekommen.«[22] Hitler war zwar an der Macht, aber es war noch nicht klar, wie er sie gebrauchen würde oder wie lange er sie würde halten können.[23] Am 28. Februar 1933 waren zwar, unter Ausnutzung des am Vortag erfolgten Reichstagsbrandes, wichtige Grundrechte außer Kraft gesetzt worden.[24] Aber es war unklar, ob dies die letzte in der Reihe der sattsam bekannten Notverordnungen oder der Beginn der Zerschlagung des alten Staates sein werde, wie es dann am 24. März mit dem sogenannten *Ermächtigungsgesetz* auch tatsächlich geschah. Diese Unsicherheit spiegelt der Vortrag von Anfang März wider[25]: Bonhoeffer billigt dem *Führer* dann eine Funktion zu, wenn er mit dem, der aus Schwäche und Unreife geführt werden will, verantwortungsvoll umgeht. Wenn aber der *Führer* dieser Verantwortung, seine Gefolgsleute erwachsen werden zu lassen und an die gegebenen Ordnungen des Lebens – die Autorität des Staates und die Gesetze Gottes – heranzuführen, nicht nachkommt, wenn er »sich von dem Geführten dazu hinreißen [läßt], dessen Idol darstellen zu wollen, [...] dann gleitet das Bild des *Führers* über in das des Verführers, dann handelt er unsachlich am Geführten wie an sich selbst.«[26] Es wäre falsch, diese Chancenabwägung von segensreichem Gebrauch und furchtbarem Mißbrauch nur auf die Person des neuen Reichskanzlers zu verengen. Sie bezieht sich auch auf das neue System der Führung. Dessen Legitimität – aus einer »geschichtlich gegebenen Notwendigkeit«[27] und aus dem »Recht des Neuen, das dem Bestehenden revolutionär gegenübertritt«[28] – bestreitet Bonhoeffer nicht. Aber diese Form politischer Verfassung ist, als von unten kommende, d. h. bloß »geliehene« und nicht »ursprüngliche« Autorität,[29] an Bedingungen gebunden. Sie ist erstens zeitlich begrenzt: Der *Führer* nimmt dem einzelnen »vorübergehend«, bis dieser selber dazu in der Lage ist, »die Entscheidung ab«.[30] Sie ist zweitens abhängig von einer idealiter weiterbestehenden sozialen Ordnung: Da Teile des Volkes die Verantwortung dafür nicht zu tragen in der Lage sind, übernimmt sie der *Führer* »an ihrer Stelle«.[31] Und der *Führerstaat* ist drittens an ein ethisches Postulat gebunden: er muß seinen revolutionären Entstehungsakt »in der Berufung auf die bessere Gerechtigkeit« begründen können.[32] Daraus folgt, daß die Legitimität der neuen Ordnung verwirkt ist, wenn der Führer sich diesen Bedingungen nicht unterwirft oder aber das ihnen implizite Konzept der politischen Erziehung und moralischen Besserung scheitert. Es muß angemerkt werden, daß sowohl der Anerkennung von Hitlers Revolution als auch die Maßstäbe, an denen ihr Gelingen gemessen werden sollte, auf das Modell eines autoritären Staates verweisen. Bonhoeffers Analyse des nationalsozialistischen *Führerstaates* erfolgt aus der Sicht eines konservativen Kritikers der Weimarer Republik. Die Präsidialkabinette der Brüning, Papen und Schleicher bedeuteten offensichtlich für ihn nicht das Ende, sondern die einzige Form der Demokratie.[33]

Die Kirche vor der *Judenfrage*

Der oben erwähnte Brief des jungen brandenburgischen Pfarrers, den Bonhoeffer im Februar 1931 in New York erhalten hatte, berichtete nicht nur vom Siegeszug des Nationalsozialismus auf dem platten Land. Noch alarmierender sei das Eindringen dieser Weltanschauung in die kirchliche Lehre und das Entstehen »eines neuen Heidentums [...] im christlichen Gewande«: Grundlage dieser neuheidnischen Religion, so der Briefschreiber, »ist die Behauptung der erwiesenen Einheit von Religion und Rasse, näherhin der arischen (nordischen) Rasse. [...] Die Bejahung der Kirche geschieht lediglich unter der Voraussetzung ihres Dienstes an Volkstum und Rasse.«[34] Bonhoeffer hatte diese alarmierende Lagebeschreibung wohl unterschätzt – in seinem Antwortbrief war er nicht darauf eingegangen. Jetzt, im Jahre 1933, holte sie ihn wie ein gewaltiges Echo ein – in der Konfrontation mit den *Deutschen Christen*, die unter der Parole »Baut die neue Kirche Christi im neuen Staat Adolf Hitlers!« für eine radikale Gleichschaltung eintraten. Den ersten Schritt, den sie – tatkräftig unterstützt von Partei und Staat – auf diesem Weg taten, war der Versuch, die Juden aus der evangelischen Kirche auszuschließen. Am 1. April war es überall in Deutschland zum Boykott jüdischer Geschäfte gekommen, am 7. April wurde der sogenannte *Arierparagraph* erlassen, mit dem der öffentliche Dienst von Juden gesäubert wurde. Am 14. Juli wurde diese Regelung, noch verdeckt und in Teilen, in die neue Kirchenverfassung eingefügt, und am 5. September übernahm zum ersten Mal eine Synode der evangelischen Kirche die staatliche Regelung auch für ihre Pfarrer.

Bonhoeffer mischte sich mit einem Vortrag im April und mit einem Flugblatt im August in diese Kämpfe ein. Der Vortrag *Die Kirche vor der Judenfrage* rückte das Verhältnis von Kirche und Staat ins Zentrum und war der Versuch einer grundsätzlichen Orientierung. Ausgehend von der gottgewollten Trennung der beiden Bereiche und im Wissen um die in der Welt von Anbeginn existierende Gewalt und das daraus resultierende Unrecht einzelner staatlicher Maßnahmen, könne die Kirche weder dem Staat ins Wort fallen noch von ihm ein anderes Handeln fordern. Das gelte auch in der

Judenfrage. Aber das bedeute nicht, daß die Kirche »teil-nahmslos das politische Handeln an sich vorüberziehen läßt«[35] – sie könne und müsse den Staat immer wieder nach der Legitimität seines Handelns fragen, ob er »Ordnung und Recht schafft oder nicht«.[36] Und sie sei aufgerufen, sich um die Opfer staatlichen Handelns zu kümmern – »die Kirche ist den Opfern jeder Gesellschaftsordnung in unbedingter Weise verpflichtet, auch wenn sie nicht der christlichen Gemeinde zugehören«.[37] Eine dritte Form der Intervention, nämlich di-rekt politisch tätig zu werden, beschrieb Bonhoeffer nur als Möglichkeit: wenn der Staat »hemmungslos« ein Zuwenig oder Zuviel an Recht und Ordnung schaffe. Ein Zuwenig be-deute, wenn er z. B. eine Gruppe von Staatsbürgern rechtlos mache, ein Zuviel, wenn er seine Macht mißbrauche und die christliche Verkündigung verhindere. Dann heiße es für die Kirche – weil die Existenz des Staates und ihre eigene bedroht sei – »nicht nur die Opfer unter dem Rad zu verbinden, son-dern dem Rad selbst in die Speichen zu fallen«.[38]

Das Flugblatt mit dem Titel *Der Arierparagraph in der Kirche* wollte auf die anstehenden Synoden, die von den *Deutschen Christen* mittlerweile dominiert wurden, einen Einfluß nehmen. Punkt für Punkt wurden die Positionen der Wortführer auf den Prüfstand genommen und verworfen. 1. Entgegen der Behauptung, die Kirche dürfe die Ordnun-gen Gottes – und eine solche sei die Rasse – nicht negieren oder gar auflösen, gelte, daß der Ruf Gottes alle Menschen, unabhängig von ihrem Stand, ihrer Rasse, ihrem Geschlecht, »zu einem Volk, zum Volk Gottes, zur Kirche« versammle.[39] 2. Dabei spielten auch – gegen die Behauptung der *Deutschen Christen*, sie könnten den Umgang mit den Juden »nicht mehr ertragen«[40] – Fragen der Antipathie oder Sympathie keine Rolle. 3. Wenn sie – mit Rücksicht auf das völkische Empfinden – forderten, die kirchlichen Führer müßten arisch sein, so bedeute das, »dem Verlangen der Schwachen im Glauben« nachzugeben und es »zum herrschenden Ge-setz der Kirche« zu machen.[41] 4. Die Einführung des *Arier-*

paragraphen auch in der Kirche damit zu begründen, daß dadurch der Konflikt mit dem Staat vermieden werde, bedeute, staatliches Handeln nachzuahmen und damit auf die »Entfaltung der eigentümlichen kirchlichen Gestalt« zu verzichten.[42] 5. Aufgabe der Kirche sei Verkündigung und Sakramenterteilung. Wer den Zutritt dazu durch Gesetze wie den Arierparagraphen regulieren wolle, verbreite Irrlehren und zerstöre die Substanz der Kirche. »Darum gibt es einer Kirche gegenüber, die den *Arierparagraphen* in dieser radikalen Form durchführt, nur noch einen Dienst der Wahrheit, nämlich den Austritt.«[43]

Die frühen Stellungnahmen Bonhoeffers zum Nationalsozialismus sind so umfassend referiert worden, weil es zum einen wichtig ist zu zeigen, daß einige zentrale Themen und Positionen seines Denkens schon entwickelt wurden, bevor das NS-System seine barbarische Vollendung erfahren hatte und ehe Bonhoeffer zu dem fundamentalen Widersacher wurde, als der er uns bekannt ist. Zum andern läßt sich nur von diesem Kenntnisstand her die Entwicklung und Radikalisierung seiner Diagnose nachvollziehen und beurteilen. Versucht man seine Positionen der Jahre 1932 und 1933 zu bilanzieren, so ergeben sich folgende Feststellungen:

1. Bonhoeffer hält fest an einem Ordnungssystem, in dem mit unterschiedlichen Aufgaben betraute und durch klare Grenzen voneinander geschiedene Systeme, zuvörderst Staat und Kirche, nebeneinander koexistieren. Der Nationalsozialismus tendiert zur Aufhebung dieser Differenzen und konstituiert einen einzigen vom Parteistaat dominierten Raum des Agierens. Statt Ordnung herrscht fortan totalitäre Willkür.

2. Die horizontale Ordnung von Staat und Kirche ist gleichzeitig – indem sie auf Gott als das höchste Wesen bezogen ist und ihm in Demut dient – auch vertikal und d. h. hierarchisch gegliedert. Der Führer negiert diese Hierarchie und setzt sich – in einem Akt der Selbstvergottung – an ihre Stelle.

3. Der neue Staat und seine Träger sind gottlos, auch und gerade weil sie sich in ihrem Tun christlich maskieren. Sie zielen auf den Tod der Kirche.

4. Sie sind verantwortungslos dem eigenen Volk wie den anderen Völkern gegenüber und nehmen das Risiko eines kollektiven Selbstmordes in einem neuen Krieg billigend, ja mit Stolz in Kauf.

Diese Bilanz wäre ohne zwei auffällige Überlegungen unvollständig: zum einen die schon damals erklärte Möglichkeit individuellen Märtyrertums im Dienste des Glaubens[44] bzw. einer von der Kirche beschlossenen und durchgeführten Widerstandsaktion gegen den Staat.[45] Diese frühe Festlegung macht Bonhoeffer zu einer in den Kreisen des Widerstandes singulären Erscheinung.

Singulär erscheint er aber auch in Hinsicht auf seine Fähigkeit zur politischen Analyse, die er vor allem in seiner Studie zum *Führerprinzip* unter Beweis gestellt hat. Drei Ergebnisse verdienen hervorgehoben zu werden. Zum einen weist Bonhoeffer darauf hin, daß die Faszination durch Adolf Hitler nicht ein Ergebnis von raffinierter Propaganda, sondern das Symptom einer tiefen persönlichen Krise von Millionen gewesen ist. Die durch Krieg und Niederlage, Bürgerkrieg und Inflation, Bankenkrach und Staatskrise verursachten Gefühle von Isolierung und Entwertung, von Orientierungslosigkeit und Sinnverlust haben die Menschen anfällig gemacht für die, wie Hannah Arendt das in ihrem 1955 erschienenen Epochenwerk *Elemente und Ursprünge totaler Herrschaft* nennen wird, »totalitäre Versuchung«.[46] Zum anderen erfaßt er schon 1933 in der Beziehung zwischen *Führer* und Geführtem die spezielle Form der nationalsozialistischen Herrschaft. Der britische Historiker Ian Kershaw hat dafür später, unter Rückgriff auf Max Weber, den Begriff der »charismatischen Herrschaft« verwandt.[47] Nur der Vorgang der individuellen Selbstauflösung auf der einen und der dadurch ins Gottgleiche gesteigerten Potenz auf der anderen Seite, nur diese symbiotische und immer wieder erneuerte wechselseitige Abhängigkeit der beiden Pole von Führer und Geführtem vermögen den Furor der Täter und die Stabilität des Systems wider alle äußeren Kriegskatastrophen zu erklären. Und zum dritten erlaubt es Bonhoeffers Vorschlag, den Nationalsozialismus in Analogie zu einer Religion zu setzen – ablesbar an der Gewißheit der Deutschen, auserwählt zu sein, den Messias gefunden zu haben und der Erlösung nahe zu sein –, das Neuartige dieser Bewegung zu verstehen und sie, wie ähnliche oder auch weltanschaulich konträre Bewegungen, als Ausdruck der Krise der Massengesellschaften im 20. Jahrhundert zu begreifen.[48] Eric Voegelins 1938 noch in Deutschland geschriebenes, aber von den Nazis beschlagnahmtes Buch *Die politischen Religionen* hat diesen Gedanken erstmals systematisch ausgearbeitet und zu einem unverzichtbaren Element der Analyse des Nationalsozialismus gemacht.[49]

Der Triumph des Nihilismus

»Es wird mir immer klarer, daß wir eine große völkische Nationalkirche bekommen werden, die das Christentum in seinem Wesen nicht mehr erträgt, und daß wir uns auf völlig neue Wege, die wir dann zu gehen haben werden, gefaßt machen müssen. Die Frage ist wirklich Germanismus oder Christentum und je bälder der Konflikt offen zu Tage tritt, desto besser. Die Verschleierung ist am allergefährlichsten.«[50] Drei Wochen nach diesem Brief, den Bonhoeffer am 20. August 1933 an seine Großmutter adressiert hatte, war die Scheidung vollzogen. Im *Pfarrernotbund* entstand der Kern dessen, was sich später die *Bekennende Kirche* nennen sollte. Ihr gehörte Bonhoeffers Leben in den folgenden Jahren – als Gemeindepfarrer in London, als Leiter des Berlin-Brandenburger Predigerseminars und – nach dem Verbot im August 1937 – als Hilfsprediger und Leiter der illegalen Seminararbeit in Hinterpommern. Als mit dem

Beginn des Krieges am 1. September 1939 auch dieses Leben in den Katakomben immer schwerer wurde und im Frühjahr 1940 ganz eingestellt werden mußte, hatte Bonhoeffer schon den Schritt getan in eine neue Form der vita activa – er wurde Teil des Verschwörerkreises, den sein Schwager Hans von Dohnányi und der Oberst Hans Oster im Zentrum der bewaffneten Macht, im Amt Abwehr des Oberkommandos der Wehrmacht, etabliert hatten.[51] Jetzt war der Moment gekommen, »dem Rad in die Speichen zu fallen«.[52] Sein Beitrag entsprach seinen Möglichkeiten – auf sechs Reisen in die Schweiz, nach Norwegen, Schweden und Italien versuchte er, seine Freundschaft zu hohen Kirchenführern im ökumenischen Weltbund in den Dienst der Verschwörung zu stellen, um über sie Kontakte vor allem zur englischen Regierung herzustellen.[53] In diesen Jahren im Zwielicht unternahm Bonhoeffer einen neuen Versuch, den Ort, an dem er stand, zu vermessen. Das umfangreiche Buch, in dem dies geschah, trug den schlichten Titel *Ethik*. Es ging darin nicht nur um den Nationalsozialismus und wie er geistig zu überwinden wäre, aber beides nimmt einen großen Platz ein. Und obwohl in der Sprache der Camouflage geschrieben, weiß man sofort, wann davon die Rede ist. Denn jetzt ging es nicht mehr, wie 1932/33, um ein Zuviel oder Zuwenig an Recht und Ordnung, sondern um Leben und Tod, um Verbrechen. Gefordert war eine Analyse der Gründe, warum sie mit Billigung oder gar Beteiligung so vieler geschehen konnten und welchen Weg es gab, die Barbarei, die diese moralische Kapitulation ermöglicht hatte, zu überwinden.

Verbrechen gegen das Natürliche

Bonhoeffer sprach sie offen an – »die staatlich erzwungene Sterilisation«[54] und »die Euthanasie«,[55] »die Verstoßung der Juden aus dem Abendland«[56] und die Greuel des »Vernichtungskrieges« an der Front.[57] Er wußte, wovon er sprach.

Die genauen Umstände der Maßnahmen gegen das »unwerte Leben« kannte er im Detail aus den Rettungsversuchen Friedrich von Bodelschwinghs in den Betheler Anstalten, bei denen auch sein Vater Hilfestellung geleistet hatte.[58] Und Notwendigkeit und Nutzen der Maßnahmen zum Schutz der Volksgesundheit wurden ja öffentlich propagiert. Bonhoeffers Urteil war klar und bestimmt: Es handele sich hier um »Tötung unschuldigen Lebens« aus rein »weltanschaulichen« Gründen.[59] Was sich unter seiner vorsichtigen Formulierung »Verstoßung der Juden aus dem Abendland« verbarg, wußte keiner besser als er selbst: Als in den ersten Oktobertagen 1941 die ersten Deportationen von Juden aus Berlin erfolgten, begann er, alles Material über ähnliche Aktionen im Reich zu sammeln, und verfaßte, zusammen mit Friedrich Justus Perels, dem Justitiar der *Bekennenden Kirche*, einen umfassenden, mit Dokumenten versehenen Bericht, um diesen unter sympathisierenden Generälen kursieren zu lassen.[60] Über das Schicksal der deportierten Juden in den Ghettos von Minsk oder Riga besaß er Kenntnisse von seinem Schwager Hans von Dohnányi, der, als Mitarbeiter der Abwehr und Quasi-Privatsekretär von deren Chef Admiral Canaris, über den Judenmord im Osten genauestens Bescheid wußte.[61] Aus diesem Kreis stammten auch seine Informationen über die Kriegsverbrechen der deutschen Wehrmacht. Für Bonhoeffer war das, was in Polen und in der Sowjetunion geschah, ein Krieg neuen Typs. Er beschrieb ihn als »totalen Vernichtungskrieg«, weil in ihm »alles – auch das Verbrechen – gerechtfertigt wird, was der eigenen Sache dient, und in dem der Feind, der bewaffnete wie der wehrlose, zum Verbrecher wird«.[62] Hans von Dohnányi hatte im Auftrag der Abwehr alles verfügbare Material von den Greueln im besetzten Polen gesammelt,[63] sein Chef, Oberst Hans Oster, war der Verfasser einer Denkschrift, mit der Canaris im September 1941 beim OKW vergebens gegen die mörderische Behandlung der sowjetischen Kriegsgefangenen protestiert hatte.[64] Dazu

wußte er persönlich aus Briefen von Mitstreitern, die eingezogen worden waren, nur zu genau, wie es an der Ostfront
aussah.[65]

Wer trug die Verantwortung für alle diese Verbrechen?
Seine Antwort: nicht der Staat, nicht die gottgewollte und
»mit dem richterlichen Schwert der Gewalt« versehene Obrigkeit, sondern ein Tyrann.[66] Bonhoeffer charakterisiert ihn
mit nicht zu überbietender Deutlichkeit: Weil der Tyrann die
Menschen verachtet, vermag er ihre Schwächen, ihre Ge-
meinheit zu erkennen und auszunutzen. Ein Meister der
Lüge, gibt er dem Bösen andere Namen und wiegt damit die,
die sich von ihm leiten lassen, in falsche Sicherheit: »Angst
nennt er Verantwortung, Gier heißt Strebsamkeit, Unselb-
ständigkeit wird zur Solidarität, Brutalität zum Herren-
tum.«[67] Was in Bonhoeffers früher Studie zum *Führer* nur als
Versuchung, als Möglichkeit des Mißbrauchs der Verantwortung für die Geführten erschien, das ist nun als kalte
Berechnung und unstillbarer Antrieb erkannt – der Tyrann
will zum Idol, will wie Gott werden: »Er hält die Menschen
für dumm und sie werden dumm, er hält sie für schwach und
sie werden schwach, er hält sie für verbrecherisch und sie
werden verbrecherisch. Sein heiliger Ernst ist frivoles Spiel,
seine biedermännisch beteuerte Fürsorglichkeit ist frechster
Zynismus. Je mehr er aber in tiefer Menschenverachtung die
Gunst der von ihm Verachteten sucht, desto gewisser erweckt er die Vergötterung seiner Person durch die Menge.
Menschenverachtung und -vergötzung liegen dicht beiein-
ander.«[68]

Bonhoeffer bewertet beide Phänomene – die Tyrannis wie
deren Mordtaten – als Verstoß gegen die gegebene, von Gott
und nicht vom Menschen gesetzte Ordnung. Er nennt sie
das Natürliche, wodurch alles Leben begründet und zugleich
beschützt wird: »Das leibliche Leben, das wir ohne unser
Zutun empfangen, trägt in sich das Recht auf seine Erhaltung.« Dies Recht ist, weil es »mit uns geboren«,[69] das »ur-
sprünglichste Recht«.[70] Es umfaßt den Schutz gegen

Tötung, aber auch gegen jede andere gewaltsame Einwirkung. Dies Recht kann im Falle eines schweren, todeswürdigen Verbrechens verwirkt werden. Unschuldiges Leben aber bewußt zu töten, selbst wenn eine Gemeinschaft oder positives Recht das zu legitimieren scheinen, ist »Willkür« und ein Angriff auf die Grundlagen menschlicher Existenz.[71] Einen ähnlichen gewaltsamen Eingriff gegen das Natürliche stellt jede Form von Tyrannis dar: »Alles Übermenschentum, alles Bemühen, über den Menschen in sich hinauszuwachsen, alles Heroentum, alles halbgöttliche Wesen«, ist widernatürlich, weil es gegen die Wahrheit des gottgegebenen Lebens verstößt. Jeder Versuch, »durch falsche Uniformität, durch Zwingen des Menschen unter ein Ideal, unter einen Typus, unter ein bestimmtes Menschenbild« eine Homogenität, die Volksgemeinschaft herzustellen, negiert seine Mannigfaltigkeit. »Der Mensch«, so Bonhoeffer, »soll und darf Mensch sein. [...] Der wirkliche Mensch darf in Freiheit das Geschöpf seines Schöpfers sein. [...] Schein, Heuchelei, Krampf, Zwang etwas anderes, besseres, idealeres zu sein als man ist, ist hier abgetan. Gott liebt den wirklichen Menschen. Gott wurde wirklicher Mensch.«[72]

Als Kern dieser Wendung gegen alles Natürliche macht Bonhoeffer eine tiefe Lebensverachtung aus, die in einer »Vergötzung des Todes« ihren Ausdruck findet.[73] Der Alltag in Nazideutschland lieferte dafür zahlreiche Beweise. Anders als die Parolen vom »tausendjährigen Reich« oder von den »für die Ewigkeit« geplanten Bauten des *Führers* es glauben machen wollten, stand der Tod im Zentrum des nationalsozialistischen Denkens. Abzulesen war das am Totenkult für die Gefallenen der Bewegung und für die toten Helden beider Kriege und an den dabei verwandten Insignien – am *Blutorden* und an der *Blutfahne*, am Schwarz der SS-Uniform und am Totenkopf als Hoheitszeichen.[74]

Daß eine politische Bewegung, die in so fundamentaler Weise die natürlichen Gesetze des Lebens und die geschichtlich gewachsene Ordnung der Menschen negierte, an die

Macht kommen und danach zum unbestrittenen Träger des Volkswillens werden konnte, das war aus den Konjunkturen der Weimarer Republik oder der internationalen Politik jener Zeit allein nicht zu erklären. Bonhoeffer suchte nach einer weiterreichenden Begründung. Er fand sie in der Geschichte der europäischen Moderne. Sie war die Geschichte des Abfalls von Gott und der gelungenen Umwertung aller Werte.

Die abendländische Gottlosigkeit

Am Anfang der Moderne steht für Bonhoeffer die Aufklärung und in ihrem Gefolge die Französische Revolution: »In erstaunlichster Zusammenballung werden hier mit elementarer Wucht die Gedanken, Forderungen, Bewegungen vieler nachfolgender Generationen mit einem Mal ans Tageslicht der Geschichte geschleudert. Kult der ratio und der Naturvergötterung, Fortschrittsglaube und Kulturkritik, Aufstand des Bürgertums und Aufstand der Massen, Nationalismus und Kirchenfeindschaft, Menschenrechte und diktatorischer Terror – all dies bricht miteinander als etwas Neues in der Geschichte des Abendlandes chaotisch hervor.« Und als Summe: »Die französische Revolution ist die Enthüllung des befreiten Menschen in seiner ungeheuren Gewalt und seiner entsetzlichsten Verzerrung.«[75] Bonhoeffer liefert in der Deutung dieses weltgeschichtlichen Erdbebens keine kulturpessimistisch-reaktionäre Neuauflage von Spenglers Kultbuch vom *Untergang des Abendlandes*. Er würdigt vielmehr den enormen Zugewinn an »Wahrhaftigkeit, Helle, Klarheit« durch die befreite Vernunft,[76] er lenkt den Blick auf die »Entdeckung der ewigen Menschenrechte«, die es möglich machten, sich aus Zwang und Bevormundung zu befreien und »im andern Menschen den Bruder zu erblicken«.[77] Diese Errungenschaften hält er für »unaufgebbare sittliche Forderungen des abendländischen Menschen. [...] Hinter Lessing und Lichtenberg können wir nicht mehr zurück«, das ist seine lapidare Bilanz.[78] Später wird er das mit dem Begriff der »mündig gewordenen Welt« zu fassen versuchen und diese Tatsache zum Ausgangspunkt seiner neuen Theologie machen.[79] Aber er lenkt auch die Aufmerksamkeit auf den dunklen Schatten dieser hellen Lineatur: Die Vernunft habe zum Aufstieg der Technik als Herrschaft über die Natur und dann auch über den Menschen geführt, die Menschenrechte seien zum Instrument der Befreiung der Massen und zugleich zur Geburtsstunde des Terrors geworden, die dem König abgetrotzte Souveränität des Volkes habe den Nationalismus hervorgebracht und damit den Volkskrieg in die Welt gesetzt. Dem Haben stehe ein furchtbares Soll gegenüber: »Die Befreiung des Menschen als absolutes Ideal führt zur Selbstzerstörung des Menschen. Am Ende des Weges, der mit der französischen Revolution beschritten wurde, steht der Nihilismus.«[80] Dieser habe Europa vereinheitlicht und sei zur Erscheinung gekommen als »abendländische Gottlosigkeit«, die nicht mehr wie der Atheismus des 19. Jahrhunderts Gott bestritten und die Religion angegriffen habe, sondern »selbst Religion« geworden sei – gleich ob in bolschewistischer oder nationalsozialistischer Form.[81]

Dieser geschichtliche Augenblick ist für Bonhoeffer nicht nur irgendeine der Krisen im Auf und Ab der Geschichte, sondern er ist der Ort »einer Auseinandersetzung von letztem Ernst«.[82] Man merkt es seinem analytischen und sprachlichen Aufwand an, wie wichtig es ihm ist, das Singuläre dieser Epochenwende zu fassen, so als könne sie die Umstände der Katastrophe ebenso erklären wie den Ausweg aus dem Scheitern weisen: »Es ist ein schöpferisches Nichts, das allem Bestehenden seinen widergöttlichen Atem einbläst, es zu scheinbar neuem Leben erweckt und ihm zugleich sein eigentliches Wesen aussaugt, bis es alsbald als tote Hülle zerfällt und weggeworfen wird. […] Es gibt keine Zukunft und keine Vergangenheit. […] Die Last des Gestrigen wird abgeschüttelt, indem graue Vorzeiten verherrlicht werden, der

Aufgabe des Morgen entzieht man sich, indem man von den kommenden tausend Jahren spricht. Nichts haftet und nichts behaftet. [...] Ereignisse von weltgeschichtlicher Bedeutung ebenso wie unerhörteste Verbrechen hinterlassen in der vergeßlichen Seele keine Spur.«[83] Das alles mag als geistreiche Spekulation eines Amateurhistorikers erscheinen. Daß dem nicht so ist, zeigt eine bahnbrechende neuere Analyse des Völkermords an den Juden. In einer unter dem Titel *Dialektik der Ordnung. Die Moderne und der Holocaust* veröffentlichten Studie vertritt der Soziologe Zygmunt Baumann die These, daß dies singuläre Verbrechen ohne und außerhalb des geschichtlichen Prozesses der Moderne nicht möglich gewesen wäre: Die Aufklärung habe den »Kult« der Wissenschaft etabliert und als deren vornehmste Aufgabe, »die Welt zu verbessern und nach menschlichem Plan umzugestalten«.[84] Was dem Idealzustand der Vollendung entgegenstand, konnte und mußte entfernt werden. Gartenbau und Medizin, also Unkrautentfernung und Schädlingsbekämpfung seien zu »Archetypen« dieses Verbesserungswahns geworden.[85] Der Rassismus als pseudowissenschaftlicher Unterbau dieses Verhaltens habe seine furchtbare Effizienz erreicht, weil er sich auf weitere Errungenschaften der Moderne stützen konnte – auf die arbeitsteilige Bürokratie und den zentralistischen Staat, auf die Technik und den Vernichtungskrieg.[86] Und weil der geschichtliche Augenblick es erlaubt habe, das als Utopie zu begreifen, was in normalen Zeiten den Namen Massenmord trug: »Es sind die Phasen tiefgreifenden sozialen Umbruchs, in denen diese entscheidende Tendenz der Moderne wirksam wird, denn besonders in solchen Zeiten scheint die Gesellschaft gestaltlos *provisorisch*, unvollkommen und formbar, buchstäblich in Erwartung einer Utopie, die ein geschickter und talentierter Planer Wirklichkeit werden läßt.«[87]

Das ist der Epochenbruch, den Bonhoeffer »ein schöpferisches Nichts« nennt, und dessen Demiurg heißt bei ihm der »menschenverachtende Tyrann.« Aber er gibt sich nicht zufrieden mit dieser kulturgeschichtlichen Makroanalyse. Er betritt auch die konkretere, mikroanalytische Ebene, um den Sieg der Barbarei zu erklären.

Macht und Moral

Bonhoeffer geht davon aus, daß sich die Politik in den europäisch-amerikanischen Massendemokratien des 19. und 20. Jahrhunderts nicht mehr nur auf Gewalt stützt. Vom Volkswillen abhängig, habe sie »immer die Maske christlicher Begriffe nötig [...], um sich durchzusetzen«.[88] Für den Nationalsozialismus aber scheint diese Maskierung konstitutiv gewesen zu sein. Im Kampf gegen das Neuheidentum, das sich anschickt, die evangelische Kirche endgültig von innen her zu zerstören, prophezeit er schon 1936: »Es wird noch dahin kommen, »daß das Tier, vor dem sich die Götzenanbeter neigen, eine verzerrte Lutherphysiognomie trägt«.[89] Und für Freunde in der Ökumene hat er in einem Memorandum im Herbst 1941 Hitler als »Satan in der Gestalt des Engels des Lichts« charakterisiert.[90] In diesem Bild glaubte er den Schlüssel für den Sieg der Nazis und für das dramatische Ausbleiben jedes ernsthaften Widerstandes gefunden zu haben. Das Bild beschreibt das nicht mehr zu überbietende Durcheinander von Gut und Böse. Das dazugehörige konkrete Belegmaterial liefert er mit. Weil der Text in Genf entstand, außerhalb des Machtbereichs der Gestapo, spricht er eine offenere Sprache als sonst üblich. Die »ethische Verwirrung« in Deutschland sei nicht das Ergebnis eines Frontalangriffs auf Recht und Moral, sondern rühre aus der Tatsache, »daß die höchste Ungerechtigkeit, wie sie im nationalsozialistischen Regime verkörpert ist, sich in das Gewand relativer historischer und sozialer Gerechtigkeit kleiden konnte. Der Wagen von Compiègne ist geradezu das Symbol dafür, wie sich das Böse von einer Scheingerechtigkeit nährt.«[91] Der Eisenbahnwaggon im französischen Compiègne war für Millionen Deutsche der Ort der Schande: Hier mußte eine deutsche Delegation am 11. November 1918 den Waffenstillstand unterschreiben und – noch vor dem Beginn von Friedensverhandlungen – Vorleistungen zustimmen, die einer totalen Kapitulation gleichkamen. Compiègne war fortan das Synonym für die *Schmach von Versailles*. Hitlers Machtantritt begann damit, diesen *Schandvertrag* für null und nichtig zu erklären und alle darin enthaltenen Beschränkungen Schritt für Schritt zu annullieren: 1933 erfolgte der Austritt aus dem Völkerbund, 1935 die Wiedereinführung der allgemeinen Wehrpflicht, 1936 die Aufkündigung des Vertrags von Locarno, der Anerkennung aller in Versailles gezogenen Grenzen, und der Einmarsch in das entmilitarisierte Rheinland. Gleichzeitig wurde die Zahl der Arbeitslosen, in der Darstellung der Nazis eine Folge der Reparationen, durch Ankurbelung der Aufrüstung drastisch gesenkt. Und das seit dem Kriegsende 1918 in Bürgerkrieg und Parteiengezänk zerrissene deutsche Volk schien, nach der Auflösung von Parteien und Gewerkschaften, in der *Volksgemeinschaft* seinen inneren Frieden gefunden zu haben. Das alles geschah ohne Einspruch oder Widerstand des Auslandes, ja, Hitlers Kurs wurde sogar öffentlich und ausdrücklich honoriert. Seine Haßparole von den Weimarer *Erfüllungspolitikern* schien damit im nachhinein glänzend gerechtfertigt. »Daß es Hitler möglich wurde, sich zum Vollstrecker einer relativen historischen Gerechtigkeit zu machen, liegt nicht zum Geringsten in der Bereitschaft Englands, Hitler seit 1933 alle diejenigen Konzessionen zu machen, die es der Weimarer Republik verweigert hatte. Damit stand England […] auf der Seite Hitlers gegen seine innerpolitische Opposition.«[92]

Nur wenn man diese Feststellung ernst nimmt, kann man der Zeit von 1933 bis 1945 gerecht werden. Die Sprengung der Fesseln von Versailles, und d. h. die Befreiung vom Stigma, ein Volk von Kriegsverbrechern und der Paria unter den Völkern Europas zu sein, war nicht nur der erste klug kalkulierte Schritt auf dem Weg zu einem neuen Krieg und befriedigte nicht nur die nationalistisch-revanchistischen Ressentiments, sondern sie beseitigte ein objektiv gegebenes Unrecht und wurde von einer Mehrheit der Deutschen daher als moralische Legitimierung der Politik Hitlers verstanden. Als dann dazu noch die Erfolge seiner außenpolitischen Erpressungsmanöver – der *Anschluß* Österreichs und der Tschechoslowakei – hinzukamen und diese Glücksserie mit den *Blitzsiegen* über Polen und Frankreich 1939/40 anhielt, wurde Hitler endgültig zum Gott, und die Grenzen zwischen Gut und Böse verschwammen endgültig.

Bonhoeffer hat auch diese Komponente gewürdigt. Nach dem Sieg im Westen, am 11. Juli 1940, war er unmittelbar Zeuge von der Macht des Erfolgs in der Geschichte geworden. Eine Mitkämpferin hat von seinen Äußerungen das folgende festgehalten: »Grundsätzliche Änderung im Volk ist erfolgt, geschichtliches Ja gesprochen zum Nationalsozialismus, Meinungsäußerung weiter Kreise, liberale demokratische Welt zu Grunde gegangen, für Partei sichtbarer Erfolg.«[93] In der *Ethik*, mit deren Niederschrift er kurz darauf begann, hat er dies niederschmetternde Ereignis zu fassen und zu verarbeiten versucht. Man merkt der Sprache die Erregung förmlich noch an: »Der Erfolg allein rechtfertigt geschehenes Unrecht. [...] Es ist sinnlos, dem Erfolgreichen seine Methoden vorzuwerfen. Man bleibt damit im Vergangenen und währenddessen schreitet der Erfolgreiche weiter von Tat zu Tat, gewinnt die Zukunft und macht das Vergangene unwiderruflich. [...] Die Richter der Geschichte spielen neben ihren Gestaltern eine traurige Rolle. Die Geschichte geht über sie hinweg.«[94] Die Macht des Erfolgreichen beruhe darauf, daß der Erfolg neben der materiellen auch eine geistige Bedeutung gewinne – er werde selber zur sittlichen Kategorie. »Wo die Gestalt eines Erfolgreichen besonders sichtbar in Erscheinung tritt, dort verfällt die Mehrzahl der Vergötzung des Erfolges. Sie wird blind für Recht und Unrecht, Wahrheit und Lüge, Anstand und Niedertracht. Sie sieht nur noch die Tat, den Erfolg. Das ethische und intellektuelle Urteilsvermögen stumpft ab vor dem Glanz des Erfolges und vor dem Verlangen, an diesem Erfolg irgendwie teilzubekommen. [...] Der Erfolg ist das Gute schlechthin.«[95] Mit falschem Optimismus dagegenzuhalten – daß letztendlich doch das Gute den Sieg davontragen werde – sei ebenso lächerlich wie die misanthropische Feststellung, daß das Erfolgreiche per se das Böse repräsentiere. Bonhoeffer schlägt statt dessen vor, jenseits von blindem Opportunismus und beleidigter Kritik und unabhängig davon, ob man auf der Seite der Sieger oder der Besiegten steht, eine andere Haltung einzunehmen – die von »Mitverantwortlichen«.[96] In diesem Verständnis hat er das niedergeschrieben, was als die bitterste Abrechnung mit dem Verhalten des Bürgertums in der Nazizeit gelesen werden muß.

»Wer hält stand?« –
Das Versagen der deutschen Eliten

An der Wende zum Jahr 1943 entstand, zentrale Passagen der *Ethik* aufnehmend und fortführend, Bonhoeffers letzter Text. Wenige Monate vor seiner Verhaftung am 5. April, als die Hinweise sich häuften, daß Heydrichs Leute Material gegen ihn und seine Mitstreiter sammelten, legte er noch einmal für sich und die engsten Freunde Rechenschaft ab über die Erfahrungen der vergangenen zehn Jahre. Diese schmale Schrift mit dem Titel *Nach zehn Jahren* gehört in jedes deutsche Lesebuch.

Der aus dem Bürgertum stammende Widerstandskämpfer eröffnet darin kein selbstgerechtes Tribunal über die Angehörigen seiner Klasse, die zu Naziaktivisten oder Nazisympathisanten geworden sind. Der Blick, den er auf die Überläufer wirft, ist geprägt von der Kenntnis des Seelsorgers für die Verführbarkeit des Menschen und vom Wissen des Zeitgenossen um die Besonderheit der Lage. »Ob es jemals in der Geschichte Menschen gegeben hat, die in der Gegenwart so wenig Boden unter den Füßen hatten [...] wie wir?«, fragt er sich und weist damit auf die von Krieg und Inflation, sozialer Not und politischer Orientierungslosigkeit verursachte Brüchigkeit der gewohnten Ordnung hin. Und er stellt seiner Diagnose ein Zweites voran: die diabolische Umwertung aller Werte durch den Nationalsozialismus, die so vielen der damals Lebenden den Blick verstellt hat. »Die große Maskerade des Bösen hat alle ethischen Begriffe durcheinander gewirbelt. Daß das Böse in der Gestalt des Lichts, der Wohltat, des geschichtlich Notwendigen, des sozial Gerechten erscheint, ist für den aus unserer tradierten ethischen Begriffswelt Kommenden schlechthin verwirrend.«[97] Erst vor diesem Hintergrund von Verstehen und Mitfühlen macht er sich daran, den Irrwegen und Selbsttäuschungen seiner Zeitgenossen nachzugehen. Sechs Typen des moralischen Scheiterns hat er ausgemacht. Der Dummheit und der mangelnden Zivilcourage sind eigene Abschnitte gewidmet. Ihnen muß er besonders häufig im Deutschland jener Tage begegnet sein.

Der Vernünftige glaubt, er könne »das aus den Fugen gegangene Gebälk mit etwas Vernunft wieder zusammenbiegen«. Das ist gut gemeint, aber naiv. »In ihrem mangelnden Sehvermögen wollen sie allen Seiten Rechnung widerfahren lassen und werden so durch die aufeinanderprallenden Gewalten zerrieben, ohne das Geringste ausgerichtet zu haben.«[98] Die Folgen sind resignierter Rückzug oder haltloses Überlaufen zum Gegner. Mit Naivität hat er die Unterschätzung des Gegners gemeint. Ihr entspricht das, worauf er an anderer Stelle hingewiesen hat: die »Überschätzung« der Vernunft und der Gerechtigkeit in der Geschichte[99] und die Überschätzung der eigenen Kraft: Beim Genie tritt es auf in der Gestalt der »Hybris« und beim Durchschnittsmenschen als »die Scheu vor der freien Verantwortung«.[100]

Größer ist die Niederlage für den *ethischen Fanatiker*, also für denjenigen, der mit vollem Einsatz und im Vertrauen auf

die Reinheit des Prinzips den Kampf mit dem Moloch auf-
nimmt. »Aber wie der Stier stößt er auf das rote Tuch statt
auf dessen Träger, ermüdet und unterliegt. Er verfängt sich
im Unwesentlichen und geht dem Klügeren in die Falle.«[101]
Diesem Rigorismus hält er den Begriff des »Wirklichkeits-
gemäßen« entgegen: »Es geht nicht um die Durchführung
eines Prinzips, das zuletzt doch an der Wirklichkeit zerbricht, sondern um das Erfassen des in der gegebenen Situation Notwendigen, Gebotenen. Es muß beobachtet, abge-
wogen, gewertet werden, alles in der gefährlichen Freiheit
des eigenen Selbst. Es muß durchaus in den Bereich der
Relativitäten eingetreten werden, in das Zwielicht, das die
geschichtliche Situation über Gut und Böse breitet.«[102]

Der dritte Typ ist *der Mann des Gewissens*: »Einsam«
bahnt er sich einen Weg durch das Dickicht der Entscheidungen. »Aber das Ausmaß der Konflikte, in denen er zu
wählen hat – durch nichts beraten und getragen als durch
sein eigenes Gewissen – zerreißt ihn. Die unzähligen ehr-
baren und verführerischen Verkleidungen, in denen das Böse
sich ihm nähert, machen sein Gewissen ängstlich und unsi-
cher, bis er sich schließlich damit begnügt, statt eines guten
ein salviertes Gewissen zu haben, bis er also sein eigenes
Gewissen belügt, um nicht zu verzweifeln.«[103] Bonhoeffer
ist der überragenden Bedeutung, die zeitgenössische Theologen mit Berufung auf Luther dem Gewissen einräumen
wollten, schon in seiner Zeit als Privatdozent in Berlin ent-
gegengetreten: es könne keine »genügende Voraussetzung
einer Ethik« sein.[104] Zehn Jahre später, in seiner Schrift zur
Ethik, hat er diese Zweifel begründet: Das Gewissen dient
dem Menschen, die Einheit seines Ich durch den Rückgriff
auf ein scheinbar allgemeines Gesetz des Guten herstellen
zu können. Aber dies Gesetz ist »ein selbstgefundenes
Gesetz, das konkret in verschiedener Gestalt auftreten
kann« und abhängig ist von Zeitströmungen und Gesell-
schaftskonventionen.[105] Der »einsame« und nur durch »sein
eigenstes Gewissen« beratene Mensch ist daher in Zeiten des

politischen Umbruchs und der moralischen Umwertungen verloren, es sei denn »das Wunder des Glaubens« kommt ihm zur Hilfe. Der Rückgriff auf ein Gewissen, so Bonhoeffer, ist kein Privileg des Christen. Es gilt auch für den, der im Nationalsozialismus seinen Halt findet: »Wenn der N[ational]. S[ozialist]. sagt: mein Gewissen ist A[dolf]. H[itler]., so ist auch damit der Versuch gemacht, die Einheit des Ich jenseits seiner Selbst zu begründen.«[106] Hannah Arendt hat diese Beobachtung anhand des Verhaltens von Adolf Eichmann auf stupende Weise bestätigt. Dieser hat seinen Richtern in Jerusalem erklärt, daß die Maxime seines Handelns Kants kategorischer Imperativ gewesen sei. Das habe sich geändert, als er mit der *Endlösung* betraut worden sei: Da habe er gewußt, daß er nun nicht länger »Herr über mich selbst« sein könne. Sein Ausweg, vermutet Arendt, sei gewesen, den kantischen in den nationalsozialistischen Imperativ überführt zu haben. Der lautete – nach einem Vorschlag von Hans Frank, einem führenden Nazi – folgendermaßen: »Handle so, daß der Führer, wenn er von deinem Handeln Kenntnis hätte, dieses Handeln billigen würde.«[107] Einen sicheren Ausgang aus der Wirrnis der Entscheidungen scheint der *Mann der Pflicht* gefunden zu haben. »Hier wird das Befohlene als das Gewisseste ergriffen, die Verantwortung für den Befehl trägt der Befehlshaber, nicht der Ausführende. In der Beschränkung auf das Pflichtgemäße aber kommt es niemals zu dem Wagnis der auf eigenste Verantwortung hin geschehenden Tat, die allein das Böse im Zentrum zu treffen und zu überwinden vermag. Der Mann der Pflicht wird schließlich auch noch dem Teufel gegenüber seine Pflicht erfüllen müssen.«[108] Sie sind allzu bekannt – aus der Literatur oder aus der eigenen Familie: des Teufels Generäle und Obergefreite, des Teufels Gerichtsherren und Polizisten, des Teufels Reichsbahnbeamte und KZ-Kommandanten. Wer immer von diesen Henkern und Helfern später vor Gericht stand oder sich vor seinen Kindern rechtfertigen mußte, ersetzte den Begriff der Pflicht durch das schlichtere Wort *Befehlsnotstand*. Vor allem die Angehörigen der Wehrmacht haben die Berufung auf die Pflicht zeitlebens wie einen Fetisch benutzt: Sie beschworen die Pflicht des Eides, dessen Haltbarkeit ein höheres Gut gewesen sei als die »vorübergehende« Erscheinung Hitler, oder die Pflicht der Verantwortung, die einen gehindert habe, die eigenen Leute oder Deutschland im Stich zu lassen, um zu desertieren oder auf Staatsstreich zu sinnen.[109] Einen aus diesem Chor hat Hannah Arendt stellvertretend kommentiert – den Stabsarzt Peter Bamm, der in der Ukraine Zeuge von Massenerschießungen von Juden wurde und anstatt dagegen einzuschreiten sich entschied, seine Pflicht als Arzt an der Seite der sterbenden und kranken Kameraden fortzusetzen. »Niemand von uns«, so schreibt er in seinem Bestseller *Die unsichtbare Flagge*, »hatte eine Überzeugung, deren Wurzeln tief genug gingen, ein praktisch nutzloses Opfer um eines höheren moralischen Sinnes willen auf sich zu nehmen.«[110] Hannah Arendts Kommentar: »All dies ist völlig richtig, und das einzige, was man hinzufügen kann, weil der Autor es nicht bemerkt, ist die Belanglosigkeit einer *Anständigkeit*, der der *höhere moralische Sinn* abhanden gekommen ist.«[111]

Der Realist, der im Vertrauen auf seine Freiheit die Welt durch seine sich selbst behauptende Tat zu beeinflussen meint, und *der Tugendhafte*, der, um rein zu bleiben, sich ins Sichere zurückzieht, sind zwei andere Varianten gutgemeinten, aber in die Irre führenden Verhaltens. Beide sind Exponenten eines falschen Verständnisses von Welt und Christentum. Der eine beharrt auf der Eigengesetzlichkeit der Welt und schließt das Christliche daraus aus. Der andere isoliert das Christliche und propagiert es als Gesetz alles weltlichen Handelns.[112] Den Vertreter eines macchiavellistischen Säkularismus warnt Bonhoeffer, darauf zu achten, »daß ihn nicht seine Freiheit zu Fall bringe. Er wird in das Schlimme willigen, um das Schlimmere zu verhüten, und er wird dabei nicht mehr zu erkennen vermögen, daß gerade das Schlim-

mere, das er vermeiden will, das Bessere sein könnte.«[113]
Und den Vertreter eines schwärmerischen Christentums erinnert er daran, daß er »seine Augen und seinen Mund ver-
schließt« vor dem Unrecht um ihn herum. »Nur auf Kosten
eines Selbstbetruges kann er sich von der Befleckung durch
verantwortliches Handeln reinerhalten. Bei allem, was er tut,
wird ihn das, was er unterläßt, nicht zur Ruhe kommen lassen. Er wird entweder an dieser Unruhe zugrunde gehen
oder zum heuchlerischsten aller Pharisäer werden.«[114]

Am Ende seiner Galerie des Scheiterns kommt Bonhoeffer auf zwei Verhaltensweisen zu sprechen, die ihm besonders wichtig zu sein scheinen – die *Dummheit* und die
mangelnde Zivilcourage. In diesen beiden Kapiteln zieht er,
so hat es den Anschein, die Summe seiner Erfahrung mit der
Mehrheit der Deutschen seiner Zeit. *Dummheit* ist für ihn
kein Mangel an Intelligenz, sondern »ein menschlicher
Defekt«.[115] Dieser ist nicht angeboren, sondern er entwickelt sich im sozialen Kontakt und scheint in bestimmten
geschichtlichen Situationen einen besonders günstigen
Nährboden zu finden: »Bei genauerem Zusehen zeigt sich,
dass jede starke äußere Machtentfaltung, sei sie politischer
oder religiöser Art, einen großen Teil der Menschen mit
Dummheit schlägt. Ja, es hat den Anschein, als sei das geradezu ein soziologisch-psychologisches Gesetz. Die Macht
des einen braucht die Dummheit der anderen.«[116] Diese
Dummheit ist so gefährlich, weil sie ihren Träger leerge-
macht, entpersonalisiert hat. Man trifft, wenn man einem
Dummen begegnet, nicht auf eine Person, sondern auf
Schlagworte und Parolen: »Er ist in einem Banne, er ist verblendet, er ist in seinem eigenen Wesen mißbraucht, mißhandelt. So zum willenlosen Instrument geworden, wird der
Dumme auch zu allem Bösen fähig sein und zugleich unfähig, dies als Böses zu erkennen.«[117] Gegen diese Selbst-
verblendung, davon ist Bonhoeffer überzeugt, helfen keine
Argumente, sondern nur »ein Akt der Befreiung« – ein inne-
rer wie ein äußerer.[118] Die Dummen, die er uns vorführt,

sind die jubelnden Massen der Reichsparteitage und der ständigen Aufmärsche ebenso wie die Praktiker der *Endlösung* und die Akteure des Vernichtungskrieges.[119] Was Bonhoeffer in seiner Auseinandersetzung mit dem Führerprinzip 1933 noch als flüchtige Figur der Krise beschrieben hatte – den Unmündigen, der »sich selbst nicht reif, stark verantwortlich genug fühlt« und daher seine Rechte an Person und Leben dem Starken, dem *Führer* überträgt –, das ist nun, im Jahr 1942, längst zum festen Charaktertyp geworden. Victor Klemperer hat darin den Durchschnittstyp sehen wollen. Am 21. August 1942 kommentierte er in seinem Tagebuch die damals übliche Redewendung *Führer befiehl* auf diese Weise: »Dabei ging mir auf, wie zentral diese Formel im ganzen Gedankenwerk des Nationalsozialismus steht, und wie man gerade hier eine und vielleicht die stärkste Wurzel des Nationalsozialismus und Faschismus bloßliegen hat. […] Die Müdigkeit einer Generation. Sie will vom Zwang zum Eigenleben frei sein.«[120]

Mangelnde Zivilcourage, das ist für Bonhoeffer nicht einfach persönliche Feigheit. Das zu einer Zeit zu behaupten, in der täglich Hunderttausende ohne Murren an allen Fronten in den Tod gingen, wäre vermessen gewesen. Das Defizit, das er beschreibt, war komplexer und Teil des »Chaos der ethischen Begriffe«, das er in Deutschland am Werk sah.[121] Mangel an Zivilcourage war für ihn das Ergebnis der Fehlentwicklung einer Tugend, die als die deutsche Nationaltugend galt – des Gehorsams. Er meint damit nicht den schlichten Kadavergehorsam, sondern Gehorsam als die zivilisierende Spannung von Freiheit und Auftrag, als eine Haltung, die sich »vom Eigenwillen zu befreien suchte im Dienst am Ganzen«.[122] Aber das Ganze, der Staat, habe, so Bonhoeffers Urteil, diese »Bereitschaft zur Unterordnung, zum Lebenseinsatz für den Auftrag mißbraucht«.[123] Er hatte auf diese Gefahr schon früh hingewiesen. Gegenüber »völkischen« Theologen wie Wilhelm Stapel, die im Staat »das Abbild des Reiches Gottes« sehen wollten, hatte er angemerkt, daß dieser nicht schon in sich gut sei, sondern als »innerhalb der Sündenordnung« existierende Struktur gesehen werden müsse. »Reformatorische« Erneuerer wie Friedrich Gogarten hatte er kritisiert, weil sie »die Zweideutigkeit« des Staates übersähen: »Denn der Staat kann auch die Gestalt des Bösen annehmen. Er kann das größtmögliche Böse werden und tun.«[124] Aber Bonhoeffer beschränkt sich nicht darauf, den einzelnen nur als Opfer einer temporären Täuschung und eines diabolischen Mißbrauchs zu beschreiben. Er diagnostiziert auch ein geschichtliches Defizit, ein Versäumnis in der Entwicklung einer speziellen Tugend: »Es mußte sich herausstellen, dass eine entscheidende Grunderkenntnis dem Deutschen noch fehlte: die von der Notwendigkeit der freien, verantwortlichen Tat auch gegen Beruf und Auftrag.«[125] Norbert Elias hat in seinen *Studien über die Deutschen* zu diesem schwarzen Loch in der deutschen Nationalgeschichte einige bemerkenswerte Beobachtungen geliefert. Er hat auf die »hohen Gratifikationen«, die der Untertan ähnlich dem Kind fürs Gehorchen bekommt, ebenso hingewiesen wie auf die geschichtlich gewachsene Asymmetrie von »Fremdzwangmustern« und dem Verhaltenskanon, der »für die Ausübung einer [begrenzten] Selbstherrschaft« nötig war.[126] Individuelle Verantwortung zu übernehmen, auch gegen das Kollektiv, das ist die Tugend des Citoyens. »Die Deutschen«, so notierte Bonhoeffer am Ende des Jahres 1942, »fangen erst heute an zu entdecken, was freie Verantwortung heißt.«[127]

Der Abschnitt über die Zivilcourage ist seine schärfste Abrechnung mit dem Versagen der deutschen Eliten. Was er Anfang 1933, in der Auseinandersetzung mit dem Führerprinzip, diesem noch entgegengesetzt hatte – Amt und Staat, echtes Führertum und ursprüngliche Autorität, Gebundenheit an eine übergreifende Ordnung und Berufung aufgrund von Kenntnis und Erfahrung –, das alles hatte sich als brüchig erwiesen. Jetzt, wo widerständiges Tun und befreiendes Wagnis zur Rettung dieser Werte erforderlich gewesen wären, zeigten ihre gescheiterten Repräsentanten bestenfalls »selbstquälerische Skrupelhaftigkeit, die nie zur Tat führte«.[128] Bonhoeffer erlebte das in den immer wieder gescheiterten Versuchen, Generäle und Feldmarschälle, Kirchenführer und hohe Staatsbeamte für den Umsturz zu gewinnen. Eine Zeitenwende war zu besichtigen. Die alte »vorwiegend intellektuell, relativistisch, individualistisch eingestellte Oberschicht« und die »durch sie diktierte Themastellung« war außer Kurs gesetzt. »Das Thema der öffentlichen Diskussion ist allgemeinverständlich geworden, so daß sich jeder daran beteiligen kann. Anständigkeit der Gesinnung genügt, um gegenüber intellektueller und materieller Bestechlichkeit gemeinschaftsbildend zu wirken.«[129] Ein »neuer Adel«, der sich nicht auf »Geburt und nicht [auf] Erfolg«, sondern auf »Demut, Glaube und Opfer« gründete, war im Entstehen begriffen.[130] Sein Vorschlag für die Zukunft meinte, wohl aufgrund seiner Erfahrungen mit den Dummen, nicht ein Gemeinwesen, das sich durch »den Begriff der Freiheit«, sondern durch die Aufrichtung »echter Bindungen« definierte. Eine solche Regierung würde, so schrieb er im Herbst 1941 an seine Freunde im Weltkirchenrat, »zunächst nicht im angelsächsischen Sinn des Wortes demokratisch« aussehen«.[131]

Bonhoeffer war zu diesem Zeitpunkt schon aktiv im Widerstand tätig und hatte seinen Platz im Netz der Verschwörer. Aber er gehörte nicht zu den Hauptakteuren und agierte nicht im Zentrum, weder intellektuell planend noch praktisch handelnd. Seine Bedeutung für Gelingen oder Scheitern war daher gering.[132] Aber durch die Radikalität seines Denkens und die Leidenschaftlichkeit seines Einsatzes – vom Entscheidungsjahr 1933 bis zu seiner Hinrichtung im KZ Flossenbürg am 9. April 1945 – gehört er zu den wenigen Großen dieser Zeit. Hannah Arendt hatte in ihrem Eichmann-Buch mit dem deutschen militärischen Widerstand scharf abgerechnet. Er erschien ihr erst in der Stunde der sich abzeichnenden Niederlage und als Reaktion darauf entstanden, verstrickt in das NS-System und immer noch durchtränkt von seiner Ideologie.[133] Karl Jaspers, ihr Kollege und väterlicher Freund, bat sie am 25. Juli 1963 angesichts des bevorstehenden Erscheinens des Buches in Deutschland darum, doch zu präzisieren, was sie unter einem »Widerstandskämpfer« verstehe, und versuchte sich selbst sofort an einer Antwort: »Also ich nehme an: Du verstehst unter einem Widerstandskämpfer nur einen solchen, der auf den Sturz des Hitlerregimes handelnd hingearbeitet hat.«[134] In einem Antwortbrief vom 9. August erfolgte ihre Kritik an einer solch verengten Definition: In den offiziellen Proklamationen, die die Köpfe der Verschwörung für den Fall ihres Erfolges vorbereitet hätten, seien die Verbrechen des nationalsozialistischen Deutschland und hier vor allem die an den Juden nicht oder nur beiläufig erwähnt. Man habe offensichtlich Angst gehabt, durch ein Eingehen auf diese Tatbestände einen Bürgerkrieg zu entfachen. So bleibe der Aufstandsversuch vom 20. Juli 1944 nicht mehr als eine »Palastrevolte«. Diese »Prinzipienlosigkeit« der Verschwörer erklärt sie sich nicht durch die Heterogenität der verschiedenen politischen Gruppen und sozialen Schichten, sondern daraus, »daß ihnen eben der Widerstand gegen das Regime selbst nie zum Prinzip geworden ist«. Und in nochmaliger Zuspitzung: »Was ich meine, ist, daß jeder, der politisch auftrat, auch wenn er dagegen war, auch wenn er im geheimen ein Attentat vorbereitete, in Wort und Tat von der Seuche angesteckt war.«[135] Bonhoeffer war es nicht. Aber er tauchte in diesem Briefwechsel erst spät und als flüchtiges Notat auf. Karl Jaspers am 1. März 1964: »Bonhoeffer, von Tresckow u. a. wären noch genau zur Kenntnis zu nehmen (ich weiß auch nicht Bescheid, ahne aber sehr Positives, nun aber Apolitisches).«[136]

4. Kapitel

Guido Knopp: Hitlers Helfer
Die Rückkehr der Geschichte als Nazi-Clip

Bomber beim Start. Das Geschwader in der Luft. Ein Blick aus der Pilotenkanzel. Formationsflug. Dann öffnen sich die Bombenschächte. Nacht. Abwehrfeuer. Brennende Häuser. Einstürzende Mauern. Schnitt: Eine einzelne Maschine im Steilflug. Das Jagdflugzeug nimmt den Kurs der Bomber, wird kleiner und verschwindet am dunklen Himmel. Dazu der Text: »10. Mai 41. 500 deutsche Bomber starten zum schwersten deutschen Angriff des Krieges gegen London. Am selben Abend startet in Augsburg eine einzelne Maschine in der gleichen Richtung. Der Pilot will die Entscheidung auf seine Weise herbeiführen.« Blende – von 1941 in die neunziger Jahre, vom Schwarzweiß zur Farbe: Eine Neonazidemo. Trommeln. Die Reichskriegsflagge. Sprechchöre: »Rudolf Heß«. Auf einem T-Shirt sein Porträt. »Für Unbelehrbare wird dieser Mann zum Götzen. Bis heute.« Die zeitgleich erfolgenden, aber in ihren Mitteln wie in ihren Zielen konträren Flugbewegungen am Himmel über England, das ist die Botschaft der ersten Filmminuten, liefern die Kurzformel des Dramas Heß, das offensichtlich heute noch auf deutschen Straßen gegeben wird.

In Rückblende werden die ersten Akte dieses Dramas nachgeholt: Heß, der Auslandsdeutsche, wird Kriegsfreiwilliger, Leutnant und zuletzt noch Flieger im Ersten Weltkrieg, als Gegner des Umsturzes von 1918 organisiert er sich, mittlerweile Student der Politikwissenschaft an der Universität München, in rechtsradikalen Geheimbünden bzw. Freikorps und erlebt durch Hitler schon 1920 seine »Erweckung«. Er folgt seinem Messias beim gescheiterten Putsch 1923, wird in der Haft sein Sekretär, begleitet als er-

160

gebener Schatten dessen Aufstieg zur Macht, der ihm 1933 sein erstes offizielles Amt beschert: Stellvertreter des *Führers* als Parteichef. Naiv und gläubig trägt er alle Anfangsverbrechen des Regimes mit, wird aber im Machtgerangel der robusteren Naziführer an den Rand gedrängt. Er gerät völlig ins Abseits, als sein politisches Credo – mit England im Bündnis den Bolschewismus auszurotten – durch den Überfall auf Polen 1939 und den Feldzug im Westen 1940 keine Basis mehr hat. Die Vorbereitung des Zweifrontenkriegs gegen England und Sowjetrußland führt zur Peripetie seines Lebens und seiner Karriere: Der Flug, mit dem er seine eigene und eine der Grundideen Hitlers retten will, scheitert. Die englische Regierung verhandelt nicht mit ihm über ein Bündnis in letzter Minute, sondern nimmt ihn gefangen und überstellt ihn 1945 dem Nürnberger Gerichtshof. Der verurteilt ihn zu lebenslanger Haft, die er 1987 als 93jähriger durch Selbstmord beendet. Der Film schließt, wie er begann: mit Neonazis, die zu seinem Begräbnis aufmarschiert sind, und mit einem dem Englandflug vergleichbaren Rätsel – dem Verdacht des Sohnes, sein Vater sei von einem alliierten Kommando ermordet worden. Der Film über Rudolf Heß ist der erste Beitrag einer sechsteiligen Reihe des ZDF mit dem Titel: *Hitlers Helfer*.[1] Sie wurde zu einem Quotenrenner und zur erfolgreichsten historischen Dokumentarserie im deutschen Fernsehen.[2] Verantwortlicher Redakteur: Guido Knopp. Sendezeit: 14. Januar 1997 20.15 Uhr. Mit diesem Tag beginnt in der Bundesrepublik eine neue Ära des Dokumentarfilms und der Darstellung des *Dritten Reiches* im Fernsehen.

Prototyp und Serie

Die übrigen Beiträge der Reihe *Hitlers Helfer* setzen ähnlich effektvoll ein wie der Erstling. Himmler – *Der Vollstrecker*. 1945, ein Kriegsgefangenenlager bei Lüneburg. Unter den

Zehntausenden, verrät uns der Film, in schäbiger Wehr-
machtsuniform und mit Augenklappe unkenntlich gemacht,
der bis vor kurzem am meisten gefürchtete und gehaßte
Mann Nazideutschlands. Ende Mai stellt er sich – »ein
schmaler kränklicher Mann«. Es folgen in rascher Abfolge
die Stichworte seiner Macht über Leben und Tod: Reichsführer SS und Chef der Polizei, Befehlshaber der Waffen-SS
und Herr der Einsatzgruppen, Verantwortlicher für die Erhaltung und Pflege der arischen Rasse und für die Ausmerzung aller Minderrassigen. Dann der vom Kommentar gesetzte Punkt hinter diesem Curriculum Vitae: »Ein schmaler
kränklicher Mann.« Oder Goebbels – *Der Brandstifter*. Der
Film beginnt mit einer Geburtstagsszene. Die sechs Kinder
des Propagandaministers, alle in Weiß und nach der Größe
aufgereiht, haben sich versammelt, um dem Papa in Versen
zum Geburtstag zu gratulieren. Das Jüngste, kaum dreijäh-
rig, singt ihm das Lied vom »Maikäfer flieg …« Schnitt:
Aufgereiht, eins neben dem anderen, liegen sie am Boden,
alle in Weiß, sechs kleine Tote. Dazu aus dem Off die sich
fast überschlagende Stimme des Papas: »Das Radikalste ist
heute gerade radikal und das Totalste ist gerade total genug.«
Man weiß, er hat diese Maxime nicht nur an den Juden und
anderen ihm Ausgelieferten, sondern am Ende auch an den
eigenen wehrlosen Kindern erprobt. Hermann Göring – *Der
zweite Mann* im Dritten Reich: in der Fülle all seiner offiziellen Ämter und selbsterfundenen Uniformen. Dann ein
Meinungsmix von Leuten, die ihn kannten: ein Macht-
mensch ohne Gewissen, ein eitler Geck, der es liebte, sich in
Szene zu setzen, der Kriegsheld und das Fliegeridol. Wie in
Leuchtschrift am Ende ein Satz des Kommentars – »Das
Leben eines Abenteurers«. Und die Prophezeiung seiner
Mutter: »Hermann wird entweder ein großer Mann oder ein
großer Krimineller.« Speer – *Der Architekt*. Die Vision von
Germania, wie das neue, zur Welthauptstadt umgebaute
Berlin nach dem *Endsieg* einmal heißen wird. Das Modell, in
einer Computeranimation zum Leben erweckt. Der Bauherr

und Speer: »Er wollte Bauten errichten, prachtvoller und schöner als alles, was je gebaut wurde. Aber er wollte das Blut nicht gesehen haben, wird er später sagen, das an den Händen des Auftraggebers klebte.« Dann das finstere Ballett sich aufrichtender Geschützrohre, die eine elegante Kurve bildenden Körper der wartenden Bomber, die zum ornamentalen Marschblock versammelte Masse fertiggestellter Panzer. Speer und sein Auftraggeber: »Er wollte Waffen produzieren, stärker, tödlicher und mehr, als je in einem Krieg zuvor. Aber er habe die Katastrophe nicht gesehen, wird er später sagen, in die sein Kriegsherr Deutschland und die Welt geführt hat.« Schnitt von Schwarzweiß in die Farbe: Zwei Männer im Schnee kräftig ausschreitend. Zwei Schatten Seite an Seite, vor sich die Gipfel. Zwei Punkte auf einem endlosen Schneefeld. »Er hat alles nur für Adolf Hitler getan, der, wird er später sagen, eigentlich nur einen Freund gehabt habe, ihn – Albert Speer.« Zum Abschluß der Reihe: *Der Nachfolger* – Großadmiral Dönitz, der Gott der U-Bootwaffe. Ein Werbefilm wie von ihm bestellt. U-Boot ran an den Feind: Auslaufen, Tauchen, die Männer an die Gefechtsstationen, der Gegner im Fadenkreuz des Teleskops, im Feuerball das getroffene, berstende Schiff. »Von vier deutschen U-Boot-Fahrern kommen drei nicht zurück. 30 000 alliierte Seeleute sind ihre Opfer. Der Mann, der all das verantwortet, wird am Ende von seinem Führer noch belohnt. Er wird der Nachfolger.«

Diese Eingangsszenen sind mehr als nur der ausgeworfene Haken, in dessen Köder der Zuschauer sich lustvoll verbeißen und an dem er über die Länge des Films hängenbleiben soll. Wie am Beispiel Heß demonstriert, enthält der Vorspann das geheime Lebensdrehbuch auch der übrigen Protagonisten – jedenfalls nach Knopp.[3] Himmler, der »schmale, kränkliche Mann«, braucht kräftige Helfer, um vom Rand mehr ins Zentrum zu kommen. Um den letzten Schritt von der Randfigur zum Hauptdarsteller zu schaffen, muß er zum Verräter werden: Röhm hat er ausgelöscht, Heydrich hätte er vernichtet, wenn der nicht dem tödlichen Anschlag in Prag erlegen wäre. Selbst Hitler, seinen Gott, hat er am Ende durch Verrat zu entthronen versucht. Goebbels, der Herr des schönen Scheins und der täuschend echten Lügen, zugleich ein sechsfacher Kindermörder und der die Mordlust anstachelnde Baron Samedi des Regimes: Ihm verdankt Nazideutschland die Kreation des gottähnlichen *Führers* wie die des Blutzeugen *Horst Wessel*, er erscheint als der Schöpfer des deutschen *Filmwunders* und des *Volksempfängers* und wird zugleich als der jaulende Motor des Judenboykotts, der Bücherverbrennung, des Synagogenbrandes und des totalen Krieges vorgeführt. Der Starke, der Haß und Gewalt predigt, ist selbst ein Schwächling, behauptet der Film: Der »arbeitslose« Dichter und der von »Komplexen« bedrängte *Klumpfuß* Dr. Goebbels braucht zum Leben den starken Mann und zum Wohlbefinden die starken Worte. Göring, der Abenteurer, erfüllt die Prophezeiung seiner Mutter auf originelle Weise. Er wird beides – ein großer Mann und ein großer Krimineller. Die nicht zuletzt durch sein gesellschaftliches Renommee erlangte Macht zementiert er mit eiserner Faust – durch Polizeiterror, KZ-Haft, Mord – und verbirgt den Schlächter unter der Maske des jovialen und populären Volkshelden. Die Krankenakte einer psychiatrischen Klinik in Schweden, in die er wegen seiner beim Hitlerputsch erlittenen Verwundung und einer daraus folgenden Morphiumsucht 1925 eingeliefert worden ist, zeigt angeblich den wirklichen Göring – »brutaler Hysteriker mit schwachem Charakter«. Speer, der die Bauwunder der Antike zu übertreffen sucht, vertreibt die Berliner Juden aus ihren Wohnungen, um Platz zu schaffen für *Germania*. Speer, der den Krieg mit seinen Rüstungsfabriken gewinnen will, verbraucht, um sie in Gang zu halten, Zwangsarbeiter und KZ-Häftlinge und schafft damit ein »Rüstungswunder«. »Immerzu«, so erklärt uns der Film, »muß Speer beweisen, was er leisten kann. Wie als Student dem Vater, so will es jetzt der Minister dem Führer recht machen«. Die Zweifel ob der Opfer erstickt er in Arbeit. Nach dem Krieg wird daraus die Lüge, von Verbrechen nichts gewußt zu haben. Und Dönitz, von Hitler 1933 mit dem Aufbau der U-Boot-Flotte betraut, will nur eins: mehr U-Boote, mehr U-Boot-Bunker, mehr U-Boot-Einsätze, mehr U-Boot-Siege. Auch der offensichtliche Mißerfolg und das Mißverhältnis der eigenen Opfer können den gnadenlosen Großadmiral auf seinem Kurs nicht stoppen. Sein Antrieb: ein »monströser« Ehrgeiz und ein Hitlerglaube mit »irrealen Zügen«.

Man ahnt schon beim ersten Versuch, ein Destillat der Knoppschen Berichterstattung zu gewinnen, daß sie mit Rekonstruktion von Geschichte wenig im Sinn hat, sondern eher mit Scherenschnitten, die durch Auslassung von Geschichte entstanden sind. Über die Tatsache, daß Goebbels einer der Exponenten des sozialrevolutionären Flügels der Partei war und Hitler ausschließen wollte, bevor er zu ihm überlief, erfährt man ebensowenig wie über die Techniken seiner Propaganda und die Reichweite der mentalen Gleichschaltung. Himmlers Leistung für das System erschöpfte sich nicht in den Stichworten SS-Orden und KZ-System, sondern sie bestand vor allem in der Umwandlung des »emotionalen« Straßenterrors der SA in die »vernunftgeleitete« Vernichtungskapazität von bürokratischen Apparaten und mobilen Einsatzkommandos. Und Görings Rolle als Sprengmeister der demokratischen Institutionen, Pate der Wiederaufrüstung und Plünderer der *jüdischen* Vermögen bleibt völlig im dunkeln. Selbst über den Beitrag von Heß zur Programmatik der NSDAP oder seinen Einfluß auf Form und Inhalt von Hitlers *Mein Kampf* hätte es berichtenswerte Details gegeben. Schließlich lagen alle wissenschaftlichen Beweise für Speers Beteiligung an den Verbrechen und über seinen umfassenden Informationsstand vor.[4] Auch über den Schattenriß der Charaktere staunt man. Sie erklären sich offensichtlich nicht aus der Wechselwirkung von Individuum und Gesellschaft, familiären Prägungen und eigenen Erfahrungen, sondern sind allesamt einer deterministischen Vulgärpsychologie entsprungen: Speer im Kerker einer lebenslangen Vater-Sohn-Beziehung, die Jünger-Meister Variante bei Heß, die unentrinnbare Verstrickung von Haß und Selbsthaß bei Goebbels, der siamesische Zwilling Schwäche und Gewalt, der mal den Namen Görings, mal den von Himmler trägt. Als Blaupause scheint, oft bis in die Wortwahl, Joachim C. Fests allerdings profundere Porträtsammlung *Das Gesicht des Dritten Reiches* durch.[5]

Bei näherem Hinsehen zeigt sich, daß diese Reduktionen auf historische Scherenschnitte und charakterologische Schattenrisse nicht Ergebnis eines einfallslosen Herumschnipselns, sondern Produkt eines wohlüberlegten Konzepts und eines höchst professionellen Arbeitsvorgangs sind. Sie haben die herkömmliche Definition, daß beim Dokumentarfilm die Wirklichkeit das Drehbuch schreibt, also über die Organisation des Materials entscheidet, außer Kraft gesetzt.[6] Guido Knopp hat die für das Zustandekommen jedes Dokumentarfilms wichtigen, wenn auch gern verschwiegenen inszenatorischen Elemente zur Hauptsache erklärt und seinen Filmen Drehbücher geschrieben, wie sie sonst nur im Spielfilm üblich sind. Wie man in jedem diesbezüglichen Handbuch nachlesen kann,[7] muß eine gelungene Exposition gleich zu Beginn die drei wichtigsten Fragen beantworten: Wer ist die Person? Wovon handelt die Geschichte? In welcher Situation findet sie statt? Der Zuschauer von *Hitlers Helfer* weiß nach den ersten Filmminuten, wo er dran ist, und dank der antizipierenden Eingangssequenz genießt er den Vorteil, daß er mehr weiß als die Protagonisten, die gerade über den Bildschirm flimmern.[8]

Auch deren Leben verläuft entlang des Kreidestrichs, den das Drehbuch gezeichnet hat: ein die Lebensrichtung veränderndes Ereignis, der in einen Konflikt mündende Aufstieg, die erneute Intervention von außen, die Auflösung des Konflikts und das Ende. Die in Hitlers Schatten verlaufende Karriere von Heß hat, wie wir gesehen haben, schon Mitte der dreißiger Jahre ihren Zenit überschritten und endet beim

Fallschirmabsprung über England. Görings Aufstieg erfolgt in der Endphase des Kampfes um die Macht, der Abstieg in den körperlichen Verfall und den Wirklichkeitsverlust setzt ein, als der Krieg beginnt. Am Anfang von Himmlers Weg zum Dirigenten des Massenmords steht das Massaker an den Führern der SA im Sommer 1934, zehn Jahre später versucht er, mit konspirativen Friedensangeboten seinen Kopf aus der Schlinge zu ziehen. Speer gerät im Frühjahr 1944 aus dem Tritt und beginnt, ganz Manager des eigenen Fortkommens, sein »Doppelspiel« gegen Hitlers Untergangspolitik aber mit Durchhalteparolen für den Endsieg. Goebbels, seit 1926 als »der Trommler« des *Führers* selbst eine der Führungsfiguren, strauchelt fast über eine Liebesaffäre, wird durch Krieg und Krise gerettet und folgt seinem Meister in den selbstgewählten Bunkertod. Dönitz, seit 1943 zum innersten Machtzirkel gehörend, überlebt beide und wird zum grotesken Symbol des Untergangs.

Die Zeitpunkte, wann die Kurve steigt und wann sie abknickt – in der Sprache der Drehbuchschreiber die Plot Points – werden nicht durch politische Großereignisse bestimmt, sondern einzig und allein durch die Gnade bzw. den Gnadenentzug des *Führers*. Bei den Nazis der ersten Stunde wird die Hinwendung zu Hitler als »Erweckungserlebnis«, als Begegnung mit dem »Messias«, als »Überwältigung« beschrieben. Der Drehbuchschreiber übernimmt dieses Selbstbild des Hörigen. Und er folgt ihm auch, wenn er den erst Jahre später erfolgenden Aufstieg von Göring und Goebbels als »Ruf« und »Auftrag« darstellt. Bei Speer und Dönitz, beide ebenfalls Nazis, wird die Begegnung mit Hitler dagegen als Akt einer freien Entscheidung dargestellt und zum »Pakt mit dem Teufel« stilisiert. Der schwindelerregende Erfolg des unbekannten jungen Architekten, verrät uns Knopp, ist »die Geschichte von Faust und Mephisto« – zum größten Baumeister aufsteigen um den Preis, zum Komplizen eines Verbrechers zu werden. Und den ebenso ruhmsüchtigen U-Boot-Fanatiker, der um Schiffe schachert und mit dem Leben seiner Leute bezahlt, nennt er mit einem ebenso literarischen Verweis »des Teufels Admiral«. Der Karriereknick setzt ein, wenn die Gunst endet: Göring hat, als Hitler die Tschechoslowakei zerteilt und dann annektiert, »seinen direkten Kontakt mit Hitler verloren« und seinen Einfluß in der Außenpolitik an den Kriegstreiber Ribbentrop abtreten müssen. Goebbels ist bei Hitler »abgemeldet«, als er mit einer Liebesaffäre zum Störenfried wird. Mit dem Überfall auf die Synagogen versucht er, die verlorene »Gunst« seines Meisters zurückzugewinnen, »die ihm mehr wert ist als jede Liebe«. Speer fühlt sich im Frühjahr 1944, als er unter dem Druck der sich verschlechternden Kriegslage in die Krankheit flüchtet und seine Gegner ihn mit Gerüchten und Intrigen zu Fall bringen wollen, von Hitler »verschmäht« und bietet ihm seinen Rücktritt an. Der sendet Boten ans Bett des Ministers: »Bestellen Sie Speer, daß ich ihn liebhabe.« So wird aus Geschichte Unterhaltung, und Verbrechen werden zum Stoff einer Soap-Opera. *Dallas im Dritten Reich.* Sie bekommt durch die öffentlich inszenierten Selbstmorde Hitlers, Goebbels' und den etwas verstohleneren Himmlers den Trauerrand des Tragischen verpaßt, und das Tribunal der Sieger über den Rest der *Helfer* liefert ihr den weithin hallenden Ton des Weltgerichts.

Der Prototyp, einmal entwickelt, konnte in Serie gehen: 1998 folgten unter dem Titel *Hitlers Helfer – Täter und Vollstrecker* die filmischen Biographien von Adolf Eichmann, Baldur von Schirach, Martin Bormann, Joachim von Ribbentrop, Roland Freisler, Josef Mengele und im selben Jahr eine weitere Serie, die sich *Hitlers Kriegern* widmete – Rommel, Manstein, Paulus, Canaris, Keitel, Udet.[9] Die Auswahl der Protagonisten ist so zufällig wie im Prototyp der Serie: Sie suggeriert, wie die Reihentitel zeigen, Repräsentativität. Der Anspruch täuscht. Man vermißt in der ersten Staffel Ernst Röhm, den Schöpfer der SA und den neben Goebbels wichtigsten Garanten für Hitlers Aufstieg, und statt des Admirals Dönitz wäre hier Robert Ley, der das Arbeitsleben in die

Deutsche Arbeitsfront preßte und mit der Organisation *Kraft durch Freude* einen frühen Massentourismus ankurbelte, wichtiger gewesen. Bei der zweiten Serie fragt man sich, warum Reinhard Heydrich, der kühle Konstrukteur des SS-Systems, nicht auftaucht oder keiner aus der Garde der Gauleiter vorgestellt wird, die in den zwanziger Jahren die Ausbreitung der Partei bewerkstelligt hatten und die Hitler, trotz aller Skandale, nie fallenließ. Dieselben Fragen stellen sich bei der im selben Jahr produzierten Reihe *Hitlers Krieger*: Der Chef des Generalstabs des Heeres und Stratege des Rußlandfeldzuges, Franz Halder, oder der für die Nazifizierung der Reichswehr maßgebliche und als verbrecherischer Armeebefehlshaber stilbildende Generalfeldmarschall Walter von Reichenau wären wichtiger gewesen, um die Rolle der Wehrmacht als Säule des NS-Regimes zu verstehen, als Keitel und Paulus, die mediokren Generalstäbler aus der zweiten Reihe. Aber solche an der Kategorie der historischen Bedeutung oder der sozialen Repräsentativität orientierte Auswahlkriterien haben für Knopp keine Rolle gespielt. Er will, wie die letzte, im Jahr 2004 produzierte Serie *Hitlers Manager* unterstreicht, keine Geschichte, sondern bloß interessante Geschichten erzählen: unter anderen noch einmal die des Hitlerfreundes Albert Speer, der mittlerweile ins Gerede gekommen war, oder die Story des erst in den USA berühmt gewordenen Raketenkönigs Wernher von Braun, schließlich die Legende vom Vater des Volkswagens Ferdinand Porsche.[10]

»Die neue Dokumentarreihe«, so erklärte es 1997 das Presseheft zur Ausstrahlung der Serie *Hitlers Helfer*, »widmet sich den Paladinen, die das Profil der Diktatur prägten. Sie waren Träger der Macht – und ihre Vollstrecker. [...] Lebensläufe und Karrieren sehr unterschiedlicher Art, deren Wirkung im Geflecht der Diktatur und deren Verstrickung in die kriminellen Taten des Regimes ganz verschieden sind. Die Psychogramme aller dieser Männer helfen bei der Antwort auf die Frage, wie es *dazu* kommen konnte. Sind es ganz normale Verbrecher? Ausgestattet mit der gleichen kriminellen Energie, die ihren Chef beseelte? Oder *ganz normale Deutsche*, die durch ganz besondere Bedingungen und Zufälle in ganz besondere Positionen kommen konnten, die es ihnen möglich machten, ganz besondere Verbrechen zu begehen?«[11] Der Text macht nachdenklich. Die Einführung von zwei Kategorien von Naziverbrechern – den *normalen* und den *besonderen* – bestätigt einen schon vorher gehegten Verdacht: daß zwischen den hörigen Nazis der ersten Stunde, die wie normale Schwerverbrecher morden – aus Veranlagung oder weil sie auf die schiefe Bahn gerieten –, und denjenigen, die nach gehöriger Abwägung – durch einen »Pakt mit dem Teufel« – zu Komplizen des Verbrechens werden, unterschieden wird. Zu dieser letzteren Kategorie gehört offensichtlich die Kreativabteilung des Regimes – neben dem Leibarchitekten Speer verkaufen auch der Kunstflieger Ernst Udet, der Wüstenfuchs Erwin Rommel, die Autolegende Ferdinand Porsche und der Raketenmann Wernher von Braun ihre Seele dem Satan.[12] Bei diesem Deal muß es dann wohl regelmäßig zu dem eigentümlichen Zustand der »Verstrickung« gekommen sein, von dem niemand so recht weiß, was es damit auf sich hat, außer, daß der davon Betroffene wenig Chancen hat, sich aus seiner mißlichen Lage zu befreien.[13] Besonders zu bedauern sind diejenigen, die sich nicht selbst »verstricken«, sondern »verstrickt werden«. So ergeht es der ganzen Wehrmacht und vor allem ihrer Generalität – *Hitlers Kriegern*.[14] Ihr Verhältnis zum *Führer* wird mit einem Begriff gefaßt, den man bei Generälen am wenigsten erwartet – den des »Gefangenen«. Sie seien, erzählt Knopp, Gefangene ihres eigenen Zögerns geworden wie Paulus, des Gehorsams wie Manstein, der Loyalität wie Jodl, des Eides wie Keitel oder der Idee vom Vaterland wie Canaris.[15] Alle waren sie von Grund auf »unpolitisch« und sind nur Hitlers »dunkler Faszination« mehr oder weniger »verfallen«.[16]

Die Bedingungen dafür, Hitlers Sklave, sein *Faust* oder sein Gefangener zu werden, verrät uns Knopp, sind früh ge-

170

legt. Sie liegen im Charakter. Was wir bei den Nazis der ersten Staffel gelernt haben, wiederholt sich in den folgenden
Reihen: Baldur von Schirach findet im *Führer* den Vater,
Freisler ist schon durch sein Schulzeugnis – Fleiß und Be-
tragen: gut – als Anpasser ausgewiesen, Ribbentrop ist von
früh an nur eins – der Aufsteiger, Wernher von Braun will
auf den Mond, Porsche ist als Technik-Maniac auf die Welt
gekommen, Jodl und Manstein dienten im jugendlichen
Alter als Leibpagen, ihr künftiger Weg in den Kerker von
Gehorsam und Loyalität war damit entschieden. Jetzt fehlt
nur noch der Einbruch der Geschichte. Fertig ist das
Psychogramm, das erklärt, »wie es *dazu* kommen konnte«.
Um es vorweg zu nehmen: Man mag die Streifen vor- und
rückwärts spulen, so oft man will, die Antwort gibt es nicht.
Knopp hat keine Vorstellung von individuellen Prägungen
und traditionellen, gesellschaftlich verankerten Konditionie-
rungen, er vermag die Erfahrung einer Generation nicht zu
erfassen und sie zu den Wirkkräften der Zeit in Beziehung
zu setzen, er weiß nichts von lange vorhandenen Feindbil-
dern oder Ideologien und wie sie in einer bestimmten historischen Situation als *Weltanschauung* zur Radikalisierung
ganzer Schichten der Gesellschaft und zum Kollaps der bestehenden Institutionen führen können. Er kennt nur den
Kurzschluß zwischen individueller Macke, historischer
Katastrophe und dem Großereignis Hitler. In der Explosion,
die dem Kurzschluß folgt, ist nichts mehr zu erkennen, und
auch danach ist keine Spurensicherung mehr möglich.
Knopp hat, angesprochen auf das offensichtliche Scheitern
seines großangekündigten Projekts, zu erklären, »wie es
dazu kommen konnte«, ungewohnt kleinlaut zu Protokoll
gegeben, er habe »indirekt« ein Psychogramm von *Hitlers
Helfern* geliefert. Um dann den Kern seines Scheitern zu of-
fenbaren: Seine Protagonisten seien alle keine geborenen
Verbrecher gewesen, sondern mittelmäßige Menschen, »die
erst durch eigene Schwäche, eigenen Ehrgeiz, die Versu-
chungen der Macht« zu denen wurden, als die die Nachwelt

sie kennt.[17] Knopp, das ist offensichtlich, hat keine Vorstellung von Gesellschaft. Er kennt nur die Einzelnen und
den Einen.[18]

Teppich und Tapete

Geschichte kommt für Knopp als Sog daher. Kaum hat man
den knappen Satz registriert, der Held stamme »aus gutem
Hause« oder komme »aus einer wohlhabenden Familie«,
rasch einen Blick auf das Bild des aufgeweckten Zwei- oder
Dreijährigen geworfen, vielleicht noch das obligatorische
Klassenfoto aus Schule oder Kadettenanstalt zur Kenntnis
genommen, verschlingt einen buchstäblich das Inferno des
Ersten Weltkrieges: die Einschläge der Granaten mit den
Explosionswolken aus Dreck und Eisen, die verdreckten
und übernächtigten Soldaten in den Unterständen, der
Sturmlauf ins feindliche Feuer und der Sturzbach der Ge-
troffenen, die Tanks, die wie eiserne Echsen über die jetzt
leeren Gräben und das zerfetzte Schlachtfeld kriechen, da-
zwischengeschnitten, je nach Waffengattung des Helden,
Husaren beim Aufgalopp, feuernde Geschützbatterien,
Flieger im Luftkampf, abtauchende Torpedoboote.

Dann das Kriegsende November 1918: meuternde Soldaten, mit Karabinern auf den Straßen oder mit Maschinengewehren in einem Gebäude verschanzt, Demonstrations-
züge, ein Verwundeter wird von Kameraden aus der
Gefahrenzone gebracht, fahnengeschmückte Lastkraftwagen
mit bewaffnetem Nachschub, eine Gruppe Verhafteter wird
unter Bewachung abgeführt, einmarschierende Freikorps –
und als Kommentar darübergelegt: »Anarchie«, »Chaos«,
»wirre Zeiten«. Nur in einem der zwei Dutzend Filme ein
Hinweis darauf, was sich wirklich damals ereignet hat – eine
»Revolution«. Es fallen Stichworte wie »Dolchstoß« oder
»Versailles« oder »Verrat«. Und dann erscheint der, der den
Ausweg weiß: auf der Bühne redend, drohend, schreiend

oder mit gerecktem Arm am Straßenrand die noch ungeord-
neten Haufen, die größer gewordenen Marschkolonnen seiner Getreuen grüßend. Das Unheil nimmt seinen Lauf.
Manchmal noch verzögert. Dann hat die Weimarer Republik
ihren Auftritt: Ebert mit Zylinder, leichtbekleidete Tänze-
rinnen in Berliner Nachtbars und Revuetheatern. Schnitt
und noch einmal Chaos und Anarchie: Wartende Arbeitslose, verzweifelte Menschen, Saalschlachten, Straßenkämpfe, Kommunistische Agitatoren, LKWs mit SA-Kom-
mandos. Und das glückliche Ende: Hitler als Reichskanzler,
das Kabinett tritt zusammen, der nächtliche, nicht abreißende Fackelzug, Fahnen, SA, Horst-Wessel-Lied, der
Führer grüßend am Fenster seines neuen Amtssitzes. Das ist
die Erklärung, »wie es *dazu* kommen konnte«. Es ist die
Nazi-Erklärung der Geschichte jener Jahre – die mythische
Erzählung von der Passion des deutschen Volkes und dessen Erlösung durch Hitler. Der Kommentar versucht zwar,
dies als die subjektive Wahrnehmung seiner Protagonisten
zu markieren, aber er tut es nicht immer. Und vor allem: Die
Bilder sind stärker als die fein ziselierten Worte, sie bleiben
hängen und ihre Botschaft – Chaos, Schmach und glückliche Wende.

Der Zuschauer fühlt sich mit der Zeit, von Film zu Film,
in diesem Welterklärungsmuster zu Hause. Wenn er älter ist,
weil er das schon einmal gehört hat. Wenn er im Krieg oder
danach geboren wurde, weiß er jetzt, wie alles ablief und
warum es so kam – weil sich die Bilder und die Stichworte
wiederholen. In jedem Film derselbe Schützengraben, dieselben Granaten, derselbe Angriff, dieselben Tanks – Erster
Weltkrieg. Dieselben meuternden Soldaten, dieselben De-
monstrationen, immer wieder der Verwundete und die Ver-
hafteten – Kriegsende 1918. Ebert und die Revuegirls – Weimarer Republik. Saalschlachten, Straßenkämpfe – das Ende
der Republik. Der Fackelzug, mal in Schwarzweiß, mal in
Farbe, aber immer mit Brandenburger Tor und Horst-
Wessel-Lied – die Machtübernahme am 30. Januar 1933.

Geschichte wird mit der Zeit zu etwas, das zur Einrichtung gehört – wie ein Teppich oder wie eine Tapete. Sie hat alles Fremdartige und alles Beängstigende verloren, sie hinterläßt keine Fragen und keine Zweifel. Dieses Gefühl hält an, wenn Deutschland zu Nazideutschland geworden ist. Nur wenige immer wiederkehrende Bildmotive – Militärparaden, der Eid auf den *Führer*, der Reichsparteitag – verkünden, daß es wieder Ordnung, Verläßlichkeit, Gemeinschaft gibt. Dann das Entstehen des *Großdeutschen Reiches*: Hitler im offenen Wagen auf der Fahrt nach Wien und ins Sudetenland, keine Waffen, nur Jubel und Begeisterung. Die Blitzkriege: Vormarsch, Stukas, Panzer, am Ende die Siegesparade im zerbombten Warschau oder auf den Pariser Champs-Elysées. Der *Führer* vor der Kulisse des Eiffelturms und Rückkehr nach Berlin: die Straßen ein Blumenteppich, die Menschenmasse im Rausch. Dann ändert sich das Bild: Luftkämpfe und brennendes London. Ab jetzt laufen die Kriegslieder auf der Tonspule mit: »Wenn wir fliegen gen Engeland ...« Einmarsch in die Sowjetunion. Schweres Geschütz, Panzerkeile, die deutschen Marschkolonnen und die nach rückwärts geführten Gefangenenheere: »Führer befiehl, wir folgen dir!« Das Unheil: mahlende Panzerketten im Schlamm, ein erfrorener Soldat im Schnee, Schneesturm, das Ende des Vormarsches vor Moskau. Karten, darübergebeugte Uniformträger, Lagebesprechung, Hitler mit seinen Generälen. Stalingrad: noch einmal der erfrorene Soldat im Schnee, die toten Gesichter der Übriggebliebenen, der Elendsmarsch in die Gefangenschaft. Die Invasion: die Übermacht des Materials. Und das Attentat: der Riß in der Volksgemeinschaft.

Die Geschichte ist in diesen Standard-Einstellungen erstarrt. Aus ihrem disparaten und komplexen Material ist ein Rahmen geworden, der die Wahrnehmung lenkt und kanonisiert. Diese Wirkung drängt sich vor allem auf, wenn der Triumph ins Unheil abdriftet und zur Katastrophe wird – im Winter 1941 vor Moskau und dann ein Jahr später in Stalingrad. Dann wird die Zeichensprache deutlich verknappt, die laufenden Bilder gerinnen fast zu Standfotos. Auch die Darstellung der Verbrechen folgt diesem Muster. Die Judenverfolgung im Vorkriegsdeutschland: das Bild einer brennenden Synagoge. Die Massenmorde der Einsatzgruppen und der Terror der Polizei in der besetzten Sowjetunion: die gefilmte Judenerschießung in den Dünen von Libau und eine Szene, in der ein Polizist Mutter und Kind mit einem Fußtritt voneinander trennt. Der Holocaust: fahrende Deportationszüge und ein Flug über die Baracken der Lagerstadt Auschwitz. Alle diese Aufnahmen sind aus gehöriger Distanz aufgenommen oder weit entfernt und noch dazu unscharf. Es besteht also keine Gefahr, ihnen so nahe zu kommen, daß Gefühle entstehen und mit ihnen schlechte Erinnerungen oder quälende Fragen. Spätestens wenn man die Bilder ein zweites Mal sieht, ist das Thema unter Kontrolle.

Saul Padover, der amerikanische Offizier, der als Mitarbeiter der *Abteilung für psychologische Kriegsführung* aufgrund seiner ab Herbst 1944 in den befreiten Gebieten durchgeführten Interviews zu einem der besten Kenner der Mentalität in der Nazizeit wurde, hat bestätigt, wie sich ein bestimmtes, standardisiertes Bild von Geschichte in die Köpfe der Deutschen eingebrannt hatte: das Diktat von Versailles, Ebert, mit dem alles schlimmer wurde, Sehnsucht nach besseren Zeiten, Hitlers Erscheinen, er wird Reichskanzler, Arbeit und Brot, Deutschlands Aufstieg, das Volk hinter dem *Führer*, der Krieg, die Wehrmacht stürmt von Sieg zu Sieg, Stalingrad, das Vertrauen schwindet, das Ende, die Front war zu groß, armes Deutschland. Diese Nacherzählung, die die Volksschullehrerin Agnes Pernitz 1944 in Roetgen bei Aachen dem US-Offizier Saul Padover aufs Tonband gesprochen hat, entspricht, mit Ausnahme der Verbrechen, die sie nicht erwähnt, der Geschichte, die in Knopps Filmen abgespult wird.[19] Und dieses Bild hat in den Köpfen von großen Teilen der älteren Generation bis heute überlebt. Es gibt, so der Befund eines neueren wissenschaftliche Interviewprojekts, offenbar »so etwas wie einen gesellschaftlich standardisierten Assoziationsraum der NS-Vergangenheit, und dieser Raum scheint mit einem klar begrenzten und bekannten Inventar von Bildern und Tönen ausgestattet zu sein«. Abweichungen davon werden, wie ein Experiment im Rahmen des Projekts gezeigt hat, mit Irritation aufgenommen.[20] Jetzt ahnt man, warum Knopp die Geschichte so erzählt: Seine Zuschauer können sich darin wie zu Hause fühlen.

Zu diesem Gefühl des Vertrauten und der Kontrolle tragen die Zeitzeugen bei, von denen jedesmal an die zwanzig auftreten. Abgesehen davon, daß diese Spezies von Akteuren aufgrund ihrer unmittelbaren Erlebnisse und des emotionalen Nachhalls beim Erzählen generell ein Klima von Glaubwürdigkeit und Autorität verbreiten,[21] vertreten Knopps sorgfältig sortierte Geschichtsagenten die ältere Generation am Set. Anklagen und Verbrechensgeschichten sind von den wenigsten zu erwarten. Die Volksgemeinschaft unter sich. Abgesehen von den stets wechselnden Angehörigen, Freunden, Sekretärinnen und Adjutanten sind die meisten übrigen Zeitzeugen dem Zuschauer längst alte Bekannte geworden, weil viele von ihnen in vielen Filmen auftreten: Rochus Misch, ein Soldat in Hitlers Stab, Inge Deutschkron und Arno Hamburger als Vertreter der deutschen Juden, Heinrich Graf von Einsiedel, Leutnant der Wehrmacht, Ludwig Baumann, Deserteur, Johann Graf Kielmannsegg, Karl Böhm-Tettelbach und Bernd Freytag von Loringhoven, Generalstabsoffiziere, Georg Lindemann und Ewald von Kleist, Offiziere aus dem Widerstand, natürlich Traudl Junge, Hitlers Sekretärin, als Dauergast Reinhard Spitzy und natürlich das Personal des Nürnberger Gerichtshofs – Verhöroffiziere, Dolmetscher, der Chefankläger.[22] Zwar wechseln manchmal die Berufsbezeichnungen oder die Identität, was weniger Versetzungen oder Abkommandierungen geschuldet ist, als vielmehr den Erfordernissen der Dramaturgie: Der Wert des Zeitzeugen bemißt sich nach der Nähe zur jeweiligen Hauptperson. Also wird diese Nähe durch die entsprechende Ankündigung notfalls nachträglich hergestellt. Spitzy, der in sieben Filmen auftaucht, ist fast in jedem ein anderer: Mal fungiert er als »Referent bei Hitler«, mal als »Referent bei Ribbentrop«, mal als »Mitarbeiter von Canaris« und schließlich eher formlos als »NS-Diplomat«. Der Augenzeuge Lindemann erscheint sogar innerhalb eines einzigen Films, je nach Situation, in vier unterschiedlichen Rollen.[23] Knopps Zuschauer werden für diese Abwechslung dankbar sein. Hauptsache, die Zeitzeugen fassen sich kurz und haben was zu erzählen. Außerdem kennt man die Gesichter. Sie sind die Muster in Teppich und Tapete.

Ehre, Stolz und Heldentum

Guido Knopp hat 1988 in einem von ihm mitherausgegebenen Handbuch *Geschichte im Fernsehen* so etwas wie eine programmatische Erklärung abgegeben.[24] Ausgehend von der Möglichkeit der elektronischen Medien, über die Vermittlung von Geschichtskenntnissen hinaus auch »Neugier, Anteilnahme, Spannung und Betroffenheit« zu wecken,[25] formulierte er vier Ziele: 1. Es komme darauf an, Themen aus der jüngsten Vergangenheit zu präsentieren, »die uns besonders *nahe*gehen«; sie böten die Chance, daß der Zuschauer sich darin »wiedererkennt oder sich identifizieren darf«. 2. Eine solche Nähe werde verstärkt, wenn Geschichte »menschlich« dargestellt, also »personalisiert« werde; eine auf diese Weise erreichte »›sinnliche‹ Erfahrung von Geschichte« könne das »Mitdenken« erleichtern und die Bereitschaft fördern, auch »nüchterne« wissenschaftliche Resultate »zu akzeptieren«.[26] 3. Ein so verstandenes Fernsehen habe keine Bildungspräferenz, sondern wolle »Sendungen für alle Zuschauerschichten« produzieren – »für Lieschen Müller also ebenso wie für Dr. Elisabeth Müller«.[27] 4. Diese Orientierung auf ein Massenpublikum sei besonders in

Deutschland notwendig, in einem Land, das sich mit seiner Identität schwer tue: Das liege »an unserer ›lästigen Erbschaft‹ – an Hitler-Diktatur und Holocaust«;[28] eine neue Präsentationsform von Geschichte im Fernsehen könne die auseinanderklaffenden Extreme von »Trauerarbeit« und »Identitätsfindung« in Balance bringen und das offensichtliche »Defizit an ›Wir-Bewußtsein‹« beseitigen helfen.[29]

Mit dieser Zielsetzung, durch das Medium Fernsehen zur Herausbildung einer deutschen Identität beizutragen, ordnete sich Knopp jener durch den Machtantritt der Regierung Kohl ausgelösten konservativen Aufbruchsbewegung zu, die – wie der *Historikerstreit* gezeigt hat – der Geschichte eine neue patriotische Funktion zuschreiben wollte.[30] Der Identitätsstifter, der sein Studium der Geschichte mit einer Promotion zur Weimarer Republik abgeschlossen hatte und danach Redakteur bei der *Frankfurter Allgemeinen Zeitung* und der *Welt am Sonntag* gewesen war, arbeitete seit 1978 beim ZDF und war dort 1984 Leiter der von ihm gegründeten Redaktion Zeitgeschichte geworden.[31] Schon die ersten Dokumentarfilme, die er produzierte, waren auf die Chefetage des Dritten Reiches zentriert und zeigten das deutsche Volk als verführtes oder getäuschtes Opfer.[32] Diese Erstlinge, so der amerikanische Historiker Wulf Kansteiner, hätten bereits Knopps »Geschick« bewiesen, »den Nationalsozialismus so darzustellen, daß seine Deutungen für große Teile der bundesrepublikanischen Gesellschaft akzeptabel waren«.[33] Den Durchbruch schaffte der neue Chronist des *Dritten Reiches* 1991 mit der 17teiligen, gemeinsam mit dem russischen Fernsehen produzierten Serie *Der verdammte Krieg*, in dem es um den Überfall auf die Sowjetunion ging, und endgültig 1995 mit dem Sechsteiler *Hitler – Eine Bilanz*.[34] Die Hitler-Serie orientierte sich nicht an Fests Film, aber dafür um so strikter an dessen Biographie – Hitler war für Knopp »der Schreibtischtäter Nummer eins«, ohne den »der ganze Spuk« zerfallen wäre[35] – und entwickelte die formalen Neuerungen, die zu seinem Markenzeichen wurden:

die Kombination von historischem Filmmaterial mit neu-
gedrehten Sequenzen an den Tatorten, knappen Zeitzeugen-
berichten vor dunklem Hintergrund, abgefilmten und also
beschleunigten Fotos, in diffusem Licht nachgestellten
Spielszenen, das Ganze zusammengehalten und vorangetrie-
ben durch einen schlagwortartigen, auf Effekte angelegten
Kommentar und eine permanente, je nach Situation variierte
Musik.[36] Knopp hat 1999, mittlerweile ein erfolgreicher
Fernsehmann, in einem Positionspapier sein »historisches
Ereignisfernsehen« als einzige Chance bezeichnet, bei der
Flut von medialen Unterhaltungsangeboten ein Millionen-
publikum zu erreichen. Und dieses Ziel ist für ihn ein Muß –
»Aufklärung braucht Reichweite«. Felsenfest davon über-
zeugt, daß in seinen Serien »Qualität und Quote« zur
Deckung kommen, schreibt er ihnen nicht weniger zu, als
daß sie zu einer »Demokratisierung des historischen Dis-
kurses« beitrügen.[37]

Daß diese Filme ihr Publikum erreichen, zeigt: Die Machart kommt an. Knopp hat sie nicht erfunden, sondern er hat
von anglo-amerikanischen Vorbildern gelernt. Darauf gestützt, war er im Bereich des öffentlich-rechtlichen Fernsehens der erste, der auf die von den Kommerzsendern praktizierte Trivialisierung der Programme und den dadurch
ausgelösten Quotenkampf mit Erfolg reagierte.[38] Er hat das
bis dahin oft betuliche und wortreiche deutsche Bebilde-
rungsfernsehen in ein spannend gemachtes, vom visuellen
Material lebendes und die Techniken des modernen Films
nutzendes Bilderfernsehen verwandelt. Ihm vorzuwerfen, er
habe »aus der Historie einen Videoclip« gemacht, bei dem
»die Linearität des dokumentarischen Erzählens« verloren-
gehe, ist ebenso altbacken-elitär[39] wie die Kritik, er produ-
ziere »Nazi-Kitsch«, akademisch-eng ist[40]. Es geht weder
um die Rettung des deutschen Dokumentarfilms noch um
Fragen des Geschmacks, sondern darum, wie man für die
ebenso komplexe wie emotionsgeladene Geschichte des
Dritten Reiches mediale Formen entwickelt, die auch ein

Massenpublikum und vor allem junge Leute fesseln können. Insofern wird man Knopps Anspruch ebenso begrüßen wie man an der Feststellung nicht vorbeikommt, daß er die Erzählweise des Dokumentarfernsehens in Deutschland innovativ verändert hat.[41] Allerdings lohnt die Frage, ob sein erfolgreiches Fernsehen auch zur »Aufklärung« beiträgt und tatsächlich eine »Demokratisierung des historischen Diskurses« bewirkt. Möglicherweise verdankt sich ja die *Reichweite*, die er vorweisen kann, weniger seiner temporeichen Bildersprache als vielmehr dem, was sie vermittelt. Für diese Vermutung spricht die oben beschriebene Verwandlung von Geschichte in eine Geschichtstapete. Die dadurch geweckten Zweifel am *Aufklärer* und *Demokratisierer* Knopp werden noch stärker, wenn man sich einzelne Muster dieser Tapete näher anschaut.

Hitler ist deren unbestrittener und allzeit präsenter Mittelpunkt. Er beherrscht die Szene in allen Rollen. Als Redner. Die Verknappung, die er am Schneidetisch des ZDF erfahren hat, bekommt ihm gut: kurze Auftritte aus der *Kampfzeit*, die seinen fanatischen Willen zur Macht belegen, oder Sätze des *Staatsmannes*, die wie Gesetze klingen – ein einziges Kraftzentrum. Der Feldherr: zu Besuch bei den Truppenteilen, Tag der Wehrmacht, am Kartentisch, die Front, inspizierend, die Paraden nach den Blitzkriegen, bei der Besichtigung neuer Waffen – ein Soldat unter Soldaten. Der Sieger: am Fenster nach der Machtübernahme, bei den Olympischen Spielen, auf dem Heldenplatz in Wien, im Sudetenland, Einfahrt in Berlin nach dem Sieg im Westen – das Objekt der Verzückung. Der *Führer*: Fahnenweihe, Totenehrung, Reichsparteitag – der entrückte Gesandte der Vorsehung. Nürnberg ist das Zentrum des Kultes, hier wird Jahr für Jahr der Bund zwischen *Führer* und *Gefolgschaft* rituell gefeiert. Der Mittelpunkt aber, von dem alles ausgeht und wohin alles zurückkehrt, ist der Berghof. An diesem magischen Ort, fern von den Menschen, auf Augenhöhe mit den Gipfeln, im Angesicht des Schicksals, wirkt der *Führer*.

Hier denkt er nach, hier bespricht er sich mit den engsten Mitarbeitern, hier fällt er die Entscheidungen, hier ist er in kurzen Pausen auch einmal Mensch, mit jungen Hunden oder Kindern, hierhin zitiert er diejenigen, die, wie Goebbels, gestrauchelt sind oder solche wie Porsche, die ihm das Zukunftsprojekt VW vorführen, hier schaut er, mit dem Rücken zum Betrachter, lange und schweigend in die Zukunft. Der Berghof ist der einzige Ort, der in jedem Film der ersten Serie und immer als farbige Sequenz vorkommt. Das Material entstammt einem Amateurfilm von Eva Braun, der Hitler-Intima. Aber das ist nicht der einzige Grund, warum diese Privataufnahmen so wirkungsvoll sind. Es liegt auch daran, daß sie nicht in Schwarzweiß, sondern in Farbe gedreht sind. Farbe, weil sie unserer Wahrnehmung entspricht, überspringt den natürlichen Abstand, der allem Vergangenen anhaftet. Sie schafft Nähe und stellt Intimität her.[42] Knopp will ein Fernsehen, das »Nähe« schafft, das den Abstand der Geschichte verkürzt und einebnet, er will Geschichte und auch Hitler – »zum Anfassen«.[43] Deshalb hat er diesen Amateurfilm in zahlreiche Beiträge seiner Serien einmontiert und so, gegen alle historischen Fakten, den Obersalzberg in den bayrischen Alpen zur Hauptstadt und den dort gelegenen Berghof zum Entscheidungszentrum des *Dritten Reiches* gemacht.

Die Herkunft des privaten Berghof-Films wird dem Zuschauer nicht mitgeteilt. Auch über die Masse des sonst verwendeten historischen Filmmaterials erfahren Knopps Kunden nichts. Es stammt sämtlich aus den Archiven Nazideutschlands, stellt also kein Abbild dieser Epoche, sondern deren von Goebbels fabriziertes Selbstbild dar. Der Hitler, der in Knopps Geschichtsfernsehen auftaucht, ist derselbe, den Millionen von Volksgenossen und Volksgenossinnen damals im Film zu sehen bekamen. Sein Fernsehen ist die Naziwochenschau mit anderen Mitteln. Ein Hinweis auf diese Provenienz erfolgt nur in den seltenen Fällen, wenn Wochenschau-Ausschnitte mit dazugehörigem Ton verwendet werden. Während Knopp vollmundig behauptet, daß seine Filme – in bewußter Abgrenzung zu Fests affirmativem Hitler-Film – die verwendeten Propagandaprodukte »brechen« und damit unschädlich machen würden,[44] reproduzieren sie ungebrochen »die ideologische Weltsicht der Nazis« und lassen sie für den Betrachter zur »historischen Wirklichkeit« werden.[45] Ein Kritiker hat Knopps Fernsehen vorgeworfen, es inszeniere »die mediale Verlängerung des Führerprinzips in die Gegenwart«.[46] Er hat recht: Hitler lebt.

Ähnliches läßt sich auch von anderen Hauptakteuren des Dritten Reiches, z. B. von der Waffen-SS, sagen. Ihr wird gleich im zweiten Film der Reihe, im Beitrag über Himmler, eine ungewöhnlich lange Sequenz gewidmet. Hintergrund ist die mit neu gedrehten Bildern des Quedlinburger Domes aufwendig erzählte und von gregorianischen Gesängen begleitete Story, wie der *Reichsführer SS* am Grabe und im Geiste König Heinrichs I. seinen schwarzen Orden begründet hat. Es folgt die Weihefeier einer SS-Formation, die sich im nächtlichen Schneetreiben um einen lodernden Scheiterhaufen aufgebaut hat, unter martialischen Stahlhelmen junge Gesichter, darauf das Zucken der Flammen, aus dem Off Himmlers Stimme: »So sind wir angetreten und marschieren nach unabänderlichen Gesetzen, ein soldatischer, nationalsozialistischer Orden nordisch bestimmter Männer [...]. Wir gehen den Weg in eine ferne Zukunft.« Während der Kommentar zunächst ironisch diese Suada aufgreift, von einem Marsch in den »nordischen Nebel«, von einem »irrlichternden Häuflein« und von einer »trüben Zukunft« spricht, verfällt er in denselben romantisch verquasten Existentialismus, als der Film von der kultischen Feier in den tödlichen Ernst umspringt – eine Handvoll SS-Männer in den berühmten gefleckten Tarnuniformen bringen eine Pak in Stellung, drei Kämpfer im Erdloch mit dem MG in Aktion, eine Flammenwand, auffahrende Kradschützen gefolgt von einem LKW mit Tarnabdeckung, Absitzen und geducktes Losstürmen, Häuserkampf, ein toter SS-Mann im Trümmergeröll. Der Kommentar: »Himmlers Todessucher in Aktion. Für sie gab es kein irdisches Paradies und kein Paradies im Jenseits. Sie glaubten nur an den Kampf um seiner selbst willen.« Den Text hätte auch der Kriegsberichter einer Propaganda-Kompanie der Waffen-SS absetzen können. Schnitt: Besuch des *Führers* bei der *Leibstandarte Adolf Hitler* im Polenfeldzug. Schnitt auf die Kathedrale und den Marktplatz von Nancy: Im Karree angetreten Regimenter der Waffen-SS, das Gewehr präsentiert, die Reihen ausgerichtet, die Gesichter zu allem entschlossen. Himmler verabschiedet seine Krieger. Die Waffen-SS, so der Kommentar plötzlich kritisch, habe eine »soldatische Elite« sein wollen, aber auch aus ihren Reihen seien »Kriegsverbrechen« begangen worden. Die Kritik hält nur für einen Satz lang. Schon haben zwei Zeitzeugen von der Waffen-SS posto gefaßt und wehren sich gegen jeden Verdacht, man habe mit dem andern Teil der »Firma«, mit Gestapo und SD, auch nur das geringste zu tun gehabt: »Wir waren ausgezeichnete Soldaten.« Oder bezogen auf die »Henker« der Einsatzgruppen des SD: »Es war keinerlei Verbindung und Beziehung, die haben wir verachtet und geächtet.«[47] Der Historiker Knopp weiß, daß das eine Lüge ist: Die Waffen-SS hat ihren Ursprung in den Wachmannschaften der KZ, und zumindest ihre Kader haben sich immer wieder von dort ergänzt oder sind dorthin zurückgekehrt. Dennoch attestiert er den Geschichtsfälschern, die den Tarnanzug mit der Strickweste vertauscht haben und empört darauf pochen, zwischen der soldatischen Elite Waffen-SS und den meuchelnden Henkern Himmlers zu unterscheiden, daß sie im Recht sind. »Himmler aber«, so Knopp, »bei allem Stolz auf die Waffen-SS, war kein Soldat, sondern Polizist. SD, Gestapo, Einsatzkommandos, das ist Himmlers Welt. Er führt seinen Kampf gegen die Schwachen.« Im Bild Himmlers Opfer: Zivilisten, die abtransportiert werden, ein Exekutionskommando, ein junger Pole mit Judenstern. Wann immer in den folgenden Filmen die ausgehauenen Marschblöcke der SS oder ein SS-Mann in seiner einschüchternd schönen Montur auftauchten, wird man sich an diese Lektion erinnern. Die Waffen-SS – ein Hohelied auf Kampf und Tod.

Das ist das Stichwort, über den dritten Akteur zu sprechen, dem Knopps Filme eine gleißende Bühne schafft – die Wehrmacht. Anders als die Waffen-SS, der nur ein einziges Mal ein allerdings bombastischer Epitaph gesetzt wird, ist die Wehrmacht in jedem Film präsent. Fast die Hälfte der Filme beschäftigen sich nur mit ihr. Wir erinnern uns: Ein fester Bestandteil der Standard-Erzählung aller Serien sind die Blitzkriege und Blitzsiege der Jahre 1939/40, denen durch eine Wendung des Schicksals das Unheil vor Moskau, die Katastrophe in Stalingrad, die Landung der Alliierten und der Sturm auf Berlin folgten. Was von diesen virtuos montierten Kurz-Wochenschauen, an denen der Erfinder Goebbels seine reine Freude gehabt hätte, hängenbleibt, ist die unwiderstehliche Kraft des deutschen Angriffs und das Tempo der deutschen Siege, die strategische Leistung der Generalität und die Überlegenheit der Waffen zumindest in der Anfangsphase des Krieges, die selbstverständliche Tapferkeit des deutschen Soldaten und sein Heldenmut auch in aussichtsloser Lage. An der Wende – an den Katastrophen wie an der endgültigen Niederlage – trug allein Hitlers Starrsinn die Schuld.

Diese Nebenmotive werden in zahlreichen Filmen zum Hauptmotiv – in den sechs Teilen der Reihe *Hitlers Krieger*, aber auch in den Beiträgen zu Dönitz, Jodl, Udet und Wernher von Braun. Diese Filme erlauben, einzelne Kriegsschauplätze, Waffengattungen oder Wehrmachtsdienststellen ausführlich darzustellen. Dönitz, der nur forsch, ehrgeizig und gefühllos, also unsympathisch ist, erscheint wie ein Aufhänger, um den heroischen, aber gescheiterten Einsatz der U-Boot-Waffe im Atlantik vorzuführen. Der ebenso blasse, aber immerhin sich abquälende Paulus bietet die Gelegenheit, die Schlacht von Stalingrad zu reinszenieren und die Generalstabsdebatte Ausbruch oder Halten unter selbsternannten Experten fortzuführen. Manstein, »Hitlers Wunderwaffe«, wie der Kommentar ihn süffig nennt, demonstriert das strategische Genie deutscher Truppenkommandeure – beim triumphalen *Unternehmen Sichelschnitt* im Westfeldzug wie im Kampf um die uneinnehmbare, aber von ihm natürlich geknackte Festung Sewastopol auf der Krim. Zugleich erzählt der Film die Lieblingsgeschichte der geschlagenen deutschen Generäle – die Klage über ihre durch Hitlers Unfähigkeit »verlorenen Siege«. In Rommel erleben wir den Typ Haudegen mit Herz und kriegen einen kompletten Kriegsfilm zu sehen – Polenfeldzug als Begleitkommando des *Führers*, der Sturmlauf der 7. Panzerdivision in Frankreich, Triumph und Ende des *Afrikakorps*, die Invasion. *Ernst Udet* ist ein Film über die Fliegerei, *Wernher von Braun* einer über die deutsche Raketenwaffe, die zwar für den *Endsieg* noch nicht ausreichte, aber dafür später die Landung auf dem Mond möglich machte. Natürlich sind auch große Teile der Biographien von Canaris, Speer und Porsche Beiträge zu Wehrmacht und Krieg: ziemlich offene Loblieder auf die Raffinesse der von Canaris geleiteten militärischen Abwehr, auf das Speersche Rüstungswunder bzw. auf ein Genie deutscher Ingenieurskunst namens Porsche. Selbst die in Nürnberg zum Tod verurteilten Generäle Keitel und Jodl, eine ausgestopfte Uniform der eine, ein Arbeitstier ohne Ausstrahlung der andere, erlauben interessante Blicke. *Jodl*, ein Lehrfilm aus dem Generalstab, führt, mit den Mitteln moderner Computeranimation, auf siegreiche Nebenschauplätze: Hautnah zu erleben sind der Überfall auf Dänemark/ Norwegen mit dem zwar tragischen Verlust von zehn deutschen Zerstörern, aber auch dem schließlich heldenhaften Sieg der Gebirgsjäger bei Narvik und der Vorstoß derselben Waffengattung in den Kaukasus bis auf den Schneegipfel des Elbrus. So erfährt auch die umstrittene Edelweißtruppe ein Stück öffentlich-rechtlicher Würdigung. *Keitel* schließlich, Knopps Hauptkriegsverbrecher unter den Generälen, nimmt uns mit ins eigentliche Zentrum der deutschen

Kriegführung, ins Oberkommando der Wehrmacht. Hier, im war-room Nazideutschlands, stoßen wir auf den »Schreibtischmörder Nummer eins«:[48] Hitler war's und Keitel nur sein stattlicher Füllfederhalter.

Alle diese Filme sind im ZDF-Studio umgeschnittene Wochenschau-Beiträge. Sie reproduzieren, versetzt mit den selten kritischen Rückblicken ehemaliger Soldaten und eingerahmt von einem auf dem Boden der freiheitlich-demokratischen Grundordnung stehenden Kommentar, die alten Werte – Ehre, Stolz und Heldentum. Und ein klammheimliches »Wir hätten doch noch gewinnen können, wenn ...«. Knopp hatte 1991 in seiner Jubiläumsserie *Der verdammte Krieg* diesen raffinierten Mix erstmals erprobt – und keiner hatte es gemerkt.[49] Diesmal hat er seinen Kriegsfilmen, die nun nicht mehr durch den Blick des beteiligten russischen Partners korrigiert werden, ein ebenso wirkungsvolles wie moralisch unanfechtbares Tarnnetz übergeworfen: Sie alle passieren das Gericht, entweder das der Sieger in Nürnberg oder das des Filmmoguls auf dem Mainzer Lerchenberg. In jedem Fall hat sein Fernsehgericht das letzte Wort. Udet, Canaris und Rommel sind tragisch Gescheiterte und verdienen unsern Respekt oder, wie im Falle Rommels, sogar unsere Verehrung. Paulus hat vielleicht die falschen Entscheidungen getroffen – in Stalingrad nicht den Ausbruch zu wagen, zu kapitulieren statt sich zu erschießen, nach dem Krieg in die DDR überzusiedeln. Aber er hat unter all diesen Entscheidungen gelitten und Distanz zu den kommunistischen Siegern gehalten. Manstein bleibt auf immer das militärische Genie, und es bleibt – durch seine Weigerung, sich von Hitler loszusagen – der Makel, moralisch versagt zu haben. Jodls Verurteilung in Nürnberg war, trotz dessen mangelnden Schuldbewußtseins, möglicherweise ein Fehlurteil. Keitel, der am Schreibtisch zum Mordgehilfen wurde, hat nach der Verkündung seines Todesurteils immerhin Reue gezeigt und geweint. Gegen die in Nürnberg aus formaljuristischen Gründen nicht als »verbrecherische Organisation« bezeichnete, aber in zwei Nachfolgeprozessen gegen insgesamt 21 Generäle exemplarisch verurteilte Wehrmacht[50] eröffnet er selber das Verfahren. Immer wieder ruft er ehemalige Stabsoffiziere in den Zeugenstand, die mit heiligen Eiden deren Unschuld beschwören.[51] Das Urteil: nicht »verbrecherisch«, aber »verstrickt«. Nur zu Dönitz fällt Knopp außer der Zahl der Toten des U-Boot-Krieges nichts Spektakuläres ein. Und bei den in Uniform gesteckten Zivilisten, Speer, Porsche und von Braun, kommt er sogar ordentlich ins Schleudern: Ihr faustischer Pakt mit Mephisto hat sich, wie deren Nachkriegskarrieren belegen, trotz der vom Kommentar überall installierten moralischen Warnleuchten richtig gelohnt. Allerdings plädiert der Gerichtsherr dafür, das Verfahren gegen Speer, aufgrund des heute vorliegenden Belastungsmaterials, noch einmal neu zu eröffnen. Tenor: Todesstrafe. Man versteht jetzt, warum Joachim Fest, obwohl ihn geschichtspolitisch nichts von seinem ehemaligen Redaktionskollegen Knopp trennt, dessen Produkte gar nicht mag und, nach eigenem Zeugnis, bei *Hitlers Helfern* nach zwanzig Minuten den Fernseher abgeschaltet hat: »diese moralisierenden, ewigen Wiederholungen moralischer Plattitüden, [...]. Das ist unerträglich.«[52] Während Fest mit seinen Hitler-Devotionalien das Tabu bricht und die Attraktivität des *Dritten Reiches* offen ausstellt, bemäntelt Knopp seinen Revisionismus mit einer, wie man sehen wird, fragwürdigen Moral.

Faszinationsgeschichte

»Zwei Drittel unseres Publikums«, so hat er in einem Rechenschaftsbericht mitgeteilt, »sind älter als 50 Jahre. Aus unzähligen Briefen und Gesprächen erfahren wir fast täglich, daß gerade unsere Art der Aufarbeitung älteren Menschen hilft, die eigene Geschichte besser zu verstehen.«[53] Das ist, wie Nachfragen ergaben, keine Übertreibung.[54] Knopps

Fernsehen hat so etwas wie eine nach Millionen zählende Selbsthilfegruppe der Nazi- und Kriegskindergeneration gestiftet. Wie bei einem Rollenspiel wird im geschützten Raum der eigenen vier Wände noch einmal die Zeit des *Dritten Reiches* mit all seinen rauschhaften Triumphen und furchtbaren Enttäuschungen durchgespielt. Wie die Erfahrungen der ersten Wehrmachtsausstellung, aber auch Diskussionen aus Anlaß der neuen *Familienromane* gezeigt haben, wäre nichts notwendiger, als ein solch nachträgliches Durcharbeiten der eigenen emotional stillgelegten Vergangenheit.[55] Guido Knopp allerdings dürfte als anleitender Therapeut für eine solche Aufgabe eine glatte Fehlbesetzung sein. Das zeigt das Arbeitsmaterial, das er seinen Klienten an die Hand gibt. Es liefert, wie die oben aufgeführten Muster von Hitler, Wehrmacht und Waffen-SS zeigen, positiv besetzte Bilder von Macht, Unterdrückung, Gewalt, Tod und appelliert damit an Phantasien, die die Nazis zu verstärken und zu befriedigen imstande waren. Kansteiner hat das Spiel auf dieser Klaviatur pornographisch genannt: es beachte den demokratischen Konsens und lade gleichzeitig dazu ein, sich mit den Nazitätern zu identifizieren. »Mit einer geschickten Mischung aus historischer Aufklärung und historischer Pornographie fordert Knopps Fernsehen die Zuschauer auf, sich in die historischen Akteure und Augenzeugen zu versetzen und z. B. den Führer anzubeten und die Schlacht an der Ostfront zu schlagen.«[56] So genau damit der Reiz beschrieben ist, den die Knoppschen Produkte aus dem Spiel beziehen, sich im Rahmen des Erlaubten am Unerlaubten zu erregen, so wenig hilfreich ist das Begriffspaar *Aufklärung/ Pornographie*. Bei Knopp geht es weder um das eine noch um das andere.

Der Religionsphilosoph Klaus Heinrich hat darauf hingewiesen, daß die Realgeschichte beim zweiten Blick ein Ingredienz erkennen läßt, das er »Faszinationsgeschichte« nennt: »In dem, was fasziniert durch die reale Geschichte hindurch, sind unerledigte Konflikte, nicht ausgetragene

Spannungen, ist das nichtgelöste Problem jeweils präsent.«[57]
In diesem knappen Satz ist beschrieben, warum die Nazizeit
nicht vergehen will, warum sie als versunkenes – verdrängtes,
verleugnetes, verschwiegenes – Atlantis immer wieder auftauchen muß, wenn nur ein mächtiger Strahl oder ein un-
überhörbarer Ton aus jener Zeit in die Tiefe fällt. Knopps
ummontierte, aber in ihrer Botschaft unveränderten Wo-
chenschau-Versionen, die alten Marschmusiken und Kriegslieder, die ihnen beigegeben sind, die fanatischen Reden des
Führers und der frenetische Jubel der Deutschen, das sind
Strahlen und Töne, die *Reichweite* haben und das Wohnzimmer vorübergehend in ein Stück Nazideutschland oder
besetztes Europa zurückzuverwandeln imstande sind. Das alles noch einmal zu kosten und zu spüren ist verlockend, aber
mit Bitterkeit durchsetzt. »Unerledigte Konflikte«, das kann
der klaffende Riß zwischen den unendlichen Hoffnungen
eines nationalen wie individuellen Aufbruchs und das totale
Scheitern beider Gewißheiten sein. »Nicht ausgetragene
Spannungen«, damit könnten die unversöhnten Extreme
vom Rausch der entgrenzten Gewalt in Krieg und Völkermord und von der Rückkehr in den Zivilisationskerker der
Moral gemeint sein. »Das nicht gelöste Problem«, das könnte
die Umschreibung für die trotzige Leugnung der eigenen
Schuld oder für die ganz inwendig spürbare Scham sein. Die
Familienromane liefern zahlreiche und eindringliche Belege
für diese Symptome, die nach dem Krieg das Leben mindestens dreier Generationen terrorisiert haben.[58] Knopp kata-
pultiert mit seinen Bildern die älteren Zuschauer noch einmal
in die Erregungszustände von damals und liefert mit seinem
Kommentar gleichzeitig die Beruhigungsmittel für die unvermeidliche Landung in der Gegenwart. Das erstere ist nicht
Pornographie, die Befriedigung einer nach sexuellen Reizen
süchtigen Phantasie, sondern das Freisetzen vorhandener,
aber normalerweise zensierter Gefühle. Und die Verabrei-
chung von moralischen Tranquilizern hat mit Aufklärung,
wie wir sehen werden, nichts zu tun.

In der letzten, 2004 gesendeten Staffel der Serie *Hitlers Helfer* ist der Einsatz der Zeitzeugen begrenzt und dafür den Experten oder auch den Dokumenten mehr Raum gegeben. Die Beweiskette wird dadurch dichter. Um so überraschender ist, wie Knopp mit der selbstgeschaffenen Faktenlage umgeht. Als Beispiel: Ein General, der fünf Jahre lang Hitlers engster militärischer Mitarbeiter war, Alfred Jodl. Ausgehend vom Kommissarbefehl, den dieser unterzeichnet hatte, verweist der Kommentar auf das Schicksal der Gefangenen und der Juden beim Überfall auf die Sowjetunion. »Millionen werden ermordet.« Dann die Frage: »Was weiß Jodl vom Jahrhundertmord?« Als Antwort der eingespielte Originalton von dessen Aussage in Nürnberg: er habe niemals, mit keiner Andeutung, mit keinem Wort und mit keinem Schriftstück von der Vernichtung der Juden gehört. Der Kommentar setzt nach: »Der wichtigste Manager des Krieges an Hitlers Seite, weiß er wirklich nichts von dessen eigentlichem Ziel? Ein General, bei dem alle Informationen von den Fronten zusammenlaufen, der jeden Tag stundenlange Besprechungen mit Hitler hat. Oder will er sich nicht erinnern?« Ein Zeitzeuge, Jodls Neffe, hat als Soldat bei Minsk eine Judenerschießung beobachtet und will von seinem Onkel wissen, was es damit auf sich hat. Der läßt ihm ausrichten, er habe keine Ahnung von so was, das sei »alles Sache von Bormann«. Der Kommentar: »Nach dem Krieg wird Jodl sagen, wenn er gewußt hätte, daß Hitler ein Verbrecher ist, dann hätte er die Konsequenz gezogen. Selbstbetrug.« Vorlage eines Dokuments, in dem der General der Wehrmacht die Deportation der dänischen Juden mitteilt. »Er ist kein Mörder, aber einer, der das Morden möglich macht.« Dann das Statement seines Biographen, der zwar konzediert, daß Jodl vieles nicht gewußt und bei vielem auch weggesehen habe, daß aber dessen Behauptung, er sei ahnungslos gewesen, reine Apologie sei. Zum Abschluß der Sequenz der Kommentar: »Jodls Welt ist mit Stacheldraht umzäunt. Hier im Führerhauptquartier *Wolfsschanze* in Ostpreußen verbringt er den größten Teil der Kriegsjahre. Im Bunker oder in seiner eigenen Baracke finden mehr als 5000 Besprechungen mit Hitler statt. Eine Welt fernab der Wirklichkeit, eine Mischung aus Kloster und KZ, wird Jodl später sagen. Ein Ort, an dem das Gewissen seinen Dienst versagt.«

Die Sequenz, die fünf Minuten gedauert hat – viel Zeit bei einem Film von 45 Minuten Länge – läßt die Methode erkennen, mit der Knopp die faszinierende Reise seiner Zuschauer zurück in die Vergangenheit begleitet und moderiert. Er konfrontiert sie zwar mit den Belegen einer anderen Wirklichkeit, als sie auf seinen Goebbels-Clips zu sehen ist, er spricht von Verbrechen, von Morden, von Millionen Opfern, aber gleichzeitig entlastet er diejenigen, die als Täter all dieser Taten in Frage kommen könnten – die Protagonisten seiner Filme.

Knopp tut das auf ganz unverfängliche Weise – er fragt. Weiß Jodl etwas von dem Mord an den Juden? War das nicht Sache der Partei, also Bormanns? Oder hat er etwas gewußt, aber weggesehen? Hätte er Konsequenzen gezogen, wenn er etwas gewußt hätte? Will er sich nur nicht erinnern, obwohl er etwas oder vielleicht alles gewußt hat? Wenn Jodl sich aber sogar am Judenmord beteiligt hat, war er dann Mörder oder ging es nur um Beihilfe zum Mord? Auch wenn ein belastendes Dokument oder die kritische Aussage eines Zeitzeugen eine einzelne Frage beantwortet und damit erledigt, die Summe der Fragen produziert einen Nebel von Zweifeln, in denen sich die Kontur der Fakten und die Gewißheit des Urteils wie in einem chemischen Prozeß auflöst. Nachdem das geschehen ist, setzt Knopp noch eins drauf: Jodl hat fünf Jahre im Führerhauptquartier gelebt, einem Ort, an dem man, wie in einem Kloster oder in einem KZ, von allen anderen Informationen und vor allem vom wirklichen Leben völlig isoliert war. Kein Wunder, so suggeriert der Subtext, daß er einen Tunnelblick bekam, die Urteilsfähigkeit Schaden nahm und – jetzt weiter im Haupttext – »das Gewissen seinen Dienst versagt«. Zusammenbruch des Netzes, Stromausfall, Blackout.

Vorsorglich hat Knopp in der Eingangssequenz schon mitgeteilt, daß das gegen Jodl verhängte Todesurteil »ein um-
strittenes Urteil« gewesen sei – »auch bei den Siegern«.[59] Es
habe einen Mann getroffen, »der die Augen verschloß vor
den Verbrechen«. Damit hat Knopp seinen Zuschauern
schon in der ersten Filmminute zwei beruhigende Botschaf-
ten zukommen lassen: Es geht ihm nicht um eine Fortsetzung der *Siegerjustiz* von Nürnberg, eher um deren Überprüfung,[60] und er wird nicht nach den Verbrechen der
Hauptfigur fragen, sondern nur, inwieweit diese davon
wußte. Mit diesem »Sicherheitsgurt« versehen,[61] kann der
Zuschauer losfliegen.

Der Jodl-Film ist einer der differenziertesten der gesamten
24teiligen Serie. Aber das Muster ist, wie bei einem weltweit
inszenierten Lloyd-Webber-Musical, zu Beginn festgelegt
und wird, abgesehen von kleinen Variationen, unverändert
beibehalten. Was wußte Speer, der Herr über Millionen
Arbeitssklaven, von deren Vernichtung durch Arbeit? Was
wußte der HJ-Führer Schirach davon, daß seine Hitlerjungen
für Vernichtungskrieg und Opfertod erzogen wurden? Hat
Dönitz, während des Krieges, mit konkreten Fakten über
den Judenmord konfrontiert, das sofort »verdrängt«? Hat
Keitel weggesehen, als der *Führerzug* in der Ukraine die
Massengräber von Ermordeten passierte? Haben Braun und
Porsche die toten KZ-Häftlinge nicht gesehen, die bei ihren
Projekten draufgingen? Kann man Manstein als Mörder bezeichnen, weil er im Herbst 1941 einen berüchtigten Befehl
erließ, mit dem er den Judenmord der Einsatzgruppen bil-
ligte? Dann eine kleine Variation des Musters durch die Frage
nach den Motiven: »Was ist Manstein? Antisemitisch, op-
portunistisch oder nur ehrgeizig?« Eine ähnliche Frage geht
an Schirach, der Wien *judenfrei* gemacht hat: »Ist der Gauleiter ahnungslos, ist er gleichgültig oder machtlos angesichts
des Schicksals der verschleppten Juden?« Offensichtlich
hängt von der Antwort, ob Manstein Nazi oder bloß Oppor-
tunist, ob Schirach gefühllos oder machtlos war, alles ab. Da

aber diese Frage nach der Motiv- oder Gefühlslage des Protagonisten nicht beantwortet werden kann, bleibt der gesamte Vorgang unabgeschlossen. Die viel entscheidendere Frage nach der Tatbeteiligung ist infolge dieser neu ausgelegten Spur ohnehin längst aus dem Blick geraten. Zur Meisterschaft entwickelt wird das im Jodl-Film eingangs auftauchende Motiv des Nicht-hinschauen-Wollens. Ribbentrop, der seine Botschafter in den besetzten Gebieten Europas anwies, die dort durchgeführten Judendeportationen zu unterstützen, wußte genug, »um ganz genau zu wissen, daß er nicht mehr wissen will«. Porsche »konnte wissen. Aber es hat ihn wohl nicht interessiert.« Und Speer darf, mit gewohnt selbstkritischer Raffinesse, selbst das Wort ergreifen: »Ich hätte verstehen müssen, wenn ich hätte verstehen wollen.« Den Höhepunkt dieser argumentativen Pirouette liefert eine Passage, bei der es auch um die Rolle der Wehrmacht geht. Nachdem der Zuschauer darüber informiert wurde, daß Keitel über Himmlers Rassenkrieg Bescheid wußte – zum Beleg erscheint im Bild ein Filmausschnitt über eine Judenerschießung der SS – und ein ehemaliger Generalstabsoffizier bei Gott geschworen hat, daß er niemals von derartigen Massenmorden gehört habe, verkündet der Kommentar – über den Bildern einer Kolonne fröhlich marschierender Landser – inhaltsschwer fragend: »Wissen, Nichtwissen, Nichtwissenwollen?«

Knopp weiß, wie Fest, der mit dieser Formel seine Speer-Legende entwickelt hat, daß Nicht-hinschauen-Wollen zwar moralisch fragwürdig sein mag, aber keinen juristischen Tatbestand erfüllt, also keine Strafverfolgung auslöst. Und er weiß, daß er mit dem Wechsel der Perspektive – von der Frage nach der Beteiligung an Verbrechen zu der nach dem Wissen um Verbrechen – punktgenau beim Lieblingssatz der Deutschen nach 1945 gelandet ist: man habe von alledem nichts gewußt. Seine Filme greifen diesen Satz auf und geben ihm eine Form, mit der auch die Jüngeren, etwa im Umgang mit Opa und Oma, etwas anfangen können. »Den Deutschen im Dritten Reich«, schrieb *Die Zeit*, »wurde vorgeworfen, sie hätten aus Selbstschutz eine Lebensform des Halbwissens kultiviert. Aber verhält sich nicht geradezu komplementär zum Verdrängten und halb Gewußten der Nazizeit das raunend ›Halbgeschehene‹ der Knoppschen Filme. Die Rekonstruktion ungesehner Vorgänge nach dem Schema von XY – Ungelöst?«[62] Präziser kann man es nicht sagen. Knopp betreibt nicht nur einen »Revisionismus der Form«, er arbeitet auch an der Umdeutung der Verläufe und der Wirkkräfte der Geschichte Nazideutschlands.[63] Den halben Freispruch und die moralische Entlastung, die *Hitlers Helfer* gewähren, geht zu gleichen Teilen auch an deren Zuschauer. Sie teilten mit den Prominenteren auf dem Bildschirm, daß sie nichts gewußt oder nur vom Hörensagen etwas erfahren und vielleicht auch nicht immer genau hingeschaut hatten. Mit Verbrechen jedenfalls hatten sie nie etwas zu tun gehabt. Dafür waren Hitler und seine Bande verantwortlich gewesen. Diese frohe Botschaft brauchten die Menschen in den bewegten neunziger Jahren, als Daniel Goldhagens Buch und die erste Wehrmachtsausstellung eine ganz andere Geschichte erzählten, dringend. Knopp hat darauf reagiert.[64]

Es wäre allerdings falsch, die gefährliche Wirkung von Serien wie *Hitlers Helfer* nur auf die Seniorengemeinschaft der Erlebnisgeneration zu beziehen und darüber die Jugendlichen zu übersehen, die vor dem Bildschirm hängenbleiben, um über Hitlerreden, Panzerschlachten und SS-Aufmärschen die Nachinszenierung des *Dritten Reiches* zu erleben. Bei ihnen ist es nicht das Verdrängte, das in der *Faszinationsgeschichte* seine Heimat gefunden hat und durch die Knoppschen Filme wiedererweckt wird, sondern das Ungelebte, das nach Gewalt, Rausch, Macht und Größe giert, also jene »faschistischen Sehnsüchte«, deren Spuren Susan Sontag in der Kultur der Gegenwart so exakt registriert hat.[65] Hier geht es nicht um Erlebtes, sondern um Phantasiertes. Die »nicht gelösten Probleme«, die sich in den Phantasien dieser Zuschauerklientel verbergen, resultieren nicht aus der Vergangenheit, sondern sind solche der Gegenwart und nähren sich aus einer ungewissen Zukunft. Für Sehnsüchte nach dem starken Mann, nach den radikalen Lösungen, nach Aufwertung der eigenen Person, nach Bindung in einer Gemeinschaft und nach Aufgehen in einem größeren Ganzen bietet die Geschichte des *Dritten Reiches* ein unerschöpfliches Arsenal. Hitler ist die zentrale Figur, die immer noch alle diese Phantasien auf sich zu ziehen und zu bündeln vermag. Die Alternative war nie, ihn, wie die schwarze Spinne in Gotthelfs Novelle, mit einem Pflock im Balken des Tabus oder eines Bilderverbots zu verschließen. Man kann sich den »schönen« Filmbildern des *Dritten Reiches* aussetzen, aber man muß wissen, daß sie und wozu sie geschönt wurden. Und man kann von einem Dokumentafilm verlangen, daß er auch die andern Bilder zeigt, die der Verbrechen und der Opfer, und erklärt, wie und warum es dazu kam. Knopps Serien können diesen Anspruch eines Fernsehens der Aufklärung, und das heißt immer auch der Verstörung, nicht erfüllen. »Hitler ist durchschaut«, hat er nicht unbescheiden erklärt. »Ein Faszinosum ist er nur für den, der wenig oder gar nichts von ihm weiß. Das beste Mittel gegen Hitler-Nostalgie ist Hitler selbst.«[66] Hochglanzsätze einer PR-Agentur, die mit der Wirklichkeit nichts zu tun haben. Guido Knopp ist nicht der Exorzist der Hitler-Nostalgie, als den er sich anpreist, sondern deren Vermarkter. Und indem er Täter mit Goldrand und die Nazizeit als Erlebnis präsentiert, verstärkt er das Faszinosum, das von dieser Spukgeschichte immer noch ausgeht.

LITERATUR UND ERINNERUNG
Die Nazizeit als Familiengeheimnis

Erinnerungsliteraturen treten in Deutschland eruptiv und immer dann zutage, wenn ein gültiges Geschichtsbild unterhöhlt worden ist und Raum für Neues entstand.[1] Solch ein Moment ereignete sich offensichtlich Ende der siebziger/ Anfang der Jahre, als Autorinnen und Autoren wie Christa Wolf, Ingeborg Drewitz, Wolfgang Koeppen, Peter Brückner, Christoph Meckel, Hanns-Josef Ortheil und Peter Härtling Texte vorlegten, die ein eigenes literarisches Genre kreierten. Sie schienen anhand des überschaubaren Raums der Familie Auskünfte zu geben über die Jahre, die unter dem Begriff *Die Nazizeit* von den Akteuren so unangemessen weit in die Vergangenheit gerückt worden waren, daß sie in einer Reihe zu stehen schienen mit den Zeiten der Pest oder des Dreißigjährigen Krieges.[2] Dieser plötzliche Ausbruch erinnernden Erzählens war eine Folge des tektonischen Bebens von 1968, bei dem der Nazigeneration unter anderem auch die unüberhörbare Frage gestellt worden war: Wo wart ihr und was habt ihr damals gemacht?[3]

Aber bei näherem Hinsehen zeigte sich, daß es in den Texten weniger um die Familie als Teil *des* Dritten Reiches ging als vielmehr um die Herausbildung der eigenen Identität *im* Dritten Reich.[4] »Das Vergangene ist nicht tot; es ist nicht einmal vergangen. Wir trennen es von uns ab und stellen uns fremd.«[5] So beginnt Christa Wolfs Roman *Kindheitsmuster*, der Bericht einer Reise in das fremdgebliebene Eigene, in die Kindheit der Jahre 1929 bis 1945. In der pommerschen, jetzt polnischen Stadt Landsberg/Warthe, vor den Steinstufen, die einmal zum Lebensmittelladen des Vaters führten, erinnert sie sich an das Kind, das hier einmal hock-

te, und wird wieder mit ihm bekannt: »die Arbeit des Gedächtnisses [...] als Krebsgang, als mühsame rückwärts ge-
richtete Bewegung, als Fallen in einen Zeitschacht, auf dessen Grund das Kind in aller Unschuld auf einer Steinstufe
sitzt und zum ersten Mal in seinem Leben in Gedanken zu
sich selbst ICH sagt.«[6] Die Heranwachsende wird irgendwann das ICH abgeben an das WIR im *Bund deutscher
Mädel* (BDM), und erst nach dem Krieg lernt sie in kleinen
Schritten, der »Todsünde jener Zeit: sich nicht kennenlernen
wollen« wieder zu entkommen.[7] Ingeborg Drewitz' literarisches Alter ego, durch den Widerstand der Mutter und die
abfälligen Reden des Vaters vor dem kollektiven Ich-Verlust
geschützt, tritt heimlich in den BDM ein und wieder aus:
»Nicht wissen, wo sie hingehört. Nicht wissen, was richtig
ist.«[8] In diesem Zwiespalt gerät sie in eine Gruppe der *Bekennenden Kirche*, die Verfolgten und deren Familien hilft.
Da endet die Kindheit und ein frühes Erwachsenenleben
beginnt.

Nur bei den jüngeren, in den dreißiger Jahren geborenen
Autoren ist das Echo der 68er Rebellion deutlicher zu vernehmen.[9] Nicht die Bruchstellen der eigenen Identität sind
der Gegenstand ihres Schreibens, sondern in der Konfrontation der Söhne mit den Vätern geht es um beschädigte Kind-
heiten und nichtgelebte Beziehungen. Christoph Meckel,
Jahrgang 1935, stieß Jahre nach dem Tod des Vaters auf dessen Kriegstagebücher und schaute plötzlich in das Gesicht
eines Unbekannten. Aus dem Schock, von den Eltern mit
einer falschen Biographie ausgestattet zu sein, begann er,
über den Fremden zu schreiben. Er entdeckte im Schriftstel-
lervater einen jener hochmütigen Politikverächter, der sich
im Glauben an die vermeintliche Macht des Geistes aus den
schmutzigen Kämpfen der Zeit in eine überzeitliche Natur-
lyrik geflüchtet hatte. Die Nazis an der Macht fanden in ihm
einen willigen Unterstützer ihrer Idee von der Überlegenheit deutscher Kultur, und der Krieg löschte endgültig alle
Reste einer früher vorhandenen Empfindlichkeit aus. Als

Offizier zum Teilhaber der Macht geworden, kam der »Chauvinismus des gehobenen Untertanen« zum Vorschein, der Herrenmensch, den die Erschießung von Partisanen »äußerst kalt« ließ, für den die Vernichtung der Juden »unabänderlich« war und der an der »Rechtmäßigkeit des Krieges« keinen Zweifel hatte.[10] Aus der Gefangenschaft zurückgekehrt, gab der Vater eine deutsche Kollektivschuld zwar zu, leugnete aber jedes persönliche Verschulden. »Er hatte das Edle gewollt und sein Bestes getan«,[11] unter dieser Fahne ging er daran, die Familie zum neuen Befehlsraum umzurüsten und von allen Spuren der Freude und Spontaneität, von Glück und Liebe zu säubern. Rettung für den Sohn gab es nur in der Welt jenseits der Familie, in einem Leben ohne Vater. Meckels *Suchbild* ist kein literarisch exekutierter Vatermord, nur die scharf eingeätzte Korrektur eines alten, verzeichneten Bildes und die Bilanz seiner verheerenden Wirkung.

Peter Härtling, im Jahr der Machtübernahme der Nazis geboren und in zwei Kulturen – der deutschen und tschechischen – aufgewachsen, lieferte den Bericht eines Kindes, das sich nicht zurechtfand im angespannten Schweigen und unter den stummen Strafen des Vaters. Erst recht nicht, als der übermächtige Schatten Nazideutschlands auch auf die Tschechoslowakei fiel und das Land besetzt wurde: Der Vater deutete seine Ablehnung in einer Sprache an, die sich subtil vom Reden der Mehrheit unterschied, er seufzte, obwohl Parteimitglied, bei Siegesmeldungen und verteidigte halbverdeckt, bis man ihn als Anwalt suspendierte, Juden oder Tschechen – alles Menschen, die nicht mehr dazugehörten. Der Sohn, der sich einen »Helden« zum Vater gewünscht hatte,[12] rettete sich aus dessen Halbheiten und Andeutungen in die Eindeutigkeit der HJ. Der erwachsene Peter Härtling rekonstruiert die familiäre und kollektive Rätselwelt von damals, die dazu geführt hatte, daß er und seinesgleichen am Kriegsende »Kinder ohne Herkunft« waren, die »den Erwachsenen nachäfften« und behaupteten, deren »Untergängen gewachsen zu sein«.¹³ Indem er den Elfjährigen die Fragen an den Vater stellen läßt, zu denen er damals nicht in der Lage war, hört er auf zu rebellieren – »Ich fange an, Dich zu lieben«.¹⁴ Dem Leben des Vaters noch einmal nachgehend, gewinnt er ihn zurück und erkennt die eigene bis dahin unkenntliche Herkunft.

Unter Tätern

Diese frühen Vorstöße Ende der siebziger Jahre haben keine Nachahmung gefunden, wohl aber deutliche Spuren hinterlassen. Sie treten heute angesichts eines neuen vulkanischen Ausbruchs von Erinnerungsliteratur deutlicher hervor. Schon die Titel verraten die Verwandtschaft: *Am Beispiel meines Bruders – In den Augen meines Großvaters – Meines Vaters Land – Vaterland ohne Väter – Mein Kriegsvater – Schweigen die Täter, reden die Enkel*. Es fängt aber mit diesen Büchern auch etwas Neues an. Es geht nicht mehr nur um individuelle Bildungsromane, sondern um das Leben von Familien und Generationen, in einem Zeitraum, der vom Kaiserreich bis in die Nachkriegszeit reicht. Die Autorinnen und Autoren sind nicht nur die Kinder der Nazigeneration, sondern auch deren Enkel, und ihre Texte lassen sich nicht mehr der klassischen Gattung Roman zuordnen. Die Untertitel lauten *Bericht über meinen Vater, Geschichte einer deutschen Familie, Roman eines Lebens* oder sie behaupten einfach die neue Gattung – *Familienroman*. Die Schwierigkeit, das Genre zu bestimmen, hängt mit dem Material zusammen, das literarisch verdichtet wird: Es besteht nicht mehr nur aus Erinnerungen an Gerüche und Laute, an Wohnzimmer und Alltagsrituale, an einzelne Sätze und markante Ereignisse, sondern herangezogen werden auch Tagebücher und Briefe, Fotoalben und Familienchroniken, Akten aus Archiven und historiographische Studien. Diese Literatur lebt vom Mißtrauen und vom Zweifel. Sie hat das Vertrauen

verloren auf das, was in den Familien erzählt wird, und verläßt sich nur mehr auf den Augenschein. Die Reise an die
Orte der Herkunft oder an die Gräber der Angehörigen ist
ein Mittel, mit dem Gewißheit zurückgewonnen werden
kann.

Stephan Wackwitz, Jahrgang 1952, zeigt in seinem Roman
Ein unsichtbares Land alle Irrwege und alle Abgründe einer
solchen Reise.[15] Schon der Beginn ähnelt einer Falle: 1993
wurde dem Vater von der Wehrmachtsauskunftsstelle seine
Kamera zugeschickt, die ihm im September 1939, als er mit
seinen Eltern aus Südafrika zurückkehrte, bei der Gefangennahme auf See von britischen Marinesoldaten abgenommen
worden war. Obwohl sich der eingelegte Film mittlerweile
zersetzt hatte und also keinen Blick auf ein Stück Vergangenheit erlaubte, entstand bei Wackwitz die fixe Idee, von
diesem dramatischen Ereignis aus könne er das Geheimnis
seiner Familie und seiner eigenen Existenz entschlüsseln. Er
begann, sich in die nach dem Krieg entstandenen Erinnerungen des Großvaters zu vertiefen. Aber nicht der Bericht
über dessen Tätigkeit als Pastor im ehemaligen Deutsch-
Südwestafrika, sondern sein Tagebuch aus dem Ersten Weltkrieg lieferte eine erste Spur. Ein halbes Jahrhundert später
kommentiert, erlaubte es, wie durch zwei hintereinander montierte Linsen, den inneren Bildungsprozeß dieses
Mannes und den seiner Generation zu erkennen. So notierte
der Großvater bei erneuter Lektüre seines Tagebuchs voller
Stolz, wie ihn der Krieg zur Gefühllosigkeit erzogen habe:
»Von diesem eigentlichen Ernst des Krieges, seiner Pro-
blematik und seinem Grauen spricht das Tagebuch nur selten […]. Ich glaube nicht, daß das aus Gleichgültigkeit
geschieht; es mag eine gesunde Abwehrreaktion der Jugend
gewesen sein, eine Art Panzer, den man zur Sicherung seines
inwendigen Menschen unbewußt um sich legte. Die diesen
Panzer nicht kannten, wurden schwach oder feige, schwer-
mütig oder revolutionär. Mir war es beschieden, am inwendigen Menschen unangeschlagen aus dem Kriege heraus-

zukommen.«[16] Vom Entstehen dieses inneren Panzers war es nicht mehr weit bis zu jenem Verlust aller Empathie, der in der Nazizeit den Massenmord so leicht machte.

Der Großvater erinnerte sich auch wieder, wie er damals bei einem nächtlichen Patrouillengang an der galizischen Front die »Lockung« des Ostens verspürt hat, den »Sog der auf Tat und Unterwerfung wartenden Weite«.[17] Ein Herrenmensch, der den Eroberer von Lebensraum in sich entdeckte. Nach der Niederlage von 1918 und angesichts der drohenden Revolution notierte er in sein Tagebuch: »Mag das Reich auseinanderbrechen, wir richten ein neues auf, der deutsche Geist muß wieder siegen.« Vierzig Jahre später wird er diese Eintragung so kommentieren: »Es war die Sorge um die Erhaltung der Volkssubstanz und auf die inneren guten Kräfte im deutschen Volk.« Diese, wie der Enkel anmerkt, »merkwürdig wirren und national-autistischen Ideen von 1914« haben den Großvater bis zu seinem Tod beherrscht[18] und sind dem Enkel »versehrend nah gekommen«. Es war, vermutet dieser heute, die Depression des Weltkriegsveteranen, die das Kind in der Gegenwart des Großvaters gespürt hat – »obwohl ich damals nicht zu sagen gewußt hätte, warum er so traurig, so kalt, so unempfindlich, warum er so unheimlich war«.[19]

Aus diesem Geist entsprang der Entschluß des Großvaters, in den zwanziger Jahren eine Pfarrstelle in Anhalt, einer Siedlung 10 km nördlich von Auschwitz, zu übernehmen. Auschwitz war damals noch ein geschichtsloser Ort, aber das angrenzende oberschlesische Gebiet galt – nach einem erbittert geführten Guerillakrieg deutscher Freikorps und der erzwungenen Abtretung an Polen – als heiliger deutscher Boden und Symbol des Widerstandes gegen den Versailler *Schandfrieden*. Wie der Großvater sich in Anhalt als Vorposten des Volkstumskampfes gegen die Polen verstanden hatte, so war er in die ehemalige Kolonie DeutschSüdwest gegangen, um als heimlicher Statthalter eines künftigen Kolonialreiches zu wirken. Dieselben Ideen führten ihn auch zu Hitler, dem er nach seiner Rückkehr aus Afrika ab 1940 in Luckenwalde als Pastor diente, in einem Land, in dem es »plötzlich Menschen gab, die bei lebendigem Leib so etwas wie Tote geworden waren«.[20] Zu ihnen zählten die Juden, die Zwangsarbeiter und die Häftlinge in den KZ. So wie der Großvater diese Menschen damals in böser Unempfindlichkeit »wahrgenommen und zugleich [...] nicht wirklich gesehen« hatte,[21] so verweigerte er ihnen nach dem Krieg rechthaberisch jede Anerkennung als Opfer. Über KZ-Häftlinge in einer Luckenwalder Fabrik schrieb er in seinen Erinnerungen, sie hätten »nicht schlecht genährt ausgesehen und weder böse noch verzweifelte Gesichter gehabt« und »sich ganz ihrer Aufgabe hingegeben«.[22] Und über das Vernichtungslager Auschwitz notierte er aufgrund von Informationen, die er bei Ferienreisen in die alte Heimat 1942/43 gesammelt hatte, daß dort viele Juden »kaserniert seien, zu Tode kämen und in Krematorien verbrannt würden«. Er habe angenommen, die »Todesfälle« seien »durch schlechte Verpflegung und Mißhandlungen« entstanden, und die Toten habe man »dann verbrannt«. Das Lager habe vom Zug aus nicht anders ausgesehen »als ein Barackenlager auf einem Truppenübungsplatz, nur daß es durch einen hohen Drahtzaun umschlossen war«.[23]

Diese Sätze wurden zur Zeit des Frankfurter *Auschwitz-Prozesses* niedergeschrieben, als mit einem Ruck die Decke weggezogen wurde von all den Lügen und Ausflüchten der Deutschen. Der Enkel vermutet, die Erinnerungen des Großvaters seien als ein »literarisches Gegenbild«[24] zu den Frankfurter Enthüllungen verfaßt worden, zur eigenen Rechtfertigung und als Reaktion auf das »bedeutsame Schweigen«, das damals nicht nur in der Wackwitz-Familie, sondern überall in Deutschland Einzug gehalten hatte: »Je deutlicher der Gesellschaft um uns wurde, auf welches Ereignis sich dieses Schweigen bezog, desto umfassender hat es sich unter uns ausgebreitet, desto mehr Themen und Gegenstände, Personen und Orte wurden von ihm erfaßt – bis wir offenbar nur noch unter Einhaltung strenger Regeln, Sicherheitsabstände und Rituale überhaupt über etwas reden konnten.«[25]

Wie die Rohre eines ausziehbaren Fernglases, so der Autor, seien die Erinnerungen und Träume von Vätern, Söhnen und Enkeln ineinandergeschoben, keiner lebe wirklich sein innerstes Leben nur für sich. Diese Sichtweise lenkt auch den kritischen Blick, den er durchs Familienfernrohr von der Nazigeneration weg auf die eigene wirft. Vor dem Schweigen in der Familie, hinter dem er »die trotzig-demonstrative Unempfindlichkeit«[26] der ertappten Täter spürte, sei er, wie viele seines Alters, in eine Welt geflüchtet, die sich als gespenstisches Spiegelbild zu der erwiesen habe, der er den Rücken gekehrt hatte. Der charismatische Wortführer der Bewegung, die diese Traumwelt 1968 geschaffen hatte, war dort geboren und aufgewachsen, wo der Großvater als Superintendent zur selben Zeit tätig gewesen war. »Kinder können Geister sehen. Sie wissen, wovon Erwachsene träumen. Und nicht nur ein Luckenwalder Kind namens Rudi Dutschke wird damals instinktiv gewußt haben, daß etwas mit der Stadt, mit dem Land, mit der Welt nicht stimmte. Daß die Erwachsenen von etwas Schrecklichem wußten und träumten, worüber sie nicht sprachen. Damals hat für Rudi (und dann für uns alle) die theatralische Identifikation mit den Opfern begonnen, das schamanistische Spiel im Spiel, durch das wir uns in Juden und Kommunisten verwandeln wollten. Damals muß unsere Wut entstanden sein, unser historisches Traumleben, unser politisches Schlafwandeln.«[27]

Wackwitz hat am Beispiel seiner Familie eine Spukgeschichte über Deutschland und die Gespenster, die es bevölkern, erzählt. Auch Uwe Timm, Jahrgang 1940, geht es, wie der Titel seines Romans *Am Beispiel meines Bruders* deutlich macht, nicht nur um den 1943 an der Ostfront gefallenen Bruder.[28] Sein Titelheld ist nur der Anlaß für eine weiter ausholende Erzählung über Täter, ein Fallbeispiel zur Krankengeschichte der Deutschen. Er stützt sich dabei auf das Tagebuch und die Feldpostbriefe des Toten. »Abwesend und doch anwesend hat er mich durch meine Kindheit begleitet, in der Trauer der Mutter, den Zweifeln des Vaters, den Andeutungen zwischen den Eltern. Auch wenn nicht von ihm die Rede war, war er doch gegenwärtig, gegenwärtiger als andere Tote. Mehrmals habe ich den Versuch gemacht, über den Bruder zu schreiben. Aber jedesmal, wenn ich in das Tagebuch oder in die Briefe hineinlas, brach ich die Lektüre schon bald wieder ab.«[29] Die Leseblockade hatte etwas zu tun mit dem zu erwartenden Inhalt der Niederschriften, das Schreibverbot erfolgte aus Rücksichtnahme auf die noch lebenden Angehörigen. Erst als sie gestorben waren, konnte er sich der Geschichte seines Bruders zuwenden. Dieser war Angehöriger der SS-Totenkopf-Division gewesen, der brutalsten der unter Befehl der Wehrmacht operierenden Waffen-SS-Verbände. Hervorgegangen aus den KZ-Wachmannschaften und immer wieder von dort her ergänzt, wurde sie an der Front bei besonders kritischen Situationen als eine Art Totschlagsfeuerwehr eingesetzt: *Gefangene wurden nicht gemacht* und Juden, wenn sie ihr in die Hände fielen, sofort *erledigt.* Das Tagebuch des Bruders liefert keine Hinweise auf solche Verbrechen. Erwähnt wird, daß bei einem Säuberungsunternehmen »viel Beute« gemacht wurde, daß man die Öfen der Russenhäuser »zum Straßenbau« verwendet habe oder daß ein friedlich rauchender Rotarmist »ein Fressen« für das eigene MG gewesen sei.[30] Das geht alles über die an der Ostfront übliche Brutalität nicht hinaus. Rätselhaft bleibt nur ein Eintrag, der letzte: »Hiermit schließe ich mein Tagebuch, da ich für unsinnig halte, über so grausame Dinge, wie sie manchmal geschehen, Buch zu führen.«[31] Sind damit die für die SS typischen Verbrechen gemeint, und distanziert sich der Bruder davon? Dazu würde passen, daß auch seine an den Vater gerichteten Briefe keinen von Ideologie und Mordlust getriebenen Nazikiller, sondern nur einen von der gerechten Sache überzeugten und fanatisch für den Endsieg kämpfenden Soldaten zeigen. Aber gerade da, wo der Verdacht auf Beteiligung an Extremverbrechen sich erledigt zu haben scheint, beginnt für Timm das Problem. Ihn irritiert der »normale Blick«, den der Bruder auf den Kriegsalltag wirft.[32] Dieser Blick ist möglich aufgrund der »Abwesenheit von jedem Mitempfinden« für die Opfer der eigenen Aktionen.[33] Während für den Bruder die Zerstörung des elterlichen Hauses und der Tod Zehntausender Zivilisten bei den Bombenangriffen auf Hamburg Verbrechen sind, erscheint ihm das, was er und seine Einheit in Rußland tagtäglich an Mord und Totschlag praktizieren, human und *normal* zu sein. Es ist das Phänomen der *Unempfindlichkeit*, dem wir schon bei Wackwitz begegnet sind. Dieser Defekt weist über den Bruder hinaus, er hat seinen Ursprung in der Väter- und Großvätergeneration und in den politischen Systemen, die sie sich geschaffen haben.

»Über den Bruder schreiben«, so hat Timm schon zu Beginn festgestellt, »heißt auch über ihn schreiben, den Vater.«[34] Er ist das eigentliche Zentrum des Buches und dessen Kältepol. Warum hat sich der Bruder, der eigentlich zu Rommels Afrikakorps wollte, freiwillig zur SS gemeldet? »Es hieß, der Vater hätte ihm nicht zugeredet. Aber dessen bedurfte es auch nicht. Es war nur die wortlose Ausführung von dem, was der Vater im Einklang mit der Gesellschaft wünschte.«[35] Die Lust am Krieg und der Wunsch, Elite zu sein, darin bestand der *Einklang.* Auch der Vater war 1914 Kriegsfreiwilliger gewesen und hatte nach der Niederlage mit einem Freikorps aus meist jungen Adligen im Baltikum die Bolschewiken bekämpft. Für kurze Zeit Herrenmensch mit Untergebenen, Schnaps und Frauen, war ihm danach der Zugang in ein geregeltes Leben versperrt. Er hatte, nach frühen Erfahrungen bei einem Onkel, bei einem Tierpräparator eine Anstellung gefunden und sich dann in diesem von ihm verachteten Gewerbe selbständig gemacht. Er blieb – eloquent und witzig, von blendender Erscheinung und tadellosem Auftreten – ein Entwurzelter und Zukurzgekommener. Der soziale Aufstieg, der ihm selbst versagt worden war, den sollten der neue Krieg und Himmlers Blutorden nun seinem

Ältesten verschaffen: als SS-Mann würde er zur Elite des Großdeutschen Reiches gehören. Aber der Plan ging nicht auf – der Sohn starb nach der Amputation seiner Beine, und der Krieg ging verloren.

Der Vater hat diese doppelte Niederlage nie akzeptiert. In düsteren Was-wäre-wenn-Phantasien hatte er gegen den Tod opponiert, mit wütenden Tiraden wurden die Dilettanten und Verräter in den eigenen Reihen für den verlorenen Krieg verantwortlich gemacht und die Alliierten zu Mitschuldigen für die Verbrechen der Nazis erklärt. »Auch wenn es sich so deutlich nicht im Bewußtsein des Jungen darstellte, war es doch diese Empfindung, daß es Ausreden waren, daß der Vater gerade das tat, was er immer als verächtlich anprangerte – er kniff. Er stellte sich nicht. Das, was das Kind bewundert hatte, was es in Spielen am Elbufer nachstellte: Rommel in Afrika. Verteidigungen von Stellungen bis zum letzten Mann, [...] dieses ›Durchhalten, Geradestehen‹, offenbarte sich jetzt als Schwäche, Feigheit. [...] Einmal aufmerksam geworden, stellte der Jugendliche fest, daß sich all die Träger von Nahkampfspangen, Eisernen Kreuzen, Ritterkreuzen herausredeten, keine Verantwortung übernahmen.«[36]

Wie der Großvater für Wackwitz, so ist der Vater für Timm allmählich »unheimlich« geworden. Erst, als er in dem rechthaberisch schwadronierenden Vater den Feigling erkannte, wurde aus dem Gefühl der Lähmung befreiende Wut: Er widersprach, er begann zu schreiben, er brüllte zurück und organisierte sich bei denen, die der Naziwelt seines Vaters unter Einsatz ihres Lebens Widerstand geleistet hatten, bei den Kommunisten. Es war – wie bei Wackwitz – der Eintritt in das Schattenreich der politischen Wiedergänger. Es endete, wie bei diesem, in Enttäuschung und mit dem Ausstieg in die Wirklichkeit. Geholfen hatte ihm dabei die Mutter. Sie behauptete das Realitätsprinzip in der Familie und war auch deren Wärmepol. Sie vermochte sich in Trauer vom toten Sohn zu verabschieden, und sie fing die Zerstö-

rung auf, die der im Leben und in seinen Wünschen gescheiterte Ehemann anrichtete. Sie hat auch den rebellierenden
jüngeren Sohn davor bewahrt, so unempfindlich-mitleidlos
zu werden wie sein Soldatenbruder. Die Herzenswärme, die
Timm in der Beschreibung von Leben und Sterben seiner
Mutter auf bewegende Weise offenbart, hat ihm ermöglicht,
auch noch den Vater zu erreichen: »Manchmal, sehr selten,
ist er mir nahe.«[37] Dann taucht sein Bild in der Erinnerung
auf, als lachender junger Soldat im Baltikum oder als Schüler
in Coburg, wo er bei einem strengen Onkel aufwuchs. »Er
muß sehr einsam gewesen sein. Tags war er in der Schule,
nachmittags half er in der Werkstatt beim Präparieren. Einen
jungen Raben, der aus dem Nest gefallen war, hatte er sich
gezähmt. Mit diesem Raben auf der Schulter soll er herum-
gelaufen sein.«[38]

In ihrem Buch *Meines Vaters Land* wirft Wibke Bruhns
einen weiten Blick zurück, auf drei Generationen der Halber-
städter Kaufmannsfamilie Klamroth. Dabei kann sie sich auf
ein ungewöhnlich reiches Material stützen – eine Familien-
chronik, Briefwechsel, Fotos, Tagebücher. Wie die plötzlich
aus der Vergangenheit auftauchende Kamera bei Wackwitz
hat eine zufällig in den Rekorder eingeschobene Videokas-
sette ihre Such- und Schreibbewegung ausgelöst. Der Ausschnitt aus einer Naziwochenschau vom August 1944 zeigt
den Vater vor dem Volksgerichtshof, angeklagt des Hoch-
verrats. »Ich starre auf diesen Mann mit dem erloschenen
Gesicht – elf Tage nach diesen Bildern wird er tot sein, aufgehängt am Fleischerhaken in Plötzensee. Ich kenne ihn
nicht, nicht den Schatten einer Erinnerung gibt es in mir. Ich
war ein knappes Jahr alt, als der Krieg begann. Von da an war
der Vater so gut wie nie zu Hause. […] Warum weiß ich
nichts? Was bedeutet diese diffuse Familien-Übereinkunft
des Nicht-Redens über all die Jahre, wieso hat niemand dem
Vater hinterhergespürt?«[39]

Aber sie kriegt den unbekannten Vater nur schwer zu fassen. Nicht nur sein Ende auf der großen politischen Bühne

hinterläßt eine Fülle unbeantworteter Fragen. Wurde Hans Georg Klamroth am 26. August 1944 hingerichtet, weil er sich an der Vorbereitung des Aufstandes vom 20. Juli aktiv beteiligte oder nur weil er darüber informiert war und keine Meldung gemacht hatte? Hat er seine dänischen Verwandten und Freunde gewarnt, oder hat er sie getäuscht, als Nazideutschland im Frühjahr 1940 Dänemark überfiel? Er war Abwehroffizier im Oberkommando der Wehrmacht und, als harmloser Kaufmann getarnt, vor dem Überfall eingereist. Danach blieb er zwei Jahre in dem besetzten Land. Warum hat er alle seine Briefe aus dieser Zeit vernichtet? Ab Februar 1942 wurde er Leiter des Abwehrkommandos III, das im Nordabschnitt der Ostfront vor Leningrad lag, und war dort zuständig für politische Gegnerbekämpfung – Kommunisten, Partisanen und Juden. Das war nicht nur Arbeit am Schreibtisch, die Kommandos rückten auch mit aus zu den bewaffneten Einsätzen.[40] Daß für ihn die Leute hinter der Front keine Menschen waren, sondern »lebensgefährliche« Bestien, die sich wie »die Küchenschaben vermehren«, ist in seinen Briefen aus dem »Affenland«, wie er die Sowjetunion nannte, nachzulesen.[41] Daß von den Gefangenen, die täglich an seinem Stabsbüro vorbeigetrieben wurde – partisanenverdächtige Männer, Frauen und Kinder – »die meisten den Weg allen Fleisches gehen«, also erschossen werden, steht ebenfalls dort. Es sei besser, schrieb er nach Hause, »wenn eher mehr als zu wenig von diesen Untieren ins Gras beißen. Oder sind es vielleicht doch auch Menschen? Ich will es gar nicht wissen, denn hier gilt nur die Pflicht.«[42] Hat er selber die entsprechenden Befehle zur Exekution oder zum Aufhängen erteilt? Hat er, wie es üblich war, die Juden dem Sicherheitsdienst (SD) überstellt? Was haben ihm seine Agenten vom Massensterben in Leningrad, das die Wehrmacht aushungern wollte, berichtet? Und warum wollte er so dringend an die Ostfront, obwohl er wußte, welchen Krieg er dort führen würde? 1943 kehrte er zurück in die Zentrale nach Berlin und wurde verantwortlich für den

Geheimschutz der *Wunderwaffen*, die, nach der Verlagerung von Peenemünde in den Harz, im unterirdischen KZ Dora-Mittelbau von Zehntausenden KZ-Häftlingen unter mörderischen Bedingungen hergestellt wurden. Die Überlebenszeit des einzelnen Arbeitssklaven betrug durchschnittlich nur wenige Monate.[43] 16 000 bis 20 000 Häftlinge, so notiert Bruhns, seien in der Zeit von September 1943 bis April 1945 in Dora-Mittelbau durch Arbeit vernichtet worden. Wie war die Reaktion ihres Vater HG Klamroth, der die Produktionsstätten öfter inspiziert hat, auf diesen Massenmord? Hat er zumindest privat dagegen protestiert? »Natürlich schreibt er nichts darüber«, vermerkt die Tochter. »Er wird auch mit niemandem darüber geredet haben außer mit den Offizieren seiner Abwehrgruppe [...]. Keiner, auch nicht HG, kann sein Entsetzen artikulieren«, und sie fügt hinzu – »wenn es denn eins gab.«[44] Bruhns hat richtig vermutet: Auch diese Arbeit dürfte er ohne innere Erschütterung, im Bewußtsein seiner Pflicht getan haben.

Auch wenn er das alles nicht so vorausgesehen oder gewollt hat: Daß ihr Vater sich schuldig gemacht hat, daran läßt Bruhns keinen Zweifel. Ende April 1933 war er in die NSDAP, wenig später auch in die SS eingetreten. Es geschah nicht aus Opportunismus, um mitzumachen oder im Interesse der Firma. »Der hat denen seine Seele gern gegeben, fürchte ich. Er holt nach, was seit 1918 unterbrochen war.«[45] 1898, in der Blütezeit des Kaiserreichs geboren, wuchs Hans Georg Klamroth mit dessen Werten auf und erlangte als Fahnenjunker eines Kavallerieregiments den für Nichtadlige einzig möglichen Zutritt zur Oberschicht der Wilhelminischen Gesellschaft. Mit seinem Regiment beteiligte er sich an dem Versuch, der jungen Sowjetunion das Baltikum abzujagen, und schützte später die abtrünnige ukrainische Regierung in Kiew. Hier wie dort kämpfte er gegen bolschewistische »Judenlümmels« und »Schwerverbrecher«.[46] Anders als Uwe Timms Vater gehörte der Leutnant Klamroth wirklich und ganz zur Welt der wilhelminischen Herrenmenschen. Um so demütigender war für ihn das unerwartete und schmachvolle Ende des Krieges, die klammheimlich bei Nacht, ohne Fahnen und Musik erfolgende Heimkehr in die Garnison, das Diktat von Versailles. »Der frohe Stolz, ein Deutscher zu sein«, notierte er damals verzweifelt, »ist für immer verloren.«[47] Nur mit Mühe gelang es seinem etwas realistischeren Vater, der sich auf den Boden der Republik gestellt hatte, den Sohn von militärischen Revancheabenteuern abzuhalten und ihn statt dessen in die zivile Welt des Kaufmanns zu bugsieren. Aber auch als Klamroth junior dort reüssierte, mit Else, einer reichen Fabrikantentochter, eine Familie gründete und als Teilhaber in die Firma eintrat, blieb er heimlicher Soldat des untergegangenen Reiches und sehnte sich »nach Gleichschritt, Fahnen und klingendem Spiel«.[48] Damit packte ihn Hitler, als er mit seiner »nationalen Erhebung« die Macht erobert hatte.[49] Der Vater, so kommentiert die Tochter dessen Überlaufen zu den Nazis, »hat nicht das intellektuelle Rüstzeug dagegen. Er kann nicht denken außerhalb nationaler Größe und deren Beschädigung.«[50]

Dietrich Bonhoeffer hat dieses für das deutsche Bürgertum typische Verhalten als »Dummheit« bezeichnet und damit nicht einen Mangel an Intelligenz, sondern einen »menschlichen Defekt« gemeint. »Jede starke äußere Machtentfaltung, sei sie politischer oder religiöser Art, [schlägt] einen großen Teil der Menschen mit Dummheit. [...] Der Dumme ist in einem Banne, er ist verblendet, er ist in seinem eigenen Wesen mißbraucht, mißhandelt. So zum willenlosen Instrument geworden, wird der Dumme auch zu allem Bösen fähig sein und zugleich unfähig, dies als Böses zu erkennen.«[51] Verblendet und ihrem eigenen Wesen entfremdet, das waren die Klamroths, nicht nur die Männer, sondern auch ohne Ausnahme ihre Frauen. Das machte, bei allem äußeren Glanz, die Hohlheit dieser Welt aus, die hinter der Fassade zu spüren ist. 1945 stürzte nicht nur der monströse Nazibau ein, sondern es wurde auch das wilhelminische

Fundament gesprengt. Aber aus diesen Trümmern einer Familie und aus den Ruinen einer Klasse hat die Tochter am Ende doch noch ein Bild des unbekannten Vaters Hans Georg Klamroth geborgen. »Ich hätte gern die Chance gehabt, dich zu lieben. Ich habe dich bestaunt in deiner Verschrobenheit als junger Mann, ich finde dich wunderbar wegen der guten Jahre mit Else, ich kann nicht verstehen, wie du den Nazis hast anheimfallen können. Es war nicht meine Zeit. [...] Ich bin verstört über das, was ich als deine Gleichgültigkeit verstehen muß gegenüber dem Schicksal der Juden, der Zwangsarbeiter, der Geisteskranken, der Häftlinge in den KZs, Himmlers ›Untermenschen‹ in den besetzten Gebieten. Habe ich dich mißverstanden, weil du nie etwas gesagt hast? [...] Dein Leben lag in einer fürchterlichen Zeit, und wenn es denn für die Kinder besser werden sollte, das ist gelungen. Du hast den Blutzoll bezahlt, den ich nicht mehr entrichten muß. Ich habe von Dir gelernt, wovor ich mich zu hüten habe. Dafür ist ein Vater da, nicht wahr? Ich danke dir.«[52]

Gibt es eine genauere Anleitung dafür, wie Kinder ihre Eltern mit den Verbrechen des *Dritten Reiches* konfrontieren können, ohne ihnen die Liebe aufzukündigen?

Die Expeditionen von Uwe Timm und Stephan Wackwitz in die mit Größenphantasien aufgeblasene enge Welt des Kleinbürgertums, komplettiert durch Wibke Bruhns' dichte Beschreibung der von nationaler Größe und ökonomischen Interessen bestimmten Irrwegen der Großbourgeoisie, produzieren eine Fülle von Bildern. Aber wie bei übereinandergelegten Blaupausen ergeben sie präzise Aufrisse und Querschnitte und lassen aus lauter individuellen Geschichten in Totalen und Nahaufnahmen den Bildungsroman der Deutschen im 20. Jahrhundert entstehen. Er ist aktueller als die *Buddenbrooks* und präziser als der *Doktor Faustus*, denn seine Protagonisten kommen aus der Welt der Täter. Es sind Soldaten im Rock der Wehrmacht und der Waffen-SS wie bei Bruhns und Timm, aber auch Männer, die in der NSDAP, bei der Gestapo oder im SD Karriere machten. Dagmar Leupolds Roman *Nach den Kriegen* erkundet die Geschichte ihres Vaters, der als kommissarischer Kreisschulrat in verschiedenen Städten des *Generalgouvernements* in den Jahren von 1939 bis 1941 am Anfang einer großen Karriere stand.[53] Als Angehöriger der deutschen Minderheit in Polen in der Nähe von Auschwitz aufgewachsen, trat er während des Studiums in Lemberg der antisemitisch-völkischen Jungdeutschen Partei bei und wurde später Mitglied der NSDAP. Krieg und Völkermord nahm er nur als Ereignisse wahr, »durch die ihm das Erreichen seiner ehrgeizigen Ziele wesentlich erleichtert« wurde.[54] Zur Wehrmacht eingezogen, erfuhr seine Karriere einen Bruch, der durch die Niederlage 1945 endgültig wurde. Der in den Westen geflüchtete »Übermensch« verwandelte sich in einen angepaßten »Spießer«.[55] Dem Meckelschen Vater in vielem ähnlich, sah sich der Oberstudienrat für Mathematik als »Opfer« der Zeitläufte und einer nicht zu beeinflussenden »Fernsteuerung« der Geschichte.[56] Statt der Weiten des besetzten Ostens blieb ihm für sein Regime der Rituale, Vorlieben und Verbote jetzt nur der abgegrenzte Bezirk einer Kleinfamilie. Während er in der Öffentlichkeit als ein progressiver Lehrer und überzeugter Liberaler auftrat, setzte er seine »nichtgelebte« Nazikarriere abgespalten in den Fragmenten seiner literarischen Versuche als ein geheimes, zweites Leben fort.[57] Naziväter, die über solche Bühnen der Selbstdarstellung nicht verfügten, konnten nur, wie es Monika Jetter in ihrem Buch *Mein Kriegsvater* eindringlich beschrieben hat, die entpersönlichende Dressur, die sie selber hart und tauglich gemacht hatte, an den eigenen Kindern wiederholen: Man würde sie schon »kleinkriegen« und zwar »zack, zack!« aus jedem von ihnen ein »ordentliches deutsches Kind« machen.[58]

Martin Pollack löst das Rätsel um den *Toten im Bunker*, der sein Vater war, und rekonstruiert dessen Leben und Taten als SS-Hauptsturmführer.[59] Der aus einer deutschen

Enklave in Slowenien stammende und in Graz als Jurist pro-
movierte Gerhard Bast war wie sein Vater früh zur NSDAP
gestoßen und hatte unmittelbar nach der Annexion Österreichs seine Tätigkeit bei der Gestapo aufgenommen. Nach
Stationen in Koblenz und Linz wurde er im Sommer 1941
stellvertretender Gestapoleiter in Münster. In dieser Funktion unterzeichnete er die Deportationsbefehle der Juden
in die Vernichtungsghettos im Osten. Ab November 1942
wurde er als Führer verschiedener Sonderkommandos der
Einsatzgruppen beim Judenmord und der Partisanenbekämpfung in der Ukraine und in Weißrußland sowie 1944/
45 gegen die Aufständischen in Warschau und in der Slowakei eingesetzt.[60] Auch Claudia Brunner und Uwe von Seltmann folgen in ihrem Buch *Schweigen die Täter, reden die
Enkel* den Spuren naher Verwandter, die im nationalsozialistischen Terrorapparat tätig waren: Der Großonkel Alois
Brunner war Eichmanns rechte Hand und konnte sich mit
Wissen der Familie nach Syrien absetzen und so allen juristischen Verfolgungen entgehen, der Großvater Lothar von
Seltmann half mit, als enger Mitarbeiter des SS-Führers
Odilo Globocnik, im polnischen *Generalgouvernement*
Hunderttausende Juden zu ermorden.[61]

Zum ersten Mal – und das ist der entscheidende Unterschied zu den Texten der siebziger/ achtziger Jahre – fällt der
Schatten des Völkermords auf die Familien, taucht – beglau-
bigt durch den Namenszug der teuren Angehörigen – das
Verbrechen im idyllischen Vorhof der Kindheit auf. Es ist
der lastende Druck einer Vergangenheit, die ständig anwesend ist, aber nicht ausgesprochen werden durfte oder in
Andeutungen verrätselt wurde, es ist die Ahnung einer noch
nicht zu benennenden und erst recht nicht meßbaren
Schuld, es sind die immer wiederkehrenden Träume, die auf
diese Spur geführt haben. Aber erst nachdem der Großvater
oder der Vater gestorben und mit dem Tod ihrer Frauen auch
noch die letzten Mitwisser verschwunden waren, haben sich
die Kinder oder Enkel an die Arbeit gemacht und die Schutt-

halden der Erinnerung nach Fundstücken durchwühlt. Der
Schrecken ist damit nicht vorbei, aber er ist faßbar geworden, und man kann sich gegen ihn abgrenzen: »Hin und wieder träume ich vom Bruder«, schreibt Timm. »Jemand will
in die Wohnung eindringen. Eine Gestalt steht draußen,
dunkel, verdreckt verschlammt. […] Mit aller Kraft stemme
ich mich gegen die Tür, dränge diesen gesichtslosen Mann,
von dem ich aber bestimmt weiß, daß es der Bruder ist, zurück. Endlich kann ich die Tür ins Schloß drücken und ver-
riegeln. Halte aber zu meinem Entsetzen eine rauhe, zerfetzte Jacke in den Händen.«[62]

Unscharfe Bilder

Auch Thomas Medicus, Jahrgang 1953, will sich, so scheint
es, mit seinem Roman *In den Augen meines Großvaters* gegen
die Wiedergänger aus der Vergangenheit schützen und die Tür
ins Schloß drücken. Großvater und Vater sind mit 49 Jahren
eines unnatürlichen Todes gestorben, der eine als General der
Wehrmacht von italienischen Partisanen erschossen, der andere als Landarzt im Fränkischen, weil er den inneren Druck
nicht mehr aushielt und sich umbrachte.[63] Der Autor, auf die
fünfzig zugehend, spürt, wie der Schatten dieses Fluches
auch ihn erreicht: »Mein Großvater erschien mir plötzlich
als der geheime Fluchtpunkt meiner Biographie, auf den alles zustrebte, was ich je getan oder nicht getan, geworden
oder nicht geworden war. Ich entschloß mich, nach Wilhelm
Crisolli zu forschen und das Rätsel seines Todes zu lösen«.[64]
Einzige Quelle – aufbewahrt in der Frisierkommode der
Großmutter – sind 51 Fotos, ein Brief vom 31. Mai 1944 und
ein Ritterkreuz. Auf den Fotos faszinieren den Autor vor allem zwei Motive: Die Manöverbilder aus Jütland, wo die
Division für ihren Kampfeinsatz in Italien den letzten Schliff
erhalten sollte, demonstrierten auf theatralische Weise den
elitären Herrschaftsgestus der untergegangenen preußi-

schen Kriegerkaste. Die Gruppenfotos aus der Toskana, mit
bezaubernden Frauen und entspannten Offizieren auf den
Terrassen herrschaftlicher Villen, zeigten einen bukolischen
Krieg, bei dem nur eines irritierte – der »erstarrte und tod-
unglücklich dreinschauende« General.[65]

Es ist derselbe Ausdruck, den der Autor auf dem Ver-
lobungsbild Wilhelm Crisollis aus den zwanziger Jahren entdeckt hat. In den großen »blicklosen Augen« glaubt er, den
Schrecken des Ersten Weltkrieges und unter dem »masken-
haft« erstarrten Gesicht die »Demütigungen« des Nachkriegs
zu finden.[66] Aber sein Versuch, in der melancholischen
Verlorenheit der Augen die verletzliche Physiognomie und in
dem preußisch-herrenhaft auftrumpfenden Männerbund den
martialischen Körper einer beschädigten Generation zu beschreiben, scheitert inhaltlich wie formal. Der innere Mono-
log, der die Geschichte des kaiserlichen Kavallerieleutnants
und späteren Reichswehroffiziers Crisolli im Krieg und danach in einer pommerschen Garnison erzählen will, speist
sich aus angelesener Literatur und montiert diese zu einer
schlecht kaschierten Abfolge von Sprechblasen. Wichtigeres
bleibt dagegen unerwähnt: Über das angeblich distanzierte
Verhältnis des Wehrmachtsmajors zu den Nazis weiß der
Enkel nur vom Hörensagen zu berichten, und die Spur des
Oberstleutnants im Vernichtungskrieg wird gar nicht erst
aufgenommen. Dabei erhielt der Panzerkommandeur für
seine Heldentaten in Polen 1939 das Eiserne Kreuz I. und
II. Klasse und beim Überfall auf die Sowjetunion schon im
Sommer 1941 das Ritterkreuz. Die zu Beginn des Romans
verkündete Absicht, im Großvater den »geheimen Fluchtpunkt« der eigenen Biographie zu erkennen, kommt nicht
zur Ausführung und erweist sich als täuschende Kulisse: Der
Autor leidet weder als Nachgeborener an der Nazizeit noch
an dem, was sie in seiner Familie hinterlassen hat. Diese hat
sich nämlich darauf verständigt, daß Krieg und Nazizeit
»kein passendes Gesprächsthema seien« und »sich lieber
den Erfordernissen der Gegenwart zugewandt«.[67] Dieser

Schweigepakt hat gehalten – bis auf eine Ausnahme: Mutter und Großmutter waren aufgeschreckt durch die nach dem Krieg in Italien verhängten Todesurteile gegen Vorgesetzte und Nachbarkommandeure von Wilhelm Crisolli. Sie fürchteten, der General könnte ähnliche Verbrechen wie die Verurteilten begangen haben und sei deshalb der Rache der Partisanen zum Opfer gefallen. Was sie peinigte, waren nicht Gefühle von Schuld oder Scham, sondern »die untergründige Angst vor bloßstellenden Enthüllungen«, die Sorge um die Ehre der Familie.[68]

Und genau das ist das wirkliche Motiv seines Schreibens, darum geht es bei dem Auftrag, den Thomas Medicus als Sohn und Enkel übernommen hat. Er erledigt ihn mit Bravour: Wilhelm Crisolli hat keine Massenverbrechen begangen, sondern, bevor er selber in Olivacci im Kugelhagel starb, nur drei Zivilisten – einen als Informant der Partisanen überführten Ordenspater und zwei wahrscheinlich unschuldige Frauen – in Nocchi erschießen lassen. Aber dafür gab es mildernde Umstände: Der General war ein von Krankheiten geschwächtes »Wrack«, bei der Erschießung handelte es sich möglicherweise um »einen bürokratischen Vorgang«, den er nur unterschrieben oder auf Befehl seiner Vorgesetzten veranlaßt hatte, und im Falle eines Standgerichts hätte die Exekution sogar als völkerrechtlich »unbedenklich« gegolten.[69] An dieser Stelle angekommen, läßt der Autor die Grenzen von Täter und Opfer gnädig verschwimmen: »Wilhelm Crisollis Schicksal besaß jedoch seine eigenen Tücken, Täterschaft und Opferschicksal waren in seinem Fall derart dicht miteinander verwoben, daß sich für seine Familie nicht ohne weiteres Orientierung ergab und sich vielleicht auch gar nicht hatte ergeben können. Manchmal überblendete sich in meiner Vorstellung die Erschießung von Nocchi mit dem Überfall bei Olivacchi. Erst sah ich den Pater und die beiden Frauen in grotesken Verrenkungen, dann meinen Großvater blutüberströmt zusammenbrechen.«[70]

Hätte Medicus, statt den Tod des Großvaters zu mystifizieren, dessen Spuren im Leben etwas mehr Aufmerksamkeit gewidmet und über dessen Leiden nicht ganz die Taten vergessen, so wäre er auf Passagen wie die folgenden gestoßen, die die Archive aus dem Soldatenleben des Wilhelm Crisolli für Historiker und Familienforscher aufbewahrt haben. 22. Juni 1941: »Die Zahl der Gefangenen war gering, 200 bis 300 Mann, da es beinahe an allen Stellen ein Kampf bis zur letzten Entscheidung gewesen war.«[71] – »Kampfgruppe Crisolli schafft es.« 25. Juni: »Als wir umdrehten, fanden wir die Gefangenen auf dem Marktplatz, zwischen ihnen eine Gruppe von Juden mit dem jüdischen Zivilkommissar der Bolschewiken.« 11. Juli: »Sieger von Dünaburg. Das Ritterkreuz für einen erfolgreichen Kampfgruppenführer.«[72] 5. August: »Richtlinien für Sicherung und Durchführung von Säuberungen«: »die Zivilbevölkerung – selbst harmlos aussehende Bauern und Frauen – [steht] stets mit den Partisanen unter einer Decke[...]. Auch ist festgestellt, daß essentragende Kinder und als Beerensammler getarnte Frauen Partisanen verpflegen«. – »9 Partisanen erschossen und mehrere verwundet. [...] Ferner wurde ein Zivilkommissar erschossen.« 26. August 1941: »Die Division befiehlt, daß die beiden Dörfer, in denen sich die 13 auftretenden Partisanen aufhielten, als Warnung für die Bevölkerung abgebrannt und Verdächtige erschossen werden.«[73]

Diese Erfahrungen von der Ostfront kamen Crisolli zugute, als er, mittlerweile vom Oberst zum General befördert, mit seiner 20. Luftwaffen-Felddivision im Frühjahr 1944 nach Italien verlegt wurde. Gegner waren nun nicht mehr Rotarmisten, Kommissare und Juden, sondern die Partisanen und die sie unterstützende Zivilbevölkerung. Grundlage war Hitlers für die Ostfront und den Balkan erlassener »Bandenbefehl« vom 16. Dezember 1942, der für den Widerstand hinter der Front »fanatische, kommunistisch geschulte Kämpfer« verantwortlich machte und, »um dieser Pest Herr zu werden«, von der Truppe verlangte, »ohne Einschränkung auch gegen Frauen und Kinder jedes Mittel anzuwenden, wenn es nur zum Erfolg führt«.[74] Der Oberbefehlshabers in Italien, Generalfeldmarschall Albert Kesselring, befahl am 17. Juni 1944, jeder Ort, »in dem sich Banditen nachweisen« ließen oder in dem »Anschläge [...] beziehungsweise Sabotageaktionen« stattfänden, sei niederzubrennen. Alle »männlichen Einwohner des Ortes« über 18 Jahre sollten erschossen, Frauen in Arbeitslager abtransportiert werden.[75] General Joachim Lemelsen, Befehlshaber der 14. Armee, zu der Crisollis 20. Division gehörte, übernahm die Anweisung und erklärte am 3. Juli 1944: »Ich werde jeden Führer decken, der in der Wahl und Schärfe des Mittels bei der Bekämpfung der Banden über das bei uns übliche zurückhaltende Maß hinausgeht.«[76] Das war die Befehlslage auch für die *Bandenunternehmen*, die von der 20. Luftwaffen-Felddivision oder mit deren Beteiligung im August/September 1944 durchgeführt wurden. *Bandenunternehmen* im Raum Monte Gottero 3./4. August: »Eigene Verluste: 1 Toter, 12 Verwundete (deutsch), 5 Verwundete (italienisch), 4 Deutsche durch Unfall verletzt; Feindverluste: 630 Tote, Gefangene: 12 (nur zur Vernehmung).«[77] Gefangene »nur zur Vernehmung« aufbewahren hieß, sie nach dem Verhör zu erschießen. *Aktion* im Raum Vinca-Monte Sagro vom 24. bis 26. August: »Nach vorläufiger Abschlussmeldung wurden 1480 Bandenangehörige, Bandenhelfer und Bandenverdächtige festgenommen, 332 Mann im Kampf niedergemacht, [...] Rund 600 Einzelgehöfte und Bandenunterkünfte sowie 17 Bandenortschaften im obigen Raum, dabei Hauptlager Vinca [...] vernichtet.«[78] In einem Nachtrag wurde gemeldet, daß neben weiteren 28 getöteten *Banditen* noch 1635 Verdächtige und Arbeitsverweigerer festgenommen und ins Auffanglager Lucca transportiert worden seien, um von dort nach Deutschland zur Zwangsarbeit verschickt zu werden.[79] Zur Wahrheit hinter den Zahlen: Bei der *Aktion* im Dorf Vinca am 24. August wurden 174 Tote gezählt, davon waren 54 Männer, 57 Frauen und 26 Kinder.[80] Das *Unternehmen* vom 4. bis 7. September 1944 im Raum Nocchi, Camaiore,

Viareggio: 4. September: »Bei Vergeltungsmaßnahmen bisher 23 Banditen erschossen [...], 13 Banditen z. T. in amerikanischer Uniform in unmittelbarer Umgebung des Div.Gef. Standes ergriffen, da 7 bei Gegenwehr und auf der Flucht erschossen.« 5. September: »[...] 23 Banditen bei Gegenwehr niedergemacht. 170 Bandenhelfer und Bandenverdächtige eingebracht.« 6. September: »[...] insgesamt 288 Banditen [...] und Bandenhelfer eingebracht [...]. 36 Banditen hierbei im Kampf und auf der Flucht niedergemacht.« 7. September: »Zahl der eingebrachten Bandenmitglieder und Bandenhelfer [...] insgesamt 377.«[81]

Die beiden *Bandenunternehmen* Ende August und Anfang September wurden von Crisolis 20. Luftwaffen-Felddivision gemeinsam mit der benachbarten 16. SS-Panzergrenadierdivision *Reichsführer SS* durchgeführt. Deren Stabsquartier befand sich in der ersten Septemberhälfte 1944 in der Villa Contessa in Nocchi, also in Crisollis bisherigem Gefechtsstand.[82] Die Einheit der Waffen-SS führte von August bis Oktober 1944 als Teilverband der Wehrmacht zahlreiche Massaker durch, bei denen insgesamt 2000 Zivilisten den Tod fanden.[83] Dörfer wie Sant' Anna di Stazzema, in dem 560 Menschen, davon 65 Kinder, erschossen wurden, oder Marzabotto, wo 770 Zivilisten, die meisten davon Frauen und Kinder, den Tod fanden, haben den traurigen Ruhm der 16. SS-Panzergrenadierdivision begründet.[84] Medicus erwähnt zwar diese beiden Massaker, verliert aber kein Wort über jene oben erwähnten *Bandenunternehmen*, die entweder gemeinsam mit der Waffen-SS oder unter Crisollis alleinigem Kommando durchgeführt wurden. »Verantwortlich war in allen Fällen«, so läßt er den Leser wissen, »die 16. SS-Panzergrenadier-Division *Reichsführer SS*«. Und er fügt, um jeden Verdacht auszuschließen, hinzu, daß die Tätigkeit seines Großvaters in diesen Tagen »größtenteils bürokratischer Natur« gewesen sei.[85] Indem Medicus die Protokolle des Vernichtungskrieges, von denen einige auch die Unterschrift des Generals Crisolli tragen, verschweigt, privatisiert er dessen Schicksal. Statt die öffentliche Rolle des militärischen Befehlshabers und wahrscheinlichen Kriegsverbrechers an der Ostfront wie in Italien zu rekonstruieren, präsentiert er den intimen und fiktiven Dialog zwischen dem anteilnehmenden Enkel und dem zu früh verstorbenen Großvater. Er wiederholt damit das, was Millionen Deutsche nach dem Krieg mit ihren aus dem Krieg und von den Verbrechen heimgekehrten Angehörigen getan haben. Was Thomas Medicus liefert – kaschiert durch pittoreske kulturgeschichtliche Abschweifungen, ausladende literarische Verweise und das prätentiöse Protokoll seiner italienischen Reise –, ist Rechtfertigungsliteratur.[86] Er betätigt sich als Lohnschreiber – für die eigene Familie und im Dienst des Zeitgeistes.[87]

Nicht genug damit. Einer von Crisollis Soldaten war jemand, der nach dem Krieg als Schriftsteller zu Ruhm kam – Alfred Andersch. Dieser genoß – jedenfalls außerhalb der Veteranen- und Kameradschaftsbünde – Respekt auch für das, was er im Krieg getan hatte: Er war nicht mehr bereit gewesen, den Krieg seines Generals gegen die Zivilbevölkerung weiter mitzumachen, und desertierte am 6. Juni 1944.[88] Thomas Medicus eröffnet, so als ob er noch etwas für den meuchlings ermordeten Großvater tun müsse, ein Standgericht gegen den Fahnenflüchtigen. Dessen Tat, die eine unter Todesgefahr getroffene Entscheidung für Recht und Anstand war, ist für den Gerichtsherrn Medicus nur »negatives Heldentum« und zudem »weit weniger heroisch« als man gemeinhin geglaubt habe.[89] Andersch hatte mit seiner Tat gegenüber all denen, die ihr Weitermachen mit den Legenden vom *Befehlsnotstand* und von der Bindung des *Eides* später rechtfertigen wollten, gezeigt, daß es auch an der Front die Freiheit der moralischen Entscheidung gab und daß der Bruch mit dem Kollektiv der Täter möglich war. Er hatte genau das getan, wozu General Crisolli im Krieg moralisch nicht imstande war und wogegen sich dessen an die Familie geketteter Enkel auch sechzig Jahre später noch

wehrt. Deshalb trifft den Deserteur die ganze Wut des Thomas Medicus: »Am meisten befremdete mich, daß Andersch
dieser Tat wegen glaubte, aus seiner Familiengeschichte wie
der Genealogie der Täter ausgetreten und fortan moralisch
salviert zu sein.«[90]

Geschehnisse, wie die aus dem Soldatenleben des Wilhelm
Crisolli, bilden auch den Ausgangspunkt von Ulla Hahns
Roman *Unscharfe Bilder*.[91] Katja hat eine Ausstellung über
die Verbrechen der Wehrmacht im Osten mit schockieren-
den Fotos besucht. Auf einem der Fotos meint sie ihren
Vater Hans Musbach erkannt zu haben. Den Katalog hat sie
ihm bei einem ihrer regelmäßigen Besuche im Altersheim
gelassen. Am nächsten Tag kam Musbach darauf zu sprechen. »›Gestern abend habe ich das Buch angesehen. Ich
weiß wirklich nicht, was du willst. Wir alle kennen doch die
Schrecken und die Verbrechen der Nazizeit. Was können wir
noch mehr dazu sagen? Ich habe diese Jahre in mir abgekap-
selt wie die Splitter in meinem Bein. Es gibt die historische
Verantwortung aller Deutschen, dazu habe ich immer gestanden. Aber ich will nicht noch einmal hinein, zurück in
diese verlorenen, gestohlenen Jahre.‹ Die Tochter sah ihn er-
wartungsvoll an. Sie antwortete nicht. Es war an ihm zu reden. ›Wir haben doch wirklich oft darüber gesprochen. Du
weißt alles. Hast soviel gelesen. Ich kann dir nichts Neues
sagen.‹ ›Ja‹, sagte Katja. ›Gelesen. Und darüber geredet.
Aber von dir selbst hast du nie erzählt. Und nie von solchen
Fotos. Du warst doch in diesem Krieg, in Rußland.‹«[92] Als
der Vater, in dem sich die Fotos wie Widerhaken längst festgesetzt haben, zu reden beginnt, ist er ein anderer geworden:
Der pensionierte Oberstudienrat für alte Sprachen hat sich
in den jungen Landser von damals verwandelt, der vom
Schrecken geschüttelt wird: der erste Tote, schreiende Verwundete, Haufen von Leichen, Kampf gegen Staub, Sonne
und Ungeziefer, der zu frühe Winter mit Schlamm, Kälte,
Schnee, 40 Grad minus und immer hungrig, die Gegenoffen-
sive der Russen, Granaten und Panzer, Verwundung und

Lazarett. In diese Litanei des Grauens mischt sich ein Sing-
sang des Leugnens: »›Hitler hatte die Befehlsgewalt, wir
folgten, vom General bis zum Rekruten.‹« – »›An der Front
gab es keine Juden.‹« – »›Von den Deportationen, den
Massenvernichtungen wußten wir an der Front doch damals
noch nichts. Nur Gerüchte von den Greueltaten der SS und
des SD in den besetzten Gebieten hinter uns.‹« – »›Je wirkungsvoller die Partisanen, desto öfter gab es diese sogenannten *Vergeltungsoperationen*. Was sollten wir machen?
Uns von hinten abschießen lassen?‹« – »›Und vergiß niemals, wir hatten uns nicht freiwillig gemeldet! Ich hatte
Hitler nie gewählt! Ich war in Rußland ein Gefangener meines eigenen Landes.‹«[93]

Ulla Hahn tut so, als spräche hier die historische Wahrheit
selber. Ohne zu sondern, was individuelles Erleben und
nachträgliche Legitimation, was tatsächliches Ereignis und
abgeschliffene Erinnerung ist, wird die Tochter von der
Suada des Vaters überwältigt. Und das Leugnen des Vaters
versteht sie nicht als ein »Ausweichen« vor der Wahrheit,
sondern als notwendigen »Umweg« zum endgültigen
Schuldeingeständnis: Er mußte sich an der Erschießung von
gefangenen Partisanen beteiligen. Aber der Vorfall, dafür
sorgt die umsichtige Erzählerin, löst sich in ein Nichts auf,
juristisch wie moralisch: »›Ich tat wie mir befohlen. Hielt in
die Richtung, wo der Mann stand. Zog ab. Der Schuß ging
los. Ich sackte zusammen. ›Verdammter Idiot‹, hörte ich
noch. Dann verlor ich das Bewußtsein. Eine gnädige Ohn-
macht.‹«[94] Musbach weiß nicht, wohin der Schuß ging und
ob er getroffen hat. Damit nicht genug: Hinter ihm stand
ein SS-Mann, der ihn mit geladener Pistole zu schießen genötigt hatte. Diesen Peiniger von der SS erschlägt er in der
folgenden Nacht, als der eine Einheimische vergewaltigen
will. Mit der geretteten Frau, einer Partisanin und Jüdin,
flieht er ins Partisanengebiet. Natürlich verliebt er sich in
Vera, natürlich lernt er ihre Genossen als aufrechte Patrioten
kennen. Mit dieser Geschichte im Stil eines gehobenen Kon-

salik ist das Schuldkonto des Vaters endgültig ausgeglichen. Als sich auch noch herausstellt, daß der Schütze auf dem Foto gar nicht der Vater ist, verschwindet auch noch das letzte Beweismittel. Die Tochter, die längst alles verstanden hat, will nun auch alles vergeben. Aber jetzt besteht der Vater darauf, auch ohne Fotobeleg ein *Mörder* gewesen zu sein – irgendwann und irgendwo in diesem Krieg. »›Ich bin es nicht auf diesem Foto? Spielt das denn eine Rolle? Ich weiß doch, was war. Dieses Foto oder nicht. Ein Foto oder keines. Verzeih mir – wenn Du kannst.‹ Lange saßen sie stumm. Das Ticken der Uhr beherrschte den Raum. Vater und Tochter rührten sich nicht von ihren Stühlen und schienen doch einander nähergerückt. Geduldig würden sie warten, bis sich die Worte einstellten. Die Tochter stand auf, zog den Vater an sich. In die Arme nahm sie ihn nicht. Als ihre Blicke sich trafen, so nah, schlugen sie die Augen nieder.«[95]

Ulla Hahn, 1945 geboren, will etwas zurechtrücken und wiedergutmachen. Für sie war die Wehrmachtsausstellung nicht die längst fällige Offenlegung der Wahrheit, sondern ein mitleidloses Tribunal und ein später Sieg der 68er über die eigenen Eltern. Gegen diese Chimäre hat sie ihren Roman geschrieben: Der Kriegsgeneration soll Gerechtigkeit widerfahren, sie muß den Raum und die Zeit haben, ihre in der Öffentlichkeit unterdrückten Bilder zu präsentieren. Nur eine solche Wiedergutmachung, das erzählt das sentimentale Finale, ermöglicht Versöhnung. Diese Stimme ist nicht allein. Das zeigt die gröbere Variante von Ulla Hahns Vater-Tochter-Roman.

Arno Surminski läßt in seinem Kolportage-Roman *Vaterland ohne Väter* die Vollwaise Rebeka Rosen die Geschichte ihres vor Stalingrad gefallenen Vaters und zweier seiner Kameraden ausgraben.[96] Was sie findet, sind sympathische Kerle, die aus einem normalen Leben als ostpreußischer Bauer, Hamburger Barkassenführer und Münsteraner Lebensmittelhändler herausgerissen und in den Krieg gezwungen werden, sich dort tadellos verhalten und schließlich für

ein verbrecherisches System sterben müssen. Am Schluß des
Buches steht eine Anzeige der Tochter, mit der sie an den toten Vater erinnert. Es ist ihre Antwort auf das skandalöse öffentliche Vergessen der Soldaten im feldgrauen Rock und auf
die antifaschistische Haßkultur, die sie alle zu Verbrechern
erklärt hat. Die Annonce, die den in der *Frankfurter Allgemeinen Zeitung* seit den Jahren der Wehrmachtsausstellung
abgedruckten Mementos unter dem schwarzen, vom Nazi-
symbol gereinigten Balkenkreuz folgt, lautet: »Zur Erinnerung an meinen Vater Robert Rosen geboren am 6. Dezember
1919 in Podwangen/Ostpr. gefallen für nichts und wieder
nichts am 31. Januar 1943 bei Stary Oskol in Rußland.
Rebeka Rosen, geboren am 31. Januar 1943 in Podwangen/
Ostpr. Ich suchte Mörder und fand Menschen.«[97] Surminskis
wilder Mix aus fiktivem und überliefertem Material[98] –
Tagebüchern, Briefen, Befehlen und Führerreden – folgt nicht
nur formal Walter Kempowskis *Echolot*. Dieser hatte sein
vielbändiges Vorhaben damals so begründet: »Ich tu das nicht
um der Geltung wegen, ich hab doch eine Mission! Es geht im
Grund auch um dieses arme Volk, das mit einem Schuldklotz
belastet durchs Leben keuchen muß, und was sie auch tun, es
ist verkehrt, ein bißchen, daß ich mich an ihre Seite stelle und
sage: ›So verkehrt seid ihr nicht‹.«[99]

So verkehrt sind sie nicht, die Großväter und Väter, die uns
von Medicus, Hahn und Surminski präsentiert werden. Auf
den Bildern sind Menschen zu sehen und keine Mörder. Dieses Ergebnis verdankt sich allerdings einem groben Fehler:
Die Kamera hat gewackelt. Alles unscharfe Bilder.

Leidgeschichten

Der zur Nachkriegsgeneration gehörende Schriftsteller
Günter Frantzen hat in einer scharfen Kritik Uwe Timm
vorgeworfen, er habe, anstatt sich der Agonie seines Bruders
zu »erbarmen« und ihm das Sterben zu »erleichtern«, nur ein

wohlfeiles »pazifistisches Credo« präsentiert und sich damit im »behaglichen Gehäuse einer blitzsauberen Gesinnung« eingerichtet.[100] Daß diese Kritik nicht nur auf Timm, sondern auf einen generellen Umgang mit der Vergangenheit gemünzt war, zeigte der Vorspann des Beitrages durch den Herausgeber der *Neuen Gesellschaft/Frankfurter Hefte*: Peter Glotz, ehemals einer der Vordenker der deutschen Sozialdemokraten und in den letzten Jahren zum Vorkämpfer für die Rechte der sudetendeutschen Vertriebenen geworden,[101] charakterisierte Frantzens Kritik als verdiente Antwort auf die »Mitleidlosigkeit eines bestimmten Typus von Achtundsechzigern mit deutschen Opfern«.[102] Das entspricht einem weitverbreiteten, aber deshalb nicht schon wohlbegründeten Unbehagen. Diesem Gefühl hat offensichtlich auch Günter Grass' Novelle *Im Krebsgang* ihr Entstehen zu verdanken.[103] Am Beispiel des von einem sowjetischen U-Boot Ende Januar 1945 torpedierten und mit mehr als 7 000 Passagieren untergegangenen Truppentransporters und Flüchtlingsschiffes *Wilhelm Gustloff* versucht er, eine *Opfergeschichte* zu erzählen. Weil das bisher gar nicht oder nur unzureichend geschehen sei, so der Plot seiner Geschichte, habe sich die nicht verheilte Wunde in ein Tabu verwandeln können, dessen Nutznießer die Neonazis geworden seien. Der im Gestus einer Selbstkritik verfaßte Familienroman – Grass führt sich selbst als »der Alte« in die Erzählung ein – versucht, mit der Übernahme des Begriffs *Opfer* für die Angehörigen der deutschen *Volksgemeinschaft*, das eigene »Versäumnis«, diesen Toten nicht schon früher einen Epitaph gewidmet zu haben, wiedergutzumachen.[104] Er will gleichzeitig aber auch eine falsche Hierarchie der Holocaust-Opfer gegenüber den vergewaltigten Frauen von Nemmersdorf oder den ertrunkenen Passieren der *Gustloff* zerstören – »als dürfte nur jener und nicht dieser Toten gedacht werden«.[105]

Die Romane zweier jüngerer Autoren zeigen, daß man mit dem Begriff der *Leidgeschichte* dem Schicksal vieler

Deutscher im Krieg die angemessene Empathie bekunden
kann, ohne die Verbrechen Nazideutschlands zu relativieren.
Tanja Dückers, Jahrgang 1968, hat sich in ihrem Roman
Himmelskörper, sicher nicht zufällig, ebenfalls das Thema
der *Gustloff*-Katastrophe gewählt.[106] Zentrum ihrer Geschichte ist eine Familie, bestehend aus drei Generationen.
Erzählerin ist Freia, das erwachsene Enkelkind, das noch
einmal zurückgeht und sich erinnert. Was in ihre paradie-
sische Kinderwelt von Beginn an wie ein phantastisches
Objekt hineinragte, war die Beinprothese des Großvaters.
Das kindliche Fragen initiierte eine später immer wiederholte Erzählung vom Krieg – von der unmenschlichen Kälte
und der angst machenden Weite im Osten, von toten Kameraden und von der schlimmen Verwundung, die mit einem
amputierten Bein bezahlt wurde. Diese Rede wurde meist
unterbrochen von dem Hinweis der Großmutter, die Kinder
seien »zu jung dafür« und durch den rätselhaften Satz der
Mutter: »Von dem Schiff erzählst du ihnen nichts …«[107] Als
die Kinder älter wurden, erfuhren sie auch die Geschichte
von dem Schiff. Sie handelte davon, wie die Russen am Ende
des Krieges wie ein Schwarm Heuschrecken in Ostpreußen
einfielen, wie Zehntausende Menschen zu den rettenden
Häfen flüchteten, wie auch die Großeltern alles daransetzen,
eins der letzten Schiffe in Gotenhafen zu besteigen. Statt an
Bord des Unglücksschiffes *Wilhelm Gustloff* zu gehen,
schaffte es die Großmutter, mit ihrer kleinen Tochter Renate
auf ein sicheres Minensuchboot zu kommen – »durch unsere
guten Verbindungen zur Partei«.[108] Solche wie beiläufig
hingeworfenen Sätze bohrten sich bei den Enkeln ein wie
scharfkantige Projektile, erst recht, wenn sie bei Nachfrage sofort zurückgenommen werden – »wir waren keine
Nazis«.[109] Das hinterließ Zonen der Irritation, die zu Brut-
stätten von Zweifeln wurden, wenn neue rätselhafte Sätze
dazu kamen, wie der vom »Riesenglück, daß wir auf das
Schiff kamen«.[110] Erst nach dem Tod der Großvater gelang
es Freia, der halbdementen Großmutter das Geheimnis der

Rettung zu entreißen: Natürlich waren sie Nazis gewesen und hatten Vorzugsbehandlung genossen. Daß sie aber aus Hunderten von Wartenden ausgesucht wurden, verdankten sie der fünfjährigen Renate, die huckepack auf dem Rücken ihrer Mutter, wie bei öffentlichen Anlässen gewohnt, das Ärmchen gehoben und *Heil Hitler!* gekräht hatte. Während die drei gerettet wurden, mußten die neben ihnen wartende Nachbarin und ihr Söhnchen Rudi auf die *Gustloff* und kamen um.

Hinter diesem aufgedeckten Geheimnis wird ein zweites, tieferes sichtbar – die heimlichen Fahrten der Mutter zu ihrem polnischen Cousin in Warschau. Er war derjenige, der ihr die Tür öffnete zu einer anderen Wirklichkeit, in der sie lebendig wurde und verrückte Sachen tat, und der sie gleichzeitig immer wieder auf ihrem Gang in die Unterwelt begleitete: Kazimierz, der den Schrecken der deutschen Besatzung bewußt erlebt und seine Familie nach der Befreiung in der Trümmerwüste der Hauptstadt verloren hatte, kannte die Geschichte ihrer Nazieltern. Er wußte von Renates kindlicher Rettungstat und von ihrem nicht vergehenden Gefühl der Schuld – sie davongekommen und die Nachbarn im eisigen Wasser ertrunken. Wie ein älterer Bruder hatte der Cousin sie über Jahrzehnte getröstet und gehalten. Als er sich, inzwischen ein erfolgreicher Fernsehmann, plötzlich das Leben nahm, suchte die Mutter nach einer Erklärung: »Vielleicht reicht es, das ... das erlebt zu haben, was er erlebt hat: als Kind im zerbombten, entvölkerten Warszawa aufgewachsen zu sein. [...] Das ist es aber, was ich glaube. So eine grundsätzliche, mit nichts zu stillende Melancholie«.[111] Dann hatte sie nach einer langen Pause hinzugefügt: »Manchmal frage ich mich nur, welche Lebensberechtigung ich eigentlich noch habe, wenn schon jemand, der nur Opfer war, sich später umbringt ...«[112] Es sollte ihr Grabspruch sein: Ein halbes Jahr später folgte sie Kazimierz in den Tod.

Das Wissen um die Gespenster der Vergangenheit und die Trauer darum, daß sie ihrer Mutter soviel Kraft und schließlich das Leben geraubt hatten, würden die Tochter immer begleiten. Traumatische Erlebnisse aus der Nazizeit, das ist die beunruhigende Essenz dieser Tat- und Leidensgeschichte, können Familien wie Gefangene in Geiselhaft nehmen.

Wie unentrinnbar das geschieht, zeigt Reinhard Jirgl, Jahrgang 1953, in seinem Roman *Die Unvollendeten*.[113] Auch hier steht am Anfang das Ereignis der Flucht. Aber anders als bei Tanja Dückers ist sie die Folge plötzlicher und gewaltsamer Vertreibung, ohne die Chance eines Plans oder die Hoffnung auf eine rettende Alternative. Die Vertreibung aus Komotau, einer Stadt in der Tschechoslowakei, wird mit eisernem Griff das Leben von vier Generationen bestimmen. Nach einer Odyssee durch die Westzonen finden die vier Flüchtlinge – die 70jährige Johanna, deren Töchter Hanna und Maria sowie Hannas 18jährige Tochter Anna und ihr Sohn – Aufnahme im östlichen Teil des besetzten Deutschlands. Ein neues und erfülltes Leben findet dort keiner von ihnen. Die Schraubzwinge, die das verhindert, heißt – Heimat. Während die Urgroßmutter, überzeugt vom endgültigen Verlust Komotaus, sich auf das Sterben einrichtet, machen ihre Töchter, fest überzeugt von der baldigen Heimkehr, das Provisorium zum Lebensgesetz und verweigern sich jeder neuen Bindung. In Opposition gegen diesen lebensfeindlichen Attentismus zwängt sich Anna, süchtig nach Normalität und Verwurzelung um jeden Preis, in das Gefängnis einer Ehe, die scheitern muß. Ihr Sohn – eingeklemmt zwischen diese polaren Lebensmodelle und unfähig zum einen wie zum andern – wählt als Ausweg den Freitod.

Jirgl inszeniert die Nachhaltigkeit und Unentrinnbarkeit des Sensenhiebes der Vertreibung in der Geschlechterfolge wie eine antike Tragödie. Sie wird noch beklemmender dadurch, daß die Hauptfiguren Geheimnisse von Geschichten mit sich tragen, die den Boden aufreißen und in die Abgründe des gerade erst Vergangenen blicken lassen. Hanna ist die uneheliche Tochter eines jüdischen Vaters und wurde nur gerettet, weil ihre Mutter sie in allen Papieren zur

Arierin umgefälscht hatte. Der ehemalige Verlobte ihrer Schwester Maria heiratete nach der Trennung eine Jüdin und wurde mit ihr nach Theresienstadt deportiert. Und der ehemalige SS-Mann Erich, Annas langjähriger Geliebter – immer nur auf eine Nacht und Vater ihres Kindes – hat in den letzten Kriegstagen als Wachmann bei einem Todesmarsch von KZ-Häftlingen mitgeschossen: Voll Entsetzen über die Begegnung mit diesen Halbtoten, erstarrt er »zu Eis« und kann doch den »Alptraum« nicht beenden, erst nach der wie in Trance vollführten kollektiven Tat gelingt ihm die Flucht.[114] So führt der Erzählstrang immer wieder in ein riesiges, unterirdisches Stollensystem und verzweigt sich dort in einzelnen Schächten, die alle, meist nicht erkennbar, mit der Welt über Tage verbunden sind und diese auf rätselhafte Weise bestimmen. Schuld und Unschuld, Täter und Opfer reinlich voneinander zu sondern fällt in dieser Unter-Übertage-Welt schwer. Man muß genau hinschauen, dann erkennt man Ursache und Wirkung, ein Vorher und ein Nachher, eine Mitschuld und einen unerklärbaren Rest. Wie in einer unergründlichen Formel scheint das alles in dem Satz enthalten zu sein, der wie eine weithin sichtbare Leuchtschrift über dieser Familiengeschichte steht – »die Heimat Komotau die Nazis die Vertreibung«.[115] Dieser mit Geschichte vollgepumpte Satz beschreibt, warum die Vertriebenen Leidende wurden und *Unvollendete* blieben.

Der Pflug der Erinnerung

Im Zentrum der öffentlichen Erinnerungskultur, so hat es Harald Welzer zutreffend formuliert, stehe Auschwitz, in dem der privaten dagegen Krieg und eigenes Leid. Auffallend sei, daß sich das öffentliche bisher gegen das private Erinnern behauptet habe. Das aber ändere sich gegenwärtig: »Es gibt in Filmen und Romanen deutsche Opfererzählungen. [...] Uwe Timm ist noch der harmloseste Fall.

Familienromane haben Konjunktur – von Ulla Hahn bis Reinhard Jirgl, von Wibke Bruhns' Buch bis zum Buch der Mutter von Uwe Ochsenknecht. Der private Zugriff ist neuerdings sehr erfolgreich. Die Verkaufszahlen sind enorm. So diffundiert die gefühlte Geschichte in den erinnerungskulturellen Raum.«[116] Für Welzer ist der neue Familienroman nur eine andere, eine literarisierte Form für das, was er in einem Forschungsprojekt ermittelt hat – »Opa war kein Nazi«.[117] Die Autoren dieser Romane, meist Angehörige der 68er-Generation, nähmen jetzt den Platz ein, den die wegsterbenden Väter dabei seien zu räumen. Was die Achtundsechziger unter ihrem Gestus des Anklage, bei der es um Vorteile im Kampf gegen die Nazieltern und nicht um Erinnerung an die Nazizeit gegangen sei, nur kaschiert hätte, das komme »jetzt nur direkt zum Ausdruck« – eine schon früher vorhandene, tiefsitzende »Anschmiegsamkeit an die Generation der Akteure im Dritten Reich«.[118]

Welzer, der als erster das Genre des neuen Familienromans, wenn auch mit einem etwas diffusen Suchbegriff, analysiert hat,[119] sind schon beim Lesen einige Ungenauigkeiten unterlaufen. So wirft er Timm, der selbstkritisch seine kommunistische Vergangenheit erwähnt, vor, er verliere »kein einziges Wort« über diese totalitäre Phase seines Lebens.[120] Wibke Bruhns, die ihren Vater als rassistischen und herzlosen Herrenmenschen porträtiert hat, kritisiert er, weil sie auf diesen »keinen allzu großen Schatten fallen« lasse.[121] Reinhard Jirgls Story erklärt er für unglaubwürdig, weil sie Folgewirkungen von Flüchtlingserfahrungen »bis in die dritte Generation« behaupte, wo doch gerade die Integration dieser Gruppe »eine der zentralen Leistungen der deutschen Nachkriegsgesellschaft« gewesen sei.[122] Diese Feststellung trifft auf die BRD zu, nicht aber auf die DDR, in der Jirgls sudetendeutscher Flüchtlingsroman spielt und wo die Geschichte von Flucht und Vertreibung ein absolutes Tabu war. Hier mußten Verlusterfahrungen besonders lange wirken. Die Protagonisten haben mit dem Leid gelebt, ohne dessen Code – »die Heimat Komotau die Nazis die Vertreibung« – zu knacken. Sie haben nicht versucht, sich als Opfer zu stilisieren oder Wiedergutmachung zu fordern, sie waren also keine organisierten *Vertriebenen*, wie man sie aus Westdeutschland kannte. Und auch der SS-Mann Erich ist nicht einfach unter die Kategorie *Nazimörder* einzuordnen. Er war eine komplexere Figur – ein traumatisierter, kaum erwachsener Täter, der, durch die Tat aus der Bahn geworfen, in kein normales Leben mehr zurückfand. Es verbietet sich, dieses Schicksal mit dem des ehemaligen Wehrmachtsoffiziers Musbach gleichzusetzen, der eloquent seine Schuld verleugnet und damit Karriere gemacht hat.[123] Reinhard Jirgl kann man nicht in einem Atemzug mit Ulla Hahn nennen. Während Welzer also das Genre der Rechtfertigungsliteratur mit einem Autor, der nicht dazugehört, unzulässig erweitert, fällt auf, daß er einen Vertreter der *unscharfen Bilder* mit keinem Wort erwähnt – den Dichter aus verlorener Ehre, Thomas Medicus.[124]

Wichtiger ist, daß ein zentrales Element der meisten dieser Romane übersehen wird: Die Autoren erzählen nicht einfach, um ein »geschmeidigeres Verhältnis zur Tätergeneration« bemüht, die alten Familiengeschichten aus zweiter Hand weiter,[125] sondern sie ziehen, gerade weil sie diesen Geschichten wie deren Erzählern nicht trauen, zusätzliches – privates wie wissenschaftliches – Material heran. Sie reproduzieren also nicht, wie am Familientisch, »gefühlte Geschichte«, sondern sie arbeiten wie Historiker im Feld der Erinnerung. Ihr Mißtrauen ist das Gegenteil von einer Kontinuität der »Anschmiegsamkeit« und verweist auf einen tiefgehenden Bruch – den zwischen der Generation der Täter und der ihrer Kinder.[126] Diesen ging es sehr wohl um Erinnerung, als sie 1968 rebellierten, und sie wollten auf ihre Fragen nach der Rolle der Eltern in der Nazizeit durchaus eine Antwort.[127] Aber weil sie mit einem Schuldeingeständnis der Nazigeneration verbunden sein sollte, wurde sie verweigert. Gleichwohl war diese kritische Intervention nicht vergebens. »Die 68er-Generation hat«, so Aleida Assmann, »das Schweigen der Eltern hörbar gemacht.«[128] Dadurch wurde das Defizit des bisherigen Umgangs mit dem *Dritten Reich* öffentlich freigelegt und die Notwendigkeit einer neuen Art von Erinnerung unabweisbar postuliert. Nur diese für die Geschichte der Bundesrepublik konstitutive Beziehung zwischen den Generationen – nicht das Wegsterben der »Erlebnisgeneration« – vermag die neue Welle der Familienromane zu erklären: Sie ist ein weiterer Versuch, auf diesen Riß zu reagieren.[129]

Der Motor aller besprochenen Romane, der gelungenen wie der gescheiterten, sind Familiengeheimnisse. Die Wackwitzsche Kamera aus der Asservatenkammer der Geschichte oder der rätselhafte letzte Eintrag im Tagebuch des SS-Mannes Timm, der Satz von den »guten Verbindungen zur Partei« oder die Formel von »der Heimat Komotau«, das alles sind Meteoritensplitter, die auf dramatische Ereignisse und eine geheime, nicht eingelöste Schuld verweisen. Sie verschwinden, einmal aufgetaucht, nicht in der schweigenden Galaxis des Tabus, sondern bleiben in der Erinnerung haften – als aufgeladene Andeutung, als unverständlicher Abbruch eines Gesprächs, als vielsagender Blickkontakt. Diese Sprache der abgebrochenen Sätze und der verrutschten Gesten schafft den Wissenden ein Ventil für den emotionalen Druck, unter dem sie stehen, und führt die Nichteingeweihten in einen Raum der Irritation und des Suchens, der sie so lange gefangenhält, bis sie die bisherigen Wahrer des Geheimnisses davon erlöst und es selbst übernommen haben. Die verdeckte Komplizenschaft mit der Kriegsgeneration und deren unausgesprochener Auftrag ist der Grund für das Leid der Nachgeborenen. Es endet nicht, wenn das Rätsel gelöst und der Auftrag erfüllt ist.

Wenn in der Nachkriegszeit in den Familien über das Vergangene geredet wurde, geschah das im Pathos der Heroisierung oder im Klageton der Passion. Die Männer, mehrheitlich Soldaten, repräsentierten das Heldentum – beim

Vormarsch in den Blitzkriegen oder als die Front zur Rück-
zugslinie wurde, im Partisanenkampf oder in Gefangenschaft. Die Frauen, zu Hause geblieben, standen für das Leid
– im Bombenkrieg, bei Flucht und Vertreibung, in der Not
der unmittelbaren Nachkriegszeit. Kriegsverbrechen oder
Judenverfolgung, die Zugehörigkeit zur SA, SS, Partei oder
die Beteiligung am Naziterror kamen in diesen Erzählungen
nicht vor. Die Kinder durften an dieser Schattenbeschwö-
rung am Familientisch teilnehmen, zuhörend und schweigend, weil sie noch zu jung oder nicht dabei gewesen waren.
Als Heranwachsende/r mochte man diese sich wiederholen-
den Kriegslitaneien nicht mehr anhören oder wurde, weil
man die Ablehnung zu deutlich zeigte, davon ausgeschlossen. Jetzt, mit dem Abstand von 30 Jahren, haben die
schweigenden oder ausgeschlossenen Kinder von damals am
imaginären Familientisch Platz genommen, diesmal selbst
die Erzähler. Weil sie, mit dem Blick auf die eigenen Fehler,
etwas von der alten Selbstgerechtigkeit abgestreift haben
und weil die Angehörigen als Tote mit am Tisch sitzen und
dadurch eine andere Art von Beziehung entstanden ist – das
Gefühl des Verlustes wie der Verbundenheit –, können die
Fragen von 1968 noch einmal gestellt werden, jetzt erstmals
richtig. Es ist die Konfrontation mit den Tätern und zugleich Parzivals Frage an Amfortas. Deshalb sind die gelungenen Familienromane keine Gegengeschichten, sondern
solche der Integration: Sie zeigen das Ausmaß der Verbrechen und die Angehörigen als Komplizen, aber sie versuchen
auch, den Weg, der diese dahin geführt hat, zu verstehen und
die Rechnung, die sie später dafür begleichen mußten, zu
entziffern.

Beides, der verstörende Druck des Familiengeheimnisses
wie der Wunsch nach Heilung, war auch schon in den frühen
Familienromanen, etwa bei Peter Härtling, am Werk. Warum
diese Romane Solitäre blieben und keine Buchschwemme
auslösten, hat damit zu tun, daß es heute einen Erinnerungs-
rahmen gibt, der damals nicht existierte. Man könnte ihn, in

Abwandlung eines Satzes von Raul Hilberg, so charakteri-
sieren: Die Geschichte der Nazizeit als Familiengeschichte.[130] Diese neue Wahrnehmung war das Ergebnis eines
geschichtspolitischen Erdbebens, bei dem die bis dahin gül-
tigen Selbstdarstellungen der Deutschen erschüttert wurden.

Den Anfang machte 1993 Steven Spielbergs Film *Schindlers Liste*. Der kurze Blick auf das Leben des Hasardeurs und
Abenteurers Oskar Schindler zerstörte gleich zwei Lügen:
daß es für den normalen Deutschen im totalitären Zwangs-
staat keinen Spielraum für anständiges und menschliches
Verhalten gegeben hätte und daß man unter Widerstand nur
die große, heroische, meist unter dem Fallbeil endende Tat,
wie sie exemplarisch am 20. Juli 1944 vorgeführt worden
war, zu verstehen habe. Plötzlich wurden im Alltag der
Barbarei Handlungsspielräume sichtbar und die ewige Ausrede vom *Befehlsnotstand* wurde unterbrochen von der un-
überhörbaren Stimme des Gewissens, die da fragte »Und
was hast du damals getan?« Es war die Frage an jedermann,
jedefrau. Christopher Brownings im selben Jahr erschienene
Studie *Ganz normale Männer* hat diese Frage anhand des
Hamburger Polizeibataillons 101 noch einmal gestellt und
wissenschaftlich beantwortet.[131] Daniel Goldhagen hat sie
drei Jahre später medienwirksam und jetzt unüberhörbar
verstärkt. Sein Buch *Hitlers willige Vollstrecker. Ganz gewöhnliche Deutsche und der Holocaust* erweiterte die bisher
übliche Vorstellung vom Umfang und von den Motiven des
Täterkollektivs.[132] Verantwortlich für den Massenmord an
den Juden waren nicht nur die wenige tausend Mann umfassenden und aus überzeugten Nazis rekrutierten Spezial-
kommandos der Einsatzgruppen, sondern auch die Hunderttausende *ganz gewöhnliche* Polizeibeamte, die als stationäre
Ordnungspolizei oder in den mobilen Polizeibataillonen den
Hauptteil der *Vernichtungsarbeit* in den besetzten Gebieten
leisteten. Sie taten es nicht widerwillig, unter dem Zwang von
Gesetz und Befehl, sondern immer mit großer Einsatzfreude

und oft sogar mit Lust. Und die Wachmannschaften in den zahllosen Arbeitslagern, die Volkssturmmänner und Hitlerjungen, die am Kriegsende die Todesmärsche der aufgelösten KZ begleiteten, erweiterten das »Normalitätsfeld« noch einmal: Fast jeder der damals Lebenden, so schien es, war in irgendeiner Weise beteiligt oder hätte jederzeit zum Täter werden können. Sehr viel leiser, aber fast noch intensiver, weil am privaten Schicksal ablesbar, haben die *Tagebücher*, die der jüdische Professor Victor Klemperer in Dresden von 1933 bis 1945 unter Todesgefahr verfaßte, dieses Thema variiert.[133] Sie zeigten nicht nur, wie das Regelwerk der antijüdischen Gesetze und seine uniformierten Vollstrecker das alltägliche Leben zur Hölle machten, sondern sie präsentierten feige Universitätskollegen, mitleidlose Nachbarn, verhetzte Hitlerjungen, kurzum: die Volksgemeinschaft in Aktion.

Diesen Bildbruch in der Selbstdarstellung der Deutschen hat die 1995 präsentierte erste Wehrmachtsausstellung verstärkt und vorerst abgeschlossen. Sie hat, um eine Formulierung von Ute Frevert zu verwenden, »die Erinnerungslandschaft des Krieges von Grund auf [umgepflügt]«.[134] Sie konfrontierte nicht nur das offizielle Geschichtsbild der *sauberen Wehrmacht* mit den brutalen Fakten eines von Beginn an verbrecherischen und genozidalen Vernichtungskrieges, sie hat auch die individuelle Erinnerung der ehemaligen Soldaten und das kollektive Gedächtnis der gesamten NS-Generation in Frage gestellt und gezeigt, daß ihre Artikulationen identitätsstiftende und identitätsschützende Lebenslügen waren.[135] Indem sie die beteiligten Einheiten benannt und den Tätern ein Gesicht verliehen hat – mit Hilfe der Fotos, die diese selbst von ihren Taten hinterlassen haben –, konnte sie im Ausschnitt des Krieges die Geschichte der Nazizeit als Familiengeschichte präsentieren. Der Besuch der Ausstellung glich dem Blättern in einem imaginären Fotoalbum. Und die Eintragungen in die ausliegenden Besucherbücher – von ehemaligen Soldaten wie von Kindern und Enkeln – verwandelten diese in ein öffentliches Tagebuch. »Vor allem die jüngere und mittlere Generation, die die Ausstellung besuchte«, so Ute Frevert, »zeigte sich erschüttert. Ihre Erschütterung hing, läßt sich vermuten, nicht zuletzt damit zusammen, daß das Gesehene die unsichtbare, aber gleichwohl markante Grenze zwischen der öffentlichen und der privaten Erinnerung an das ›Dritte Reich‹ niederriß. Die Wehrmachts-Ausstellung rührte folglich, gerade auch wegen ihrer ›privaten‹ Exponate, an Gefühle, Solidaritäten und Generationenverträge, die von den Ausdrucksformen des kollektiven Gedächtnisses bislang teils gestützt, teils nicht tangiert worden waren. Gerade weil sie Gefühle hervorrief und persönliche Erinnerungen weckte, setzte sie, wie die Einträge in den Besucherbüchern zeigen, Reflexionen frei, die weit über das sonst übliche und bei offiziellen Gedenkanlässen beobachtbare Maß hinausgingen. Anders als bei den Debatten um das Holocaust-Mahnmal, die die Grenzen der professionellen Gedächtniswahrer kaum überschritten, erzwang sie noch einmal jene ›Intimisierung‹ der Auseinandersetzung mit dem NS, die erstmals im Anschluß an die TV-Serie ›Holocaust‹ 1978/79 stattgefunden hatte.«[136]

Diese *Intimisierung* von Geschichte setzt der neue deutsche *Familienroman* fort.[137] Er hat teil an der Verwandlung von großer Geschichte in Familiengeschichte. Und weil dadurch die Verbrechen auf einmal ganz nahe rücken und die Schuld bzw. Verantwortung dafür nicht mehr nur mit dem wohlfeilen Satz *Hitlers war's* in das Führerhauptquartier oder in den Bunker unter der Reichskanzlei abgeschoben werden können, entsteht ein ähnlich widersprüchliches und kakophonisches Stimmengewirr wie in den neunziger Jahren. So geht, um in Ute Freverts Bild zu bleiben, der Pflug noch einmal über das Feld der Erinnerung. Diesmal ist es nicht der Pflug der Geschichtsschreibung, sondern der der Literatur.

6. Kapitel

Taten ohne Täter
Das Institut für Zeitgeschichte rettet die Wehrmacht

Der Aufsatz im Umfang eines schmalen Buches beginnt wie eine Schlachtbeschreibung: »Die Wehrmacht steht noch immer im Feuer.« Dann folgt eine Batterie von Fragen, die ins Zentrum zielen und den hohen Ton des ersten Satzes verständlich machen. »Handelte es sich bei der Wehrmacht um eine verbrecherische Organisation? [...] Wie haben sich jene, die wir als *unsere* Angehörigen bezeichnen, als Angehörige der Wehrmacht verhalten? [...] Spricht statistisch viel dafür oder wenig, daß sie im letzten großen Krieg zu Kriegsverbrechern geworden sind? [...] Haben sich große, ja überwiegende Teile der Wehrmacht direkt oder indirekt an NS- und Kriegsverbrechen beteiligt? Oder steht das Kriminelle letzten Endes doch nur für eine Minderheit?« Mit der Beantwortung dieser Fragen, so endet der Autor seinen furiosen Prolog, »wird sich entscheiden, wie sich unsere Gesellschaft künftig an die Teilnehmer eines Krieges erinnern wird, der den Rahmen alles bisher Bekannten sprengte«.[1]

Damit bezieht sich der Autor explizit auf diejenigen Themen, die – ausgelöst durch die sogenannte Wehrmachtsausstellung – lange Jahre im Zentrum einer der heftigsten geschichtspolitischen Kontroversen der Bundesrepublik standen. Sein Vorschlag, diese Fragestellungen wieder aufzugreifen, um zu einer Versachlichung der Debatte und möglicherweise zu einer differenzierteren Bewertung zu gelangen, erscheint ebenso sinnvoll wie sein methodisches Vorgehen, mit drei Fragen die bisherigen wissenschaftlichen Befunde noch einmal neu zu sortieren: Wo geschahen die Verbrechen? Wie viele waren daran beteiligt? Wer waren die Verantwortlichen?

Die Antworten, die der Autor auf den ersten Seiten seines Beitrages gibt, sind so lapidar wie die Fragen, die er gestellt hat: Die wichtigsten Großverbrechen fanden nicht an der Front, sondern im »Hinterland« statt, da, wo »die Wehrmacht mit Abstand am schwächsten« war; daran beteiligt waren nicht die Masse der Soldaten, sondern der »SS- und Polizeiapparat« sowie die wenigen »Besatzungseinheiten« des Ostheeres; die Verantwortung für die Verbrechen trugen die »Führungszentren« und das allem zugrundeliegende »kriminelle« Konzept Hitlers.[2] Das ist ein Generalangriff auf die gesamten Befunde der kritischen Militärgeschichtsschreibung und paßt als wissenschaftlicher Beitrag vorzüglich zur gegenwärtigen Mode, die »die Nachtseiten« der jüngsten Vergangenheit bei Hitler und seinen Helfern gut aufgehoben weiß.

Grund genug, sich mit Hartmanns Thesen auseinanderzusetzen und seine Argumente anhand eines Fallbeispiels – der Heeresgruppe Mitte – genauer zu überprüfen.

Die Erfindung des Hinterlandes

»Die meisten deutschen Soldaten waren während des gesamten Ostkriegs an der Front eingesetzt und nicht in den rückwärtigen Gebieten«, so macht Hartmann mit einem Satz die Taten der Wehrmacht zu einer Variablen des Tatorts.[3] Er erinnert daran, daß sich das von der Wehrmacht besetzte Gebiet der Sowjetunion in vier unterschiedliche Räume gliederte: die *Gefechtszone*, also die eigentliche Front, mit einer Tiefe von 20 km, das *rückwärtige Armeegebiet*, eine Art Etappe und gewöhnlich bis zu 50 km tief, das *rückwärtige Heeresgebiet*, das den »größten Teil des Militärverwaltungsgebiets« umfaßte, und das Gebiet der *Zivilverwaltung*, das daran anschloß und bis zu den Reichsgrenzen reichte. Front und Etappe unterstanden den Armeen, das rückwärtige Heeresgebiet den Heeresgruppen,

und die Zivilverwaltung in den sogenannten »Reichskommissariaten« bestand personell meist aus Parteifunktionären und wurde von Rosenbergs Ostministerium
geführt. Dann, bevor er diesen in der Struktur und Zuständigkeit klar unterschiedenen Räumen bestimmte
»Verbrechenskomplexe« zuordnet, führt Hartmann überraschend einen neuen, im damaligen politischen und militärischen Sprachgebrauch nicht existierenden Ordnungs-
begriff ein – »das Hinterland«. Es umfaßt für ihn alle
Gebiete hinter der Front, also die rückwärtigen Armee- und
Heeresgebiete ebenso wie die zivilverwalteten Territo-
rien.[4]

In diesem *Hinterland* sollen sich vier der insgesamt acht
Großverbrechen des Ostkrieges ereignet haben: 1. der
Kampf gegen die Partisanen, die sich meist erst bemerkbar
machten, »wenn die deutsche Front weitergezogen« war,
2. die »Unterversorgung« der Kriegsgefangenen, die sich
»weit hinter den Kampfzonen abspielte«,[5] 3. die »Mordpolitik des SS- und Polizeiapparates«, deren Zentrum »in
den rückwärts gelegenen Besatzungsgebieten« lag und die
erst einsetzte, als das Gros der deutschen Verbände »schon
weiter östlich« stand,[6] und schließlich 4. die Ausbeutung der
besetzten Gebiete, die von der *Wirtschaftsorganisation Ost*
durchgeführt wurde, einer »kleinen, aber recht effizienten
zivil-militärischen Mischbehörde«, die dem Krieg »hinter-
her«fuhr bzw. Dienststellen der Wehrmacht zugeordnet war,
»die meist weit ab vom Schuß saßen«[7]. Die Lektüre macht
deutlich, wie der Begriff *Hinterland* sich von allen Bindungen an bestimmte Verwaltungs- und Verantwortungsstruk-
turen gelöst hat und in einem diffusen Raum verschwimmt,
der nur dadurch definiert wird, daß er nicht *Front* ist. Dazu
paßt die vage Beschreibung für die Beteiligung der Wehrmacht an den genannten Verbrechen – sie habe bei allen
»ihre Hände mit im Spiel« gehabt.[8] Hartmann ist keiner, der
die Konturen markiert, er ist ein fluider Autor, der sie auf-
zulösen liebt.

Nachdem das Schlimmste seinen Platz im *Hinterland* gefunden hat, bleibt für die Front nicht mehr allzuviel übrig. Zwar sei der *Kommissarbefehl* »am deutlichsten« den dort eingesetzten Einheiten zuzuschreiben, aber die meisten Kommissare seien nicht unmittelbar nach der Gefangennahme »auf dem Gefechtsfeld«, sondern in einer zweiten Tötungswelle »weiter hinten«, in den Kriegsgefangenenlagern, erschossen worden.[9] Und der zweite den Fronttruppen zuzuschreibende Komplex der Verbrechen – die gegen die *Zivilbevölkerung* – habe sich, abgesehen von wenigen »Exzessen« beim Vormarsch, erst bei den Rückzügen ab 1943 ereignet. Dann erst habe man – wer will einer bedrängten Armee das Recht bestreiten, sich zu schützen – für den Ausbau von Verteidigungsstellungen »rigoros« auf die Zivilbevölkerung zurückgegriffen.[10] Auch die dritte Untat fällt in diese dunkle Zeit der brechenden Fronten und der überstürzten Fluchten. Es sind die Verbrechen beim *Rückzug*: die Strategie der Verbrannten Erde. Da aber die Verwüstungen »planmäßig« durchgeführt werden sollten, sei deren Vorbereitung »hauptsächlich eine Aufgabe der rückwärtigen Dienste« gewesen, nur die Durchführung sei dann durch kleine Kommandos der Fronttruppen erledigt worden.[11] Beim vierten Frontverbrechen, das überraschenderweise unter dem Titel *verbrecherische Kriegführung* abgehandelt wird, so als ob nicht eben das der Charakter des gesamtes Krieges gewesen sei, meint er die Aushungerung Leningrads und die Pläne, Moskau und Stalingrad auszuradieren. Die »Weichenstellung« vor Leningrad gehe auf Hitler und die militärische Führung zurück, die mit der Durchführung betraute 18. Armee habe sich nur in der Rolle eines »Handlangers« befunden.[12] Aber, als ob das Wenige und zudem Diffuse, was von den Verbrechen der Wehrmacht übriggeblieben ist, schon ein zu weitgehendes Geständnis sei, fügt der Autor ein entlastendes Argument hinzu, das gar nicht erst um Belege bemüht ist, weil es offensichtlich dem gesunden Menschenverstand entsprungen ist: Im Hinblick auf die hohen Verluste an der Ostfront und die ständige Fluktuation durch »Versetzungen, Kommandierungen, Urlaube, Lehrgänge und vor allem Genesungszeiten« müsse die Frage gestellt werden, wie viele Soldaten »überhaupt Zeit und Gelegenheit fanden, sich an den Verbrechen dieses Krieges zu beteiligen«. Gerade bei den »Kampftruppen« sei – verglichen mit den rückwärtigen »Besatzungstruppen« – die »Verweildauer« extrem kurz gewesen.[13] Man ahnt, wo die Sympathie des Autors liegt – vorne. Und wo das Verbrechen sich ereignet hat – hinten. Vorausgesetzt nur, daß zufällig ein Paar Soldaten in der Nähe waren.

Hartmanns Aufteilung der besetzten Gebiet in *Front* und *Hinterland* ist ein Konstrukt. Das verrät sich schon, wenn er die Wehrmacht »eine reduzierte Besatzungsmacht« nennt. Begründet wird das nicht nur damit, daß sie ihre Macht mit drei konkurrierenden Institutionen – mit Himmlers SS, Görings Wirtschaftsstäben und Rosenbergs Zivilverwaltung – habe teilen müssen, sondern auch mit dem zutreffenden Hinweis auf Hitlers Anweisung, das Militärverwaltungsgebiet »soweit als möglich zu beschränken« und dadurch sicherzustellen, daß sich die Wehrmacht »auf ihr eigentliches Kerngeschäft, auf die Kriegführung« konzentriert.[14] Entsprechend gab es für das Militärgebiet nur eine »flüchtige« Planung. Alle vom siegreich vorwärtsstürmenden Ostheer besetzten Gebiete sollten Stück für Stück und schließlich ganz von den zivilverwalteten *Reichskommissariaten*, die über die notwendige Verwaltungsstruktur verfügten, übernommen werden. Aber spätestens das Scheitern des Blitzkrieges im Dezember 1941 warf dies Konzept über den Haufen und führte dazu, daß statt der vier vorgesehenen nur zwei *Reichskommissariate* eingerichtet und die zunächst rudimentäre Militärverwaltung 1941/42 zu einer auch für langfristige Ziele tauglichen umgebaut wurde.[15] Bei Hartmann erfährt der Leser über die-sen Kurswechsel nichts: Er soll wohl das 1941 zutreffende Bild von der »reduzierten Besatzungsmacht« und der »Do-minanz des Militärischen« als typisch auch auf die folgenden Jahre übertragen.

Andererseits ist es unzulässig, wenn der Autor das Jahr 1943 als Stichdatum auswählt, um eine allgemeingültige Aussage über die Proportionen der Räume und der eingesetzten Kräfte zu treffen: Damals hätten im gesamten Frontgebiet zwei Millionen Soldaten die Gefechtszone besetzt, etwa 500 000 hätten den Kommandanten der rückwärtigen Armeegebiete und nur etwa 100 000 für die rückwärtigen Heeresgebiete zur Verfügung gestanden.[16] Während der Krieg zu diesem Zeitpunkt in Verteidigungsstellungen erstarrt und das Halten der Front mit allen verfügbaren Truppen zur einzigen Garantie des *Endsieges* geworden war, galten für das Jahr 1941, als der Krieg marschierte, gänzlich andere Bedingungen. Die rückwärtigen Gebiete wanderten mit der Front nach vorne und veränderten sich ständig auch in ihren Ausmaßen. So gab es zum Beispiel im Bereich der Heeresgruppe Mitte in den ersten zwei Wochen nur Front,[17] ein rückwärtiges Heeresgebiet wurde erst ab 3. Juli 1941 eingerichtet: Es umfaßte am 20. Juli vorübergehend zwei Drittel des insgesamt besetzten Gebietes, ab 1. September, nachdem der westliche Teil an die Zivilverwaltung abgetreten worden war, schrumpfte sein Anteil am militärverwalteten *Operationsgebiet* auf die Hälfte.[18] Festere und vor allem langfristige Strukturen bildeten sich im Bereich der Heeresgruppe Mitte erst ab Frühjahr 1942.

Es wäre allerdings falsch, wie Hartmann das tut, sich das Ostheer des Jahres 1941 nur als eine ständig vorwärtsgehende Marschwalze vorzustellen, bei der Soldaten mit der Zivilbevölkerung »nur flüchtig in Berührung« gekommen seien.[19] Die Material- und Nachschubkrise Mitte Juli und die durch das Scheitern des Blitzkriegs zur selben Zeit ausgelöste Kontroverse innerhalb der politisch-militärischen Führung über die nächsten strategischen Ziele des Feldzugs – Orientierung auf Moskau oder Einnahme von Leningrad und Eroberung der Rüstungs- und Rohstoffzentren in der südlichen Sowjetunion – führte z. B. bei der Heeresgruppe Mitte weitgehend zu einem Stillstand der Operationen. Zweidrittel der Verbände – die 4. und die 9. Armee mit unterstellter Panzergruppe 3 – lagen, abgesehen von örtlichen Gefechten, fast zwei Monate in Ruhestellung. Nur die 2. Armee und die Panzergruppe 2 waren in schwere Abwehrkämpfe verwickelt bzw. zu raumgreifenden Vorstößen eingesetzt.[20] Plötzlich standen Hunderttausende von Soldaten nicht mehr »vorne«, sondern »hinten«, war die Front zur Etappe und aus Kriegführen Besatzungspolitik geworden. Jetzt mußte die Ernte gesichert und deswegen Kolchosleiter ernannt werden, die Bevölkerung wurde in Arbeitskolonnen erfaßt und »Störenfriede« eliminiert. Um rudimentäre Verwaltungsstrukturen zu schaffen, wurden kommissarische Bürgermeister eingesetzt, die zu ihrer Unterstützung Mitarbeiter und Hilfspolizisten bestimmen durften.[21] Juden waren von all diesen Ämtern ausdrücklich ausgeschlossen.[22] Was hier als kurze Phase des Vormarschs beschrieben ist, wurde für die Truppe zum dauernden Alltag, als die Front erstarrte. Christoph Rass zeigt in seiner Studie zur Geschichte der 253. Infanteriedivision, daß diese Division von Februar 1942 bis Februar 1943 im selben Frontabschnitt lag und dort ein »rückwärtiges Divisionsgebiet« einrichtete. Es nahm »den weitaus größten Teil des Divisionsabschnitts« ein, und ein »Kommandeur« betrieb dort, ähnlich wie in den rückwärtigen Armee- und Heeresgebieten, Besatzungspolitik.[23]

So wenig es zulässig ist, die besetzten Gebiete schematisch in *Front* und *Hinterland* zu trennen, so sehr verbietet es sich, die dort eingesetzten Kräfte starr voneinander abzugrenzen. Das zeigt schon die Tätigkeit der mit dem Judenmord betrauten Einsatzgruppen, die – im Verband der Wehrmacht – in die Sowjetunion einmarschiert sind. Die minutiösen Daten über deren Vormarsch verdanken wir Helmut Krausnick, der als Wissenschaftler und Direktor in den sechziger Jahren den

Ruf des Münchener Instituts für Zeitgeschichte begründet hat.[24] Während nach Hartmann die im Bereich der Heeresgruppe Mitte eingesetzte Einsatzgruppe B »naturgemäß ihre Hauptaufgabe im rückwärtigen Heeresgebiet« gefunden habe,[25] zeigt Krausnick, daß das zwar so geplant war, aber von der Wirklichkeit überholt wurde: eines der beiden Einsatzkommandos folgte der 9. Armee im Oktober 1941 mit einem Riesensprung frontwärts.[26] Und während Hartmann schreibt, daß die für die rückwärtigen Armeegebiete bestimmten Sonderkommandos (SK) der Einsatzgruppen – mit Ausnahme von »kleinen Teiltrupps«, die weiter vorn »einzelne Objekte« und »einzelne Funktionäre ›erfassen‹ sollten« – sich nicht aus dem *Hinterland* wegbewegt hätten,[27] erfährt man bei Krausnick, daß die drei Sonderkommandos der Einsatzgruppe B nur vorn zu finden waren. Das SK 7a hatte schon Anfang September seinen Standort ins Stabsquartier der 9. Armee verlegt und trat Anfang Oktober mit der Armee »zum Vormarsch auf Moskau« an,[28] das SK 7 b, das eben noch »zusammen mit den kämpfenden Truppen« in Tschernigow eingerückt war, stürmte ab 2. Oktober »im Verbande des AOK 2« ostwärts,[29] und das »Vorkommando Moskau« nahm am Vormarsch der 4. Armee teil.[30] Teileinheiten waren sogar zu den Spitzen der Offensive, zu den Panzergruppen, abkommandiert.[31] Die Tätigkeit der Sonderkommandos an der Front der Heeresgruppe Mitte bestand – ausweislich der Militärakten – nicht in der »Erfassung« von Parteifunktionären oder in der Sicherung von »Objekten«. Neuere Arbeiten haben diesen Drang der Einsatzgruppen, den Holocaust schon im Gefechtsgebiet beginnen zu lassen, eindrücklich bestätigt.[32]

Auch die vom Autor vorgenommene Aufspaltung in »reguläre Kampftruppeneinheiten« und »Besatzungsverbände« dient, wie wir später genauer erfahren, einem bestimmten Zweck, ist aber gleichwohl falsch.[33] In den rückwärtigen Armeegebieten z. B. gab es keine reinen *Besatzungsverbände*, sondern feste Kontingente, bestehend aus Landesschützen-

Bataillonen, Einheiten der Feldgendarmerie und der Geheimen Feldpolizei, denen – neben mobilen Polizeibataillonen – je nach Bedarf von der Front abgezogene Infanteriedivisionen zugeführt wurden.[34] Dasselbe galt auch vor allem für die Aufbauphase des rückwärtigen Heeresgebietes Mitte: Dort waren zusätzlich zu den drei vorgesehenen Sicherungsdivisionen fast zwei Monaten lang vier »reguläre« Divisionen eingesetzt.[35] Sie halfen, das System des präventiven Terrors und der rabiaten Judenverfolgung zu etablieren, von dem später noch die Rede sein wird. Ähnlich verfuhr man bei der Heeresgruppe Süd, wo im Oktober 1941 drei Infanteriedivisionen im rückwärtigen Heeresgebiet eingesetzt wurden.[36] So wie sich in den Front- und rückwärtigen Gebieten die Tätigkeiten überlappten und die Einsatzkräfte ausgetauscht wurden, gab es auch Befehle, die voneinander übernommen wurden. Die 9. Armee ordnete z. B. Anfang August 1941 an, die Befehle des rückwärtigen Heeresgebietes zur Behandlung von Zivilisten, Kriegsgefangenen und Juden auch im eigenen Befehlsbereich anzuwenden. Die Begründung: Da das gegenwärtig besetzte Gebiet ohnehin später rückwärtiges Heeresgebiet werde, könne dadurch die »Einheitlichkeit und Kontinuität aller Anordnungen und Maßnahmen« und ein daraus folgender Zuwachs an »Autorität der Besatzungsmacht« erreicht werden.[37] Ähnlich verfuhren auch andere Armeen und Panzergruppen.[38]

Kein Zweifel, Hartmanns Schema von *Front* und *Hinterland* ist für die Erstellung einer verläßlichen »Topographie des Terrors« untauglich.[39] Das zeigt sich spätestens, wenn er darangeht, die Verbrechen in sein Schema zu übertragen. Keines kann er eindeutig zuweisen. Die Kommissare werden vorne, aber eigentlich mehrheitlich dann doch hinten erledigt. Die *Partisanen* sind zwar ein reines Phänomen des *Hinterlandes*, aber dann gibt es an der *Front* zumindest einen Kleinkrieg mit ihnen, und immer wieder sind auch *Fronttruppen* genötigt, bei den zahlreichen Großunternehmen im rückwärtigen Gebiet gegen sie zu Feld zu ziehen. Die

Kriegsgefangenen sind auch nach Meinung des Autors überall verloren – auf dem Gefechtsfeld, bei den Rückmärschen,
in den Lagern. Ähnlich ergeht es der Zivilbevölkerung, die er
völlig zu Recht bei fast allen Verbrechen irgendwie erwähnt:
im Zusammenhang mit den *Partisanen*, beim Hungerring um
Leningrad, bei der *Verbrannten-Erde-Strategie* auf den Rückzügen, bei der Ausplünderung des Landes, die natürlich, obwohl der Autor sich da ziert, auch an der Front stattfand –
die Parole *Leben aus dem Lande* galt überall da, wo Soldaten
waren. Nur was die Juden angeht, tut er alles, um sich nicht
selbst ins Wort zu fallen: Die wurden eindeutig nur im
Hinterland umgebracht.

Hartmanns Furor, alles auf seiner Landkarte unterzubrin-
gen, läßt ihn auch nicht davor zurückschrecken, die in der
Forschung gemeinhin als »die verbrecherischen Befehle« bekannten grundsätzlichen Anweisungen für das *Unternehmen
Barbarossa*[40] kartographisch zu behandeln: *Kommissarbefehl*
und *Kriegsgerichtsbarkeitserlaß* ordnet er der *Front* zu,[41] um
sie dann gleich zu relativieren. Der letztere, der die Zivilbevölkerung statt unter die formalisierte Gewalt der ordent-
lichen Kriegsgerichte in die Verfügung der Truppe und das
heißt jederzeit möglicher Exekution stellte, sei in Theorie
und Praxis so voller »Widersprüchlichkeiten«, daß man vor
aller Bewertung erst die Ergebnisse der Forschung abzuwar-
ten habe.[42] Und der *Kommissarbefehl*, der die Erschießung jedes gefangenen Politischen Instrukteurs der Roten Armee
anordnete, sei schon 1942 auf Druck der Wehrmacht von
Hitler zurückgezogen worden.[43] Hartmann passen diese
Anweisungen gar nicht ins Konzept, weshalb er die auf die
Juden gemünzten *Richtlinien für das Verhalten der Truppe in
Rußland* gar nicht erst mitteilt.[44] Diese verbrecherischen
Befehle regelten nämlich nicht irgendwelche Einzelheiten
und mögliche Situationen, sie betrafen den grundsätzlichen
Charakter dieses Krieges und legten fest, daß er außerhalb
aller bisherigen soldatischen Traditionen, der Normen des
Völkerrechts und der Regeln einer universellen Moral zu füh-

ren sei. Daher waren sie das eiserne Band, das ihn zusammenhielt und dafür sorgte, daß möglichst viele zu Komplizen des Verbrechens wurden. Der Vernichtungskrieg im Osten war *ein* Krieg. Hartmann will uns glauben machen, es habe deren zwei gegeben – einen im Hinterland und einen an der Front.

Der blinde Fleck

Aus Mikrostudien zu einzelnen Wehrmachtsformationen – einer beliebigen Ortskommandantur, einer Division, eines Militärverwaltungsbezirks, eines rückwärtigen Armeegebiets oder einer Armee – weiß man schon länger, daß »zwischen den Untaten von Front und Etappe nicht unterschieden werden kann«.[45] Der Autor hat diese Arbeiten entweder nicht zur Kenntnis genommen oder bei seinen Thesen nicht berücksichtigt. Deshalb gibt es bei ihm zwar ein Schema, aber keine Chronologie des Krieges. Er hat auch keine rechte Vorstellung von der Chronologie der Verbrechen – daß die Verbrechen gegen Kriegsgefangene ab 1942 rückläufig waren, weil man sie inzwischen als Arbeitsfaktor erkannt hatte, oder daß es ab Sommer 1943 keine Juden in den besetzten Gebieten mehr gab. Vor allem aber wäre ihm bei Lektüre dieser Mikroanalysen aufgefallen, welche Bedeutung dem Jahr 1941 in dieser Chronologie zukommt. Nur für einen Augenblick blitzt eine Ahnung davon bei ihm auf, als er anmerkt, daß »die Berührungspunkte zwischen der Fechtenden Truppe und dem Holocaust [...] in den ersten Wochen des Krieges am größten« waren. Mit der Behauptung »Das aber änderte sich rasch« verläßt er schleunigst die Gefahrenzone. »Das Gros der deutschen Militärmaschinerie«, so verkündet er beruhigend, habe, als im rückwärtigen Heeresgebiet die Politik der »ethnischen Säuberungen« begann, »schon weiter östlich« gestanden.[46] Dieser Moment der größten Nähe der Truppe zu den Verbrechen im Jahre 1941 gilt nicht nur für den Judenmord, sondern er betrifft auch das Massensterben der Kriegsgefangenen, das damals seine Klimax erreichte,[47] und das Verhältnis zur Zivilbevölkerung, das durch die Erschaffung des *Partisanen* determiniert wurde. Rass hat am Beispiel der 253. ID festgestellt, daß die »Wurzeln« für deren brutale Besatzungspolitik 1942/43 »in der Vorgehensweise der Division bei ihrem Vormarsch 1941« zu suchen sind.[48] Das erste Kriegsjahr als ein Laboratorium der Gewalt – für Hartmann ist es nur ein blinder Fleck.

Kriegsgefangene

Das Leiden und Sterben der Kriegsgefangenen setzt für den Autor erst »weit hinter den Kampfzonen« ein.[49] Zwar hätten Teile der Fronttruppen »keine Gefangenen« gemacht oder diese »unmittelbar nach ihrer Gefangennahme« bzw. bei den »Elendsmärschen in die rückwärtigen Gebiete ermordet«, aber das sei die Folge einer »gegenseitigen« Radikalisierung gewesen, einer Art von »anfänglicher Erregung«, die »schon nach einigen Wochen [...] abzuflauen begann«. Danach habe der Krieg wieder »einen professionelleren Charakter« erhalten.[50] Die Motive, die der Autor für die »Radikalisierung« angibt, wie die zeitliche Begrenzung, die er vornimmt, halten einer Überprüfung nicht stand.

Alle Berichte über die ersten Kämpfe mit der Roten Armee stimmten darin überein, daß deren Soldaten sich erbittert verteidigten, alle Mittel der Tarnung wie des scheinbaren Rückzugs einsetzten und sich nicht ergaben. Die Deutschen waren wegen der »Schwere des Angriffs«, der »Hinterlist der Russen«, der »Grausamkeit des Gegners und der Sturheit, sich zu verteidigen« überrascht, empört, erbittert und »machten keine Gefangene«.[51] Diese Wut wurde zum blanken Haß, als Meldungen über »bestialische Verstümmelungen« von deutschen Gefangenen und »viehisches Verhalten« gegenüber den Verwundeten die Runde machten.

Jetzt wurde alles niedergemacht.[52] Bei nachträglicher Sichtung dieser als »Kameradengreuel« bekanntgewordenen Vorfälle, die zu Propagandazwecken vom OKW gesammelt wurden und nach dem Krieg eine wichtige Quelle zur Entlastung waren,[53] ergeben sich große Zweifel an der Glaubwürdigkeit der meisten dieser Meldungen: Abgesehen von einer Anzahl offensichtlich völkerrechtswidriger Übergriffe waren viele Fälle nachweislich falsch oder manipuliert,[54] und das Gros der Vorkommnisse war nicht durch medizinische Fachleute überprüft worden.[55] Wegen dieser hohen Fehlerquote ging das OKH sehr bald dazu über, Sicherungen gegen das Ausufern dieser Gerüchte einzubauen: Ab August waren Gerichtsmediziner mit der Prüfung von Verstümmelungen betraut und die Greuel-Berichte durften nur noch von Offizieren ausgefertigt werden.[56] Auffällig war, daß die Wunden der meisten Getöteten auf Bajonett, Kolben oder Kugel, also auf die klassischen Waffen des Nahkampfs verwiesen.

Daß die bewegliche Verteidigung, das Anlegen von Hinterhalten, die Verwendung von Baumschützen und vor allem der Nahkampf die Spezialität der sowjetischen Kampfführung darstellten, war der militärischen Führung schon lange bekannt und wurde den Truppenoffizieren bei Lehrgängen zur Vorbereitung des Feldzuges weitergegeben.[57] Die Truppe wußte also, was sie erwartete. Und die Stäbe erfuhren durch Gefangene schon in den ersten Kriegstagen, warum die Nahkämpfe so erbittert – bis zum Selbstmord der Rotarmisten – geführt wurden: Es war die Angst, von den Deutschen grausam gequält oder sofort erschossen zu werden.[58] Und vernünftige Kommandeure wußten auch, daß das nicht nur auf die »Hetze« der Roten Kommissare zurückging, sondern daß sich deren Erschießung wie die Praxis, keine Gefangenen zu machen, an der russischen Front wie ein Lauffeuer verbreitet hatte.[59] Aber die Warnungen und Gegenbefehle solcher Truppenführer hatten keine Chance. Das Feindbild, das schon vor dem Feldzug in

Merkblättern verbreitet worden war, setzte sich durch. Dort waren die Soldaten darüber informiert worden, daß der Gegner »mit den hinterhältigsten und gemeinsten Mitteln kämpfen« werde, und sogar »die sadistische Behandlung Gefangener oder Verwundeter« durch die Rote Armee war schon vorhergesehen: Sie sollte in jedem Fall sofort dokumentiert und an das Oberkommando gemeldet werden.[60] Die Voraussicht der militärischen Führung hatte sich offensichtlich bestätigt: Der gefangene Rotarmist war kein »ehrenhafter Soldat«, der unter dem Schutz des Völkerrechts stand, sondern ein »geschulter« Politkrimineller.[61] Mit ihm konnte man verfahren, wie es einem gutdünkte. Insofern sollte man, statt von einer »gegenseitigen Radikalisierung« zu reden, wie Hartmann das tut, den Vorgang als Selbstradikalisierung des deutschen Ostheeres bezeichnen.

Das dadurch eingebrannte Feindbild war keine »anfängliche Erregung«, die nach einigen Wochen »abzuflauen begann«, sondern es bestimmte das Handeln, solange deutsche Soldaten die Verfügungsgewalt über sowjetische Gefangene hatten.

Das zeigte sich nicht nur daran, daß einzelne Waffengattungen und Abteilungen – wie die Waffen-SS[62] und die Vorausabteilungen der Wehrmacht[63] – unabhängig vom Zeitpunkt oder der Kampfsituation grundsätzlich keine Gefangenen machten. Auch die von mehreren Armee-Oberkommandos ergangenen Befehle, bei gegnerischen Übergriffen gegen deutsche Soldaten sowjetische Gefangene im Verhältnis 1:10 zu erschießen, belegen diese Haltung.[64] Das OKH untersagte zwar diese Praxis, um eine Versteifung des Widerstandes der Roten Armee und ähnliche Maßnahmen gegenüber deutschen Gefangenen zu vermeiden, ließ aber in seinem Gegenbefehl genügend Spielraum, um diese Erschießungen fortzusetzen.[65] Die von zahlreichen Divisionen nach dem OKH-Befehl durchgeführten »Vergeltungsaktionen« an Kriegsgefangenen zeigen, daß dieser Spielraum genutzt wurde.[66] Vor allem wurde die Erschießung von Kriegsgefangenen auf unspektakuläre Art im Alltag fortgesetzt. Es handelte sich dabei meist um einzelne oder kleine Gruppen. Um Kräfte und Zeit zu sparen, wurden sie in knapper Entfernung vom jeweiligen Gefechtsstand, wie es hieß, »auf der Flucht« erschossen. Wie die zahllosen privaten Erinnerungen belegen, war das eine beliebte Lektion in der Schule der Gewalt, für Neuankömmlinge oder Kameraden mit Tötungshemmung eine Art von Initiation.[67] Üblich waren solche Erschießungen auch bei Gefangenen, die während der Märsche von der Front nach rückwärts – wegen Verwundungen oder aus Entkräftung – »schlappmachten«.[68] Der Oberbefehlshaber der 6. Armee, Generalfeldmarschall von Reichenau, erließ sogar Ende Oktober 1941 einen Befehl, der diese Praxis ausdrücklich sanktionierte.[69] Und der Chef des Wehrmachtführungsstabes im OKW, Jodl, forderte eine kräftige Gegenpropaganda, die deutlich machen sollte, daß das Schlappmachen kein Zeichen dafür sei, daß die Gefangenen »nicht mehr können«, sondern der Beweis für Sabotage und Rebellion – »weil sie nicht mehr wollen«.[70]

Die Akteure bei den geschilderten Vorfällen waren »Fronttruppen«, und ihr Wirken beschränkte sich natürlich nicht, wie Hartmann glauben machen will, auf die »Erregung« der ersten Kriegswochen. Gewöhnung und Abstumpfung hatten im Gegenteil dazu beigetragen, daß die Brutalität und Menschenverachtung im Umgang mit den Gefangenen sich eher im Laufe des Jahres noch gesteigert hatten. Im Sommer 1941 mußten im Heeresgebiet Mitte insgesamt 800 000 Gefangene aus den Kesselschlachten von Bialystok und Minsk, Smolensk und Roslawl nach rückwärts geführt werden, zunächst in die Lager der Armeen, dann in die des rückwärtigen Heeresgebietes und von dort – in wochenlangen Fußmärschen – ins Generalgouvernement und nach Ostpreußen.[71] Mit einer solchen Rückführung aus dem im Bereich der Heeresgruppe zweitgrößten Durchgangslager in Molodetschno war z. B. die 161. Infanteriedivision im Auftrag der 9. Armee zwei Wochen beschäftigt.[72] Die

102. Infanteriedivision war im selben Zeitraum zu Transporten weiter nördlich eingesetzt.[73] Die 110. ID führte im August ca. 14000 Gefangene in zwei Etappen zur nächsten Armee-Gefangenenstelle.[74] War die Lage in diesen Gefangenensammelstellen – ohne Lebensmittel und Wasser –, schon furchtbar,[75] so muß dieser Zustand auf den Märschen noch eine Steigerung erfahren haben. Der Kommandierende General des XXXXVII. Panzerkorps Lemelsen wies jedenfalls in einer Denkschrift warnend darauf hin, welche negativen Folgen die »skandalöse Behandlung von Gefangenentransporten durch die Wachmannschaften« auf die Bevölkerung habe.[76]

Im Herbst 1941 verschärfte sich die Lage offensichtlich noch einmal. Aber selbst Befehle von Befehlshabern und Kommandeuren, die an »die Ehre als Soldat« appellierten und ein Verhalten verlangten, »wie es der deutschen Wehrmacht würdig« sei, konnten die Gewalt gegenüber den Gefangenen nicht eindämmen.[77] Ein eindrücklicher Beweis für dies Scheitern sind die Gefangenentransporte, die nach den siegreich verlaufenen Kesselschlachten bei Wjasma und Brjansk in westlicher Richtung nach Smolensk in Marsch gesetzt wurden. Die 137. Infanterie-Division hatte bis zum 25. Oktober 1941 ca. 300000 Gefangene übernommen und abgeschoben.[78] Um eine Vorstellung davon zu geben, was bei diesen Märschen passierte, sei der Transport skizziert, der am 15. und 16. Oktober in Dorogobusch mit 65000 Gefangenen startete und mit 43000 Übriggebliebenen bis 21. Oktober in Smolensk eintraf. 22000 Gefangene waren unterwegs entweder »entkommen« oder »wegen Entkräftung zurückgelassen« worden.[79] Da weder das eine noch das andere ohne Einsatz der Schußwaffen geduldet wurde, kann man davon ausgehen, daß sie erschossen wurden. Das Begleitkommando, die Aufklärungsabteilung 137, setzte diese Erschießungen noch beim Marsch durch Smolensk auf offener Straße fort.[80] Die Berichte der benachbarten 8. Infanteriedivision, die etwa 20000 Gefangene abtransportierte, sind noch drastischer. Am 31. Oktober marschierten 9 000–10 000 Gefangene in Wjasma ab. Nur 3 480 erreichten am 11. November ihren Zielort Smolensk. Die Angaben des Begleitkommandos, einer Kompanie des Infanterieregiments 38, über das Schicksal der restlichen 6 000 Gefangenen sind eindeutig: »Die Gesamtzahl der während des Transportes Erschossenen beträgt nach vorsichtigen Schätzungen 3–4000 Mann. Die anderen fehlenden Gefangenen sind beim Marsch durch Dickichte und Wälder entkommen.«[81] Die einen Tag später mit 10 000 Gefangenen abmarschierende 3. Kompanie kam ebenfalls nur mit einem Drittel – mit 3 540 Gefangenen – am Zielort an. Die sichtlich um Entlastung bemühte Auflistung der Todesursachen läßt ahnen, was auf dem Marsch tatsächlich geschehen ist: 700–800 Mann bei Fluchtversuchen getötet, 1 500–1 600 Gefangene erschossen, weil sie sich weigerten, weiterzugehen bzw. um die Kugel baten, 800–900 mit Handgranaten erledigt, weil sie sich in Scheunen, unter Brücken usw. versteckten, 300 aus Entkräftung Liegengebliebene erschossen, 200–300 erfroren, 60 Tote beim Kampf der Gefangenen untereinander um ein Stück Brot oder Pferdefleisch, eine unbekannte Zahl von Gefangenen wegen Genuß von Aas oder durch gegenseitiges Zertreten gestorben. Nur 96 Männer seien wegen tätlicher Angriffe auf die Begleitmannschaften erschossen worden, und 350 Alte habe man in ihre am Weg gelegenen Heimatdörfer entlassen.[82] Solche Schilderungen hinterlassen außer dem Erschrecken Fragen. War das der Krieg, der nach »anfänglicher Erregung« sich wieder »professionalisiert« hatte? Reicht der von Hartmann verwendete Begriff der »Unterversorgung« aus, um diese Explosion der Gewalt an Wehrlosen zureichend zu fassen? Sicher sind nicht alle »Elendsmärsche« so mörderisch verlaufen, aber das Muster war analog. Und auch wenn wir, wie der Autor richtig bemerkt, »deren Zahl […] nicht kennen«,[83] die Größenordnung ist bekannt: Rechnet man nur die bei den großen Kesselschlachten 1941 gefangenen

2,4 Millionen Rotarmisten,[84] dann muß es damals Hunderte solcher Märsche vom Gefechtsfeld in die rückwärtigen Durchgangslager gegeben haben.

Partisanen

Für Hartmann existiert das Thema erst ab 1942, und es ist natürlich eines, das nur das *Hinterland* betraf. »Reguläre Kampfeinheiten«, so sein kurzer Lehrgang zum Partisanenwesen, seien damit nur in Kontakt gekommen, wenn sie »kurzzeitig« bei einem der »wenigen, zeitlich und räumlich begrenzten Großunternehmen« im *Hinterland* eingesetzt waren, oder wenn sie bei den Rückzügen 1943/44 – quasi auf dem Weg in die Heimat – die großen *Bandengebiete* »durchqueren mußten«.[85] So kam es, wie es kommen mußte: Während die wenigen *Besatzungssoldaten* genau wußten, was ein Partisan war, hatten »alle übrigen deutschen Soldaten [...] zwar viel von den Partisanen gehört, wurden aber selten direkt mit ihnen konfrontiert«.[86] Das widerspricht nicht nur der soldatischen Memoirenliteratur und den Fronterzählungen in Millionen deutscher Familien, sondern auch der Aktenlage. Schon am 29. Juni 1941, nach Abschluß der ersten großen Kesselschlachten, hatte die Heeresgruppe Mitte das OKH in einem Lagebericht auf die Unterschiede zwischen den bisherigen Feldzügen im Westen und dem Ostkrieg hingewiesen: Während die besiegten Truppen sich dort in Gefangenschaft begeben hätten, seien die geschlagenen Rotarmisten in den Wäldern abgetaucht, mit der Folge, daß sich »ganze Abteilungen mit Waffen noch eine Zeitlang als für das rückwärtige Gebiet nicht ungefährliche Partisanenbanden halten [werden]. Ein großer Teil des Feindes läuft auch in Zivil oder Halbzivil im Lande herum und wird noch wochenlang ein Plünderer- oder Wegelagerer-Unwesen treiben.« Unter Hinweis auf die sich daraus ergebenden Gefahren forderte die Heeresgruppe, »frühzeitig« und »über die bisherigen Kräfte der Armeen hinaus« weitere Sicherungstruppen zuzuführen.[87] Die Antwort erfolgte drei Wochen später, als glatte Absage des OKW: Statt Verstärkungen anzufordern, komme es darauf an, daß »die Besatzungsmacht denjenigen Schrecken verbreitet, der allein geeignet ist, der Bevölkerung jede Lust zur Widergesetzlichkeit zu nehmen«.[88]

Das war ein deutlicher Hinweis auf die verschärfte Anwendung des sogenannten *Kriegsgerichtsbarkeitserlasses*, der statt der Kriegs- und Standgerichte die Truppe zur Selbsthilfe ermächtigte: Sie sollte auf Straftaten feindlicher Zivilisten antworten und »Freischärler [...] im Kampf oder auf der Flucht schonungslos [...] erledigen«. Auch »alle anderen Angriffe feindlicher Zivilpersonen« seien »auf der Stelle mit den äußersten Mitteln bis zur Vernichtung des Angreifers niederzukämpfen«. Wenn die Täter nicht auf frischer Tat ertappt würden, seien »tatverdächtige Elemente« verantwortlich zu machen, und wo die Feststellung von Einzeltätern – z. B. bei Angriffen aus Siedlungen – nicht möglich sei, könnten zur Bestrafung »kollektive Gewaltmaßnahmen« durchgeführt werden.[89] Der Befehl war auf Widerstand einiger Befehlshaber gestoßen, die darin einen möglichen »Anlaß zu Zuchtlosigkeit und Lockerung der Disziplin« bei der Truppe sahen[90] bzw. befürchteten, durch solche »Radikalmaßnahmen« die abwartend freundliche Haltung der Bevölkerung »zu verprellen«.[91] Beide Befürchtungen sollten allzubald eintreten. Dafür verantwortlich waren nicht, wie Hartmann formuliert, »die Drahtzieher« und »Scharfmacher« in der militärischen Führung,[92] sondern die Truppe selbst.

Schon die Konfrontation mit dem ungewohnten Kampfverhalten des Gegners hatte, wie oben gezeigt, bereits in den ersten beiden Kriegswochen zu einer Brutalisierung der deutschen Kriegführung geführt. Die bei der Roten Armee übliche Gefechtstaktik – sich überrollen lassen und Hinterhalte legen, der Einsatz von versteckten Scharfschützen und der Nahkampf mit der blanken Waffe – wurde von der Truppe mit Begriffen wie »asiatische Grausamkeit« oder

»entsetzliche Bestialität« einem vertierten Volkscharakter zugewiesen.[93] Die gesamte Kriegführung der Roten Armee nannte man »hintertückisch«, und sich selber sah man als Opfer eines völkerrechtswidrigen »Heckenschützen-« und »Guerillakriegs«.[94] Einsichtige Armeestäbe versuchten, diesen von der Propaganda verstärkten Eindruck zu korrigieren, um einer Fanatisierung des Krieges vorzubeugen.[95] Aber die nächste Krise sorgte dafür, daß dies Bild sich noch stärker einbrannte und in Befehlsform gegossen wurde.

Verbände der Roten Armee hatten am 13. Juli im Süden der Heeresgruppe Mitte den Vormarsch von Panzergruppe 2 und 2. Armee gestoppt und drohten in den folgenden Tagen die Front zu durchbrechen.[96] Damit bestand erstmals die Gefahr, daß sich gegnerische Truppenverbände mit den »versprengten« und überrollten Resten der Roten Armee verbinden könnten, die sich im Rücken der deutschen Front in den Wäldern versteckten. Aus Meldungen von Einheimischen und Agenten ergab sich, daß diese »Banden« bis zu 15 000 Mann stark, mit Geschützen und Kraftfahrzeugen ausgerüstet seien[97] und »offenbar unter der Führung entschlossener Offiziere« und »einflußreicher politischer Kommissare« operierten oder von »Funktionären der kommunistischen Partei organisiert und geleitet« würden.[98] Es gab auch Hinweise auf die Präsenz von Juden bei diesen *Banden*.[99] Diese Berichte gewannen angesichts der zugespitzten militärischen Lage, bei der außer einer kurzfristigen Unterbrechung des Vormarschs nichts auf dem Spiel stand, plötzlich an Bedeutung. Die 2. Armee übernahm sie in das für die Heeresgruppe und das OKH bestimmte aktuelle »Feindnachrichtenblatt« und kombinierte das mit der zeitgleich bekanntgewordenen Ankündigung der Roten Armee über die Aufstellung der ersten Partisanengruppen im Bereich der Heeresgruppe Nord. Der Kommentar war knapp, aber deutlich: »Ähnliche Terrorgruppen, die meist durch Juden geführt und eingewiesen werden«, seien auch im eigenen Befehlsbereich aufgetreten.[100]

Lageberichte eines Truppenverbandes allein wären sicher kein Auslöser für Entscheidungen der militärischen Führung gewesen. Da aber zeitgleich zu den Berichten der 2. Armee über die *Waldbanden* auch jeden Tag Meldungen der Panzergruppe 3 eingingen, die vom Widerstand »organisierter Brandstifterbanden« bei der Einnahme der Städte in der Nordecke der Heeresgruppe Mitte berichteten,[101] dürfte dieses Material das OKH beeinflußt haben, tätig zu werden. Am 18. Juli erging ein erster Befehl, der auf die Einrichtung von Partisanenabteilungen durch die Rote Armee reagierte. In Zukunft galten alle vor oder hinter den deutschen Fronten auftretenden Kombattanten in Zivil, gleich, »ob sie bisher Soldaten waren, sich noch als Soldaten bezeichnen oder Nicht-Soldaten sind« als »Freischärler« und wurden mit dem Tod bestraft. Gleiches galt für alle »Zivileinwohner«, die ihnen Unterstützung zukommen ließen.[102] Am 25. Juli erfolgte eine weitere Anweisung des OKH, diesmal an die Befehlshaber der rückwärtigen Heeresgebiete. Auch dieser Befehl betraf die »versprengten russischen Soldaten«, räumte ihnen aber noch eine von den jeweiligen Befehlshabern festzusetzende Frist ein, bis zu der sie sich »bei der nächsten deutschen Wehrmachtdienststelle zu melden« hätten. Danach galten sie als Partisanen.[103] Zu Strafmaßnahmen gegen die »feindliche Zivilbevölkerung« reichte jetzt schon die bloße »Bedrohung« bzw. »passive Widerstände«. Mit all denen schließlich, die »hinsichtlich Gesinnung und Haltung gefährlich« erschienen, also Kommunisten und Juden, wurde kurzer Prozeß gemacht – sie waren den Kommandos der Einsatzgruppen zu übergeben.[104] Am 13. August bezog ein weiterer Befehl des OKH auch die regulären Einheiten der Roten Armee in diese völkerrechtswidrige Feinderklärung mit ein: Ab jetzt galten auch »die nach Abschluß der eigentlichen Kämpfe hinterhältig noch fechtenden Rotarmisten als Freischärler«.[105] Wann die »eigentlichen« Kämpfe abgeschlossen waren und was als Front zu gelten hatte, das entschieden nicht die beiden Kriegsparteien auf dem Schlachtfeld, sondern das definierten – mit allen sich daraus ergebenden Rechtsfolgen – allein die deutschen Besatzer. Die drei Befehle reagierten nicht auf ein reales Bedrohungsszenario, sondern sie projizierten es. Von dieser Projektion ausgehend, konnten OKH und OKW alle Versuche, durch eine großzügige Behandlung der versprengten Rotarmisten wie der zunächst abwartenden Bevölkerung ein Klima der Kollaboration zu schaffen,[106] für gescheitert erklären und die Politik des präventiven Terrors als einzig wirksames Mittel propagieren. Damit war – im Gefechtsgebiet wie in den rückwärtigen Armee- und Heeresgebieten – die Grundlage für einen neuen, zweiten Krieg geschaffen. Auch Hartmann räumt ein, daß der bewaffnete Widerstand hinter den deutschen Linien erst durch die fanatisch-ideologischen Grundsatzbefehle der militärischen Führung »provoziert« worden sei. Aber er will uns glauben machen, daß die Soldaten, »ob sie es wollten oder nicht«, mit diesem Krieg »konfrontiert« worden seien und »auf die Formulierung dieser Grundsätze [...] keinen Einfluß« gehabt hätten.[107] Die Wirklichkeit erzählt eine andere Geschichte: Die Truppe, und zwar die *kämpfende*, war aktiv an der Radikalisierung der Befehle beteiligt. Und sie sorgte für deren rücksichtslose Umsetzung.

Ende Juli/Anfang August 1941 zeigte sich erstmals die verheerende Wirkung der neuen Befehlslage für die Zivilbevölkerung: Kollektive »Vergeltungsaktionen« gegen Dorfgemeinschaften, die als *Partisanen-Helfer* verdächtigt wurden oder einfach nur in der Nähe von Anschlägen gegen Einrichtungen oder Angehörige der Wehrmacht wohnten, häuften sich derart,[108] daß der Stab der Heeresgruppe Mitte einen mäßigenden Gegenbefehl erließ.[109] Ein Nachlassen der Strafaktionen wurde dadurch nicht erreicht. Dabei waren sich die Befehlshaber der Armeen und Panzergruppen hinsichtlich der realen Gefährdung durch die »Partisanen« durchaus einig. Während die sogenannten »Versprengten«, so analysierte es Mitte August ein Bericht der Panzergruppe 3, nur die Absicht verfolgten, sich zur eigenen Front durchzuschlagen, befänden sich die im Parteiauftrag hinter den deutschen Linien operierenden »Partisanen« erst in der Phase der »Bandenbildung«. Eindeutig ihnen zuzuschreibende Sabotageaktionen gebe es bisher nicht. Die Bevölkerung verhalte sich, von früheren Funktionären und Jungkommunisten abgesehen, den beiden Gruppen gegenüber »ablehnend«.[110] Ähnlich fielen die Einschätzungen der 9. und 4. Armee aus.[111] Selbst die Einsatzgruppe B, normalerweise Vorhut einer möglichst radikalen Kriegführung, kam zu dem Ergebnis, daß die sowjetische Führung »mit den bisherigen Erfolgen der Partisanen keineswegs zufrieden sein« konnte.[112]

Dennoch nahmen die Armeen angesichts des ausgebliebenen Blitzsieges und des wahrscheinlich länger dauernden Krieges eine kommende Gefährdung sehr ernst und ergriffen eine Fülle von präventiven Maßnahmen.[113] Die 9. Armee benannte bei allen Einheiten einen Stabsoffizier als Verantwortlicher, auf Armee- wie auf Korpsebene wurden jeweils eine motorisierte Eingreiftruppe gebildet, die Panzergruppe 3 hatte sich für größere Unternehmungen bereitzuhalten, der Armeebereich wurde in Sicherheitszonen aufgeteilt, den Versprengten wie den Partisanen wurde eine Frist gestellt, sich freiwillig zu melden, die später noch einmal um zehn Tage – bis zum 15. September – verlängert wurde. Danach, so der Befehl, seien alle »unnachsichtlich zu erschießen«.[114] Die Heeresgruppe Mitte versandte diese Anweisung an die übrigen ihr unterstehenden Armeen und Panzergruppen wie an den Befehlshaber des rückwärtigen Heeresgebietes und empfahl, »ähnliche Anordnungen in ihrem Befehlsbereich zu treffen«.[115] Das geschah.[116]

Uneins war man sich nur über die effektivste Form der Bekämpfung: Während die 9. Armee die »Durchführung von Großaktionen« favorisierte,[117] bevorzugte die ihr unterstellte Panzertruppe 3 »kleine Unternehmungen«.[118] Der Konflikt wurde pragmatisch gelöst: Die Panzergruppe führte in der zweiten Septemberhälfte 37 »kleine« Einsätze durch, denen 64 *Partisanen* zum Opfer fielen.[119] Allerdings ließ dann auch die Panzergruppe, als sie am 2. Oktober zum Vorstoß auf Moskau aufbrach, eine ganze Division zur *Partisanenbekämpfung* zurück.[120] Die Armee setzte zwei »Großaktionen« an, mit denen Frontdivisionen betraut wurden.[121] Beim ersten dieser Unternehmen, das vier Tage dauerte und bei dem zwei Regimenter der 161. und der 183. ID, also mindestens 3000–4000 Mann, eingesetzt waren, führte zum Tod von 241 *Partisanen*.[122] Parallel zu solchen Großunternehmen der Armee liefen die täglichen Aktionen der Korps, bei denen monatlich Hunderte von »erledigten« *Freischärlern* gemeldet wurden.[123] Die Divisionen hatten dazu »Jagdkommandos« oder »Partisanenbekämpfungsgruppen« eingerichtet.[124] Insgesamt dürfte im ersten Halbjahr für das Gefechtsgebiet der 9. Armee mit einer vierstelligen Zahl von Opfern zu rechnen sein. Dazu kommen die Zahlen im rückwärtigen Gebiet. Zwei besonders aktive Ortskommandanturen kamen schon allein auf mehr als 1000 erschossene oder erhängte *Partisanen*.[125] Ähnliche Zahlen liegen von anderen Armeen vor. So meldete das AOK 2 für seinen Befehlsbereich in der Zeit von August bis Ende Oktober 1941, unter Hinweis, daß diese Zahl »keinen Anspruch auf Vollständigkeit« erhebe, 1179 erschossene *Partisanen*.[126] Die Hälfte davon waren Opfer von Aktionen im rückwärtigen Armeegebiet.[127] Dort war ab Ende Oktober zu Bekämpfung der *Partisanen* eine ganze Division eingesetzt.[128] Die 4. Armee führte nur in der zweiten Novemberhälfte 19 »größere Unternehmungen« durch, bei denen 1106 *Partisanen* erschossen oder gehängt wurden.[129] Um der Masse der in den großen Kesselschlachten überrollten oder geflüchteten Rotarmisten Herr zu werden, hatte die Armee ab Mitte Oktober Infanterieverbände ins rückwärtige Gebiet entsandt – zunächst die 137. ID, dann die 8. ID.[130] Ein »Kleinkrieg«, durchgeführt mit »schwachen Formationen«, wie Hartmann das nennt, sieht anders aus.[131]

Dabei war es noch nicht einmal ein Krieg. Es war, wie das Verhältnis von getöteten *Partisanen* und getöteten Deutschen zeigt, eine asymmetrische Anordnung von Opfern zu Tätern: Bei einem zweiwöchigen Einsatz der 137. Division im rückwärtigen Gebiet der 4. Armee standen 200 getöteten »Russen« 4 Tote und 6 Verwundete auf deutscher Seite gegenüber,[132] bei dem oben erwähnten Großunternehmen der 9. Armee, bei dem mehrere tausend Wehrmachtssoldaten zum Einsatz kamen, wurden 241 *Partisanen* erschossen, die eigenen Verluste betrugen zwei Tote und drei Verwundete.[133] Das sind Tötungsraten von 50:1 oder im zweiten Fall sogar von 100:1. Sie entsprechen denen, die im rückwärtigen Heeresgebiet innerhalb der ersten acht Monate des Krieges gemeldet wurden: 63 257 vernichtete *Partisanen* bei 638 eigenen Toten.[134] Dieses krasse Mißverhältnis erklärt sich daraus, daß nur ein geringer Teil der »Versprengten« über Waffen verfügte,[135] und die als *partisanenverdächtig* oder nur zur Vergeltung erschossenen Zivilisten waren völlig wehrlos.

Krieg sieht anders aus. Und Hartmanns mit dem Gestus der Allgemeingültigkeit formulierten Sätze vom »Element der Heimtücke«, das »stets« dem Partisanenkrieg innegewohnt habe, oder von einem Kampf, der »ohne jedes Erbarmen von beiden Seiten« geführt worden sei, kommen möglicherweise der Realität der Jahre 1942/43 nahe, als der Wehrmacht in einigen Teilen der besetzten Sowjetunion eine organisierte Partisanenbewegung gegenüberstand.[136] Mit der Situation im Jahre 1941 haben solche markigen Sätze aus der Generalstabsperspektive nichts zu tun. Aber dieses Jahr ist für ihn, auch bezogen auf das Thema Partisanen, ein blinder Fleck. Das hat auch in diesem Falle Folgen.

Hartmann übernimmt den Begriff *Partisan* völlig unkritisch so, wie ihn die Wehrmacht definiert hat, also ohne eine einzige Überlegung darauf zu verwenden, daß er ein Produkt von deren Phantasie war, ehe er durch die brutalen Befehle und Maßnahmen zur Realität wurde.[137] Damals, im ersten Kriegshalbjahr, hatte man die restlose »Befriedung« der durchschrittenen Gebiete zur Bedingung des raschen Sieges erklärt und daher mit allen verfügbaren Mitteln – mit Landesschützen-Regimentern und Polizeibataillonen, mit Großverbänden der Infanterie und Panzer – im rollenden Einsatz durchzusetzen versucht. Das selbstgeschaffene Problem der *Partisanen* betraf also 1941 nicht, wie der Autor pauschalisierend für die Dauer des gesamten *Unternehmens Barbarossa* behauptet, das *Hinterland* und ein paar »ausgedünnte Sicherungsdivisionen« oder ein paar »gelichtete« Infanterieverbände, die »für die Front nicht mehr taugten«,[138] sondern die gesamte Truppe. Es war zwar keine *Partisanenbewegung*, die in den ersten Monaten des Ostkrieges in den Wäldern steckte, und die von dort drohende Gefahr wurde von der Mehrheit der Befehlshaber immer größer eingeschätzt als die reale.[139] Aber es waren doch irritierende, weil Unsicherheit verbreitende Stiche und Hiebe, die der Truppe von den *Versprengten* zugefügt wurden. Die 2. Armee führte in einem Tätigkeitsbericht für die Zeit von August bis Oktober 1941 insgesamt 64 solche Anschläge auf, wobei 21 militärischen Objekten gedient und 43 auf Wehrmachtsangehörige gezielt hätten, bei denen 59 Soldaten getötet und 35 verwundet worden seien.[140] Viele Einheiten der übrigen Armeen und Panzergruppen hatten ähnliche Verluste durch Überfälle auf einzelne Melder oder Wachposten. Jede dieser Attacken wie die spektakulären »Vergeltungsaktionen« verbreiteten sich wie ein Lauffeuer an der gesamten Front.[141] Daß jeder Vorfall dieser Art Anlaß zu einer Fülle von Befehlen wurde, die zur permanenten Vorsicht wie zur mitleidlosen Härte aufforderten, versteht sich von selbst. Damals, im Sommer und Herbst 1941, wurde *der Partisan* für jeden Landser zum Synonym für den Ostkrieg. Hartmanns Behauptung, die Masse der deutschen Soldaten hätte »zwar viel von den Partisanen gehört«, sei aber »selten direkt mit ihnen konfrontiert« worden,[142] hat angesichts dieses Befundes das Zeug in sich, zur Stilblüte zu werden.

Juden

Wenngleich Hartmann eingestehen muß, daß das dritte Großverbrechen – »die rassistische Mordpolitik des SS- und Polizeiapparats« – in seiner Topographie der Wehrmachtsverbrechen »schwerer zu verorten ist« als die bisher geschilderten Untaten, trifft er eine klare Entscheidung: Die Morde der SS ereigneten sich »in den rückwärts gelegenen Besatzungsgebieten«. Damit meint er, diesmal auffallend genau, die rückwärtigen Heeresgebiete und die zivilverwalteten *Reichskommissariate*. Und auch bei der Datierung ist der Autor sichtlich um Präzision bemüht: Der Massenmord an den Juden begann, so legt er sich fest, als die nur wenige Wochen dauernde »Zeit der Pogrome und ersten Massenerschießungen« vorbei war und »das Gros der deutschen Militärmaschinerie gewöhnlich schon weiter östlich« stand.[143] Die Frage der »Verortung« scheint damit gelöst. Nicht aber das Problem, was die »Mordpolitik des SS- und Polizeiapparates« mit dem Thema einer möglicherweise »verbrecherischen Wehrmacht« zu tun haben könnte. Es gab, so die klare Antwort des Autors, »Berührungspunkte«: Sie betrafen »die logistische und administrative Zuarbeit« der Wehrmacht und die Tatsache, daß einige Soldaten – allerdings »auffallend wenig« – zu Tätern wurden und »aktiv bei den Morden mitmachten«.[144] Worin die genannte »logistische und administrative« Beteiligung bestehen könnte, wird im folgenden nicht ausgeführt. Möglicherweise ist die Erklärung in einer These von Dieter Pohl enthalten, die der Autor zitiert, wonach Angehörige der Wehrmacht »an Selektion, Organisierung, Durchführung, Absperrung bei Erschießungen oder Abgabe an die Sicherheitspolizei tätig waren« (sic!). Pohl liefert ihm dankenswerterweise auch die geschätzte Zahl dieser Helfer – »einige Zehntausend«.[145] Aufs Ganze gesehen, so die Abschlußbilanz Hartmanns, »waren die meisten [...] Soldaten – wenn überhaupt – nicht mehr als Zeugen des Holocaust. Die Zahl der Komplizen scheint dagegen sehr klein geblieben zu sein, noch kleiner die der Täter selbst.«[146] Klein, kleiner, am kleinsten.

Es überrascht schon, wie unbekümmert der Autor bisher als gesichert geltende Ergebnisse der Wissenschaft, ohne sie zu falsifizieren, wortlos beiseite räumt. Raul Hilberg hatte schon 1961 in seinem Standardwerk über die Vernichtung der europäischen Juden festgestellt, daß die Wehrmacht in den besetzten Gebieten »in den Vernichtungsprozeß einbezogen« und »an *sämtlichen* Maßnahmen« dieses Prozesses beteiligt war.[147] Manfred Messerschmidt hat drei Jahrzehnte später, gestützt auf das mittlerweile umfangreichere Material, diesen Zusammenhang mit dem Begriff einer geplanten und koordinierten – der »arbeitsteiligen Täterschaft« – präzisiert.[148] Bei Hartmann wird daraus eine nicht auf dem Befehlsweg geregelte, in ihren Abläufen wie in ihrem Umfang nicht nachvollziehbare und hinsichtlich der jeweiligen Verantwortlichkeiten nicht zugeordnete – völlig ins Belieben einiger weniger Akteure gestellte – »Zuarbeit«.[149]

Hitler hatte in seiner grundlegenden Weisung ans OKW vom 3. März 1941 noch einmal klargelegt, daß der Feldzug gegen die Sowjetunion kein normaler Krieg, sondern die »Auseinandersetzung zweier Weltanschauungen« und ein Rassenkrieg sein werde. Als vordringliches Ziel galt: »Die jüdisch-bolschewistische Intelligenz, als bisheriger Unterdrücker, muß beseitigt werden.«[150] Zur Erledigung dieser Aufgabe waren die vier Einsatzgruppen der Sicherheitspolizei und des Sicherheitsdienstes (SD) aufgestellt worden, die das Ostheer begleiten sollten. Aber auch die drei Millionen Angehörigen der Wehrmacht, die am 22. Juni die sowjetischen Grenzen überschritten, waren von Beginn an instruiert, was von ihnen erwartet wurde. In den »Richtlinien für das Verhalten der Truppe in Rußland« wurde ihnen der Bolschewismus als »der Todfeind des nationalsozialistischen deutschen Volkes« präsentiert und als konkrete Kampfanweisung »rücksichtsloses und energisches Durchgreifen gegen bolschewistische Hetzer, Freischärler, Saboteure,

Juden« befohlen.[151] Daß dies ernst gemeint war, belegten die den Truppen mit auf den Weg gegebenen »Militärgeographischen Angaben«, in denen Ort für Ort, Stadt für Stadt nicht nur Straßen und Brücken, Industrieanlagen und Bahnhöfe, sondern auch die jüdischen Einrichtungen und die Zahl der jüdischen Einwohner penibel vermerkt waren.[152] Diese von den Stabsoffizieren zutreffend als »Volkstumskarten« bezeichneten Materialien lieferten die Kartographie des Rassenkrieges.[153]

Dessen Prolog setzten die vor dem Feldzug zugeteilten zweisprachigen Plakate in Gang, die vom Oberbefehlshaber des Heeres unterzeichnet waren und von der Truppe beim Vormarsch überall geklebt wurden. Sie enthielten die erste Grundsatzerklärung zur zukünftigen Besatzungspolitik. Neben Anweisungen zur Beseitigung der Trümmer, zur Ingangsetzung des Wirtschaftslebens, zur Behandlung der in den Dörfern oder Wäldern versteckten Rotarmisten befaßte sich ein Abschnitt mit den Juden: Sie hatten sich mit einer weißen Armbinde, die den Davidstern trug, zu markieren, ihre Freizügigkeit war aufgehoben, und sie unterlagen der Meldepflicht, für Juden beiderlei Geschlechts im Alter von 16 bis 50 Jahren galt ab sofort die Pflicht zur Zwangsarbeit.[154] Weil diese »Bekanntmachung« sehr umfangreich war, verfertigten die Divisionen Kurzfassungen für den Eigengebrauch.[155] Zusätzlich pflegten einige Truppenführer die versammelte Einwohnerschaft der besetzten Orte und Städte in offiziellen Ansprachen über die Gründe des deutschen Einmarsches zu informieren: Man wolle sie von den Bolschewiken und vor allem den Juden befreien – diese hätten den Krieg angezettelt und daher jede Schonung verwirkt.[156] Wie sehr Teile der Truppe schon von Beginn an mit dieser antijüdischen Stoßrichtung des Krieges einverstanden waren, belegen zahlreiche Eintragungen in den Militärakten: Dort beschreiben die zuständigen Offiziere angewidert den »Schmutz und die Verwahrlosung« eines Judenviertels und das dort lebende »Judengeschmeiß«, es wird vermerkt, daß die Einheit durch »verjudete Städte« marschiert wäre, die deutschfeindliche Haltung der Juden sei schon daran abzulesen, daß diese beim Einmarsch den deutschen Befreiern keine Blumen streuen, sondern »selbstverständlich« in den Häusern bleiben, oder daß ein Blick genüge, um festzustellen, daß es die Juden sind, die den Widerstand organisieren – »bewaffnete Zivilbevölkerung (Juden)«.[157]

Es blieb nicht bei solchen Stimmungsbildern. Vom ersten Kriegstag an war die jüdische Bevölkerung das Objekt gewalttätiger Ausschreitungen der einmarschierenden Truppen. Vor allem die an der Spitze stürmenden Panzerverbände und motorisierten Infanteriedivisionen taten sich dabei hervor. In Slonim wurde nach der Einnahme der Stadt am 24. Juni 1941 durch die 17. und 18. Panzer-Division eine unbekannte Anzahl Juden auf der Straße erschossen.[158] Die 12. Panzer-Division, die am 25. Juni Woloschin besetzt hatte, war für den Tod von vier Juden verantwortlich.[159] In Stolpce verübten Einheiten des XXXXVII. Panzer-Korps am 29. Juni ein Blutbad unter 50 bis 200 Juden.[160] Sechs oder sieben Juden wurden Anfang Juli nach der Besetzung Glubokojes durch die 19. Panzer-Division oder die nachfolgende 18. ID (mot) getötet.[161] In Disna erschossen Angehörige der 14. ID (mot) Anfang Juli eine unbekannte Anzahl von Juden.[162] In Lida wurden am 27. Juni vom Reiterzug der 161. ID etwa 20 jüdische Bewohner erschossen.[163] In Rozanka wurden von der 5. ID am 28. Juni 50 Juden exekutiert.[164] Die 8. ID tötete in der Ortschaft Moltschads Anfang Juli sechs bis acht Juden.[165] Für eine unbekannte Anzahl von Judenmorden in Wassiliski, Radun und Iwje in den ersten beiden Kriegswochen trugen Einheiten des V. Armeekorps die Verantwortung.[166] In Lenin erschossen Mitte Juli Angehörige der 293. ID mindestens 20 Juden.[167] Diese Aufzählung ließe sich anhand von Militär- und Prozeßakten und gestützt auf autobiographisches Material für mindestens 20 weitere Orte und Städte allein im Westteil Weißrußlands fortsetzen.[168] Die Morde erfolgten zur »Vergeltung«, wegen »kommunistischer Betätigung«, zur Abschreckung oder einfach wegen Behinderung beim Plündern. Wie man angesichts dieser Masse von Gewaltaktionen nur an einem winzigen Frontabschnitt für den Riesenraum der gesamten Ostfront behaupten kann, daß sich »der Terror der ersten Wochen auf einzelne Orte [beschränkt]« habe und daß »die Zahl der Frontsoldaten, die sich daran beteiligten, begrenzt geblieben sein dürfte«, bleibt Hartmanns Geheimnis.[169] Dies um so mehr, weil die selektiven Erschießungen von Juden beim weiteren Vormarsch nach Osten fortgesetzt wurden[170] und diese Gewaltaktionen auch beim Vormarsch der Heeresgruppen Nord[171] und Süd üblich waren.[172]

Die Forschung hat die antijüdischen Anfangsverbrechen bisher entweder nicht behandelt[173] oder ordnet sie als »spontane antisemitische Übergriffe« ein.[174] Hartmann folgt dieser relativierenden Lesart und spricht von »Exzessen«.[175] Auch wenn manche der geschilderten Aktionen aus Nervosität und Panik bei der Einnahme von verteidigten Siedlungen oder aus Wut und Rache wegen eigener Verluste entstanden sein mögen, verblüffend bleibt, daß diese Erregungszustände zielgerichtet und ausschließlich an einer Gruppe – den Juden – »abreagiert« wurden. Wenn man sich der eingangs erwähnten *Richtlinien für das Verhalten der Truppe in Rußland, der Volkstumskarten,* der überall plakatierten *Bekanntmachung* des Oberbefehlshabers und der offiziellen *Ansprachen* der Besatzer im Zentrum der eroberten Ortschaften und Städte erinnert, weiß man, warum: *Der Jude* als Verantwortlicher für diesen Krieg und als Urfeind der Deutschen galt als vogelfrei. Dieser Generallinie folgte man auch außerhalb der Sphäre der Exekutionen: Die Juden wurden nicht nur, vor allen anderen Volksgruppen, zur Beseitigung der Leichen und Kadaver oder zur Säuberung der Straßen und der Beseitigung der Trümmer eingesetzt,[176] sie waren von Beginn an und auf Befehl auch die bevorzugten Opfer beim Requirieren und Plündern. Bei Beschaffung von Schlachtvieh z. B. galt die Anweisung, daß »vornehmlich die Rinder der jüdischen Familien geschlachtet« werden soll-ten.[177] Ähnlich verfuhr man, wenn Hafer und Weizen knapp waren: Man holte es sich ohne Bezahlung bei den Juden.[178] Diese Praxis folgte einer generellen Maxime: »Es darf nicht vorkommen, daß von einer Familie das Letzte genommen wird, während z. B. die Juden oft noch über größere Vorräte verfügen.«[179] Es verwundert daher nicht, daß wie die Plünderungen bei Juden auch deren Erschießung schon in der dritten Woche nach dem Einmarsch Befehlsform annahm. Hartmanns »Exzesse« waren spätestens jetzt offizieller Teil der Kriegsführung.

Um das Zutrauen der meistens »nicht feindseligen Bevölkerung« zu gewinnen,[180] hatte die 4. Armee schon am 6. Juli 1941 vorgeschlagen, von »Repressalien gegenüber der gesamten Bevölkerung« abzusehen: Da die »ziemlich seltenen« Sabotageaktionen und Überfälle aus dem Hinterhalt »einzelnen kommunistischen Elementen, vor allem Juden« oder »Soldaten in Zivilkleidung« anzulasten seien, sollte man an diesen ausgewählten Gruppen auch Vergeltung üben.[181] Dieser Vorschlag der 4. Armee wurde vom OKH als ein »beachtliches Schreiben« qualifiziert und am 12. Juli »als Anregung« bei den Verbänden des Ostheeres in Umlauf gesetzt.[182] Die Armeen folgten dem Hinweis sofort und formulierten eigene Befehle: So ordnete die in der Ukraine eingesetzte 6. Armee, im Fall von notwendigen Strafmaßnahmen, das »Erschießen von ortsansässigen Juden oder Russen« an,[183] die ebenfalls zur Heeresgruppe Süd gehörende 17. Armee empfahl, »in erster Linie jüdische und kommunistische Einwohner« und hierbei vor allem »die jüdischen Komsomolzen […] als Träger der Sabotage und Bandenbildung« heranzuziehen.[184] Die 2. Armee gab den Befehl, bei Festnahme und Erschießung von Geiseln, diese »grundsätzlich nur aus Parteigängern zu entnehmen«.[185] Daß damit nicht nur Angehörige der Kommunistischen Partei gemeint waren, machte die Anweisung des zur Armee gehörenden XXXX. Korps deutlich: Wenn bei Überfällen und Sabotage die Täter nicht ermittelt werden konnten, seien »kommunistische Parteiangehörige oder Angehörige einer kommunistischen Organisation oder Juden« als »Tatverdächtige« zu bestrafen.[186] Das XXIII. Korps, das der 9. Armee unterstellt war, fand für diesen Personenkreis von notorischen Tätern eine elegantere Formulierung: Erschießungen sollten, so die Anweisung, immer »aus den Reihen der uns nicht wohlgesinnten Bevölkerung« erfolgen.[187]

Solche verschleiernden Formeln machen es für den Historiker nicht leicht, die Umsetzung dieser Befehle in den zudem arg »gesäuberten« Militärakten zu verfolgen.[188] Dennoch lassen sich deutliche Spuren finden. In Mogilew kam es Ende Juli zur Erschießung von mindestens 50 bis 70 Juden durch Einheiten der 15. ID, weil angeblich ein deutscher Offizier in der gerade eroberten Stadt getötet worden war.[189] Wegen eines Überfalls auf zwei LKW, bei denen sieben deutsche Soldaten den Tod fanden, ließ das XXXV. Korps Anfang August in den beiden in der Nähe des Tatorts gelegenen Dörfern Zytkowicze und Ludzieniewicze 41 Juden erschießen.[190] Die 110. ID, die am 12. Juli acht Juden zusammen mit zwei Polen zur Strafe für ein zerstörtes Funkkabel erschossen und die Opfer in den Akten verschleiernd als »10 Männer des Ortes« bezeichnet hatte,[191] rächte sich zehn Tage später für den Tod von Kameraden mit der »standrechtlichen« Erschießung von, wie es ähnlich vage hieß, »60 Russen sowie 1 Kommissar«.[192] Die Vorausabteilung der 87. ID erschoß im Juli aus ähnlichem Grund in einem weißrussischen Dorf östlich von Minsk 41 Juden.[193] Ein Regiment der 161. ID führte Ende des Monats zur Vergeltung für fünf in der Nähe des Städtchens Zembin überfallene und getötete Kradfahrer »Strafaktionen in den umliegenden Ortschaften« durch.[194] Dabei wurden 24 Männer aus den Dörfern Kostjuki und Studemka erschossen.[195] Es spricht vieles dafür, daß es sich bei den Erschossenen um Juden gehandelt hat.[196] Wahrscheinlich gilt das auch für die

»113 Personen«, die von der 8. ID »im Zuge von Zwangs-
maßnahmen« am 7. August erschossen wurden.[197] Die
Dunkelziffer solcher Gewalttaten dürfte beträchtlich sein.
Nimmt man nur die 43 Anschläge auf deutsche Soldaten, die
von der 2. Armee für den Zeitraum von August bis Oktober
1941 gemeldet wurden, als Grundlage, so käme man bei allen
Armeen und Panzergruppen der Heeresgruppe Mitte auf
120 bis 150 Überfälle.[198] Da die Truppe aber fast jeden
Anschlag auf die oben beschriebene Weise ahndete, muß es
Judenerschießungen in dieser Größenordnung gegeben ha-
ben. Sie ereigneten sich natürlich auch im Befehlsbereich der
beiden anderen Großverbände, der Heeresgruppen Süd und
Nord.[199] Und wie an der Front, so wurden auch in den rückwärtigen Armeegebieten bei Strafmaßnahmen bevorzugt
Juden exekutiert.[200]

Die bisher geschilderten Vorgänge belegen – im Gegen-
satz zu Hartmanns Darstellung –, daß »die Judenfrage« vom
ersten Tag an Bestandteil des militärischen Geschehens war
und auch schon beim Vormarsch auf der Agenda der Truppe
stand. Die Exekutionen zeigen die Wehrmacht als aktiven
Part beim Vorgehen gegen die Juden und wie die Gewalt sich
in einer Spirale von Befehl, Propaganda, Aktion zu ver-
schärftem Befehl und erweiterter Aktion steigerte. Aber
diese immer noch punktuell bleibenden Maßnahmen wurden ergänzt durch ein gleichzeitig stattfindendes flächen-
deckendes Programm der Judenverfolgung. Der Autor erwähnt nichts davon. Oder meint er, mit der harmlosen
Formulierung von den »zahllosen antijüdischen Erlassen«
der Militärverwaltung diesem Kapitel des Holocaust gerecht
geworden zu sein?[201] Der Leser wartet vergebens auf Angaben zum Zeitpunkt, zum Inhalt, zur Umsetzung dieser
Erlasse oder auf Hinweise, in welcher Weise die antijüdischen Anordnungen der Militärs mit den antijüdischen
Maßnahmen der SD-Kommandos zusammenpaßten.

Der Kommandant des rückwärtigen Gebietes der 2. Armee – in der Militärsprache der »Korück 580« – begann seine

Tätigkeit mit einem doppelten Paukenschlag: An seinem Standort in Bielsk erfolgte am 3. Juli 1941 per Plakat eine Anordnung, in der die Bildung eines Judenrats mit namentlich genanntem Vorsitzenden, die sofortige Aufstellung von zehn Arbeitskolonnen und die Pflicht für alle Juden »über 10 Jahren, [...] die von 3 oder mehr jüdischen Großelternteilen abstammen«, sich mit einem gelben Tuchflecken zu kennzeichnen.[202] Das waren Teile der erwähnten, überall verbreiteten *Bekanntmachung* des Oberbefehlshabers des Heeres, die offensichtlich jetzt systematischer abgearbeitet wurde. Aber daß es gleichzeitig geschah, war auch etwas Neues. Am 5. Juli erfolgte nämlich ein erneuter Plakatanschlag. Diesmal wurde die Erschießung von 30 Juden wegen Sabotage angekündigt.[203] Die Exekution übernahm ein Kommando der Einsatzgruppe. In deren Abschlußbericht vom selben Tag hieß es: »Führer der jüdischen Intelligenz (insbesondere Lehrer, Rechtsanwälte, Sowjetbeamte) liquidiert.«[204] Schon diese Eingangsszene belegt die Kooperation der beiden Partner und definiert deren unterschiedliche Rollen: Die Wehrmacht leistete die Vorarbeit durch »Erfassung« der Juden und Schaffung von jüdischen Hilfsorganen, der SD »liquidierte« und erfüllte damit sein erstes Etappenziel – die Ausschaltung der »jüdischen Intelligenz«.[205] Eine zweite Szene, zwei Monate später, bestätigt dieses Bündnis und läßt dessen Motive deutlicher erkennen. Ende August wurde dem *Korück* eine Polizeieinheit unterstellt, die zur »Befriedung« im Südabschnitt des rückwärtigen Armeegebietes eingesetzt werden sollte – das Polizei-Bataillon 309.[206] Am 31. August präzisierte er diesen Befriedungsauftrag so: »Viele Orte sind ausgesprochen deutschfreundlich. Dies durch Hilfe gegen deutschfeindliche Elemente (wie Partisanen, Juden, usw.) unterstützen. [...] Juden und deren Betätigung besonders eingehend feststellen. Es ist festgestellt, daß Juden sowohl den Rotarmisten, wie vor allem den Bolschewistischen Funktionären weitgehendst Spitzeldienste leisten und Verbindung mit ihnen halten.«[207] Die

271

Juden, das ist die Kernaussage des Befehls, sind als Verbindungsglied zwischen der gegnerischen Front und den untergetauchten Parteifunktionären das Haupthindernis der Befriedung. Deshalb lautete auch der Auftrag aller Orts- und Feldkommandanturen – als Punkt drei nach dem Einsammeln der Beute und der Verhaftung der Partisanen – »Sicherstellung der Juden«.[208] Während die Kommandanturen als administrative Vertreter des *Korück* für die Kennzeichnung der Juden und deren Einteilung zur Zwangsarbeit sorgten,[209] säuberte dessen bewaffneter Arm das flache Land. In einem Bericht der Feldkommandantur Rogatschew vom 5. September hieß es unter dem Stichwort »Befriedung«: »Die männlichen Juden sind im Bezirk überwiegend von dem Polizei-Bataillon erschossen. Die in dem Südabschnitt noch lebenden männlichen Juden werden gefängnismäßig interniert und, da ein ausgesprochener Mangel an Facharbeitern vorliegt, zu Zwangsarbeiten jeglicher Art herangezogen. Ihr späteres Schicksal bleibt vorbehalten.«[210]

Ähnliche Arbeitslager wurden auch in andern Städten des Gebietes eingerichtet.[211] »Die Bevölkerung«, so die Bilanz der Militärs, »begrüßt das scharfe Vorgehen gegen die Juden. Sie haßt den Bolschewismus und damit den Juden.«[212]

Die flächendeckende Ermordung der Juden, wie sie der *Korück* zumindest im Südabschnitt seines Befehlsbereiches hatte durchführen lassen, war nicht die Regel und dürfte der Nähe zur Front und paranoidem Sicherheitsdenken geschuldet gewesen sein. Aber die Synchronizität von *Erfassung* und *Erschießung* der Juden war in allen rückwärtigen Armeegebieten üblich.[213] Sie funktionierte auf der Grundlage eines Paktes: Die SD-Kommandos unterstützten die Wehrmacht bei der »Befriedung« der rückwärtigen Gebiete, stellten sich also als Teil der ursprünglich geforderten und verweigerten Verstärkung zur Verfügung, und erfuhren dafür bei Erfüllung ihrer Hauptaufgabe – der Judenvernichtung – jede nur denkbare Hilfestellung.

Diese Gegenleistung wurde um so bereitwilliger geleistet,

als die Juden in den Augen der Wehrmacht, wie oben gezeigt, neben den geflüchteten Rotarmisten als hauptsächliches Sicherheitsrisiko galten. Ein zweites Beispiel aus den ersten Kriegswochen zeigt, daß diese Kooperation typisch war. Der Kommandeur der 403. Sicherungsdivision, der vom 5. bis 13. Juli als *Korück* der 9. Armee in Wilna fungierte, hatte schon bei Dienstantritt ein Plakat anschlagen lassen, das die Auflösung der jüdischen Organisationen, die Pflicht zur Kennzeichnung mit dem Judenstern, die Einschränkung der Freizügigkeit und die Zwangsarbeit angeordnet hatte.[214] Die Kennzeichnung war innerhalb einer Woche durchgeführt.[215] Während seine Geheime Feldpolizei und das unterstellte Polizei-Bataillon 131 an allen Ausfallstraßen Auffangposten einrichtete, um »flüchtige Rotarmisten und Juden« festzunehmen und sie zum Zweck der Zwangsarbeit in »Gefangenensammelstellen zusammenzuziehen«,[216] waren Kommandos der Einsatzgruppe mit Judenerschießungen in der Stadt beschäftigt.[217] Es gelang ihnen, mit Hilfe von litauischen Kollaborateuren, die tägliche Tötungsrate binnen kurzem auf 500 Menschen zu steigern.[218] Bei dieser, wie der *Korück* sich ausdrückte, »Bekämpfung jüdischer Übergriffe«, wurde das SD-Kommando von drei Gruppen der wehrmachtseigenen Geheimen Feldpolizei unterstützt.[219]

Der Rhythmus der Erschießungen beschleunigte sich in dem Maße, in dem die Erfassung perfektioniert wurde. Die Armee hatte Anfang August die weitergehende Direktive des Befehlshabers des rückwärtigen Heeresgebietes, in den Städten eigene, nur von Juden bewohnte Bezirke zu schaffen, übernommen.[220] Spätestens nach dem 19. August 1941, als das OKH diese Maßnahme verbindlich machte,[221] entstanden auch im rückwärtigen Armeegebiet Ghettos.[222] Oft geschah das mit Hinweis auf die bedrohte militärische Sicherheit. So erklärte der Ortskommandant von Rudnja, die »sich im Rayon herumtreibenden Juden« hätten den Partisanen als »Verbindungsleute« und »Werber« gedient. Man habe »mit dieser für die Nachschub-Wege heraufkommenden Pest« aufgeräumt – »durch die Bildung eines Ghettos«.[223] Wenig später begannen die SD-Kommandos mit der Vernichtung der ersten Ghettos: In Newel und Janowitschi wurden, möglicherweise in Absprache mit Dienststellen der Wehrmacht,[224] Mitte September 640 bzw. 1025 Menschen unter dem Vorwand drohender Seuchen getötet.[225] Am 21. Oktober wurden die 1 000 Juden in Rudnaja – nachdem man 200 Handwerker ausgesondert hatte – von einem Kommando der Einsatzgruppe erschossen.[226] Wenig später erfolgte die Vernichtung des benachbarten Ghettos Ljubawitschi und eine zweite Massenerschießung im Ghetto Rudnja.[227] Auch schon vorher hatte es im Bereich dieser Ortskommandantur immer wieder einzelne Judenerschießungen gegeben, die meist von einem Trupp der Feldgendarmerie durchgeführt worden waren.[228] Die Opfer waren – wie es in einem Bericht des *Korück* hieß – als »Saboteure, Verbindungsleute zu Partisanen, bolschewistische Hetzer [...] und teilweise auch wegen Plünderung« erschossen worden.[229]

Der Eindruck, als ob die SD-Kommandos nur für die Massenexekutionen zuständig gewesen wären, täuscht – sie waren mittlerweile in den rückwärtigen Armeegebieten zu einem unverzichtbaren Teil auch des militärischen Sicherheitsapparates geworden:[230] Sie überprüften die Kandidaten für die aus Einheimischen gebildeten lokalen Verwaltungen und deren Hilfspolizei,[231] sie übernahmen alle »verdächtigen Elemente«, darunter auch die Juden, die aus den Zivilgefangenenlagern der Wehrmacht stammten oder von ihr festgenommen worden waren[232], und sie unterstützten die Truppe im Kampf gegen die *Partisanen* – durch eigene Unternehmen im Auftrag der Wehrmacht oder durch Beteiligung an deren Aktionen.[233] Hartmann – in seinem Bemühen, Wehrmacht und SD ideell zu trennen – verschweigt diesen Prozeß der zunehmenden Angleichung der beiden Institutionen und die daraus folgende Radikalisierung der Besatzungspolitik. Fixiert auf sein starres Front-Hinterland-Schema und eine ebenso schematische Schwarz-Weiß-Vorstellung von Mentalität,[234] ist er auch nicht in der Lage, die Auswirkungen dieses Prozesses auf die Gewaltbereitschaft der Soldaten zu erkennen. In den rückwärtigen Armeegebieten bestanden die Einsatzkräfte 1941 nicht nur aus den kleinen Trupps von wehrmachtseigener Feldgendarmerie bzw. Geheimer Feldpolizei und den Landesschützen-Bataillonen, sondern sie wurden, was der Autor verschweigt, auch immer wieder durch vorübergehend eingesetzte Frontdivisionen verstärkt. Und in den rückwärtigen Heeresgebieten gab es neben den Sicherungsdivisionen nicht nur, wie er glauben macht, »ein paar gelichtete« und frontuntaugliche Infanterieverbände,[235] sondern normal ausgerüstete und kampfstarke Divisionen, die vorübergehend von der Front abgezogen und dann wieder dorthin zurückverlegt wurden. Sie waren – wie die Ereignisse in den rückwärtigen Heeresgebieten Süd[236] und Mitte belegen, aktiv an Verbrechen gegen Juden beteiligt.

Am 3. Juli 1941 war hinter den drei rückwärtigen Armeegebieten der Heeresgruppe Mitte das rückwärtige Heeresgebiet eingerichtet worden. Ihm wurden neben den drei Sicherungsdivisionen für die Dauer von annähernd zwei Monaten drei Infanteriedivisionen – die 87., die 162. und die 252. ID – und für zwei Wochen die 102. ID unterstellt.[237] Die eingesetzten Divisionen hatten den Auftrag, das Gebiet zu »befrieden«, d. h. von versprengten Feindteilen zu säubern und eine Infrastruktur von Feld- und Ortskommandanturen mit einer abhängigen »landeseigenen Verwaltung« aufzubauen.[238] Sie spielten aber auch, wie sich zeigen sollte, bei der Ingangsetzung der Judenverfolgung eine zentrale Rolle. Der Befehlshaber erweiterte nämlich die in den rückwärtigen Armeegebieten nur rudimentär praktizierten Maßnahmen zur *Erfassung* der Juden zu einem lückenlosen System totaler Entrechtung und Kontrolle. In drei Verwaltungsanordnungen, die er innerhalb der ersten beiden Wochen seiner Tätigkeit erließ, wurde die Kennzeichnungspflicht und ein von den einheimischen Bürgermeistern zu führendes Judenregister befohlen,[239] die Bildung von Juden-räten und das Zusammenwohnen der Juden nur mit ihresgleichen wurde zur Pflicht gemacht,[240] schließlich wurde die Praxis der Zwangsarbeit erweitert und die Einrichtung einer Arbeitskartei verfügt[241]. Danach erfolgten nur noch einzelne Spezialbefehle wie die zur Überwachung der jüdischen Ärzteschaft und zur Sicherung der Ghettos.[242] Damit wurden die punktuellen Anweisungen der beim Vormarsch plakatierten *Bekanntmachung* des Oberbefehlshabers des Heeres zu einer alle Lebensbereiche erfassenden systematischen »Judengesetzgebung« ausformuliert.[243] Es war die Aufgabe der dem Befehlshaber zur Verfügung stehenden Truppenteile, sie durchzusetzen und Meldung über deren Vollzug zu erstatten. Am 18. Juli z. B. wurden die Divisionen aufgefordert, die Ortschaften anzugeben, in denen »Judenräte errichtet sind« und »die Namen des Obmannes und seines Stellvertreters« zu nennen.[244] Etwa zeitgleich erging der Befehl, die Juden nicht nur von den Nichtjuden zu trennen, sondern sie »in Ghettos zusammenzufassen«.[245] Die Umsetzung der antijüdischen Maßnahmen erfolgte zügig. Die 162. ID zog, den Anordnungen entsprechend, für Straßenarbeiten »vornehmlich Juden« heran und löste jüdische Krankenhäuser auf.[246] Die 252. ID beließ es nicht bei der Organisierung der Zwangsarbeit, sondern exekutierte 50 jüdische *Arbeitsverweigerer*.[247] Die 87. ID ließ ihre Einheiten Aufrufe an die Bevölkerung verteilen, in denen die Kennzeichnung der Juden angeordnet wurde,[248] und meldete Mitte Juli nicht nur den Vollzug dieser Maßnahme, sondern auch, daß »in fast allen Städten [...] Judenräte eingesetzt und die Schaffung besonderer Wohnbezirke für die Juden eingeleitet« worden seien.[249]

In allen Befehlen des rückwärtigen Heeresgebietes wurden die Divisionen angewiesen, mit dem Einsatzkommando 8, »das auf die Zusammenarbeit [...] angewiesen ist«, zu kooperieren und »gefangene Kommunisten (Zivilisten) [...] dem S.D. zuzuführen«.[250] Der Hinweis darauf, daß der SD auf die Unterstützung der Wehrmacht »angewiesen« sei, bezog sich in dieser Phase vor allem auf die von den Einsatzkommandos sofort begonnene Erschießung der Juden. Die SD-Kommandos waren nur jeweils etwa 100 Mann stark, die Teiltrupps verfügten sogar nur über durchschnittlich 20 Mann, so daß größere Aktionen ohne logistische oder exekutive Hilfe der Divisionen gar nicht durchführbar waren. Daher unterstützte die motorisierte Abteilung der 162. ID Mitte Juli mit ihren LKW-Kolonnen den Abtransport von 5000 Juden in Brest zur Erschießung durch Einheiten des SD und der Polizei.[251] Der Befehlshaber des rückwärtigen Heeresgebietes hatte die Massenerschießung als Vergeltungsaktion kaschiert.[252] Ende des Monats erschoß das der Division unterstellte Polizeibataillon 307 zusammen mit einem Teilkommando des EK 8 bei Starobin 150 bis 200 Zivilisten, von denen mindestens 120 Juden waren.[253] Ob Teile der Division – außer der Befehlsgebung – auch direkt an der Aktion beteiligt waren, ist ungeklärt. Die 252. ID kooperierte an ihrem Standort Baranowitschi und in den Kleinstädten der Umgebung nicht nur aufs engste mit dem dort ebenfalls stationierten EK 8 bei der Umsetzung der *Judengesetzgebung*,[254] sondern übergab ihm auch Hunderte angeblicher »Kommunisten«.[255] Aber die Division beteiligte sich auch mit Teileinheiten direkt an Judenerschießungen. Im benachbarten Slonim wurden am 17. Juli bei einer, wie das EK 8 sich ausdrückte, »Großaktion gegen Juden und andere kommunistisch belastete Elemente« 1075 Personen erschossen.[256] Im Raum Sluzk, in den die Division Anfang August verlegt worden war, kam es von seiten der Division,[257] der ihr unterstellten Polizeibataillone 307 und 316[258] sowie des dort stationierten Teilkommandos des EK 8 zu zahlreichen Judenerschießungen.[259] Ein Regiment der Division wurde bei einem mehrtägigen Marsch, bei dem die Wälder nach *Partisanen* abgesucht und in den Dörfern Bürgermeister eingesetzt wurden, von diesem Kommando begleitet. Dabei kam es an mindestens drei Orten zur Erschießung von 244 Juden.[260] Da das Kommando nur

16 Mann stark war, dürfte die Erschießung nur mit Hilfe des Infanterieregiments 472 möglich gewesen sein. Die 87. ID, die zunächst im Raum Grodno eingesetzt war, übernahm ab 21. Juli die Feldkommandantur in Minsk und bezog dort ab Ende des Monats ihr Hauptquartier.[261] Die Stadt war in den Monaten Juli/August 1941 der Standort des Gruppenstabs der Einsatzgruppe B und dann des EK 8.[262] Beim Eintreffen der Division hatte die Einsatzgruppe in einer ersten Zwischenbilanz ihrer bisherigen Tätigkeit festgestellt, daß »nunmehr die gesamte jüdische Intelligenzschicht (Lehrer, Professoren, Rechtsanwälte usw. mit Ausnahme der Mediziner) liquidiert worden« sei.[263] In der Folge wurden »täglich etwa 200 Personen« erschossen.[264] Es gab zwei mit insgesamt Zehntausenden Juden gefüllte Depots, aus dem die SD-Kommando ihre Opfer bezogen – das am 19. Juli eingerichtete Ghetto und das seit Einnahme der Stadt bestehende Zivilgefangenenlager. Beide unterstanden der von der 87. ID gestellten Feldkommandantur. Deren Kommandant hatte hinsichtlich der Juden einen klaren Standpunkt: Sie waren für ihn Helfershelfer der Bolschewisten, die »mit falschen Anschuldigungen« bei der Sowjetmacht »ihre Gegner u. fast die ganze Intelligenz« beseitigt und »sich an deren Stelle gesetzt« hätten. »Heute«, so schloß der Generalmajor Stubenrauch, »hat die Bevölkerung noch Angst vor den Juden.«[265] Diese Einstellung hat es den Kommandos der Einsatzgruppe B erlaubt, in Minsk das Modell des Vernichtungsghettos mit sukzessiv erfolgenden Massenerschießungen reibungslos zu entwickeln. Himmler konnte sich vom Erfolg dieser Arbeit, die etwa in zwei Monaten 5 000 Menschen das Leben gekostet hat, bei seinem Besuch in Minsk am 15. August 1941 überzeugen.[266]

Die Exekutionen von Juden bei der Einnahme von Städten und Orten, die besondere Behandlung beim Requirieren wie die selektiven Erschießungen, schließlich die systematische Entrechtung und Enteignung durch Registrierung, Kennzeichnung, Zwangsarbeit, Ghettoisierung wie die Unterstützung von Massenerschießungen waren ineinandergreifende Gewaltakte, die das Leben von Millionen Juden von einer Stunde auf die andere dramatisch veränderten. Jean Améry hat in der Aufarbeitung seines Schicksals als jüdischer Häftling in deutschen Konzentrationslagern den Begriff des »ersten Schlages« geprägt. Ob er durch einen Gewehrkolben, eine menschliche Faust oder die Peitsche erfolgt, »der erste Schlag bringt dem Inhaftierten zu Bewußtsein, daß er *hilflos* ist – und damit enthält er alles Spätere schon im Keime«. Er zerbricht im Opfer die bis dahin gültige, universelle Grundannahme, »daß der andere [...] meinen physischen und damit auch metaphysischen Bestand respektiert«.[267] Die Wehrmacht hat dem osteuropäischen Judentum diesen »ersten Schlag« versetzt. Sie hat Juden gejagt und erschossen, sie hat sie gedemütigt und entmenschlicht, sie hat dazu beigetragen, sie in den »Abfall« zu verwandeln, der von Einsatzgruppen und Polizeibataillonen dann systematisch weggeräumt wurde.

Diesen Beitrag zum Holocaust, wie Hartmann das tut, mit Begriffen wie »Exzesse« oder »judenfeindliche Erlasse« zu bezeichnen, bedeutet eine gefährliche Verharmlosung des tatsächlich Geschehenen.

Damit korrespondiert ein zweites Manöver: die Beschränkung des Autors auf den Schlußakt der Judenverfolgung – die Massenerschießung oder, wie er es nennt, die »Politik groß angelegter ›ethnischer Säuberungen‹« bzw. den »Völkermord«.[268] Was angesichts der Fülle von Darstellungen, in denen die Judenverfolgung als integraler Teil der Alltagswirklichkeit des Ostkrieges herausgearbeitet worden ist,[269] zunächst als methodisch konventionelle Behandlung des Themas erscheint, ist gleichwohl genau kalkuliert. Wenn Hartmann behauptet, für den Massenmord an den Juden sei *SS- und Polizeiapparat* allein verantwortlich gewesen, während die Wehrmacht das bestenfalls »offen unterstützt [...] oder zumindest doch resigniert hingenommen« habe,[270] dann zerlegt er den »schwer auflösbaren Knoten« von

militärischer Strategie und politischem Mord, der, nach
Jürgen Förster, für den Vernichtungskrieg im Osten cha-
rakteristisch war,[271] wieder in seine Einzelteile. Und noch
etwas passiert, wenn der Fokus auf das spektakuläre Großverbrechen vom Typ Babi Jar gerichtet wird, bei dem die
Zahl der militärischen Helfershelfer, wie der Autor flugs
überschlägt, nie größer als »einige Hundert« gewesen sein
dürfte[272] – die unter den Augen von Millionen Soldaten
getätigte tägliche Judenverfolgung verschwindet aus dem
Blickfeld. Man könnte mit Jan Philipp Reemtsma, der das
Muster dieses Verfahrens an der mißbräuchlichen Verwendung von Auschwitz beschrieben hat, auch Hartmanns
Darstellung eine gewollte »Unsichtbarmachung durch Be-
leuchtung des Extrems« nennen.[273]

Hitler war's

Überschriften können verräterisch sein. Sie geben oft mehr
von den Intentionen ihres Verfasser preis, als diesem lieb
sein kann. Der Titel des Beitrags, um den es hier geht, lautet:
»Verbrecherischer Krieg – verbrecherische Wehrmacht?« Er
scheint deutlich machen zu wollen, daß das Epitheton *verbrecherisch* wohl dem Krieg gegen die Sowjetunion, aber
nicht unbedingt der Institution, die ihn geführt hat, zukommt. Aber reicht der Gedankenstrich wirklich aus, die
Sphären so sauber zu trennen und das Vordringen des Frage-
zeichens bezüglich der Institution Wehrmacht auch auf den
anscheinend unfraglich verbrecherischen Krieg zu verhindern? Die Lektüre des Textes bestätigt diesen Zweifel, gab es
doch, nach Meinung des Autors, zwei Kriege – den im
Hinterland, der eigentlich gar kein Krieg, sondern das Aus-
üben von »Besatzungsherrschaft« nach eindeutig »politisch-
ideologischen Vorstellungen« war und den »eigentlichen«
Krieg an der Front, der nur die »Herbeiführung einer militärischen Entscheidung« wollte und daher »immer noch von

den Regeln der klassischen Kriegskunst [...] und weniger von den Prinzipien der NS-Ideologie« bestimmt wurde.[274] »Schlagworte wie Vernichtungskrieg«, die aus der »neurotischen« Fixierung der deutschen Militärhistoriker auf »das Kriminelle« geboren seien, würden den Blick auf diesen weitgehend »konventionellen« Charakter des Waffengangs »verstellen«.[275] Die zugegebenermaßen »ganz großen Verbrechen« an den Juden, den Kriegsgefangenen, an der Zivilbevölkerung hätten sich hinten ereignetet – in die vordersten Stellungen schwappten schlimmstenfalls einmal deren »Ausläufer«.[276] Und zumindest für »die hektischen Wochen des unaufhaltsamern Vormarsches« im Sommer 1941 hält der Autor die Frage für berechtigt, »wie weit sich diese *Front* von den übrigen des Zweiten Weltkriegs eigentlich unterschieden hat«.[277] Also war der Krieg eigentlich nicht ganz, sondern nur zur Hälfte oder zu einem Drittel, jedenfalls nur zu einem Bruchteil *verbrecherisch* und der Restanteil konnte das Adjektiv *anständig* für sich behaupten. Aber auch das Fragezeichen hinter der *verbrecherischen Wehrmacht* reicht weiter, als die Satzfügung vorgibt. Einmal erklärt der Autor die Frage nach dem *verbrecherischen* Charakter der Institution als »längst beantwortet«, wenig später aber revidiert er, unter Rückgriff auf die erste Wehrmachtsausstellung, die ein solches Urteil gefällt und damit den alten Vorwurf von der deutschen Kollektivschuld »wiederbelebt« habe, diese eindeutige Feststellung.[278] Das Fragezeichen macht schließlich auch vor der Institution Wehrmacht nicht halt: Im Furor der »Differenzierung« zweifelt er, ob es »die« Wehrmacht überhaupt gegeben habe.[279]

Hartmanns Fragezeichen verraten keineswegs nur die individuelle Vorliebe für eine bestimmte Form der Interpunktion, sie sind Belege für die Aufkündigung eines wissenschaftlichen Minimalkonsenses über den Krieg im Osten und zugleich Wegmarken für ein Rollback, das in die fünfziger Jahre zurückwill.

Das zeigt sich in aller Deutlichkeit, wenn der Autor sich

abschließend dem schwierigen Problem von der Schuld der Wehrmacht zuwendet, die bei den Verbrechen dieses Krieges irgendwie »ihre Finger mit im Spiel hatte« und er sich anschickt, die »kaum beantwortbare« Frage nach der Zahl der wirklich Schuldigen dennoch zu beantworten.[280] Er tut das auf drei Ebenen – auf der des Wissens, der Handlungsspielräume und der Verantwortung – und er bedient sich eines einprägsamen Bildes. Die meisten deutschen Soldaten hätten »mal hier oder dort von einzelnen Verbrechen« gehört, aber die Monstrosität des Ostkrieges sei ihnen »verschlossen« geblieben: »Denn jener dreifache Käfig aus Armee, Diktatur und Krieg begrenzte nicht nur deren Handlungsspielräume, er mußte schon innerhalb des militärischen Hoheitsgebiets den Informationsfluß immer wieder unterbinden oder zumindest doch beeinflussen.« Jener »Käfig« sorgte auch dafür, daß die Soldaten z. B. für den Krieg gegen die Partisanen und also auch gegen Zivilbevölkerung nicht verantwortlich waren. Sie mußten ihn führen, »ob sie wollten oder nicht«: Auf die von ideologischem Fanatismus diktierten »Grundsätze« dieses Krieges hatten sie »keinen Einfluß«.[281] »Diese Männer«, verallgemeinert der Autor mit gehobener Stimme, waren und blieben Gefangene – »vor allem [...] Gefangene des Krieges«.[282]

Die Behauptung, daß die Kriegführenden von den Verbrechen im eigenen Krieg nur »vom Hörensagen« gewußt haben sollen, hat aber mit der Wirklichkeit wenig zu tun. Beim Vormarsch 1941 erfuhren die Landser – wie oben skizziert – von allen Verbrechen dieses Krieges durch Augenschein, und wo der nicht hinreichte, halfen die vielfältigen Produkte der Propaganda und die Gespräche mit Angehörigen anderer Einheiten. Beim Nürnberger Prozeß war dieses Thema Gegenstand eines interessanten Kreuzverhörs. Der Truppenarzt Früchte, der behauptet hatte, über den Judenmord in den besetzten Gebieten hätte jeder an der Ostfront Bescheid gewußt, wurde unter Eid befragt: »Und Sie sagen, daß Sie alle diese 200 Offiziere und alle diese

Tausende von Landsern gefragt haben: Was wissen Sie über Judenerschießungen? Wollen Sie das behaupten? Ja oder nein, Herr Zeuge?« Früchtes Antwort: »Das Thema ist wohl mit jedem, mit dem man überhaupt länger als drei Minuten gesprochen hat, irgendwie mal gestreift worden. Und ich habe keinen getroffen, der gesagt hätte: Das ist mir eine völlig neue Sache, davon weiß ich nichts. Das war für jeden ein Faktum.«[283] Und auch der Hinweis, daß die Soldaten keinen Handlungsspielraum besessen hätten, sondern Gefangene, ja Opfer der Verhältnisse gewesen seien, widerspricht der Selbstwahrnehmung der meisten Soldaten. Für sie war dieser Krieg, wie die Feldpostbriefe aus den ersten Monaten zeigen, ein gerechter Krieg, und der Stolz, bei diesem Waffengang dabeizusein, hielt viele von ihnen lange in seinem Bann.[284] Klaus Latzel hat anhand dieser Selbstzeugnisse eine inhaltliche wie habituelle »Verwandtschaft« zwischen Wehrmachtssoldaten und Nationalsozialismus konstatiert: Zwar seien die Soldaten auf Befehl in den Krieg gezogen, aber die Selbstlegitimation ihres Handelns im Krieg sei zu sehr von »nationalsozialistischer Wirklichkeitsdeutung durchtränkt«, als daß man es allein durch »Befehl, Gehorsam und Pflichterfüllung« definieren könne.[285] Die Soldaten, heißt das, begingen Verbrechen, nicht nur, weil es ihnen befohlen wurde, sondern auch, weil es ihnen plausibel oder sogar notwendig erschien.[286] Das hatte zur Folge, daß sie diese Verbrechen meist gar nicht als solche wahrnehmen konnten. »Selbst Phänomene, die eigentlich deutlich auf den Vernichtungscharakter dieses ›Krieges‹ hinwiesen«, so hat es einer dieser Soldaten nach dem Krieg beschrieben, »habe ich (wie wohl die allermeisten Frontsoldaten) eingeordnet in ein ganz allgemeines, um nicht zu sagen ›normales‹ Kriegsgeschehen und militärisches Unternehmen.«[287]

Es ist erstaunlich, wie stark das Bild des Soldaten im Ostkrieg, der nach Hartmann zu allem gezwungen wurde, wenig gewußt und nichts verbrochen habe, mit dem Selbstbild übereinstimmt, das die ehemaligen Wehrmachtsangehörigen nach dem Krieg entworfen haben. Selbst die Formel vom *Hinterland* spielt darin schon eine prominente Rolle. Die Analyse von 200 Interviews, die von der österreichischen Filmemacherin Ruth Beckermann mit Besuchern der ersten Wehrmachtsausstellung 1995 in Wien aufgenommen wurden, ergab die folgenden, nach Häufigkeit angeordneten Rechtfertigungssätze der ehemaligen Landser: »Man sei immer nur vorne, also Kampftruppe gewesen, während die Verbrechen hinten, in den rückwärtigen Gebieten begangen worden seien. Man sei gezwungen worden, in die Wehrmacht einzutreten und danach habe man einem absoluten Befehlssystem mit drakonischen Strafen unterstanden. Man sei als kleiner Landser nicht in der Lage gewesen, das politische Geschehen zu überblicken oder gar zu beeinflussen und habe nur mit allen Mitteln versucht, irgendwie durchzukommen. Verantwortlich für die Erschießung von Gefangenen, Juden und anderen Zivilisten seien Spezialeinheiten von SS, Polizei oder einheimischen Kollaborateuren gewesen.«[288] Die Generäle ergänzten diese Litanei nur noch um den Satz, sie seien – in ständiger Opposition zu Hitler – durch dessen Fehlentscheidungen um den schon sicheren Sieg gebracht worden.[289] Erkennbar ist in allem das Muster des Soldaten als unschuldiges Opfer. Diesem Grundriß folgte auch die Geschichtsschreibung. Sie habe, so diagnostiziert Thomas Kühne, in den fünfziger Jahren vor dem Hintergrund des Kalten Krieges und der Wiederbewaffnung zunächst den Holocaust »als Werk Hitlers bzw. der SS [externalisiert]« und dann Hitler mit der Wehrmachtsführung im Gefolge zum »Fixpunkt« aller Verantwortung gemacht.[290] Auf dieser sicheren Basis habe sie alle militärischen Akteure unterhalb der politisch-militärischen Chefetage als Opfer dargestellt – »als Opfer des verbrecherischen und verführerischen NS-Regimes, als Opfer des Dämons Hitler, als Opfer der militärischen Hierarchie und Repression, als Opfer der katastrophalen Lebensverhältnisse an der Ostfront, dann als Opfer der Kriegsgefangenschaft (und so weiter)«.[291] Nachdem die

Verbrechen und die Verantwortung gleichermaßen entsorgt
waren, konnte das Bild von der Wehrmacht »als Inbegriff
zeitloser Soldatentugenden« entworfen und fundiert werden – die Legende von der *sauberen Wehrmacht*.[292]

Hartmanns Bild von der *Front* und der *kämpfenden Truppe*,
die »verdreckt, überanstrengt und gehorsam« den Krieg tagtäglich »als eine nicht enden wollende Kette von Entbehrungen, Grausamkeiten und Tod« erlebten,[293] enthält noch
einen fahlen Schimmer dieser Legende. Die *Front*, schwadro-
niert der Autor, »bot [...] mehr Handlungsspielräume« als
jene rückwärtigen Zonen, »wo die Politik ohne die Störungen
und Interventionen des Krieges über die Armee bestimmen konnte«. An der Front sei man auch – eines »[größe-
ren] Selbstbewußtseins« wegen – »eher bereit gewesen«,
diese Spielräume auszuschöpfen. Diese spezielle »corporate
identy«, weiß der Autor, jetzt richtig in Fahrt gekommen, zu
berichten, sei aus dem Erleben des Krieges selbst gewachsen:
»In den Hauptkampflinien praktizierte man die Gewalt, aber
man stellte sich ihr auch.« Die »Gewalt gegen Wehrlose« hingegen überließ man der »Etappe«. Ein solches Verhalten hatte
»in einer Welt, zu deren Leitbildern die Figur des Kriegers gehörte«, nichts zu suchen. Kein Wunder, daß die *Front* zum
Lebensstil und zu den Vorstellungen der *Etappe* »zunehmend
auf Distanz gehen mußte«.[294]

Noch verblüffender als seine Reanimation des anständig
gebliebenen *Frontsoldaten* aus dem Urerlebnis des Krieges
ist Hartmanns Rückgriff auf den alles pervertierenden und
alles zerstörenden Bösewicht Hitler. »Die berüchtigte Wendung Hitlers« von den Kriegsgefangenen, die keine Kameraden seien, hatte – von den »Funktionären« im OKW und
OKH in einen Befehl verwandelt – den Tod von mehr als
drei Millionen herbeigeführt. »Hitler und mit ihm die
Wehrmachtsführung« waren für den Terror der Besatzungspolitik und für den dadurch ausgelösten *Partisanenkrieg* verantwortlich, »das Vernichtungsprogramm und die Vernichtungspolitik Hitlers« hatten den Judenmord auf die Agenda

gesetzt und das Ostheer darein verwickelt, »Hitler und mit ihm die militärische Führung« hätten sogar beabsichtigt, »die operative Kriegführung für die NS-Ideologie [zu] instrumentalisieren«: Mit dem Befehl zur Aushungerung Leningrads sei ihm das sogar in einem Fall gelungen, »Hitlers eigensinnige wie kontraproduktive Strategie des ›Haltens um jeden Preis‹« habe die Handlungsspielräume des Ostheers eingeschränkt, und die »Einsicht des *Führers* in die unausweichliche Niederlage« sei die Ursache für die verhängnisvolle Politik der *Verbrannten Erde* gewesen.[295] Neben Hitler und der militärischen Führung[296] im Hauptquartier oder im Führerbunker habe es nur noch ein paar mitverantwortliche »Handlanger« vor Ort gegeben – die »Oberbefehlshaber und ihre Stäbe«.[297] Diese »verhältnismäßig kleine Führungsspitze von einigen Tausend Offizieren«, so der Autor, sei Hitlers Brückenkopf an der Ostfront gewesen, sie habe dessen »unmenschlichen Vorgaben« akzeptiert und umgesetzt.[298] Die »Basis« dagegen, das Ostheer mit seinen zehn Millionen Soldaten – »unsere Angehörigen« – hatten damit nichts zu tun gehabt.[299] Hitler war's.

Die oben nur im Ausschnitt gezeigte Behandlung der Kriegsgefangenen, der Zivilbevölkerung und der Juden durch die Truppe widerlegt Hartmanns Behauptung von der kleinen verbrecherischen »Führungsspitze«. Um im Bild zu bleiben: Diese war nur die Spitze einer Pyramide der Gewalt. Wenn man von dieser Wirklichkeit ausgeht und dabei das, was Améry den »ersten Schlag« genannt hat, ernst nimmt, dann hat das bestürzende Folgen. Dieser *erste Schlag* hat ja nicht nur das Leben des Opfers in den Schacht eines ohnmächtigen Ausgeliefertseins gestürzt und dessen Leben damit von Stund an verändert, er hat auch aus dem *Schläger* einen anderen gemacht: Mit einem Mal wuchs ihm eine Übermacht zu, die er vorher nie gekannt hatte, er war jetzt Herr über Leben und Tod und noch wichtiger, weil dadurch die Dauer dieses Zustands gesteigerter Macht verbürgt wurde – der Befehl hatte ihn von allen bisherigen Bindungen

an soldatische Konventionen, an gesellschaftliche Moralvor-
stellungen und an ein individuelles Gewissen befreit. Die radikalste Form dieses *Schlages* und der damit verbundenen
Allmacht auf Seiten des Täters war die legitimierte Tötung
von Wehrlosen. Diese Erfahrung machte die Masse der Soldaten in den unterschiedlichen Situationen des Vormarsches
im ersten Kriegshalbjahr – wenn einzelne Gefangene auf
dem Weg nach hinten »auf der Flucht« erschossen oder
Zehntausende bei den Fußmärschen in die Lager am Weg-
rand wegen Schlappmachens oder Widerstandes »erledigt«
wurden, wenn der erste *Partisan* aufgehängt oder die Bewohner eines ganzen Dorfes »zur Vergeltung« zusammengetrieben und »liquidiert« wurden, wenn Juden beim Einmarsch
auf der Straße aus Rache, zur Abschreckung, aus einer Laune
»umgelegt« oder in Gruppen, stellvertretend für die nicht
auffindbaren *Partisanen* oder weil man sie selber für *Partisanen* hielt, erschossen wurden. In diesen Momenten, die sich
durch Wiederholung und Gewöhnung verstetigten, entstand
bei der Truppe jene Partizipation an den Verbrechen, die aus
den vorab ergangenen oder nachgeschobenen verbrecherischen Befehlen der obersten Führung Realität werden ließen
und das *Unternehmen Barbarossa* zu dem Rassen- und
Weltanschauungskrieg machte, den Hitler sich gewünscht
und öffentlich angekündigt hatte.

Daraus ergibt sich eine Fülle irritierender Fragen. Jan
Philipp Reemtsma hat einige davon bei seiner Eröffnungsrede zur ersten Wehrmachtsausstellung 1995 in Hamburg
gestellt, z. B. die, »wie ganz normale Menschen (in der Regel
Männer, aber nicht nur) ›so was‹ tun konnten« oder, noch
bestürzender, wie die weitverbreitete »freudige und freiwillige Beteiligung am Massenmord« zu erklären sei und warum
diese »Barbarei zur Normalität, zuweilen zur Norm werden
konnte«. Er hat das zugespitzt zu einer generellen Überlegung: »Wenn in einer Gesellschaft das – wie man sagt –
›Verbrechen überhandnimmt‹, fragt man sich, was da schief-
gegangen sei«. Und er hat diesen Gedanken erweitert zu der

Fragestellung, was mit der Gesellschaft passiert ist, in die die Soldaten nach dem Krieg zurückgekehrt sind – »als Geschlagene, viele verwundet, manche als Invaliden, alle mit Erinnerungen«.[300] Das alles sind im Zusammenhang mit der nationalsozialistischen Gesellschaft und Massenorganisationen des NS-Staates wie der Wehrmacht oder in bezug auf »unsere Angehörigen« und deren Partizipation wichtige und weiterführende Fragen, denen die Militärgeschichtsschreibung, von Ausnahmen abgesehen, bisher nicht nachgegangen ist. Sie hätten es verdient, in einem programmatischen Aufsatz mit diesem hochgesteckten Anspruch aufgegriffen oder doch zumindest berücksichtigt zu werden. Aber dazu wäre es erforderlich gewesen, das diesen Überlegungen zugrundeliegende Axiom zu akzeptieren, wonach Krieg »ein Gesellschaftszustand« ist, der Gesellschaften »formiert und deformiert«.[301] Hartmann ist daran nicht interessiert. Für ihn ist Krieg nicht mehr als ein Rechenexempel.

Der Autor hat im Artikel eines Militärhistorikers Anfang der achtziger Jahre etwas von einer dringend benötigten »Kliometrie des Krieges« gelesen, und da sich bisher keiner an eine solche »quantifizierende Militärgeschichtsschreibung« herangewagt hat, unternimmt er das und legt auch gleich »so etwas wie eine Zwischenbilanz« vor.[302] Für die Befehle zur Behandlung der sowjetischen Kriegsgefangenen sei »ein kleiner Kreis militärischer Funktionäre«, für die Umsetzung der Befehle ein »recht bescheidener Apparat« und eine »allerdings begrenzte [Zahl]« von Bewachern zuständig gewesen.[303] Zur Bekämpfung der *Partisanen* hätten den Befehlshabern und Kommandanten der rückwärtigen Gebiete nur neun »ausgedünnte« Sicherungsdivisionen zu Verfügung gestanden, und die offensichtlichen Lücken hätten auch nicht durch »die paar gelichteten Infanteriedivisionen« und »die wenigen Ausbildungs- und Ersatzverbände« gefüllt werden können, dagegen sei der »Kleinkrieg« gegen die *Partisanen* im unmittelbaren Rücken der Front durchaus mit den dort verfügbaren »schwachen Formationen« zu führen gewesen.[304] Die Ausbeutung des Landes sei zwar von einer relativ großen Organisation verantwortet worden, aber diese Mischbehörde habe sich nur »zur Hälfte« aus Militärs rekrutiert, und das Bindeglied zur Truppe habe nicht mehr als »einige Dutzend Wirtschaftsoffiziere« umfaßt, auf der Ebene einer Division sei sogar nur »ein einziger Generalstabsoffizier« für die Versorgung von 17000 Mann zuständig gewesen.[305] Beim *Kommissarbefehl* wechselt der Autor die Perspektive: Die Gesamtzahl der getöteten Kommissare an der Front sei »im Vergleich zu den übrigen Opfergruppen [...] verhältnismäßig klein gewesen«, im übrigen seien die meisten von ihnen erst »weiter hinten«, in den Kriegsgefangenenlagern, als Kommissare enttarnt und dort auch erschossen worden.[306] Verbrechen gegen die Zivilbevölkerung hätten sich nur »an einzelnen Orten« ereignet und die Zahl der daran beteiligten Frontsoldaten sei »begrenzt« geblieben. Auch bei anderen möglichen Verbrechen – etwa bei der Betreuung der Zwangsarbeiter-Kompanien oder bei den Verbrannte-Erde-Aktionen des Rückzugs, die den Pionieren übertragen worden seien – seien bezüglich der Täterzahl »die Relationen zu beachten«: Von den 13500 einer Infanteriedivision machten gerade einmal 550 Mann die Stärke eines Bataillons aus.[307] Dieser Geschichtsschreibung des Diminutivs, die wie durch ein umgedrehtes Fernrohr auf die Dinge schaut, entgeht nichts: So erscheint ihr wichtig, mitzuteilen, daß im Unterschied zu Mitteleuropa der Kriegsschauplatz Sowjetunion »ein dünnbesiedeltes Land« gewesen sei und daß der Stellungskrieg der Fronttruppen 1942/43 weitgehend im menschenleeren »Sperrgebiet« stattgefunden habe.[308]

Nach diesen vorbereitenden Arbeiten kommt Hartmann zur Sache. In scharfer Wendung gegen eine in der öffentlichen Debatte kursierende Quote von angeblich 60–80 Prozent Wehrmachtssoldaten, die sich an Verbrechen im Osten beteiligt hätten,[309] entscheidet er sich für die wissenschaftliche Gegenposition, die diesen Anteil nur »auf unter

5 Prozent« beziffert.[310] So gerüstet, zieht der Autor einen Strich und bildet eine Summe: 500 000. In Worten: »Angenommen, die geschätzte Täterquote von 5 Prozent würde zutreffen, dann hieße das«, so rechnet er laut, »daß bei einer Gesamtzahl von vermutlich 10 Millionen Soldaten, die an der Ostfront eingesetzt waren, immerhin eine halbe Million gegen Recht und Sitte verstoßen hätten.«[311] Nach siebzig Seiten Aufteilungs- und Sortierarbeit und einem furiosen Endspurt aus Wenn-dann-Konstruktionen stellt der Autor die berechtigte Frage: »Soviel Aufwand für ein so vages Ergebnis? Lohnt sich das?« »Vermutlich schon«, beantwortet er die bloß rhetorisch gemeinte Frage selbst.[312] Würde er ein wirkliches Interesse an der Reaktion des Lesers zeigen, bekäme er als Antwort ein doppeltes Nein. Erstens ist die Zahl wissenschaftlich wertlos, weil sie weder im konkreten Fall belegt noch überhaupt belegbar ist. Weil der Autor das weiß und ihr Nutzen bestenfalls in der Verwertbarkeit für alte Kameraden und Neonazis besteht, sichert er sich ab und nennt sie eine »Metapher«.[313] Zweitens kennt man diese Zahl schon seit 1997. Sie wurde von Hartmanns damaligem und heutigem Direktor Horst Möller ins Spiel gebracht,[314] als er landauf landab die erste Wehrmachtsausstellung mit dem Vorwurf bekämpfte, sie bediene sich in ihrer Aussage wie ihrer Machart Hitlers »Einhämmerungseffekt«.[315] Institutsdirektor Möller hatte damals auch schon die These entwickelt, die sein Mitarbeiter jetzt ausgearbeitet hat: »Die Ausstellung unterscheidet nicht zwischen einzelnen Frontabschnitten oder jenen rückwärtigen Gebieten, in denen tatsächlich Wehrmachtseinheiten an Massenverbrechen beteiligt waren [...].« Dann verallgemeinernd und die »Kliometrie des Krieges« schon vorwegnehmend: »Der überwältigende Anteil der Soldaten war an der Front eingesetzt. Das Hinterland, in dem nach bisheriger Kenntnis die meisten Massenverbrechen stattfanden, wurde von einer zahlenmäßig kleinen Militärverwaltung ›regiert‹ und umfaßte 1941 ungefähr 1 Million Quadratkilometer [...]. Im Hinter-

land wurden nur zehn Sicherungsdivisionen stationiert, die theoretisch jeweils 12 000, während des Krieges aber meist nur 10 000 Angehörige oder noch weniger hatten.«[316]

Hartmann lieferte mit seinem Text also auch die verspätete wissenschaftliche Entgegnung seines Instituts auf die so attackierte und dann später wegen zwei falscher Bildunterschriften zurückgezogene erste Wehrmachtsausstellung.[317] Der Debatte um diese Ausstellung, so bedauert er im Rückblick, habe damals »ein wirklich fachliches und intellektuelles Widerlager« gefehlt.[318] Offensichtlich hat er den Anspruch, mit seinem Beitrag, wenn auch verspätet, ein solches anzubieten. Jan Philipp Reemtsma, der Vorstand des Hamburger Instituts für Sozialforschung und Ausrichter der ersten Ausstellung, hat Horst Möller im März 2004 den Triumph beschert, auf einer Konferenz der beiden Institute, wie die *Süddeutsche Zeitung* mokant vermerkte, »gemeinsam den Ostfeldzug [zu beenden]«.[319] Unser Autor durfte dabei sein Plädoyer für eine zu 95 Prozent *saubere Wehrmacht* vortragen.[320] Es war nicht sein erstes. In einem Aufsatz hatte er das Massensterben der sowjetischen Kriegsgefangenen vor allem im Winter 1941 mehr als Ergebnis von Witterung und Nahrungsnot, denn als Folge eines »von vorneherein festgelegten Mordprogramms« vorsichtig zu relativieren versucht.[321] Sein Kollege Peter Lieb war da forscher: Er hatte der berüchtigten 707. Infanteriedivision, die im Herbst/ Winter 1941/42 in Weißrußland für den Tod von 20 000 Juden verantwortlich war, durch den versuchten Freispruch eines ihrer beiden Regimentskommandeure glatt die Hälfte der Schuld wegnehmen wollen.[322]

Solche Beiträge sind längst nicht mehr Solitäre, wie Studien zeigen, die außerhalb des Münchener Instituts entstanden sind.[323] Sie alle arbeiten an einem neuen Paradigma, das die Wehrmacht zu retten versucht. Dazu präsentieren sie – Taten ohne Täter.

EINÜBUNG IN DEN HOLOCAUST

Lemberg Juni/Juli 1941

Die Spitzen der 17. Armee waren den sowjetischen Verbänden, die sich seit dem 27. Juni 1941 aus dem Raum Lemberg zurückzogen, gefolgt und hatten sich am 29. Juni bis auf
eine Entfernung von zehn Kilometern der Stadt genähert.[1]
Die Einnahme wurde, nachdem die ostgalizische Metropole
feindfrei gemeldet worden war,[2] für die Nacht des 30. Juni an-
gesetzt. Die Durchführung des Auftrags wurde der 1. Gebirgsdivision übertragen, jener Einheit, die beim Überfall auf
Polen im September 1939 schon einmal in Lemberg gestanden hatte, die Stadt aber damals verabredungsgemäß der verbündeten Roten Armee überlassen mußte. Zwei ihrer Bataillone sollten die beiden exponierten Punkte der Stadt – die
Zitadelle und den Schloßberg – besetzen.[3] Danach würde ein
Bataillon des Lehrregiments z. b. V. 800, einer Spezialeinheit,
die direkt dem OKW unterstand, einrücken und planmäßig
alle wichtigen Objekte einnehmen und sichern. Dazu gehörten – neben Kathedrale, Rathaus, NKWD-Zentrale, Radiosender, E-Werk, Bahnhof und Vorratsdepots – auch die drei
großen Gefängnisse und das Militärhospital.[4] Dem Bataillon 800 unterstellt war das aus ukrainischen Nationalisten rekrutierte Bataillon *Nachtigall* mit einer Stärke von 400 Mann.

Die Einnahme Lembergs erfolgte ohne nennenswerten
Widerstand. Um 4.00 Uhr morgens hatte das Bataillon 800 die
St.-Georgs-Kathedrale erreicht, um 4.15 Uhr waren Rathaus
und Stadtkern, um 5.30 Uhr Radiosender, Gefängnisse und
Militärhospital besetzt, gegen 7.00 Uhr konnte Major Heinz
die Besetzung aller übrigen Objekte melden.[5] Ein Aufklä-
rungstrupp der Gebirgsjäger hatte gegen 4.20 Uhr befehls-
gemäß die Zitadelle besetzt und dort die deutsche Reichs-

kriegsflagge gehißt. Die beiden Bataillone der Gebirgsjäger-regimenter 98 und 99 erreichten um 6.15 bzw. 6.40 Uhr ihre Endpunkte Zitadelle und Schloßberg.[6] Der Kommandeur des zur 1. Gebirgsdivision gehörenden Artilleriekommandos 132, Oberst Wintergerst, der mit Befehl vom 28. Juni zum Stadt-kommandanten von Lemberg ernannt worden war,[7] erreichte um 8.30 Uhr das Rathaus und nahm seine Tätigkeit auf.[8]

Als die Einheiten des Bataillons 800 die drei Gefängnisse und das Militärhospital erreicht hatten, stießen sie auf einen grausigen Fund: Beim Rückzug der Roten Armee hatte der sowjetische Geheimdienst unter den politischen Häftlingen ein Blutbad angerichtet. Zu den Opfern gehörten auch drei deutsche Soldaten.[9] Die ursprüngliche Absicht des NKWD, die 5000 Gefangenen nach rückwärts zu evakuieren, ließ sich wegen des raschen Vormarsches der deutschen Truppen und aufgrund fehlender Transportmöglichkeiten offensichtlich nicht mehr verwirklichen. Nur 527 Gefangene wurden eva-kuiert. Der Befehl Berijas vom 24. Juni 1941, Häftlinge in den frontnahen Gebieten zu erschießen, war auch für die lokalen NKWD-Organe in Lemberg der Freibrief zum Mord.[10] Eine von der Stadtkommandantur sofort angeordnete Unter-suchung ergab, daß die Leichen entweder in Massengräbern notdürftig verscharrt oder in den Zellen übereinandergesta-pelt waren. Bei den vorgefundenen Leichen wurde als Todes-ursache «Genickschuß» festgestellt.[11] Einige der Toten tru-gen Zeichen von Mißhandlungen und Verstümmelungen. Die ursprünglich angegebene Zahl von ca. 500 Leichen erhöhte sich in den nächsten Tagen auf 3500.[12]

Das Lemberger »Greuelmaterial«

Auf Weisung des Stadtkommandanten begann man sofort, die Opfer aus den Kellern und Massengräbern zu bergen und in Reihen nebeneinander im Hof der Gefängnisse nieder-zulegen, um den Angehörigen auf diese Weise eine Identifizierung ihrer Toten zu ermöglichen.[13] Das Ausgraben bzw. Heraustragen und Auslegen der Leichen mußten Juden übernehmen. Sie wurden als Komplizen der Sowjetmacht für die Verbrechen verantwortlich gemacht und sollten jetzt dafür büßen. Eine Meldung des XXXXIX. Armeekorps vom 30. Juni hielt fest: »Unter der Bevölkerung herrscht über die Schandtaten der Bolschewisten rasende Erbitterung, die sich gegenüber den in der Stadt lebenden Juden, die mit den Bolschewisten zusammengearbeitet haben, Luft macht.«[14] Am selben Tag schrieb ein Offizier der Stadtkommandantur an seine Frau: »Die Russen und Juden haben hier schrecklich gehaust, in den Gefängnissen massakriert. [...] Juden werden erschlagen – leichte Pogromstimmung so unter den Ukrainern.«[15] Das Gebirgsjägerregiment 99 hatte schon am Morgen des 30. Juni »Einzelschüsse unbekannter Ursache« gemeldet und die Vermutung hinzugefügt: »Es handelt sich wohl um die Erschießungen von Juden durch Ukrainer.«[16] Noch am 1. Juli, während einer Kommandeursbesprechung der 1. Gebirgsdivision, dauerte das Schießen an: »Schießen im GPU-Gefängnis, wo Juden die in den letzten Wochen von den Russen auf jüdische Denunziation hin ermordeten Ukrainer (mehrere Tausend) begraben mußten.«[17]

Goebbels ergriff – wie seine Tagebucheintragungen zeigen – sofort die Chance, dem deutschen Volk wie der internationalen Öffentlichkeit den Beweis für die »tierische« Fratze des jüdischen Bolschewismus zu präsentieren:[18] »5. 7. Die Russen begehen furchtbare Greueltaten. Sie werden uns dafür büßen müssen. – 6. 7. Großen Propagandafeldzug gegen den Bolschewismus eingeleitet. Mit Presse, Film und Propaganda. Tendenz: der Schleier fällt, Moskau ohne Maske. Dazu das große Greuelmaterial aus Lemberg, wohin ich nun auch 20 Journalisten und Rundfunkmänner schicke. Dort sieht es ganz grauenhaft aus. Der Bolschewismus ist eine Menschheitsgeißel, eine schlimme Erkrankung der Zeit, die ausgebrannt werden muß. – 7. 7. Ich organisiere eine große Journalisten- und Rednerreise nach Lemberg und ins

ehemals russische Land. Man muß das Eisen schmieden, solange es glüht. – 8. 7. Abends Wochenschau bearbeitet mit
erschütternden Szenen der bolschewistischen Greueltaten in
Lemberg. Ein Furioso! Der Führer ruft an: das sei die beste
Wochenschau, die wir je gemacht hätten.«[19]

Die Ahnung des *Führers* sollte sich bestätigen: Goebbels'
»Greuelmaterial aus Lemberg« hat seine Wirkung damals
nicht verfehlt, weder in der Heimat noch an der Front.[20] Und
die Folgen dieses Propagandasieges reichen – wie zuletzt die
Auseinandersetzungen um die Ausstellung »Vernichtungskrieg. Verbrechen der Wehrmacht 1941 bis 1944« gezeigt haben – bis in die Gegenwart.[21] Das hat seinen Grund auch
darin, daß bis heute das Phänomen der Verschränkung von
NKWD-Verbrechen und Judenmord – das Entstehen wie der
Ablauf der Ausschreitungen, die Initiative wie die Verantwortlichkeit – weitgehend im dunkeln liegen. Die ukrainische
Emigration leugnet entweder das Faktum der Judenverfolgung[22], oder sie lehnt die politische Verantwortung dafür ab
und sieht einen halbkriminellen Mob am Werk.[23] Die seriöse
Geschichtsschreibung hat die Frage, wer den Terror ausgelöst bzw. gelenkt hat, bisher kontrovers diskutiert. Während
Raul Hilberg in den Einsatzgruppen die Hauptakteure sieht,
gehen Dieter Pohl und Thomas Sandkühler – wie früher
schon Alexander Dallin – von der Verantwortlichkeit der
ukrainischen Nationalisten aus.[24] Eine neue Untersuchung
von Bogdan Musial plädiert für eine radikale Abkehr von diesen Erklärungsmodellen.[25] Er interpretiert den Judenmord,
ganz im Sinne von Joachim Hoffmanns Behauptung von
»spontan einsetzenden Judenpogromen durch die erregte
ukrainische Bevölkerung«, als eine vom Willen der Besatzer
unabhängig entstandene Aktion und – unter Rückgriff auf
Andrzej Zbikowskis These – »to pay the Jews back for real
and imaginary wrongs«[26] – als einen Akt der Rache der nicht-
jüdischen Bevölkerung: »die meisten Pogrome [hingen] dagegen eng mit dem sowjetischen Terror zusammen, insbesondere mit den Massenmorden an Gefängnisinsassen«, für

die die Juden »mitverantwortlich« gewesen seien.[27] Im folgenden wird versucht, in das Dickicht der Abläufe wie der Verantwortlichkeiten mehr Licht zu bringen und dabei eine Institution in Augenschein zu nehmen, die bei allen bisherigen Untersuchungen weitgehend im Schatten geblieben ist – die deutsche Wehrmacht.

Die Rolle der ukrainischen Nationalisten

Bei allen Überlegungen und Planungen des NS-Systems für einen künftigen Krieg im Osten nahm die Ukraine einen besonderen Platz ein. Ähnlich wie schon 1918, als unter deutscher Waffenhoheit eine kurzlebige ukrainische Regierung etabliert worden war, sollte das Land »ein Gegengewicht gegen das mächtige Russland, gegen Polen und den Balkan« bilden[28] und zugleich als Kornkammer des Reiches dem deutschen Volk »die Nahrungs- und Rohstoffversorgung für alle Zukunft« sichern.[29] Ein solches Ziel war nur mit Unterstützung kollaborationswilliger ukrainischer Nationalisten zu erreichen. Neben dem Amt Rosenberg bemühte sich vor allem die Wehrmacht und hier speziell die Abwehr unter Admiral Canaris um den Aufbau stabiler Beziehungen zu schlagkräftigen Gruppen der Emigration.[30] In der 1929 gegründeten »Organisation ukrainischer Nationalisten« (OUN) fand sich ein solcher Partner. Die Zusammenarbeit wurde dadurch erleichtert, daß sich die OUN in den dreißiger Jahren immer stärker in Richtung einer »semi-faschistischen« Bewegung entwickelt hatte.[31] Vor allem unter den jüngeren und aktivistischen Mitgliedern setzten sich die antisemitischen Überzeugungen des Vordenkers des ukrainischen Nationalismus, Dmytro Dontsov, immer mehr durch. Danach galten die Juden als »grundsätzliche Feinde gegenüber jeder ukrainischen Staatlichkeit«.[32] Der Einfluß der deutschen Stellen auf die ukrainische Emigration wurde gegen Ende der dreißiger Jahre so stark, daß Joseph Roth in seinem Pariser Exil den ukrainischen Nationalismus als »deutsches Patent« bezeichnete[33] und der amerikanische Gesandtschaftsrat in Prag, George F. Kennan, von den Ukrainern drastisch als »Marionetten in der Hand deutscher Agenten« sprach.[34] Nur aufgrund dieser Situation war es möglich, daß Keitel nach dem Überfall auf Polen im September 1939 das Amt Abwehr/Ausland anweisen konnte, dafür zu sorgen, daß im Falle der Errichtung eines unabhängigen Galiziens durch die OUN dort »ein Aufstand [...] ausbricht, der sich die Vernichtung des Polentums und der Juden zum Ziel setzt«.[35] Aus dem unabhängigen Galizien wurde zwar nichts, aber die Absicht, mit der ukrainischen Emigration weiter Politik zu machen, blieb unverändert.

Unter dem Eindruck des deutschen Sieges gegen Polen und wegen der sich dadurch bietenden Möglichkeiten für die Zukunft spaltete sich die OUN 1940 in einen aktivistischen Flügel unter Stefan Bandera (OUN/B) und eine eher moderate Restgruppe unter dem bisherigen Führer Andrej Melnyk. Antisemitisch waren beide Fraktionen. Auf ihrem 2. Kongreß in Krakau, im April 1941, verabschiedete die OUN(B) eine Resolution, in der es hieß: »Die OUN bekämpft die Juden als Stütze des moskowitisch-bolschewistischen Regimes.«[36] Im selben Monat forderte die Melnyk-Gruppe von der Regierung des Generalgouvernements, ihr Teile der Distrikte Lublin und Krakau, nachdem sie von »polnischen und jüdischen Elementen« gesäubert seien, zur Selbstverwaltung zu überlassen.[37] Die Abwehr hielt engen Kontakt zu beiden Gruppen. Offenbar gelang es aber den Bandera-Aktivisten, die in sie gesetzten Erwartungen rascher und effektiver zu erfüllen. Das belegt die vom Amt Abwehr/Ausland forciert betriebene Aufstellung der beiden aus Ukrainern bestehenden Bataillone *Nachtigall* und *Roland* im Winter 1940/41. In deutschen Uniformen und unter dem Befehl deutscher Offiziere sollten sie im Falle eines Angriffs auf die Sowjetunion mit der Wehrmacht in die Ukraine einmarschieren.[38] Zur selben Zeit sollten Parteigänger der OUN – so gestand der Abwehroffizier Stolze vor dem Nürnberger Tribunal – in der Ukraine den Versuch unternehmen, »mit Hilfe eines V-Mann-Netzes auf die Entfachung des Nationalhasses zwischen den Völkern der Sowjetunion hinzusteuern« und »durch provokatorische Putsche [...] die Sowjettruppen in ihrem unmittelbaren Hinterland zu schwächen«.[39]

Ab Frühjahr 1941 kam es zu Überfällen auf bolschewistische Kader und Angehörige von Dorfräten und Kolchosen durch OUN-Aktivisten.[40] Diese Aktivitäten steigerten sich mit Kriegsbeginn. Truppen der zurückgehenden Roten Armee wurden beschossen, in einigen Orten kam es zu regelrechten Aufständen.[41] Das Zentrum dieser Unruhen war Lemberg. Ukrainische Nationalisten eröffneten am 25. Juni mit Schußwaffen und Maschinengewehren das Feuer.[42] Die Kämpfe griffen auch auf die Gefängnisse über, aus denen sich Teile der Wachmannschaften vorübergehend zurückgezogen hatten.[43] Die Erhebung, die blutig erstickt wurde, bedeutete das endgültige Todesurteil für die Gefangenen: Am 25. und 26. Juni wurden alle Gefängnisse »geräumt«.[44] In der Nacht zum 28. Juni zogen sich die letzten Truppen der Roten Armee und des NKWD zurück – Lemberg war frei vom Terror der sowjetischen Besatzungsmacht.[45] Aber es entstand kein Machtvakuum: Ukrainische Nationalisten übernahmen die Kontrolle in der Stadt.[46] Es kam auch zu ersten Ausschreitungen gegen Juden und zur Plünderung von jüdischen Wohnungen.[47] Die OUN(B) hatte kurz vor dem Überfall auf die Sowjetunion ihr Programm gegenüber den Juden noch einmal radikalisiert – sie galten als »feindliche« Minderheit. In einem Flugblatt aus den ersten Tagen des Feldzuges hieß es: »Werft die Waffen auch jetzt nicht weg. Nimm sie in die Hand. Vernichte den Feind [...]. Volk! Wisse! – Moskau, Polen, die Ungarn, das Judentum – das sind Deine Feinde. Vernichte sie.«[48] Die Morde des NKWD in Lemberg und anderswo in Galizien waren für die OUN der willkommene Anlaß, in diesem Sinne aktiv zu werden.

Die Vorbereitung
der »Selbstreinigungsaktion«

Der 17. Armee waren bei ihrem Vormarsch auf Lemberg die
Straßenkämpfe ebenso wie die Massenmorde in den Gefängnissen der Stadt nicht verborgen geblieben.[49] Offensichtlich hatte man daraus Schlußfolgerungen gezogen. Dafür könnte eine zeitlich nicht genau zu datierende und auch
im Wortlaut nicht vorliegende Äußerung ihres Oberbefehlshabers Carl Heinrich von Stülpnagel sprechen. Er hatte
bei der die Armee begleitenden Einsatzgruppe C angeregt,
»die in den neu besetzten Gebieten wohnhaften antijüdisch
und antikommunistisch eingestellten Polen zu Selbstreinigungsaktionen zu benutzen«.[50] Heydrich, der bereits am
17. Juni den Führern der Einsatzgruppe mündlich befohlen
hatte, solche Aktionen auszulösen,[51] gab diese »Anregung«
an das für Lemberg vorgesehene Einsatzkommando 4b weiter.[52] Davon ausgehend, daß die im Osten operierenden
Heerführer von den geplanten »Selbstreinigungsaktionen«
der Einsatzgruppen vorab informiert waren und möglicherweise auch von der ersten Inszenierung dieser Art am 25. und
26. Juni im litauischen Kaunas schon Kenntnis erhalten hatten, dürfte Stülpnagels Intervention das Ziel verfolgt haben,
von der Einsatzgruppe Unterstützung für eine eigene Aktion
dieser Art zu erbitten. Mit dem zum Kampfverband *Die
Brandenburger* gehörenden Bataillon 800 stand der Armee
nämlich eine Truppe zur Verfügung, die nicht nur für militärisch gewagte Einsätze im Rücken des Feindes, sondern auch
für andere Aufgaben taugte. Da wegen des kampflosen Rück-
zuges der Roten Armee aus Lemberg militärische Gründe
ausschieden, konnte nur ein politischer Auftrag den Einsatz
der Eliteeinheit rechtfertigen.[53] Dies lag um so näher, als sie
mit den drei Ukrainer-Kompanien des Bataillons *Nachtigall*
über ein Hilfskontingent verfügte, das durch und durch antikommunistisch und antisemitisch war und aus ortskundigen
Einheimischen bestand.[54]

Die Vorbereitungen des Einsatzes zeigen, daß in Lemberg etwas Besonderes geplant war: Sowohl der Befehl zur Einnahme der Stadt wie die Ernennung des Stadtkommandanten ergingen von der 17. Armee.[55] Mehr noch: Selbst die Kontrolle der rigorosen Absperrmaßnahmen nach der Besetzung hatte sie sich vorbehalten.[56] Außer den eingesetzten Bataillonen durfte keine andere Einheit Lemberg betreten, Einzelpersonen war der Zutritt nur mit Sonderausweis erlaubt.[57] Sogar der Durchzug von Fronttruppen – wie der der Waffen-SS Division *Wiking* – wurde um einen Tag verschoben.[58] Auch innerhalb der Stadt war die Bewegung eingeschränkt: Stoßtrupps durften nur unter Führung von Offizieren erfolgen, und die eingesetzten Gebirgsjäger erhielten Befehl, geschlossen in ihren Endpunkten Zitadelle und Schloßberg zu bleiben.[59] Diese Vorkehrungen erwecken den Eindruck, als ob man habe sicherstellen wollen, daß die Aktionen des Bataillons 800 unbehelligt blieben. Dazu paßt, daß das Bataillon 800 von der ursprünglich befohlenen Marschfolge – nach den Gebirgsjägerbataillonen einzurücken[60] – abwich und als erste Einheit der Wehrmacht Lemberg betrat. Diese in der Abschlußmeldung mitgeteilte offene Befehlsverweigerung wurde ausweislich der Akten nicht geahndet, weil sie offensichtlich von der Armee gedeckt war. Die Begründung für den Disziplinbruch, die der Bataillonkommandeur Heinz lieferte – er habe »noch lebende deutsche Soldaten und Ukrainer« aus dem brennenden GPU-Gefängnis retten und durch seinen raschen Vorstoß verhindern wollen, daß »die jüdische Bevölkerung und der Mob« die Vorratslager plünderten[61] –, lassen die eigentlichen Aufgaben des Sonderbataillons 800 ahnen: Es sollte die Gefängnisse sichern und möglicherweise Aktionen gegen die Juden einleiten.

Es blieb nicht bei der Sicherung. Augenzeugenberichte legen nahe, daß nach Ankunft des Bataillons 800 und der ihm unterstellten Ukrainer-Kompanien die in den Gefängnissen vorgefundenen Leichen verstümmelt wurden.[62] Auch in anderen Orten Galiziens scheint das in diesen Tagen offensichtlich üblich gewesen zu sein.[63] Als Täter werden die Aktivisten der OUN(B) genannt. Der NKWD, so die Berichte von Zeitzeugen, war mit den Evakuierungsmaßnahmen und seinem eigenen überstürzten Rückzug vollauf beschäftigt und hatte für sadistische Quälereien »zu wenig Zeit«.[64] Zu dieser grauenvollen Manipulation an den Toten paßt die Inkongruenz der Berichte aus den Gefängnissen[65] und die Tatsache, daß jüdische Opfer des NKWD aus den Lemberger Gefängnissen fortgeschafft wurden, bevor die Bevölkerung Zutritt erhielt.[66]

Unklar ist, ob, wie oben angedeutet, das Bataillon auch die Initialzündung zum Judenmord gegeben hat. Ein am Vortag ergangener Befehl des XXXXIX. Korps – »alle erwachsenen zivilen Plünderer auf dem Schlachtfelde sind zu erschießen«[67] – legt das ebenso nahe wie die Mitteilung des Kommandeurs des Bataillons 800, seine Truppe habe am 30. Juni »jüdische Plünderer rücksichtslos niedergeschossen«.[68] Die Aussage von Oberst Picker, Kommandeur eines der in Lemberg eingesetzten Gebirgsjägerbataillone, er habe in einem der Gefängnisse unmittelbar nach der Besetzung 15 tote Juden entdeckt, die »von der ortsansässigen Zivilbevölkerung zur Vergeltung getötet worden sein sollen«,[69] könnte für diesen Tatbestand ebenso ein Beleg sein wie die Tatsache, daß sein Regiment am 30. Juni schon um 8.00 Uhr morgens »Erschießungen von Juden durch Ukrainer« gemeldet hatte.[70]

Die Inszenierung des Judenmords

Angeordnet vom Stadtkommandanten, fand schon am Vormittag in den Gefängnissen eine Leichenschau durch den Heeresrichter Dr. Tomforde und den Truppenarzt Dr. Sältzer statt. Die Berichte der Inspizienten erwähnen die Mißhandlungen – abgeschnittene Brüste und Geschlechtsteile –

an prominenter Stelle.[71] Auch Oberst Picker konstatierte »Verstümmelungen scheußlicher Art«.[72] Ähnlich fiel der Bericht der Gruppe 711 der Geheimen Feldpolizei (GFP) aus.[73] Drei Fotografen einer SS-Propagandakompanie, die, wie der gerichtsmedizinische Abschlußbericht harmlos vermerkt, »zufällig in Lemberg anwesend waren«, hatten an der Leichenschau teilgenommen.[74] So konnten die Morde wie die Verstümmelungen sofort fotografisch festgehalten werden. Für das Korps lieferten diese Berichte den notwendigen Anlaß zu handeln. In einem Fernschreiben am Abend des 30. Juni an das Armeeoberkommando 17 beantragte es »die Entsendung von Pressevertretern des Deutschen Reiches sowie des neutralen Auslandes« und legte einen Plan für den Verlauf der Pressekonferenz vor, der den Greuelberichten großen Raum gewährte. Die Begründung der außergewöhnlichen Maßnahme verrät den Triumph: »Die Zahl der von den Russen in Lemberg Ermordeten ist so groß und die Umstände, in denen die Toten vorgefunden wurden, so viehisch, daß die Bilder propagandistisch in größtmöglichstem Ausmaße für Propagandazwecke ausgenützt werden müssen. Es scheint fraglich, ob wir jemals ähnliche Bilder wie in Lemberg propagandistisch erfassen können.«[75] Das Oberkommando der Armee wußte, wie es zu reagieren hatte. Nach Meldung an die Heeresgruppe wandte es sich direkt an das Oberkommando des Heeres (OKH). Das Ergebnis lag kurz darauf vor: »Gegen 23.00 Uhr wurde bereits schon das grundsätzliche Einverständnis des Führers dem Vorschlag entsprechend durch OKH mitgeteilt. Zahl und Eintreffen der Teilnehmer wird am 1. 7. mitgeteilt.«[76] Lemberg war damit plötzlich ins Zentrum der großen Politik gerückt. Der Spruch des Führers sanktionierte die bereits getroffenen wie alle noch folgenden Maßnahmen.

Parallel zu diesen Vorkehrungen wurden die Aktionen auf der Straße vorbereitet. Schon bald nach dem Einmarsch erschienen Plakate des »Ukrainischen Nationalen Komitees«, der Zentrale der Bandera-Gruppe, auf denen die Deutschen

begrüßt wurden und Rache für die Greuel der »jüdischen
Bolschewisten« gefordert wurde. Die Schlußzeilen lauteten:
»Es lebe Adolf Hitler und Stephan Bandera. Tod den Juden
und Kommunisten.«[77] Aber auch die deutschen Besatzer ließen Plakate anbringen und Flugblätter verteilen, in denen
die Morde mitgeteilt und die dafür Verantwortlichen – die
»jüdischen Bolschewiken« – genannt wurden.[78] So systematisch und vorbereitet wie diese Aktionen war auch der
Ablauf der Ausschreitungen, die ihnen folgten. Sie begannen
– darin stimmen alle Augenzeugen überein – »sofort« nach
der Besetzung Lembergs.[79] Der exakte Zeitpunkt läßt sich
nicht mehr bestimmen. Er dürfte für die Mittagszeit anzu-
setzen sein, nachdem Lemberg endgültig gesichert war[80] und
die von der Stadtkommandantur beauftragte Gerichtskom-
mission ihre Leichenschau in den drei Hauptgefängnissen
abgeschlossen hatte. Diese Datierung wird durch einen un-
gewöhnlichen Vorgang gestützt: Das Kriegstagebuch des
XXXXIX. AK weist für die Zeit zwischen 13.00 und 16.00
Uhr eine Lücke auf – die beiden paginierten Seiten sind aus
dem Exemplar im Militärarchiv nachträglich entfernt worden.[81]

Gesichert ist, daß der Straßenterror »gleichzeitig« im ganzen Stadtgebiet einsetzte.[82] Augenzeugen berichten, daß auf
den menschenleeren Straßen »plötzlich, wie aus der Erde ge-
zaubert« Leute mit Abzeichen und blau-gelben Bänder erschienen, »um für sogenannte Ordnung zu sorgen«.[83] Bei
diesen Trupps handelte es sich um die von der OUN(B) eingesetzte Miliz.[84] Sie hatte die Polizeireviere der Stadt besetzt
und nahm mit Billigung der Wehrmacht ordnungspolizei-
liche Funktionen wahr.[85] Verstärkt durch Überläufer der
Polizei aus Sowjetzeiten, wurde die Bandera-Miliz zum
Hauptakteur der Hetzjagd auf die Lemberger Juden.[86] Das
Zusammentreiben der Juden hatte – trotz der Pogromstimmung, die dabei herrschte – eine Struktur: Die Juden wurden
aus ihren Häusern geholt bzw. von der Straße aufgegriffen,
zu Sammelstellen abgeführt und dann zu einem der drei

Gefängnisse getrieben. Schon während des Sammelns und Wegtreibens kam es zu Mißhandlungen und Angriffen durch die eskortierende Miliz bzw. Passanten.[87] Die Angriffe steigerten sich zum Terror, wenn die Zusammengetriebenen die Gefängnisse erreichten: dort hatten Zivilisten und Bewaffnete Spalier gebildet und prügelten mit Latten, Knüppeln, Fäusten usw. auf die Juden ein.[88] Ein jüdischer Überlebender erinnert sich: »Als wir zum Tor des Brigidki-Gefängnisses kamen, war dort auf der sehr breiten Straße eine große Masse Menschen versammelt. Wir stießen auf zerschlagene tote Juden, die vor uns zum Brigidki-Gefängnis getrieben worden waren. Auch hier wurde von den versammelten Zivilisten auf uns eingeschlagen. Ich selbst bekam zahlreiche Schläge ab und war über und über mit Blut verschmiert. Ich habe vor mir gesehen, wie man ein kleines Kind, es an den Füßen haltend, gegen die Wand schlug, sodaß ich von dem Blut bespritzt wurde.«[89] Die Situation an den Eingängen der übrigen Gefängnisse entsprach dieser Beschreibung.[90]

An dem Zusammentreiben der Juden hat sich die Wehrmacht offensichtlich nicht beteiligt.[91] Aber sie durfte dagegen auch nicht einschreiten – ein Befehl des Korps bzw. der Armee verbot jede Anwendung von Waffengewalt gegen die ukrainische Zivilbevölkerung und Miliz.[92] Der Einsatz von Wehrmachtseinheiten beschränkte sich auf die Kontrolle der Gefängnisse. Die aber waren das Zentrum der Massaker. Nach Auskunft des damals zuständigen Stabsoffiziers der Stadtkommandantur erhielt ein Bataillon Feldgendarmerie am Nachmittag des 30. Juni den Auftrag, die Gefängnisse zu sichern und die dort stationierten Ukrainer-Kompanien »abzulösen«.[93] In welchem Umfang oder ob es überhaupt geschah, ist ungewiß.[94] Berichte von überlebenden Juden legen nahe, eher von einer fortbestehenden Arbeitsteilung auszugehen: Deutsche Offiziere übten Befehlsgewalt aus, die bewaffneten Ukrainer fungierten als Vollzugskommandos.[95] Als Beispiel dafür mag das Stadtgefängnis dienen, dessen Eingang von der Feldgendarmerie gesichert wurde. Während diese die prügelnde Masse zurückdrängte, um den Juden den Weg ins Gefängnis zu bahnen – ohne sich dabei an den Mißhandlungen zu beteiligen[96] –, schlugen die an Nebeneingängen und an Durchgängen postierten Trupps aus ukrainischen Milizionären und Soldaten auf die Juden ein.[97] Aber auch die Sicherung der Eingänge selbst war alles andere als eine harmlos-gewaltfreie Aufsicht. Sie hatte eine zweifache Funktion. Die erste war die einer Selektion: Frauen, Greise und Kinder überließ man der Wut der Masse, die jungen »arbeitsfähigen« Männer durften passieren, um im Innern der Gefängnisse »die Räumungsarbeit zu verrichten«.[98] Die zweite Funktion der Eingangswachen war ebenso makaber: Es ging nicht darum, wie die Beteiligten nach dem Krieg geltend machten, der Hetzmeute auf den Straßen den Zugang zu den Gefängnissen zu verwehren,[99] sondern es war das Ziel der Wachen, den Zugang zu kanalisieren. Ein überlebender Jude erinnert sich, daß man Zivilisten in den Gefängnishof einließ, angeblich, um die Toten zu identifizieren. Aber diese Zivilisten »stürzten sich auf die arbeitenden Juden und misshandelten sie«. Nachdem dies geschehen war, durften die Hereingelassenen das Gefängnis wieder verlassen.[100]

Die Identifizierung der Toten entsprach zunächst sicherlich einem weitverbreiteten Begehren der Lemberger Bevölkerung. Dem schien der schon am ersten Tag der Besetzung ergangene Befehl des Stadtkommandanten, die Leichen zu bergen und auszulegen, Rechnung zu tragen. Die wirkliche Absicht war indes eine andere. Man brauchte einen Grund, die Juden in die Gefängnisse zu treiben, und man benötigte eine Bühne, auf der sich der Haß der aufgeputschten Masse entladen konnte. Dafür spricht die Tatsache, daß man die Juden in solch großer Zahl in die Gefängnisse trieb, daß »jedes Arbeiten unmöglich« war.[101] Man brauchte sie, das ist auf erhaltenen Fotos zu sehen, als eine im Hintergrund schweigend und schuldbewußt hockende Masse, wenn Verwandte oder »angebliche« Verwandte der Toten durch die Leichenreihen gingen[102] oder, wie oben geschildert, als wehrlose Opfer der Rache. Der deutlichste Beweis für diese Intentionen ist die Tatsache, daß die Prozedur in den Gefängnissen gegen den Widerstand des Generalarztes durchgesetzt wurde. Dieser hatte geltend gemacht, die Leichen seien wegen des fortgeschrittenen Zustands der Verwesung nicht mehr zu erkennen und man solle Rücksicht auf die Angehörigen nehmen. Außerdem spreche die geringe Zahl der tatsächlich Identifizierten gegen diese Maßnahme.[103]

Aber der Protest fruchtete nichts. Das Auslegen der Leichen war ein Teil der antisemitischen Inszenierung, es diente, wie Sandkühler zutreffend bemerkt hat, »der emotionalen Aufheizung der Pogromstimmung« und war daher unverzichtbar. So empfahl der Kommandeur des an der Einnahme Lembergs beteiligten III. Bataillons des Gebirgsjägerregiments 98, Hauptmann Salminger, seinen Männern, »sich gelegentlich die Gefängnisse von Lemberg anzusehen, um endlich zu begreifen, welchen Bestien wir gegenüberstehen«. Dann, im Angesicht der Opfer, nahm er das Bataillon in die Pflicht: »Jeder Zweifler möge sich persönlich von diesen unmenschlichen Grausamkeiten überzeugen. Dann erst lernt er die Notwendigkeit dieses Kampfes gegen die jüdisch-kommunistische Verbrecherbande verstehen und begreift vollkommen, daß jeder deutsche Soldat, der Blut oder Leben in diesem Entscheidungskampf zwischen Ordnung und Chaos lassen muß, tausendfach gerächt werden muß. Dies soll der Schwur des III. Bataillons bis zur völligen Vernichtung und Ausrottung der bolschewistischen Armee sein und bleiben.« Wer, wie Salmingers Gebirgsjäger, dann die Gefängnisse betrat, wurde von den dort diensttuenden Kameraden bereitwillig und mit kundigen Kommentaren zu den Stätten des Grauens geführt.[104]

Die Inszenierung hatte ihre Bedeutung auch für die eingesetzten Ukrainer des Bataillons *Nachtigall*. Sie durften die eingelieferten Juden zwingen, auf Knien zu den Leichen zu kriechen und sie zu waschen,[105] Frauen und Mädchen wurden die Kleider vom Leib gerissen, um die Halbnackten dann zu fotografieren,[106] alten Männern riß man die Barthaare aus,[107] die Arbeitenden wurden mit plötzlich geschleuderten Handgranaten und gezielten Schüssen in Panik versetzt.[108] Der Höhepunkt war das immer wieder eingesetzte Ritual des Spießrutenlaufens, wie ein jüdischer Überlebender berichtet: »Nachdem wir mit dem Bergen der Leichen fertiggeworden waren, wurden wir im Dauerlauf im Innenhof herumgetrieben, wobei wir die Hände über dem Kopf halten mußten [...]. Während des Laufens, es kann aber auch nach Beendigung des Laufens gewesen sein, hörte ich das deutsche Kommando: ›Spießrutenlaufen‹ oder ›Antreten zum Spießrutenlaufen‹. Dieses Kommando muß meiner Erinnerung nach von einer Gruppe deutscher Wehrmachtsangehöriger gekommen sein, die etwas abseits der Leichengrube standen und während der ganzen Zeit zuschauten. Diese Gruppe bestand aus etwa 5 bis 6 Mann. Es handelte sich um Offiziere [...]. Auf diesen deutschen Befehl hin stellten sich die ukrainischen Soldaten in einem Spalier auf und pflanzten das Seitengewehr auf. Durch dieses Spalier mußten nun die auf dem Hof befindlichen Juden hindurchlaufen, wobei die ukrainischen Soldaten auf sie einschlugen und einstachen. Ich gehörte nicht zu den ersten, die durchlaufen mußten. Das war reiner Zufall. Diese ersten Juden, die durchlaufen mußten, wurden fast sämtlich durch Bajonettstiche getötet.«[109] Insgesamt wurden bei den inszenierten Ausschreitungen 4000 Lemberger Juden ermordet.[110]

Verantwortung und Beteiligung der Wehrmacht

Die institutionelle Verantwortung für die Massaker ist eindeutig: Der Stadtkommandant hatte nach der Einnahme der Stadt, die am Morgen des 30. Juni abgeschlossen war, die vollziehende Gewalt inne.[111] Zu seiner Verfügung standen – außer dem Bataillon 800 und den beiden Bataillonen der 1. Gebirgsdivision – die Feldgendarmerieabteilung 693,[112] das Verkehrsregelungsbataillon 760,[113] die Gruppe 711 der Geheimen Feldpolizei (GFP),[114] Teile des Feldersatzbataillons 54,[115] der Pionier-Regimentsstab 620[116] und die Feldkommandantur 603.[117] Das dem Stadtkommandanten versprochene Reserve-Polizeibataillon 82 kam nicht oder nur in Teilen zum Einsatz.[118] Alle diese Einheiten gehörten entweder zur 1. Gebirgsdivision oder waren vom XXXXIX. Korps bzw. der 17. Armee zugeführt worden. Am 1. Juli wurden dem Stadtkommandanten zusätzlich zwei Bataillone, ein Fernsprechzug und 10 LKWs der 71. ID unterstellt.[119] Die Begründung für diese am Abend des 30. Juni verfügte Maßnahme – »die Sicherung der Großstadt Lemberg gegen Plünderungen und Ausschreitungen aller Art, sowie die Sicherstellung geordneter Verhältnisse«,[120] ist neuerdings als Beweis dafür angeführt worden, daß die Wehrmachtführung »sich bemühte, die Ausschreitungen zu unterbinden«.[121] Davon kann keine Rede sein. Die Verstärkung der Truppenkontingente diente nicht dem Schutz der Juden, sondern schützte allein deutsche Interessen. Der Befehl reagierte auf das Gefahrenpotential, das Tausende bewaffneter ukrainischer Nationalisten darstellte und das sich am Abend des 30. Juni in der für die deutschen Besatzer völlig überraschenden Proklamation eines unabhängigen ukrainischen Staates konkretisieren sollte.[122] Er bezog sich auf die Seuchengefahr, die von den Leichenbergen in den Gefängnissen ausging und einen raschen Abtransport erforderlich machte,[123] und er wollte die Probleme lösen, die der Durchzug zahlreicher Frontdivisionen[124] bei gleichzeitiger Stationierung von diversen Gefechtsständen in einer Stadt schuf, deren Infrastruktur noch nicht wiederhergestellt war.[125] Außerdem stand der vom *Führer* gebilligte und für den 1. Juli angekündigte Großeinsatz der deutschen und internationalen Presse an.[126] Am 1. Juli wurde auch eine der Kommandantur unterstehende ukrainische Stadtverwaltung unter dem scharf antisemitischen Bürgermeister Polanskyj gebildet, die auch für die Miliz zuständig war.[127] Auch der Stadtkommandant, Oberst Wintergerst, war – wie Berichte aus dem Einsatz in Polen 1939 zeigen – ein Judenfeind.[128]

Wer das Kommando vor und in den Gefängnissen führte – Offiziere der 1. Gebirgsdivision, der Feldgendarmerie, der GFP oder möglicherweise des Polizeibataillons – ist nicht mehr genau zu rekonstruieren. Auf Fotos sieht man Angehörige aller genannten Einheiten.[129] Die Leitung der »Aufräumarbeiten« jedenfalls oblag zunächst dem Stabsfeldwebel Brachthäuser, ab 1. Juli dann dem Leutnant Lemmer.[130] Interessant ist in diesem Zusammenhang die Schlußpassage im abschließenden Bericht des Kommandeurs des Bataillons 800: »Es setzten am 30. 6. 41 und 1. Juli verstärkt Gewaltaktionen gegen die Juden ein, die teilweise schlimmsten Pogromcharakter annahmen. Die eingesetzten Polizeikräfte erwiesen sich ihrer Aufgabe hierbei nicht gewachsen. Sie stachelten durch rohestes und abstoßendes Verhalten gegenüber Wehrlosen die Bevölkerung auf. Die eigene Truppe ist, wie die Meldungen der Kompanien beweisen, über die Roheitsakte und Quälereien empört. Sie hält ein unerbittliches Strafgericht an den Schuldigen am Massaker der Bolschewisten für unbedingt erforderlich, versteht jedoch nicht das Quälen und Erschießen wahllos zusammen getriebener Juden, darunter Frauen und Kinder. Besonders auf die ukrainischen Kompanien macht dies alles einen disziplinzerrüttenden Eindruck. Sie können nicht zwischen Wehrmacht und Polizei unterscheiden und werden, da sie im deutschen Soldaten ein Vorbild sehen, in ihrer Beurteilung der Deutschen allgemein schwankend. Es ist dieselbe Truppe, die gestern jüdische Plünderer rücksichtslos niedergeschossen hat, aber kaltherzige Quälereien verwirft.«[131] »Polizei« meint hier Polizeikräfte der Wehrmacht, d. h. Geheime Feldpolizei und Feldgendarmerie bzw. der Wehrmacht möglicherweise unterstellte Teile eines Polizeibataillons. Heinz hat diesen Bericht am 1. Juli 1941 verfaßt. Er ist beim XXXXIX. Korps mit dem handschriftlichen Eingangsvermerk »14 Uhr« versehen worden. Bis zu diesem Zeitpunkt gab es außer den oben erwähnten Polizeitrupps der Wehrmacht keine anderen Polizeikräfte im Einsatz. Das Vorauskommando des SK 4b hatte am 30. Juni Lemberg erreicht. Es besetzte die Zentrale des NKWD[132] und befaßte sich mit den üblichen Aufgaben eines Vorkommandos: Sicherung des Materials, Vorbereitung für das Eintreffen des Hauptkontingents und Information des Gruppenstabs.[133] Hinweise auf eine Teilnahme an Exekutionen gibt es nicht.[134] Das änderte sich auch nicht, als am nächsten Tag der Stab der Einsatzgruppe, die Masse des SK 4b und das EK 6 in Lemberg eintrafen. Die Hauptsorge galt zunächst der Krise, die durch die Aktion der Bandera-Gruppe entstanden war: Ihre Proklamation einer unabhängigen Ukraine am 30. Juni hatte durch den am 1. Juli im Radio verlesenen Hirtenbrief des Lemberger Metropoliten, in dem er die neue ukrainische Regierung anerkannte, eine dramatische Zuspitzung erfahren. Von Berlin war der Befehl ergangen, die Spitze der OUN(B) in Lemberg zu verhaften und die Lage im Sinne von Hitlers Ostpolitik zu bereinigen.[135]

Sowenig sich die Frage beantworten läßt, welche Wehrmachtseinheiten die operative Leitung vor Ort ausübten, sowenig läßt sich auch das Ausmaß der Beteiligung deutscher Soldaten am Judenmord exakt bestimmen. Es gibt Zeugnisse, wonach deutsche Soldaten mit der fanatisierten Menge zu den Gefängnissen strömten – dabei habe ein Feldwebel »mit seinem Seitengewehr auf einen Juden eingestochen«.[136] Andere Augenzeugen berichten über die Ausschreitungen einer Gruppe von Luftwaffensoldaten – aus Rache für angeblich vom NKWD ermordete Kameraden: »Am Eingang der Zitadelle stehen Soldaten mit faustdicken Knüppeln und schlagen hin, wo sie treffen. Am Eingang drängen die Juden heraus, daher liegen Reihen von Juden übereinander wie Schweine und wimmern sondergleichen, und immer wieder traben die hochkommenden Juden blutüberströmt davon.«[137] Auch Angehörige des Bataillons 800 haben sich, wie der oben zitierte Schlußbericht seines Kom-

mandeurs unter dem Rubrum »Erschießen jüdischer Plünderer« bestätigt, an dem Massaker beteiligt.[138] Unzweifelhaft
ist, daß auch die Ukrainer des Bataillons *Nachtigall* und dessen deutsches Rahmenpersonal eine aktive Rolle spielten.
Entgegen den Behauptungen der deutschen Offiziere, man
sei in den einmal bestimmten Standorten verblieben,[139] wird
ihre Präsenz in allen drei Gefängnissen bestätigt.[140] Vor
allem für das NKWD-Gefängnis gibt es präzise Berichte von
Augenzeugen,[141] aufgrund derer die Staatsanwaltschaft
Bonn feststellte, daß zumindest Teile der 2. Kompanie »zu
Gewaltakten gegen die dort zusammengetriebenen Juden
übergegangen und am Tod zahlreicher Juden schuldig
seien«.[142] Das Zeugnis eines SD-Mannes, der bei einer
Judenerschießung durch eine Einheit des Bataillons »Nachtigall« im Hof eines Gymnasiums anwesend war,[143] läßt berechtigte Zweifel aufkommen, ob nur die 2. Kompanie Täter
und nur das NKWD-Gefängnis Tatort gewesen ist. Daß die
Angehörigen des Bataillons *Nachtigall* zu Gewalttaten entschlossen waren, darüber gibt es eindeutige Aussagen: In der
hagiographischen Literatur über den Einsatz des Bataillons
800 in Lemberg wird kein Zweifel daran gelassen, daß die
unterstellten Ukrainer nur auf eins sannen – auf Rache,[144]
und ein Bericht der GFP-Gruppe vermerkt über die von
Nachtigall vermittelten Dolmetscher, sie seien in einer so
»fanatischen Stimmung« gegenüber den Juden gewesen, daß
sich »die Grenzen der Verwendbarkeit [...] im Rahmen der
militärischen Disziplin« schon am ersten Tag gezeigt hätten.[145] Selbst dem alles andere als judenfreundlichen Polit-
instrukteur Oberländer[146] war der Zustand seiner Truppe in
diesen Tagen nicht geheuer.[147]

In welchem Ausmaß die Waffen-SS-Division *Wiking* an
den Morden beteiligt war, ist unklar. Mindestens für das
Regiment *Westland*, das am 1. Juli durch Lemberg gezogen war, gibt es Hinweise.[148] Für den 2. und 3. Juli meldet
der Chef des IV. Armeekorps, »daß SS-Div. Wiking seit gestern hält auf Straße Lemberg, Zloczow. Sie hat durch Quer-

stellen von Kraftwagen jeden Verkehr von Kraftfahrzeugen gesperrt und lehnt jegliches Entgegenkommen ab. Einzelne Angehörige der Division gehen inzwischen auf Juden jagen.«[149]

Der systematische Massenmord beginnt

Wie lange die öffentliche Hetzjagd auf die Juden gedauert hat, läßt sich nicht genau feststellen – einige Zeitzeugen sprechen von drei, andere von zehn Tagen.[150] Jedenfalls besteht Einigkeit, daß es am 2. Juli eine Zäsur gab. Sie bedeutete kein Ende des Mordens, sondern nur dessen Veränderung. »Everything began on wednesday July 2«, so charakterisiert ein jüdischer Überlebender diesen Einschnitt.[151] An diesem Tag erfolgte die erste Exekution von Juden durch ein Kommando der Einsatzgruppe C. Deren Hauptmasse – der Gruppenstab und die Einsatzkommandos 5, 6 und z. b. V. – war im Laufe des 1. und 2. Juli in Lemberg eingetroffen.[152] Einer der Täter, der SS-Hauptscharführer Felix Landau, notierte in sein Tagebuch: »Am 2. 7. 1941 gegen 16 Uhr kamen wir in Lemberg an. Warschau ist harmlos dagegen, das ist der erste Eindruck. Kurz nach der Ankunft wurden von uns die ersten Juden erschossen. [...] Am 3. 7. 1941 morgens [...] heißt es auch schon fertigmachen. EK mit Stahlhelm und Karabiner, 30 Schuß Munition [...]. 500 Juden standen zum Erschießen angetreten.«[153] Unterstützt von der ukrainischen Miliz, wurden Tausende jüdischer Männer aus dem Hause geholt und auf den Sportplatz, der nahe der Unterkunft des Stabs der Einsatzgruppe lag, getrieben. Dort wurden sie, bewacht von einem Zug des Polizeibataillons 9, zwei Tage lang festgehalten. Nachdem man die zur Arbeit Tauglichen herausgeholt hatte, wurden 2500–3000 Juden in einem Waldstück am Stadtrand von Angehörigen der Einsatzkommandos 5 und 6 und dem Einsatzkommando z. b. V. erschossen. Auch die Ermordung von 22 polnischen Universitätsprofessoren fällt in diese Zeit.[154] Die Einsatzgruppe hatte das Oberkommando der 17. Armee detailliert über ihre bisherigen Einsätze informiert[155] und setzte diese Praxis auch fort, als sie mit dem Morden in Lemberg begann: »Einsatzkommando 6 (Stand.fü. Dr. Kröger) in Lemberg NKWD-Zentrale meldet: über 400 Juden erschossen als Vergeltungsmaßnahme für ermordete Ukrainer. Weitere 200 folgen. In Lemberg 150000 Juden.«[156] Nach dieser ersten systematischen Mordaktion setzte die Einsatzgruppe mit ihren Kommandos ihren Marsch nach Osten fort und ließ nur das Einsatzkommando z. b. V. in der Stadt zurück.[157] Dessen Hauptaufgabe bestand zunächst offensichtlich darin, in den Orten der Umgebung Stützpunkte einzurichten[158] und im übrigen die Judenschaft der Stadt in trügerischer Sicherheit zu wiegen. Am Ende des Monats, in den Tagen vom 25. bis zum 28. Juli, schlug das Kommando erneut zu: 2000 Lemberger Juden wurden »zur Vergeltung« für den 1926 durch einen jüdischen Attentäter erschossenen Heroen der ukrainischen Unabhängigkeitsbewegung Semen Petljura ermordet.[159]

Das Herausholen der Leichen und ihr Abtransport aus den Gefängnissen wurden auch nach Ankunft der Einsatzgruppe unter Leitung eines vom Stadtkommandanten eingesetzten Bergeoffiziers fortgesetzt.[160] Nach Augenzeugenberichten dauerten diese weiterhin von Juden durchgeführten »Aufräumarbeiten« mindestens eine Woche.[161] Die 1. Gebirgsdivision war dafür ab dem 4. Juli nicht mehr verantwortlich – sie war an diesem Tag aus Lemberg abgerückt. Die Stadt war am Abend des 3. Juli Teil des rückwärtigen Armeegebietes geworden, das nun auch den Stadtkommandanten stellte:[162] Generalleutnant Renz löste den bisherigen Amtsinhaber Oberst Wintergerst ab.[163] Teile der bisher in Lemberg stationierten Einheiten, wie die FK 603, blieben auch weiterhin zur Verfügung des neuen Stadtkommandanten,[164] das Polizeibataillon 82 und die GFP-Gruppe 708 wurden ihm am 3. Juli zugeführt.[165] Seit dem 4. Juli befand sich auch der

Gefechtsstand der 454. Sicherungsdivision mit Teilen der
Division in Lemberg.[166] Ihr Kommandeur, Generalleutnant
Krantz, übernahm am 8. Juli die Geschäfte des Stadtkommandanten.[167] Am folgenden Tag wurde die Stadt Teil des
rückwärtigen Heeresgebietes.[168] Am 12. Juli erging die erste
einschneidende Anordnung des neuen Befehlshabers von
Roques: Die Juden wurden aus allen Dienststellen der Verwaltung entfernt, jüdische Geschäfte mußten gekennzeich-
net werden.[169] Ab dem 21. Juli wurden das Tragen des
Judensterns und die Bereitstellung zur Zwangsarbeit im gesamten rückwärtigen Heeresgebiet zur Pflicht.[170] Die Lemberger Juden wurden darüber hinaus zur Umsiedlung in ein
vorab bezeichnetes Stadtviertel und zu einer Kontribution
von 20 Millionen Rubel gezwungen.[171]

Die in der ersten Juliwoche 1941 in Lemberg stationierten
bzw. durchziehenden Einheiten der Wehrmacht hatten den
Prolog des Holocaust in den besetzten Ostgebieten mitge-
staltet oder miterlebt. Das blieb nicht ohne Folgen. Für die
Führungsstäbe wie für die Mannschaften war die Frage, wer
für die Morde in den Lemberger Gefängnissen verantwortlich war, geklärt: »Die Russen und Juden haben hier schrecklich gehaust, in den Gefängnissen massakriert. Menschen,
die wohl in die Tausend gehen. Ukrainer und auch deutsche
Gefangene, das ganze fürchterlich. Zum Teil eingemauert
und die Gefängnisse angezündet«, schrieb ein Stabsoffizier
der Stadtkommandantur am 30. Juni an seine Frau.[172] Ein
Angehöriger der 125. ID, die am 2. Juli durch Lemberg marschierte, berichtet, wie er in einem der Gefängnisse »Zeuge
jüdischer, bolschewistischer Grausamkeit« wurde. Ein Ge-
freiter der 1. Gebirgsdivision zog aus dem Gesehenen folgenden Schluß: »Man sollte eigentlich noch viel mehr dieser
Ausgeburten an die Wand stellen als bisher geschehen.«[173]

Der Schritt von der antijüdischen Haßparole zum Judenmord war nicht so weit, wie das Beispiel des Unteroffiziers
Lothar Hochschulz zeigt, der am 1. Juli 1941 mit einer Vorausabteilung der 257. ID in Lemberg eingetroffen war. Zu-

nächst beschrieb er den Terror der ukrainischen Milizen, die Gruppen von Juden durch die Straßen trieben und immer wieder einzelne zu Tode prügelten, aus gehöriger Distanz. »Mir soll es recht sein, wenn die Juden erschlagen werden«, notierte er in seinem Tagebuch, und fügte hinzu: »Ich war Soldat, mich ging es nichts an.« Das änderte sich, als er eines der Gefängnisse betrat und die Zellen sah, die mit toten Häftlingen gefüllt waren: »Ich erschrak bis ins Mark, die Haare sträubten sich – um des Himmels willen! – das kann doch nicht sein!?« Als er nach draußen flüchtete, vorbei an den zusammengetriebenen Juden, die auf dem Hof gerade erschossen wurden, traf er auf einen Juden, der am Straßenrand in einem Haufen zurückgelassener Gegenstände herumwühlte. »Ich sehe das – und da kommt eine Wut in mir hoch, eine Wut, wie ich sie nie gekannt habe in mir.« Er hetzte eine Gruppe ukrainischer Nationalisten auf den Juden, und als der Gejagte auf der Flucht an ihm vorbeirannte, stellte er ihm ein Bein und brachte ihn so zu Fall. »Er wurde erschlagen. – Wie eine Fliege, ein lästiges Insekt.« Jetzt war es vorbei mit der vornehmen Distanz und den menschlichen Gefühlen. Als Hochschulz am folgenden Tag Zeuge wurde, wie in einem Nachbarort eine fünfköpfige Judenfamilie von Ukrainern erschlagen wurde, notierte er: »Ich habe niemals zuvor so tierische Todesschreie gehört. Seltsam! – Es erregte mich nicht einmal mehr.« Jetzt war es für ihn normal, daß auch die Wehrmacht selber Hand an die Juden legte: Seine Einheit trieb in einem Dorf 57 Juden zusammen, weil man die angeblichen Informanten der Roten Armee nicht finden konnte. Die Juden wurden, wie er lapidar vermerkte, »am Nachmittag in zwei Schichten erschossen«.[174]

Mit diesem Feindbild und mit dieser Gewaltbereitschaft zogen die Soldaten der Wehrmacht weiter nach Osten. Der Krieg wurde dadurch nicht zum Vernichtungskrieg »radikalisiert«.[175] Aber durch die »Erfahrungen«, die die Soldaten nicht nur in Lemberg, sondern auch in Tarnopol, Zloczow und anderen galizischen Orten machten, waren sie sehr viel eher bereit, der antisemitischen Propagandaoffensive der Wehrmachtführung Glauben zu schenken und die systematische Vernichtungspraxis, die sich ab Mitte Juli 1941 zunächst im rückwärtigen Heeresgebiet herausbildete, gutzuheißen.[176]

Typisch dafür ist das Verhalten des schon erwähnten Unteroffiziers Lothar Hochschulz. Sein Bericht schließt mit einer Begegnung in seinem Quartier. Er trifft dort eine polnische Lehrerin: »Sie sprach deutsch. Sehr gut sogar. Wir hatten uns unterhalten über die Juden, über die Ermordeten, über alles. Ich vertrat meine Meinung, daß alle Juden einfach totgeschlagen werden müßten. Nichts kann mich mehr davon abbringen, nachdem, was ich erlebt und gesehen habe. Da meinte sie: ›Sie haben wunderschöne Augen, aber ein steinernes, eiskalten Herz!‹ Und sie wird Recht gehabt haben.« [177]

ANHANG

EINLEITUNG

1 Saul K. Padover, Lügendetektor. Vernehmungen im besiegten Deutschland 1944/45, München 2001, S. 46.
2 Ebenda, S. 93 f.
3 Ebenda, S. 308.
4 Michael Schornstheimer, *Die leuchtenden Augen der Frontsoldaten*. Nationalsozialismus und Krieg in den Illustriertenromanen der fünfziger Jahre, Berlin 1995.
5 Ursula Heukenkamp (Hg.), Schuld und Sühne? Kriegserlebnis und Kriegsdeutung in deutschen Medien der Nachkriegszeit (1945–1961), 2 Bde., Amsterdam, Atlanta 2001; zu Film und Theater vgl. Peter Reichel, Erfundene Erinnerung. Weltkrieg und Judenmord in Film und Theater, München, Wien 2004.
6 Friedrich Gerstenberger, Strategische Erinnerungen. Die Memoiren deutscher Offiziere, in: Hannes Heer, Klaus Naumann (Hg.), Vernichtungskrieg. Verbrechen der Wehrmacht 1941 bis 1944, Hamburg 1995, S. 620–629; Rolf Düsterberg, Soldat und Kriegserlebnis. Deutsche militärische Erinnerungsliteratur (1945–1961) zum Zweiten Weltkrieg. Motive, Begriffe, Wertungen. Habilitationsschrift, Osnabrück 1998.
7 Thomas Kühne, Die Victimisierungsfalle. Wehrmachtsverbrechen, Geschichtswissenschaft und symbolische Ordnung des Militärs, in: Michael Th. Greven, Oliver von Wrochem (Hg.), Der Krieg in der Nachkriegszeit. Der Zweite Weltkrieg in Politik und Gesellschaft der Bundesrepublik, Opladen 2000, S. 183–196; Hans Mommsen, Erfahrung, Aufarbeitung und Erinnerung des Holocaust in Deutschland, in: Hanno Loewy (Hg.), Holocaust: Die Grenzen des Verstehens. Eine Debatte über die Besetzung der Geschichte, Reinbek bei Hamburg 1992, S. 93–100; Konrad Kwiet, Die NS-Zeit in der westdeutschen Forschung 1945–1961, in: Ernst Schulin (Hg.), Deutsche Geschichtswissenschaft nach dem Zweiten Weltkrieg (1945-1965), München 1989, S. 181–198.
8 Golo Mann, Deutsche Geschichte des 19. und 20. Jahrhunderts, Frankfurt/Main 1958, S. 863, 866, 865; zu Hans Rothfels, dem einflußreichen jüdischen Historiker vgl. Karl Heinz Roth, Hans

Rothfels, Geschichtspolitische Doktrinen im Wandel der Zeiten. Weimar – NS-Diktatur – Bundesrepublik, in: Zeitschrift für Geschichtswissenschaft, 49. Jg., Heft 12, 2001, S. 1061–1073.

9 Norbert Frei, Vergangenheitspolitik. Die Anfänge der Bundesrepublik und die NS-Vergangenheit, München 1996, S. 405.

10 Norbert Frei, Karrieren im Zwielicht. Hitlers Eliten nach 1945, Frankfurt/Main 2001, S. 329 ff.

11 Adalbert Rückerl, NS-Verbrechen vor Gericht. Versuch einer Vergangenheitsbewältigung, Heidelberg 1984; Ulrich Schneider (Hg.), Auschwitz – ein Prozeß. Geschichte, Fragen, Wirkungen, Köln 1994.

12 Christian Schneider, Schuld als Generationenproblem, in: Mittelweg 36, 1998, Heft 4, S. 28–40; Jörn Rüsen, Zerbrechende Zeit. Über den Sinn der Geschichte, Köln, Weimar, Wien 2001, S. 279 ff.; Michael Schmidtke, Der Aufbruch der jungen Intelligenz. Die 68er Jahre in der Bundesrepublik und den USA, Frankfurt/Main 2003; Wilfried Loth, Verschweigen und Überwinden: Versuch einer Bilanz, in: Wilfried Loth, Bernd A. Rusinek (Hg.), Verwandlungspolitik. NS-Eliten in der westdeutschen Nachkriegsgesellschaft, Frankfurt/Main, 1998, S. 353–360.

13 Hans-Ulrich Wehler, Geschichte als Historische Sozialwissenschaft, Frankfurt/Main 1973, S. 88; Jürgen Kocka, Bernd Mütter, Strukturgeschichte als Darstellungsproblem, in: Guido Knopp, Siegfried Quandt (Hg.), Geschichte im Fernsehen. Ein Handbuch, Darmstadt 1988, S. 242–251.

14 Hannes Heer, Volker Ullrich (Hg.), Geschichte entdecken. Erfahrungen und Projekte der neuen Geschichtsbewegung, Reinbek bei Hamburg 1985.

15 Christian Meier, Verurteilen und Verstehen. An einem Wendepunkt deutscher Geschichtserinnerung. Vortrag an der Universität Tel Aviv am 8. 1. 1986, abgedruckt in: Frankfurter Allgemeine Zeitung, 28. 6. 1986, abgedruckt in: *Historikerstreit*, Die Dokumentation der Kontroverse um die Einzigartigkeit der nationalsozialistischen Judenverfolgung, München 1987, S. 48–61, hier S. 49.

16 Ebenda.

17 Thomas Carlyle, Über Helden, Heldenverehrung und das Heldentümliche in der Geschichte. Erste Vorlesung (1841), zit bei: Klaus Bergmann, Personalisierung im Geschichtsunterricht – Erziehung zur Demokratie?, Stuttgart 1972, S. 17 (Personalisierung im Geschichtsunterricht).

18 Karl Ernst Jeismann, *Identität statt Emanzipation?* Zum Geschichtsbewußtsein der Bundesrepublik, in: ders., Geschichte und Bildung. Beiträge zur Geschichtsdidaktik und zur Historischen Bildungsforschung, hg. von Wolfgang Jacobmeyer, Bernd Schöne-

mann, Paderborn 2000, S. 123–146, hier S. 135; ähnlich: Hans Mommsen, Suche nach der *verlorenen Geschichte*? Bemerkungen zum historischen Selbstverständnis der Bundesrepublik, in: *Historikerstreit*, a. a. O., S. 156–173, hier S. 164.

19 Bergmann, Personalisierung im Geschichtsunterricht, a. a. O., S. 18 f.; Wolfgang Hardtwig, Personalisierung als Darstellungsprinzip, in: Knopp, Quandt, Geschichte im Fernsehen, a. a. O, S. 234–241, hier S. 235, 240.

20 Theodor Lessing, Geschichte als Sinngebung des Sinnlosen, München (1919) 1983, S. 123.

21 Bergmann, Personalisierung im Geschichtsunterricht, a. a. O., S. 18 f.; Hardtwig, Personalisierung als Darstellungsprinzip, in: Knopp, Quandt, Geschichte im Fernsehen, a. a. O., S. 234 f.

22 Ludwig von Friedeburg, Peter Hübner, Das Geschichtsbild der Jugend, München 1964; Bergmann, Personalisierung im Geschichtsunterricht, a. a. O.

23 Salvatore Settis, Die Zeitmaschine. Über den Umgang mit Geschichte, in: Ulrich Raulff (Hg.), Vom Umschreiben der Geschichte, Berlin 1986, S. 147-153, hier S. 147.

24 Jens Jessen, Was macht Hitler so unwiderstehlich? In: Die Zeit, 23. 9. 2004.

25 Eric Hobsbawm, Gefährliche Zeiten. Ein Leben im 20. Jahrhundert, München 2003, S. 337.

26 Ebenda, S. 468.

1. KAPITEL

1 Hugh R. Trevor-Roper, o. O. 1947, Neuauflage: Berlin 1965.

2 Erich Kuby, Die Russen in Berlin 1945, München 1965; Cornelius Ryan, der letzte Kampf, München, Zürich 1966; Wassili I. Tschuikow, Das Ende des Dritten Reiches, München 1966; John Toland, Das Finale. Die letzten hundert Tage, München, Zürich 1968; Uwe Bahnsen, James P. O'Donell, Die Katakombe. Das Ende in der Reichskanzlei, Stuttgart 1975; Tony le Tissier, Der Kampf um Berlin 1945. Von den Seelower Höhen zur Reichskanzlei, Frankfurt/M., Berlin 1991; Ulrich Völklein (Hg.), Hitlers Tod. Die letzten Tage im Führerbunker, Göttingen 1998; Anton Joachimsthaler, Hitlers Ende. Legenden und Dokumente, München 1999.

3 Joachim Fest, Der Untergang. Hitler und das Ende des Dritten Reiches. Eine historische Skizze, Berlin 2002 (Der Untergang); zu Fests Hitler-Biographie vgl. 2. Kapitel in diesem Buch, S. 29–47.

4 Peter Bamm, Die unsichtbare Flagge, München (1952) 1989, vgl. Hannes Heer, Vom Verschwinden der Täter. Der Vernich-

tungskrieg fand statt, aber keiner war dabei, Berlin 2004, S. 191–197.

5 Ebenda, S. 124 f. und 188, 190, 199.

6 Ebenda, S. 268.

7 Der Regisseur Oliver Hirschbiegel scheint offensichtlich nur eine Art Strohmann für den allgewaltigen und »jedes Kostüm, jede Kulisse, jeden Take persönlich« abnickenden Eichinger gewesen zu sein, vgl. Tobias Kniebe, Mit kleinstem gemeinsamem Nenner, Süddeutsche Zeitung, 15. 9. 2004.

8 Walter Naasner, Neue Machtzentren in der deutschen Kriegswirtschaft 1942–1945. Die Wirtschaftsorganisation der SS, das Amt des Generalbevollmächtigten für den Arbeitseinsatz und das Reichsministerium für Bewaffnung und Munition/Reichsministerium für Rüstung und Kriegsproduktion im nationalsozialistischen Herrschaftssystem, Boppard/Rhein 1994, S. 275 ff., S. 278 Anm. 146; Christoph Kopke, Heil Kräuter. Der gute Mensch in Hitlers Bunker? Die Rolle des Arztes Ernst Günther Schenck im *Untergang*, Frankfurter Allgemeine Zeitung, 20. 9. 2004; der Berliner Politikwissenschaftler Kopke promoviert über Schenck; als erste Zeitung hatte die *taz* über Kopkes Arbeitsergebnisse berichtet, vgl. Stefan Reinecke, Der Arzt von Berlin, taz, 15. 9. 2004.

9 Vgl. 2. Kapitel in diesem Buch, S. 74 ff.

10 Susanne Willems, Der entsiedelte Jude. Albert Speers Wohnungsmarktpolitik für den Berliner Hauptstadtbau, Berlin 2002.

11 Florian Freund, Bertrand Perz, Karl Stuhlpfarrer, Der Bau des Vernichtungslagers Auschwitz-Birkenau. Die Aktenmappen der Zentralbauleitung Auschwitz *Vorhaben: Kriegsgefangenenlager Auschwitz (Durchführung der Sonderbehandlung)* im Militärhistorischen Archiv Prag, in: Zeitgeschichte, Jg. 20 (1993) Heft 5/6, S. 187–214.

12 Samuel W. Mitcham Jr., Gerneralfeldmarschall Wilhelm Keitel, in: Gerd R. Ueberschär (Hg.), Hitlers militärische Elite, Darmstadt 1998, 2 Bde., Band 1, S. 112–120, und Kenneth Macksey, Generaloberst Alfred Jodl, in: ebenda, S. 102–111.

13 Telford Taylor [der amerikanische Hauptankläger], Die Nürnberger Prozesse. Hintergründe, Analysen und Erkenntnisse aus heutiger Sicht, München 1994.

14 Heinz Höhne, Der Orden unterm Totenkopf. Die Geschichte der SS, (München 1967) Augsburg 1997, S. 435 (Der Orden unterm Totenkopf).

15 II./Leibstandarte Adolf Hitler, Kriegstagebuch, Eintrag 1. 9. 1939, BA-MA RS 4/1245; Felix Hartlaub, *In den eigenen Umriß gebannt.* Kriegsaufzeichnungen, Fragmente und Briefe aus den Jahren 1939

bis 1945, hg. von Gabriele Liselotte Ewenz, Frankfurt/Main 2002, Bd. 1, S. 28.

16 So notierte der Abwehroffizier Helmuth Groscurth am 11. 9. 1939, die SS-Standarte *Germania* habe »reihenweise Juden erschossen«, vgl. ders., Tagebücher eines Abwehroffiziers 1938 bis 1940, hg. von Helmut Krausnick und Harald C. Deutsch, Stuttgart 1970, S. 203.

17 Sepp Dietrich, der Kommandeur der *Leibstandarte*, hatte bei Himmler sogar die Zuweisung eines eigenen Kommandos der Einsatzgruppe D, die beim Vormarsch die Ermordung der Juden durchzuführen hatte, beantragt, vgl. Andrej Angrick, Besatzungspolitik und Massenmord. Die Einsatzgruppe D in der südlichen Sowjetunion 1941–1943, Hamburg 2003, S. 311.

18 Ebenda, S. 313 ff.; in Mariupol beteiligte sich die *Leibstandarte* an der Erschießung, in Taganrog sperrte sie den Exekutionsort ab.

19 Sepp Dietrich mußte, um Racheaktionen gegen Kriegsgefangene zu unterbinden, sogar an die Ehre der Einheit appellieren, zit. bei Höhne, Der Orden unterm Totenkopf, a. a. O., S. 435.

20 Karla Müller-Tupath, Reichsführers gehorsamster Becher. Eine deutsche Karriere, Berlin 1999; Christian Gerlach, Kalkulierte Morde. Die deutsche Wirtschafts- und Vernichtungspolitik in Weißrußland 1941 bis 1944, Hamburg 1999, S. 555–565.

21 Vgl. *Jetzt wird der Chef verbrannt.* Hitlers Leibwächter und Telefonist Rochus Misch über die letzten Tage im Führerbunker, Der Spiegel, Nr. 35, 23. 8. 2004, S. 61–65.

22 Nils Minkmar, Wer war Traudl Junge?, Frankfurter Allgemeine Zeitung, 15. 9. 2004; der Dokumentarfilm *Im toten Winkel*, den André Heller mit Traudl Junge gedreht hat, läßt ihr ambivalentes Verhältnis zur Vergangenheit durchaus spürbar werden.

23 Heinrich Schwendemann, Strategie der Selbstvernichtung: Die Wehrmachtführung im *Endkampf* um das Dritte Reich, in: Rolf-Dieter Müller, Hans-Erich Volkmann (Hg.), Die Wehrmacht. Mythos und Realität. Im Auftrag des Militärgeschichtlichen Forschungsamtes, München 1999, S. 224–244, hier S. 230f., 233 f.

24 Hugh R. Trevor-Roper, Hitlers letzte Tage, o. O. 1947, S. 121; Walter Lüdde-Neurath, Regierung Dönitz. Die letzten Tage des Dritten Reiches, Göttingen 1953, S. 22 (Regierung Dönitz).

25 Zit. bei Ralph Georg Reuth, Goebbels. Eine Biographie, München (1990) 1995, S. 600.

26 Heinrich Schwendemann, Architekt des Todes, Die Zeit, 28. 10. 2004.

27 Heinrich Schwendemann, *Drastische Maßnahmen zur Verteidigung des Reiches an der Oder und am Rhein ...* Eine vergessene Denk-

schrift Albert Speers vom 18. März 1945, in: Studia Slavo-Germanica, vol. XXV, 2003, S. 180-197.

28 Brief Speer an Hitler vom 29. 3. 1945, zit. ebenda, S. 193.

29 Jochen von Lang, Der Sekretär. Martin Bormann: der Mann, der Hitler beherrschte, Herrsching 1990, S. 306 f.

30 Ebenda, S. 319 f.

31 Zit. bei Lüdde-Neurath, Regierung Dönitz, a. a. O., S. 40; von Lang, Der Sekretär, a. a. O., S. 330 ff.

32 Zit. bei Reuth, Goebbels, a. a. O., S. 585.

33 Zit. ebenda, S. 600 f.

34 Ebenda, S. 589 f.

35 Zit. ebenda, S. 603.

36 Gespräch Frank Schirrmachers mit Corinna Harfouch und Bernd Eichinger über ihren Film *Der Untergang*, Frankfurter Allgemeine Sonntagszeitung, 22. 8. 2004.

37 Schirrmacher, Die zweite Erfindung des Adolf Hitler, Frankfurter Allgemeine Zeitung, 15. 9. 2004.

38 Ian Kershaw, *Der Führer küßt, der Führer ißt Schokolade*, Frankfurter Allgemeine Zeitung, 17. 9. 2004; vgl. zu diesem gewollten »unheimlichen« Effekt Liselotte Hermes da Fonseca, Jens Hüttmann, Hitler ein zweitesmal erfunden. *Der Untergang* als Untergang der Geschichte?, in: Antifaschistisches Info Blatt, Mai 2005, S. 55–58, hier S. 57.

39 Der Berater war Christian Hartmann, vgl. 6. Kapitel in diesem Buch; es verwundert nicht, daß ein angesehener Kollege des Instituts, Hermann Graml, dem Film ebenfalls das Prädikat »besonders wertvoll« verleiht: »Ich glaube, daß viele Zuschauer aus diesem Film viel lernen können, nämlich Einsicht gewinnen in das Wesen des Nationalsozialismus.«, Geteiltes Echo, Süddeutsche Zeitung, 17. 9. 2004.

40 Gespräch mit Bernd Eichinger und Corinna Harfouch, Frankfurter Allgemeine Sonntagszeitung, a. a. O.; vgl. dazu die exzellente Kritik von Harald Welzer, Der erratische Führer. In *Der Untergang* wird Hitler zum tragischen Helden, Frankfurter Rundschau, 18. 9. 2004.

41 Der Film basiert weitgehend auf den Erinnerungen von Traudl Junge, Bis zur letzten Stunde. Hitlers Sekretärin erzählt ihr Leben, Berlin 2003; wie wenig diese Erinnerungen den tatsächlichen Abläufen entsprechen – wie die Filmemacher immer behauptet haben –, hat der Mittelalter-Historiker Johannes Fried in einem Aufsatz nachgewiesen: ders., Gehirn macht Geschichte, in: Gehirn und Geist, Heft 5, 2005, S. 53–57; Fried bezeichnet Junges »Verfälschungen« nicht als Lügen, sondern als »Modulationskünste eines von einschneidenden Umbrüchen, von Scham, Angst

und Verdrängung gelenkten Erinnerungsvermögens«, ebenda, S. 57.

42 Dort beschreibt sie den Eindruck, den beim Vorbeigehen eine Gedenktafel für die hingerichtete Sophie Scholl bei ihr ausgelöst hat: »[...] da habe ich gesehen, daß sie mein Jahrgang war, und daß sie in dem Jahr, als ich zu Hitler kam, hingerichtet worden ist. Und in dem Moment hab ich eigentlich gespürt, daß das keine Entschuldigung ist, daß man jung ist, sondern daß man auch hätte vielleicht Dinge erfahren können.« Die kurze Textpassage ist ein Ausschnitt aus André Hellers Dokumentarfilm *Im toten Winkel*.

43 Fest, Der Untergang, a. a. O., S. 58.

44 Ebenda, S. 189 f.

45 Hannah Arendt, Besuch in Deutschland 1950. Die Nachwirkungen des Naziregimes, in: dies., Zur Zeit. Politische Essays, hg. von Marie Luise Knott, Hamburg 1999, S. 56 f.

46 Ebenda, S. 197 Anm. 2.

47 Zit. bei Joachim Geffers, Ver-Führer-isch. Das Hitler-Epos – ein packender, aber gefährlicher Film, in: Hamburger Lehrerzeitung HLZ, Zeitschrift der GEW Hamburg, April 4, 2005, S. 42–43, hier S. 43.

48 Zit. bei Dietrich Kuhlbrodt, Die Wiederkehr, in: Konkret, Heft 10, Oktober 2004, S. 41.

49 Gespräch mit Bernd Eichinger und Corinna Harfouch, Frankfurter Allgemeine Sonntagszeitung, a. a. O.

50 Schirrmacher, Die zweite Erfindung des Adolf Hitler, Frankfurter Allgemeine Zeitung, a. a. O.

2. KAPITEL

1 Joachim Fest, Begegnungen. Über nahe und ferne Freunde, Reinbek bei Hamburg 2004 (künftig zitiert: Begegnungen).

2 Die beiden Frauen repräsentieren den Gegentypus, der seinen Gefühlen nicht entkam: Hannah Arendt sei, in ihrer bizarren Liebe zu ihrem Lehrer Heidegger, lebenslang dessen »Schülerin« geblieben (S. 205), Ulrike Meinhof sei, indem sie die Schreibmaschine mit der Maschinenpistole vertauschte, zum Opfer des eigenen »idealistisch verdrehten Bildes von der Welt« geworden (S. 269); in diese unmännliche Welt der »Stimmungen« gehört für Fest auch Sebastian Haffner: trotz dessen Nüchternheit sei dieser immer wieder der Neigung erlegen, »sich poetisch überwältigen zu lassen« (S. 30) bzw. die politischen Gegebenheiten der Bundesrepublik in »Chimären« zu verwandeln (S. 36); als Beispiel der »deutschen Labilität« (S. 54) blieb er für Fest »der fremde Freund« (S. 45).

3 Fest, Begegnungen, a. a. O., S. 8, 70, 84, 110, 132, 166, 321, 344, 350; 8, 222, ähnlich: 61, 68, 172, 344, 348; 9, 70, 132 ff.
4 Ebenda, S. 170, 348, 55, 64, 150, 224, ähnlich: 55, 71, 323; 76, 137.
5 Ebenda, S. 85, ähnlich: 231, 48 f., 135.
6 Ebenda, S. 9; 84, 170.
7 Ebenda, S. 68, 71; 85, 131, 173 f.
8 Ebenda, S. 9; 31, 324, 357; 30 f., 131 ff., 234, ähnlich: 320, 332.
9 Ebenda, S. 13.
10 Im Buch hat Jünger nur einen Auftritt – als er Fest in einem Gespräch seine Beobachtungen zu Augstein mitteilte, Begegnungen, a. a. O., S. 360. Es gab nicht nur den persönlichen Kontakt über Siedler, den engsten Freund von Jüngers später an der Front gefallenem Sohn Ernst, Fest hatte dem Schriftsteller auch einen großen Essay gewidmet: ders., Würde auf engstem Raum. Chronist des Übergangs: Ernst Jünger, in: ders., Fremdheit und Nähe. Von der Gegenwart des Gewesenen, Stuttgart 1996, S. 89–112 (Fremdheit und Nähe); das von Fest »statt eines Mottos« den Begegnungen vorangesetzte Porträt seines Deutschlehrers Ernst Kiefer im Krieg (S. 15–20) liest sich wie eine Verbeugung vor Jünger: auch dieser hatte sich inmitten der Verbrechen des Vernichtungskrieges den skeptisch-unerbittlichen Blick des »Arztes« verordnet, aber dann vor dem »nutzlosen« Kampf mit dem Drachen gewarnt, vgl. Hannes Heer, Das Schweigen des Hauptmanns Jünger. Ernst Jüngers Reise an die Kaukasusfront 1942/43, in: ders., Vom Verschwinden der Täter. Der Vernichtungskrieg fand statt, aber keiner war dabei, Berlin 2004, S. 157 f. (Vom Verschwinden der Täter).
11 Angaben nach Munzinger Archiv; Fest wurde 1968 beim NDR nicht, wie es dort heißt, »beurlaubt«, um ihm die Möglichkeit zu geben, »sich seinen literarischen Studien widmen zu können«, sondern er wurde wegen seines unabhängigen Kurses entfernt. Damals, so Fest, hätten die großen Parteien begonnen, die Rundfunkanstalten »als eine Art Beutegut zu betrachten«. Ziel seiner Entfernung sei es gewesen, die Sendung *Panorama* »nicht länger einem Parteilosen zu überlassen, sondern […] einem eindeutig zurechenbaren Journalisten anzuvertrauen«, Begegnungen, a. a. O., S. 259; für Fests Verbleiben demonstrierten damals auf dem Gelände des NDR u. a. Ulrike Meinhof, Stefan Aust und Peter Rühmkorf, ebenda; Fests Nachfolger als Chefredakteur wurde der SPD-Mann Peter Merseburger, seine Stelle als Hauptabteilungsleiter übernahm ein CDU-Mitglied.
12 Konrad Heiden, Adolf Hitler. Eine Biographie, 2 Bde., Zürich 1936/37; Alan Bullock, Hitler. Eine Studie über Tyrannei, (London 1953) Düsseldorf 1967; Golo Manns Beschäftigung mit

Hitler, die in Fests Buch deutliche Spuren hinterlassen hat, zeigt dessen Deutsche Geschichte des 19. und 20. Jahrhunderts, Frankfurt/Main 1958, S. 758–965.

13 Fest, Hitler, a. a. O., S. 17.
14 Ebenda.
15 Ebenda, S. 18.
16 Ebenda, S. 19.
17 Zit. ebenda, S. 22.
18 Ebenda; in einem unmittelbar nach Erscheinen des Buches in England publizierten Artikel hat Fest diesen Verzicht auf alle moralischen Wertmaßstäbe noch verschärft: Hitlers Person werde noch lange moralische Empörung auslösen – »Dennoch besitzt er geschichtliche Größe.« Diese definiert er durch das mechanische Kriterium, daß die Ereignisse zu seiner Zeit »ohne ihn in jeder Hinsicht und bis in die letzte Einzelheit unvorstellbar« gewesen seien, vgl. Joachim Fest, On Remembering Adolf Hitler, Encounter, 41 (Oktober 1973), S. 19–34, hier S. 19.
19 Fest, Hitler, a. a. O., S. 19 f.
20 Ebenda, S. 18; daher wird Hitler für Fest zum Exempel, daß historische Größe auch »mit nichtigen und unansehnlichen individuellen Verhältnissen gepaart sein« könne, ebenda, S. 24.
21 Ebenda, S. 22.
22 Ebenda, S. 25.
23 Sebastian Haffner, Anmerkungen zu Hitler, München 1978, S. 54 ff. (Anmerkungen); Golo Mann, Hitler – zum letzten Mal? Zu Joachim C. Fests großer Biographie, Süddeutsche Zeitung, 13./14. 10. 1973, abgedruckt in: ders., Zeiten und Figuren. Schriften aus vier Jahrzehnten, Frankfurt/Main 1979, S. 307–323, hier: S. 308 f. (Zeiten und Figuren).
24 Karl Dietrich Bracher, Hitler – die deutsche Revolution. Zu Joachim Fests Interpretation eines Phänomens, Die Zeit, 12. 10. 1973; Theodor Schieder, Hitler vor dem Gericht der Weltgeschichte, Frankfurter Allgemeine Zeitung, 27. 10. 1973; Hermann Graml, Probleme einer Hitlerbiographie. Kritische Bemerkungen zu Joachim C. Fest, in: Vierteljahreshefte für Zeitgeschichte, 22 (1974), S. 76–92 (Probleme); Gerhard Schreiber, Hitler. Interpretationen 1923–1983, Darmstadt 1984, S. 307 ff. (Hitler Interpretationen); Marlis Steinert, Hitler, München 1994, S. 9 ff.; nur Ian Kershaw behandelt Fests Einleitung kritisch: zu den von ihm genannten methodologischen Einwänden gehört auch eine »gewisse widerwillige Bewunderung«, die sich schon aus der Fragestellung nach der historischen Größe ergebe, vgl. ders., Hitler, 2 Bde., Stuttgart 1998, Bd. 1 (Hitler I oder II), S. 20 f.
25 Fest, Hitler, a. a. O., S. 18.

26 Ebenda, S. 229, 217, 430, 437, 445, 337, 462, 389, 444, 370, 297, 517.

27 Ebenda, S. 267, 363, 509 f.

28 Ebenda, S. 508.

29 Ebenda, S. 137.

30 Ebenda, S. 117 f., 161; die radikalen Teile der Linken behandelt er mit unverhohlenem Haß: Sie hätten dem Land 1918/19 »Aufruhr, Unruhe und bürgerkriegsähnliche Auseinandersetzungen« (S. 118), 1920 als Rote Ruhrarmee »eine Welle von Mord, Plünderung und Brandschatzung« und 1923 »linke Umsturzdrohungen« beschert (S. 251 f.); im letzteren Fall handelte es sich um gewählte, aus SPD und KPD gebildete Koalitionsregierungen in Sachsen und Thüringen.

31 Ebenda, S. 118, 120, 380.

32 Zur fehlerhaften Darstellung der Inflation wie der Weltwirtschaftskrise und ihrer Ursachen vgl. Graml, Probleme, a. a. O., S. 87; Schreiber, Hitler Interpretationen, a. a. O., S. 216.

33 Fest, Hitler, a. a. O., S. 388, 412.

34 Ebenda, S. 276 und 282 f., 475 und 494.

35 Vgl. den Forschungsüberblick bei Schreiber, Hitler Interpretationen, a. a. O., S. 160–222; Kershaw, Hitler I, a. a. O., S. 267 f., 469.

36 Fest, Hitler, a. a. O., S. 425; das Zitat bezieht sich auf die im Oktober 1931 in Bad Harzburg versammelten Vertreter aller rechtskonservativen Parteien, soldatischen Kampfbünde und großindustriellen bzw. agrarischen Verbände; in ähnlicher Weise werden karikiert der Reichskanzler Brüning (S. 437 f.), der Vorsitzende der Deutschnationalen Partei Hugenberg (S. 426, 439), die SPD-Politiker Braun und Severing (S. 437 f.), die zeitweiligen Reichskanzler General von Schleicher (S. 414) und von Papen (S. 508).

37 Ebenda, S. 508; in der Formulierung Golo Manns, die Fest als Vorlage gedient hatte, hieß es präziser: »Seit 1930 standen zwischen den Nazis und der Republik nur noch Heer und Reichspräsident – zwei gar nicht republikanische Behörden«, Mann, Deutsche Geschichte, a. a. O., S. 807.

38 Fest, Hitler, a. a. O., S. 494.

39 In einem Interview unmittelbar nach Erscheinen des Buches hat Fest, auf die Frage, ob es nicht doch in Hitlers Karriere »bestimmte Wegscheiden« gegeben habe, »von denen sich rückblickend sagen läßt: ohne die Unterstützung gewisser Finanzkreise, der Industrie, des Landadels, des Großbürgertums, der Reichswehr hätte er nie an die Macht kommen können« apodiktisch geantwortet: »Eben das bezweifle ich. Es gibt kein aus-

schlaggebendes Ereignis dieser Art im Verlauf seiner Karriere.«; im gleichen Interview betonte er, daß Hitler ohne die Weltwirtschaftskrise »gescheitert« wäre: »Katastrophen waren das Element seines Lebens«. Zeit-Gespräch mit Joachim C. Fest, Die Zeit, 12. 10. 1973; anders Hans-Ulrich Wehler, 30. Januar 1933 – ein halbes Jahrhundert danach, in: Nationalsozialistische Herrschaft, hg. von der Bundeszentrale für politische Bildung, Bonn 1983, S. 94 bis 105; Schreiber, Hitler. Interpretationen, a. a. O., S. 215 ff., und Kershaw, Hitler I, a. a. O., S. 524.

40 Bullock, Hitler, a. a. O., S. 235.

41 Hitlers Formulierung, er sei »alles aus sich heraus« geworden, ist ein Motiv, das in vielen seiner Reden auftaucht, vgl. Hitler, Mein Kampf, München 1941, S. 17 f., 713, 797; »Alles in einem« meint die Verbindung von Politiker und Programmatiker, als deren seltene Personifikation sich Hitler – neben Luther, Friedrich dem Großen und Wagner – gesehen hat: Hitler, Mein Kampf, a. a. O., S. 231 f.

42 Fest, Hitler, a. a. O., S. 1035; ähnlich: S. 656.

43 Ebenda, S. 569.

44 Ebenda, S. 563.

45 Ebenda, S. 543, 545, 565, 656 f.; zur wissenschaftlichen Debatte um den »Revolutionär« Hitler vgl. Schreiber, Hitler Interpretationen, a. a. O., S. 247–263; seitdem Rainer Zitelmann mit drei Büchern – Hitler. Selbstverständnis eines Revolutionärs, Hamburg, Leamington, Spa, New York, 1987, Adolf Hitler. Eine politische Biographie, Göttingen, Zürich 1989 und Michael Prinz/Rainer Zitelmann (Hg.), Nationalsozialismus und Modernisierung, Darmstadt 1991 – Hitlers »Revolution« und die davon ausgegangene »Modernisierung« zu einem Topos der Neuen Rechten gemacht hat, ist das Thema aus der wissenschaftlichen Diskussion an den Rand gerückt, vgl. Kershaw, Hitler I, a. a. O., S. 20, der solch einem Ansatz bescheinigt, daß er »wie unbewußt auch immer, der möglichen Rehabilitation Hitlers den Weg bahnen« könne.

46 Fest, Hitler, a. a. O., S. 565, 569 f., 583.

47 Ebenda, S. 514.

48 Sebastian Haffner, Geschichte eines Deutschen. Die Erinnerungen 1914–1933, Stuttgart, München 2002, S. 132 f. (Erinnerungen).

49 Ebenda, S. 132 f.

50 Victor Klemperer, Ich will Zeugnis ablegen bis zum letzten. Tagebücher 1933–1945, hg. von Walter Nowojski, unter Mitarbeit von Hadwig Klemperer, 2 Bde., Berlin 1995, Bd. 1, S. 264, Eintrag 16. 5. 1936 (Tagebücher I oder II).

51 Dietrich Bonhoeffer, Nach zehn Jahren, in: ders., Widerstand und Ergebung. Briefe und Aufzeichnungen aus der Haft, hg. von

Eberhard Bethge, Gütersloh (1951), 1997, S. 15 ff., 12 f. (Widerstand und Ergebung); vgl. 3. Kapitel in diesem Buch.

52 Fest, Hitler, a. a. O., S. 599, 608.

53 Ebenda, S. 748, 756.

54 Ebenda, S. 666 f.; kritisch dazu Graml, Probleme, a. a. O., S. 81.

55 Fest, Hitler, a. a. O., S. 788.

56 Ebenda, S. 787 f.

57 Ebenda, S. 821; die Motive für die englische Appeasement-Politik lediglich in der antikommunistischen Orientierung bzw. einer totalen Resignation zu suchen, trifft nicht deren Kern, vgl. Graml, Probleme, a. a. O., S. 89.

58 Fest, Hitler, a. a. O., S. 17.

59 Ebenda, S. 666.

60 Mann, Zeiten und Figuren, a. a. O., S. 322; Fest erwähnt die Kritik Manns mit keinem Wort, stilisiert ihn allerdings zum Anhänger eines naiven Dämonenglaubens, der es für unmoralisch hält, über »den Menschen Hitler« zu schreiben, und erst recht, den »Mordgesellen« verstehen wollen, Begegnungen, a. a. O., S. 238 ff.

61 Haffner, Anmerkungen, a. a. O., S. 66, 34–94; Haffners grundsätzliche Einwände teilt Fest dem Leser nicht mit, was um so auffälliger ist, weil dieser als wichtigster Gesprächspartner und häufiger Stichwortgeber während der Arbeit an seiner Hitlerbiographie erwähnt wird, vgl. Begegnungen, a. a. O., S. 31 ff.; mit Kritik kann der Autor, wie schon im Falle von Golo Mann, offensichtlich schlecht umgehen.

62 Fest, Hitler, a. a. O., S. 788, 827, 787, 834; 788, 787, 827.

63 Ebenda, S. 838, 840.

64 Ebenda, S. 821.

65 Ebenda, S. 833.

66 Ebenda, S. 838, 885, ähnlich: S. 834, 836, 837.

67 Ebenda, S. 713, 708.

68 Ebenda, S. 839.

69 Ebenda, S. 724; diese »erhebliche Rolle«, die Fest dem Zeugnis von Speer einräumt, hat auch Karl Dietrich Bracher kritisiert, vgl. ders., Hitler – die deutsche Revolution. Zu Joachim Fests Interpretation eines Phänomens, Die Zeit, 12. 10. 1973.

70 Fest, Hitler, a. a. O., S. 822.

71 Ebenda, S. 793, 791, 794, 803, 822.

72 Ebenda, S. 822.

73 Besonders augenfällig wird das im Bild, das Fest vom letzten polnischen Außenminister Beck entwirft: dieser, »ein Mann von intriganter Glätte« (S. 791), habe »hochmütig abweisend« als Repräsentant der Politik des »grandiosen Starrsinns« (S. 808) allen

Verhandlungsangeboten nur »die stumme, verzweifelte Weigerung« entgegengesetzt (S. 822).

74 Die englische Regierung hatte weder die Abtretung polnischer Gebiete noch die deutsche Minderheit betreffende Zusagen gemacht, sondern direkte Verhandlungen zwischen Polen und Deutschland über diese Fragen vorgeschlagen und im Falle einer Einigung eine internationale Regelung über die ehemaligen deutschen Kolonien in Aussicht gestellt, Polen hatte solchen direkten Verhandlungen zugestimmt, vgl. Kershaw, Hitler II, a. a. O., S. 299, 304 f.; abgesehen davon, daß die englische Regierung das deutsche Ultimatum für »unbillig« erklärt und Polen empfohlen hatte, auf diese Erpressung nicht einzugehen, beabsichtigte Hitler schon längst keine ernsthaften Verhandlungen mehr, sondern suchte, wie er selber später bestätigte, mit der polnischen Weigerung nur ein »Alibi vor allem dem deutschen Volke gegenüber«, ebenda, S. 307 ff.; so auch: Manfred Messerschmidt, Außenpolitik und Kriegsvorbereitung, in: Wilhelm Deist, Manfred Messerschmidt, Hans-Erich Volkmann, Wolfram Wette, Ursachen und Voraussetzungen des Zweiten Weltkrieges, Frankfurt/Main (1989), 1995, S. 641–850, hier S. 846.

75 Fest, Hitler, a. a. O., S. 833.

76 Ebenda, S. 831.

77 Haffner, Anmerkungen, a. a. O., S. 113 f., 116 ff.

78 Ebenda, S. 97; so auch: Mann, Zeichen und Figuren, a. a. O., S. 320.

79 Fest, Hitler, a. a. O., S. 835

80 Ebenda.

81 Ebenda, S. 837.

82 Ebenda.

83 Ebenda, S. 832.

84 Ebenda, S. 837.

85 Ebenda, S. 576 f., 779 f.

86 Ebenda, S. 929 ff.

87 Im Text schließt Fest korrekterweise jede Ableitung des Holocaust aus der »verschärften Kriegslage« aus, ebenda, S. 930.

88 Ebenda, S. 576; vgl. zum tatsächlichen Ablauf Kershaw, Hitler I, a. a. O., S. 598: Hitler sah sich angesichts des von ihm jahrelang gepredigten Judenhasses und der, nach dem Machtantritt, vehement nach antijüdischen Taten verlangenden Parteigenossen »gedrängt«, aber nicht »überredet«, dieser Dynamik ein Ventil zu schaffen.

89 Fest, Hitler, a. a. O., S. 636, 642, 641; zum Ablauf und zu den Todeszahlen vgl. Kershaw, Hitler I, a. a. O., S. 643 ff., 650.

90 Fest, Hitler, a. a. O., S. 657.

91 Vgl. die Übersicht über die Debatte um den »Revolutionär« Hitler bei Schreiber, Hitler Interpretationen, a. a. O., S. 247 ff.

92 Fest, Hitler, a. a. O., S. 1035; eine vehemente Kritik findet sich bei Haffner, Anmerkungen, a. a. O., S. 48 ff.

93 Fest, Hitler, a. a. O., S. 1033, 147.

94 Ebenda, S. 18.

95 Ebenda, S. 990.

96 Ebenda, S. 1035.

97 Ebenda, S. 1039.

98 Fest, Begegnungen, a. a. O., S. 10.

99 Ebenda, S. 135 f.

100 Ebenda, S. 133, 126, 133.

101 Ebenda, S. 59 f.

102 Ebenda, S. 60, 81, 79, 60.

103 Ebenda, S. 252, 256, 255, 256.

104 Ebenda, S. 318.

105 Fest, Hitler, a. a. O., S. 24.

106 Ebenda, S. 1040.

107 Ebenda.

108 Ebenda S. 20; offensiv greift Fest Wehlers *Gesellschaftsgeschichte* an: ders., Noch einmal: Abschied von der Geschichte, in: ders. Aufgehobene Vergangenheit. Portraits und Betrachtungen, München 1983, S. 239–261, hier S. 248.

109 Christian Streit, Keine Kameraden. Die Wehrmacht und die sowjetischen Kriegsgefangenen 1941–1945, Stuttgart 1978, S. 296; Streit belegte an einigen konkreten Befehlen und Maßnahmen, zu welchen Fehlurteilen Fests Hitlerfixierung führte, ebenda., S. 421 f. Anm. 2.

110 Bracher, Hitler – die deutsche Revolution, Die Zeit, 12. 10. 1973; Theodor Schieder, Hitler vor dem Gericht der Weltgeschichte, Frankfurter Allgemeine Zeitung, 27. 10. 1973; auch die jüngeren Vertreter der Historikerzunft haben Fest in den achtziger Jahren ihrer Hochachtung versichert, so Gerhard Schreiber, der das Buch »die bislang nicht übertroffene Biographie Hitlers« nannte, vgl. ders., Hitler Interpretationen, a. a. O., S. 21, oder Hans-Ulrich Wehler, der fast gleichlautend von der »derzeit besten Hitlerbiographie« sprach, vgl. ders., Entsorgung der deutschen Vergangenheit? Ein polemischer Essay zum »Historikerstreit«, München 1988, S. 126 (Entsorgung).

111 Marcel Reich-Ranicki, Mein Leben, München 2000, S. 481 f. (Mein Leben); Fest bestätigt diese zustimmenden Worte Speers, vgl. ders., Die unbeantwortbaren Fragen. Gespräche mit Speer, Reinbek bei Hamburg 2005, S.168 (Gespräch mit Speer).

112 Siedler beschrieb das Verhältnis der beiden zu Speer als eine »weit ins Menschliche reichende Sympathie«, Fest, Gespräche mit Speer, a. a. O., S. 115; Speer hat später Siedler als seinen »langjährigen

Freund« tituliert, vgl. Albert Speer, Der Sklavenstaat. Meine Auseinandersetzungen mit der SS, Stuttgart 1981 (Sklavenstaat).

113 Fest, Gespräche mit Speer, a. a. O., S. 150; Fest bemüht sich so auffallend weitschweifig, das Geschenk als für seine Hitlerbiographie nützliches Anschauungsmaterial zu klassifizieren, als ob er damit anderes verdecken wollte, ebenda.

114 So mit dem ehemaligen Göring-Vertrauten Generalfeldmarschall Erhard Milch und Hitlers Luftwaffenadjutanten Nicolaus von Below, ebenda, S. 157.

115 Ebenda, S. 160 ff., S. 235 f.; vgl. zu beiden Vorgängen S. 48 ff.

116 Fest, Gespräche mit Speer, a. a. O., S. 161; auch bei späteren, durch Speers »Unvorsichtigkeiten« oder durch wissenschaftliche Publikationen entstandene Glaubwürdigkeitskrisen hat Fest immer geholfen, vgl. ebenda, S. 236, 251 ff.

117 Schon 1968 hatte Fest zu einem völlig unkritischen Fotoband eines anderen Hitlerfreundes – dessen verstorbenem Leibfotografen Heinrich Hoffmann – einen unkritischen Beitrag beigesteuert: Jochen von Lang (Hg.), Hitler. Gesichter eines Diktators. Eine Bilddokumentation, Oldenburg 1968; dazu kritisch Rudolf Herz, Hoffmann und Hitler. Fotografie als Medium des Führermythos, München 1994, S. 13 f.

118 Zu einem filmischen Pilotprojekt war es, ebenfalls mit Christian Herrendoerfer als Realisator, schon im April 1969 gekommen: Der vom WDR am 9. 4. 1969 ausgestrahlte Fernsehbeitrag trug den Titel *Adolf Hitler – Versuch eines Porträts*; zur Kritik vgl. Karl-Heinz Janßen, Das Phänomen Adolf Hitler. Zu einer provozierenden Fernsehsendung des WDR, Die Zeit, 18. 4. 1969.

119 Zu den Geschichtsfälschungen des Films vgl. auch die – von einigen vulgärmarxistischen Legenden abgesehen – brauchbare Kritik von Jörg Berlin, Kein Hitler-Bild für Mündige. Historische Kritik an Fests Hitler-Film, in: Jörg Berlin, Dierk Joachim, Bernhard Keller, Volker Ullrich (Hg.), Was verschweigt Fest?, Analysen und Dokumente zum Hitler-Film von J. C. Fest, Köln 1978 (Was verschweigt Fest?).

120 Einige haarsträubende Fälle dieser Montage zitiert Dierk Joachim, Propaganda-Optik und Schein-Evidenz. Zum Einsatz der filmischen Mittel, in: Was verschweigt Fest? a. a. O., S. 34–43, hier S. 36; grundsätzlicher: Wim Wenders, That's Entertainment: Hitler, Die Zeit, 5. 8. 1977.

121 Hitler, Mein Kampf, a. a. O., S. 149, 316, 386, 316; Geheimrede Hitlers vor Offizieren am 25. 1. 1939, zit. bei Hans-Adolf Jacobsen, Werner Jochmann (Hg.), Ausgewählte Dokumente zur Geschichte des Nationalsozialismus 1933–1945, Bielefeld 1961, S. 5; diese Formulierung geht zurück auf Vorstellungen Hitlers, die er

in dem 1928 abgeschlossenen, aber damals nicht veröffentlichten sogenannten »Zweiten Buch« entwickelte, vgl. Hitlers Zweites Buch. Ein Dokument aus dem Jahre 1928, Stuttgart 1961, S. 46 ff.

122 Hitler, Mein Kampf, a. a. O., S. 1.

123 Ebenda, S. 766, 699.

124 Ebenda, S. 741, 358, 751 f., 741, 742.

125 Ebenda, S. 697 ff.

126 Hitler lehnte die bisherige Polenpolitik der sprachlichen »Eindeutschung« als Halbheit ab und sprach sich implizit für deutsche Kolonisation und Beseitigung der Polen aus, ebenda, S. 297, 429 f.; die Tschechen haßte er schon seit seiner Wiener Zeit, vgl. Kershaw, Hitler I, a. a. O., S. 143.

127 Vgl. Messerschmidt, Außenpolitik und Kriegsvorbereitung, a. a. O., S. 645 f., 663; die Nahziele der Wehrmachtsführung Österreich, die Tschechoslowakei und Polen betreffend deckten sich mit Hitlers Überlegungen, ebenda, S. 658 ff.

128 Gerechtigkeit für Hitler. Die Wahrheit setzt sich durch, Deutsche National-Zeitung, 8. 7. 1977.

129 Harald Neubauer, Hitlers wahre Größe. Das neue Hitler-Bild, ebenda, 15. 7. 1977.

130 Günther Deschner, Versuch einer Revision: Fests Hitler-Film, Die Welt, 1. 7. 1977.

131 Joachim C. Fest, Revision des Hitler-Bildes?, Frankfurter Allgemeine Zeitung, 29. 7. 1977.

132 Armin von Manikowsky, Wenn das der Führer wüßte, Stern, 7. 7. 1977; Heinz Höhne, Faszination des Demagogen, Der Spiegel, 27. 7. 1977; Rudolf Augstein, Zu Hitler fällt uns nichts mehr ein, Der Spiegel, 15. 8. 1977.

133 Wolfram Schütte, … seine energischen Gemeinplätze, Frankfurter Rundschau, 8. 7. 1977; Karl-Heinz Janßen, High durch Hitler. NS-Nostalgie auf Großleinwand mit Stereoeffekt, Die Zeit, 8. 7. 1977; natürlich warteten auch Zeitungen wie der sozialdemokratische *Vorwärts*, die vom DGB herausgegebene *Welt der Arbeit* und Herman L. Gremlizas *Konkret* mit scharfen Kritiken auf, vgl. Volker Ullrich, »Gereinigter Faschismus« als Krisenlösungsstrategie? Zur öffentlichen Diskussion des Fest-Films in der Bundesrepublik, in: Was verschweigt Fest?, a. a. O., S. 44–59.

134 Janßen, Die Zeit, 8. 7. 1977.

135 Was verschweigt Fest?, a. a. O., S. 174-181, 206-208.

136 Ebenda, S. 171–173.

137 Vgl. die Besprechungen in *Le Monde, L'Express, International Herald Tribune, Neue Zürcher Zeitung, Iswestija*, ebenda, S. 136–155.

138 Fest, Gespräche mit Speer, a. a. O., S. 240.

139 Speer hatte Fests Zweifel an der Echtheit mit einigen überzeugenden Argumenten bestärkt, ebenda, S. 237 ff.

140 Charles S. Maier, Die Gegenwart der Vergangenheit. Geschichte und die nationale Identität der Deutschen, Frankfurt/Main, New York 1992, S. 7, 10, 7 f. (Gegenwart der Vergangenheit).

141 Ebenda, S. 11, 8.

142 Zum politischen Klima und zur neuen Geschichtspolitik vgl. Rupert Seuthe, Geistig-moralische Wende? Der politische Umgang mit der NS-Vergangenheit in der Ära Kohl am Beispiel von Gedenktagen, Museums- und Denkmalprojekten, Frankfurt/Main 2001, und Heinrich Senfft, Kein Abschied von Hitler. Ein Blick hinter die Fassaden des *Historikerstreits*, Hamburg 1989.

143 Michael Stürmer, Geschichte in geschichtslosem Land, Frankfurter Allgemeine Zeitung, 25. 4. 1986.

144 Zu den Debatten, die beide Projekte auslösten vgl. Geschichtswerkstatt Berlin (Hg.), Die Nation als Ausstellungsstück, Hamburg 1987.

145 Helmut Kohl hat später diesen neuen Umgang mit der deutschen Vergangenheit als eine seiner Errungenschaften gerühmt, zit. bei Maier, Gegenwart der Vergangenheit, a. a. O., S. 57.

146 Am 28. 2. 1986 hatte der Mitarbeiter der Frankfurter Allgemeinen Zeitung Friedrich Karl Fromme darauf hingewiesen, daß es Antisemitismus seit Jahrhunderten gegeben habe und die »Judenvernichtung« in Deutschland »diskret vonstatten gegangen« sei; der Redakteur Ernst-Otto Maetzke griff im Zusammenhang mit der Waldheim-Debatte am 24. 4. 1986 den Jüdischen Weltkongreß an und warf ihm vor, er habe die Toten des vergangenen Krieges und der Gewaltherrschaft »heuchlerisch zum Betreiben gegenwärtiger politischer Ziele mißbraucht«; dem am 14. 5. 1986 veröffentlichten Ausführungen eines in die USA emigrierten jüdischen Rechtsanwalts, der den Antisemitismus der NSDAP und die Schuld der Deutschen klein redete, gab der Redakteur Günther Gillessen den Titel: »Vorsicht vor falschen Schlüssen aus der deutschen Vergangenheit. Die Verführungen einer kollektiven Schuldbesessenheit«.

147 Joachim Fest, Von der Unverlorenheit der deutschen Frage, Frankfurter Allgemeine Zeitung, 28. 9. 1982; Michael Stürmer war der Autor des Bandes über das Kaiserreich, Hagen Schulze schrieb über die Weimarer Republik, Horst Möller durfte die Reihe eröffnen mit einer Darstellung der Zeit von 1763 bis 1815; alle drei Autoren engagierten sich später auf der Seite von Nolte/ Hillgruber im *Historikerstreit*.

148 Ernst Nolte, Der Faschismus in seiner Epoche. Die Action Française, italienischer Faschismus, Nationalsozialismus, München 1963.

ANMERKUNGEN

149 Ebenda, S. 480 ff.

150 Wiegel, Zukunft der Vergangenheit, a. a. O., S. 113 ff.

151 Eine von drei Zwischenbetrachtungen trägt programmatisch den Titel *Die große Angst*, vgl. Fest, Hitler, a. a. O., S. 129–154, S. 143 f.; Fest bezieht sich dort ausdrücklich auf Nolte.

152 Nolte wurde in einem nicht gezeichneten Vorspann zu einer vierteiligen Artikelserie nicht als »Faschismusforscher« eingeführt, sondern als Geschichtsdenker, der zu »historischen Grundproblemen« regelmäßig Stellung nehmen würde, Frankfurter Allgemeine Zeitung, 1. 10. 1977; die folgenden Beiträge erschienen am 17. 12. 1977, 24. 6. 1978, 25. 11. 1978.

153 Nolte, Revolution und Reaktion, Frankfurter Allgemeine Zeitung, 17. 12. 1977; die These vom Zusammenhang des Judenmordes mit der Oktoberrevolution hatte er erstmals entwickelt in: ders., Deutschland und der Kalte Krieg, Stuttgart (1974) 1985, S. 111; das Buch führte wegen der Behauptung, jedes bedeutendere Land der Gegenwart habe »seine Hitlerzeit mit ihren Ungeheuerlichkeiten und ihren Opfern gehabt« (S. 562 ff.) und der Vietnamkrieg sei in diesem Sinne »die noch grausamere Version von Auschwitz« (S. 487) in den USA zu heftiger wissenschaftlicher Kritik, vgl. Wehler, Entsorgung, a. a. O., S. 17.

154 Ernst Nolte, Die negative Lebendigkeit des Dritten Reiches. Eine Frage aus dem Blickwinkel des Jahres 1980, Frankfurter Allgemeine Zeitung, 24. 7. 1980; der Artikel war die Kurzfassung eines Vortrags in der Carl-Friedrich-von-Siemens-Stiftung München, der erst fünf Jahre später veröffentlicht wurde: ders., Between Myth and Revisionism? The Third Reich in the Perspective of the 1980s, in: H. Koch (ed.), Aspects of the Third Reich, London 1985, p. 17-38; Klaus Hildebrand feierte Noltes Thesen in: Historische Zeitschrift, 242, 1986, S. 465 f.; das Thema der »Vernichtungslehre« des Marxismus stand im Zentrum von: ders., Marxismus und Industrielle Revolution, Stuttgart 1983.

155 Ernst Nolte, Vergangenheit, die nicht vergehen will. Eine Rede, die geschrieben, aber nicht gehalten werden konnte, Frankfurter Allgemeine Zeitung, 6. 6. 1986 (Vergangenheit), abgedruckt in: *Historikerstreit*. Die Dokumentation der Kontroverse um die Einzigartigkeit der nationalsozialistischen Judenvernichtung, München, Zürich 1987, S. 39-47 (Historikerstreit), hier S. 45.

156 Ebenda, S. 45.

157 Die liberale Fraktion der deutschen Neuzeithistoriker hatte sich, wie es der prominenteste von ihnen später selbstkritisch zugab, »zu schnell« geeinigt, Noltes Umdeutung der Geschichte als »exzentrische Überspitzungen eines angesehenen Kollegen« vornehm zu übergehen, Wehler, Entsorgung, a. a. O., S. 17; die einzige frühe

336

Ausnahme: Lutz Niethammer hatte Noltes 1974 erschienenes Buch *Deutschland und der Kalte Krieg* kritisch rezensiert: ders., Zeitgeschichte als Notwendigkeit des Unmöglichen, in: Historische Zeitschrift, 221, 1975, S. 373–389.

158 Andreas Hillgruber, Zweierlei Untergang. Die Zerschlagung des Deutschen Reiches und der Untergang des europäischen Judentums, Berlin 1986 (Zweierlei Untergang).

159 Ebenda, S. 23.

160 Ebenda, S. 18 ff.

161 Ebenda, S. 35.

162 Ebenda, S. 9 f., 64.

163 Ebenda, S. 20 f.

164 Wehler, Entsorgung, a. a. O., S. 53.

165 Hillgruber, Zweierlei Untergang, a. a. O., S. 24 f.

166 Ebenda, S. 10.

167 Ebenda, S. 24.

168 Neben »einer jüdischen und einer deutschen Katastrophe« sei ganz Europa, »vor allem aber die im Kriege zerbrochene europäische Mitte, ihr Opfer« geworden, ebenda, S. 10.

169 Hillgruber gestand in seiner Entgegnung auf Habermas, dieser Satz des Althistorikers Alfred Heuss habe den Anstoß für seinen Artikel zum Kriegsende 1944/45 gegeben, vgl. ders., Jürgen Habermas, Karl-Heinz Janßen und die Aufklärung 1986, in: Historikerstreit, a. a. O., S. 339.

170 Hillgruber, Zweierlei Untergang, a. a. O., S. 90.

171 Ebenda, S. 9, 65, 20.

172 Offensichtlich konstituierten sich Teile der alten »Freundesrunde« beim Propyläen-Verlag als Beirat auch des neuen Siedler-Verlages, vgl. Fest, Begegnungen, a. a. O., S. 147 ff., hier: S. 151.

173 Joachim Fest, Die unwissenden Magier. Über Thomas und Heinrich Mann, Berlin 1985; ders., Im Gegenlicht. Eine italienische Reise, Berlin 1988; ders., Der zerstörte Traum. Vom Ende des utopischen Zeitalters, Berlin 1991; ders., Die schwierige Freiheit. Über die offene Flanke der offenen Gesellschaft, Berlin 1993; ders., Der Staatsstreich. Der lange Weg zum 20. Juli, Berlin 1994.

174 Vgl. seine zustimmende Ankündigung der sechsbändigen *Geschichte der Deutschen*, Anm. 147.

175 Nolte, Vergangenheit, in: Historikerstreit, a. a. O., S. 39.

176 Wehler, Entsorgung, a. a. O., S. 37 f. ; Jürgen Habermas, Eine Art Schadensabwicklung. Die apologetischen Tendenzen in der deutschen Zeitgeschichtsschreibung, Die Zeit, 11. 7. 1986, abgedruckt in: Historikerstreit, a. a. O., S. 62–76, hier: S. 70 f. (Schadensabwicklung).

177 Reich-Ranicki, Mein Leben, a. a. O., S. 542.

178 Reich-Ranicki, Mein Leben, a. a. O., S. 540.

179 Heinrich August Winkler und H. Köhler, Leserbriefe, Frankfurter Allgemeine Zeitung, 26. 6. 1986; am 28. 6. 1986 druckte die Zeitung einen Text des Althistorikers Christian Meier ab, der die Kurzfassung eines am 8. 1. 1986 in Israel gehaltenen Vortrags darstellte, also lange vor der Nolteschen Provokation verfaßt war und sich darauf nicht beziehen konnte; Meier hielt an der Verantwortung für die bespiellosen NS-Verbrechen fest, plädierte aber gleichzeitig für Verstehen statt Verurteilen der damals Lebenden, vgl. Christian Meier, Verurteilen und Verstehen. An einem Wendepunkt deutscher Geschichtserinnerung, abgedruckt in: Historikerstreit, a. a. O., S. 48-61.

180 Wehler, Entsorgung, a. a. O., S. 79; einige seiner Kollegen, wie Wolfgang J. Mommsen und Hans Mommsen, hatten schon während der Römerberg-Gespräche scharf gegen Noltes Thesen Stellung bezogen, mit ihnen solidarisiert hatte sich hingegen Michael Stürmer, vgl. Wehler, Entsorgung, a. a. O., S. 22, Anm. 21.

181 Habermas, Schadensabwicklung, in: Historikerstreit, a. a. O., S. 63.

182 Ebenda, S. 64.

183 Ebenda, S. 67.

184 Ebenda, S. 69.

185 Ebenda, S. 70.

186 Namentlich nennt Habermas die Zeithistoriker Klaus Hildebrand und Michael Stürmer; zu deren wissenschaftlichen Karrieren und politischen Seilschaften vgl. Wehler, Entsorgung, a. a. O., S. 24–36, 189-196.

187 Michael Stürmer, Geschichte im geschichtslosen Land, Frankfurter Allgemeine Zeitung, 25. 4. 1986, abgedruckt in: Historikerstreit, a. a. O., S. 36–38, hier: S. 38.

188 Michael Stürmer, Kein Eigentum der Deutschen: die deutsche Frage, in: Werner Weidenfeld (Hg.), Die Identität der Deutschen, Bonn 1983, S. 84.

189 Zit. Habermas, Schadensabwicklung, in: Historikerstreit, a. a. O., S. 63.

190 Habermas, Schadensabwicklung, in: Historikerstreit, a. a. O., S. 73.

191 Ebenda, S. 73 f.

192 Ebenda, S. 75.

193 Stürmer und Hillgruber, Leserbriefe, Frankfurter Allgemeine Zeitung, 16. 8. 1986 und 23. 8. 1986; Nolte, Leserbrief, Die Zeit, 1. 8. 1986.

194 Klaus Hildebrand, Das Zeitalter der Tyrannen. Geschichte und Politik: Die Verwalter der Aufklärung, das Risiko der Wissenschaft

und die Geborgenheit der Weltanschauung. Eine Entgegnung auf Jürgen Habermas, in: Frankfurter Allgemeine Zeitung, 31. 7. 1986, abgedruckt in: Historikerstreit, a. a. O., S. 84–92.

195 Joachim Fest, Die geschuldete Erinnerung. Zur Kontroverse über die Unvergleichbarkeit der nationalsozialistischen Massenverbrechen, in: Frankfurter Allgemeine Zeitung, 29. 8. 1986 (Geschuldete Erinnerung), abgedruckt in: Historikerstreit, a. a. O., S. 100–112; Reich-Ranicki hat behauptet, Fest habe die gegen Noltes Artikel gerichteten Beiträge »allesamt ohne Begründung abgelehnt« und statt des von Teilen der Redaktion erwarteten Gegenartikels zu Nolte sei völlig überraschend Fests Apologie erschienen, vgl. Reich-Ranicki, Mein Leben, a. a. O., S. 543.

196 Fest, Hitler, a. a. O., S. 59.

197 Fest, Geschuldete Erinnerung, in: Historikerstreit, a. a. O., S. 105 f.

198 Ebenda, S. 106.

199 Fest, Hitler, a. a. O., S. 302 ff.

200 Ebenda, S. 106 f.; Fest stützt seine Frage mit angeblich ähnlichen Überlegungen von prominenten und unverdächtigen Historikern wie Hans Mommsen und Martin Broszat, ebenda; vgl. die Entgegnung eines der von Fest als Unterstützer genannten Historiker: Hans Mommsen, Neues Geschichtsbewußtsein und Relativierung des Nationalsozialismus, in: Blätter für deutsche und internationale Politik, Oktober 1986, S. 1200–1213, abgedruckt in: Historikerstreit, a. a. O., S. 174–188.

201 Fest, Hitler, a. a. O., S. 929 ff.; ähnlich hatte der Historiker Jäckel früher die Einzigartigkeit des Holocaust charakterisiert, er hat seine Argumente gegen Fests Reduktionismus wiederholt, vgl. Eberhard Jäckel, Die elende Praxis der Untersteller. Das Einmalige der nationalsozialistischen Verbrechen läßt sich nicht leugnen, Die Zeit, 12. 9. 1986, abgedruckt in: Historikerstreit, a. a. O., S. 115–122, hier S. 118.

202 Fest, Geschuldete Erinnerung, in: Historikerstreit, a. a. O., S. 103, 111.

203 Ebenda, S. 103 f.

204 Ebenda, S. 100 f.

205 Fest nennt Habermas einen Wissenschaftler, dessen Argumentation Zeichen von »akademischer Legasthenie« erkennen lasse, er attackierte seine Kontrahenten mit »gestückelten« Zitaten, »unterschobenen« Behauptungen und unbekümmerten »Verdrehungen«, statt einer wissenschaftlichen Auseinandersetzung betreibe er »Rufmord«, ebenda, S. 101 f.

206 Ebenda, S. 110 f.

207 Ebenda.

208 Ebenda, S. 112.

209 Ebenda, S. 108 f.

210 Wehler, Entsorgung, a. a. O., S. 126; Kocka, Versuche deutscher Historiker, in: Historikerstreit a. a. O., S. 135; Reich-Ranicki, Mein Leben, a. a. O., S. 543 f. .

211 Nolte ist 1923, Hillgruber 1925, Fest 1926 geboren, vgl. Wehler, Entsorgung, a. a. O., S. 13, 20, und Munzinger Archiv.

212 Vgl. Heer, Vom Verschwinden der Täter, a. a. O., S. 203 ff., 225 ff.

213 Jörn Rüsen, Zerbrechende Zeit. Vom Sinn der Geschichte, Köln, Weimar, Wien 2001, S. 279 ff., und Heer, Vom Verschwinden der Täter, a. a. O., S. 24 ff.

214 Fest, Die verneinte Realität. Überlegungen zum Romantizismus heute, in: Der Spiegel, 1970, Nr. 49, abgedruckt in: ders., Aufgehobene Vergangenheit, a. a. O., S. 118–126; ders., Hitler, a. a. O., S. 1040 f.; ders., Demagoge des befriedeten Daseins. Ein Wort zu Herbert Marcuse, in: Aufgehobene Vergangenheit, a. a. O., S. 115 bis 117; ders., Anachronistisches Zwischenspiel: Ernst Bloch, in: Der zerstörte Traum, a. a. O., S. 59–80; ders., Das Dilemma der liberalen Ordnung, in: Die schwierige Freiheit, a. a. O., S. 37 ff., 95 ff.; ders., Begegnungen, a. a. O., S. 8 ff., 249 ff.

215 Zu Nolte und Hillgruber vgl. Wehler, Entsorgung, a. a. O., S. 14 und 21, 26; auch Christian Meier weist, ohne Hillgruber und Nolte namentlich zu nennen, auf deren »alte Wunden« hin, vgl. ders., Eröffnungsrede zur 36. Versammlung deutscher Historiker in Trier, 8. Oktober 1986, Kurzfassung in: Rheinischer Merkur/ Christ und Welt, 10. 10. 1986, abgedruckt in: Historikerstreit, a. a. O., S. 204–214, hier S. 208; Fests leitmotivisches Ressentiment spiegeln die oben wiedergegebenen Passagen aus den *Begegnungen*.

216 Maier, Gegenwart der Vergangenheit, a. a. O., S. 211.

217 Ebenda, S. 43.

218 Ebenda, S. 99 f.

219 Ebenda, S. 72.

220 Reich-Ranicki, Mein Leben, a. a. O., S. 546 f.

221 »Ich bin bisweilen boshaft.« Der Literaturkritiker Marcel Reich-Ranicki über Lieblingsautoren, seine Bereitschaft, sich auch mit erbitterten Widersachern wie Joachim Fest zu versöhnen, die Ehe und sein Verhältnis zum Tod, Der Spiegel, Nr. 22, 30. 5. 2005, S. 158–162, hier S. 158 f.

222 Fest, Gespräche mit Speer, a. a. O., S. 7, und ders., Begegnungen, a. a. O., S. 31 f.

223 Fest, Begegnungen, a. a. O., S. 149.

224 Fest, Untergang, a. a. O., S. 11 f.

225 Fest, Begegnungen, a. a. O., S. 341; an anderer Stelle teilte er mit, Trevor-Roper habe ihn »jahrelang« dazu »bedrängt«: Albert Speer

hat uns angelogen – und mehr verraten, als er mußte. Joachim C. Fest über Heinrich Breloers *Speer und Er* und seine heutige Sicht auf die Zusammenarbeit mit Hitlers einstigen Rüstungsminister, in: Frankfurter Allgemeine Zeitung, 25. 5. 2005.

226 Fest, Gespräche mit Speer, a. a. O. 1, S. 7, 12.

227 Ebenda, S. 21, 25, 27 f., 31, 39, 42, 45, 52, 66, 77 f., 85, 97, 105, 110, 114, 123, 126, 133, 141, 149.

228 Matthias Schmidt, Albert Speer: Das Ende eines Mythos. Speers wahre Rolle im Dritten Reich, Bern, München 1982, S. 21 (Speer); auch Gitta Sereny erwähnt, daß es üblich gewesen sei, Fest als Ghostwriter zu bezeichnen, dies., Albert Speer. Sein Ringen mit der Wahrheit und das deutsche Trauma, München 1995, S. 812 (Speer).

229 So der Verleger Siedler, zit. bei Sereny, Speer, a. a. O., S. 812; Siedler ist allerdings ein schlechter Gewährsmann: Er berichtet, offensichtlich um eine allzu direkte Beteiligung am Entstehungsprozeß der *Erinnerungen* herunterzuspielen, Fest sei als »historischer Berater« tätig gewesen, man habe sich »nur sieben- oder achtmal« mit Speer getroffen, und die Frauen seien »immer mit dabei« gewesen, ebenda; Siedlers Erinnerungslöcher sind so erheblich, daß er sogar die in seinem Auftrag in den Jahren 1974/75 erfolgte erneute Mitarbeit Fests bei der Edition von Speers *Spandauer Tagebüchern* leugnet, ebenda; Fest schildert diese Zusammenarbeit ausführlich und erwähnt auch immer wieder die Anwesenheit von Siedler bei den Gesprächen, vgl. ders., Gespräche mit Speer, a. a. O., S. 175–226.

230 Sereny nennt Fest einen »redaktionellen Berater«, dies., Speer, a. a. O., S. 199; Fest hat für sich die originelle Berufsbezeichnung eines »vernehmenden Lektors« erfunden, ders., Gespräche mit Speer, a. a. O., S. 7.

231 Speer, Erinnerungen, a. a. O., S. 527; Speer, der auf jeden Verdacht einer redaktionellen Mitarbeit sehr empfindlich reagiert hat (vgl. Sereny, Speer, a. a. O., S. 812), erwähnt Siedler und Fest nur in diesem Zusammenhang und nennt sie seine »Gesprächspartner«, ebenda.

232 Fest, Gespräche mit Speer, a. a. O., S. 22.

233 Raul Hilberg, Die Vernichtung der europäischen Juden, Frankfurt/Main 1991, S. 464 f. und 551, 499, 995, 515 (Vernichtung); die deutsche Erstausgabe war 1982 erschienen.

234 Gregor Janssen, Das Ministerium Speer, Berlin, Frankfurt/Main, Wien 1968, S. 97 ff., 310 f.; Speer hat, nach Lektüre des Textes in seiner Spandauer Gefängniszelle, vergeblich versucht, die Arbeit zu behindern bzw. dafür zu sorgen, daß sie nicht vor seinen eigenen *Erinnerungen* erschien, vgl. Schmidt, Speer, a. a. O., S. 20.

235 So hat Speer seine beiden Helfer genannt, ders., Erinnerungen, a. a.
O., S. 527; Fests unspezifische Fragen (vgl. ders., Gespräche mit
Speer, a. a. O., S. 43 ff., 77, 85, 107 ff., 110) lassen dessen Behauptung, man habe Speer förmlich ins ».Kreuzverhör« genommen,
äußerst fraglich erscheinen, ebenda, S. 22.
236 Fest, Gespräche mit Speer, a. a. O., S. 11; Albert Speer hat uns angelogen, Frankfurter Allgemeine Zeitung, 25. 5. 2005.
237 Speer hat zu Lebzeiten wissen lassen, daß er seine Manuskripte
einem Archiv nicht zur Verfügung zu stellen gedenke, vgl.
Schmidt, Speer, a. a. O., S. 21; Siedler hat behauptet, er habe die »in
jedem dritten Absatz« des ursprünglichen Manuskripts enthaltenen Schuldbeteuerungen Speers, nachdem dieser »des Kampfes
müde« gewesen sei, ersatzlos gestrichen, zit. bei Sereny, Speer, a. a.
O., S. 813.
238 Speer, Erinnerungen, a. a. O., S. 64 ff und 125 f.; Sereny, Speer,
a. a. O., S. 144, und Fest, Gespräche mit Speer, a. a. O., S. 112 ff.
239 Sereny, Speer, a. a. O., S. 101 f; zu den Unterschieden vgl. Sereny,
ebenda, S. 113, 119, 230 f.
240 Fest, Gespräche mit Speer, a. a. O., S. 54.
241 Ebenda, S. 28.
242 Ebenda, S. 40, 54, 66, 78, 102 f., 110 ff., 115, 133 ff.
243 Ebenda, S. 81, 85 f.
244 Joachim C. Fest, Albert Speer und die technizistische Unmoral,
in: ders., Das Gesicht des Dritten Reiches. Profile einer totalitären
Herrschaft, München 1963, S. 271–285, hier: S. 272, 274 (Profile).
245 Fest, Gespräche mit Speer, a. a. O, S. 21; Speer hatte neben Fest
noch den englischen Historiker Hugh Trevor-Roper genannt, der
ein ähnliches Porträt von ihm entworfen hatte, vgl. Hugh R.
Trevor-Roper, Hitlers letzte Tage, Hamburg 1947, S. 85–93, und
ders., Porträt des wirklichen Naziverbrechers, 1949, wieder abgedruckt in: Adelbert Reif (Hg.), Albert Speer. Kontroversen um ein
deutsches Phänomen, München 1978, S. 233–239 (Kontroversen);
außer den Studien von Fest und Trevor-Roper, so Speer, sei »fast
alles übrige ohne Belang gewesen«, Fest, Gespräche mit Speer, a. a.
O., S. 21; wie stark Fest selbst von den frühen Arbeiten Trevor-
Ropers beeinflußt wurde, lassen die in den *Begegnungen* skizzier-
ten Gespräche erkennen, ebenda, S. 339 ff.
246 Die Übereinstimmung mit Fest könnte – neben der konservativen
und nachweislich antinazistischen Haltung des Verlegers Siedler –
der Grund gewesen sein, warum sich Fest für den Propyläen-
Verlag und gegen den von seinem Freund Wolters favorisierten
Athenäum-Verlag aussprach, vgl. Schmidt, Speer, a. a. O., S. 19; der
Athenäum-Verlag, ein nach dem Krieg gegründetes Nachfolge-
unternehmen des in der Nazizeit wichtigsten Wissenschaftsver-

lages Junker und Dünnhaupt, hatte für Speer offensichtlich zu viele seiner ehemaligen Kameraden unter Vertrag: hier wurden die von Bormanns Mitarbeiter Henry Picker aufgezeichneten Tischgespräche Hitlers im *Führerhauptquartier* ebenso veröffentlicht wie die Memoiren ehemaliger Nazidiplomaten wie Paul Otto Schmidt oder Peter Kleist, und der Verlag war – dank der Vermittlung des ehemaligen Kommandanten des *Führerhauptquartiers* Gustav Streve – auch zum Sprachrohr vormaliger und inzwischen als Kriegsverbrecher verurteilter Militärs wie Albert von Kesselring, Erich von Manstein, Karl Dönitz geworden, vgl. Klaus Körner, »Verlorene Siege«, in: Aus dem Antiquariat Nr. 3, 2002, S. 129–141, und ders., Aus dem Antiquariat Nr. 2, 2003, S. 83–102.

247 Fest, Albert Speer, in: Profile, a. a. O., S. 284.

248 Vgl. Anm. 230.

249 Schmidt, Speer, a. a. O., S. 25-31.

250 Joachim Fest, Speer. Eine Biographie, (Berlin 1999), Frankfurt/Main 2001 S. 495 Anm. 52 (Speer).

251 Fest, Gespräche mit Speer, a. a. O., S. 257.

252 Fest, Speer, a. a. O., S. 457.

253 Deshalb bezeichnete er Gitta Serenys Buch als den entscheidenden Anstoß, die Speer-Biographie zu verfassen, ders,, Gespräche mit Speer, a. a. O., S. 260; in der Biographie liefert er eine andere Begründung, ders., Speer, a. a. O., S. 8.

254 Die dort abgedruckten »Gespräche mit Speer« sind keine Originalniederschriften, sondern, wie Fest in der Einführung zu dem Band formuliert hat, »geraffte Gedächtnisprotokolle« (S. 12). Sie seien meist am Abend nach den Gesprächen angefertigt worden, wobei ihm ein mit der Zeit erworbenes »Übersetzergedächtnis« geholfen habe, auch »längere Darlegungen« Speers mit dessen »sprachlichen Eigenheiten« und den im Gespräch auftretenden »Rücknahmen und Abweichungen« in Erinnerung zu behalten (ebenda). In Anführungszeichen gesetzte Passagen seien insofern »als Zitat zu verstehen« (ebenda). Auch die Abfolge der Gespräche entspreche nicht dem tatsächlichen Verlauf, sondern sei »für die hier vorliegende Veröffentlichung« arrangiert worden (S. 13). Die Aufzeichnungen würden, so der Autor, keine genauen Kenntnisse vom Leben Speers voraussetzen – »sie stehen für sich selbst« (S. 14). Als Grund, warum sie nicht schon Teil der Biographie geworden wären, gibt er an, sie hätten »zu weit abseits gelegen« oder aber »die Dramaturgie beeinträchtigt« (ebenda).

255 Fest, Speer, a. a. O., S. 8.

256 Speer, Erinnerungen, a. a. O., S. 123.

257 Fest, Speer, a. a. O., S. 11; Gitta Sereny unterzieht die angeblich der Tatzeit zugehörige Bemerkung »Was ging das alles mich an?«

einer kritischen Nachprüfung: Sie zeigt anhand eines Vergleichs des Spandauer Entwurfs mit dem nach der Haftentlassung verfertigten Manuskript, wie Speer ursprünglichere Erinnerungsschichten zu nachträglichem Entlastungsmaterial umarbeitet, vgl. Sereny, Speer, a. a. O., S. 230 f.

258 Fest, Speer, a. a. O., S. 32.

259 Ebenda, S. 37.

260 Ebenda, S. 13, 12; die von Fest genannten Vertreter dieser Funktionseliten – »Beamte, Behördenleiter und lokale Verwaltungschefs, Polizeivorsteher, Dezernenten und andere Amtsträger« (S. 12) – passen ebensowenig auf Speer wie die Beispiele Schacht, Gürtner und Diels, die alle entweder alte Männer oder jüngere, aber verdiente Spitzenbeamte waren, ebenda.

261 So habe sich sein Vater, Angehöriger einer demokratischen Partei, über den Zugewinn der Linken bei den Septemberwahlen 1930 erregt, und er selbst habe sich in der Auseinandersetzung mit nationalsozialistischen Studenten der politischen Argumente seines Vaters bedient, ders., Erinnerungen, a. a. O., S. 31.

262 Speer ging es, dank des großen Vermögens seines Vaters, finanziell nicht schlecht, er verwaltete in Mannheim die Immobilien des Vaters, vgl. Sereny, Speer, a. a. O., S. 116 ff.

263 So Speer 1953 in einem Brief an seine Tochter Hilde, zit. bei Sereny, Speer, a. a. O., S. 101; ähnlich im Gespräch mit Sereny, ebenda, S. 105, und gegenüber seinem britischen Biographen William Hamsher, zit. bei Schmidt, Speer, a. a. O., S. 44 f.

264 Diesen Satz hielt er von der Rede Hitlers 1930 ausdrücklich in dem Spandauer Entwurf zu seiner Autobiographie fest, zit. Sereny, Speer, a. a. O., S. 103.

265 Ebenda, S. 112.

266 Sereny hat von ihm gesagt, daß fast alles, was er tat, »einen Zweck hatte, der ihm meist irgendeinen Vorteil brachte«, ebenda, S. 65; einer seiner engsten Mitarbeiter und Freunde, der ehemalige Feldmarschall Erhard Milch, hat ihn »ehrgeizig bis zur Machtgier« genannt, zit. bei Schmidt, Speer, a. a. O., S. 136.

267 Zit. bei Schmidt, Speer, a. a. O., S. 45; Wolters wurde später auch ein glühender Verehrer Hitlers, vgl. Sereny, Speer, a. a. O., S. 38.

268 Sereny, Speer, a. a. O., S. 114 f.

269 Ebenda, S. 112.

270 Fest, Speer, a. a . O., S. 45.

271 Schmidt, Speer, a. a. O., S. 40; Schmidts Zeuge für solche Diskussionen, ein ehemaliges Mitglied des NS-Studentenbundes, schilderte Speers Verhalten so: »Er hörte, wie stets, gelassen und abwartend, zu, stellte die eine oder andere kurze Frage, trat nicht aus sich heraus, sondern erwog lange und bedächtig.« Fest machte

daraus, ohne Angabe der Quelle, das Bild eines absenten Träu-
mers: »Speer [hörte] zwar aufmerksam zu und warf [...] gelegentlich auch eine Bemerkung ein. Aber was er sagte, kam stets wie aus
großer Entfernung und als seien die Auseinandersetzungen, in
denen die anderen sich so leidenschaftlich verfingen, nicht seine
Sache.« Fest, Speer, a. a. O., S. 43.

272 Michael Grüttner, Studenten im Dritten Reich, Paderborn 1995,
S. 496.

273 Fest, Speer, a. a. O., S. 42.

274 Speer, Spandauer Entwurf, zit. bei Sereny, Speer, a. a. O., S. 113.

275 Zit. bei Fest, aber versteckt in einer Anmerkung, ders., Speer, a. a.
O., S. 485, Anm. 21; vgl. auch das ähnlich eindeutige Zeugnis eines
anderen Zeitzeugen bei Schmidt, Speer, a. a. O., S. 43 f.

276 Sereny, Speer, a. a. O., S. 118.

277 Zit. bei Karl-Heinz Ludwig, Die wohlreflektierten Erinnerungen
des Albert Speer. Einige kritische Bemerkungen zur Funktion des
Architekten, des Ingenieurs und der Technik im Dritten Reich, in:
Reif, Kontroversen, a. a. O., S. 411–431, hier. S. 412 f.

278 Speer, Erinnerungen, a. a. O., S. 35; zur Geschichte und Funktion
des NSKK vgl. Dorothee Hochstetter, Motorisierung und *Volksgemeinschaft*. Das nationalsozialistische Kraftfahrkorps (NSKK)
1931–1945, München 2005.

279 Fest, Speer, a. a. O., S. 46.

280 Speer, Erinnerungen, a. a. O., S. 35 f.

281 Fest, Speer, a. a. O., S. 46; in den dubiosen *Gesprächen mit Speer* läßt
er diesen sogar behaupten, er habe nach seinem Parteibeitritt »eine
Phase der Besinnungs- und Abstandssuche« erlebt, in der er sich
mehrfach gefragt habe, »ob er sich nicht schon zu weit auf die Politik eingelassen hätte«, Fest, Gespräche mit Speer, a. a. O., S. 29 f.

282 Fest, Speer, a. a. O., S. 46 f.

283 Speer, Erinnerungen, a. a. O., S. 36 ff.

284 Speer, Spandauer Entwurf, zit. bei Sereny, Speer, a. a. O., S. 119;
seinen damaligen Auftraggeber, den Leiter des NSKK Berlin West,
machte Speer 1938 zum Stabschef seines Amtes, ebenda.

285 Speer, Erinnerungen, a. a. O., S. 37 f.

286 Ebenda, S. 39 ff.; Schmidt, Speer, a. a. O., S. 49 ff.

287 Ulrich Schlie (Hg.), Albert Speer. Die Kransberg-Protokolle 1945,
München (1999) 2003, S. 20 (Kransberg-Protokolle).

288 Fest, Speer, a. a. O., S. 53 f.

289 So hat Speer sich später als Rüstungsminister bezeichnet, ders.,
Erinnerungen, a. a. O., S. 280.

290 Ebenda, S. 34, und ders., Tagebücher, a. a. O., S. 609.

291 Dieser Suchtbefund wird aus anderer Quelle noch kräftig angerei-
chert: Er sei spätestens seit 1934, als Hitler ihn als seinen Bau-

meister auserkoren habe, diesem »erlegen« und »mit Haut und
Haaren verfallen«, er habe dieser »Mischung aus Energie und
buchstäblich unheimlichem Zauber« nachgegeben, Fest, Gespräche mit Speer, a. a. O., S. 30, 83.

292 Fest, Speer, a. a. O, S. 59, 64.

293 Schmidt, Speer, a. a. O., S. 56 ff.; Fest, Speer, a. a. O., S. 67 ff.;
Fests Porträt des Amtes *Schönheit der Arbeit* folgt Speers idyl-
lischer Beschreibung eines am Wohl der Arbeiter interessierten
Reformprogramms; empirische Studien belegen, daß es dem Amt
um die »Erhöhung der Arbeitsproduktivität« ging; neu war an dieser auf ältere Konzepte zurückgreifenden sozialpolitischen Initiative nur »die Systematik und Intensität der Propaganda«, vgl.
Yano Hisashi, Hüttenarbeiter im Dritten Reich. Die Betriebsverhältnisse und soziale Lage bei der Gutehoffnungshütte Aktienverein und der Fried. Krupp AG 1936–1939, Stuttgart 1986,
S.123 ff.

294 Fest, Speer, a. a. O., S. 70.

295 Ebenda, S. 140.

296 Schmidt, Speer, a. a. O., S. 58 ff.; Fest, Speer, a. a. O., S. 96.

297 Fest, Speer, a. a. O., S. 142.

298 Ernst Zörner, NSDAP 1922, Oberbürgermeister in Dresden
1933–1938, und Paul Batz, 1933–1937 Senator für Propaganda in
Danzig, vgl. Susanne Willems, Der entsiedelte Jude. Alberts
Speers Wohnungsmarktpolitik für den Berliner Hauptstadtbau,
Berlin 2002, S. 480, 473 (Der entsiedelte Jude); zu Willy Liebel,
Parteieintritt 1925, seit 1933 Oberbürgermeister von Nürnberg,
ab 1936 Reichstagsabgeordneter, vgl. Schlie, Kransberg-Protokolle, a. a. O., S. 463; zu Will Nagel, Speers ehemaligem Berliner
NSSK-Führer, zu seiner Privatsekretärin Annemarie Wittenberg,
später verh. Kempf, und zu Hans Peter Klinke vgl. Sereny, Speer,
a. a. O., S. 119, 184, 160.

299 Fest, Speer, a. a. O., S. 142.

300 Fest, Gespräche mit Speer, a. a. O., S. 77; seine Anwesenheit bei
der Verkündung der *Rassegesetze* in Nürnberg hat Speer gegenüber
Sereny bestätigt, dies., Speer, a. a. O., S. 210 f.

301 Schlie, Kransberg-Protokolle, a. a. O., S. 205 f.: Die entscheidenden Schritte auf dem Weg zur Enteignung waren die Verschärfung
des Gesetzes zur *Devisenbewirtschaftung* im Dezember 1936 und
die Verordnung zum *jüdischen Gewerbebetrieb* vom Januar 1938.

302 Fest, Gespräche mit Speer, a. a. O., S. 112 ff. in der ersten Verhören
im Sommer 1945 wollte er sich nicht einmal mehr an das Datum
erinnern, vgl. Schlie, Kransberg-Protokolle, a. a. O., S. 206.

303 Speer, Erinnerungen, a. a. O., S. 127.

304 Willems, Der entsiedelte Jude, a. a. O., S. 25.

305 Speer, Erinnerungen, a. a. O., S. 91.

306 Hans G. Adler, Der verwaltete Mensch. Studien zur Deportation der Juden aus Deutschland, Tübingen 1974, S. 152 ff. (Der verwaltete Mensch).

307 Ebenda, S. 152 f.

308 Ebenda, S. 607 f.; Speer informierte in seinem Brief Rosenberg, der um Wohnungen angesucht hatte, daß dies im Moment wegen anderer Verwendungszwecke nicht möglich sei und die Tatsache, daß »die Evakuierung von Juden vorübergehend bis April abgestoppt ist«, für die künftige Vergabe »naturgemäß erhebliche Schwierigkeiten« mit sich brächte.

309 Wolters, der engste Freund und Mitarbeiter Speers, hatte mit der Abfassung der *Chronik* am 1. 1. 1941 begonnen. Nach dem Krieg hatte er alle Speer belastenden Stellen, vor allem die *Entjudung* betreffend, entfernt und diese gereinigte Fassung dem Bundesarchiv überlassen. Als Teile des Originals in England aufgetaucht waren, gerieten die beiden Freunde in Schwierigkeiten. Sie einigten sich darauf, dem Bundesarchiv am 13. 2. 1970 mitzuteilen, das Original sei nicht mehr aufzufinden, vgl. Schmidt, Speer, a. a. O., S. 25 ff. Wolters, dessen Freundschaft mit Speer in der Folgezeit zerbrach, stellte Schmidt sein Original der *Chronik* für dessen Arbeit zur Verfügung.

310 Michael Hepp, Fälschung und Wahrheit: Albert Speer und der *Sklavenstaat*, in: Dokumentationsstelle zur NS-Sozialpolitik, Mitteilungen, 1. Jg., 1985, Heft 3, S. 1–39, (Fälschung und Wahrheit).

311 Schmidt, Speer, a. a. O., S. 215 ff., 221.

312 Ebenda, S. 217 f.

313 Zit. bei Hepp, Fälschung und Wahrheit, a. a. O., S. 13.

314 Mitteilung Susanne Willems.

315 Schreiben des *Reichsbundes der Haus- und Grundbesitzer e.V.* an den Reichsarbeitsminister vom 16. 4. 1941, zit. bei Hepp, Fälschung und Wahrheit, a. a. O., S. 12.

316 Speer-Chronik 1941, zit. bei Schmidt, Speer, a. a. O., S. 218.

317 Willems, Der entsiedelte Jude, a. a. O., S. 361 ff.; die *Novemberaktion* wurde von Januar bis Mai 1942 unterbrochen, dann wieder aufgenommen, ab November 1942 unter Gestapo-Kommando durchgeführt und im März 1943 abgeschlossen.

318 Speer-Chronik 1941, zit. bei Schmidt, Speer, a. a. O., S. 217 f.; 218 f., 223.

319 Ebenda, S. 223.

320 Speer-Chronik 1942, zit. bei Schmidt, Speer, a. a. O., S. 221.

321 Hilberg, Vernichtung, a. a. O., S. 499 Anm. 287.

322 Johann Friedrich Geist, Klaus Kürvers, Tatort Berlin, Pariser Platz. Die Zerstörung und *Entjudung* Berlins (Tatort Berlin) in: Jörn

Düwel, Werner Durth, Niels Gutschow, Jochem Schneider (Hg.), 1945. Krieg, Zerstörung, Aufbau. Architektur und Stadtplanung 1940–1960, Berlin 1995, S. 55–118, hier S. 67 ff. (Krieg).

323 Zit. ebenda, S. 123; Göring, als Beauftragter für den Vierjahresplan zuständig, richtete die Anordnung am 26. 11. 1938 an den Wirtschaftsminister und ließ – außer an Speer – auch Kopien an die Ministerien für Inneres und Justiz zugehen, ebenda, S. 122.

324 Susanne Willems, Die Neugestaltung Berlins als Reichshauptstadt auf Kosten der Berliner Juden 1938–1942, in: Bulletin für Faschismus- und Weltkriegsforschung, Heft 10, 1998, S. 3–22, hier S. 12 (Neugestaltung); der Aufsatz ist die Zusammenfassung ihrer Bochumer Dissertation, die später als Buch erschienen ist: dies., Der entsiedelte Jude, a. a. O.

325 Willems, Neugestaltung, a. a. O., S. 13 f.; durch die von Göring am 12. 11. 1939 erlassene *Verordnung zur Ausschaltung der Juden aus dem deutschen Wirtschaftsleben* war die letzte Phase der *Arisierung* eingeleitet worden, die zu einem Ansturm auf jüdischen Besitz führte, vgl. Uwe Dietrich Adam, Judenpolitik im Dritten Reich, Königstein/Ts., Düsseldorf 1979, S. 211 (Judenpolitik).

326 Aktennotiz Speer vom 29. 9. 1940, zit. bei Willems, Neugestaltung, a. a. O., S. 15; diese Strategie belegt auch eine Notiz vom 20. 1. 1941 an seinen Mitarbeiter Willi Clahes, den Leiter der *Hauptabteilung Umsiedlung*: »Cl.Aktion 1000 Judenwohnungen mit Bereitstellung von Notquartier für durch Fliegerangriff Obdachlose koppeln. Näheres folgt.«, zit. bei Geist, Kürvers, Tatort Berlin, in: Düwel u. a., Krieg, a. a. O., S. 75.

327 Götz Aly nennt als Zeitpunkt der Entscheidung den Juli/August 1941, vgl. ders., *Endlösung*. Völkerverschiebung und der Mord an den europäischen Juden, Frankfurt/Main 1995, S. 307, 350 f.; Goebbels hatte von Hitler am 18. 8. 1941 die Zusage für die Berliner Deportationen erhalten, sobald Transportmittel zur Verfügung ständen, am 24. 9. regelte er mit Heydrich die näheren Einzelheiten und am 14. 10. 1941 stellte ihm sein Freund, der Chef der Ordnungspolizei Daluege, den Deportationsbefehl aus, vgl. Reuth, Goebbels, a. a. O., S. 490 f.

328 Willems, Neugestaltung, a. a. O., S. 6.

329 Fest, Speer, a. a. O., S. 161.

330 Ebenda, S. 164; um die Manipulation des Datums zu kaschieren, unterläßt er es, als er den Abschlußbericht der Abteilung zitiert, den dort angegebenen Berichtszeitraum zu benennen, ebenda, S. 164 f.

331 Brief Speer an Rosenberg, 12. 11. 1942, Nürnberger-Dokument PS-1738, zit. bei Konrad Kwiet, Nach dem Pogrom: Stufen der Ausgrenzung, in: Wolfgang Benz (Hg.), Die Juden in Deutschland

1933–1945. Leben unter nationalsozialistischer Herrschaft, München 1988, S. 545–659, hier S. 638.

332 Vgl. Reuth, Speer, a. a. O., S. 434 f., 455, 459; der Entschluß zu der Konferenz am 20. 3. 1941 erfolgte nicht, wie Fest behauptet (Speer, a. a. O., S. 162), wegen einer plötzlich eintreffenden Nachricht über die Deportation Wiener Juden und des dadurch ausgelösten Wettkampfs, ob Berlin oder Wien als erste deutsche Stadt *judenfrei* sei; auf einem Treffen mit Hitler und dem Generalgouverneur Polens, Hans Frank, am 17. März war die Deportation der Wiener und Berliner Juden abgesprochen worden, vgl. Goebbels Tagebuch, Eintrag 18. 3. 1941, zit. bei Sereny, Speer, a. a. O., S. 303.

333 Fest, Speer, a. a. O., S. 164.

334 Ebenda; das positive Urteil über Speer läßt Fest eine jüdische Zeitzeugin abgeben.

335 Adler, Der verwaltete Mensch, a. a. O., S. 223 ff., 226 ff.

336 Fest, Speer, a. a. O., S. 222 f.

337 Wolf Gruner, Der geschlossene Arbeitseinsatz deutscher Juden. Zur Zwangsarbeit als Element der Verfolgung 1938–1945, Berlin 1997, S. 298 ff.; Speers Plan vom 29. 5. 1942 sah die Ersetzung der Berliner Juden durch ausländische Deportierte vor.

338 Protokoll der Führerbesprechung 20.–22. 9. 1942, zit. bei Falk Pingel, Häftlinge unter SS-Herrschaft. Widerstand, Selbstbehauptung und Vernichtung im Konzentrationslager, Hamburg 1978, S. 276 Anm. 30 (Häftlinge); generell zum Arbeitseinsatz der Juden ab 1941 vgl. Ulrich Herbert, Arbeit und Vernichtung. Ökonomisches Interesse und Primat der ›Weltanschauung‹ im Nationalsozialismus, in: Dan Diner (Hg.), Ist der Nationalsozialismus Geschichte? Zu Historisierung und Historikerstreit, Frankfurt/ Main 1987, S. 198–236 (Historisierung).

339 Am 2. 10. hatten Himmler und am 26. 11. 1942 Sauckel die entsprechende Direktive erlassen, zit. bei Sereny, Speer, a. a. O., S. 442 ff.

340 Fest, Speer, a. a. O., S. 160.

341 Ebenda, S. 161.

342 Ebenda, S. 168.

343 Ebenda, S. 64 f.

344 Brief an seine Tochter Hilde, Mai 1953, zit. bei Sereny, Speer, a. a. O., S. 114.

345 Brief von Hermann an Albert Speer, 25. 7. 1973, zit. bei Hepp, Fälschung und Wahrheit, a. a. O., S. 3; mit leicht verändertem Wortlaut wird der Brief später auch zitiert bei Sereny, Speer, a. a. O., S. 197.

346 Christian Streit, Keine Kameraden. Die Wehrmacht und die sowjetischen Kriegsgefangenen 1941–1945, Stuttgart 1978, hier S. 191–295; Pingel, Häftlinge, a. a. O.; Ulrich Herbert, Fremd-

arbeiter. Politik und Praxis des ›Ausländer-Einsatzes‹ in der Kriegswirtschaft des Dritten Reiches, Berlin, Bonn 1985 (Fremdarbeiter); ders., Arbeit und Vernichtung, in: Diner, Historisierung, a. a. O., S. 198–236; Walter Naasner, Neue Machtzentren in der deutschen Kriegswirtschaft 1942–1945. Die Wirtschaftsorganisation der SS, das Amt des Generalbevollmächtigten für den Arbeitseinsatz und das Reichsministerium für Bewaffnung und Munition/Reichsministerium für Rüstung und Kriegsproduktion im nationalsozialistischen Herrschaftssystem, Boppard/Rhein 1994 (Neue Machtzentren); Rolf-Dieter Müller, Menschenjagd. Die Rekrutierung von Zwangsarbeitern in der besetzten Sowjetunion (Menschenjagd), in: Hannes Heer, Klaus Naumann (Hg.), Vernichtungskrieg. Verbrechen der Wehrmacht 1941 bis 1944, Hamburg 1995 (Vernichtungskrieg); Ulrich Herbert, Karin Orth, Christoph Dieckmann (Hg.), Die nationalsozialistischen Konzentrationslager. Entwicklung und Struktur, 2 Bde, Göttingen 1998 (Konzentrationslager).

347 Fest, Speer, a. a. O., S. 202 ff.

348 Herbert, Fremdarbeiter, a. a. O., S. 153, 159 f., 262 f.; Naasner, Neue Machtzentren, a. a. O., S. 451; Müller, Menschenjagd, in: Heer, Naumann, Vernichtungskrieg, a. a. O., S. 95 ff.

349 Fest, Speer, a. a. O., S. 240 f., 244 f.

350 Ebenda, S. 242.

351 Vorgesehen waren Häftlinge von Neuengamme, die in Bremen eingesetzt werden sollten, vgl. Naasner, Neue Machtzentren, a. a. O., S. 302 f.; eine ähnlich ergebnislose Initiative hatten die staatlichen Hermann-Göring-Werke in Linz zum Einsatz von Häftlingen des nahen KZ Mauthausen unternommen, vgl. Bertrand Perz, Der Arbeitseinsatz im KZ Mauthausen, in: Herbert, Orth, Dieckmann, Konzentrationslager, a. a. O., S. 533–557, hier S. 535 f. (Arbeitseinsatz Mauthausen).

352 Die Absprache erfolgte am 16. 3. 1941, vgl. Naasner, Neue Machtzentren, a. a. O., S. 300 ff.; vgl. auch Speer, Sklavenstaat, a. a. O., S. 40.

353 Ähnliche Erfahrungen machte die Krupp-AG mit ihren seit Sommer 1942 verfolgten Plänen, im KZ Auschwitz eine Flakproduktion aufzuziehen, das Projekt wurde im März 1943 abgebrochen, vgl. Naasner, Neue Machtzentren, a. a. O., S. 315 f.

354 Ebenda, S. 303 ff.; Herbert, Arbeit und Vernichtung, in: Diner, Historisierung, a. a. O., S. 223.

355 Herbert, Arbeit und Vernichtung, in: Diner, Historisierung, a. a. O., S. 225 f.

356 Karin Orth, Das System der nationalsozialistischen Konzentrationslager. Eine politische Organisationsgeschichte, Zürich (1999)

2002, S. 180 (System der KZ); Jens Christian Wagner, Das Außenlagersystem des KL Mittelbau-Dora, in: Herbert, Orth, Dieckmann, Konzentrationslager, a. a. O., S. 707–729, hier S. 710.

357 Naasner, Neue Machtzentren, a. a. O., S. 308.

358 Die Zahl der Häftlinge stieg von 110000 im September 1942 auf
700000 Anfang 1945, vgl. Herbert, Arbeit und Vernichtung, in:
Diner, Historisierung, a. a. O., S. 226 f.

359 Schreiben vom 23. 2. 1944, zit. ebenda, S. 229.

360 Die SS hatte lediglich, wegen des Machtverlustes von Göring, in
der Luftrüstungsindustrie Einfluß gewinnen können, vgl. Naasner, Neue Machtzentren, a. a. O., S. 319.

361 Ebenda, S. 454, 309.

362 Ebenda, S. 320 f.

363 Wagner, Außenlagersystem, in: Herbert, Orth, Dieckmann, Konzentrationslager, a. a. O., S. 711 f.

364 Die Kapitelüberschrift zum Komplex *Dora* z. B. lautet bei Speer
»Himmler übernimmt das Raketenprogramm«, ders., Sklavenstaat, a. a. O., S. 285; Gitta Sereny nennt das Buch »schlecht«, es
sei »eine Mischung aus bitteren Selbstanklagen und wütenden
Angriffen gegen Himmler«, dies., Speer, a. a. O., S. 855.

365 Speer, Sklavenstaat, a. a. O., S. 37, 40, 71 ff.

366 Michel Fabréguet, Entwicklung und Veränderung der Funktionen
des Konzentrationslagers Mauthausen 1938–1945, in: Herbert,
Orth, Dieckmann, Konzentrationslager, a. a. O., S. 193–214, hier,
S. 204 f., und Perz, Arbeitseinsatz Mauthausen, ebenda, S. 541 ff.;
Speer nennt als Grund einen Konflikt wegen unerlaubter Bauvor-
haben für Friedenszeiten, ders., Sklavenstaat, a. a. O., S. 68.

367 Speer, Sklavenstaat, a. a. O., S. 68; Fest übernahm diese Version un-
geprüft, ders., Speer, a. a. O., S. 245.

368 Zit. bei Schmidt, Speer, a. a. O., S. 225; Speer, Sklavenstaat, a. a. O.,
S. 70.

369 Schmidt, Speer, a. a. O., S. 228.

370 Zit. bei Speer, Sklavenstaat, a. a. O., S. 71; Primitivbauweise hieß:
Baracken mit Entlüftungsschächten statt Fenstern, ohne festen
Boden und nicht beheizbar, vgl. Pingel, Häftlinge, a. a. O., S. 147.

371 Zit. bei Schmidt, Speer, a. a. O., S. 225; diesen Satz, der seine These
von der »Prominentenbaracke« und der Schauführung widerlegt
hätte, zitiert Speer bezeichnenderweise nicht.

372 Zit. ebenda, S. 227.

373 Speer, Sklavenstaat, a. a. O., S. 71.

374 Schmidt, Speer, a. a. O., S. 228.

375 Speer, Sklavenstaat, a. a. O., S. 73 f.

376 Pingel hatte schon 1978 darauf hingewiesen, daß die für
Auschwitz bestimmten Baumaterialien für das Vernichtungslager

Auschwitz-Birkenau eingesetzt wurden, vgl. ders., Häftlinge, a. a.
O., S. 149 ff.

377 Gesprächsmitteilung Oswald Pohl an Heinrich Himmler, 16. 9.
1942, zit. bei Pingel, Häftlinge, a. a. O., S. 276 f.; Raul Hilberg
hatte diese Vereinbarung schon in seinem 1961 in den USA erschienenen Buch über die Vernichtung der europäischen Juden
zitiert, vgl. ders., Die Vernichtung, a. a. O., S. 995.

378 Frantiszek Piper, Die Rolle des Lagers Auschwitz bei der Verwirk-
lichung der nationalsozialistischen Ausrottungspolitik. Die dop-
pelte Funktion von Auschwitz als Konzentrationslager und als
Zentrum der Judenvernichtung, in: Herbert, Orth, Dieckmann,
Konzentrationslager, a. a. O., S. 390–414, hier S. 402, 391 (Lager
Auschwitz).

379 Orth, System der KZ, a. a. O., S. 200 ff.

380 Piper, Lager Auschwitz, in: Herbert, Orth, Dieckmann, Konzentrationslager, a. a. O., S. 392.

381 Florian Freund, Bertrand Perz, Karl Stuhlpfarrer, Der Bau des
Vernichtungslagers Auschwitz-Birkenau. Die Aktenmappen der
Zentralbauleitung Auschwitz Vorhaben: *Kriegsgefangenenlager
Auschwitz (Durchführung der Sonderbehandlung)* im Militärhisto-
rischen Archiv Prag, in: Zeitgeschichte, Jg. 20 (1993) Heft 5/6,
S. 187–214, hier S. 205 ff.

382 Ebenda, S. 202.

383 Ebenda.

384 So der Titel eines Beitrages zu Speer von Heinrich Schwendemann,
Die Zeit 28. 10. 2004.

385 »Ist Reich-Ranicki noch bei Trost?« Spiegel-Gespräch mit Joachim
Fest, Der Spiegel, 25, 2005, S. 142–149, hier S. 146.

386 Fest, Speer, a. a. O., S. 258.

387 Zit. bei Sereny, Speer, a. a. O., S. 455 f.

388 Hilberg, Vernichtung, a. a. O., S. 515.

389 Christian Gerlach, Kalkulierte Morde. Die deutsche Wirtschafts-
und Vernichtungspolitik in Weißrußland 1941 bis 1944, Hamburg
1999, S. 728 f. (Kalkulierte Morde).

390 Anordnung Görings vom 22. 5. 1942, zit. bei Norbert Müller
(Hg.), Deutsche Besatzungspolitik in der UdSSR 1941–1944,
Köln 1980, S. 228 f.

391 Gerlach, Kalkulierte Morde, a. a. O., S. 144 ff., 416 f., 399 ff., 406 f.;
der Leiter der *Ostfaser*, der Tuchindustrielle Hans Kehrl, der über
exakte Kenntnisse der Besatzungspolitik im Osten verfügte, wurde
im September 1943 Chef des Planungsamtes und damit Speers Stellvertreter, ebenda, S. 399; Kehrl war einer der engsten und loyalsten
Mitarbeiter Speers, vgl. Janssen, Ministerium Speer, a. a. O., 137.

392 Sereny, Speer, a. a. O., S. 323 ff.

393 Zit. bei Sereny, Speer, a. a. O., S. 406 f.

394 Vgl. Hannes Heer, Extreme Normalität. Generalmajor Gustav Freiherr von Mauchenheim gen. Bechtolsheim. Umfeld, Motive und Entschlußbildung eines Holocaust-Täters, in: Zeitschrift für Geschichtswissenschaft, 51. Jg., Heft 8, 2003, S. 729–753, hier S. 740 f.

395 Hermann Kaienburg, Jüdische Arbeitslager an der *Straße der SS*, in: *1999*. Zeitschrift für Sozialgeschichte des 20. und 21. Jahrhunderts, Heft 1, 1996, S. 13–39, hier S. 37 (Jüdische Arbeitslager).

396 Der weißrussische Bezirk Bialystok war zwar nach der Besetzung formal dem Gau Ostpreußen angeschlossen worden, aber in der Praxis ergab sich eine im Vergleich zum übrigen Weißrußland »nicht grundsätzlich andere Besatzungspolitik«, Gerlach, Kalkulierte Morde, a. a. O., S. 174 f.; die Information über die Bialystoker Deportationen scheint durch den Leiter der Rüstungs-Außenstelle Bialystok, Froese, weitergegeben worden zu sein, der gegen den Austausch war, ebenda, S. 730.

397 Sereny, Speer, a. a. O., S. 456 f.

398 Hilberg, Vernichtung, S. 884–926, hier S. 872, 922 f.; Sereny, Speer, a. a. O., S. 507 f., 558 f., 575 ff.; eine völlig verzerrte Darstellung bei Speer, Sklavenstaat, a. a. O., S. 400 ff.;

399 Hilberg, Vernichtung, a. a. O., S. 877 ff.

400 Herbert, Arbeit und Vernichtung, in: Diner, Historisierung, a. a. O., S. 232; ähnlich bei Christian Gerlach, Götz Aly, Das letzte Kapitel. Der Mord an den ungarischen Juden 1944–1945, Frankfurt/Main 2004, S. 275, 294 (Das letzte Kapitel).

401 Hilberg, Vernichtung, a. a. O., S. 872 f.; Speer hatte ursprünglich 10 000 Juden angefordert, für September 1944 sollen allerdings 6 000 ungarische Juden dort gearbeitet haben, ebenda.

402 Herbert, Arbeit und Vernichtung, in: Diner, Historisierung, a. a. O., S. 231 f.; Himmler bestätigte diese Zahl in einer Rede vor Generälen in Sonthofen am 25. 5. 1944, in: Bradley F. Smith, Agnes F. Peterson (Hg.), Heinrich Himmler. Geheimreden 1933 bis 1945 und andere Ansprachen, Frankfurt/Main, Berlin, Wien 1974, S. 203 (Geheimreden).

403 Sereny, Speer, a. a. O., S. 508; Gerlach und Aly erwähnen intensive Kontakte Speers mit Hitler und Himmler im April 1944 wegen der ungarischen Juden, dies., das letzte Kapitel, a. a. O., S. 160, 168.

404 Sereny, Speer, a. a. O., S. 508.

405 Ebenda, S. 575 ff.

406 Himmler, Geheimreden, a. a. O., S. 169 f.

407 Erich Goldhagen, Albert Speer, Himmler und das Geheimnis der Endlösung (Albert Speer), abgedruckt in: Reif, Kontroversen, a. a. O., S. 383–394.

408 Zu seinen heftigen Reaktionen vgl. Schmidt, Speer, a. a. O., S. 232; Sereny, Speer, a. a. O. , S. 474; Fest, Speer, a. a. O., S. 257; ders., Gespräche mit Speer, a. a. O., S. 161 f.

409 Albert Speer, Ein Nachtrag, in: Reif, Kontroversen, a. a. O., S. 404 bis 407; er erwähnte auch eine diesbezügliche Bestätigung seines ehemaligen engen Mitarbeiters, des Feldmarschalls Milch, ebenda; Fest hat später eine andere Version Speers verbreitet: er habe Rohland »zufällig« getroffen und ihn dabei auf den Goldhagen-Artikel angesprochen, ders., Gespräche mit Fest, a. a. O., S. 163.

410 Hepp, Fälschung und Wahrheit, a. a. O., S. 9.

411 Sereny, Speer, a. a. O., S. 479 ff., 483, 482; später fand sich im Nachlaß Speers im Bundesarchiv sogar ein Brief vom 2. 7. 1973 an Rohland, der genaue redaktionelle Empfehlungen für die Abfassung der eidesstattlichen Erklärung enthielt, zit. bei Heinrich Breloer, Speer und Er. Hitlers Architekt und Rüstungsminister, Berlin 2005, S. 201; Rohlands Jahre später erschienene Autobiographie wirkte wie eine nochmals überarbeitete und verfeinerte Version der eidesstattlichen Erklärung, vgl. ders., Bewegte Zeiten. Erinnerungen eines Eisenhüttenmannes, Stuttgart 1978, S. 87 f.; Speer war nach seiner Haftentlassung zunächst mit seiner Familie, dann mit Wolters und Rohland zusammengetroffen, vgl. Fest, Speer, a. a. O., S. 438.

412 Sereny, Speer, a. a. O., S. 484.

413 Goldhagen hatte Himmlers Rede einen Schlußsatz hinzugefügt, ohne ihn als einen von ihm selbst verfaßten Kommentar zu kennzeichnen. Später hatte er erklärt, das sei ein Irrtum der Zeitschrift *Midstream* gewesen, den er beim Korrekturlesen übersehen habe, vgl. Sereny, Speer, a. a. O.,S. 474.

414 Fest, Speer, a. a. O., S. 504, Anm. 59.

415 Ebenda, S. 256.

416 Ebenda, S. 261; ähnlich in: ders., Gespräche mit Speer, a. a. O., S. 247 ff.

417 Goldhagen, Albert Speer, in: Reif, Kontroversen, a. a. O., S. 390.

418 Speer, Gespräche mit Speer, a. a. O., S. 165.

419 Fest, Speer, a. a. O., S. 364.

420 Fest, Begegnungen, a. a. O., S. 8, 76.

421 Reich-Ranicki, Mein Leben, a. a. O., S. 482.

422 Fest, Gespräche mit Speer, a. a. O., S. 170; in einem Interview mit dem *Spiegel* hat er ihn auch noch des »Rufmordes« bezichtigt, vgl. *Ist Reich-Ranicki noch bei Trost?*, Spiegel-Gespräch mit Joachim Fest, Der Spiegel, 25, 2005, S. 142–149, hier S. 149.

423 Fest, Gespräche mit Speer, a. a. O., S. 258 f.

424 Ebenda, S. 12.

425 Heinrich Schwendemann, Strategie der Selbstvernichtung: Die Wehrmachtführung im *Endkampf* um das Dritte Reich, in: Rolf-

Dieter Müller, Hans-Erich Volkmann (Hg.), Die Wehrmacht. Mythos und Realität. Im Auftrag des Militärgeschichtlichen Forschungsamtes, München 1999, S. 224–244 (Die Wehrmacht); Schwendemann hatte Fest bei einer Podiumsdiskussion in der Universität Freiburg im Jahre 2000 auch mit seinen wissenschaftlichen Befunden konfrontiert und diese in gedrängter Form veröffentlicht, vgl. ders., Lebensläufer über verbrannter Erde. Vom Rüstungsminister zum Widerständler: Wie Albert Speer die eigene Biographie rückwirkend beschönigte, Frankfurter Allgemeine Zeitung, 26. 4. 2000.

426 Schmidt, Speer, a. a. O., S. 121f., 131 ff.

427 Zit. bei Sereny, Speer, a. a. O., S. 539.

428 Schmidt, Speer, a. a. O. , S. 123 ff.

429 Fest, Speer, a. a . O., S. 316.

430 Ebenda.

431 Mit den am 12. 5. 1944 beginnenden Bombardements auf die Treibstoffindustrien sei für ihn, so Speer, der Krieg »technisch« verloren gewesen, zit. ebenda, S. 291; auch Hitler, so teilt er mit, will damals schon seine »mangelnde Siegeszuversicht« gespürt und getadelt haben, zit. ebenda, S. 295; in den unmittelbar nach Kriegsende durchgeführten Verhören hat Speer behauptet, er sei schon im Februar/März 1943 der Auffassung gewesen, daß »der Krieg verloren« gewesen sei und am 20. 7. 1944, gerade als der »Putsch« im Gange gewesen sei, habe er eine Denkschrift an Hitler mit seiner pessimistischen Einschätzung der Kriegslage diktiert, vgl. Schlie, Kransberg-Protokolle (3. 7. 1945), a. a. O., S. 435, 297.

432 Zit. bei Schwendemann, Strategie der Selbstvernichtung, in: Wehrmacht, a. a. O., S. 228 f.

433 Fest, Speer, a. a. O., S. 319.

434 Ebenda.

435 Ebenda, S. 329 f.

436 Ebenda, S. 309, 313; gegen die Legende vom Krieg mit Goebbels sprechen dessen Tagebücher, vgl. Einträge 3. 9. 1944, 1. 2., 13. 3., 14. 3., 15. 3. 1945; Speer und Goebbels arbeiteten trotz aller Konflikte, die aus dessen neuem Amt als *Reichsbevollmächtigter für den totalen Kriegseinsatz* resultierten, eng und einvernehmlich zusammen, vgl. Reuth, Goebbels, a. a . O., S. 561, 571, 579, 589.

437 Fest, Speer, a. a. O., S. 314, 316 f.

438 Ebenda, S. 329, 331.

439 Naasner, Neue Machtzentren, a. a. O., S. 323, 308 f.

440 Schlie, Kransberg-Protokolle, a. a. O., S. 77.

441 Heinrich Schwendemann, *Drastische Maßnahmen zur Verteidigung des Reiches an der Oder und am Rhein ...* Eine vergessene Denkschrift Albert Speers vom 18. März 1945, in: Studia Slavo-

Germanica, vol. XXV, 2003, S. 180–197, hier S. 196 f., 185 (Eine vergessene Denkschrift); Hitlers Entscheidung, den Schwerpunkt an der Ostfront wegen der Erdöl- und Bauxitvorkommen nach Ungarn zu verlegen, folgte einem Vorschlag Speers.

442 Fest, Speer, a. a. O., S. 323 f.

443 Rundschreiben des Reichsinnenministeriums vom 22. 1. 1945, zit. bei Schwendemann, Eine vergessene Denkschrift, a. a. a. O., S. 184.

444 Ebenda, S. 184 f.

445 Aktennotiz Speers vom 7. 3. 1945, zit. ebenda, S. 182 f.

446 Fest, Speer, a. a. O., S. 335.

447 Diese schon 1975 in einer Dokumentensammlung veröffentliche Anordnung wird zit. bei Schwendemann, Eine vergessene Denkschrift, a. a. O., S. 185.

448 Schwendemann, Strategie der Selbstvernichtung, in: Wehrmacht, a. a. O., S. 240.

449 Ebenda, S. 237 ff.

450 Heinrich Schwendemann, Tod zwischen den Fronten – Generäle gaben dem Kampf um den *Endsieg* Vorrang, in: Stefan Aust, Stephan Burgdorff (Hg.), Die Flucht. Über die Vertreibung aus dem Osten, Stuttgart, München 2002, S. 71–82; zum Verhalten des Großadmirals Graf Dönitz und der Marine angesichts des Flüchtlingsdramas, vgl. ders., *Schickt Schiffe!*, Die Zeit, 13. 1. 2005.

451 Zu markigen Aufrufen Speers zum *Endsieg* vgl. Hepp, Fälschung und Wahrheit, a. a. O., S. 26 f.

452 Janssen, Ministerium Speer, a. a. O., S. 311; Schmidt, Speer, a. a. O., S. 152; Hepp, Fälschung und Wahrheit, a. a. O., S. 27 f.; Dietrich Eichholtz, Geschichte der deutschen Kriegswirtschaft 1939–1945, Bd. 3, Berlin 1996, S. 662 Anm. 212.

453 Schwendemann hatte seinen Artikel im November 1999 dem Münchener Institut für Zeitgeschichte und den dort erscheinenden Vierteljahresheften für Zeitgeschichte angeboten und war beim Chefredakteur der Vierteljahreshefte auf Interesse gestoßen; allerdings hatten die Herausgeber Möller, Schwarz und Bracher die Veröffentlichung dann ohne Begründung abgelehnt, möglicherweise, wie der Autor vermutet, weil ihnen »die Kritik an Herrn Fest nicht gepaßt hat« (Mitteilung Schwendemann); für Möller könnte diese Vermutung zutreffen: Er hatte sich bei Ernst Nolte habilitiert und hielt noch im Jahre 2000 auf diesen die Laudatio bei der Preisverleihung der dubiosen *Deutschlandstiftung*, zudem war er einer der Autoren des oben erwähnten sechsbändigen Geschichtswerkes über die Deutschen im Siedler-Verlag und im *Historikerstreit* an der Seite von Fest/Nolte zu finden: Horst Möller, Es kann nicht sein, was nicht sein darf, in: Beiträge zur Konfliktforschung, 4, 1986, S. 146–151, abgedruckt in: Histo-

rikerstreit, a. a. O., S. 322–330; Fest hatte sich in seiner Speer-Biographie ausdrücklich und an erster Stelle bei Möller für dessen Unterstützung bedankt, vgl. Joachim Fest, Speer. Eine Biographie, Berlin 1999, S. 532; zu Möllers Rolle als mächtiger Strippenzieher im neokonservativen Netzwerk vgl. Wehler, Entsorgung, a. a. O., S. 189 ff., und Klaus-Dietmar Henke, Interesse und Erkenntnis. Ein Lehrstück konzertierter Krisenregelung in den Geisteswissenschaften am Beispiel des Dresdner Hannah-Arendt-Instituts 1999–2002, in: Zeitschrift für Geschichtswissenschaft, Jg. 51, Heft 3, 2003, S. 205–236; vgl. auch 6. Kapitel in diesem Buch, S. 290 ff..

454 Sereny, Speer, a. a. O., S. 582.

455 Denkschrift Speers an Hitler vom 15. 2. 1945, zit. bei Schwendemann, Eine vergessene Denkschrift, a. a. O., S. 185.

456 Fest, Speer, a. a. O., S. 336 ff.

457 Ebenda, S. 337.

458 Denkschrift vom 18. 3. 1945, abgedruckt bei Schwendemann, Eine vergessene Denkschrift, a. a. O., S. 189 f.

459 Ebenda.

460 Heinrich Schwendemann, Architekt des Todes, Die Zeit, 28. 10. 2004.

461 Sereny, Speer, a. a. O., S. 584 f., 588 ff.

462 Brief Speers an Hitler vom 29. 3. 1945, zit. bei Schwendemann, Eine vergessene Denkschrift, a. a. O., S. 193; Speer, Spandauer Entwurf, zit. bei Sereny, Speer, a. a. O., S.597.

463 Ebenda, S. 597 ff.

464 Schwendemann, Eine vergessene Denkschrift, a. a. O., S. 194.

465 Sereny, Speer, a. a. O., S. 602 f.

466 Vgl. Speer, Erinnerungen, a. a. O., S. 482 ff.; Fest, Speer, a. a. O., S. 360, 363 ff.

467 Sereny, Speer, a. a. O., S. 633 ff.; ein von Fest zur Bekräftigung seiner Beicht-These erwähntes Gespräch Trevor-Ropers mit Speer deutet nicht auf eine »Beichte« hin, wohl aber auf Skrupel und Widersprüche, die dieser gegenüber Hitler möglicherweise geäußert hat, Fest, Speer, a. a. O., S. 513 Anm. 27.

468 Schmidt, Speer, a. a. O., S. 99 f., 162; Schlie, Kransberg Protokoll, a. a. O., S. 52; Sereny, Speer, a. a. O., S. 633; Fest, Speer, a. a. O., S. 234, 369; der völlig überraschende und angesichts der Kriegslage nicht ungefährliche Besuch beim angeblich so verhaßten Himmler in dessen Hauptquartier in Hohenlychen macht nur Sinn in bezug auf die Nachfolgefrage, nicht aber, weil Speer sich an der Niederlage des Rivalen weiden wollte, wie Fest behauptet, ebenda, S. 370; auch Fest und Siedler hatten dies Motiv erwogen, verwarfen es aber: Fest, Gespräche mit Speer, a. a. O., S. 201, dagegen Speers eigene Worte, ebenda, S. 105 f.

469 Zeugnis von Hupfauer, von Below, Flächsner zit. bei Sereny, Speer, a. a. O., S. 616, 685; Zeugnisse von Milch, Backe, Kehrl, Schwerin von Krosigk, zit. bei Schmidt, Speer, a. a. O., S. 160, 169 f., 172.

470 So beharrte er 1995 in einer neuen Einleitung zu seiner Hitler-Biographie darauf, daß der »panische« Blick auf Sowjetrußland Hitlers maßgeblicher politischer Antrieb gewesen sei und Hitlers Wirken »die schöne Selbsttäuschung« der Aufklärung vom grundguten Menschen zerstört habe, vgl. ders., Zeitgenosse Hitler. Eine Nachschrift, in: ders., Fremdheit und Nähe, a. a. O., S. 174, 184.

471 In einem Gespräch mit der Zeitschrift *criticón* hat er bestätigt, wie tief die Wunde des *Historikerstreits* noch sitzt – »Das liberale Deutschland habe ihn auf kurze Sicht verloren, so seine Sicht der Dinge«, in: *criticón* 185, Frühjahr 2005, S. 33–34, hier S. 34.

472 Fest, Staatsstreich. a. a. O., S. 342, 211; auch der Hinweis, das gelungene Attentat hätte am Gang der Dinge »so viel wie nichts« geändert (345), verrät die Nähe zu Hillgruber und – angesichts der Millionen von im letzten Kriegshalbjahr noch Getöteten – ziemlich viel Zynismus.

473 Fest, Speer, a. a. O., S. 390 f., 256.

474 Ebenda, S. 254.

475 Fest, Gespräche mit Speer, a. a. O., S. 160–165, hier S. 163.

476 Gitta Sereny, Albert Speer, in: dies. Das deutsche Trauma. Eine heilende Wunde, München 2004. S. 380.

477 Fest, Gepräche mit Speer, a. a. O., S. 235 f.

478 Sereny, Albert Speer, in: Das deutsche Trauma, a. a. O., S. 380.

479 An dem Vorgang lassen sich die Vexierspiele, die Fest durchgängig betreibt, studieren: In der Biographie zitiert er Speers Briefwechsel und Serenys Artikel, unterschlägt allerdings dessen entscheidenden Satz, daß er mit den Juden nicht handeln wolle, vgl. ders, Speer, a. a. O., S. 449 ff.; was in den Gesprächen mit Speer als Fests Argumente zitiert wird, erscheint in der Biographie als Meinung Speers, der er, Fest, zustimmt, ebenda, S. 521 Anm. 50.

480 Alexander Mitscherlich, Hitler blieb ihm ein Rätsel, Frankfurter Allgemeine Zeitung, 1. 11. 1975.

481 Hannah Arendt, Elemente und Ursprünge totalitärer Herrschaft. Antisemitismus, Imperialismus, Totalitarismus, München (1986) 2001, S. 847 f.

482 Walter Laqueur, Was niemand wissen wollte: Die Unterdrückung der Nachrichten über Hitlers *Endlösung*, Frankfurt/Main, Berlin, Wien 1982; Jörg Wollenberg (Hg.), *Niemand war dabei und keiner hat's gewußt.* Die deutsche Öffentlichkeit und die Judenverfolgung 1933–1945, München 1989.

483 Fest, Speer, a. a. O., S. 521 Anm. 50.

484 Ebenda.

485 Fest, Gespräche mit Speer, a. a. O., S. 110 f.; beim Besuch des KZ Dora spricht er von der »verheimlichten Nachtseite des Regimes«, ders., Speer, a. a. O., S. 245.
486 Fest, Speer, a. a. O., S. 464.
487 Ebenda, S. 445.
488 Ebenda, S. 474.
489 Alexander und Margarete Mitscherlich, Die Unfähigkeit zu trauern. Grundlagen kollektiven Verhaltens, München 1967; Brigitte Rauschenbach, Erbschaft aus Vergessenheit – Zukunft aus Erinnerungsarbeit, in: dies. (Hg.), Erinnern, Wiederholen, Durcharbeiten. Zur Psycho-Analyse deutscher Wenden, Berlin 1992, S. 27–55, 109.
490 Zit. bei Sereny, Speer, a. a. O., S. 632.
491 Fest, Speer, a. a. O., S. 7, 16, 59, 482, 18.
492 Fest, Gespräche mit Speer, a. a. O., S. 16.
493 Fest im *Philosophischen Quartett*, ZDF, 20. 4. 2005; Fest in der Sendung *Hitler*, RTL, 1. 5. 2005; schon in seiner neuen Einleitung zur Hitler-Biographie 1995 schrieb er: »Mit seinem innersten Geheimnis, insonderheit den Ursachen seines manischen Judenhasses, ist Hitler der Welt entkommen.«, vgl. Fest, Zeitgenosse Hitler, in: Fremdheit und Nähe, a. a. O., S. 180; möglicherweise ist das die Form, unter der sich Fest entschieden hat, die Nolte-These von der Kopie Auschwitz zu verbergen.
494 Albert Speer hat uns angelogen, Frankfurter Allgemeine Zeitung, 25. 5. 2005.
495 Fest, Speer, a. a. O., S. 481.

3.KAPITEL

1 Dietrich Bonhoeffer, Nach zehn Jahren, in: ders., Widerstand und Ergebung. Briefe und Aufzeichnungen aus der Haft, hg. von Eberhard Bethge, Gütersloh (1951) 1997, S. 25 (Widerstand und Ergebung).
2 Ebenda, S. 26.
3 Eberhard Bethge, Dietrich Bonhoeffer. Theologe. Christ. Zeitgenosse, München 1967, S. 57 (Bonhoeffer)
4 Brief an die Eltern, 7. 7.1922, in: Dietrich Bonhoeffer, Werke, hg. von Eberhard Bethge, Ernst Feil, Christian Gremmels, Wolfgang Huber, Hans Pfeifer, Albecht Schönherr, Heinz Eduard Tödt (†), Ilse Tödt, 17 Bde., München 1986 ff., Bd. 9, S. 44 (Werke 9).
5 Brief an die Eltern, 1. 12. 1923, Werke 9, a. a. O., S. 73.
6 Grundfragen einer christlichen Ethik, Auszüge aus einem Vortrag in Barcelona am 8. 2. 1929, Werke 9, a. a. O., S. 338.

7 Vortrag zum Thema *Krieg*, Herbst 1930 in New York, Werke 10, a. a. O., S. 385, nach Übersetzung S. 649.

8 Brief von Helmut Rößler, 22. 2. 1931, Werke 10, a. a. O., S. 239.

9 Reinhold Niebuhr, zit. bei Bethge, Bonhoeffer, a. a. O., S. 204.

10 Brief von Klaus Bonhoeffer, 3. 11. 1930, zit. bei Bethge, Bonhoeffer, a. a. O., S. 205 f.

11 Michael Grüttner, Studenten im Dritten Reich, Paderborn 1995, S. 22.

12 Brief von Helmut Rößler, 22. 2. 1931, Werke 10, a. a. O., S. 239.

13 Brief an Eberhard Bethge, 22. 4. 1944, in: Widerstand und Ergebung, a. a. O., S. 136.

14 Brief an Helmut Rößler , 25. 12. 1932, Werke 12, a. a. O., S. 41.

15 Brief an Karl-Friedrich Bonhoeffer, 14. 1. 1935, Werke 13, a. a. O., S. 272.

16 Brief an Elisabeth Zinn, 27. 1. 1936, zit. bei Bethge, Bonhoeffer, a. a. O., S. 249

17 Vgl. die Predigten, in denen Bonhoeffer im Sommer 1932 gegen eine oberflächliche Vereinnahmung des Christentums durch den Staat, z. B. durch die Papen-Regierung, Stellung genommen hatte, Werke 11, a. a. O., S. 435–462; ähnlich der Vortrag am 19. 11. 1932 in Potsdam-Hermannswerder: *Dein Reich komme! Das Gebet der Gemeinde um Gottes Reich auf Erden*, Werke 12, a. a. O., S. 264–278.

18 Auszug aus einem Grußwort in Ciernohorské Kúpele, 27. 7. 1932, Nachschrift, Werke 11, a. a. O., S. 348 f.

19 Das Recht auf Selbstbehauptung, Vortrag in der TH Berlin, 4. 2. 1932, Werke 11, a. a. O., S. 218.

20 Adolf Hitler, Mein Kampf, Bd. II, München (1927) 1941, S. 759.

21 Das Recht auf Selbstbehauptung, Werke 11, a. a. O., S. 224.

22 Der Führer und der einzelne in der jungen Generation. Vortrag in der deutschen Hochschule für Politik Berlin, März 1933, Werke 12, a. a. O., S. 255.

23 Bethge berichtet, Bonhoeffer habe im Frühjahr 1933, wie so viele, geglaubt, daß Hitler nicht lange regieren werde, vgl. Bethge, Bonhoeffer, a. a. O., S. 318.

24 Das geschah durch die sogenannte »Verordnung des Reichspräsidenten zum Schutz von Volk und Staat«.

25 Bethge, Bonhoeffer, a. a. O., S. 309.

26 Der Führer und der einzelne in der jungen Generation, Werke 12, a. a. O., S. 257 f.; in der handschriftlichen Fassung steht nicht »unsachlich«, sondern »verbrecherisch«.

27 Ebenda.

28 Besprechung und Diskussion systematisch-theologischer Neuerscheinungen (Vorlesung im Wintersemester 1932/33), Werke 12,

a. a. O., S. 167, Fußnote 70; der Abschnitt, aus dem diese Passage stammt, wurde am 31. 1. 1933, einen Tag nach Hitlers Machtantritt, referiert. Ebenda.

29 Der Führer und der einzelne in der jungen Generation, Werke 12, a. a. O., S. 255.

30 Ebenda, S. 258.

31 Ebenda.

32 Vgl. Anm. 26.

33 Diesen Befund bestätigt auch Bethge, Bonhoeffer, a. a. O., S. 308; anders Christian Strohm, Der Widerstandskreis um Dietrich Bonhoeffer und Hans von Dohnanyi. Seine Voraussetzungen zur Zeit der Machtergreifung, in: Der Widerstand gegen den Nationalsozialismus. Die deutsche Gesellschaft und der Widerstand gegen Hitler, hg. von Jürgen Schmädeke, Peter Steinbach, München 1994, S. 295–313, hier S. 308 ff.; der Versuch Strohms, aus Bonhoeffer einen Verfechter des demokratischen Verfassungsstaates zu machen und ihn damit aus der Vorstellungswelt der nationalkonservativen Opposition herauszulösen, ist fragwürdig und zur Ehrenrettung Bonhoeffers nicht notwendig.

34 Brief von Helmut Rößler, 22. 2. 1931, Werke 10, a. a. O., S. 239.

35 Die Kirche vor der Judenfrage, Werke 12, a. a. O., S. 351.

36 Ebenda, S. 352.

37 Ebenda, S. 353.

38 Ebenda.

39 Der Arierparagraph in der Kirche, Werke 12, a. a. O., S. 410.

40 Ebenda, S. 411.

41 Ebenda, S. 413 f.

42 Ebenda, S. 414.

43 Ebenda, S. 412.

44 Predigt zu Kolosser 3,1–4, 4. Sonntag nach Trinitatis, Berlin 19. 6. 1932, Werke 11, a. a. O., S. 446; Brief an Erwin Sutz, 28. 4. 1934, Werke 13, a. a. O., S. 128.

45 Die Kirche vor der Judenfrage, Werke 12, a. a. O., 353 f.

46 Hannah Arendt, Elemente und Ursprünge totalitärer Herrschaft, Frankfurt/Main 1955, S. 752 (Elemente).

47 Ian Kershaw, Der NS-Staat, Geschichtsinterpretationen und Kontroversen im Überblick, Reinbek bei Hamburg 1989, S. 208.

48 Zu einer ersten Auseinandersetzung mit diesem Gedanken war Bonhoeffer durch das Buch von Paul Schütze, Säkulare Religion, Tübingen 1932, provoziert worden. Er besprach Schützes Thesen von der »imperialen Religion« des Bolschewismus und der »kapitalistischen Religion« in der Vorlesung *Besprechung und Diskussion systematisch-theologischer Neuerscheinungen* im Wintersemester 1932/33, vgl. Anm. 26, S. 159.

49 Eric Voegelin, Die politischen Religionen, München (1938) 1996; vgl. die Forschungen von Historikern wie George Mosse, Saul Friedländer, Philippe Burrin und Michael Burleigh.

50 Brief an Julie Bonhoeffer, 20. 8. 1933, Werke 12, a. a. O., S. 118.

51 Vgl. Heinz Höhne, Canaris und die Abwehr zwischen Anpassung und Widerstand, in: Schmädecke, Steinbach, Der Widerstand gegen den Nationalsozialismus, a. a. O., S. 405–416; als Beispiel einer gelungenen konspirativen Aktion: Winfried Meyer, Unternehmen Sieben. Eine Rettungsaktion, Frankfurt/Main 1993.

52 Anders als bisher angenommen dürfte die erste Kontaktaufnahme Bonhoeffers mit Männern des Widerstandes in Person des Verbindungsoffiziers der Abwehr beim OKW, Oberstleutnant Helmuth Groscurth, bereits Ende 1939/Anfang 1940 stattgefunden haben, vgl. Ulrich Kabitz, Einige Tage nach Weihnachten 1939. Ein Fallbeispiel der Bonhoeffer-Forschung, in: Christian Gremmels, Hans Pfeifer (Hg.), Dietrich-Bonhoeffer-Jahrbuch 2003, Gütersloh 2003, S. 118–126.

53 Bethge, Bonhoeffer, a. a. O., S. 811 ff.; zu den im Zusammenhang mit Bonhoeffers Reisen ausgetauschten Memoranden und Briefen vgl. Werke 16, a. a. O., S. 157-169, 202-211, 255-239; zu den Auslandsbeziehungen des Widerstandes generell vgl. Klemens von Klemperer, Nationale oder internationale Außenpolitik des Widerstands, in: Der Widerstand gegen den Nationalsozialismus, a. a. O., S. 639-651.

54 Dietrich Bonhoeffer, Ethik, hg. von Ilse Tödt, Heinz Eduard Tödt (†), Ernst Feil, Clifford Green, Gütersloh (1992) 1998, S. 210 (Ethik).

55 Ebenda, S. 484 ff.

56 Ebenda, S. 95.

57 Ebenda, S. 210.

58 Ebenda, S. 184 Anm. 67.

59 Ebenda, S. 191.

60 Bethge, Bonhoeffer, a. a. O., S. 836; Deportationsberichte, Werke 16, S. 212–217.

61 Vgl. Bethge, Bonhoeffer, a. a. O., S. 702 ff. und Aufzeichnungen von Christine von Dohnanyi 1945/46, abgedruckt ebenda, S. 1096 ff.

62 Ethik, a. a. O., S. 100.

63 Bethge, Bonhoeffer, a. a. O., S. 756.

64 Amt Ausl./Abw., Nr. 9731/41 geh. Chef Ausl., Dem Herrn Chef OKW vorzulegen, Betr.: Anordnungen für die Behandlung sowjetischer Kriegsgefangener, 15. 9. 1941, abgedruckt in: Der deutsche Überfall auf die Sowjetunion. *Unternehmen Barbarossa* 1941, hg. von Gerd R. Ueberschär, Wolfram Wette, Frankfurt/Main 1991, S. 301 f.

65 Brief von Erwin Sander, 4. 2. 1942, Werke 16, a. a. O., S. 238 f.

66 Das Wesen der Kirche (Nachschrift der Vorlesung im Sommersemester 1932), Werke 11, a. a. O., S. 302.

67 Ethik, a. a. O., S. 72.

68 Ebenda, S. 73.

69 Ebenda, S. 175.

70 Ebenda, S. 179.

71 Ebenda, S. 183.

72 Ebenda, S. 83 f.

73 Ebenda, S. 79.

74 Vgl. Hans-Jochen Gamm, Der braune Kult, Hamburg 1961; Klaus Vondung, Magie und Manipulation, Göttingen 1971; Sabine Behrenbeck, Der Kult um die toten Helden. Nationalsozialistische Mythen, Riten und Symbole, Vierow 1996.

75 Ethik, a. a. O., S. 105.

76 Ebenda, S. 106.

77 Ebenda, S. 108.

78 Ebenda, S. 106.

79 Brief an Eberhard Bethge, 8. 6.1944, in: Widerstand und Ergebung, a. a. O., S. 170 ff.

80 Ethik, a. a. O., S. 113.

81 Ebenda.

82 Ebenda, S.119

83 Ebenda, S. 119 f.

84 Zygmunt Baumann, Dialektik der Ordnung. Die Moderne und der Holocaust, Hamburg 1992, S. 83, 85.

85 Ebenda.

86 Ebenda, S. 109.

87 Ebenda, S. 128.

88 Ethik, a. a. O., S. 239.

89 Brief an Erwin Sutz, 24. 10. 1936, Werke 14, a. a. O., S. 257.

90 Gedanken zu William Patons Schrift *The Church and the New Order in Europe*, Werke 16, a. a. O., S. 538.

91 Ebenda.

92 Ebenda.

93 Zit. bei Bethge, Bonhoeffer, a. a. O., S. 767.

94 Ethik, a. a. O., S. 75.

95 Ebenda, S. 76.

96 Nach zehn Jahren, in: Widerstand und Ergebung, a. a. O., S. 14.

97 Ebenda, S. 10.

98 Ebenda.

99 Gedanken zum Tauftag von D. W. R., Mai 1944, in: Widerstand und Ergebung, a. a. O., S. 154.

100 Brief an Eberhard Bethge, 8. 7. 1944, ebenda, S. 185.

101 Nach zehn Jahren, in: Widerstand und Ergebung, a. a. O., S. 11.

102 Ethik, a. a. O., S. 220 f.; sehr deutlich wird diese Haltung – Wissen um den Verlauf der Front bei realistischer Einschätzung der jeweiligen Phase des Kampfes – in den Briefen an Bischof Ammundsen (8. 8. 1934) und Erwin Sutz (28. 4. 1934), Werke 13, a. a. O., S. 178 ff. und 127 ff.

103 Nach zehn Jahren, in: Widerstand und Ergebung, a. a. O., S. 11

104 Gibt es eine christliche Ethik? (Hörernachschrift, Sommersemester 1932), in: Dietrich Bonhoeffer, Gesammelte Schriften, hg. von Eberhard Bethge, 6 Bde., München 1958 ff., hier Bd. 4, S. 284 f.

105 Ethik, a. a. O., S. 278; in der Vorlesung *Gibt es eine christliche Ethik?* vom Sommer 1932 hatte er – mit Blick auf die »Selbstbehauptungs«-Funktion des Gewissens – darauf hingewiesen, daß es sich oft auf Urteile stützt, die »aus einem durch die öffentliche Meinung geknebelten Erkennen von Gut und Böse« stammen, vgl. Anm. 104, S. 294 f.

106 Ethik, a. a. O., S. 278.

107 Hannah Arendt, Eichmann in Jerusalem. Ein Bericht von der Banalität des Bösen, München (1964) 2000, S. 232 (Eichmann).

108 Widerstand und Ergebung, a. a. O., S. 11.

109 Hannes Heer, Bittere Pflicht, in: Walter Manoschek (Hg.), Die Wehrmacht im Rassenkrieg. Der Vernichtungskrieg hinter der Front, Wien 1996, S. 116–141, hier S. 130.

110 Peter Bamm, Die unsichtbare Flagge, München (1954), 1989, S. 76; vgl. Hannes Heer, Vom Verschwinden der Täter. Der Vernichtungskrieg fand statt, aber keiner war dabei, Berlin 2004, S. 191–197 (Vom Verschwinden der Täter).

111 Arendt, Eichmann, a. a. O., S. 346.

112 Ethik, a. a. O., S. 235; mit diesen beiden Haltungen hat sich Bonhoeffer schon 1932 in seinem Vortrag *Dein Reich komme! Das Gebet der Gemeinde um Gottes Reich auf Erden* auseinandergesetzt, Werke 12, S. 264–278.

113 Nach zehn Jahren, in: Widerstand und Ergebung, a. a. O., S. 11.

114 Ebenda, S. 12.

115 Ebenda, S. 15.

116 Ebenda, S. 16.

117 Ebenda.

118 Ebenda; Arendt hat das später ähnlich beschrieben: Das fanatisierte Mitglied sei »weder von Erfahrung noch von Argumenten zu erreichen. Es hat sich sosehr mit der Bewegung identifiziert, [...] daß es scheint, als sei die Fähigkeit, Erfahrungen zu machen, überhaupt vernichtet [...]«, vgl. Arendt, Elemente, a. a. O., S. 492.

119 Viele Soldaten haben dies Dummwerden als eine »Umstellung«
oder »Entpersönlichung« beschrieben, vgl. Heer, Vom Verschwinden der Täter, a. a. O., S. 105–138.

120 Victor Klemperer, Ich will Zeugnis ablegen bis zum letzten.
Tagebücher 1933–1945, hg. von Walter Nowojski unter Mitarbeit
von Hadwig Klemperer, 2 Bde., Berlin 1995, Bd. 2, Eintrag 21. 8.
1942, S. 218; dazu Hannes Heer, Vox populi, Zur Mentalität der
Volksgemeinschaft, in: ders. (Hg.), Im Herzen der Finsternis.
Victor Klemperer als Chronist der NS-Zeit, Berlin 1997, S. 140 ff.

121 Gedanken zu William Patons Schrift The Church and the New
Order in Europe, Werke 16, S. 538.

122 Nach zehn Jahren, in: Widerstand und Ergebung, a. a. O., S. 13.

123 Ebenda.

124 Besprechung und Diskussion systematisch-theologischer Neuerscheinungen, Werke 12, a. a. O., S. 332 f. (Stapel), S. 328
(Gogarten).

125 Nach zehn Jahren, in: Widerstand und Ergebung, a. a. O., S. 13.

126 Norbert Elias, Studien über die Deutschen, Machtkämpfe und
Habitusentwicklung im 19. und 20. Jahrhundert, hg. von Michael
Schröter, Frankfurt/Main 1994, S. 441, 438.

127 Nach zehn Jahren, in: Widerstand und Ergebung, a. a. O., S. 13.

128 Ebenda.

129 Ethik, a. a. O., S. 370.

130 Fragmente aus Tegel. Drama, Werke 7, a. a. O., S. 49.

131 Gedanken zu William Patons Schrift The Church and the New
Order in Europe, Werke 16, a. a. O., S. 540; der schon zitierte
Beitrag von Christoph Strohm, in dem versucht wird, Bonhoeffer
zum Demokraten zu erklären, berücksichtigt auch diesen Hinweis
auf eine eher ständisch-konservative Staatsauffassung nicht.

132 Vgl. dazu abweichend Bethge, Bonhoeffer, a. a. O., S. 894.

133 Arendt, Eichmann, a. a. O., S. 186 ff.

134 Hannah Arendt, Karl Jaspers, Briefwechsel 1926–1969, hg. von
Lotte Köhler, Hans Saner, München 1985, Brief Karl Jaspers' vom
25. 7. 1963, S. 548.

135 Brief Hannah Arendts vom 9. 8. 1963, ebenda, S. 553.

136 Brief Karl Jaspers' vom 1. 3. 1964, ebenda, S. 583.

Eine frühere Fassung dieses Textes erschien in der Zeitschrift für
Geschichtswissenschaft, Jg. 49, Heft 12, 2001.

4. KAPITEL

1 Der Darstellung liegt die in *arte* 1996 gesendete Langfassung der Serie zugrunde, die sich von der im ZDF ausgestrahlten zehn Minuten kürzeren 45-Minuten-Version unterschieden hat, vgl. Karsten Linne, Hitler als Quotenbringer – Guido Knopps mediale Erfolge, in: *1999*, Zeitschrift für Sozialgeschichte des 20. und 21. Jahrhunderts, Heft 2, 2002, S. 90–101, hier S. 92 (Hitler als Quotenbringer); auch für die Analyse der zweiten, 1998 gesendeten Staffel *Täter und Vollstrecker* wurde die Langfassung von *arte* benutzt.

2 Die Reihe wurde im Schnitt von 6, 86 Millionen gesehen, was einer Quote von 21 Prozent entsprach, die zweite Staffel kam auf 15 Prozent, ebenda, S. 95; Knopp nennt sie die »erfolgreichste« Dokumentarserie im ZDF, ders.: Zeitgeschichte im ZDF, in: Jürgen Wilke (Hg.), Massenmedien und Zeitgeschichte, Konstanz 1999, S. 309–316, hier S. 310.

3 Für *Buch und Regie* firmieren im Abspann unterschiedliche Namen, gleichbleibend aber ist das Label *Konzept und Leitung:* Guido Knopp. Wenn im folgenden Knopp genannt wird, ist er als Kopf dieses neuen Formats angesprochen, aber die übrigen Verantwortlichen sind mitgemeint.

4 Vgl. 2. Kapitel in diesem Buch.

5 Joachim C. Fest, Das Gesicht des Dritten Reiches. Profile einer totalitären Herrschaft, München 1963.

6 Die konventionelle Definition liefert: Werner Koch, Der Zwang zum Bild. Geschichte im Fernsehen, Wiesbaden 1988, S. 8; eine Annäherung unter Einbeziehung der theoretischen Debatten findet sich bei: Eva Hohenberger (Hg.) Bilder des Wirklichen. Texte zur Theorie des Dokumentarfilms, Berlin 1998, S. 20 f.; grundsätzlich und umfassend: Manfred Hattendorf, Dokumentarfilm und Authentizität. Ästhetik und Pragmatik einer Gattung, Konstanz 1994, hier S. 62–80.

7 Eugene Vale, Die Technik des Drehbuchschreibens für Film und Fernsehen, München 1988; Syd Field, Peter Märtesheimer, Wolfgang Lengsfeld u. a., Drehbuchschreiben für Film und Fernsehen. Ein Handbuch für Ausbildung und Praxis, München 1988.

8 Christoph Jung hat in einer vorzüglichen Untersuchung als Erzählstruktur der Serie fünf Sequenzen ausgemacht, die er Vorspann, Charakterisierung, Biographie, Verantwortlichkeit und Untergang nennt: ders., Geschichte im Fernsehen: Die Darstellung des *Dritten Reiches* am Beispiel von Guido Knopps Serie *Hitlers Helfer*, Magisterarbeit an der Universität Lüneburg, Fachbereich Angewandte Kulturwissenschaften, 2004 (Geschichte im Fernsehen).

9 Diese Filme wie auch die Serie *Hitlers Manager* wurden dem Verfasser freundlicherweise vom Medienzentrum der Universität in Lüneburg zur Verfügung gestellt; die Beiträge über Eichmann, Bormann, Krupp und Schacht lagen nicht vor.

10 In der Serie werden außerdem Leben und Karriere des Bankiers Hjalmar Schacht, des Großindustriellen Alfried Krupp und des Generals Alfred Jodl dargestellt.

11 Presseheft zur Serie *Hitlers Helfer*, Mainz 1997, S. 4.

12 Von Udet heißt es, er habe einen »Pakt mit dem Teufel« geschlossen, Rommel hat sich auf den »tödlichen Pakt mit der Macht« eingelassen, Porsche heißt einfach »des Teufels Konstrukteur« und Braun »verkauft seine Seele«; auch Mengele und dessen Mentor, der Rassegenetiker Ottmar von Verschuer, gehören in diesen faustischen Zirkel, wie dessen Sohn Heinrich von Verschuer nahelegt: »Mich bedrückt, daß ein Mann, der glaubte Wissenschaft für die Menschen zu betreiben, einer Wissenschaft anhing, die dann zum Verderben von Menschen führte.«

13 So Porsche und Speer (2004).

14 Manchmal sind einzelne Einheiten, wie die Division *Brandenburg* (Canaris), oder schlichtweg die ganze Wehrmacht »verstrickt«-»ob sie will oder nicht« (Keitel, Jodel); von den Generälen wird ausdrücklich Manstein als Opfer dieser »Verstrickung« benannt.

15 So explizit bei Manstein und Jodl.

16 Rommel, Manstein, Jodl; vgl. auch Lutz Kinkel, Viele Taten, wenig Täter. Die Wehrmacht als Sujet neuerer Dokumentationsserien des öffentlich-rechtlichen Rundfunks, in: Michael Th. Greven, Oliver von Wrochem (Hg.), Der Krieg in der Nachkriegszeit. Der Zweite Weltkrieg in Politik und Gesellschaft der Bundesrepublik, Opladen 2000, S. 112–130, hier S. 117 ff.

17 *Die Botschaft muß ankommen.* ZDF-Chefhistoriker Guido Knopp über das Nachstellen von Szenen in Dokumentationen über die NS-Zeit und die Kritik an seiner Reihe *Hitlers Helfer*, in: Der Spiegel, 4. 5. 1998.

18 Das Beispiel eines gelungenen »Psychogramms« hätte Knopp finden können bei Ulrich Herbert, Best. Biographische Studien über Radikalismus, Weltanschauung und Vernunft, 1903–1989, Bonn, 1996; als Mikroanalyse: Christian Schneider, Manstein. Psychogramm eines Befehlshabers, in: Hannes Heer, Klaus Naumann (Hg.), Vernichtungskrieg. Verbrechen der Wehrmacht 1941 bis 1944, Hamburg 1995, S. 402–417.

19 Saul K. Padover, Lügendetektor. Vernehmungen im besiegten Deutschland 1944/45, München 2001, S. 74 f.

20 Harald Welzer, Das kommunikative Gedächtnis. Eine Theorie der Erinnerung, München 2002, S. 176; den Probanden war ein Ama-

teurfilm vorgeführt worden, in dem sehr disparate Szenen – von Hochzeiten bis zu Deportationen – zusammengeschnitten waren.

21 Harald Welzer, Sabine Moller, Karoline Tschuggnall, *Opa war kein Nazi*. Nationalsozialismus und Holocaust im Familiengedächtnis, Frankfurt/Main 2002, S. 209.

22 Misch (Heß, Goebbels), Deutschkron (Goebbels, Rommel), Hamburger (Heß, Goebbels), Einsiedel (Rommel, Paulus), Baumann (Rommel, Keitel), Lindemann (Manstein, Freisler), Böhm-Tettelbach (Himmler, Dönitz, Keitel), Kielmannsegg (Keitel, Paulus, Manstein), Kleist (Keitel, Rommel, Freisler), Loringhoven (Manstein, Keitel, Paulus, Jodl), Traudl Junge (Himmler, Goebbels, Speer, Schirach), Spitzy (Heß, Goebbels, Speer, Ribbentrop, Canaris, Keitel, Freisler).

23 Lindemann wird im Freisler-Film vorgestellt als »verurteilt von Freisler«, »von der Gestapo verhört«, »Sohn eines Verschwörers«, »Sohn von General Lindemann«, im Film über Manstein firmiert er schlicht als »militärischer Widerstand«; Hamburger wird in einem Film als »Parteitagsbesucher« (Heß), in einem anderen als »deutscher Jude« (Goebbels) vorgestellt; Ernst Günther Schenck firmiert im Himmler-Film mal mit der Bauchbinde »Waffen-SS«, dann mit der schlichten Berufsbezeichnung »Arzt«, seine wirkliche Funktion – Ernährungsinspekteur und Standartenführer der SS – erfährt man nicht.

24 Guido Knopp, Geschichte im Fernsehen. Perspektiven der Praxis, in: ders., Siegfried Quandt (Hg.), Geschichte im Fernsehen. Ein Handbuch, Darmstadt 1988, S. 1–9.

25 Ebenda, S. 1.

26 Ebenda, S. 5 f.

27 Ebenda, S. 7.

28 Ebenda, S. 1.

29 Ebenda, S. 8.

30 Vgl. 2. Kapitel in diesem Buch, S. 62 f. vgl. Rupert Seuthe, *Geistig-moralische Wende?*, Der politische Umgang mit der NS-Vergangenheit in der Ära Kohl am Beispiel von Gedenktagen, Museums- und Denkmalprojekten, Frankfurt/Main 2001.

31 Munzinger Archiv, Ausgabe 37 vom 7. 9. 1998.

32 *Warum habt ihr Hitler nicht verhindert?*, ZDF, 23. 1. 1983; *Warum habt ihr Hitler widerstanden?*, ZDF, 18. 7. 1984; *Der Verführer: Anmerkungen zu Goebbels*, ZDF, 29. 11. 1987.

33 Wulf Kansteiner, Die Radikalisierung des deutschen Gedächtnisses im Zeitalter seiner kommerziellen Reproduktion: Hitler und das *Dritte Reich* in den Fernsehdokumentationen von Guido Knopp, in: Zeitschrift für Geschichtswissenschaft, Jg. 51, Heft 7, 2003, S. 626–648, hier S. 629 (Hitler und das *Dritte Reich*).

34 Ebenda, S. 633 ff., 637 f.; *Der verdammte Krieg* erreichte mit 3,75 Millionen Zuschauern einen Marktanteil von 18,3 Prozent, die Hitler-Serie kam auf 5,03 Millionen Zuschauer und eine Quote von 22 Prozent, vgl. Linne, Hitler als Quotenbringer, a. a. O., S. 95.

35 Guido Knopp, Zwischen Krieg und Frieden. Zeitgeschichte im ZDF 1989, in: ZDF Jahrbuch 1989, Mainz 1989, S. 80–84, hier S. 81.

36 Zum Tempo: Kein Zeitzeuge rede länger als drei Sätze, keine zusammenhängende Szene dauere länger als eine Minute, so Knopp im Gespräch mit Sandra Maischberger, zit. bei Linne, Hitler als Quotenbringer, a. a. O., S. 97; zur Knoppschen Filmsprache vgl. Jung, Geschichte im Fernsehen, a. a. O., S. 54 ff.

37 Knopp, Zeitgeschichte im ZDF, in: Wilke, Massenmedien und Zeitgeschichte, a. a. O., S. 311, 316, 311 f.; der Beitrag ist eine Erweiterung des 1988 veröffentlichten Artikels; alle in den Jahrbüchern des ZDF wie in Interviews abgegebenen Statements sind nur Variationen dieser beiden Texte.

38 Zu den Folgen der Privatisierung des Fernsehens vgl. Harald Martenstein, Populismus lohnt sich. Wie das Privatfernsehen Deutschland verändert hat, in: Jahrbuch Fernsehen 2004, hg. vom Adolf Grimme Institut u. a., Marl 2004, S. 9–18.

39 Frank Schirrmacher, Hitler, nach Knopp, Frankfurter Allgemeine Zeitung, 18. 4. 1998; Schirrmachers Kritik ist auch heuchlerisch, weil er selber jede Trivialisierung der Nazizeit begeistert begrüßt, wenn sie nur gehörig zu deren *Normalisierung* beiträgt und er das als Beitrag zur Aufklärung verkünden darf – siehe sein Feldzug für den Film *Der Untergang*, 1. Kapitel in diesem Buch, S. 27.

40 So Ulrich Herbert bei einer vom *Medienforum Köln* 1998 veranstalteten Debatte zwischen Universitäts- und Fernsehhistorikern, vgl. Thomas Gehringer, *NS-Kitsch*. Fernsehen und Zeitgeschichte: Eine Auseinandersetzung, Der Tagesspiegel, 16. 6. 1998.

41 So auch Gerd Wiegel, Familiengeschichte vor dem Fernseher. Erinnerte NS-Geschichte in den Dokumentationen Guido Knopps, in: Michael Klundt (Hg.), Heldenmythos und Opfertaumel. Der Zweite Weltkrieg und seine Folgen im deutschen Geschichtsdiskurs, Köln 2004, S. 82–102, hier S. 86 f.

42 Judith Keilbach, Fernsehbilder der Geschichte. Anmerkungen zur Darstellung des Nationalsozialismus in den Geschichtsdokumentationen des ZDF, in: *1999*, Zeitschrift für Sozialgeschichte des 20. und 21. Jahrhunderts, Heft 2, 2002, S. 102–113, hier S. 110 (Fernsehbilder der Geschichte); Keilbachs anhand der Serie *Hitler – Eine Bilanz* entwickelte These von der »Konstitution einer öffentlichen und einer privaten Person Hitler« – die politische

Sphäre in Schwarzweiß, die private Berghof-Existenz in Farbe – trifft allerdings auf die hier analysierten Serien nicht zu, ebenda, S. 109 f.

43 Knopp, Zwischen Krieg und Frieden, in: ZDF Jahrbuch 1989, a. a. O., S. 83.

44 *Die Botschaft muß ankommen*, in: Der Spiegel, a. a. O.

45 Keilbach, Fernsehbilder der Geschichte, in: Zeitschrift für Sozialgeschichte des 20. und 21. Jahrhunderts, a. a. O., S. 105 f.

46 Fritz Wolf, Der Weitererzähler. Fernsehen und Geschichtserzählung, in: Jahrbuch Fernsehen 2004, a. a. O., S. 28–44, hier S. 36.

47 Der eine der beiden Zeitzeugen ist der schon öfter erwähnte Ernährungsinspekteur der SS, Ernst Günter Schenck, der seinen Aufstieg den Menschenversuchen in den Konzentrationslagern Dachau und Mauthausen verdankte.

48 Knopp, Zwischen Krieg und Frieden, in: ZDF Jahrbuch 1989, a. a. O., S. 81.

49 Vgl. die brillante Analyse der Serie bei Kansteiner, Hitler und das *Dritte Reich*, in: Zeitschrift für Geschichtswissenschaft, a. a. O., S. 633 ff.

50 Telford Taylor, der amerikanische Hauptankläger in diesen Prozessen, führte im Schlußplädoyer des OKW-Prozesses aus: »Das war kein Krieg, das war Verbrechen. Das war nicht Soldatentum, das war Barbarei.«, ders., Die Nürnberger Prozesse. Hintergründe, Analysen und Erkenntnisse aus heutiger Sicht, München 1992, S. 613.

51 Im Keitel-Film bestreiten vor allem der ehemalige Bundeswehrgeneral Graf von Kielmannsegg und ein Oberst a. D. Günther Reichhelm – dieser mit Eid – jeden geäußerten Hinweis auf Verbrechen; zur Rolle des Grafen im Krieg vgl. Otto Köhler, Hitler, Helfer, Psychogramme. Zeitgeschichte im Fernsehen, in: Jahrbuch Fernsehen 1997/98, a. a. O, S. 67–79, hier S. 73 f.

52 Die Deutschen sind ein wunderbarer Sündenbock. Der Historiker Joachim Fest über den Umgang mit dem Nationalsozialismus, Krieg und Moral, Berliner Zeitung 9./10. 4. 2005.

53 Knopp, Zeitgeschichte im ZDF, in: Wilke, Massenmedien und Zeitgeschichte, a. a. O., S. 311.

54 Kansteiner, Hitler und das *Dritte Reich*, in: Zeitschrift für Geschichtswissenschaft, a. a. O., S. 636.

55 Hannes Heer, Blockierter Schmerz. Warum das Erinnern an die Verbrechen der Wehrmacht so schwerfällt, in: ndl. neue deutsche literatur, 47. Jg., September/Oktober 1999, S. 19–32; Christian Schneider, Schuld als Generationenproblem, in: Mittelweg 36, 1998, Heft 4, S. 28–40; während der Laufzeit der Ausstellung wurden in den meisten Städten von Psychologen angeleitete Begleit-

gruppen eingerichtet; die Erfahrungen mit dem *Familienroman* basieren auf Beobachtungen in den Evangelischen Akademien in Tutzing und Loccum.

56 Kansteiner, Hitler und das *Dritte Reich*, in: Zeitschrift für Geschichtswissenschaft, a. a. O., S. 645.

57 Klaus Heinrich, Floß der Medusa, Basel, Frankfurt/Main 1995, S. 14 f.

58 Vgl. 5. Kapitel in diesem Buch.

59 Den Beleg für diese Aussage bleibt Knopp schuldig, da der einzige dann folgende Zeuge von Seiten der Alliierten, Jodls sowjetischer Vernehmungsoffizier Lew Besymenskij, das Strafmaß ausdrücklich für angemessen befindet.

60 Den Part, das Wort von der »Rachejustiz« gleich in der Eingangssequenz fallen zu lassen, übernimmt als Zeitzeuge ein ehemaliger Offizier der Wehrmacht.

61 Dies treffende Bild verwendet Kansteiner, Kansteiner, Hitler und das *Dritte Reich*, in: Zeitschrift für Geschichtswissenschaft, a. a. O., S. 638; er bezieht es allerdings auf das, was er Knopps »Anti-Nazidiskurs« nennt.

62 Peter Kümmel, Ein Volk in der Zeitmaschine, Die Zeit, 26. 2. 2004.

63 So hat Ulrich Raulff neuere Erscheinungen in den Medien beschrieben: ders., 1945. Ein Jahr kehrt zurück: Tausche Geschichte gegen Gefühl, Süddeutsche Zeitung, 20. 10. 2003.

64 Guido Knopp hat zwar bestritten, daß seine Filme eine Antwort etwa auf Goldhagen seien: ders., Zeitgeschichte im ZDF, in: Wilke, Massenmedien und Zeitgeschichte, a. a. O., S. 313; aber der Zusatz zur zweiten Staffel – Hitlers Helfer: Täter und *Vollstrecker* – zeigt das ebenso wie die Wahrnehmung prominenter Zeitgenossen: Joachim Fest nennt Knopps Serie, ganz selbstverständlich den Goldhagen-Titel aufgreifend, *Hitlers willige Helfer*, vgl. Die Deutschen sind ein wunderbarer Sündenbock, Berliner Zeitung a. a. O.

65 Susan Sontag, Faszinierender Faschismus, in: dies., Im Zeichen des Saturn, München, Wien 1981, S. 95–124, hier S. 115 f.

66 Guido Knopp, Keine Angst vor Hitler? – 50 Jahre danach, in: ZDF-Jahrbuch 1995, S. 88–90, hier S. 88.

5. Kapitel

1 Zum Entstehen und Wandel von Geschichtsbildern vgl. Hannes Heer, Ruth Wodak, Kollektives Gedächtnis. Vergangenheitspolitik. Nationales Narrativ. Zur Konstruktion von Geschichtsbildern, in: Hannes Heer, Walter Manoschek, Alexander Pollak, Ruth Wodak (Hg.), Wie Geschichte gemacht wird. Zur Konstruktion

von Erinnerungen an Wehrmacht und Zweiten Weltkrieg, Wien 2003, S. 12–23.

2 Christa Wolf, Kindheitsmuster, Berlin, Weimar 1976 (Darmstadt, Neuwied 1979); Ingeborg Drewitz, Gestern war heute. Hundert Jahre Gegenwart, Düsseldorf 1978; Peter Brückner, Das Abseits als sicherer Ort. Kindheit und Jugend zwischen 1933 und 1945, Berlin 1980; Peter Härtling, Nachgetragene Liebe, Darmstadt, Neuwied 1980; Christoph Meckel, Suchbild. Über meinen Vater, (Düsseldorf 1980) Frankfurt/Main 2005; Meckel ergänzte später das Vaterporträt um das der Mutter: ders., Suchbild. Meine Mutter, München 2002; als Nachzügler: Hanns-Josef Ortheil, Hecke. Erzählung, Frankfurt/Main 1983; Wolfgang Koeppen, der über seine Jugend in der Kaiserzeit und in der frühen Weimarer Republik berichtet, lieferte einen dichten Bericht über die Vorgeschichte der Nazizeit und gehört deshalb in diese Reihe: ders., Jugend, Frankfurt/Main 1976.

3 Christa Wolf hat als Motiv für *Kindheitsmuster* das mit den Verhandlungen über einen Frieden in Vietnam sich abzeichnende »Ende der Nachkriegszeit« angedeutet, dies., Kindheitsmuster, a. a. O., S. 90; wichtiger als dieses Motiv aber dürften die Erschütterungen gewesen sein, die z. B. über Peter Weiss' Stück *Die Ermittlung* seit 1965 auch die DDR erreichten; auch Heiner Müllers Stücke *Die Schlacht* und *Germania Tod in Berlin*, die 1975 in Ostberlin bzw. 1978 in München uraufgeführt wurden, sind stark von der Auseinandersetzung mit der NS-Zeit in der BRD geprägt; Wolfs und Müllers literarische Produkte bedeuteten einen Bruch mit dem in der DDR üblichen Geschichtsbild des *Antifaschismus*.

4 Im Unterschied zu der eher »normalen« Kindheit von Drewitz und Wolf liefert Brückner das Psychogramm eines Außenseiters im Kampf gegen die totalitäte Verführung und um die knappen Nischen des Überlebens.

5 Wolf, Kindheitsmuster, a. a. O., S. 9.

6 Ebenda, S. 11.

7 Ebenda, S. 377.

8 Drewitz, Gestern war heute, a. a. O., S. 96.

9 Wolfgang Koeppen wurde 1906, Peter Brückner 1922, Ingeborg Drewitz 1923, Christa Wolf 1929 geboren. Peter Härtling ist Jahrgang 1933 und Christoph Meckel Jahrgang 1935.

10 Meckel, Suchbild, a. a. O., S. 58, 67, 64.

11 Ebenda, S. 82.

12 Härtling, nachgetragene Liebe, a. a. O., S. 71.

13 Ebenda, S. 118.

14 Ebenda, S. 168.

15 Stephan Wackwitz, Ein unsichtbares Land. Familienroman, Frankfurt/Main 2003.

16 Ebenda, S. 85.

17 Ebenda, S. 98.

18 Ebenda, S. 104 f.

19 Ebenda, S. 106.

20 Ebenda, S. 229.

21 Ebenda, S. 232.

22 Ebenda.

23 Ebenda, S. 236.

24 Ebenda, S. 144.

25 Ebenda, S. 148.

26 Ebenda, S. 106.

27 Ebenda, S. 226 f.

28 Uwe Timm, Am Beispiel meines Bruders, Köln 2003.

29 Ebenda, S. 10.

30 Ebenda, S. 17, 92, 19.

31 Ebenda, S. 124.

32 Ebenda, S. 95.

33 Ebenda, S. 151.

34 Ebenda, S. 21.

35 Ebenda, S. 59.

36 Ebenda, S. 134 f.

37 Ebenda, S. 157.

38 Ebenda, S. 155.

39 Wibke Bruhns, Meines Vaters Land. Geschichte einer deutschen Familie, München 2004, S. 13 f.

40 Vgl. Hannes Heer, Extreme Normalität. Generalmajor Gustav Freiherr von Mauchenheim gen. Bechtolsheim. Umfeld, Motive und Entschlußbildung eines Holocaust-Täters, in: Zeitschrift für Geschichtswissenschaft, 51. Jg., Heft 8, 2003, S. 729–753, hier S. 733.

41 Bruhns, Meines Vaters Land, a. a. O., S. 309, 312.

42 Ebenda, S. 316.

43 Vgl. Ulrich Herbert, Arbeit und Vernichtung. Ökonomisches Interesse und Primat der *Weltanschauung* im Nationalsozialismus, in: Dan Diner (Hg.), Ist der Nationalsozialismus Geschichte? Zu Historisierung und Historikerstreit, Frankfurt/Main 1987, S. 198 bis 236, hier S. 233.

44 Bruhns, Meines Vaters Land, a. a. O., S. 349.

45 Ebenda, S. 248.

46 Ebenda, S. 97.

47 Ebenda, S. 112.

48 Ebenda, S. 223.

49 Selbst der bis dahin nüchtern gebliebene Großvater Kurt Klamroth verlor 1933 allen politischen Verstand, ebenda, S. 256.

50 Ebenda, S. 248.

51 Vgl. in diesem Buch S. 210.

52 Bruhns, Meines Vaters Land, a. a. O., S. 380 f.

53 Dagmar Leupold, Nach den Kriegen. Roman eines Lebens, München 2004.

54 Ebenda, S. 134.

55 Ebenda, S. 151.

56 Ebenda, S. 167 f.

57 Ebenda, S. 193 ff.

58 Monika Jetter, Mein Kriegsvater. Versuch einer Versöhnung, Hamburg 2004, S. 68, 62; Jetters Vater, ein Zimmermann, der schon vor 1933 zu den Nazis ging, sollte auf einer der Parteihochschulen der NSDAP, der *Ordensburg* Crössinsee, zum *Führernachwuchs* ausgebildet werden, verließ aber aus Familiengründen nach einem Jahr die *Ordensburg*; er wurde im Krieg Fallschirmjäger und kämpfte an allen Fronten.

59 Martin Pollack, Der Tote im Bunker. Bericht über meinen Vater, Wien 2004.

60 Von November bis Dezember war Dr. Gerhard Bast, nach Angaben Pollacks, Führer des SK 11a der Einsatzgruppe D, ab Juni 1944 führte er als Nachfolger von Helmut Loos das zur Einsatzgruppe B gehörende SK 7a, das in Warschau und dann im Verband der Einsatzgruppe H in der Slowakei eingesetzt war.

61 Claudia Brunner, Uwe von Seltmann, Schweigen die Täter, reden die Enkel, Frankfurt/Main 2004.

62 Timm, Am Beispiel meines Bruders, a. a. O., S. 12.

63 Thomas Medicus, In den Augen meines Großvaters, München 2004.

64 Ebenda, S. 54 f.

65 Ebenda, S. 66.

66 Ebenda, S. 136 f.

67 Ebenda, S. 167.

68 Ebenda, S. 234.

69 Ebenda, S. 80, 239, 244.

70 Ebenda, S. 243.

71 8. Panzer-Division, Tätigkeitsbericht der Abteilung Ic, 22. 6. 1941, Bundesarchiv-Militärarchiv Freiburg (im folgenden BA-MA), RH 27-8/169.

72 8. Panzer-Division, Tätigkeitsbericht der Abteilung Ic, [Anlagen: Berichte der Propaganda-Kompanien] Hans-Adolf Weber, Kampfgruppe Crisolli schafft es, 22. 6. 1941, ders., Panzersturm auf Wilkolmierz, 25. 6. 1941, ders., Sieger von Dünaburg. Das Ritterkreuz für

einen erfolgreichen Kampfgruppenführer [Crisolli], BA-MA RH
27-8/169.

73 8. Panzer-Division, Kriegstagebuch, Einträge 5. 8. und 26. 8. 1941,
    BA-MA RH 27-8/10.

74 OKW/WFSt/Op.(H), 16. 12. 1942, zit. bei Norbert Müller (Hg.),
    Deutsche Besatzungspolitik in der UdSSR 1941–1944, Köln 1980,
    S. 139 f.; Gerhard Schreiber, Deutsche Kriegsverbrechen gegen-
    über Italienern, in: Wolfram Wette, Gerd R. Ueberschär (Hg.),
    Kriegsverbrechen im 20. Jahrhundert, Darmstadt 2001, S. 222 bis
    234, hier S. 223 (Kriegsverbrechen).

75 Schreiber, Deutsche Kriegsverbrechen gegenüber Italienern, in:
    Wette, Ueberschär, Kriegsverbrechen, a. a. O., S. 225.

76 Armeebefehl AOK 14/Ia vom 3. 7. 1944, zit. bei Friedrich Andrae,
    Auch gegen Frauen und Kinder. Der Krieg der Wehrmacht gegen
    die Zivilbevölkerung in Italien 1943–1945, München 1995, S. 157
    (Auch gegen Frauen und Kinder).

77 Auszugsweiser Gefechtsbericht über das Bandenunternehmen der
    Fest. Brig. 135 im Gebiet nördl. La Spezia v. 3./4. 8. 1944, Anl. 4 zu
    AOK 14/Ic v. 8. 8. 44, BA-MA RH 20-14/116; vgl. auch Ober-
    befehlshaber Südwest (H Gr. C)/Ic, Morgenmeldung, 6. 8. 1944,
    BA-MA RH 2/667, AOK 14/Ia, Tagesmeldungen 3. 8., 4. 8., 5. 8.
    1944, BA-MA RH 20-14/44 und RH 20-14/114, 14. AOK/Ic,
    Tagesmeldungen 3. 8., 6. 8. 1944, BA-MA RH 20-14/114 und RH
    20-14/116; beteiligte deutsche Einheiten waren: Festungs-Brigade
    135, Lehr-Bataillon Gebirgsjäger-Schule Mittenwald, Stab
    Festungs-Bataillon 906; beteiligt von der 20. Luftwaffen-Feld-
    division: Divisions-Füsilier-Bataillon 20, 2./Luftwaffen-Artillerie-
    Regiment 20.

78 AOK 14/Ic, Tagesmeldung 26. 8. 1944, BA-MA RH 20-14/46; ein-
    gesetzte Truppen: Teile der 16. SS Panzergrenadierdivision *Reichs-
    führer SS*, Hoch-Gebirgsjäger-Bataillon 3 und von der 20. Luft-
    waffen-Felddivision ein Bataillon des Jäger-Regiments 40.

79 Oberbefehlshaber Südwest (H Gr. C)/Ic-Meldung 27. 8. 1944,
    BA-MA RH 2/667.

80 Andrae, Auch gegen Frauen und Kinder, a. a. O., S. 210.

81 AOK 14/Ic, Tagesmeldungen vom 4. 9., 5. 9., 6. 9. und 7. 9. 1944,
    BA-MA RH 20-14/114; beteiligte Einheiten: 16. SS-Panzergrena-
    dierdivision RFSS und 20. Lw-Felddivision; vgl. auch Ober-
    befehlshaber Südwest (H Gr. C)/Ic, Morgenmeldung vom 4. 9.
    und 6. 9. 1944, BA-MA RH 2/669.

82 Carlo Gentile, Le stragi nazifasciste, in: Toscana 1943–1945, Rom
    2005, S. 113 ff.; S. 115; Medicus, In den Augen meines Großvaters,
    a. a. O., S. 200 f.; die Furcht der Familie vor Enthüllungen über
    Crisolli bei möglichen Prozessen gegen ehemalige Wehrmachts-

soldaten resultierte vor allem aus dieser engen Verbindung mit der Division der Waffen-SS; der Kommandeur der Panzer-Aufklärungsabteilung, SS-Sturmbannführer Walter Reder, war 1951 von einem italienischen Gericht zu einer lebenslangen Freiheitsstrafe verurteilt worden, und ab 1965 ermittelte die Staatsanwaltschaft Stuttgart gegen 16 Angehörige der Einheit; das Verfahren wurde später eingestellt, vgl. Schreiber, Deutsche Kriegsverbrechen in Italien, a. a. O., S. 198 f.; der Oberbefehlshaber Italien, Albert Kesselring, und der frühere Oberbefehlshaber der 14. Armee, Eberhard von Mackensen, waren schon 1947 von einem britischen Militärgericht zum Tode verurteilt, allerdings 1952 begnadigt und aus der Haft entlassen worden, ebenda, S. 121 ff.

83 Carlo Gentile, Marzabotto 1944, in: Gerd R. Ueberschär (Hg.) Orte des Grauens. Verbrechen im Zweiten Weltkrieg, Darmstadt 2003, S. 136-145, hier S. 136 (Orte des Grauens).

84 Carlo Gentile, Sant' Anna di Stazzema 1944 und Marzabotto 1944, in: Ueberschär, Orte des Grauens, a. a. O., S. 231–236, 136–145.

85 Medicus, In den Augen meines Großvaters, a. a. O., S. 195, 189.

86 Ähnlich urteilen: Bernd C. Hesslein, Pardon für den General, in: Die Zeit, 25. 3. 2004, Sabine Fröhlich, Ermittlung in eigener Sache. Thomas Medicus und sein Großvater, in: Neue Zürcher Zeitung, 3. 6. 2004, und Karin Beindorff, Thomas Medicus: In den Augen meines Großvaters, Deutschlandfunk, 17. 5. 2004.

87 So ist auch zu verstehen, daß Medicus für seinen Roman »als Gastwissenschaftler« ein Stipendium des seit einiger Zeit um ein milderes Urteil in Sachen Wehrmachtsverbrechen bemühten Jan Philipp Reemtsma erhielt, vgl. Medicus, In den Augen meines Großvaters, a. a. O., Dank, S. 249 f.; Medicus hatte in seiner Eigenschaft als Redakteur der *Frankfurter Rundschau* dem Chef des Hamburger Instituts ein paar Jahre zuvor Schützenhilfe geleistet: Er feierte dessen Entschluß zum Rückzug der ersten Wehrmachtsausstellung als Chance, »die Erinnerungs- und Betroffenheitskultur der alten Bundesrepublik über Bord« zu werfen, und lobte ihn, weil er sich mit dieser Entscheidung von der »manichäischen Geschichtspolitik« der 68er und der sie tragenden »Ideologie des Antifaschismus« getrennt habe, vgl. Thomas Medicus, Schatten. Hannes Heer muß gehen, Frankfurter Rundschau, 15. 8. 2000, und ders., Abschied von gestern. Was kann aus der *Wehrmachtsausstellung* werden? ebenda, 4. 11. 2000; mit ähnlichem Tenor: ders., Sieben Weise. Das Gutachten zur Wehrmachtsausstellung liegt vor, ebenda, 16. 11. 2000; zur Auseinandersetzung um die beiden Ausstellungen vgl. Hannes Heer, Vom Verschwinden der Täter. Der Vernichtungskrieg fand statt, aber keiner war dabei, Berlin 2004, S. 12–66.

88 Alfred Andersch, Die Kirschen der Freiheit, 1952.

89 Medicus, In den Augen meines Großvaters, a. a. O., S. 242.

90 Ebenda.

91 Ulla Hahn, Unscharfe Bilder, München 2003.

92 Ebenda, S. 30.

93 Ebenda, S. 82, 95, 98, 207, 107.

94 Ebenda. S. 268 f.

95 Ebenda, S. 275 f.

96 Arno Surminski, Vaterland ohne Väter, München 2004.

97 Ebenda, S. 455.

98 So gehen die Feldpostbriefe des aus Münster stammenden Kameraden auf eine erhaltene Sammlung von Briefen zurück, die leicht verändert werden.

99 Zitiert bei Thomas Blum, Schuldklotz, in: Konkret, Heft 10, Oktober 2004, S. 14.

100 Der Schriftsteller Günter Frantzen hat das in einer scharfen Kritik an Uwe Timms Buch gefordert, zit. bei Micha Brumlik, Holocaust und Vertreibung. Das ambivalente Gedenken der Kriegskindergeneration, in: Blätter für deutsche und internationale Politik, 2005, Heft 5, S. 549–563, hier S. 555 (Holocaust und Vertreibung).

101 Erich Später, Familienroman. Der Sozi Peter Glotz schreitet jetzt Seit an Seit mit der schwarzbraunen Erika Steinbach, in: Konkret, Heft 1, 2004, S. 20–21; Eva Hahn und Hans Henning Hahn, Peter Glotz und seine Geschichtsbilder, in: Zeitschrift für Geschichtswissenschaft, Jg. 52, Heft 1, 2004, S. 72–80.

102 Brumlik, Holocaust und Vertreibung, in: Blätter für deutsche und internationale Politik, a. a. O., S. 555.

103 Günter Grass, Im Krebsgang, Göttingen 2002.

104 Ebenda, S. 77, 99.

105 Ebenda, S. 62.

106 Tanja Dückers, Himmelskörper, Berlin 2003.

107 Ebenda, S. 85.

108 Ebenda, S. 126.

109 Ebenda.

110 Ebenda, S. 147.

111 Ebenda, S. 302.

112 Ebenda, S. 303.

113 Reinhard Jirgl, Die Unvollendeten, München, Wien 2003.

114 Ebenda, S. 74 ff.

115 Ebenda, S. 176.

116 »Das ist unser Familienerbe«. Ein Gespräch über falsches Erinnern und richtiges Vergessen mit Aleida Assmann und Harald Welzer, in: taz mag. Das Wochenendmagazin der Tageszeitung, 22./23. 1. 2005, S. I (Familienerbe).

ANMERKUNGEN

117 Welzer, ebenda, S. II.

118 Welzer, ebenda, S. III; noch deutlicher: ders., »Es gibt eine starke Tendenz, die Täter zu entschulden«, in: Psychologie heute, 31. Jg., Heft 10, Oktober 2004, S. 29–31, hier S. 31 (Die Täter entschulden); auch der Beitrag von Micha Brumlik scheint diffus dieser Ansicht zuzuneigen, ders., Holocaust und Vertreibung., in: Blätter für deutsche und internationale Politik, a. a. O., S. 554; bei im einzelnen genauen Beobachtungen bleibt der Ausgangspunkt der Betrachtung fragwürdig, weil den Autoren als Angehörigen der Kriegskindergeneration »eine sich nur allmählich lösende Traumatisierung« unterstellt wird, ebenda, S. 558.

119 So ordnet er Bernhard Schlinks 1997 erschienenen Bestseller *Der Vorleser* dem Genre Familienroman zu und behauptet, dieser habe »den literarischen Anstoß« geliefert, Harald Welzer, Schön unscharf. Über die Konjunktur der Familien- und Generationenromane, in: Mittelweg,13. Jg., Februar/März 2004, S. 54–64, hier: S. 54; W. G. Sebalds 2001 publizierten Roman *Austerlitz*, der das Schicksal eines aus Nazideutschland entkommenen jüdischen Kindes, also eine Opfergeschichte, zu rekonstruieren versucht, dem Familienroman zuzuordnen hätte Sinn gemacht, wenn er durch verwandte Texte – z. B. Viola Roggenkamps *Familienleben* – ergänzt und vom Roman der Täterfamilien abgegrenzt worden wäre; was schließlich Brinkmanns *Rom, Blicke* von 1979 und Christoph Amends Interviewband *Und morgen tanzt die ganze Welt* für das Genre der »Familien- und Generationenromane« tauglich macht, weiß nur der Autor.

120 Welzer, Die Täter entschulden, in: Psychologie heute, a. a. O., S. 30.

121 Ebenda, S. 29; ähnlich: ders., Familienerbe, in: taz mag, a. a. O., S. III.

122 Welzer, Schön unscharf, in: Mittelweg, a. a. O., S. 59.

123 Ebenda, S. 58 f.

124 Ein Grund könnte sein, daß er in der Zeitschrift des *Hamburger Instituts* dessen Stipendiaten oder aber sich selbst schonen wollte: Medicus ist Journalist und schreibt in wichtigen liberalen Blättern; vielleicht hat Welzer das Buch einfach nicht gelesen – auch bei Jirgl ist seine Lektüre, wie er freimütig gesteht, »unvollendet« geblieben, ebenda S. 58; im übrigen ist Welzers Beitrag im Mittelweg eine differenzierte Auseinandersetzung mit dem Gegenstand, die an einigen Stellen allerdings in schroffem Widerspruch zu seinen späteren Äußerungen steht.

125 Ebenda, S. 59.

126 Assmann charakterisiert die Familienromane ganz in diesem Sinne als Versuch, »aus dem eigenen Familiengedächtnis, das in ihnen

wie eine Platte weiterläuft, herauszukommen«, vgl. dies., Familienerbe, in: taz mag, a. a. O., S. II.

127 Welzer, ebenda, S. III; ders., Die Täter entschulden, in: Psychologie heute, a. a. O., S. 31.

128 Aleida Assmann, »Erinnerungen verändern sich von einer Generation zur anderen«, in: Psychologie heute, 31. Jg., Heft 10, Oktober 2004, S. 26–28, hier S. 28; ähnlich dies., Familienerbe, in: taz mag, a. a. O., S. III.

129 Welzer, Familienerbe, in: taz mag, a. a. O., S. III; die Angehörigen von Wackwitz, Timm, Bruhns, Pollack, von Seltmann, Medicus z. B. sind schon lange tot.

130 Hilbergs Formulierung lautet: »In Deutschland ist der Holocaust Familiengeschichte.«

131 Christopher Browning, Ganz normale Männer. Das Reserve-Polizeibataillon 101 und die »Endlösung« in Polen, Reinbek bei Hamburg 1993.

132 Daniel J. Goldhagen, Hitlers willige Vollstrecker. Ganz gewöhnliche Deutsche und der Holocaust, Berlin 1996.

133 Victor Klemperer, Ich will Zeugnis ablegen bis zum letzten. Tagebücher 1933–1945, hg. von Walter Nowojski unter Mitarbeit von Hadwig Klemperer, 2 Bde., Berlin 1995.

134 Aleida Assmann, Ute Frevert, Geschichtsvergessenheit – Geschichtsversessenheit. Vom Umgang mit deutschen Vergangenheiten nach 1945, Stuttgart 1999, S. 281 (Geschichtsvergessenheit).

135 Heer, Vom Verschwinden der Täter, a. a. O., S. 170–248.

136 Assmann, Frevert, Geschichtsvergessenheit. a. a. O., S. 281.

137 Christian Schneider, Schuld als Generationenproblem, in: Mittelweg 36, 1998, Heft 4, S. 28–40, hier S. 31 f., 37 f.

6. KAPITEL

1 Christian Hartmann, Verbrecherischer Krieg – verbrecherische Wehrmacht? Überlegungen zur Struktur des Ostheeres 1941 bis 1944, in: Vierteljahreshefte für Zeitgeschichte, 52 (2004), S. 1–75, hier S. 1 ff. (Verbrecherischer Krieg).

2 Ebenda, S. 10, 7; 11, 19; 16, 20.

3 Hartmann, Verbrecherischer Krieg, a. a. O., S. 5.

4 Ebenda, S. 9, 10, 20, 26, 45, 55, 67, 69, 71.

5 Ebenda, S. 11.

6 Ebenda, S. 12 f.

7 Ebenda, S. 13 f.

8 Ebenda, S. 14.

9 Ebenda, S. 48 f.

10 Ebenda, S. 50 ff.

11 Ebenda, S. 63.

12 Ebenda, S. 57 f.

13 Ebenda, S. 17 ff.

14 Ebenda, S. 14 f.

15 Hans Umbreit, Auf dem Weg zur Kontinentalherrschaft, in: Bernhard R. Kroener u. a., Kriegsverwaltung, Wirtschaft und personelle Ressourcen 1939–1941. Das Deutsche Reich und der Zweite Weltkrieg, hg. vom Militärgeschichtlichen Forschungsamt, Stuttgart 1988, Bd. 5/1, S. 3–345, hier S. 80 f. (DRZW)

16 Hartmann, Verbrecherischer Krieg, a. a. O., S. 7 ff.

17 Die rückwärtigen Armeegebiete wurden formal eingerichtet, etablierten sich aber wegen des Vormarschtempos noch nicht sofort.

18 Der Befehlshaber des rückwärtigen Heeres-Gebietes 102/Ia, Korpsbefehl Nr. 23, 2. 7.1941, BA-MA, RH 22/224; Der Befehlshaber des rückwärtigen Heeres-Gebietes Mitte (im folgenden Berück Mitte)/Ia, Korpsbefehl Nr. 31, 20. 7. 1941, BA-MA RH 22/224; Heeresgruppe Mitte/Ia, An OKH/Gen StdH/Gen Qu/Abt KVerw, 14. 8. 1941, BA-MA RH 22/224; Berück Mitte/Ia, Korpsbefehl Nr. 55, 29. 9. 1941, BA-MA RH 22/225; Berück Mitte/Ia, 10-Tagesmeldung, Stand 10. 11. 41, An OKH/GenQu, 11. 11. 1941, BA-MA RH 22/ 227.

19 Hartmann, Verbrecherischer Krieg, a. a. O., S. 50.

20 Ernst Klink, Die Operationsführung. Heer und Kriegsmarine, in: Horst Boog u. a., Der Angriff auf die Sowjetunion, DRZW, Bd. 4, Stuttgart 1983, S. 451–652, hier S. 489–514.

21 AOK 4/Ic, Tätigkeitsbericht (im folgenden TB), Eintrag 27. 7. 1941, BA-MA RH 20-4/671; Bekanntmachung, (gez.) Das Deutsche Armeeoberkommando, BA-MA RH RH 23-127; GenKdo XXXXVI. PzK/Ic, TB, Eintrag 11. 8. 1941, BA-MA RH 24-47/108; 35. ID/Abt. Ic, TB 22. 6. 1941–10. 11. 1942, BA-MA RH 26-35/88; 29. ID (mot)/TB der Abt. Ic, 22. 6.–16. 12. 1941, BA-MA RH 26-29/58; in Kampfpausen galten diese Maßnahmen zur Einrichtung einer Militärverwaltung auch für die oben genannten Verbände der 2. Armee und der Panzergruppe 2: 3. Pz Div/Abt. Ib, Merkblatt für die vorläufige Erfassung der Ernte durch die Truppe, 7. 8. 1941, BA-MA RH 27-3/178; 197. ID/Abt. Ib, Sonderbefehl 5. 8. 1941, BA-MA RH 26-197/46.

22 Werktätige, Arbeiter, Bauern! BA-MA RH 24-13/206 und RH 26-255/160.

23 Christoph Rass, *Menschenmaterial*. Deutsche Soldaten an der Ostfront. Innenansichten einer Infanteriedivision 1939–1945, Paderborn 2003, S. 348 ff. (Menschenmaterial).

24 Helmut Krausnick, Hitlers Einsatzgruppen. Die Truppe des Weltanschauungskrieges 1938–1942, Frankfurt/Main 1985 (Einsatzgruppen).

25 Hartmann, Verbrecherischer Krieg, a. a. O., S. 12.

26 Krausnick, Einsatzgruppen, a. a. O., S. 158.

27 Hartmann, Verbrecherischer Krieg, a. a. O., S. 12.

28 Krausnick, Einsatzgruppen, a. a. O., S. 160 f.

29 Ebenda, S. 161.

30 Ebenda, S. 160.

31 Ebenda, S. 160 f.

32 Für das Sonderkommando SK 4 a: Bernd Boll, Hans Safrian, Die 6. Armee 1941/42, in: Hannes Heer, Klaus Naumann (Hg.), Vernichtungskrieg. Verbrechen der Wehrmacht 1941 bis 1944, Hamburg 1995, S. 297–314, hier S. 301 (Vernichtungskrieg); zur Einsatzgruppe D: Andrej Angrick, Besatzungspolitik und Massenmord. Die Einsatzgruppe D in der südlichen Sowjetunion 1941–1943, Hamburg 2003.

33 Hartmann, Verbrecherischer Krieg, a. a. O., S. 11, 17 und 19.

34 Im rückwärtigen Gebiet der 4. Armee (Kommandant rückwärtiges Armeegebiet, im folgenden Korück 559) waren eingesetzt die 137. ID und die 8. ID: Korück 559/Q, Befehl, 10. 10. 1941, BA-MA RH 23/126; 137. ID/Abt. Ia, An den Korück 559, Abschließender Bericht über die Befriedung des Raumes Juchnow-Wjasma-Dorogobusch-Jelnja-Kirow in der Zeit vom 12.–25. 10. 1941, BA-MA RH 23/126; 8. ID, Kriegstagebuch (im folgenden KTB), Eintrag 25. 10. 1941, BA-MA RH 26-8/38; 8. ID/Abt.Ia, Divisions-Befehl Nr. 29, 27. 10. 1941, und dies., Divisions-Befehl Nr. 30, 30. 10. 1941, BA-MA RH 26/8/42; im rückwärtigen Gebiet der 9. Armee (Korück 582) waren unterstellt die 161. ID und die 255. ID: 161. ID/Ia, Div. Befehl für die Übernahme der Sicherung des Armeegebietes, 8. 7. 1941, BA-MA RH 26-161/10; dies.,/Abt. Ib, Befehl über Gefangenenabschub, 11. 7. 1941, BA-MA RH 26/161/75; IR 336/Abt. Ia, Betr.: Tätigkeitsbericht und Vorhaben, Der 161. ID/Abt. Ia, 10. 7. 1941, BA-MA RH 26/161/10; OK I/593, TB 18. 10.–1. 11. 1941, 2. 11. 1941, BA-MA RH 23/23; für die 2. Armee (Korück 580) ist nur nachgewiesen PzJgKomp 14/347: Korück 580, Betr.: Sicherung des rückw. Armeegebietes, 22. 7. 1941, BA-MA RH 23/170.

35 Berück Mitte/Ia Korpsbefehl Nr. 23, 2. 7. 1941, BA-MA RH 22/224; 252. ID, KTB, Eintrag 9. 7. 1941, BAMA RH 27-252/73; Berück Mitte/Ia, Korpsbefehl Nr. 31, 20. 7. 1941 und Korpsbefehl Nr. 36, 1. 8. 1941, BA-MA RH 22/224.

36 Truman O. Anderson, Die 62. Infanterie-Division. Repressalien im Heeresgebiet Süd, Oktober bis Dezember 1941, in:

Heer, Naumann, Vernichtungskrieg, a. a. O., S. 297–314, hier S. 301.

37 Armeeoberkommando 9/OQu, Besondere Anordnungen für die Versorgung und für die Versorgungstruppen Nr. 38, 4. 8. 1941, BA-MA RH 20-9/366.

38 PzGr 2/Ic/AO III, 5. 9. 1941, BA-MA RH 27-4/112; AOK 17/ Gruppe Ic/AO, 30. 7. 1941, BA-MA, Alliierte Prozesse 9, NOKW-1693.

39 So lautet die Überschrift des entprechenden Kapitels: Hartmann, Verbrecherischer Krieg, a. a. O., S. 10.

40 Christian Streit, Keine Kameraden, Die Wehrmacht und die sowjetischen Kriegsgefangenen 1941–1945, Stuttgart 1978, S. 5, 28–61 (Keine Kameraden); Hamburger Institut für Sozialforschung (Hg.), Verbrechen der Wehrmacht. Dimensionen des Vernichtungskrieges, Ausstellungskatalog, Hamburg 2002, S. 43–45.

41 Hartmann, Verbrecherischer Krieg, a. a. O., S. 47 ff., 54.

42 Ebenda, S. 56 f.

43 Ebenda, S. 48.

44 Richtlinien für das Verhalten der Truppe in Rußland, 19. 5. 1941, abgedruckt in Wolfram Wette, Gerd R. Ueberschär (Hg.), Der deutsche Überfall auf die Sowjetunion. *Unternehmen Barbarossa* 1941, Frankfurt/Main 1991, S. 258 (Der deutsche Überfall).

45 So faßt Franziska Augstein den Vortrag von Christoph Rass zusammen: Barbarossa *light* war nicht zu haben. Das Hamburger Institut für Sozialforschung und das Münchener Institut für Zeitgeschichte beenden gemeinsam den Ostfeldzug, Süddeutsche Zeitung, 24. 3. 2004 ; Rass, *Menschenmaterial*, a. a. O.; Hermann Frank Meyer, Von Wien nach Kalavrita. Die blutige Spur der 117. Jäger-Division durch Serbien und Griechenland, Mannheim 2002; Margers Vestermanis, Ortskommandantur Libau. Zwei Monate deutscher Besatzung im Sommer 1941, in: Heer, Naumann, Vernichtungskrieg, a. a. O., S. 241–259; Theo J. Schulte, Korück 582, ebenda, S. 323–342; Walter Manoschek, Hans Safrian, 717./117. ID. Eine Infanterie-Division auf dem Balkan, ebenda, S. 359–373; Truman O. Anderson, Die 62. Infanterie-Division, ebenda, S. 297 bis 314; Bernd Boll, Hans Safrian, Auf dem Weg nach Stalingrad. Die 6. Armee 1941/42, ebenda, S. 260–296; zur 12. ID, 18. PzDiv, Div. Großdeutschland: Omer Bartov, The Eastern Front 1941–1945. German Front and the Barbarization of Warfare, London, Basingstoke 1985; zur 294. ID im Jahre 1941: Heer, Vom Verschwinden der Täter, a. a. O., S. 67–104; zur 707. ID: ders., Extreme Normalität. Generalmajor Gustav Freiherr von Mauchenheim gen. Bechtolsheim. Umfeld, Motive und Entschluß-

bildung eines Holocaust-Täters, in: Zeitschrift für Geschichtswissenschaft, 51. Jg., Heft 8, 2003, S. 729–753.

46 Hartmann, Verbrecherischer Krieg, a. a. O., S. 13.

47 Streit, Keine Kameraden, a. a. O., S. 128.

48 Rass, Menschenmaterial, a. a. O., S. 350.

49 Hartmann, Verbrecherischer Krieg, a. a. O., S. 11.

50 Ebenda, S. 22 f.

51 Generalfeldmarschall Fedor von Bock [Oberbefehlshaber der
Heeresgruppe Mitte] Tagebuch, Eintrag 30. 6. 1941, BA F 57128,
Bl. 307; 18. PzDiv./Ic-TB 24. 6. 1941, BA-MA RH 27-18/152;
[35.ID] Radfahrbataillon, Tagesmeldung, 30. 6. 1941, BA-MA RH
26-35/42.

52 IR 9/Abt. Ia, Der 23. ID, 28. 6. 1941, BA-MA RH 26-23/24; 10.ID
(mot)/Ic-TB 7. 7. 1941, BA-MA RH 26-10/68; Johannes Hürter,
Ein deutscher General an der Ostfront. Die Briefe und Tagebücher des Gotthard Heinrici 1941/42, Erfurt 2001, S. 65, 6. 7.
1941 (General an der Ostfront).

53 Alfred M. de Zayas, Die Wehrmacht-Untersuchungsstelle. Deut-
sche Ermittlungen über alliierte Völkerrechtsverletzungen im
Zweiten Weltkrieg, München 1980, und Franz W. Seidler (Hg.),
Verbrechen an der Wehrmacht. Kriegsgreuel der Roten Armee
1941/42, Selent 1997; für Hartmann besteht »kein Zweifel« an der
Glaubwürdigkeit Seidlers, ders., Verbrecherischer Krieg, a. a. O.,
S. 23 Anm. 103.

54 [34. ID]/Abt. Ic, TB, Eintrag 3. und 31. 7. 1941, 27. 8. 1941, BA-
MA RH 26-34/10; Stab I.Bat/IR(mot) 30, Vernehmung 28. 6.
1941, BA-MA RH 26-18/56; 10. PzDiv/Ic-TB, Eintrag 3. 7. 1941,
BA-MA RH 27-10/49; I/IR 111/Abt. Ia, Waldgefecht bei Karoli,
Dem Regiment, 21. 7. 1941, BA-MA RH 26-35/41; bei der
7. Panzer-Division war die Behauptung einer Verstümmelung mit
einer fremden Schreibmaschine nachträglich hinzugefügt worden,
Rosenschon, Lt. 2./ S.R.7, Vernehmung 20. 7. 1941, BA-MA RH
27-7/156.

55 Nur drei von 56 gemeldeten Greuel wurden von Ärzten geprüft:
34. ID/Ic-TB, Eintrag 3. und 31. 7. 1941, BA-MA RH 26-34/10,
Pi.Btl. 292, Vernehmung (Oberarzt Dr. Lukowski), 6. 8. 1941,
BA-MA RH 26-292/54 und Btl. Arzt II/IR (mot) 53, Betr:
Meldung über erwiesene Verstümmelung und Ermordung verwundeter deutscher Soldaten, Dem Div.Arzt 14. ID (mot) 10. 7.
1941, BA-MA RH 24-57/63.

56 AOK 9/IVb/Ic, Betr: Gerichtsmedizinische Aufklärung von
Völkerrechtsverletzungen, 11. 9. 1941, BA-MA RH 20-9/367;
PzGr 3/Ic/Z, Merkblatt für Berichterstattung, 3. 9. 1941, BA-MA
RH 21-3/441.

57 3. Pz.Div./Abt. Ic, Betr.: Russische Felddienstordnung 1936, 16. 4. 1941, BA-MA RH 27-3/166; Bericht über den Ic-Lehrgang in Berlin (25.–29. 3. 1941), BA-MA RH 26-17/31 und Ic-Ausbildung, Lehrgang B, 1. 4.–5. 4. 1941, Filmsaal OKW Berlin, Bendlerstr. 11–13, 3. Stock, BA-MA RH 27-19/15; OKH/GenSt d H/ OQu IV Abt. Fremde Heere Ost (II), Vortragsnotiz Sowjetunion, 29. 5. 1941, BA-MA RH 26-45/91; 129. ID/Ic Feindnachrichtenblatt Nr.1, 13. 6. 1941, BA-MA RH 26-129/29; 10. ID (mot), Anlage zum KTB, 17. 6. 1941, Einweisung der Kdre. durch Div.Kdr., BA-MA RH 26-10/10.

58 [PzGr 3] Vernehmung eines russischen Gefangenen, (24. 6. 1941), BA- MA RH 21-3/437 und AOK 4/Ic-TB 25. 6. 1941, BA-MA RH 20-4/671.

59 GenKdo XXXXVII. mot. AK/Ic-TB, Eintrag 25. 6. 1941, BA-MA RH 24-47/108; GenKdo XXXXVII.PzK/Ic, An alle Angehörigen des XXXXVII. PanzerAK, 30. 6. 1941, BA-MA RH 24-47/113; 35. ID/Abt. Ic, TB 22. 6. 1941–10. 11. 1942, S. 9, BA-MA RH 26-35/88; auch solche Gegenbefehle vernünftiger Truppenführer gegen das Abschlachten dienten der Roten Armee als Beleg für diese Praxis: [Vernehmung des Uffz. Wilhelm Hildebrandt] 17. 7. 1941, BA-MA RH 24-47/108; auch deutsche Flugblätter aus dem Feldzug gegen Polen, auf denen polnische Kriegsgefangene beim Ausheben ihrer Gräber gezeigt wurden, galten als Beleg: [Vernehmung des Uffz. Eduard Achatz] 18. 7. 1941, ebenda; ein Offizier der 7. Panzer-Division nannte die Erschießung der Kommissare einen »Bumerang«: Hans von Luck, Panzer Commander. The Memoirs of Colonel Hans von Luck, New York 1991, p. 68.

60 Kennt ihr den Feind? BA-MA RH 26 -102/7; AOK 4/Ic, Merkblatt über Sowjetkriegführung (bis Komp.), 18. 6. 1941, BA-MA RH 24-47/215; 292. ID/Abt. Ic, Bezug: IX. AK./QU u. AOK 4/Ic, Betr: Kampfweise und Verhalten des Gegners, 20. 6. 1941, BA-MA RH 26-292/52.

61 Anordnung des OKW zur Behandlung sowjetischer Kriegsgefangener vom 8. 9. 1941, abgedruckt bei Wette, Ueberschär, Der deutsche Überfall, a. a. O., S. 297 f.

62 [PzGr 2]/ Ia, An Sicherungskompanie, 27. 6. 1941, BA-MA RH 21-2/109; XXXXVI. AK/Ic-TB, Eintrag 3. 7. 1941, BA-MA RH 24-46/122.

63 Auskunft von Karl Bartels, ehemaliger Angehöriger der Reiterschwadron der AA 187 (87. ID), Schreiben an den Verf. vom 16. 1. 2005; Gefechtsbericht des Vorausverbandes Schilling für die Zeit vom 31. 7.–7. 8. 1941, [o. D.], BA-MA RH 26-162/10; die Aufklärungsabteilung der 7. Panzer-Division berichtete, sie habe »nur wenige Gefangene gemacht«: Pz. AA 37/Abt. Ic, Morgenmeldung,

An 7. Panzer-Division, 26. 6. 1941, BA-MA RH 27-7/52; auch Erwin Sander, ein Mitstreiter Dietrich Bonhoeffers, gehörte als Soldat möglicherweise einer solchen Einheit an: In einem Feldpost-brief an Bonhoeffer vom 4. 2. 1942 berichtete er davon, daß seine Abteilung an einem Tag 50 Gefangene erschoß, »weil wir [...] diese Gefangenen nicht mitnehmen konnten«, vgl. S. 141 f. in diesem Buch.

64 6. ID/Ia, Besondere Anordnungen, Anlage zum Divisionsbefehl 1. 7. 1941, BA-MA RH 26-6/9; OKH/Gen. z. b. V. beim ObdH, An AOK 6, Betr: Völkerrechtswidrige Behandlung deutscher Soldaten in sowjetrussischer Kriegsgefangenschaft, 9. 7. 1941, BA-MA RH 21-2/639.

65 Es erlaubte weiterhin, »verdächtige« oder in der »Nähe des Tat-orts« gefangene Rotarmisten zu erschießen, ebenda.

66 GenKdo LIII. AK/Abt. Ic, Morgenmeldung 13. 7. 1941, BA-MA RH 24-53/143; die ausführende Division war die 255. ID; 110. ID/TB Ic, Eintrag 22. 7. 1941, BA-MA RH 26-110/38; über eine Erschießung von 70 Gefangenen am 27. 7. 1941 durch dieselbe Division vgl. Hanno Heintze in: Hannes Heer (Hg.), *Stets zu er-schießen sind Frauen, die in der Roten Armee dienen*. Geständnisse deutscher Kriegsgefangener über ihren Einsatz an der Ostfront, Hamburg 1995, S. 55 (*Stets zu erschießen sind Frauen*); 161. ID/KTB, Eintrag 29. 7. 1941, BA-MA RH 26-161/9 und VI. AK/Ic-TB, Eintrag 29. 7. 1941, BA-MA RH 24-6/236.

67 Hans Hermann Groothoff, Jahrgang 1915. Lebensbericht eines Erziehungswissenschaftlers, Hamburg 2001, S. 130; der Befehl wurde vom Kdr. eines Regiments der 260. ID erteilt, aber von Groothoff nur zum Schein ausgeführt; Heinz Arnold, ehemaliger Angehöriger der 46. ID, weigerte sich zweimal, Gefangene zu er-schießen, und büßte das mit einem Beförderungsstopp, Brief vom 10. 3. 1997; Jürgen Leonhard, Angehöriger der 291. ID, berichtet in einer Anmerkung zu einem Brief vom 7. 7. 1941, wie die ersten Gefangenen nach rückwärts geführt und sofort erschossen wur-den: ders., Hineingeboren in ein historisches Umfeld 1940–1946, Privatdruck 1996, S. 21; Heinz Frauendorf, 225. ID, Sommer 1941 Rollbahn Smolensk, Brief vom 16. 6. 1996; Josef Derfler, IR 130/45. ID, hat 1942 von mehreren »bequemlichkeitshalber« vor-genommenen Erschießungen von Kriegsgefangenen beim Batail-lonsstab gehört und wurde selbst im Februar 1943 Zeuge einer Erschießung, als ein Unteroffizier mit einem verwundeten Gefan-genen »ein wenig spazieren« ging, Brief 1. 12. 1995; Anonymus, Kriegstagebuch Rußland 1941–1943 [Sturmgeschützabteilung 189], Einträge 23. 8. und 25. 8. 1941, Kopie des Tagebuchs im Besitz des Verf.; nachdem ein Offizier der Einheit erklärt hat, wer

einen Gefangenen mache, müsse ihn selbst zu Fuß zur nächsten Sammelstelle bringen, notierte der Tagebuchschreiber am 28. 8. 1941: »Das war mehr als deutlich. Es ist daher nicht zu verwundern, daß die Gefangenen oder sogar Verwundeten zum Teil einfach ohne jeden Grund niedergeknallt wurden.«; Max Landowski, zit. bei Hans Joachim Schröder, Erfahrungen deutscher Mannschaftssoldaten während der ersten Phase des Rußlandkrieges, in: Bernd Wegner (Hg.), Zwei Wege nach Moskau. Vom Hitler-Stalin-Pakt bis zum *Unternehmen Barbarossa*, München 1991, S. 318; Georg Bergmann , AR 234 [163. ID] 4. 7. 1941, in: Heer, *Stets zu erschießen sind Frauen*, a. a. O., S. 11; Heinz Ackermann, IR 11/14. ID, Anfang Juli 1941, ebenda, S. 31; Hans Tibes, IR 105/72. ID, November 1941, ebenda, S. 66; Willi Schadt, 29. ID (mot), Januar 1942, ebenda, S. 49.

68 Anonymus, Kriegstagebuch Rußland 1941–1943, a. a. O., Eintrag 17. 11. 1941; L. M., dessen Einheit, die 24. ID, nach der Einnahme von Kiew Mitte Oktober 1941 zum Abtransport der Hunderttausende von Gefangenen eingesetzt war, erinnert sich an den Begriff des »Bestattungskommandos (mot.)«, das dem Gefangenenzug gefolgt sei, Brief vom 7. 3. 1995; Friedrich Fiedler, Gedächtnis-Skizze für den Marsch durch den Balkan, Polen und Rußland (15. 3.–19. 10. 1941), Eintrag 30. 9. 1941, abgedruckt bei Heer, Vom Verschwinden der Täter, a. a. O., S. 79; Kriegstagebuch des Kriegspfarrers Hans Liedl, ab 1. 8. 1941, Eintrag 10. 10. und 12. 10. 194, Kopie des Tagebuchs im Besitz des Verf.; Jakob Zietz, IR 473/255. ID, Ende Juli 1941, in: Heer, *Stets zu erschießen sind Frauen*, a. a. O., S. 15; Rolf Wetzel, IR 88/15. ID, Ende Juli 1941, ebenda, S. 17; Leo Mellart, IR 228/101. ID, 27. 8. 1941, ebenda, S. 28.

69 Bericht von Oberst Lahousen, Leiter der Abwehr II im Amt Ausland/Abwehr des OKW, zit. bei Streit, Keine Kameraden, a. a. O., S. 171.

70 Anlage zu [OKW/WFS/] WPr, Bericht 15. 11. 1941, BA-MA RW 4/ 253.

71 Streit, Keine Kameraden, a. a. O., S. 83, 163 f.

72 Ab dem 13. 7. erfolgten während mehrerer Tage Märsche nach Lida, ab 21. 7. waren zwei Regimenter mit mehrtägigen Transporten aus dem Lager Lepel befaßt, 161. ID/KTB Ib, Einträge 11. 7. und 21. 7. 1941, BAMA RH 26-161/73; 161. ID/KTB, Einträge 13. 7., 25. 7., 27. 7. 1941, BA-MA RH 26-161/9.

73 AOK 9/ OQu/Qu 2, Gefangenenabschub, 9. 7. 1941, RH 23/222.

74 110. ID/Ib Befehl für die Entleerung des Korps-Gefangenenlagers Nikulino, 26. 8. 1941, BA-MA RH 26-110/60.

75 Vgl. die Berichte der Armee-Gefangenen-Sammelstelle 7 über die Zeit vom 8. bis 16. 7. 1941 in Postawy, vom 24. 7. 1941 in Polozk,

vom 5. 8. und 10. 8. 1941 an einem Wegkreuz bei Smolensk, BA-MA RH 23/222.

76 GenKdo XXXXVII. Pz.Korps, Vorschlag für erfolgversprechenden [durchgestrichen] Propagandaeinsatz auf Grund der bisherigen Erfahrungen im Feldzug gegen Sowjetrußland, 9. 8. 1941, BA-MA RH 24-47/108; die Heeresgruppe, durch solche Berichte alarmiert, wandte sich ans Oberkommando und übernahm dabei wörtlich die Formulierung Lemelsens: HGr. Mitte/Propaganda-Einsatz gegen die Rote Armee und die russische Zivilbevölkerung, 11. 8. 1941, BA-MA RW 4/252.

77 So die Befehle des Div. Kdr. der 24. ID, Generalleutnants von Tettau, vom 18. 10. 1941 und des Berück Mitte, Generals von Schenckendorff, 4. 10. 1941, zit. bei Streit, Keine Kameraden, a. a. O., S. 168 f.

78 137. ID/Abt. Ia, An den Korück 559, Abschließender Bericht über die Befriedung des Raumes Juchnow-Wjasma-Dorogobusch-Jelnja-Kirow in der Zeit vom 12.–25. 10. 1941, 25. 10. 1941, BA-MA RH 23/126.

79 Aufklärungsabteilung 137/Abt. Ia, Tätigkeitsbericht der AA 137, 22. 10. 1941, BA-MA RH 26-137/18.

80 Dulag 240, Lagebericht 22. 9.–22. 10. 1941, 25. 10. 1941, BA-MA RH 49/97.

81 I/IR 38, Betr: Div.Bef. Abt. Ic vom 30. 10. 1941, Dem Bataillon, Meldung über Abtransport von Gefangenen aus Wjasma, 9. 11. 1941, BA-MA RH 26-8/38.

82 3. Kp./IR 38, Erfahrungsbericht, 10. 11. 1941, BA-MA RH 26-8/38; der frühere Vizekanzler der Bundesrepublik, Erich Mende, Offizier der Division und Ritterkreuzträger, erwähnt in seinen Erinnerungen diese Märsche und nennt sie »Züge des Todes und des Elendes«, ders., Das verdammte Gewissen. Zeuge der Zeit 1921–1945, München, Berlin 1982, S. 187; allerdings spricht er nur von »entkräfteten« und »erfrorenen« Kriegsgefangenen und erwähnt die Erschießungen mit keinem Wort, ebenda, S. 221; für den Notstand der Verpflegung macht er Stalins Praxis der »verbrannten Erde« verantwortlich, die »erst die Kriegsgefangenen […] und später die Zivilbevölkerung« getroffen habe, ebenda, S. 179.

83 Hartmann, Verbrecherischer Krieg, a. a. O., S. 11.

84 Streit, Keine Kameraden, a. a. O., S. 83.

85 Hartmann, Verbrecherischer Krieg, a. a. O., S. 11, 27.

86 Ebenda, S. 30.

87 HGr Mitte/Ia, An OKH/Gen StdH/OpAbt, 29. 6. 1941, BA-MA RH 27-20/24.

88 [Ergänzung zur Weisung des OKW Nr. 33 vom 19. 7. 1941 über die Fortsetzung der Kriegshandlungen im Osten] Führerhaupt-

quartier 23. 7. 1941, gez. Keitel, BA-MA, Alliierte Prozesse 9, NOKW-2590.

89 Der Führer und Oberste Befehlshaber der Wehrmacht, Erlaß über die Ausübung der Kriegsgerichtsbarkeit im Gebiet »Barbarossa« und über besondere Maßnahmen der Truppe, 13. 5. 1941, BA-MA RW 4/577.

90 GenKdo XXXXVII. PzK, Bericht über die Besprechung des Befehlshabers der PzGr 2 mit den Kdr.Generalen XXIV. und XXXXVII. AK (mot) am 9. 6. 1941, BA-MA RH 24-47/3.

91 AOK 4/Ic, TB, Einträge 14.–16. 6. 1941, BA-MA RH 20-4/ 671; mit diesem Wunsch des Armeestabes wurde der Ia-Offizier Mitte Juni zum OKH und OKW geschickt.

92 Hartmann, Verbrecherischer Krieg, a. a. O., S. 54.

93 Gen. Kdo. XIII. AK /Ic, Abendmeldung an AOK 4- Ic, 1. 7. 1941, BA-MA RH 24-13/39; Gedenkbuch des LIII. AK: Unser weiter Weg. Vormarsch und Kampf des Generalkommandos LIII. AK in Russland 1941. Gemeinsame Gabe der Führungsabteilung zur Weihnachtsfeier 1941, S. 26 f.

94 Hürter, General an der Ostfront, a. a. O., S. 62, 23. 6. 1941; Johannes Schröder, Kriegstagebuch 1939–1945, Eintrag 24. 6. 1941, Familienarchiv; Martin Crusius, Feldpostbrief 30. 6. 1941, Familienarchiv.

95 Oberkommando der 4. Panzerarmee/Ic, Betr: Propaganda und Berichterstattung, An OKW/WPr, 22. 7. 1941, BA-MA RW 4/252; die Kritik bezog sich – »auch mit Rücksicht auf andere Staaten« – auf den mißbräuchlichen Umgang der *Propaganda-Kompanien* mit Begriffen wie »Heckenschützen«, »Flintenweiber« und »asiatische Kampfmethoden«.

96 Klink, Heer und Kriegsmarine, DRZW, Bd. 4, a. a. O., S. 459; GenKdo LIII. AK, TB Ic, Einträge 14. 7.–17. 7. 1941, BA-MA RH 24-53/136; GenKdo LIII. AK, KTB, Einträge 14.–17. 7. 1941, BA-MA RH 24-53/3.

97 GenKdo LIII. AK, TB Ic, Eintrag 12. 7. 1941, BA-MA RH 24-53/136.

98 GenKdo LIII. AK/Abt. Ic, An AOK 2, Betr.: Feindlage 12. 7. 1941, BA-MA RH 24-53/141; 52. ID/Abt. Ic, Betr: Freischärlertätigkeit, Dem GenKdo LIII. AK, Ic, 12. 7. 1941, BA-MA RH 26-52/60.

99 GenKdo LIII. AK, TB Ic, Eintrag 2. 7. 1941, BA-MA RH 24-53/136; 293. ID/Abt. Ia, Divisionsbefehl für den 17. 7. 1941, 16. 7. 1941, BA-MA RH 26-293/9.

100 AOK 2/Abt. Ic/AO, Feindnachrichten-Blatt Nr. 5, 17. 7. 1941, BA-MA RH 26-112/75.

101 20. ID (mot)/Abt. Ic, An das XXXIX. AK/Abt. Ic, Morgenmeldung 12. 7. 1941, BA-MA RH 26-20/84; 10. PzDiv/Ic TB,

Eintrag 13. 7. 1941, BA-MA RH 27-10/49; 20. PzDiv, KTB, Eintrag 14. 7. 1941, BA-MA RH 27-20/2; 29. ID (mot), TB Ic, 22. 6. 1941–16. 12. 1941, BA-MA RH 26-29/58; GenKdo XXXXVII. PzK, TB Ic, Eintrag 19. 7. 1941, BA-MA RH 24-47/108.

102 Befehl über die Behandlung sowjetischer Partisanen und sie unterstützender ziviler Landeseinwohner vom 18. 7. 1941, abgedruckt bei Norbert Müller (Hg.), Deutsche Besatzungspolitik in der UdSSR 1941–1944. Dokumente, Köln 1980, S. 105 f. (Deutsche Besatzungspolitik).

103 OKH/Gen zbV b ObdH, An die Befehlshaber der rückw. Heeresgebiete Nord, Mitte, Süd, Betr: Behandlung feindlicher Zivilpersonen und russischer Kriegsgefangener im rückwärtigen Heeresgebiet, 25. 7. 1941, BA-MA RH 22/271.

104 Ebenda.

105 Zit. bei: Berück Mitte/Ia, Betr.: 10-Tagesmeldung, Stand 19. 9. 1941, An OKH/GenQu, 20. 9. 1941, BA-MA RH 22-227.

106 Das war zunächst die Linie der 4. Armee gewesen, die darin von der Heeresgruppe Mitte unterstützt wurde.

107 Hartmann, Verbrecherischer Krieg, a. a. O., S. 28 f.; der Autor erwähnt keinen der zur Entstehung des *Partisanenkrieges* zentralen Befehle, die Anweisung vom 25. 7. 1941 taucht unter dem Rubrum *Kriegsgefangene* und nur bezogen auf das *Hinterland* auf, ebenda, S. 23.

108 161. ID, KTB, Eintrag 29. 7. 1941, BA-MA RH 26-161/9; Ic/AO, Meldung, 2. 8. 1941, gez. Sonderführer Andreas v. Sievers, Militärarchiv (MA)Podolsk 500-12454-287; Gruppe GFP 716/Außenkommando Neu Borrissow, Bericht, 3. 8. 1941, MA Podolsk 500-12454-287; GenKdo XXIII. AK/Abt.Ic, TB, Eintrag 22. 7. 1941, BA-MA RH 24-23/238; GenKdo VIII. AK, Abt. Ic, Morgenmeldung, 8. 8. 1941, BA-MA RH 24-8/124.

109 HGr Mitte/Ic/AO/AO III, 7. 8. 1941, BA-MA RH 20-2/1091; auch der Befehlshaber des rückwärtigen Heeresgebietes schloß sich dem wenig später an: Berück Mitte /Ia, Betr.: Kollektive Gewaltmaßnahmen, 12. 8. 1941, BA-MA RH 26-221/13b.

110 Panzergruppe 3/Abt. Ic/AO, Betr.: Tätigkeit der Russen hinter der Front, An AOK 9, 13. 8. 1941, BA-MA RH 21-3/437.

111 AOK 9/Ia/Ic/AO/OQ/Qu 2, Betr: Partisanenbekämpfung, 18. 8. 1941, BA-MA RH 26-102/61; unter Benutzung eines Schemas der Heeresgruppe Nord unterschied die Armee vier Gruppen von Partisanen: 1. *bodenständige Partisanen*: lockere und nur zu bestimmten Einzelaktionen sich treffende Gruppen, 2. von außen herangeführte und hinter die Linien gebrachte *Partisanen-Bataillone*, 3. örtliche zivile *Werk- und Luftschutz-Gruppen*, 4. *Einzelgänger*: absichtlich zurückgelassene oder mit Fallschirm abgesetzte

Kommunisten bzw. Kommissare, deren Aufgabe es sei, versprengte und geflohene Rotarmisten zu sammeln und zu organisieren; bisher seien im Armeebereich »nur kleinere« Gruppen vom Typ 1 und 4 aufgetreten, ebenda; in einem wenig später erfolgten Bericht an die Heeresgruppe Mitte teilte die Armee mit, daß »ein planmäßiger Einsatz« der Partisanenabteilungen erst im Frühjahr 1942 erfolgen solle: AOK 9/Ic/AO, Betr.: Partisanenbekämpfung, An die HGr Mitte- Ic/AO, 2. 9. 1941, Belorussisches Staatsarchiv (BSA) Minsk, 655-1-1; AOK 4 stellte bezogen auf dies Schema fest, daß, abgesehen von *Einzelgängern*, eine »umfangreichere Tätigkeit von Partisanen« im Armeebereich nicht existiere, AOK 4/ Abt. Ic/AO (Abw. III), Betr.: Partisanen, 28. 8. 1941, BA-MA RH 26-292/53.

112 Der Chef der Sicherheitspolizei des SD, Ereignismeldung UdSSR Nr. 73 (im folgenden EM) 73, 4. 9. 1941.

113 Die 9. Armee sprach von einer Gefahr, mit der in Zukunft »zu rechnen« sei: AOK 9/Ia/Ic/AO/OQ/Qu 2, Betr: Partisanenbekämpfung, 18. 8. 1941, BA-MA RH 26-102/61.

114 AOK 9/Ia/Ic/AO/OQ/Qu 2, Betr: Partisanenbekämpfung, 18. 8. 1941, BA-MA RH 26-102/61; bei AOK 4 war die Frist auf 10. 9. 1941 festgesetzt,: Korück 559/Ic AO, 31. 8. 1941 BA-MA RH 23/124.

115 HGr Mitte/Ic/AO, 21. 8. 1941, BSA Minsk 655-1-1.

116 Nachgewiesen bisher: AOK 4/ Abt. Ic/AO (Abw. III), Betr.: Partisanen, 28. 8. 1941, BA-MA RH 26-292/53; die Armee machte das von »sich verstärkender Tätigkeit von Partisanen« abhängig; die Meldefrist wurde auf den 10. 9. festgesetzt.

117 [PzGr 3/Ic/AO], Bericht über Partisanenkämpfe im August und September 1941, BA-MA MFB1/25645.

118 Ebenda.

119 Ebenda.

120 Es handelte sich um die 14. ID (mot), die später zwar nachgezogen wurde, allerdings in die Kämpfe um Wjasma und Kalinin Mitte Oktober nicht mehr eingreifen konnte, ebenda.

121 161. ID, TB der Abt. Ic, Eintrag 7.–30. 9. 1941, BA-MA RH 26-161/48; 161. ID/Ia, Befehl für das Partisanenunternehmen *Demidow* vom 9./10. 9. 1941, 8. 7. [!] 1941, BA-MA RH 26-161/13; bei der ersten Aktion waren zusätzlich ein Feldersatz-Bataillon, eine Kompanie des Polizeibataillons 131, sowie die Eingreifgruppen des V. AK, des VI. AK und der 9. Armee eingesetzt.

122 IR 362/Kommandeur, Abschlußbericht über das Unternehmen gegen Partisanen vom 9. 9. bis 11. 9. 1941, 12. 9. 1941, BA-MA RH 26-161/13; OK I 593 [Demidow], TB für 14.–20. 9. 1941, 21. 9. 1941, BA-MA RH 23/220.

123 Beim XXIII. AK wurden von August bis Oktober 1941 ca. 130 *Partisanen* getötet: XXIII. AK, Tätigkeitsberichte der Abt. Ic für die Monate August, September, Oktober 1941, BA-MA RH 24-23/238; das LVII. PzAK tötete bei zwei Vergeltungsaktionen Ende September und Anfang November 79 *Partisanen* bzw. *Partisanenverdächtige*: GenKdo LVII. PzAK, TB Ic, Einträge 27. 9., 7. 11. 1941 und GenKdo LVII. PzAK/Abt. Ic, Anl. Feindnachrichtenblatt Nr. 18, BA-MA RH 24-57/18; die 52. ID. erschoß allein in einem Monat, im September 1941, 60 *Partisanen*: 52. ID, TB der Abt. Ic, 20. 8.–30. 9. 1941, BA-MA RH 26-52/61; die 8. ID brachte es in der ersten Septemberhälfte auf 25 getötete *Partisanen*: 8. ID, TB Ic, 1.–15.9. 1941, BA-MA RH 26-8/73.

124 35. ID, TB der Abt. Ic vom 1. 4. 41 bis 1. 3. 42, BA-MA RH 26-35/88; 26. ID, KTB, Eintrag 23. 8. 1941, BA-MA RH 26-26/3.

125 Die OK Rudnja bilanzierte für die Zeit vom 18. 7.–31. 12. 1941 die Zahl von 627 getöteten *Partisanen*: OK II/930, Betr.: Partisanenbekämpfung, An Korück 582/Abt. Ic, 1. 1. 1941, BA-MA RH23/237; die OK Demidow brachte es in einem Monat – in der Zeit vom 17. 8. bis 20. 9. 1941 – sogar auf 362 Getötete: OK I 593 [Demidow], TB für 14.–20. 9. 1941, 21. 9. 1941, BA-MA RH 23/220.

126 AOK 2/Ic/AO/Abw. III, Erfahrungsbericht über Partisanenbekämpfung für die Zeit vom 1. 8. bis 31. 10. 1941, 17. 11. 1941, BA-MA RH 20-2/1094.

127 Korück 582, KTB, Einträge 11. 9., 23. 9., 5. 10., 21. 10., 28. 10. 1941, BA-MA RH 23/171; die Zahl bezog sich auf zwei Monate.

128 AOK 2/ Ic/AO/Abw. III, Erfahrungsbericht über Partisanenbekämpfung für die Zeit vom 1. 8. bis 31. 10. 1941, 17. 11. 1941, BA-MA RH 20-2/1094.

129 AOK 4/ Ic/AO (Abw. III), Betr.: Partisanenbekämpfung, An die HGr Mitte, 27. 11. 1941 und 7. 12. 1941, BSA Minsk 655-1-1.

130 Korück 559, KTB Eintrag 9. 10. und 3. 11. 1941, BA-MA RH 23/125; von der 8. ID kam nur das IR 137 zum Einsatz.

131 Hartmann, Verbrecherischer Krieg, a. a. O., S. 27.

132 Vgl. Anm. 78.

133 IR 362/Kommandeur, Abschlußbericht über das Unternehmen gegen Partisanen vom 9. 9. bis 11. 9. 41, 12. 9. 1941, BA-MA RH 26-161/13.

134 Befehlshaber rückwärtiges Heeresgebietes Mitte, 1. 3. 1941, BA-MA RH 22/230.

135 Die 137. ID hat bei ihrem Einsatz Mitte Oktober im Raum Wjasma erwähnt, daß etwa nur ein Drittel ihrer Gefangenen noch bewaffnet gewesen sei und das unmittelbar nach den großen Kesselschlachten in diesem Raum: 137. ID/Abt. Ia, An den Korück 559, Abschließender Bericht über die Befriedung des

Raumes Juchnow-Wjasma-Dorogobusch-Jelnja-Kirow in der Zeit vom 12. bis 25. 10. 41, 25. 10. 1941, BA-MA RH 23/126.

136 Hartmann, Verbrecherischer Krieg, a. a. O., S. 29; das zweite Zitat entstammt einem Brief des damaligen Wehrmachtsgenerals Hellmuth Stieff von 1942.

137 Manchmal, wenn er von den »roten Untergrundkämpfern« schreibt, verfällt der Autor sogar in die Sprache von Landserheften, ebenda, S. 29.

138 Ebenda, S. 26.

139 AOK 2 berichtete im November nur von einer organisierten Einwirkung von außen – durch Fallschirmspringer; alle übrigen Anschläge seien von kleinen »Diversionsgruppen« durchgeführt worden, die »unter Leitung eines aktiven Kommunisten (Parteifunktionärs, Kolchosleiter, Juden oder Kommissars) standen«; »ernstliche Störungen« im Armeebereich seien nicht verursacht worden: AOK 2/Ic/AO/Abw. III, Erfahrungsbericht über Partisanenbekämpfung für die Zeit vom 1. 8.–31.10. 1941, 17. 11. 1941, BA-MA RH 20-2/1094; ähnlich berichtete auch der Korück 559 im rückwärtigen Gebiet der 4. Armee, daß in seinem »neuen Armeegebiet [...] bisher noch kein Fall von Partisanentum bekannt geworden« sei: Korück 559/Qu, An 137. ID, 18. 10. 1941, BA-MA RH 26-137/18; und unter Bezug auf die *Partisanengruppen* der Roten Armee, die im Sommer für soviel Wirbel gesorgt hatten, verallgemeinerte er: In seinem Befehlsbereich sei »niemals eine solche Gruppe in Erscheinung getreten«, wohl aber kleine Trupps, »die nach Gutdünken Freischärlerkrieg führen«, Korück 559/Abt. Ic AO, TB[1. 9.–29. 10. 1941, hdschr.:] 20. 10. 1941, BA-MA RH 23/126.

140 AOK 2/Ic/AO/Abw. III, Erfahrungsbericht über Partisanenbekämpfung für die Zeit vom 1. 8. bis 31. 10. 1941, 17. 11. 1941, BA-MA RH 20-2/1094.

141 AOK 2 nannte für den Zeitraum von drei Monaten insgesamt 46 Anschläge auf deutsche Soldaten, bei denen 59 getötet und 35 verwundet worden seien: AOK 2/Ic/AO/Abw. III, Erfahrungsbericht über Partisanenbekämpfung für die Zeit vom 1. 8. bis 31. 10. 1941, 17. 11. 1941, BA-MA RH 20-2/1094; der Korück 559 zählte in seinem Befehlsbereich für September/Oktober 1941 Verluste von 19 Toten und 27 Verwundeten aufgrund der Einwirkung durch *Partisanen*: Korück 559/Abt. Ic AO, Tätigkeitsbericht [1. 9.–29. 10. 1941, hdschr.:] 20. 10. 1941, BA-MA RH 23/126; AOK 4 meldete allein für die letzten beiden Novemberwochen 1941 sechs Überfälle auf Soldaten mit Todesfolgen: AOK 4/Ic/AO (Abw. III), Betr.: Partisanenbekämpfung, An die HGr Mitte, 27. 11. 1941 und 7. 12. 1941, BSA Minsk 655-1-1.

142 Hartmann, Verbrecherischer Krieg, a. a. O., S. 30.

143 Ebenda, S. 12 f.; Hartmann mischt wie üblich alle Nicht-Front-Gebiete zusammen..

144 Ebenda, S. 30 f.

145 Ebenda, S. 31.

146 Ebenda, S. 36.

147 Raul Hilberg, The Destruction of European Jews, Chicago 1961; ders., Die Vernichtung der europäischen Juden, Frankfurt/Main 1992, S. 60 (Hervorhebung H. H.).

148 Manfred Messerschmidt, Das Heer als Faktor der arbeitsteiligen Täterschaft, in: Hanno Loewy (Hg.), Holocaust: Die Grenzen des Verstehens. Eine Debatte über die Besetzung der Geschichte, Reinbek bei Hamburg 1992, S. 166–190.

149 Er zitiert, ohne Hilbergs oder Messerschmidts Position zu erwähnen, lediglich Helmut Krausnicks vage Umschreibung von der »Integration des Heeres in das Vernichtungsprogramm«: Hartmann, Verbrecherischer Krieg, a. a. O., S. 31.

150 Kriegstagebuch des Oberkommandos der Wehrmacht 1940–1945, hg. von Percy Ernst Schramm, 2 Bde., Frankfurt/Main 1963, Bd. 1, 3. 3. 1941, S. 341.

151 Richtlinien für das Verhalten der Truppe in Rußland, 19. 5. 1941, abgedruckt in Wette, Ueberschär, Der deutsche Überfall, a. a. O., S. 258.

152 Militärgeographische Angaben aus dem Raum Lida-Wilna-Kowno-Suwalke, BA-MA RH 21-3/424.

153 AOK 9/Qu 2, Beitrag fürs KTB 17. 6. 1941, 19. 6. 1941, BA-MA RH 20-9/357.

154 Bekanntmachung. Der Oberbefehlshaber der deutschen Armee, BA-MA RH 27-4/120; die Verteilung des Plakats ist bei allen Armeen und Panzergruppen der HGr Mitte belegt: PzGr 3, BA-MA MFB1 25645, Bl. 806, AOK 4, BA-MA WF 03/14270, Bl. 242, AOK 9, BA-MA RH 20-9/357, Bl 234; Pz.Gr. 2: 29. ID (mot)/Abt. Ic, 26. 6. 1941, BA-MA RH 26-29/60 und XXIV. PzK/Ib KTB, 10. 7. 1941, BA-MA RH 24-24/413.

155 29. ID (mot)/Abt. Ic, TB, S. 31, BA-MA RH 26-29/58, und Einzeichnung der Kurzfassung durch den Ic der 4. PzDiv: BA-MA RH 27-4/120.

156 Salomon Szlakman, Die Tragödie von Slonim [Übersetzung aus dem Polnischen], und Noah Kaplinski, Das Kapitel des Untergangs unserer Gemeinde [Slonim, Übersetzung], in: StA Hamburg 147 Js 29/67 Strafsache gegen Gerhard Erren (Strafsache Erren), Sonderband J, S. 1 f., und Sonderband K 1, S. 12 f.; Vernehmungsprotokoll des Zeugen Michail Osipowitsch Schapiro, Untersuchungsbericht der Kommission für Glubokoje, 13. 3.

1945, in: StA beim LG Hannover 2 Js 388/65 Strafsache gegen Schultz u. a. (Strafsache gegen Schultz).

157 Einsatz der 14./I.R. 111 bei der Gruppe von Mandelsloh vom 28. 6.–3. 7. 1941, 11. 7. 1941, BA-MA RH 26-35/41; PzGr 3/Abt. Ic, TB 1. 1. 1941–11. 8. 1941, S. 28, BA-MA RH 21-3/423; 167. ID/Ib, Betr.: Verhalten der Truppe im Feindland, BA-MA RH 26-67/64; 10. ID (mot), Meldeamt an Amsel, 6. 7. 1941, BA-MA RH 26-10/69a.

158 Abraham Doktorczyk, Vernehmung 17. 5. 1962, Strafsache Erren, a. a. O., Sonderband C 3, S. 1; Noah Kaplinski, Das Kapitel des Unterganges unserer Gemeinde (Übersetzung), ebenda, Sonderband K 1, S. 12 ff.; Stanislaw Wolkowyski, Vern. 17. 7. 1964, ebenda, Sonderband C 5, S. 27 f.

159 Josef Schwarzberg [o. D., Übersetzung aus dem Jiddischen], in: Leiter der Zentralstelle im Lande NRW für die Bearbeitung von nationalsozialistischen Massenverbrechen bei dem Leitenden Oberstaatsanwalt in Dortmund 45 Js 3/61, Strafsache gegen Hellmann u. a., S. 8899.

160 Zentrale Stelle Ludwigsburg (ZStL) II 202 AR-Z 16/67, Abschlußbericht 19. 7. 1967, S. 4; Josef Reich, Wald in Flammen, Buenos Aires 1954 (Inhaltsangabe in Übersetzung), S. 25 ff., in: StA beim LG München I 117 Js 2/72, Strafsache gegen Angehörige der 8. Kompanie des 727. Infanterie-Regiments (Strafsache Göbel); Vern. Antel Wertheim 17. 8. 1966, Vern. Eriel Tunik 17. 8. 1966, Vern. Leon Langmann 21. 9. 1966, ebenda; Vern. Jehoszna Kranc 17. 6. 1962, in: StA beim LG München I 113 Ks/65 a-b, Strafsache gegen Renndorfer (Strafsache Renndorfer) S. 2252; Reich erwähnt unter den Opfern eine Frau, Tunik spricht davon, daß »ganze Familien ausgerottet« wurden; Reich nennt 54, Kranc 60, Wertheim 100, Langmann 200 Opfer; letzterer weist darauf hin, daß auch Nichtjuden unter den Opfern waren.

161 Vern. Schalom Jungelson 4. 7. 1961, Michael Kraut 9. 7. 1961, Lipa Schapiro 29. 6. 1961, Michael Shapiro 29. 6. 1961, Ester Michelson 2. 7. 1961, David Pliskin 6. 7. 1961, Strafsache Schultz, a. a. O.; Miriam Chancinska erwähnt eine frühere Erschießung, bei der drei Juden erschossen worden sein sollen, ebenda, S. 1095.

162 Ester Zwik, Vern. 23. 10. 1961, Strafsache Schultz, a. a. O.

163 Otto Wormuth, Oberfeldwebel, 3./IR 364, 161. ID, in: Heer, *Stets zu erschießen sind Frauen*, a. a. O., S. 18.

164 5. ID, KTB 28. 6. 1941, BA-MA RH 26-5/7D; unter dem Aktenzeichen 82 Js 488/70 wurde bei der Staatsanwaltschaft Stuttgart ein Ermittlungsverfahren gegen den ehemaligen Divisionskommandeur Helmut Thumm eingeleitet und eingestellt.

165 ZStL II. 202 AR-Z 16/67, Abschlußbericht 19.7.1967, S. 539; am 2. 7. hatte die 8. ID ihren Gefechtsstand in Moltschads: 8. ID/Abt. Ia, Divisionsbefehl für 2. 7. 1941, 1. 7. 1941, BA-MA RH 26-8/25.

166 Wassiliski: Untersuchungsstelle für NS-Gewaltverbrechen beim Landestab der Polizei Israel, Zwischenbericht Nr. 3, 15. 6. 1963, in: StA Mainz 3 Ks 1/67 Strafsache gegen Windisch, S. 385 (Strafsache Windisch); Vern. Chaja Alpert 21. 10. 1963, Vern. Leon Einstein 29. 6. 1966, ebenda; GenKdo V. AK, KTB 28 .6. und 1. 7. 1941, BA-MA RH 24-5/19; Radun: Vern. Mosche Dawidowitz 15. 9. 1963, Strafsache Windisch; Iwje: Landesstab der Polizei Israel, Zwischenbericht Nr. 1, 7. 2. 1963, in: ebenda, S. 151.

167 Gedenkbuch der Gemeinde Lenin [auszugsweise Übersetzung] in: Strafsache Renndorfer, a. a. O., S. 49 f.; 293. ID/Abt. Ia, Divisionsbefehl für den 17. 7. 1941, 16. 7. 1941, BA-MA RH 26-293/9; Feld-Gendarmerie-Trupp (mot) 435, TB Monat Juli 1941, BA-MA RH 24-35/20.

168 So für Bialystok, Brest, Kobryn, Nowogrodek, Baranowitschi, Pleschtschenizy, Postawy, Kriwitschy, Dokschizy, Golubitschi, Miori, Druja, Braslaw, Byten, Lebjedziew, Pinsk, Grodno, Oszmiana, Witebsk, Polock.

169 Hartmann, Verbrecherischer Krieg, a. a. O., S. 51; die Anfangsverbrechen in Weißrußland tauchen in Hartmanns kursorischer Bemerkung nur am Rande auf, er sieht den Schwerpunkt, seiner Sekundärliteratur folgend, »insbesondere im Baltikum und der Ukraine«, ebenda.

170 So u. a. in Welish, Newel, Smolensk.

171 Rass, Menschenmaterial, a. a. O., S. 340 Anm. 41; über Judenerschießungen der 291. ID beim Vormarsch in Lettland: Vestermanis, Ortskommandantur Libau, in: Heer, Naumann, Vernichtungskrieg, a. a. O., S. 243 f., 248 ff.; von einer Judenerschießung seiner Einheit Anfang Juli im lettischen Windau berichtet Jürgen Leonhardt, Angehöriger der 291. ID: Heer, Vom Verschwinden der Täter, a. a. O., S. 120.

172 Zu den Vorgängen in Luzk und Dubno vgl. Boll, Safrian, Die 6. Armee, in: Heer, Naumann, Vernichtungskrieg, a. a. O., S. 267 ff.; zu Tarnopol vgl. Hamburger Institut für Sozialforschung, Verbrechen der Wehrmacht, a. a. O., S. 100 ff.; Bernd Boll, Zloczow, Juli 1941: Die Wehrmacht und der Beginn des Holocaust in Galizien, in: Zeitschrift für Geschichtswissenschaft, Jg. , Heft 10, 2002, S. 899–917; die Vorausabteilung der 257. ID, der Lothar Hochschulz angehörte, erschoß im Juli 1941 in einem ukrainischen Dorf 57 Juden: Heer, Vom Verschwinden der Täter, a. a. O., S. 122; von Judenerschießungen Anfang Juli 1941 berichten auch

der Gefreite Werner Bergholz und ein Major Reich in: True to Type. A Selection from Letters and Diaries of German Soldiers and Civilians, Collected on the Soviet-German Front, London, New York, Melbourne, Sidney 1983, S. 22, 19; zu den Ereignissen in Lemberg vgl. 7. Kapitel in diesem Buch.

173 Der Aufsatz von Jürgen Förster, der die Dimensionen des Vernichtungskrieges erstmals aufgezeigt hatte, erwähnt die ersten antijüdischen Maßnahmen erst nach der Geisel-Direktive des OKW vom 12. 7. 1941: ders., Die Sicherung des *Lebensraumes*, in: DRZW, Bd. 4, a. a. O., S. 1037 ff.; auch in seinem neuesten Beitrag geht er auf die Anfangsverbrechen nicht ein, ders., Wehrmacht, Krieg und Holocaust, in: Müller, Volkmann, a. a. O., S. 948–963.

174 Gerlach, Kalkulierte Morde, a. a. O., S. 538.

175 Hartmann, Verbrecherischer Krieg, a. a. O., S. 50.

176 Josef Holc, Tagebuch [Übersetzung], in: Strafsache Erren, a. a. O., Sonderband J, S. 4; Jack Kagan, Dov Cohen, Surviving the Holocaust with the Russian Jewish Partisans, London 1998, S. 39; Radfahr-Wach-Batl. (B) 48, Betr.: TB über den Einsatz des Batl. in der Landwirtschaft, 18. 8. 1941, BA-MA RH 23/161; 52. ID/TB Ic, Einträge 30. 8. und 1. 9.1941, BA-MA RH 26-52/61.

177 197. ID/Abt. Ib, KTB, Eintrag 9. 7. 1941, BA-MA RH26-197/45; ähnlich: 52. ID, KTB, Eintrag 7. 7. 1941, BA-MA RH 26-52/3.

178 Rass, Menschenmaterial, a. a. O., S. 343.

179 15. ID/Abt. Ib, Anlage zu Besondere Anordnungen für die Versorgung Nr. 66 vom 4. 8. 1941, BA-MA RH 26-15/55.

180 AOK 4/ TB Ic, Eintrag 4. 7. 1941, BA-MA RH 20-4/671.

181 Mit dem gleichen Tenor wies eine an die Korps und Divisionen verteilte Instruktion der Panzergruppe 3 darauf hin, daß das Verhalten der Bevölkerung – »soweit es sich nicht um jüdische oder kommunistische Elemente handelt« – bisher »einwandfrei« gewesen sei und daher von der Truppe erwartet werde, daß dies Vertrauensverhältnis und die Freude über die Befreiung nicht durch »ein unkorrektes oder ungeschicktes Verhalten [...] ins Gegenteil verkehrt werde«, PzGr 3/Abt Ic, Feindnachrichtenblatt Nr. 13, 11. 7. 1941, BA-MA RH 26-20/84.

182 GenKdo XXXIX. AK/Abt Ic, 19. 7. 1941, (Abschrift) OHK/Gen StdH/H Wes Abt (Abw), Betr: Behandlung der Bevölkerung, 12. 7. 1941, BA-MA RH 27-20/22 und RH 27-7/156.

183 62. ID/KTB Ic, Eintrag 21. 7. 1941, BA-MA RH 26-62/40.

184 AOK 17/Gruppe Ic, AO, 30. 7. 1941, zit. bei Krausnick, Einsatzgruppen, a. a. O., S. 191.

185 AOK 2/Ic/AO, 17. 7. 1941, BA-MA RH 26-112/75.

186 102. ID/Ia, Divisionsbefehl Nr. 23, 13. 8. 1941, BA-MA RH 26 102/61.

187 GenKdo XXIII. AK/Abt. Ic, TB, Eintrag 11. 9. 1941, BA-MA RH 24-23/238.

188 Zum Fehlen der meisten belastenden Akten, also vor allem der Bestände der Ic-Abteilungen, vgl. Heer, Vom Verschwinden der Täter, a. a. O., S. 101 ff.

189 Wolfgang Schumann, ehemaliger Angehöriger des IR 81, hatte durch eine Anzeige bei der ZSt Ludwigsburg am 18. 6. 1963 die Ermittlungen gegen ehemalige Offiziere seiner Einheit initiiert, die daraufhin eingeleiteten Verfahren wurden alle eingestellt (Hinweise und Dokumente durch Frau Gunda Schumann); StA beim LG Augsburg 7 Js 58/64, Ermittlungsverfahren gegen Leonhardt Kratsch, Einstellungsverfügung vom 19. 12. 1967; StA beim LG München 110 Js 2/69, Ermittlungsverfahren gegen Leonhardt Kratsch, Einstellungsverfügung vom 29. 10. 1969; StA beim LG Nürnberg-Fürth 11 Js 24/69, Ermittlungsverfahren gegen Hermann Deppe, Einstellungsverfügung vom 18. 12. 1970.

190 Feldgendarmerie Trupp (mot) 435, TB Monat August 1941, Eintrag 7. 8. 1941, 1. 9. 1941, BA-MA RH 24-35/120.

191 PzGr 3/Abt. Ic, An Pz AOK 4, Ic-Abendmeldung vom 17. 7. 1941, BA-MA RH 21-3/430; 110.ID/TB Ic, Eintrag 13. 7. 1941, BA-MA RH 26-110/38; das Korps übernahm den verunklärenden Sprachgebrauch der Division: GenKdo XXIII. AK/Abt.Ic, TB, Eintrag 12. 7. 1941, BA-MA RH 24-23/238.

192 GenKdo XXIII. AK/Abt.Ic, TB, Eintrag 22. 7. 1941, BA-MA RH 24-23/238.

193 Brief des ehemaligen Angehörigen der Einheit Karl Bartels am 16. 1. 2005 an den Verfasser.

194 161. ID, KTB, Eintrag 29. 7. 1941, BA-MA RH 26-161/9.

195 Ic/AO, Meldung, 2. 8. 1941, gez. Sonderführer Andreas v. Sievers, Militärarchiv Podolsk 500-12454-287; der Sonderführer gehörte, wie die Ortsangabe »Hauptquartier« zeigt, zum Stab der Heeresgruppe Mitte; Grp. GFP 716/ Außenkommando Neu Borrissow, Bericht, 3. 8. 1941, MA Podolsk 500-12454-287.

196 Große Teile der Division waren von der Gefährlichkeit der Juden überzeugt, wie die erwähnten Vorgänge in Lida, aber auch der folgende Befehl zeigen: Durch Befehl vom 8. Juli wurden die Angehörigen der Division darauf hingewiesen, daß »Fahndung nach Juden« nicht zu ihren Aufgaben gehörte: 161. ID/Ia, Divisionsbefehl für die Übernahme der Sicherung des Armeegebietes, 8. 7. 1941, BA-MA RH 26-161/10; der kommissarische Bürgermeister von Zembin, Egow, ließ schon im August als eines der ersten das Ghetto seines Städtchens, d. h. 700 Menschen, vernichten und war im Oktober maßgeblich an der Vernichtungsaktion im Ghetto Borissow beteiligt, der 7000–8000 Menschen

zum Opfer fielen, vgl. Gerlach, Kalkulierte Morde, a. a. O., S. 570, 597 f.

197 GenKdo VIII. AK, Abt. Ic, Morgenmeldung, 8. 8. 1941, BA-MA RH 24-8/124; zumindest im Stab der Division gab es rabiate Rassisten: 8. ID/Abt. Ic, Betr.: Verhalten der Bevölkerung, 5. 7. 1941, BA-MA RH 26-8/22; die Division bezichtigte massiv die Juden als angebliche *Brandstifter* in Witebsk: 8. ID/Abt. Ic, Betr.: Planmäßige Zerstörung von Witebsk durch Miliz (Stadtpolizei), Komsomolzen und Juden, Dem GenKdo VIII. AK/Abt. Ic, 23. 7. 1941, BA-MA RH 26-8/28; Ende Oktober war die Division verantwortlich für die Erschießung Tausender Kriegsgefangener bei einem Transport von Wjasma nach Smolensk, vgl. S. 252 ff.

198 Dagegen nennt AOK 4 schon allein für die letzte Novemberhälfte 1941 18 Anschläge gegen Soldaten, was umgerechnet auf drei Monate 108 Anschläge ergäbe: AOK 4/Abt Ic/AO (Abw. III), Betr.: Partisanenbekämpfung, An die Heeresgruppe Mitte, 27. 11. und 7. 12. 1941, BSA Minsk 655-1-1, Bl. 369–375.

199 Zur Heeresgruppe Süd: Boll, Safrian, Die 6. Armee, Heer, Naumann, Vernichtungskrieg, a. a. O., S. 275; der Kriegspfarrer Hans Liedl berichtet von der Erschießung von 180 Juden durch die Feldgendarmerie in Shitomir und von Plakaten, die für jedes abgebrannte Haus den Tod von 100 Juden ankündigten: Liedl, Kriegstagebuch, a. a. O., Eintrag 19. 8. 1941; bei Erwähnung einer zweiten »Vergeltungsaktion« spricht er nur von »vielen Juden« und nennt als Täter keine Einheit, ebenda, Eintrag 1. 9. 1941.

200 Korück 559 nennt für zwei Monate 19 tote und 27 verwundete deutsche Soldaten: Korück 559, TB [O. D., hdschr. 20. 10. 41, BA-MA RH 23/127;Wachbataillon 721, An Korück 582, 12. 9. 1941, BA-MA RH 23/227; Feldgend.Abt.-mot-696, An Korück 582, Ic, Betr.: Tod zweier Soldaten auf Streife, 22. 9.1941, BA-MA RH 23/227.

201 Hartmann, Verbrecherischer Krieg, a. a. O., S. 13.

202 Anordnung! Der Ortskommandant Trendelburg Major, BA-MA RH 22-224/K 5.

203 Bekanntmachung BA-MA RH 22-224/K 4.

204 EM 13, 5. 7. 1941.

205 EM 17, 9. 7. 1941, und EM 43, 5. 8. 1941.

206 Korück 580/Qu Op., 31. 8. 1941 und 1. 9. 1941, BA-MA RH 23/170; das Bataillon hatte am 27. Juni im Verband der 221. Sicherungsdivision in der Hauptsynagoge von Bialystok mindestens 800 Juden, unter ihnen wahrscheinlich auch Frauen und Kinder, erschossen bzw. verbrannt und eine Woche später im Bialowiczer Forst 600 jüdische Männer zu Straßenarbeiten zusammengetrieben, etwa 300 davon kamen bei einem Todesmarsch Ende

August ums Leben, vgl. Gerlach, Kalkulierte Morde, a. a. O., S. 542 f., 522.

207 Korück 580/Qu Op, Richtlinie für Säuberung, Befriedung und Beuteerfassung, 31. 8. 1941, BA-MA RH 23/170.

208 Der Kommandant der Feldkommandantur [FK] 528 (V) [Rogatschew], Betr.: Lagebericht, 5. 9. 1941, BAMA RH 26-221/21.

209 FK 551 [Gomel], Merkblatt für Bürgermeister, 4. 9. 1941, BA-MA RH 26-221/21; für Retschitza ist die Registrierung und Kennzeichnung der Juden für Ende August belegt, vgl. Bericht der Untersuchungskommission des Rayons Retschitza, 21. 4. 1945, BSA Minsk 861-1-6.

210 Der Kdt. der FK 528 (V), Betr.: Lagebericht, 5. 9. 1941, BA-MA RH 26-221/21; in dem Arbeitslager waren vorläufig 300 Personen inhaftiert, auch ein Lager für jüdische Frauen war vorgesehen, vgl. Ortskommandantur [OK] I/827 (V) [Rogatschew], An den Korück 580, Betr.: Lagebericht der OK I/827 (V), 5. 9. 1941, BA-MA RH 26-221/21; kurz zuvor hatte das ähnlich berüchtigte Polizei-Regiment Mitte bei einer zehntägigen »Säuberungsaktion« im Auftrag des Korück »150 Gefangene, 189 Partisanen, 224 Juden und eine Frau erschossen«: HSSPF Russland Mi[tte], An RF-SS Kdo.-Stab RF-SS u. Chef Orpo, FSchr. 1. 9. 1941, Kriegshistorisches Archiv (KHA) Prag 4-1; am 1. 9. wurden weitere 64 *Partisanen* erschossen, ders., An RF-SS Kdo.-Stab u. Chef Orpo, FSchr. 2. 9. 1941, ebenda.

211 OK I(V) 264 [Shlobin], An die Feldkommandantur (V) 528, Betr.: Befehl Korück 580 vom 1. 9. 1941, BA-MA RH 26- 221/21; OK I/ 827 (V) [Rogatschew], An den Korück 580, Betr.: Lagebericht der OK I/827 (V), 5. 9. 1941, BA-MA RH 26-221/21.

212 Der Kdt. der FK 528 (V), Betr.: Lagebericht, 5. 9. 1941, BA-MA RH 26-221/21.

213 Zu den rückwärtigen Armeegebieten vgl. Theo J. Schulte, The German Army and Nazi Policies in Occupied Russia, Oxford 1989.

214 Sicherungs-Division 403/TB Ic, Juli 1941, BA-MA RH 26-403/4.

215 Bericht über die Tätigkeit des Div. Stabes in Wilna [o. D.], BA-MA RH 26-403/4.

216 Sich. Div. 403/ Abt. Ia, Maßnahmen für Sicherung und Befriedung des Gebietes Stadt und Land Wilna, 7. 7. 1941, BA-MA RH 26-403/4; in der Zeit vom 9.–14. 7. wurden 16 Russen, 18 verdächtige Personen und 66 Juden festgenommen: Sich. Div. 403, KTB, Eintrag 14. 7. 1941, BA-MA RH 26-403/2.

217 Das SK 7a hatte schon Tage vor Einrücken des Korück in Wilna mit der Erschießung von »jüdischen KP-Funktionären« begonnen: EM 11, 3. 7. 1941; SK 7a war am 8. 7. vom EK 9 abgelöst worden:

EM 21, 13. 7. 1941.

218 EM 21, 13. 7. 1941.

219 Bericht über die Tätigkeit des Div. Stabes in Wilna, [o. D.] BA-MA RH 26-403/4.

220 Armeeoberkommando 9/OQu, Besondere Anordnungen für die Versorgung und für die Versorgungstruppen Nr. 38, 4. 8. 1941, BA-MA RH 20-9/366.

221 Zit.: Berück Mitte/Abt. VII/Kr.Verw., Verwaltungsanordnungen Nr. 6, 12. 9. 1941, BSA Minsk 3500-2-40.

222 Toropjetz: OK I/532, Wochenbericht der Abt. I, 28. 9. 1941, BA-MA RH 23/ 223; Rudnja: OKII/930, Betr.: Partisanenbekämpfung, An Korück 582/Abt. Ic, 1. 1. 1942, BA-MA RH 23/237; Rshew: OK I/532, TB der Abteilung I für die Zeit vom 19.–24. 10. 1941, 25. 10. 1941, BA-MA RH 23/223; Ljubawitschi: Bericht der Untersuchungskommission der Stadt und des Rayons Rudnaja, 27. 11. 1943, BSA Minsk 861-1-26, S. 260; in einigen Orten, in denen das SK 7a vor den Orts- und Feldkommandanturen am Platz waren, wie in Witebsk, Newel und Welish übernahmen sie die Registrierung, Kennzeichnung und Ghettoisierung der Juden: Witebsk: EM 34, 24. 7. 1941; Welish: EM 67, 29. 8. 1941; Newel: EM 73 und EM 92, 4. 9. und 23. 9. 1941; für weitere ungenannte Orte: EM 92, 23. 9. 1941.

223 OK II/930 [Rudnaja], Betr.: Partisanenbekämpfung, An Korück 582/ Abt. Ic, 1. 1. 1942, BA-MA RH 23/237; in Janowitschi waren »auf eine Mitteilung von Korück hin« 149 Juden erschossen, weil sie, nach Darstellung des exekutierenden EK 9, »die Maßnahmen der Wehrmacht sabotiert« und sich der Zwangsarbeit entzogen hatten, EM 92, 23. 9. 1941; nach dieser Aktion ist wahrscheinlich, um Wiederholungen solcher Widersetzlichkeiten zu verhindern, das Ghetto eingerichtet worden; die Aktion habe, wie der Ib-Offizier des Korück vermerkte, »Ordnung geschaffen«, Korück 582/Qu, Betr.: Russische Banden, An AOK 9, 20. 8. 1941 [hdschr. Zusatz], BA-MA RH 23/230.

224 Im ersten Fall hatte ein deutscher Arzt die Seuchendiagnose gestellt, im zweiten Fall ging die Initiative von dem der Ortskommandantur unterstehenden Bürgermeister aus: EM 92, 23. 9. 1941.

225 Ebenda; die Aktion in Janowitschi war wahrscheinlich eine Vergeltungsaktion für einen am 13. 9. 1941 auf die Unterkunft eines SD-Kommandos im benachbarten Surash erfolgten Partisanen-Überfalls, ebenda.

226 Bericht der Untersuchungskommission der Stadt und des Rayons Rudnaja, 27. 11. 1943, BSA Minsk 861-1-26, S. 260.

227 Ebenda; nach der Vernichtungsaktion wurden ca. 1000 Juden aus den Landgemeinden dort vorübergehend zusammengetrieben und

am 24. 11. 1941 ermordet, ebenda, S. 261 f.; darauf bezieht sich wohl EM 148, 19. 12. 1941, die 835 Erschossene meldet.

228 Im August wurden 10–15 Jugendliche wegen eines nicht abgegebenen Radiogerätes erschossen, Bericht der Untersuchungskommission der Stadt und des Rayons Rudnaja, 27. 11. 1943, BSA Minsk 861-1-26, S. 260; dazu auch: OK II/930, An Korück 582/Abt. Ia, 18. 8. 1941 und An Korück 582/ Ic, 20. 8. 1941, BA-MA RH 23/227; Korück 582/Abt. Ic, An AOK 9 / Ic, 21. 8. 1941, BA-MA RH 23/27; am 16. 9. hatte die Feldgendarmerie als Vergeltung für den Tod von zwei deutschen Soldaten vier Ortsfremde und vier Juden erschossen: Feldgend.Abt. (mot) 696, An AOK 4/ OQu/Qu2/AOK 4 Korück 559 [hdschr: An Korück 552 Abt. Qu mit der Bitte um Kenntnisnahme], 19. 9. 1941, BA-MA RH 23/227; am 29. 9. hatte dieselbe Einheit wegen Abhalten von »deutschfeindlichen Versammlungen« zwei Juden im benachbarten Ljubawitschi exekutiert, OK II/930, Betr.: Tätigkeitsbericht für die Woche 21.–28. 9. 1941, An Korück 582/Abt Qu, 29. 9. 1941, BA-MA RH 23/223;

229 Korück 582/Abt. Ic, An AOK 9/Ic, 21. 8. 1941, BA-MA RH 23/227.

230 Zur Selbsteinschätzung des SD bezüglich dieser Integration in den militärischen Sicherheitsapparat: EM 73, 4. 9. 1941; die 9. Armee lobte die gute Zusammenarbeit mit den beiden in ihrem Befehlsbereich tätigen Kommandos: AOK 9/Abt. Ic/AO, Abwehroffizier 3, TB, 12. 12. 1941, RH 20-9/246; dieses Bemühen um gute Kooperation zeigte sich schon im Sommer 1941, als ein Stabsoffizier des AOK, Major von Klitzing, in Welish gegen die Mißhandlung eines jüdischen Halbwüchsigen durch den Führer eines Teilkommandos von SK 7a, Foltis, protestiert hatte; auf die Beschwerde des SS-Führers hin tadelte der Oberbefehlshaber der 9. Armee das Verhalten seines Offiziers und bekundete »Verständnis« für die »schwere Aufgabe« der Einsatzgruppen »bezüglich der Behandlung und Erledigung von Juden und bolschewistischen Elementen«: gerade mit dem Führer des SK 7a « bestünde das beste Vertrauensverhältnis, das auch unter keinen Umständen in irgendeiner Form gestört werden dürfe: [AOK 9] Abt, IIa, Besprechungsvermerk, 22. 8. 1941, MA Podolsk, 500-12454-287; ähnlich äußerte sich der abschließende Brief an den Führer von SK 7a, in dem AOK 9 mitteilen ließ, daß natürlich auch der Kritiker, Major von Klitzing, »von der Notwendigkeit der Bekämpfung des Judentums [...] überzeugt« sei und die Armee davon ausgehe, daß das »so gute Zusammenwirken« zwischen ihr und dem SD »durch diesen Vorfall in keiner Weise gestört werden wird.«: AOK 9/Abt. IIa, Betr.: Meldung über Äußerung eines

Majors der Wehrmacht, An den SS-Obersturmbannführer Dr. Blume, 4. 9. 1941, ebenda.

231 OK I/532 [Witebsk)], Vernehmung 26. 8. 1941, BA-MA RH 23/227; OK Wjasma I/593, Betr.: TB der OK I/593 in Wjasma für die Zeit vom 18. 10.–1. 11. 1941, 2. 11. 1941, und TB 2.–15. 11. 1941, 16. 11. 1941, BAMA RH 23/223.

232 In Witebsk übergab die dortige OK I/532 im August 397 Juden aus dem Zivilgefangenenlager, vgl. EM 73, 4. 9. 1941; FK 181 [Welikije Luki] , An Korück 582 Witebsk, 24. 9. 1941, BA-MA RH 23/227; OK I/593 [Demidow] 25. 8.–25. 9. 1941, Eintrag 31. 8. 1941, BA-MA RH 23/227.

233 FK 181[Welikije Luki], 21. 9. 1941, BA-MA RH 23/223; SK 7a, An das GenKdo VI.AK/Abt.Ic, Betr.: Niederschrift über die Angaben der am 13. 8. 41 festgenommenen Partisanengruppe, 14. 8. 1941, BA-MA RH 24-6/240; EM 90, 21. 9. 1941, EM 92, 23. 9. 1941, EM 108, 9. 10. 1941, und EM 123, 24. 10. 1941; Korück 582/Qu, Betr.: Russische Banden, An AOK 9/OQu, 20. 8. 1941, BA-MA RH 23/230.

234 Hartmann versteht unter Mentalität die Darstellung unterschiedlicher Haltungen, die er kaleidoskopisch unter den Begriffen »Spannbreite« bzw.»Schlaglichter« anordnet: Hartmann, Verbrecherischer Krieg, a. a. O., S. 24, 56; seine Vorliebe gilt dabei der zum »stillen Mittelfeld« arrangierten Masse der Soldaten, die mal so oder mal so reagierten, ebenda, S. 35; zu dieser in der Militärgeschichtsschreibung beliebten Methode vgl. Kühne, Die Victimisierungsfalle, in: Greven, von Wrochem, Der Krieg in der Nachkriegszeit, a. a. O., S. 188.

235 Hartmann, Verbrecherischer Krieg, a. a. O., S. 26.

236 Im Oktober 1941 wurden dort die 113., die 24. und die 62. ID eingesetzt; letztere Einheit erschoß Ende Oktober 162 Juden in Mirgorod, die gesamte jüdische Bevölkerung der Stadt, weil sie, wie der Befehlshaber des rückwärtigen Heeresgebietes vermerkte, Partisanen unterstützt hätten: Anderson, Die 62. Infanterie-Division, in: Heer, Naumann, Vernichtungskrieg, a. a. O., S. 301.

237 Berück 102 /Ia Korpsbefehl Nr. 23, 2. 7. 1941, BA-MA RH 22/224; mit dem Befehl vom 2. 7. traten die 87. und 162. ID ihren Dienst an; die Unterstellung der 252. ID begann am 9. 7. (252. ID, KTB, Einträge 22. 6.–9. 7. 1941, BA-MA RH 26-252/73), der Einsatz der 102. ID begann am 21. 7. (Berück Mitte/Ia, Korpsbefehl Nr. 31, 20. 7. 1941, BA-MA RH 22/ 224).

238 102. ID/Ia, Divisionsbefehl für den Einsatz der Division zur Befriedung im Raum westl. Berezyna-Dzwina, 24. 7. 1941, BA-MA RH 26-102/9.

239 Berück Mitte/Abt. VII/Kr. Verw., Verwaltungs-Anordnungen Nr. 1, 7. 7. 1941, BSA Minsk 370-1-487.

240 Berück Mitte/Abt. VII/Kr. Verw., Verwaltungs-Anordnungen Nr. 2, 13. 7. 1941, BSA Minsk 393-3-42.

241 Berück Mitte/Abt. VII/Kr. Verw., Verwaltungs-Anordnungen Nr. 3, 24. 7. 1941, BA-MA RH 26-102/12.

242 Berück Mitte/Qu, Merkblatt für die Versorgung bei Einsatz als Sich.Div.,19. 7. 1941, BA-MA RH 26-162/49; Berück Mitte/Abt. VII/Kr.Verw., Verwaltungsanordnung Nr. 6, 12. 9. 1941, Nationalarchiv Minsk 3500-2-40.

243 So die übliche Bezeichnung der Feldkommandantur für die Anordnungen: FK Grodno/Verw.Gruppe, Verzeichnis der Blattsammlungen, 20. 8. 1941, BA-MA RH 22/224.

244 252. ID/Abt. Ia/Ic, Betr.: Berück/Abt. VII/Mil.Verw., Ausführungsbestimmungen zu den Verwaltungsanordnungen Nr. 2 vom 13. 7. 1941, 18. 7. 1941, BA-MA RH 26- 252/75.

245 87. ID, KTB, Eintrag 20. 7. 1941, BA-MA RH 26-87/ 22; Auslöser dieses Befehls war die Errichtung des Minsker Ghettos am 19. 7. 1941; in einer späteren Anordnung mußten alle Ghettos nach dem Muster des Minsker abgegrenzt und mit Mauer oder Stacheldraht gesichert sein: Berück Mitte/Abt. VII/Kr.Verw., Verwaltungsanordnung Nr. 6, 12. 9. 1941, Nationalarchiv Minsk 3500-2-40.

246 162. ID/Ib, Besondere Anordnungen für die Versorgung und für die Versorgungtruppen, Nr. 120 und Nr. 128, 11. 7. und 19. 7. 1941, BA-MA RH 26-162/51.

247 252. ID/Abt. Ia/Ic, Divisionsbefehl Nr. 10, 16. 7. 1941, BA-MA RH 26-252/75.

248 87. ID/Abt. Ia/Ic/IVa/IVc/Ib, 8. 7. 1941, BA-MA RH 26-87/22.

249 87. ID/Abt. Ia [Abschrift eines Berichtes vom 16. 7. 1941 über die Lage im Bereich von Minsk, in dem die 87. ID stationiert war] 25. 7. 1941, BA-MA RH 26-87/25.

250 252. ID/Abt. Ia/Ic, Divisions-Befehl Nr. 10, 16. 7. 1941, BA-MA RH 26-252/75; ähnlich: 87. ID/Abt. Ia/Ic/IVa/IVc/Ib, 8. 7. 1941, BA-MA RH 26-87/25; alle genannten *Verwaltungsanordnungen* listen die besonderen Funktionen des SD auf.

251 221. Sich.Div., KTB, Eintrag 7. 7. 1941, BA-MA RH 26-221/10; Berück Mitte/Ia, An die Sich.Div. 221, 9. 7. 1941 [mit Datum 10. 7. 1941 erfolgter handschr. Zusatz], BA-MA RH 26-221/12a; EM Nr. 32, 24. 7. 1941.

252 Berück Mitte/Ia, An OKH Gen Qu, Stand 19. 7. 1941, 20. 7. 1941, BA-MA RH 22/227, 162. ID/Abt.Ic, Dem Berück Mitte, 30. 7. 1941, MA Podolsk 500-12454-287; Einsatzkommando 8/1. Gruppe, Bericht, gez. Ruhrberg [Abschrift], 29. 7. 1941, MA Podolsk 500-12454-287.

ANMERKUNGEN

253 Einsatzkommando 8/1. Gruppe, Bericht, gez.Ruhrberg [Ab-schrift], 29. 7. 1941, MA Podolsk 500-12454-287.

254 Das EK lobte die Zusammenarbeit bei der »Bildung von Juden-räten« bei der »Registrierung« und »wohnlichen Zusammenlegung der Juden« als vorbildlich: EM 32, 24. 7.1941.

255 In einer Woche z. B. wurden 167 verdächtige Personen ausgelie-fert: 252. ID/Abt. Ia, Morgen- und Abendmeldungen 19. 7.–28. 7. 1941, BA-MA RH 26-252/82.

256 EM 32, 24. 7. 1941; der Feldkommandant von Slonim gehörte mit seiner »Sicherungsgruppe« zur Division; das KTB erwähnte eine voraufgehende Razzia, aber nicht die Erschießung: 252. ID, KTB, Eintrag 17. 7. 1941, BA-MA RH 26-252/73; ein Angehöriger des beteiligten Polizeibataillons 316 erinnert sich an die Beteiligung einer Wehrmachtseinheit: OStA Bochum 16 Js 13/59, Strafsache gegen Kraiker u. a., Stand des Verfahrens, S. 24.

257 252. ID/Abt.Ia, Tagesmeldung 17. 8. 1941, BA-MA RH 26-252/82.

258 Sicherungsabschnitt *Walter*, Pol. Bat. 307, Bericht über den Einsatz am 2. 8. 1941 zur Befriedung der Räume Urzecze und Luban, 3. 8. 1941, BA-MA RH 26-252/89; bei einer Aktion in Klitschew wur-den 200 Juden, an einem unbekannten Ort in der Nähe von Sluzk 20–50 jüdische Frauen und Kinder erschossen: Vern. Marcel Kupczyk 9. 3. 1966 und Georg Wöbbeking 18. 4. sowie Heinrich Eskens 19. 4. 1966 in: LG Lübeck 2 PJs 189/64, Voruntersuchung gegen Salzinger u. a.

259 EM 67, 29. 8. 1941 und EM 73, 4. 9. 1941; EK 8- Gruppe Ruhr-berg, Berichte 1. 8., 2. 8. und 3. 8. 1941, BAMA RH 26-252/89.

260 IR 472/Abt. Ia, Betr.: Schriftliche Tagesmeldung über den Verlauf der Durchsuchung am 15. 8. 1941, Der 252. ID, 16. 8. 1941, BA-MA RH 26-252/89 und Betr.: Schriftliche Tagesmeldung über den Verlauf der Durchsuchung am 17. 8. 1941, Der 252. ID, 18. 8. 1941, ebenda; 252. ID/Abt. Ia, Tagesmeldung 17. 8. 1941, BA-MA RH 26-252/82.

261 Korück 580, KTB, Eintrag 21. 7. 1941, BA-MA RH 23/170; 87. ID, KTB Eintrag 31. 7. 1941, BA-MA RH 26-87/22.

262 Gerlach, Kalkulierte Morde, a. a. O., S. 541; EM 34, 26. 7. 1941.

263 EM Nr. 32, 24. 7. 1941.

264 EM Nr. 36, 28. 7. 1941.

265 So äußerte sich der Feldkommandant bei der Übergabe der Dienstgeschäfte an seinen Nachfolger, Oberst von Andrian, Ende August 1941, zit. bei: Nachlaß Carl von Andrian, Bayrisches Hauptstaatsarchiv-Abteilung IV/Kriegsarchiv, 4/3, Eintrag 23. 8. 1941.

266 Gerlach, Kalkulierte Morde, a. a. O., S. 567, 571 ff.

267 Jean Améry, Jenseits von Schuld und Sühne, Stuttgart 1980, S. 55 f.

268 Hartmann, Verbrecherischer Krieg, a. a. O., S. 13, 30.

269 Streit, Keine Kameraden, a. a. O.; Jürgen Förster, Die Sicherung des *Lebensraumes*, in: DRZW, Bd. 4, a. a. O., S. 1030–1078; Heer, Naumann, Vernichtungskrieg, a. a. O.; Omer Bartov, Hitlers Wehrmacht. Soldaten, Fatalismus und die Brutalisierung des Krieges, Reinbek bei Hamburg 1995; Walter Manoschek (Hg.), Die Wehrmacht im Rassenkrieg. Der Vernichtungskrieg hinter der Front, Wien 1996; Klaus Latzel, Deutsche Soldaten – nationalsozialistischer Krieg? Kriegserlebnis-Kriegserfahrung 1939–1945, Paderborn 1998; Martin Humburg, Das Gesicht des Krieges. Feldpostbriefe von Wehrmachtssoldaten aus der Sowjetunion 1941–1944, Opladen, Wiesbaden 1998; Gerlach, Kalkulierte Morde, a. a. O.; Rolf-Dieter Müller, Hans-Erich Volkmann (Hg.), Wehrmacht. Mythos und Realität, München 1999; Hannes Heer, Tote Zonen. Die deutsche Wehrmacht an der Ostfront, Hamburg 1999; Hamburger Institut für Sozialforschung, Verbrechen der Wehrmacht, a. a. O.; Rass, Menschenmaterial, a. a. O.; Hannes Heer, Walter Manoschek, Alexander Pollak, Ruth Wodak (Hg.), Wie Geschichte gemacht wird. Zur Konstruktion von Erinnerungen an Wehrmacht und Zweiten Weltkrieg, Wien 2003.

270 Hartmann, Verbrecherischer Krieg, a. a. O., S. 11, 30.

271 Förster, Wehrmacht, Krieg und Holocaust, in: Müller, Volkmann, Wehrmacht, a. a. O., S. 953.

272 Hartmann, Verbrecherischer Krieg, a. a. O., S. 32.

273 Jan Philipp Reemtsma, Was man plant, und was daraus wird. Gedanken über ein prognostisches Versagen, in: Michael Th. Greven, Oliver von Wrochem (Hg.), Der Krieg in der Nachkriegszeit. Der Zweite Weltkrieg in Politik und Gesellschaft der Bundesrepublik, Opladen 2000, S. 273–290, hier S. 276.

274 Hartmann, Verbrecherischer Krieg, a. a. O., S. 66, 68.

275 Ebenda, S. 70, 19, 70.

276 Ebenda, S. 66, 68.

277 Ebenda, S. 71.

278 Ebenda, S. 65, 73.

279 Ebenda, S. 65.

280 Ebenda.

281 Ebenda, S. 20, 28.

282 Ebenda, S. 70.

283 Zit. bei Hannes Heer, Rede in Karlsruhe am 11. 1. 1997, in: Hamburger Institut für Sozialforschung (Hg.), Krieg ist ein Gesellschaftszustand. Reden zur Eröffnung der Ausstellung »Vernichtungskrieg. Verbrechen der Wehrmacht 1941 bis 1944«, Hamburg 1998, S. 106–116, hier S. 110 (Krieg ist ein Gesellschaftszustand).

284 Humburg, Das Gesicht des Krieges, a. a. O., S. 119–126.

285 Latzel, Deutsche Soldaten, a. a. O., S. 371 f.

286 Heer, Vom Verschwinden der Täter, a. a. O., S. 105–138.

287 Zit. ebenda, S. 138.

288 Ebenda, S. 217; in drei weiteren Sätzen wird behauptet, auch die Gegner hätten Verbrechen begangen, die Österreicher als ausgemachte Antinazis seien zum Verbrechen unfähig gewesen und man habe ein gutes Verhältnis zur russischen Zivilbevölkerung gehabt.

289 Manfred Messerschmidt, Vorwärtsverteidigung. Die *Denkschrift der Generäle* für den Nürnberger Gerichtshof, in: Heer, Naumann, Vernichtungskrieg, a. a. O., S. 531–550; Friedrich Gerstenberger, Strategische Erinnerungen. Die Memoiren deutscher Offiziere, in: Heer, Naumann, Vernichtungskrieg, a. a. O., S. 620–629.

290 Thomas Kühne, Die Victimisierungsfalle. Wehrmachtsverbrechen, Geschichtswissenschaft und symbolische Ordnung des Militärs, in: Greven, von Wrochem, Der Krieg in der Nachkriegszeit, a. a. O., S. 183–196, hier S. 184.

291 Ebenda, S. 187.

292 Ebenda, S. 184; Heer, Vom Verschwinden der Täter, a. a. O., S. 170–197.

293 Hartmann, Verbrecherischer Krieg, a. a. O., S. 70.

294 Ebenda, S. 69.

295 Ebenda, S. 20, 25, 31, 57, 60 f.

296 Hartmann, der Verfasser einer Halder-Biographie, setzt irgendwann vorsichtshalber auch hinter seine eigene Formulierung von »der militärischen Führung« ein Fragezeichen: kann man von »der« Führung überhaupt sprechen?, ebenda, S. 51.

297 Ebenda, S. 58 und S. 30 f., 67.

298 Ebenda, S. 67.

299 Ebenda, S. 16, 2.

300 Jan Philipp Reemtsma, Rede zur Eröffnung der ersten Wehrmachtsausstellung in Hamburg am 5. 3. 1995, in: Hamburger Institut für Sozialforschung, Krieg ist ein Gesellschaftszustand, a. a. O., S. 8–13, hier S. 9 f., 8, 11.

301 Ebenda, S. 13.

302 Hartmann, Verbrecherischer Krieg, a. a. O., S. 72, 65.

303 Ebenda, S. 21 f.

304 Ebenda, S. 26 f.

305 Ebenda, S. 37 f.

306 Ebenda, S. 47 ff.

307 Ebenda, S. 51, 63, 53.

308 Ebenda, S. 49, 53; daß die Bevölkerung von dort vorher durch die *kämpfende Truppe* deportiert worden war, vergißt der Autor im

Verkleinerungsrausch zu erzählen; er verschweigt auch, daß die deportierte Bevölkerung im »rückwärtigen Divisionsgebiet« meist von den dort stationierten Teilen der Division drangsaliert wurde.

309 Hartmann behauptet, die Quote von 60 bis 80 Prozent gehe auf den Verfasser zurück, der sie 1995 in die Welt gesetzt und sich dafür sofort die harsche Kritik des renommierten Historikers Ulrich Herbert eingehandelt habe, Heer habe sich erst 1999 von dieser Zahl distanziert: Hartmann, Verbrecherischer Krieg, a. a. O., S. 2. Zum Hintergrund dieser unzutreffenden Behauptung sei das folgende mitgeteilt. Kurz nach Eröffnung der Wehrmachtsausstellung erhielt der Verfasser den Brief eines 42jährigen Mannes, in dem dieser um »genauere Prozentzahlen« bezüglich des Anteils »an Gehorsam und Verweigerung innerhalb der Ostfront-Etappen Truppe« bat. Er gab sich auf die Frage selbst die Antwort: »Das wird wohl nicht mehr möglich sein.« Dann ließ er eine zweite interessante Frage folgen: »Bitte Sie deshalb um Stellungnahme zum folgenden Spruch eines Ex-Kombattanten: ›80 % haben alles mitgemacht, weniger als 1 % haben sich geweigert und der Rest waren unsichere Kantonisten.‹ Kann man das so stehen lassen?« (Brief J. S. vom 8. 6. 1995) Der Verfasser hat diesen Brief damals mit der Bemerkung zitiert, daß man diesen Hinweis eines Wehrmachtssoldaten bei der Debatte um die Größenordnung der vermutlichen Täter zu berücksichtigen habe und Ulrich Herbert, als dieser die Zahl als Meinung des Verfassers ausgab, auf den Sachverhalt hingewiesen. Herbert hat diese falsche Zuschreibung nicht mehr wiederholt. Hartmann tut es, obwohl ihm der Verfasser auf Anfrage diesen Sachstand geschildert hat.

310 Hartmann, Verbrecherischer Krieg, a. a. O., S. 2; diese Quote hatte der Potsdamer Militärhistoriker Rolf-Dieter Müller aufgrund einer ziemlich abenteuerlichen Rechnung genannt. Ausgehend davon, daß in Italien »schätzungsweise 5 von 100 deutschen Soldaten an Kriegsverbrechen verwickelt gewesen« seien, hatte er vermutet: »An der Ostfront ist der prozentuale Anteil eher noch geringer.«, vgl. *Gegen Kritik immun. Der Potsdamer Historiker Rolf-Dieter Müller über die Wehrmacht im Zweiten Weltkrieg und die Thesen des Hamburger Instituts für Sozialforschung*, Der Spiegel, 23, 1999, S. 62.

311 Hartmann, Verbrecherischer Krieg, a. a. O., S. 71.

312 Ebenda.

313 Ebenda.

314 Die schwierige Frage nach der Schuld. Zwei ehemalige Wehrmachtsangehörige und ein Historiker diskutieren, ob Hitlers Armee als Gesamtorganisation für die Greueltaten verantwortlich war, in: Süddeutsche Zeitung, 6. 3. 1997; in der genannten Diskussion hatte Möller von einer Täterquote von 10 % gesprochen

und – bezogen auf die 3,4 Millionen Soldaten, die 1941 in die Sowjetunion einmarschiert waren – die Zahl von 400000 genannt; in einem späteren Artikel, nach dem Ende der Ausstellung, hatte er diese Zahl drastisch reduziert: »Wehrmachtausstellung hat der Kritik Rechnung getragen«, Interview mit Horst Möller zur neuen, revidierten Ausstellung, Oberhessische Presse, 19. 12. 2001; in diesem Artikel sprach er jetzt, bezogen auf die 10 Millionen insgesamt an der Ostfront eingesetzten Soldaten, nur noch von 100000 Tätern; Hartmann bleibt, wohl auch der Übereinstimmung mit Rolf-Dieter Müller wegen, in etwa bei der anfangs genannten, einprägsamen Zahl.

315 »Es geht nicht um die Wahrheit«, Interview mit Horst Möller, Focus 43/1999.

316 Horst Möller, Eine Blamage, wahrlich keine Pionierleistung. Die falschen Bilder der *Wehrmachtausstellung* waren Folge einer verfehlten Konzeption, Frankfurter Allgemeine Zeitung, 3. 1. 2000.

317 Zur Debatte um die beiden Ausstellungen: Heer, Vom Verschwinden der Täter, a. a. O., S. 12–66.

318 Hartmann, Verbrecherischer Krieg, a. a. O., S. 74.

319 Augstein, Barbarossa *light* war nicht zu haben, Süddeutsche Zeitung, a. a. O.; die Beiträge der Konferenz sind nachzulesen: Christian Hartmann, Johannes Hürter, Ulrike Jureit (Hg.), Verbrechen der Wehrmacht. Bilanz einer Debatte, München 2005.

320 Zum Vortrag des Autors berichtet Franziska Augstein: »Hartmann tat schließlich kund, seine Zahlen seien ›nicht mehr als Metaphern‹. Da lachte das Publikum.«, dies., Barbarossa *light* war nicht zu haben, Süddeutsche Zeitung, a. a. O.

321 Christian Hartmann, Massensterben oder Massenvernichtung? Sowjetische Kriegsgefangene im *Unternehmen Barbarossa*. Aus dem Tagebuch eines deutschen Lagerkommandanten, in: Vierteljahreshefte für Zeitgeschichte, 49 (2001), S. 97–158.

322 Peter Lieb, Täter aus Überzeugung? Oberst Carl von Andrian und die Judenmorde der 707. Infanteriedivision, in: Vierteljahreshefte für Zeitgeschichte, 50 (2002) S. 523–557; dazu: Hannes Heer, Extreme Normalität. Generalmajor Gustav Freiherr von Mauchenheim gen. Bechtolsheim. Umfeld, Motive und Entschlußbildung eines Holocaust-Täters, in: ZfG, 51. Jg., Heft 8, 2003, S. 729–753.

323 Klaus Jochen Arnold, Die Wehrmacht und die Besatzungspolitik in den besetzten Gebieten der Sowjetunion. Kriegführung und Radikalisierung im *Unternehmen Barbarossa*, Berlin 2005; dazu die kritische Rezension von Armin Nolzen in: Zeitschrift für Geschichtswissenschaft, 53. Jg., Heft 7, Juli 2005, S. 668 f.

1 Heeresgruppe Süd, Fernschreiben an AOK 17, 27. 6. und 28. 6. 1941, BA-MA, RH 20-17/32; AOK 17/I a, FS an HGr Süd 29. 6. 1941, BA-MA, RH 24-49/14.

2 Generalkommando XXXXIX (Geb.) AK/I a Korpsbefehl Nr. 19, 29. 6. 1941, BA-MA, RH 24-49/14.

3 Eingesetzt waren das I. GJR 99 und das III. GJR 98, vgl. 1. Gebirgsdivision/I a, Divisionsbefehl für die Wegnahme von Lemberg am 30. 6., 29. 6. 1941, BA-MA, RH 28-1/23.

4 Bataillon 800, Kommandeur, Betr.: Schlußmeldung über Einnahme Lemberg und vollzogene Objektsicherung, 1. 7. 1941, BA-MA, RH 28-1/23.

5 Ebenda.

6 1. Geb. Div., Kriegstagebuch [KTB], Eintragung 30. 6. 1941, BA-MA, RH 28-1/20.

7 Gen. Kdo. XXXXIX. (Geb.) AK/I a, Befehl für den Stadtkommandanten von Lemberg, 29. 6. 1941, BA-MA, RH 28-1/23; AOK 17/I a An Gen. Kdo. XXXXIX. AK, Sonderanweisung »Lemberg«, 28. 6. 1941, BA-MA, RH 24-49/14.

8 Aussage des ehemaligen Stabsoffiziers der Stadtkommandantur von Lemberg, Hauptmann Meyding, in Landsberg/Lech am 20. 4. 1964, Landgericht Fulda, 2 O 283/59, Oberländer gegen Fuldaer Verlagsanstalt; Sandkühler spricht unverständlicherweise von der Besetzung der Stadt am 29./30. 6. 1941; vgl. Thomas Sandkühler, *Endlösung* in Galizien. Der Judenmord in Ostpolen und die Rettungsinitiativen von Berthold Beitz, 1941–1944, Bonn 1996, S. 115 (*Endlösung*); Musial entscheidet sich für den 29. 6. 1941, Bogdan Musial, *Konterrevolutionäre Elemente sind zu erschießen.* Die Brutalisierung des deutsch-sowjetischen Krieges im Sommer 1941, Berlin, München 2000, S. 152 (*Konterrevolutionäre Elemente*).

9 Btl. 800, Schlußmeldung vom 1. 7. 1941; Anlage zu Bat. 800, Schlußmeldung vom 1. 7. 1941.

10 Vgl. Musial, *Konterrevolutionäre Elemente*, a. a. O., S. 102 ff. Eine erste Untersuchung zum Thema wurde vorgelegt von Alfred de Zayas, Die Wehrmacht-Untersuchungsstelle. Deutsche Ermittlungen über alliierte Völkerrechtsverletzungen im Zweiten Weltkrieg, München 1980, S. 333–359 (Die Wehrmacht-Untersuchungsstelle).

11 Gericht der Feldkommandantur 603, Bericht vom 30. 6. 1941, BA-MA, RH 24-49/161.

12 Vgl. Geheime Feldpolizei-Gruppe 711, Betr.: Wahrnehmungen über die bolschewistischen Bluttaten in Lemberg, 7. 7. 1941,

BA-MA, RH 26-454/6 b; Ereignismeldungen Nr. 24 vom 16. 7.; de Zayas, Die Wehrmacht-Untersuchungsstelle, S. 346.

13 Vernehmung Dr. Sältzer durch den Armeerichter Möller am 6. 7. 1941, BA-MA, RW 2/149, S. 339 ff.; Bericht der GFP-Gruppe 711 vom 7. 7. 1941; de Zayas, Die Wehrmacht-Untersuchungsstelle, S. 346.

14 Gen. Kdo. XXXXIX AK, KTB, Eintragung 30. 6. 1941, BA-MA, RH 24-49/8.

15 Feldpostbrief Eugen Meyding, 30. 6. 1941, LG Fulda 2 O 283/59.

16 GJR 99, Funkspruch an 1. Geb. Div. vom 30. 6. 1941, 8.00 Uhr, BA-MA, RH 28-1/24.

17 1. Geb. Div., KTB, Eintragung 1. 7. 1941, BA-MA, RH 28-1/20.

18 Mitteilungen für die Truppe, hg. vom OKW/WFSt/WPr (II.e), Nr. 116, Juni 1941.

19 Elke Fröhlich (Hg.), Die Tagebücher von Joseph Goebbels. Sämtliche Fragmente, Bd. I/4: 1. 1. 1940–8. 7. 1941, München 1987, S. 736 f., 739, 741.

20 Für die Heimat vgl. Meldungen aus dem Reich, Nr. 205 und Nr. 207, 24. und 31. 7. 1941, BA Koblenz, R 58/162, Bl. 197 f., 260; für die Front vgl. S. 20.

21 Vgl. Hannes Heer, Vom Verschwinden der Täter. Der Vernichtungskrieg fand statt, aber keiner war dabei, Berlin 2004, S. 12–66.

22 Wolodymyr Kosyk, L'Allemagne national-socialiste et L'Ukraine, Paris 1968, S. 154 ff.; Orest Subtelny, Ukraine, A History, Toronto, Buffalo, London 1989, S. 463 ff.

23 Leo Heimann, The saved Jews. Ukrainian Patriots defied Nazis, in: The Ukrainian Quarterly, vol. XVII, Number 4, Winter 1961, S. 320, 322.

24 Raul Hilberg, Die Vernichtung der Europäischen Juden, Bd. 3, Frankfurt/Main 1990, S. 325 f.; Dieter Pohl, Nationalsozialistische Judenverfolgung in Ostgalizien 1941 bis 1944, München 1996, S. 62 (Nationalsozialistische Judenverfolgung); Sandkühler, *Endlösung*, a. a. O., S. 114; Alexander Dallin, Deutsche Herrschaft in Russland 1941-1945, Düsseldorf 1958,S. 129 (Deutsche Herrschaft).

25 Vgl. Dazu im einzelnen, Heer, Vom Verschwinden der Täter, a. a. O., S. 249–273.

26 Joachim Hoffmann, Die Kriegführung aus der Sicht der Sowjetunion, in: Horst Boog u. a., Der Angriff auf die Sowjetunion (= Das Deutsche Reich und der Zweite Weltkrieg, Bd. 4), Stuttgart 1983, S. 782; Andrzej Zbikowski, Local Anti-Jewish Pogroms in the Occupied Territories of Eastern Poland, June-July 1941, in: Lucjan Dobroszycki/Jeffrey S. Gurock (ed.), The Holocaust in the Soviet Union. Studies and Sources on the Destruction

of the Jews in The Nazi-Occupied Territories of the UdSSR, 1941-1945, Armonk, London 1993, S. 173–179, hier S. 175.

27 Musial, *Konterrevolutionäre Elemente*, a. a. O., S. 174 f. Der Autor unterschlägt sowohl die Verfolgungen, die die jüdische Bevölkerung während der zweiten polnischen Republik erleiden mußte, als auch ihre prekäre Lage unter der sowjetischen Okkupation und kann für die behauptete jüdische Kollaboration nur vage Vermutungen anführen: »nicht alle Juden« (S. 66), »nicht wenige Juden« (S. 73 f.), »relativ viele Juden« (S. 69, 76, 232) Vgl. dazu die sorgfältige Untersuchung von Pawel Korzec/Jan-Charles Szurek, Jews and Poles under Soviet Occupation (1939-1941): Conflicting Interests, in: Polin. A Journal of Polish-Jewish Studies 4 (1989), S. 204–225. Bezeichnenderweise nennt Musial diesen Aufsatz nicht. Zum Forschungsstand: Sandkühler, *Endlösung*, a. a. O., S. 57 ff.; Pohl, Nationalsozialistische Judenverfolgung, a. a. O., S. 29 ff.

28 Otto Bräutigam, Aufzeichnung 25. 10. 1942, Nürnberger Dokumente 294-PS, XXV, S. 340.

29 Alfred Rosenberg, Instruktionen für den Reichskommissar in der Ukraine, 7. 5. 1941, Nürnberger Dokumente 1028-PS XXVI.

30 Dallin, Deutsche Herrschaft, S. 117 ff.; Kosyk, L'Allemagne national-socialiste, a. a. O., S. 63 ff., 94 ff.

31 John A. Armstrong, Ukrainian Nationalism 1939–1945, New York, London 1963, S. 28.

32 Alexander J. Motyl, The Turn to the Right, The Ideological Origins and Development of Ukrainian Nationalism 1919–1929, Boulder, Co. 1980, S. 73.

33 Philipp-Christian Wachs, Der Fall Theodor Oberländer (1905 bis 1998). Ein Lehrstück deutscher Geschichte, Frankfurt/Main, New York 2000, S. 56 (Der Fall Theodor Oberländer).

34 George F. Kennan, Diplomat in Prag, Frankfurt/Main 1972, S. 81.

35 Vermerk Erwin Lahousen, 14. 9. 1939, in: Helmuth Groscurth, Tagebücher eines Abwehroffiziers, Stuttgart 1970, S. 357; vgl. auch Lahousens Aussagen im Nürnberger Prozeß, Internationaler Militärgerichtshof, Bd. 2, S. 485 ff., Bd. 3, S. 9 ff.

36 Zit. bei Frank Golczewski, Ukrainische Reaktionen auf die deutsche Besetzung, 1939/1941, in: Wolfgang Benz u. a. (Hg.), Anpassung, Kollaboration, Widerstand. Kollektive Reaktionen auf die Okkupation, Berlin 1996, S. 199–211, hier S. 203.

37 Zit. bei Pohl, Nationalsozialistische Judenverfolgung, a. a. O., S. 41.

38 Kosyk, L'Allemagne national-socialiste, a. a. O., S. 143 ff.; Wachs, Der Fall Theodor Oberländer, a. a. O., S. 63 ff.

39 Aussage Stolze am 11. 2. 1946, in: Internationaler Militärgerichtshof, a. a. O., Bd. 7, S. 303.

40 Musial, *Konterrevolutionäre Elemente*, a. a. O.,S. 49 ff.
41 Pohl, Nationalsozialistische Judenverfolgung, a. a. O., S. 57.
42 Stefan Szende, Der letzte Jude aus Polen, Zürich, New York 1945, S. 172 (Der letzte Jude); Jacob Gerstenfeld-Maltiel, My Private War. One Man's Struggle to Survive the Soviets and the Nazis, London, Portland, Or. 1993, S. 49 (My Private War); Leon Weliczker Wells, The Death Brigade, New York 1978, S. 34; Eliyahu Yones, Die Straße nach Lemberg. Zwangsarbeit und Widerstand in Ostgalizien 1941–1944, Frankfurt/Main 1999, S. 15 f. (Straße nach Lemberg).
43 Aussage von M. G. vor der StA Bonn, zit. bei Hermann Raschhofer, Der Fall Oberländer. Eine vergleichende Rechtsanalyse der Verfahren in Pankow und Bonn, Tübingen 1962, S. 39 (Der Fall Oberländer); Aussage Bogdan Kazaniewskyj durch Armeerichter Möller am 7. 7. 1941, BA-MA, RW 2/149, S. 350 ff.
44 Musial, *Konterrevolutionäre Elemente*, a. a. O., S. 105; Szende, Der letzte Jude, a. a. O., S. 172.
45 Pohl, Nationalsozialistische Judenverfolgung, a. a. O., S. 61.
46 Szende, Der letzte Jude, a. a. O., S. 173; diese Tatsache wird auch in einem Gespräch im Ostministerium am 8. 7. 1941 bestätigt: Rücksprache mit SS-Ostuf Beyer, HSSPF, BAK R 6/150, Bl. 2 RS.
47 Szende, Der letzte Jude, a. a. O., S. 173; vgl. auch Philip Friedman, The Destruction of the Jews of Lwow 1941–1944, in: ders., Roads to Extinction. Essays on the Holocaust, New York, Philadelphia 1980, S. 317 (Destruction of the Jews).
48 Pohl, Nationalsozialistische Judenverfolgung, a. a. O., S. 48, 57.
49 1. Geb. Div./I c Berichte, Gefangenenverhör am 26. 6. und 28. 6. 1941, BA-MA, RH 28-1/28; Raschhofer, Der Fall Oberländer, a. a. O., S. 60 f.
50 BA Berlin, R 58/214, Ereignismeldungen UdSSR (EM) Nr. 10, 2. 7. 1941; zu Stülpnagel vgl. Christian Streit, Angehörige des militärischen Widerstands und der Genozid an den Juden im Südabschnitt der Ostfront, in: NS-Verbrechen und der militärische Widerstand gegen Hitler, hg. von Gerd R. Ueberschär, Darmstadt 2000, S. 90-103.
51 Helmut Krausnick, Hitlers Einsatzgruppen, Die Truppe des Weltanschauungskrieges 1938–1942, Frankfurt/Main 1985, S. 145.
52 Ebenda, S. 180.
53 Das Bat. war vom AOK 17 am 25. 6. 1941 dem XXXXIX. AK und am 29. 6. der 1. Geb. Div. »zur Sonderverwendung« unterstellt worden: AOK 17/I a Fernschreiben an XXXXIX. AK. 25. 6. 1941, BA-MA, RH 24-49/14; 1. Geb. Div., KTB, Eintragung 29. 6. 1941, BA-MA, RH 28-1/20; zur Geschichte der Einheit vgl. Helmut Spaeter, Die Brandenburger – eine deutsche Kommandotruppe –

z. b. V. 800, München 1978 (Die Brandenburger); Werner Brock-dorff, Geheimkommandos des Zweiten Weltkrieges, Wels 1983.

54 Bei Auswahl der Kämpfer für *Nachtigall* hatte die OUN(B) Sorge dafür getragen, daß sie aus Lemberg und Umgebung stammten, Wachs, Der Fall Theodor Oberländer, a. a. O., S. 64.

55 AOK 17, »Sonderanweisung« Lemberg vom 28. 6. 1941; AOK 17/Chef des Generalstabes 28. 6. 1941, BA-MA, RH 20-17/46.

56 AOK 17/I a Verkehrsregelung Lemberg 28. 6. 1941, BA-MA, RH 24-49/14.

57 1. Geb. Div., KTB, Eintragung 30. 6. 1941, BA-MA, RH 28-1/20; Fernmündl. Gespräch Kdr. 1. Geb. Div. mit Major Fleischmann 30. 6. [1941], BA-MA, RH 28-1/23; wie streng die Kontrollen ge-handhabt wurden, zeigt die zunächst erfolgte Zurückweisung des Sonderbeauftragten der Abwehr, Prof. Koch, und das Zutritts-verbot für den Intendanten des XXXXIX. AK: Rücksprache mit Prof. Koch am 11. 7. 1941, BAK R 6/150, Bl. 4 und Gen. Kdo. XXXXIX. AK/Abt Qu Tätigkeitsbericht 20. 6.–15. 8. 1941, Eintragung 30. 6. 1941, BA-MA, RH 24-49/253.

58 1. Geb. Div., KTB, Eintragung 1. 7. 1941, BA-MA, RH 28-1/20.

59 Fernmündl. Gespräch Kdr. 1. Geb. Div. mit Major Fleischmann 30. 6. [1941].

60 Ebenda.

61 Btl. 800, Schlußmeldung vom 1. 7. 1941.

62 Rachel Kleiner, Erinnerungen aus der Besatzungszeit 1941–1945, und: Bericht eines anonymen Juden über die sowjetische und deutsche Besatzung in Lemberg 1941, Jüdisches Historisches Institut Warschau, zit. bei Musial, Konterrevolutionäre Elemente, a. a. O., S.

63 Bericht Erna Klinger, Jüdisches Historisches Institut, 301/1096, S. 1, zit. bei Musial, Konterrevolutionäre Elemente, a. a. O., S. 267.

64 Jerzy Pilecki, zit. bei Musial, Konterrevolutionäre Elemente, a. a. O., S. 267; ähnlich auch Erna Klinger, vgl. Anm. 61.

65 Die meisten Berichte von Besuchern der Gefängnisse am 28./29. 6. enthalten im Unterschied zu späteren Berichten keinen Hinweis auf Verstümmelungen: Vernehmung von B. K. und L. P. durch den Armeerichter Möller, BA-MA, RW 2/149, S. 355, 347; Aussage W. vor der StA Bonn, zit. bei Raschhofer, Der Fall Oberländer, a. a. O., S. 59 f.; Gespräch A. K. mit de Zayas, Die Wehrmacht-Untersuchungsstelle, a. a. O., S. 352; auch die erste Meldung des Bat. 800 enthält keinen Hinweis, Gen. Kdo. XXXXIX. AK/Ic, Tagesmeldung 30. 6. 1941, BA-MA, Bd. 18253/1 S. 65.

66 Pohl, Nationalsozialistische Judenverfolgung, a. a. O., S. 56.

67 Gen. Kdo. XXXXIX. AK/I a Korpsbefehl 29. 6. 1941, BA-MA, RH 24-49/14.

68 Btl. 800, Schlußmeldung vom 1. 7. 1941.

69 Aussage Picker, 5. 7. 1946, zit. bei de Zayas, Die Wehrmacht-Untersuchungsstelle, a. a. O., S. 347.

70 IR 98, Funkspruch an 1. Geb. Div., 8.00 Uhr, 30. 6. 1941, BA-MA, RH 28-1/24.

71 FK 603, Bericht vom 30. 6. 1941; Vernehmung Dr. Sältzer durch den Armeerichter Möller am 6. 7. 1941, BA-MA, RW 2/149, Bl. 139 ff.

72 Vernehmung Picker am 5. 7. 1946, Nürnberger Prozess, zit. bei de Zayas, Die Wehrmacht-Untersuchungsstelle, a. a. O., S. 346.

73 GFP-Gruppe 711, Bericht vom 7. 7. 1941.

74 FK 603, Bericht vom 30. 6. 1941; die Propagandakompagnie (PK) dürfte, nach Auskunft des Bundesarchivs Koblenz, SS-»Wiking« unterstellt gewesen sein: von einem der drei SS-Männer (Lossa) gibt es ein Album vom Sommer 1941 mit Fotos vom SS-Wiking-Regiment »Westland«.

75 Gen. Kdo. XXXXIX. AK/Ic, An AOK 17, 30. 6. 1941 [handschriftl. hinzugefügt: 21, 30 fernmündl. durch Hptm. Schuon durchgegeben], BA-MA, RH 24-49/161.

76 AOK 17/Abt. Ic/AO Tätigkeitsbericht 15. 1.–12. 12. 1941, Eintragung 30. 6. 1941, RH 20-17/38.

77 Yones, Straße nach Lemberg, a. a. O., S. 18.

78 Szende, Der letzte Jude, a. a. O., S. 179; Joseph Tenenbaum, In Search of a Lost People, New York 1948, S. 115; Friedman, a. a. O., Destruction of the Jews, a. a. O., S. 246.

79 Ebenda; Aussagen Kreppel, Winkler und Picker im Nürnberger Prozeß, zit. bei de Zayas, Die Wehrmacht-Untersuchungsstelle, S. 346 f.

80 Die Rundfahrt des Divisionskommandeurs »durch das noch ungesicherte Lemberg« war gegen 10.00 Uhr abgeschlossen, 1. Geb. Div., KTB, Eintragung 30. 6. 1941, BA-MA, RH 28-1/20.

81 Gen. Kdo. XXXXIX. AK, KTB, fehlend S. 173 f., BA-MA, RH 24-49/8, eine ähnliche Auslassung gibt es auch in dem dem Archiv nachträglich und in Abschrift zugeschickten Auszug aus dem KTB der IV. Abt./Geb. Art. Rgt. 79-1. Geb. Div.: dort stehen für den Zeitpunkt 12.00–16.00 Uhr Auslassungspunkte, BA-MA, MS g 2/97.

82 Oberstaatsanwaltschaft Bonn, 8 Js 344/59, Verfügung vom 5. 8. 1960, S. 23. – Ich danke Philipp-Christian Wachs für die Möglichkeit der Einsichtnahme.

83 Yones, Straße nach Lemberg, a. a. O., S. 18.

84 Zit. bei Pohl, Nationalsozialistische Judenverfolgung, a. a. O., S. 58.

85 OStA Bonn, Verfügung vom 5. 8. 1960, S. 22.

86 OStA Bonn, Verfügung vom 5. 8. 1960, S. 21, 29 f. (Brand), 30 (Goldberg), 31 (Jones), 33 (Feinsilber).

87 OStA Bonn, Verfügung vom 5. 8. 1960, S. 25 (Teske, Spindler), S. 26 (Schmidt, Spod), S. 27, (Sternberg), S. 28 (Buchner), S. 29 (Brand), S. 30 (Goldberg), S. 31 (Jones).

88 OStA Bonn, Verfügung vom 5. 8. 1960, S. 28 (Buchner); Raschhofer, Der Fall Oberländer, a. a. O., S. 53 ff. (Jones), S. 56 ff. (Brand), S. 58 f. (Goldberg).

89 OStA Bonn, Verfügung vom 5. 8. 1960, S. 31 f. (Jones).

90 Amtsgericht Bonn 43, Gs 1635/60, Aussage Irene Feinsilber am 30. 6. 1960; ähnliche Aussage Brand, OStA Bonn, Verfügung 5. 8. 1960, S. 42.

91 Szende, Der letzte Jude, a. a. O.,S. 174, 179; anders Friedman, Destruction of the Jews, a. a. O., S. 246.

92 LG Fulda, Aussage Meyding am 20. 4. 1964.

93 LG Fulda, Aussage Meyding, 17. 3. 1963.

94 Vgl. die Aussagen Oberländers, des Instrukteurs von »Nachtigall«; bei Wachs, Der Fall Theodor Oberländer, a. a. O., S. 74.

95 Vgl. OStA Bonn, Verfügung 5. 8. 1960, S. 34 (Goldberg), 37 (Jones), 39 (Reiss), 41 (Feinsilber), S. 42 (Brand).

96 Aussage Jones, OStA Bonn, Verfügung vom 5. 8. 1960, S. 32.

97 Aussage Reiss, OStA Bonn, Verfügung vom 5. 8. 1960, S. 39.

98 Yones, Straße nach Lemberg, a. a. O., S. 20.

99 Aussage Sternberg und Schmidt, OStA Bonn, Verfügung 5. 8. 1960, S. 27; Aussage St., zit. bei Raschhofer, Der Fall Oberländer, a. a. O., S. 44.

100 Aussage Jones, OStA Bonn, Verfügung 5. 8. 1960, S. 37.

101 Yones, Straße nach Lemberg, a. a. O., S. 20.

102 Ebenda; vgl. die Fotos im BA-MA, RH 24-49/161 und Sg 2 /97; vgl. auch Foto (o. S.) in dem von der Ic-Abt. der 4. Geb. Div. herausgegebenen Erinnerungsband »Gebirgsjäger erleben Serbien und die Ukraine«, München 1942.

103 GFP-Gruppe 711, Bericht vom 7. 7. 1941.

104 Sandkühler, *Endlösung*, a. a. O., S. 116; 1. Geb. Div., KTB, BA-MA, RH 28-1/284, Bl. 33; zu den Führungen vgl. Raschhofer, Der Fall Oberländer, a. a. O.,

105 Musial, *Konterrevolutionäre Elemente*, a. a. O., Foto 10 (eigene Zählung, H. H.).

106 Aussage Feinsilber vom 30. 6. 1960, AG Bonn.

107 Jones, OStA Bonn, Verfügung vom 5. 8. 1960, S. 38; Yones, Straße nach Lemberg, a. a. O., S. 21 f.

108 Aussage Jones, OStA Bonn, Verfügung 5. 8. 1960, S. 37.

109 Aussage Goldberg, OStA Bonn, Verfügung 5. 8. 1960, S. 34 f.; ähnlich Grynbardt, ebenda, S. 42.

110 Pohl, Nationalsozialistische Judenverfolgung, a. a. O., S. 61; Sandkühler, *Endlösung*, a. a. O., S. 119.

111 Die von Wachs vorgenommene Datierung der Einrichtung einer Ortskommandantur am 2. 7. 1941 (Wachs, Der Fall Theodor Oberländer, a. a. O., S. 83), die der OStA Bonn (Verfügung S. 24) folgt, ist falsch; schon am 29. 6. 1941 spricht das AOK 17 von der Einrichtung einer »Orts Kdtr. unter Führung von Oberst Wintergerst«, AOK 17/OQu/Qu 2 Betr.: Ordnungsdienste, 29. 6. 1941, BA-MA, RH 20-17/557.

112 Sonderanweisung »Lemberg« vom 28. 6. 1941; AOK 17/OQu, Ordnungsdienste Stand 29. 6. 1941, BA-MA, RH 20-17/557; 454. Sicherungsdivision/Abt. I a, Divisionsbefehl für die Übernahme der Sicherung der Stadt Lemberg, 8. 7. 1941, BA-MA, RH 26-454/6b.

113 Sonderanweisung »Lemberg« vom 28. 6. 1941.

114 Bericht der GFP-Gruppe 711 vom 7. 7. 1941; am 1. 7. 1941 wird auch die Gruppe 13 der GFP für Lemberg gemeldet; AOK 17/Tätigkeitsbericht AO 15. 5.-12. 12. 1941, BA-MA, RH 20-17/769.

115 1. Geb. Div./Abt. Qu, Tätigkeitsbericht Ib 24. 4.–10. 8. 1941, Eintragung 30. 6. 1941, BA-MA, RH 28-1/215 und 1. Geb. Div., KTB Eintragung 30. 6. 41, BA-MA, RH 28-1/20.

116 Geb. Pi. Rgt. Stab 62o Kdr., Bericht über die Tätigkeit des Geb. Pi. Rgt. Stabes 620 in Lemberg,10. 7. 1941, BA-MA, RH 24-49/19.

117 Gen. Kdo. XXXXIX. AK/I a Befehl 30. 6. 1941, BA-MA, RH 28-1/24.

118 Befh. rückw. Heeresgebiet 103, Fernspruch an Sich. Div. 454, 28. 6. 1941, BA-MA, RH 22/4. Handschriftl. Hinzufügung: »erledigt, Btl. bleibt bei 454«. Ein gleichlautender FS trägt die handschriftl. Notiz »nur 1. Kp. abgeben, stellt 444«. In einem FS des AOK 17 wird der Berück aber am 1. 7. aufgefordert, »zwei weitere Kompanien« nach Lemberg zuzuführen, AOK 17/Abt. OQ, Fernspruch an Befh. rückw. Heeresgebiet 103, 1. 7. 1941, BA-MA, RH 20-17/568.

119 Gen. Kdo. XXXXIX. AK/I a, Korpsbefehl Nr. 22, 30. 6. 1941, BA-MA, RH 24-49/14; 71. ID, KTB, Eintragung 1. 7. 1941, BA-MA, RH 26-71/5.

120 Gen. Kdo. XXXXIX. AK, Korpsbefehl vom 30. 6. 1941.

121 Musial, Konterrevolutionäre Elemente, a. a. O., S. 245 ff.; so auch Pohl, Nationalsozialistische Judenverfolgung, a. a. O., S. 61, der ein Eingreifen am 2. 7. 1941 behauptet.

122 Im einzelnen dazu Dallin, Deutsche Herrschaft, a. a. O., S. 129 f., und Wachs, Der Fall Theodor Oberländer, a. a. O., S. 85 f., 89 ff.

123 17. AOK/OQu, KTB, Eintragung 1. 7. 1941, BA-MA, RH 20-17/556.

124 Vor allem SS-»Wiking« schuf ständig Probleme, vgl. AOK 17/I a, Meldungen an die HGr. Süd, 2. 7. und 3. 7. 1941, BA-MA, RH 20-17/38.

125 Für das Korps am 2. 7., Gen. Kdo. XXXXIX. AK, KTB, Eintragung 2. 7. 1941, BAMA, RH 24-49/8; für den Besuch am selben Tag: 17. AOK, Tätigkeitsbericht OQu 1. 7.–15. 7. 1941, Eintragung 2. 7. 41, BA-MA, RH 20-17/568.

126 Der Besuch verzögerte sich wegen eines fehlenden Flugzeuges um einen Tag, AOK 17/Ic/AO, Tätigkeitsbericht, Eintragung 1. und 2. 7. 1941, BA-MA, RH 20-17/38.

127 Pi. Rgt. Stab 620, Bericht vom 10. 7. 1941.

128 Gefechtsbericht der Gruppe *Wintergerst* für die Zeit 7. 9. – 22. 9. 1939, Eintrag 9. 9. 1939, BA-MA RH 28/1-255.

129 Musial, *Konterrevolutionäre Elemente*, Fotos, Nr. 5, 9, 10 (eigene Zählung, H. H.); Fotos im Militärarchiv Freiburg: BA-MA, M Sg 2/97 und RH 20-17/768 (Foto 1545/17).

130 FK 603, Bericht vom 30. 6. 1941; Vernehmung Lemmer durch Armeerichter Möller 7. 7. 1941, BA-MA, RW 2/149, S. 350 ff.

131 Btl. 800, Schlußmeldung vom 1. 7. 1941; seinerseits schob der dem XXXXIX. AK unterstellte Heeresstreifendienst des AOK 17 den Ukrainern die Schuld zu und bescheinigte sich selbst, mit allen Kräften »Judenpogrome im Keime erstickt zu haben«; BA-MA, RH 20-17/538.

132 Sandkühler, *Endlösung*, a. a. O., S. 115 f.

133 EM Nr. 9, 1. 7. 1941.

134 Einsatzgruppenchef Rasch soll wegen dieser Unterlassung deshalb das SK 4b scharf kritisiert haben, vgl. Pohl, Nationalsozialistische Judenverfolgung, a. a. O., S. 68.

135 Wachs, Der Fall Theodor Oberländer, a. a. O., S. 76 ff., 89 f.; EM Nr. 10, 2. 7. 1941; anders Musial, Konterrevolutionäre Elemente, a. a. O., S. 253.

136 Zit. bei Pohl, Nationalsozialistische Judenverfolgung, a. a. O., S. 60, dort auch weitere Hinweise, S. 59 f.

137 Aus dem Tagebuch des SD-Angehörigen Felix Landau, in: Ernst Klee, Willi Dreßen, Volker Rieß (Hg.), »Schöne Zeiten«. Judenmord aus der Sicht der Täter und Gaffer, Frankfurt/Main 1988, S. 90 (Schöne Zeiten).

138 Bat. 800, Schlußmeldung vom 1. 7. 1941.

139 Aussagen bei Raschhofer, Der Fall Oberländer, a. a. O., S. 45 ff., 74 f.

140 Wachs, Der Fall Theodor Oberländer, a. a. O., S. 74; vgl. auch »Gruppe Nachtigall«, 3. Kp., Meldung 2. 7. 1941, BA-MA, RH 24-49/161.

141 Vgl. Anm. 107.

142 OStA Bonn, Verfügung vom 5. 8. 1960, S. 53.

143 Vernehmung H. O. 21. 2. 1964, Landesarchiv Schleswig-Holstein, Abt. 352 Lübeck/1734, Bl. 1194 f., zit. bei Sandkühler, *Endlösung*,

a. a. O., S. 488, Anm. 21; *Nachtigall* war in dem ehemaligen deutschen Gymnasium, unweit des Rathauses, untergebracht, OStA Bonn, Verfügung vom 5. 8. 1960, S. 72.

144 Brockdorff, Geheimkommandos, a. a. O., S. 130 ff.; Spaeter, Die Brandenburger, a. a. O., S. 169 ff.

145 GFP-Gruppe 711, Bericht vom 7. 7. 1941.

146 Golczewski, Ukrainische Reaktionen auf die deutsche Besetzung, a. a. O., S. 210 f.

147 Brief Oberländers an seine Frau vom 2. 7. 1941, zit. bei Wachs, Der Fall Theodor Oberländer, a. a. O., S. 86.

148 Hinweise bei Pohl, Nationalsozialistische Judenverfolgung, a. a. O., S. 60, Anm. 103.

149 AOK 17/Chef Generalstab, Fernmündlich an Ia IV. AK, 3. 7. 1941, 10. 50 Uhr, BAMA, RH 20-17/46.

150 Friedman, Destruction of the Jews, a. a. O., S. 246; Szende, Der letzte Jude, a. a. O., S. 180; Yones, Straße nach Lemberg, a. a. O., S. 24.

151 Vgl. Gerstenfeld-Maltiel, My Private War, a. a. O., S. 55.

152 Pohl, Nationalsozialistische Judenverfolgung, a. a. O., S. 68 ff.

153 Klee, Dreßen, Rieß, Schöne Zeiten, a. a. O., S. 89.

154 Pohl, Nationalsozialistische Judenverfolgung, a. a. O., S. 69; vgl. für die Folgezeit den instruktiven Beitrag von Thomas Held, Vom Pogrom zum Massenmord. Die Vernichtung der jüdischen Bevölkerung Lembergs im Zweiten Weltkrieg, in: Lemberg–Lwów–Lviv. Eine Stadt im Schnittpunkt europäischer Kulturen, hg. von Peter Fässler u. a., Köln 1995, S. 113–166. – Ich danke dem Autor für die Möglichkeit der Einsichtnahme in seine Sammlung von Zeitzeugenmaterialien.

155 AOK 17/I c/AO, Tätigkeitsbericht, Eintragung 25. 6. 1941, BA-MA, RH 20-17/769.

156 Ebenda, Eintragung 5. 7. 1941.

157 Pohl, Nationalsozialistische Judenverfolgung, a. a. O., S. 69.

158 Berück 103/ Abt. I c, Betr.: Maßnahmen auf dem Ic Gebiet,14. 7. 1941, BA-MA, RH 22/5.

159 Sandkühler, Endlösung, a. a. O., S. 126.

160 Vernehmung Lemmer durch Armeerichter Möller, 7. 7. 1941, BA-MA, RW 2/149, S. 350 ff.

161 Marina Strutyuska, 28. 12. 1977; de Zayas, Die Wehrmacht-Untersuchungsstelle, a. a. O., S. 352.

162 AOK 17/Chef, 3. 7. 1941, BA-MA, RH 24-49/15.

163 Geb. Art. Kdo. 132, An Gen. Kdo. XXXXIX. AK, 4. 7. 1941, BA-MA, RH 24-49/15.

164 AOK 17/OQu, Tätigkeitsbericht 1. 7.-15. 7. 1941, Eintragung 2. 7. 41, BA-MA, RH 20-17/568.

165 Ebenda, Fernschreiben an Befh. rückw. Heeresgeb. 103, 1. 7. 1941;
454. Sich. Div./Abt. I a, Divisionsbefehl vom 3. 7. 1941, BA-MA,
RH 26-454/6b.

166 454. Sich. Div., Divisionsbefehl vom 3. 7. 1941.

167 454. Sich. Div./I a, Divisionsbefehl für die Übernahme der Sicherung der Stadt Lemberg, 8. 7. 1941, BA-MA, RH 26-454/6b.

168 Heeresgruppe Süd/Ib, Besondere Anordnung für Sicherung Nr. 3,
6. 7. 1941, BA-MA, RH 26-454/6b.

169 Berück/Abt. VII, 1. Anweisung zur Durchführung der besonderen Anordnung, 12. 7. 1941, BA-MA, RH 22/5.

170 Berück/Abt. VII, 5. Anweisung zur Durchführung der besonderen Anordnung, 21. 7. 1941, BA-MA, RH 22/5.

171 Sandkühler, *Endlösung*, a. a. O., S. 126.

172 Zit. bei Wachs, Der Fall Theodor Oberländer, a. a. O., S. 82,
Anm. 88.

173 Zit. bei Walter Manoschek (Hg.), »Es gibt nur eins für das Judentum: Vernichtung«. Das Judenbild in deutschen Soldatenbriefen
1939–1944, Hamburg 1995, S. 31, 41.

174 Lothar Hochschulz, ?000 Kilometer durch die U.d.S.S.R, (ms.
Manuskript, Privatarchiv)

175 So formuliert Musial, in völliger Unkenntnis der Planungen und
Befehle von *Barbarossa*, schon im Untertitel seines Buches, noch
drastischer S. 292.

176 Vgl. zu Judenpogromen an anderen Orten Heer, Vom Verschwinden der Täter, a. a. O., S. 254 ff.

177 Hochschulz, ?000 Kilometer durch die U.d.S.S.R., a. a. O.

Eine frühere Fassung dieses Textes erschien in der Zeitschrift für
Geschichtswissenschaft, Jg. 49, Heft 5, 2001.

Hans G. Adler, Der verwaltete Mensch. Studien zur Deportation der Juden aus Deutschland, Tübingen 1974

Götz Aly , Endlösung, Völkerverschiebung und der Mord an den europäischen Juden, Frankfurt/Main 1995

Jean Améry, Jenseits von Schuld und Sühne, Stuttgart 1980

Alfred Andersch, Die Kirschen der Freiheit, München 1952

Truman O. Anderson, Die 62. Infanterie-Division. Repressalien im Heeresgebiet Süd, Oktober bis Dezember 1941, in: Heer, Naumann, Vernichtungskrieg, a. a. O.

Friedrich Andrae, Auch gegen Frauen und Kinder. Der Krieg der Wehrmacht gegen die Zivilbevölkerung in Italien 1943–1945, München 1995

Andrej Angrick, Besatzungspolitik und Massenmord. Die Einsatzgruppe D in der südlichen Sowjetunion 1941–1943, Hamburg 2003

Hannah Arendt, Elemente und Ursprünge totalitärer Herrschaft, Frankfurt/Main 1955

Hannah Arendt, Eichmann in Jerusalem. Ein Bericht von der Banalität des Bösen, München (1964) 2000

Hannah Arendt, Karl Jaspers, Briefwechsel 1926–1969, hg. von Lotte Köhler, Hans Saner, München 1985

Hannah Arendt, Besuch in Deutschland 1950. Die Nachwirkungen des Naziregimes, in: dies., Zur Zeit. Politische Essays, hg. von Marie Luise Knott, Hamburg 1999

John A. Armstrong, Ukrainian Nationalism 1939–1945, New York, London 1963

Klaus Jochen Arnold, Die Wehrmacht und die Besatzungspolitik in den besetzten Gebieten der Sowjetunion. Kriegführung und Radikalisierung im Unternehmen Barbarossa, Berlin 2005

Aleida Assmann, Ute Frevert, Geschichtsvergessenheit – Geschichtsversessenheit. Vom Umgang mit deutschen Vergangenheiten nach 1945, Stuttgart 1999

Aleida Assmann, Erinnerungen verändern sich von einer Generation zur anderen, in: Psychologie heute, 31. Jg., Heft 10, Oktober 2004

Aleida Assmann und Harald Welzer, Das ist unser Familienerbe. Ein Gespräch über falsches Erinnern und richtiges Vergessen, in: taz mag. Das Wochenendmagazin der Tageszeitung, 22./23. 1. 2005

Uwe Bahnsen, James P. O'Donell, Die Katakombe. Das Ende in der Reichskanzlei, Stuttgart 1975

Peter Bamm, Die unsichtbare Flagge, München (1952) 1989

Omer Bartov, The Eastern Front 1941–1945. German Front and the Barbarization of Warfare, London, Basingstoke 1985

Omer Bartov, Hitlers Wehrmacht. Soldaten, Fatalismus und die Brutalisierung des Krieges, Reinbek bei Hamburg 1995

Zygmunt Baumann, Dialektik der Ordnung. Die Moderne und der Holocaust, Hamburg 1992

Sabine Behrenbeck, Der Kult um die toten Helden. Nationalsozialistische Mythen, Riten und Symbole, Vierow 1996

Wolfgang Benz (Hg.), Die Juden in Deutschland 1933–1945. Leben unter nationalsozialistischer Herrschaft, München 1988

Klaus Bergmann, Personalisierung im Geschichtsunterricht – Erziehung zur Demokratie?, Stuttgart 1972

Jörg Berlin, Kein Hitler-Bild für Mündige. Historische Kritik an Fests Hitler-Film, in: ders., Dierk Joachim, Bernhard Keller, Volker Ullrich (Hg.), Was verschweigt Fest?, Analysen und Dokumente zum Hitler-Film von J. C. Fest, Köln 1978

Eberhard Bethge, Dietrich Bonhoeffer. Theologe. Christ. Zeitgenosse, München 1967

Bernd Boll, Hans Safrian, Auf dem Weg nach Stalingrad. Die 6. Armee 1941/42, in: Heer, Naumann, Vernichtungskrieg, a. a. O.

Bernd Boll, Zloczow, Juli 1941: Die Wehrmacht und der Beginn des Holocaust in Galizien, in: Zeitschrift für Geschichtswissenschaft, Jg., Heft 10, 2002

Dietrich Bonhoeffer, Werke, hg. von Eberhard Bethge, Ernst Feil, Christian Gremmels, Wolfgang Huber, Hans Pfeifer, Albecht Schönherr, Heinz Eduard Tödt (†), Ilse Tödt, 17 Bde., München 1986 ff.

Dietrich Bonhoeffer, Widerstand und Ergebung. Briefe und Aufzeichnungen aus der Haft, hg. von Eberhard Bethge, Gütersloh (1951), 1997

Dietrich Bonhoeffer, Ethik, hg. von Ilse Tödt, Heinz Eduard Tödt (†), Ernst Feil, Clifford Green, Gütersloh 1998

Horst Boog u. a., Der Angriff auf die Sowjetunion. Das Deutsche Reich und der Zweite Weltkrieg, Bd. 4, Stuttgart 1983

Heinrich Breloer, Speer und Er. Hitlers Architekt und Rüstungsminister, Berlin 2005

Werner Brockdorff, Geheimkommandos des Zweiten Weltkrieges, Wels 1983

Christopher Browning, Ganz normale Männer. Das Reserve-Polizeibataillon 101 und die *Endlösung* in Polen, Reinbek bei Hamburg 1993

Wibke Bruhns, Meines Vaters Land. Geschichte einer deutschen Familie, München 2004

Micha Brumlik, Holocaust und Vertreibung. Das ambivalente Gedenken der Kriegskindergeneration, in: Blätter für deutsche und internationale Politik, 2005, Heft 5

Claudia Brunner, Uwe von Seltmann, Schweigen die Täter, reden die Enkel, Frankfurt/Main 2004

Peter Brückner, Das Abseits als sicherer Ort. Kindheit und Jugend zwischen 1933 und 1945, Berlin 1980

Alan Bullock, Hitler. Eine Studie über Tyrannei, Düsseldorf 1967

Alexander Dallin, Deutsche Herrschaft in Russland 1941–1945, Düsseldorf 1958

Wilhelm Deist, Manfred Messerschmidt, Hans-Erich Volkmann, Wolfram Wette, Ursachen und Voraussetzungen des Zweiten Weltkrieges, Frankfurt/Main 1995

Ingeborg Drewitz, Gestern war heute. Hundert Jahre Gegenwart, Düsseldorf 1978

Tanja Dückers, Himmelskörper, Berlin 2003

Rolf Düsterberg, Soldat und Kriegserlebnis. Deutsche militärische Erinnerungsliteratur (1945–1961) zum Zweiten Weltkrieg. Motive, Begriffe, Wertungen, Habilitationsschrift, Osnabrück 1998

Dietrich Eichholtz, Geschichte der deutschen Kriegswirtschaft 1939 bis 1945, Bd. 3, Berlin 1996

Norbert Elias, Studien über die Deutschen. Machtkämpfe und Habitusentwicklung im 19. und 20. Jahrhundert, hg. von Michael Schröter, Frankfurt/Main 1994

Michel Fabréguet, Entwicklung und Veränderung der Funktionen des Konzentrationslagers Mauthausen 1938–1945, in: Herbert, Orth, Dieckmann, Konzentrationslager, a. a. O.

Joachim C. Fest, Das Gesicht des Dritten Reiches. Profile einer totalitären Herrschaft, München 1963

Joachim C. Fest, Hitler. Eine Biographie, Frankfurt/Main, Berlin, Wien 1973

Joachim C. Fest, On Remembering Adolf Hitler, Encounter, 41 (Oktober 1973)

Joachim C. Fest, Aufgehobene Vergangenheit. Portraits und Betrachtungen, München 1983

Joachim C. Fest, Noch einmal: Abschied von der Geschichte. Polemische Überlegungen zur Entfremdung von Geschichtswissenschaft und Öffentlichkeit, in: Aufgehobene Vergangenheit, a. a. O.

Joachim Fest, Die geschuldete Erinnerung. Zur Kontroverse über die Unvergleichbarkeit der nationalsozialistischen Massenverbrechen, in: *Historikerstreit*, a. a. O.

Joachim Fest, Im Gegenlicht. Eine italienische Reise, Berlin 1988

Joachim Fest, Der zerstörte Traum. Vom Ende des utopischen Zeit-alters, Berlin 1991

Joachim Fest, Die schwierige Freiheit. Über die offene Flanke der offe-nen Gesellschaft, Berlin 1993

Joachim Fest, Der Staatsstreich. Der lange Weg zum 20. Juli, Berlin 1994

Joachim Fest, Fremdheit und Nähe. Von der Gegenwart des Gewese-nen, Stuttgart 1996

Joachim Fest, Der Untergang. Hitler und das Ende des Dritten Rei-ches. Eine historische Skizze, Berlin 2002

Joachim Fest, Begegnungen. Über nahe und ferne Freunde, Reinbek bei Hamburg 2004

Joachim Fest, Die unbeantwortbaren Fragen. Gespräche mit Speer, Reinbek bei Hamburg 2005

Syd Field, Peter Märtesheimer, Wolfgang Lengsfeld u. a., Drehbuch-schreiben für Film und Fernsehen. Ein Handbuch für Ausbildung und Praxis, München 1988

Jürgen Förster, Die Sicherung des *Lebensraumes*, in: Das Deutsche Reich und der Zweite Weltkrieg, Bd. 4, a. a. O.

Jürgen Förster, Wehrmacht, Krieg und Holocaust, in: Müller, Volk-mann, Wehrmacht, a. a. O.

Norbert Frei, Vergangenheitspolitik. Die Anfänge der Bundesrepublik und die NS-Vergangenheit, München 1996

Norbert Frei, Karrieren im Zwielicht. Hitlers Eliten nach 1945, Frank-furt/Main 2001

Florian Freund, Bertrand Perz, Karl Stuhlpfarrer, Der Bau des Vernich-tungslagers Auschwitz-Birkenau. Die Aktenmappen der Zentralbau-leitung Auschwitz *Vorhaben: Kriegsgefangenenlager Auschwitz (Durchführung der Sonderbehandlung)* im Militärhistorischen Archiv Prag, in: Zeitgeschichte, Jg. 20 (1993) Heft 5/6

Johannes Fried, Gehirn macht Geschichte, in: Gehirn und Geist, Heft 5, 2005

Ludwig von Friedeburg, Peter Hübner, Das Geschichtsbild der Jugend, München 1964

Philip Friedman, Roads to Extinction. Essays on the Holocaust, New York, Philadelphia 1980

Elke Fröhlich (Hg.), Die Tagebücher von Joseph Goebbels. Sämtliche Fragmente, 4 Bde., München 1987

Hans-Jochen Gamm, Der braune Kult, Hamburg 1961

Johann Friedrich Geist, Klaus Kürvers, Tatort Berlin, Pariser Platz. Die Zerstörung und *Entjudung* Berlins in: Jörn Düwel, Werner Durth, Niels Gutschow, Jochem Schneider (Hg.), 1945. Krieg,

Zerstörung, Aufbau. Architektur und Stadtplanung 1940–1960, Berlin 1995

Carlo Gentile, Marzabotto 1944, in: Gerd R. Ueberschär (Hg.), Orte des Grauens. Verbrechen im Zweiten Weltkrieg, Darmstadt 2003

Carlo Gentile, Sant' Anna di Stazzema 1944, in: Ueberschär, Orte des Grauens., a. a. O.

Christian Gerlach, Kalkulierte Morde. Die deutsche Wirtschafts- und Vernichtungspolitik in Weißrußland 1941 bis 1944, Hamburg 1999

Christian Gerlach, Götz Aly, Das letzte Kapitel. Der Mord an den ungarischen Juden 1944–1945, Frankfurt/Main 2004

Friedrich Gerstenberger, Strategische Erinnerungen. Die Memoiren deutscher Offiziere, in: Heer, Naumann, Vernichtungskrieg, a. a. O.

Jacob Gerstenfeld-Maltiel, My Private War. One Man's Struggle to Survive the Soviets and the Nazis, London, Portland, Or. 1993

Geschichtswerkstatt Berlin (Hg.), Die Nation als Ausstellungsstück, Hamburg 1987

Frank Golczewski, Ukrainische Reaktionen auf die deutsche Besetzung, 1939/1941, in: Wolfgang Benz u. a. (Hg.), Anpassung, Kollaboration, Widerstand. Kollektive Reaktionen auf die Okkupation, Berlin 1996

Daniel J. Goldhagen, Hitlers willige Vollstrecker. Ganz gewöhnliche Deutsche und der Holocaust, Berlin 1996

Erich Goldhagen, Albert Speer, Himmler und das Geheimnis der Endlösung, in: Reif, Kontroversen, a. a. O.

Hermann Graml, Probleme einer Hitlerbiographie. Kritische Bemerkungen zu Joachim C. Fest, in: Vierteljahreshefte für Zeitgeschichte, 22 (1974)

Günter Grass, Im Krebsgang, Göttingen 2002

Michael Th. Greven, Oliver von Wrochem (Hg.), Der Krieg in der Nachkriegszeit. Der Zweite Weltkrieg in Politik und Gesellschaft der Bundesrepublik, Opladen 2000

Hans Hermann Groothof, Jahrgang 1915. Lebensbericht eines Erziehungswissenschaftlers, Hamburg 2001

Helmuth Groscurth, Tagebücher eines Abwehroffiziers 1938–1940, hg. von Helmut Krausnick, Harald C. Deutsch, Stuttgart 1970

Wolf Gruner, Der geschlossene Arbeitseinsatz deutscher Juden. Zur Zwangsarbeit als Element der Verfolgung 1938–1945, Berlin 1997

Michael Grüttner, Studenten im Dritten Reich, Paderborn 1995

Jürgen Habermas, Eine Art Schadensabwicklung. Die apologetischen Tendenzen in der deutschen Zeitgeschichtsschreibung, in: *Historikerstreit*, a. a. O.

Sebastian Haffner, Anmerkungen zu Hitler, München 1978

Sebastian Haffner, Geschichte eines Deutschen. Die Erinnerungen 1914–1933, Stuttgart, München 2002

Eva Hahn, Hans Henning Hahn, Peter Glotz und seine Geschichtsbilder, in: Zeitschrift für Geschichtswissenschaft, Jg. 52, Heft 1, 2004

Ulla Hahn, Unscharfe Bilder, München 2003

Hamburger Institut für Sozialforschung (Hg.), Krieg ist ein Gesellschaftszustand. Reden zur Eröffnung der Ausstellung »Vernichtungskrieg. Verbrechen der Wehrmacht 1941 bis 1944«, Hamburg 1998

Hamburger Institut für Sozialforschung (Hg.), Verbrechen der Wehrmacht, Dimensionen des Vernichtungskrieges 1941–1944, Ausstellungskatalog, Hamburg 2002

Wolfgang Hardtwig, Personalisierung als Darstellungsprinzip, in: Knopp, Quandt, Geschichte im Fernsehen, a. a. O.

Felix Hartlaub, *In den eigenen Umriß gebannt*. Kriegsaufzeichnungen, Fragmente und Briefe aus den Jahren 1939 bis 1945, hg. von Gabriele Liselotte Ewenz, Frankfurt/Main 2002

Christian Hartmann, Massensterben oder Massenvernichtung? Sowjetische Kriegsgefangene im *Unternehmen Barbarossa*. Aus dem Tagebuch eines deutschen Lagerkommandanten, in: Vierteljahreshefte für Zeitgeschichte, 49 (2001)

Christian Hartmann, Verbrecherischer Krieg – verbrecherische Wehrmacht? Überlegungen zur Struktur des Ostheeres 1941–1944, in: Vierteljahreshefte für Zeitgeschichte, 52 (2004)

Peter Härtling, Nachgetragene Liebe, Darmstadt, Neuwied 1980

Manfred Hattendorf, Dokumentarfilm und Authentizität. Ästhetik und Pragmatik einer Gattung, Konstanz 1994

Konrad Heiden, Adolf Hitler. Eine Biographie, 2 Bde., Zürich 1936/37

Hannes Heer, Volker Ullrich (Hg.), Geschichte entdecken. Erfahrungen und Projekte der neuen Geschichtsbewegung, Reinbek bei Hamburg 1985

Hannes Heer, Klaus Naumann (Hg.), Vernichtungskrieg. Verbrechen der Wehrmacht 1941 bis 1944, Hamburg 1995

Hannes Heer (Hg.), *Stets zu erschießen sind Frauen, die in der Roten Armee dienen*. Geständnisse deutscher Kriegsgefangener über ihren Einsatz an der Ostfront, Hamburg 1995

Hannes Heer, Bittere Pflicht. Der Rassenkrieg der Wehrmacht und seine Voraussetzungen, in: Walter Manoschek (Hg.), Die Wehrmacht im Rassenkrieg. Der Vernichtungskrieg hinter der Front, Wien 1996

Hannes Heer, Rede zur Eröffnung der ersten Wehrmachtsausstellung in Karlsruhe am 11. 1. 1997, in: Hamburger Institut für Sozialforschung, Krieg ist ein Gesellschaftszustand, a. a. O.

Hannes Heer, Vox populi. Zur Mentalität der Volksgemeinschaft, in: ders. (Hg.), Im Herzen der Finsternis. Victor Klemperer als Chronist der NS-Zeit, Berlin 1997

Hannes Heer, Tote Zonen. Die deutsche Wehrmacht an der Ostfront, Hamburg 1999

Hannes Heer, Blockierter Schmerz. Warum das Erinnern an die Verbrechen der Wehrmacht so schwerfällt, in: ndl. neue deutsche literatur, 47. Jg., September/Oktober 1999

Hannes Heer, Walter Manoschek, Alexander Pollak, Ruth Wodak (Hg.), Wie Geschichte gemacht wird. Zur Konstruktion von Erinnerungen an Wehrmacht und Zweiten Weltkrieg, Wien 2003

Hannes Heer, Extreme Normalität. Generalmajor Gustav Freiherr von Mauchenheim gen. Bechtolsheim. Umfeld, Motive und Entschlußbildung eines Holocaust-Täters, in: Zeitschrift für Geschichtswissenschaft, 51. Jg., Heft 8, 2003

Hannes Heer, Vom Verschwinden der Täter. Der Vernichtungskrieg fand statt, aber keiner war dabei, Berlin 2004

Leo Heimann, The saved Jews. Ukrainian Patriots defied Nazis, in: The Ukrainian Quarterly, vol. XVII, Number 4, Winter 1961

Thomas Held, Vom Pogrom zum Massenmord. Die Vernichtung der jüdischen Bevölkerung Lembergs im Zweiten Weltkrieg, in: Lemberg–Lwów–Lviv. Eine Stadt im Schnittpunkt europäischer Kulturen, hg. von Peter Fässler u. a., Köln 1995

Klaus-Dietmar Henke, Interesse und Erkenntnis. Ein Lehrstück konzertierter Krisenregelung in den Geisteswissenschaften am Beispiel des Dresdner Hannah-Arendt-Instituts 1999–2002, in: Zeitschrift für Geschichtswissenschaft, Jg. 51, Heft 3, 2003

Michael Hepp, Fälschung und Wahrheit: Albert Speer und der *Sklavenstaat*, in: Dokumentationsstelle zur NS-Sozialpolitik, Mitteilungen, 1. Jg., 1985, Heft 3

Ulrich Herbert, Fremdarbeiter. Politik und Praxis des ›Ausländer-Einsatzes‹ in der Kriegswirtschaft des Dritten Reiches, Berlin, Bonn 1985

Ulrich Herbert, Arbeit und Vernichtung. Ökonomisches Interesse und Primat der ›Weltanschauung‹ im Nationalsozialismus, in: Dan Diner (Hg.), Ist der Nationalsozialismus Geschichte? Zu Historisierung und Historikerstreit, Frankfurt/Main 1987

Ulrich Herbert, Best. Biographische Studien über Radikalismus, Weltanschauung und Vernunft, 1903–1989, Bonn 1996

Ulrich Herbert, Karin Orth, Christoph Dieckmann (Hg.), Die nationalsozialistischen Konzentrationslager. Entwicklung und Struktur, 2 Bde., Göttingen 1998

Rudolf Herz, Hoffmann und Hitler. Fotografie als Medium des Führermythos, München 1994

Ursula Heukenkamp (Hg.), Schuld und Sühne? Kriegserlebnis und Kriegsdeutung in deutschen Medien der Nachkriegszeit (1945 bis 1961), 2 Bde., Amsterdam, Atlanta 2001

Raul Hilberg, Die Vernichtung der Europäischen Juden, 3 Bde., Frankfurt/Main 1990

Klaus Hildebrand, Das Zeitalter der Tyrannen. Geschichte und Politik: Die Verwalter der Aufklärung, das Risiko der Wissenschaft und die Geborgenheit der Weltanschauung. Eine Entgegnung auf Jürgen Habermas, in: *Historikerstreit*, a. a. O.

Andreas Hillgruber, Zweierlei Untergang. Die Zerschlagung des Deutschen Reiches und der Untergang des europäischen Judentums, Berlin 1986

Andreas Hillgruber, Jürgen Habermas, Karl-Heinz Janßen und die Aufklärung 1986, in: *Historikerstreit*, a. a. O.

Yano Hisashi, Hüttenarbeiter im Dritten Reich. Die Betriebsverhältnisse und soziale Lage bei der Gutehoffnungshütte Aktienverein und der Fried. Krupp AG 1936–1939, Stuttgart 1986

Adolf Hitler, Zweites Buch. Ein Dokument aus dem Jahre 1928, Stuttgart 1961

Historikerstreit. Die Dokumentation der Kontroverse um die Einzigartigkeit der nationalsozialistischen Judenvernichtung, München, Zürich 1987

Eric Hobsbawm, Gefährliche Zeiten. Ein Leben im 20. Jahrhundert, München 2003

Dorothee Hochstetter, Motorisierung und *Volksgemeinschaft*. Das nationalsozialistische Kraftfahrkorps (NSKK) 1931–1945, München 2005

Joachim Hoffmann, Die Kriegführung aus der Sicht der Sowjetunion, in: Das Deutsche Reich und der Zweite Weltkrieg, Bd. 4, a. a. O.

Eva Hohenberger (Hg.) Bilder des Wirklichen. Texte zur Theorie des Dokumentarfilms, Berlin 1998

Heinz Höhne, Canaris und die Abwehr zwischen Anpassung und Widerstand, in: Schmädeke, Steinbach, Der Widerstand gegen den Nationalsozialismus, a. a. O.

Heinz Höhne, Der Orden unterm Totenkopf. Die Geschichte der SS, Augsburg 1997

Martin Humburg, Das Gesicht des Krieges. Feldpostbriefe von Wehrmachtssoldaten aus der Sowjetunion 1941–1944, Opladen, Wiesbaden 1998

Johannes Hürter, Ein deutscher General an der Ostfront. Die Briefe und Tagbücher des Gotthard Heinrici 1941/42, Erfurt 2001

Eberhard Jäckel, Die elende Praxis der Untersteller. Das Einmalige der nationalsozialistischen Verbrechen läßt sich nicht leugnen, in: *Historikerstreit*, a. a. O.

Gregor Janssen, Das Ministerium Speer, Berlin, Frankfurt/Main, Wien 1968

Karl Ernst Jeismann, *Identität statt Emanzipation?* Zum Geschichtsbewußtsein der Bundesrepublik, in: ders., Geschichte und Bildung.
Beiträge zur Geschichtsdidaktik und zur Historischen Bildungsforschung, hg. von Wolfgang Jacobmeyer, Bernd Schönemann,
Paderborn 2000

Monika Jetter, Mein Kriegsvater. Versuch einer Versöhnung, Hamburg
2004

Reinhard Jirgl, Die Unvollendeten, München, Wien 2003.

Anton Joachimsthaler, Hitlers Ende. Legenden und Dokumente,
München 1999

Werner Jochmann (Hg.), Ausgewählte Dokumente zur Geschichte des
Nationalsozialismus 1933–1945, Bielefeld 1961

Christoph Jung, Geschichte im Fernsehen: Die Darstellung des *Dritten
Reiches* am Beispiel von Guido Knopps Serie *Hitlers Helfer*, Ma-
gisterarbeit an der Universität Lüneburg, Fachbereich Angewandte
Kulturwissenschaften, 2004

Traudl Junge, Bis zur letzten Stunde. Hitlers Sekretärin erzählt ihr
Leben, Berlin 2003

Ulrich Kabitz, Einige Tage nach Weihnachten 1939. Ein Fallbeispiel der
Bonhoeffer-Forschung, in: Christian Gremmels, Hans Pfeifer (Hg.),
Dietrich-Bonhoeffer-Jahrbuch 2003, Gütersloh 2003

Hermann Kaienburg, Jüdische Arbeitslager an der *Straße der SS*, in:
1999. Zeitschrift für Sozialgeschichte des 20. und 21. Jahrhunderts,
Heft 1, 1996

Wulf Kansteiner, Die Radikalisierung des deutschen Gedächtnisses im
Zeitalter seiner kommerziellen Reproduktion: Hitler und das *Dritte
Reich* in den Fernsehdokumentationen von Guido Knopp, in:
Zeitschrift für Geschichtswissenschaft, Jg. 51, Heft 7, 2003

Judith Keilbach, Fernsehbilder der Geschichte. Anmerkungen zur Darstellung des Nationalsozialismus in den Geschichtsdokumentationen des ZDF, in: *1999*, Zeitschrift für Sozialgeschichte des 20. und
21. Jahrhunderts, Heft 2, 2002

George F. Kennan, Diplomat in Prag, Frankfurt/Main 1972

Ian Kershaw, Der NS-Staat, Geschichtsinterpretationen und Kontroversen im Überblick, Reinbek bei Hamburg 1989

Ian Kershaw, Hitler, 2 Bde., Stuttgart 1998

Lutz Kinkel, Viele Taten, wenig Täter. Die Wehrmacht als Sujet
neuerer Dokumentationsserien des öffentlich-rechtlichen Rundfunks, in: Greven, von Wrochem, Der Krieg in der Nachkriegszeit,
a. a. O.

Klemens von Klemperer, Nationale oder internationale Außenpolitik
des Widerstands, in: Schmädeke, Steinbach, Der Widerstand gegen
den Nationalsozialismus, a. a. O.

Victor Klemperer, Ich will Zeugnis ablegen bis zum letzten. Tagebücher 1933–1945, hg. von Walter Nowojski unter Mitarbeit von Hadwig Klemperer, 2 Bde., Berlin 1995

Ernst Klink, Die Operationsführung. Heer und Kriegsmarine, in: Das Deutsche Reich und der Zweite Weltkrieg, Bd. 4, a. a. O.

Guido Knopp, Geschichte im Fernsehen. Perspektiven der Praxis, in: ders., Siegfried Quandt (Hg.), Geschichte im Fernsehen. Ein Handbuch, Darmstadt 1988

Guido Knopp, Zwischen Krieg und Frieden. Zeitgeschichte im ZDF 1989, in: ZDF Jahrbuch 1989, Mainz 1989

Guido Knopp, Keine Angst vor Hitler? – 50 Jahre danach, in: ZDF-Jahrbuch 1995, Mainz 1995

Guido Knopp, Zeitgeschichte im ZDF, in: Jürgen Wilke (Hg.), Massenmedien und Zeitgeschichte, Konstanz 1999

Werner Koch, Der Zwang zum Bild. Geschichte im Fernsehen, Wiesbaden 1988

Jürgen Kocka, Hitler sollte nicht durch Stalin und Pol Pot verdrängt werden. Über Versuche deutscher Historiker, die Ungeheuerlichkeit von NS-Verbrechen zu relativieren, in: *Historikerstreit*, a. a. O.

Jürgen Kocka, Bernd Mütter, Strukturgeschichte als Darstellungsproblem, in: Knopp, Quandt, Geschichte im Fernsehen, a. a. O.

Otto Köhler, Hitler, Helfer, Psychogramme. Zeitgeschichte im Fernsehen, in: Jahrbuch Fernsehen 1997/98, hg. vom Adolf Grimme Institut, Marl 2004,

Pawel Korzec, Jan-Charles Szurek, Jews and Poles under Soviet Occupation (1939–1941: in Conflicting Interests, in: Polin. A Journal of Polish-Jewish Studies 4 (1989)

Wolodymyr Kosyk, L'Allemagne national-socialiste et L'Ukraine, Paris 1968

Helmut Krausnick, Hitlers Einsatzgruppen, Die Truppe des Weltanschauungskrieges 1938–1942, Frankfurt/Main 1985

Bernhard R. Kroener u. a., Kriegsverwaltung, Wirtschaft und personelle Ressourcen 1939–1941. Das Deutsche Reich und der Zweite Weltkrieg, Bd. 5/1, Stuttgart 1988

Erich Kuby, Die Russen in Berlin 1945, München 1965

Thomas Kühne, Die Victimisierungsfalle. Wehrmachtsverbrechen, Geschichtswissenschaft und symbolische Ordnung des Militärs, in: Greven, von Wrochem, Der Krieg in der Nachkriegszeit, a. a. O.

Konrad Kwiet, Die NS-Zeit in der westdeutschen Forschung 1945 bis 1961, in: Ernst Schulin (Hg.), Deutsche Geschichtswissenschaft nach dem Zweiten Weltkrieg (1945–1965), München 1989

Jochen von Lang (Hg.), Hitler. Gesichter eines Diktators. Eine Bilddokumentation, Oldenburg 1968

Jochen von Lang, Der Sekretär. Martin Bormann: der Mann, der Hitler beherrschte, Herrsching 1990

Klaus Latzel, Deutsche Soldaten – nationalsozialistischer Krieg? Kriegserlebnis – Kriegserfahrung 1939–1945, Paderborn 1998

Theodor Lessing, Geschichte als Sinngebung des Sinnlosen, München (1919) 1983

Dagmar Leupold, Nach den Kriegen. Roman eines Lebens, München 2004

Peter Lieb, Täter aus Überzeugung? Oberst Carl von Andrian und die Judenmorde der 707. Infanteriedivision, in: Vierteljahreshefte für Zeitgeschichte, 50 (2002)

Karsten Linne, Hitler als Quotenbringer – Guido Knopps mediale Erfolge, in: *1999*, Zeitschrift für Sozialgeschichte des 20. und 21. Jahrhunderts, Heft 2, 2002

Wilfried Loth, Verschweigen und Überwinden: Versuch einer Bilanz, in: Wilfried Loth, Bernd A. Rusinek (Hg.), Verwandlungspolitik. NS-Eliten in der westdeutschen Nachkriegsgesellschaft, Frankfurt/ Main, 1998

Hans von Luck, Panzer Commander. The Memoirs of Colonel Hans von Luck, New York 1991

Walter Lüdde-Neurath, Regierung Dönitz. Die letzten Tage des Dritten Reiches, Göttingen 1953

Kenneth Macksey, Generaloberst Alfred Jodl, in: Ueberschär, Hitlers militärische Elite, Bd. 1, a. a. O.

Charles S. Maier, Die Gegenwart der Vergangenheit. Geschichte und die nationale Identität der Deutschen, Frankfurt/Main, New York 1992

Golo Mann, Deutsche Geschichte des 19. und 20. Jahrhunderts, Frankfurt/Main 1958

Golo Mann, Zeiten und Figuren. Schriften aus vier Jahrzehnten, Frankfurt am Main 1979

Walter Manoschek, Hans Safrian, 717./117. ID. Eine Infanterie-Division auf dem Balkan, in: Heer, Naumann, Vernichtungskrieg, a. a. O.

Walter Manoschek (Hg.), *Es gibt nur eins für das Judentum: Vernichtung.* Das Judenbild in deutschen Soldatenbriefen 1939–1944, Hamburg 1995

Walter Manoschek (Hg.), Die Wehrmacht im Rassenkrieg. Der Vernichtungskrieg hinter der Front, Wien 1996

Harald Martenstein, Populismus lohnt sich. Wie das Privatfernsehen Deutschland verändert hat, in: Jahrbuch Fernsehen 2004, hg. vom Adolf Grimme Institut u. a., Marl 2004

Christoph Meckel, Suchbild. Über meinen Vater, (Düsseldorf 1980) Frankfurt/Main 2005

Christoph Meckel, Suchbild. Meine Mutter, München, Wien 2002

Thomas Medicus, In den Augen meines Großvaters, München 2004

Christian Meier, Verurteilen und Verstehen. An einem Wendepunkt deutscher Geschichtserinnerung, in: *Historikerstreit*, a. a. O.

Christian Meier, Eröffnungsrede zur 36. Versammlung deutscher Historiker in Trier, 8. Oktober 1986, in: *Historikerstreit*, a. a. O.

Erich Mende, Das verdammte Gewissen. Zeuge der Zeit 1921–1945, München, Berlin 1982

Manfred Messerschmidt, Das Heer als Faktor der arbeitsteiligen Täterschaft, in: Hanno Loewy (Hg.), Holocaust: Die Grenzen des Verstehens. Eine Debatte über die Besetzung der Geschichte, Reinbek bei Hamburg 1992

Manfred Messerschmidt, Vorwärtsverteidigung. Die *Denkschrift der Generäle* für den Nürnberger Gerichtshof, in: Heer, Naumann, Vernichtungskrieg, a. a. O.

Hermann Frank Meyer, Von Wien nach Kalavrita. Die blutige Spur der 117. Jäger-Division durch Serbien und Griechenland, Mannheim 2002

Winfried Meyer, Unternehmen Sieben. Eine Rettungsaktion, Frankfurt/Main 1993

Samuel W. Mitcham Jr., Generalfeldmarschall Wilhelm Keitel, in: Ueberschär, Bd. 1, Hitlers militärische Elite, a. a. O.

Alexander und Margarete Mitscherlich, Die Unfähigkeit zu trauern. Grundlagen kollektiven Verhaltens, München 1967

Hans Mommsen, Neues Geschichtsbewußtsein und Relativierung des Nationalsozialismus, in: *Historikerstreit*, a. a. O.

Hans Mommsen, Suche nach der *verlorenen Geschichte*? Bemerkungen zum historischen Selbstverständnis der Bundesrepublik, in: *Historikerstreit*, a. a. O.

Hans Mommsen, Erfahrung, Aufarbeitung und Erinnerung des Holocaust in Deutschland, in: Loewy, Holocaust: Die Grenzen des Verstehens, a. a. O.

Alexander J. Motyl, The Turn to the Right, The Ideological Origins and Development of Ukrainian Nationalism 1919–1929, Boulder, Co. 1980

Horst Möller, Es kann nicht sein, was nicht sein darf. Plädoyer für die Versachlichung der Kontroverse über die Zeitgeschichte, in: *Historikerstreit*, a. a. O.

Karla Müller-Tupath, Reichsführers gehorsamster Becher. Eine deutsche Karriere, Berlin 1999

Norbert Müller (Hg.), Deutsche Besatzungspolitik in der UdSSR 1941–1944. Dokumente, Köln 1980

Rolf-Dieter Müller, Menschenjagd. Die Rekrutierung von Zwangsarbeitern in der besetzten Sowjetunion, in: Heer, Naumann, Vernichtungskrieg, a. a. O.

431

Rolf-Dieter Müller, Hans-Erich Volkmann (Hg.), Wehrmacht. Mythos und Realität, München 1999

Bogdan Musial, *Konterrevolutionäre Elemente sind zu erschießen*. Die Brutalisierung des deutsch-sowjetischen Krieges im Sommer 1941, Berlin, München 2000

Walter Naasner, Neue Machtzentren in der deutschen Kriegswirtschaft 1942–1945. Die Wirtschaftsorganisation der SS, das Amt des Generalbevollmächtigten für den Arbeitseinsatz und das Reichsministerium für Bewaffnung und Munition / Reichsministerium für Rüstung und Kriegsproduktion im nationalsozialistischen Herrschaftssystem, Boppard/Rhein 1994

Lutz Niethammer, Zeitgeschichte als Notwendigkeit des Unmöglichen, in: Historische Zeitschrift, 221, 1975

Ernst Nolte, Der Faschismus in seiner Epoche. Die Action Française, italienischer Faschismus, Nationalsozialismus, München 1963.

Ernst Nolte, Deutschland und der Kalte Krieg, Stuttgart (1974) 1985

Ernst Nolte, Marxismus und Industrielle Revolution, Stuttgart 1983

Ernst Nolte, Between Myth and Revisionism? The Third Reich in the Perspective of the 1980s, in: H. Koch (ed.), Aspects of the Third Reich, London 1985

Ernst Nolte, Vergangenheit, die nicht vergehen will. Eine Rede, die geschrieben, aber nicht gehalten werden konnte, in: *Historikerstreit*, a. a. O.

Karin Orth, Das System der nationalsozialistischen Konzentrationslager. Eine politische Organisationsgeschichte, Zürich 2002

Hanns-Josef Ortheil, Hecke, Frankfurt/Main 1983

Saul K. Padover, Lügendetektor. Vernehmungen im besiegten Deutschland 1944/45, München 2001

Bertrand Perz, Der Arbeitseinsatz im KZ Mauthausen, in: Herbert, Orth, Dieckmann, Konzentrationslager, a. a. O.

Falk Pingel, Häftlinge unter SS-Herrschaft. Widerstand, Selbstbehauptung und Vernichtung im Konzentrationslager, Hamburg 1978

Frantiszek Piper, Die Rolle des Lagers Auschwitz bei der Verwirklichung der nationalsozialistischen Ausrottungspolitik. Die doppelte Funktion von Auschwitz als Konzentrationslager und als Zentrum der Judenvernichtung, in: Herbert, Orth, Dieckmann, Konzentrationslager, a. a. O.

Dieter Pohl, Nationalsozialistische Judenverfolgung in Ostgalizien 1941 bis 1944, München 1996

Martin Pollack, Der Tote im Bunker. Bericht über meinen Vater, Wien 2004

Michael Prinz, Rainer Zitelmann (Hg.), Nationalsozialismus und Modernisierung, Darmstadt 1991

Hermann Raschhofer, Der Fall Oberländer. Eine vergleichende Rechtsanalyse der Verfahren in Pankow und Bonn, Tübingen 1962

Christoph Rass, *Menschenmaterial*. Deutsche Soldaten an der Ostfront. Innenansichten einer Infanteriedivision 1939–1945, Paderborn 2003

Brigitte Rauschenbach, Erbschaft aus Vergessenheit – Zukunft aus Erinnerungsarbeit, in: dies. (Hg.), Erinnern, Wiederholen, Durcharbeiten. Zur Psycho-Analyse deutscher Wenden, Berlin 1992

Jan Philipp Reemtsma, Rede zur Eröffnung der ersten Wehrmachtsausstellung in Hamburg am 5. 3. 1995, in: Hamburger Institut für Sozialforschung, Krieg ist ein Gesellschaftszustand, a. a. O.

Jan Philipp Reemtsma, Was man plant, und was daraus wird. Gedanken über ein prognostisches Versagen, in: Greven, von Wrochem, Der Krieg in der Nachkriegszeit, a. a. O.

Marcel Reich-Ranicki, Mein Leben, München 2000

Peter Reichel, Erfundene Erinnerung. Weltkrieg und Judenmord in Film und Theater, München, Wien 2004

Ralph Georg Reuth, Goebbels. Eine Biographie, München 1995

Walter Rohland, Bewegte Zeiten. Erinnerungen eines Eisenhüttenmannes, Stuttgart 1978

Karl Heinz Roth, Hans Rothfels: Geschichtspolitische Doktrinen im Wandel der Zeiten. Weimar – NS-Diktatur – Bundesrepublik, in: Zeitschrift für Geschichtswissenschaft, 49. Jg., Heft 12, 2001

Adalbert Rückerl, NS-Verbrechen vor Gericht. Versuch einer Vergangenheitsbewältigung, Heidelberg 1984

Jörn Rüsen, Zerbrechende Zeit. Vom Sinn der Geschichte, Köln, Weimar, Wien 2001

Cornelius Ryan, Der letzte Kampf, München, Zürich 1966

Thomas Sandkühler, *Endlösung* in Galizien. Der Judenmord in Ostpolen und die Rettungsinitiativen von Berthold Beitz, 1941–1944, Bonn 1996

Ulrich Schlie (Hg.), Albert Speer. Die Kransberg-Protokolle 1945, München (1999) 2003

Jürgen Schmädeke, Peter Steinbach (Hg.), Der Widerstand gegen den Nationalsozialismus. Die deutsche Gesellschaft und der Widerstand gegen Hitler, München, Zürich 1994

Matthias Schmidt, Albert Speer: Das Ende eines Mythos. Speers wahre Rolle im Dritten Reich, Bern, München 1982

Michael Schmidtke, Der Aufbruch der jungen Intelligenz. Die 68er Jahre in der Bundesrepublik und den USA, Frankfurt/Main 2003

Christian Schneider, Manstein. Psychogramm eines Befehlshabers, in: Heer, Naumann, Vernichtungskrieg, a. a. O.

Christian Schneider, Schuld als Generationenproblem, in: Mittelweg 36, 1998, Heft 4

Ulrich Schneider (Hg.), Auschwitz – ein Prozeß. Geschichte, Fragen, Wirkungen, Köln 1994

Michael Schornstheimer, *Die leuchtenden Augen der Frontsoldaten*. Nationalsozialismus und Krieg in den Illustriertenromanen der fünfziger Jahre, Berlin 1995

Gerhard Schreiber, Deutsche Kriegsverbrechen gegenüber Italienern, in: Wolfram Wette, Gerd R. Ueberschär (Hg.), Kriegsverbrechen im 20. Jahrhundert, Darmstadt 2001

Gerhard Schreiber, Hitler. Interpretationen 1923–1983, Darmstadt 1984

Theo J. Schulte, The German Army and Nazi Policies in Occupied Russia, Oxford 1989

Theo J. Schulte, Korück 582, in: Heer, Naumann, Vernichtungskrieg, a. a. O.

Heinrich Schwendemann, *Drastische Maßnahmen zur Verteidigung des Reiches an der Oder und am Rhein ...* Eine vergessene Denkschrift Albert Speers vom 18. März 1945, in: Studia Slavo-Germanica, vol. XXV, 2003

Heinrich Schwendemann, Strategie der Selbstvernichtung: Die Wehrmachtführung im *Endkampf* um das Dritte Reich, in: Müller, Volkmann, Die Wehrmacht, a. a. O.

Heinrich Schwendemann, Tod zwischen den Fronten – Generäle gaben dem Kampf um den *Endsieg* Vorrang, in: Stefan Aust, Stephan Burgdorff (Hg.), Die Flucht. Über die Vertreibung aus dem Osten, Stuttgart, München 2002

Franz W. Seidler, Verbrechen an der Wehrmacht. Kriegsgreuel der Roten Armee 1941/42, Selent 1997

Heinrich Senfft, Kein Abschied von Hitler. Ein Blick hinter die Fassaden des *Historikerstreits*, Hamburg 1989

Gitta Sereny, Albert Speer. Sein Ringen mit der Wahrheit und das deutsche Trauma, München 1995

Gitta Sereny, Das deutsche Trauma. Eine heilende Wunde, München 2004

Salvatore Settis, Die Zeitmaschine. Über den Umgang mit Geschichte, in: Ulrich Raulff (Hg.), Vom Umschreiben der Geschichte, Berlin 1986

Rupert Seuthe, *Geistig-moralische Wende?* Der politische Umgang mit der NS-Vergangenheit in der Ära Kohl am Beispiel von Gedenktagen, Museums- und Denkmalprojekten, Frankfurt/Main 2001

Bradley F. Smith, Agnes F. Peterson (Hg.), Heinrich Himmler. Geheimreden 1933 bis 1945 und andere Ansprachen, Frankfurt/Main, Berlin, Wien 1974

Susan Sontag, Faszinierender Faschismus, in: dies., Im Zeichen des Saturn, München, Wien 1981

Helmut Spaeter, Die Brandenburger – eine deutsche Kommandotruppe – z. b. V. 800, München 1978

Erich Später, Familienroman. Der Sozi Peter Glotz schreitet jetzt Seit an Seit mit der schwarzbraunen Erika Steinbach, in: Konkret, Heft 1, 2004

Albert Speer, Erinnerungen, Frankfurt/Main, Berlin, Wien 1969

Albert Speer, Spandauer Tagebücher, Frankfurt/Main, Berlin, Wien 1975

Albert Speer, Der Sklavenstaat. Meine Auseinandersetzungen mit der SS, Stuttgart 1981

Marlis Steinert, Hitler, München 1994

Christian Streit, Angehörige des militärischen Widerstands und der Genozid an den Juden im Südabschnitt der Ostfront, in: Ueberschär, NS-Verbrechen und der militärische Widerstand gegen Hitler, a. a. O.

Christian Streit, Keine Kameraden. Die Wehrmacht und die sowjetischen Kriegsgefangenen 1941–1945, Stuttgart 1978

Christoph Strohm, Der Widerstandskreis um Dietrich Bonhoeffer und Hans von Dohnanyi. Seine Voraussetzungen zur Zeit der Machtergreifung, in: Schmädeke, Steinbach, Der Widerstand gegen den Nationalsozialismus, a. a. O.

Michael Stürmer, Geschichte im geschichtslosen Land, in: *Historikerstreit*, a. a. O.

Michael Stürmer, Kein Eigentum der Deutschen: die deutsche Frage, in: Werner Weidenfeld (Hg.), Die Identität der Deutschen, Bonn 1983

Orest Subtelny, Ukraine, A History, Toronto, Buffalo, London 1989

Arno Surminski, Vaterland ohne Väter, München 2004

Stefan Szende, Der letzte Jude aus Polen, Zürich, New York 1945

Telford Taylor, Die Nürnberger Prozesse. Hintergründe, Analysen und Erkenntnisse aus heutiger Sicht, München 1994

Joseph Tenenbaum, In Search of a Lost People, New York 1948

Uwe Timm, Am Beispiel meines Bruders, Köln 2003

Tony le Tissier, Der Kampf um Berlin 1945. Von den Seelower Höhen zur Reichskanzlei, Frankfurt, Berlin 1991

John Toland, Das Finale. Die letzten hundert Tage, München, Zürich 1968

Hugh R. Trevor-Roper, Hitlers letzte Tage, Hamburg 1947

True to Type. A Selection from Letters and Diaries of German Soldiers and Civilians, Collected on the Soviet-German Front, London, New York, Melbourne, Sydney 1983

Wassili I. Tschuikow, Das Ende des Dritten Reiches, München 1966

Gerd R. Ueberschär, Wolfram Wette (Hg.), Der deutsche Überfall auf die Sowjetunion. *Unternehmen Barbarossa* 1941, Frankfurt/Main 1991

Gerd. R. Ueberschär (Hg.), Hitlers militärische Elite, 2 Bde., Darmstadt 1998

Gerd. R. Ueberschär (Hg.), NS-Verbrechen und der militärische Widerstand gegen Hitler, Darmstadt 2000

Hans Umbreit, Auf dem Weg zur Kontinentalherrschaft, in: Kroener, Das Deutsche Reich und der Zweite Weltkrieg, Bd. 5/1, a. a. O.

Eugene Vale, Die Technik des Drehbuchschreibens für Film und Fernsehen, München 1988

Margers Vestermanis, Ortskommandantur Libau. Zwei Monate deutscher Besatzung im Sommer 1941, in: Heer, Naumann, Vernichtungskrieg, a. a. O.

Eric Voegelin, Die politischen Religionen, München (1938) 1996

Ulrich Völklein (Hg.), Hitlers Tod. Die letzten Tage im Führerbunker, Göttingen 1998

Klaus Vondung, Magie und Manipulation, Göttingen 1971

Jens Christian Wagner, Das Außenlagersystem des KL Mittelbau-Dora, in: Herbert, Orth, Dieckmann, Konzentrationslager, a. a. O.

Philipp-Christian Wachs, Der Fall Theodor Oberländer (1905–1998). Ein Lehrstück deutscher Geschichte, Frankfurt/Main, New York 2000

Stephan Wackwitz, Ein unsichtbares Land. Familienroman, Frankfurt/Main 2003

Hans-Ulrich Wehler, Geschichte als Historische Sozialwissenschaft, Frankfurt/Main 1973

Hans-Ulrich Wehler, Entsorgung der deutschen Vergangenheit? Ein polemischer Essay zum *Historikerstreit*, München 1988

Leon Weliczker Wells, The Death Brigade, New York 1978

Harald Welzer, Das kommunikative Gedächtnis. Eine Theorie der Erinnerung, München 2002

Harald Welzer, Sabine Moller, Karoline Tschuggnall, *Opa war kein Nazi*. Nationalsozialismus und Holocaust im Familiengedächtnis, Frankfurt/Main 2002

Harald Welzer, *Es gibt eine starke Tendenz, die Täter zu entschulden*, in: Psychologie heute, 31. Jg., Heft 10, 2004

Harald Welzer, Schön unscharf. Über die Konjunktur der Familien- und Generationenromane, in: Mittelweg 36, Heft 1, 2004

Gerd Wiegel, Die Zukunft der Vergangenheit. Konservativer Geschichtsdiskurs und kulturelle Hegemonie vom Historikerstreit zur Walser-Bubis-Debatte, Köln 2001

Gerd Wiegel, Familiengeschichte vor dem Fernseher. Erinnerte NS-Geschichte in den Dokumentationen Guido Knopps, in: Michael Klundt (Hg.), Heldenmythos und Opfertaumel. Der Zweite Weltkrieg und seine Folgen im deutschen Geschichtsdiskurs, Köln 2004

Susanne Willems, Die Neugestaltung Berlins als Reichshauptstadt auf Kosten der Berliner Juden 1938–1942, in: Bulletin für Faschismus- und Weltkriegsforschung, Heft 10, 1998

Susanne Willems, Der entsiedelte Jude. Alberts Speers Wohnungsmarktpolitik für den Berliner Hauptstadtbau, Berlin 2002

Christa Wolf, Kindheitsmuster, (Berlin, Weimar 1976), Darmstadt, Neuwied 1979

Fritz Wolf, Der Weitererzähler. Fernsehen und Geschichtserzählung, in: Jahrbuch Fernsehen 2004, hg. vom Adolf Grimme Institut, Marl 2004

Eliyahu Yones, Die Straße nach Lemberg. Zwangsarbeit und Widerstand in Ostgalizien 1941–1944, Frankfurt/Main 1999

Alfred M. de Zayas, Die Wehmacht-Untersuchungsstelle. Deutsche Ermittlungen über alliierte Völkerrechtsverletzungen im Zweiten Weltkrieg, München 1979

Rainer Zitelmann, Hitler. Selbstverständnis eines Revolutionärs, Hamburg, Leamington, Spa, NewYork,1987

Rainer Zitelmann, Adolf Hitler. Eine politische Biographie, Göttingen, Zürich 1989

INHALT

438

Micha Brumlik
Wer Sturm sät
Die Vertreibung der Deutschen
Herausgegeben von Michel Friedman
300 Seiten. Gebunden
ISBN 3-351-02580-7

Das Jahrhundert der Vertreibungen

Zum Ende des Zweiten Weltkrieges flohen Millionen Deutsche aus ehemaligen deutschen Ostgebieten. Unzählige wurden Opfer von Raub, Mord und Vergewaltigung. Micha Brumliks differenzierte Analyse zeigt einen Weg, sich dieser Geschichte zu stellen und einen Ton für die Debatte zu finden, der allen Opfern gerecht wird.

Die Beschäftigung mit Vertriebenen gipfelte in den Bemühungen, ihnen mit dem umstrittenen Zentrum gegen Vertreibungen ein Denkmal zu setzen. Brumliks Analyse stellt die monströse Vernichtungs- und Umsiedlungspolitik in den historischen Kontext des »Jahrhunderts der Vertreibungen« – vom Genozid der Türken an den Armeniern, der Deportation der Krim-Tataren durch Stalin bis hin zu Bürgerkrieg und Vertreibungen im postkommunistischen Jugoslawien. Das nationalsozialistische Deutschland steigerte diese Tendenzen bis ins Unvorstellbare und hat damit ein »präzedenzloses Verbrechen« (Yehuda Bauer) zu verantworten.

Weitere Informationen über Micha Brumlik erhalten Sie unter
www.aufbau-verlag.de oder in Ihrer Buchhandlung

Recht ist, was den Waffen nützt
Justiz und Pazifismus im 20. Jahrhundert
Herausgegeben von Helmut Kramer
und Wolfram Wette
Mit einem Vorwort von Hans-Jochen Vogel
Mit 33 Abbildungen
432 Seiten. Gebunden
ISBN 3-351-02578-5

Pazifisten im Visier der Justiz

Erstmals zeichnen Juristen und Historiker ein Gesamtbild des Verhältnisses von Justiz und Pazifismus im kriegerischen 20. Jahrhundert Fazit des Gemeinschaftsprojektes ist: Im Konflikt zwischen Macht und Freiheit hat sich die Justiz im Kaiserreich, in der Weimarer Republik, im NS-Staat und bis in die jüngste Zeit häufig auf die Seite der Machthaber geschlagen. Sie bediente sich dabei der strafrechtlichen Vorwürfe des angeblichen Landesverrats, der Wehrkraftzersetzung, der Nötigung etc.
Die »kalte Amnestie« für Wehrmachtsjuristen, die Versuche zur Kriminalisierung von Gegnern der Wiederbewaffnung und zur Aushöhlung des Grundrechts auf Kriegsdienstverweigerung verweisen auf die Autoritätsgläubigkeit von Richtern und deren Nachgiebigkeit gegenüber militärischen Interessen auch nach 1945. Aber es gibt dennoch ermutigende Versuche, diese dominante Strömung der Justiz zu durchbrechen.

»Dem Buch gebührt weite Verbreitung.« DAS PARLAMENT

Weitere Informationen erhalten Sie unter
www.aufbau-verlag.de oder in Ihrer Buchhandlung

Egmont R. Koch
Atomwaffen für Al Qaida
»Dr. No« und das Netzwerk
des Terrors
Mit etwa 25 Abbildungen
Etwa 352 Seiten. Gebunden
ISBN 3-351-02588-2

Brisante Enthüllungen über hochexplosiven Terror

Immer weitgreifendere Erkenntnisse über die Terrorgefahr durch islamische Fundamentalisten halten Geheimdienste, Politik und die Medien in Atem. Mit seinem Porträt von Abdul Qadeer Khan, dem Vater der pakistanischen Atombombe, wirft der Journalist und Autor Egmont R. Koch ein erschütterndes Schlaglicht auf das tatsächliche Ausmaß der aktuellen Bedrohung.

Egmont R. Koch führte in Islamabad ein Exklusiv-Interview mit Khan. Gestützt auf zahlreiche Quellen aus Politik und Geheimdiensten deckt Koch auf, wie es Khan gelang, die Bombe zu bauen und welchen Profit er aus dem Wissen zog. In den 90er Jahren verkaufte Khan sein Know-how zudem an Libyen, Nordkorea und den Iran. Weitere Staaten wie Saudi-Arabien, Syrien, Taiwan und das Terrornetzwerk Al Qaida stehen im Verdacht, auf seine Offerten eingegangen zu sein.

»Wir haben das Recht, uns zu verteidigen und unser heiliges Land zu befreien.«
Osama Bin Laden, Newsweek, Januar 1999

Weitere Informationen über Egmont R. Koch erhalten Sie unter
www.aufbau-verlag.de oder in Ihrer Buchhandlung

Gret Haller
Politik der Götter
Europa und der neue
Fundamentalismus
224 Seiten. Gebunden
ISBN 3-351-02608-0

»Geschichtlich fundiert, gedanklich brilliant.«

NEUE WESTFÄLISCHE ZEITUNG

Welcher Zusammenhang besteht zwischen dem vom US-Präsidenten gelenkten Kampf gegen den Terrorismus und der Bedeutung von religiöser Identität? Lassen sich Demokratie und Menschenrechte mittels Militärschlägen exportieren? Stellen Christentum und Islam mit ihrem Wahrheitsanspruch die europäische Identität in Frage? Wie läßt sich Streit zwischen den Religionen verhindern? Gret Haller betrachtet die Achtung der Menschenwürde, Rechtsstaatlichkeit und die Stärkung des Völkerrechts als Maßstab für verantwortliches politisches Handeln. Das Buch erörtert, warum es für Europa keine Alternative zur Trennung von Religion und Politik gibt.

Mehr von Gret Haller im Taschenbuch:
Die Grenzen der Solidarität. Sachbuch. AtV 8108-1

aufbau
VERLAG

Weitere Informationen erhalten Sie unter
www.aufbau-verlag.de oder in Ihrer Buchhandlung

Verschüttete Erinnerungen:
Zeitgeschichte bei AtV

LORE WALB
Ich, die Alte – Ich, die Junge
Konfrontation mit meinen
Tagebüchern 1933-1945
»Was die Auseinandersetzung der
ehemaligen Journalistin ... so wert-
voll macht, ist nicht nur die Offen-
legung der nationalsozialistischen
Propagandamaschinerie. Vielmehr
interessiert die Konfrontation eines
Menschen mit seinem Gewissen –
generations- und zeitübergreifend.«
HAMBURGER ABENDBLATT
370 Seiten. AtV 1397

REGINA SCHEER
Es gingen Wasser wild über
unsere Seelen
Ein Frauenleben
Als junge Zionistin gehörte Hanni
Ullmann zu den ersten deutschen
Einwanderern in Palästina. Am
Rande der Negev-Wüste gründete
sie ein Kinderheim. Hierher kamen
entwurzelte Kinder, die NS-Terror
und Lager hinter sich hatten. Alle
ihre Geschichten sind verwoben in
Hanni Ullmanns Leben. Wie ein
Mosaik setzt es sich aus vielen
Schicksalen zusammen, aus den
Brüchen des 20. Jahrhunderts und
den Erfahrungen mit einer selbstgewählten Heimat. »Ein Frauenleben, das von den Utopien und
den Verbrechen des Jahrhunderts
bestimmt ist.« FREITAG
287 Seiten. Mit 24 Abbildungen.
AtV 8092

ILSE SCHMIDT
Die Mitläuferin
Erinnerungen einer
Wehrmachtsangehörigen
»Naivität, Lebenshunger, Schweigen, Pflichtbewußtsein, Angst – es
ist diese Widersprüchlichkeit, die
verstört. Ilse Schmidt hilft uns, zu
begreifen, wie ethnische Säuberungen vor unseren Augen möglich
sind, wie wir unser Ich abspalten
und vergraben.«
MÄRKISCHE ALLGEMEINE
Mit einem Vorwort von Annette Kuhn
und einem Nachwort von Gaby Zipfel.
Mit 45 Abbildungen.
191 Seiten. AtV 8086

HELLMUT STERN
Saitensprünge
Erinnerungen eines Kosmopoliten
wider Willen
Als 1938 mit seiner Flucht nach
China für Hellmut Stern eine le-
benslange Odyssee beginnt, nimmt
der damals Zehnjährige auch seine
Geige mit. Mit musikalischen Gele-
genheitsjobs bringt er sich und
seine Eltern über die Zeit bitterer
Armut. Nach Stationen in Tel Aviv,
St. Louis und New York kehrt Stern
1961 als Erster Geiger des Berliner
Philharmonischen Orchesters in
seine Heimat zurück. »Diesen
Rahmen eines abenteuerlichen
Lebenslaufs füllt Stern prall mit
gefährlichen, beglückenden oder
rührenden Ereignissen.« FAZ *304*
Seiten. AtV 1684

Mehr Informationen erhalten
Sie unter www.aufbau-verlag.de
oder bei Ihrem Buchhändler

Bücher gegen den Krieg.
Welterfolge bei AtV

VIKTOR NEKRASSOW
Stalingrad
Die Schlacht um Stalingrad 1942
bis 1943 war eine der größten
und entscheidendsten Schlachten
des Zweiten Weltkriegs, sie kostete
allein auf deutscher Seite etwa
60 000 Soldaten das Leben. Viktor
Nekrassow kämpfte als Offizier
auf sowjetischer Seite. Sein Roman
gilt bis heute als einer der authen-
tischsten zu diesem Thema.
Roman. Aus dem Russischen von
Nadeshda Ludwig. Mit einem
Nachwort des Autors von 1981.
362 Seiten. AtV 1842

ICCHOKAS MERAS
Remis für Sekunden
Die Schachpartie, die der sech-
zehnjährige Isaak gegen den Kommandanten des jüdischen Ghettos
spielt, ist ein Spiel auf Leben und
Tod. Wenn Isaak es gewinnt, bleiben die zum Abtransport vorgesehenen Kinder im Ghetto, aber
Isaak wird erschossen; wenn er
verliert, bleibt er am Leben, doch
die Kinder werden weggebracht ...
»Der Roman gehört zu den kost-
baren Perlen, die in den schnell
strömenden Gewässern des Litera-
turmarkts lange unbeachtet auf
dem Grund liegen.« TAZ
Roman. Aus dem Litauischen von
Irene Brewing. 159 Seiten. AtV 1752

BRUNO APITZ
Nackt unter Wölfen
Ein Kind im Konzentrationslager
Buchenwald, eingeschleust von
einem Neuzugang aus Auschwitz.
Wenn die SS davon erfährt, ist
nicht nur ihm der Tod gewiß. Aller
Vernunft zum Trotz verbergen die
Häftlinge den Jungen bis zu dem

Tag, an dem sie das Lagertor stür-
men. Dieser bewegende Roman,
für den Bruno Apitz authentische
Ereignisse verarbeitete, wurde zum
Welterfolg in 30 Sprachen.
Roman. 427 Seiten. AtV 1420

DIETER NOLL
Die Abenteuer des Werner Holt
Als »Remarque des zweiten Weltkriegs« wurde Noll von der Kritik
gefeiert. Er schildert den Weg junger Männer seiner Generation,
die, hungrig nach Abenteuern und
männlicher Bewährung, begeistert
in den Krieg zogen und ihre völlige Desillusionierung und den
moralischen Zusammenbruch
erleben.
Weltweit wurde dieser Klassiker
der Anti-Kriegsliteratur in über
zwei Millionen Exemplaren verkauft.
Roman. 519 Seiten. AtV 1043

Mehr Informationen erhalten Sie unter
www.aufbau-verlag.de oder bei Ihrem
Buchhändler